要用远大的眼光来瞻视人类,从中国一直到秘鲁。

——[英]S. 约翰逊

世界文化史

(第二版)

陈佛松 ○ 著

华中科技大学 出版社

(中国·武汉)

内容提要

本书从东西方两大文化体系,即东方文化着重介绍了古代、中世纪,近现代的中国、印度、阿拉伯文化;西方文化着重介绍了希腊、罗马文化,中世纪西方文化,近代文艺复兴,启蒙运动19～20世纪文化相互比较中,以系统而简明扼要的文笔,发掘了各大文化圈的特点,论述了各种文化的特质,并努力探寻了中西文化的内在联系、发展轨迹与规律。另外,书中还增加了中世纪的日本文化、东南亚文化及非洲文化、世界近现代文化等,内容更充实,更能反映时代精神。

全书涵盖面广,宏微兼及,文笔通畅,知识性、学术性与可读性兼备,因而可供大专院校师生作教材使用,也可供文化、史学研究者和爱好者阅读参考。

Abstract

This book is divided into oriental and occidental cultural systems. The Oriental culture emphatically introduces the ancient, Middle Ages and modern China, India and Arabic cultures, and the occidental culture emphatically introduces Greek, Roman, Middle Ages culture, and Renaissance, Enlightenment as well as 19th~20th century cultures.

The characteristics of this book, the History of the World Cultures, observes the Chinese culture from a height of the world culture and observes the world culture with Chinese eyes to discover, therefore, the interior association and seek the trace and the law of its development, and to explore the culture characteristics of cultural circles from the mutual comparison among European culture, American culture, Indian culture, Arabic culture, and Chinese culture, to discuss various culture characteristics, meanwhile, to systematically and concisely recount the mutual spread and communication between the oriental and occidental culture, which is the style of the book.

Futhermore, in the second edition, the author adds the Japanese culture, South East Asian culture, African culture in the Middle Ages, and the World modern & contemporary culture. The content of the book in the second edition is more substantial and reflects the spirit of the day a lot.

Making a comprehensive survey of the whole book, it has writing characteristics of containing widely, including both macrocosmic and microcosmic fields, and it is of knowledge, academic, ideological and readable feature. Except for acting as teaching material of universities and colleges, it is also reference book of research workers and enthusiasts about culture and history.

序　　言

　　1956年我认识了在中山大学读书的陈佛松同志,那时他正勤于探讨世界历史方面的问题。后来陈同志曾两次到北京参加世界史学会的讨论会,因此我们也曾谈过编写世界历史的问题。我年已九十有二,现在是社会科学院世界历史研究所名誉所长;陈佛松同志要我为他撰写的《世界文化史》作序,经读后,我认为他撰写的这本书比目前发行的世界历史教科书的内容较为详细,值得为之介绍。

陈翰笙
1988.7.22

再版序言

萧萐父[①]

陈佛松教授所著《世界文化史》一书,是20世纪80年代文化问题讨论热潮中涌现出的较突出的学术成果。该书的主要特点是把人类文化作为一个总体和动态的过程来加以考察,从繁复的史料中清理出古代东方文化、古代西方文化、美洲印第安人文化等几个大文化圈的历史特点和个性,动态地考察其兴衰发展和相互影响,旨在探究世界文化的发展及其规律,诸如古代东方文化,无论在哲学、科技、文艺等各个领域都对西方文化产生过巨大影响。全书从许多专题探究和广阔历史反思,引出了具有前瞻性的结论,即归结到"五四"以来东西方问题的论争和中国文化发展的前景。

该书体例的创新表现在摆脱了"西方中心论"、"华夏优越论"等等偏见和误区,而在各大小文化系统的纵横比较中,发掘其特质,对比其优劣,把握其走向,使本书在论述中,兼顾时空的范围和跨度,经纬成篇,自成体系,从而增强了本书内容的广度和理论深度。

该书此次修订再版又增补了中世纪的日本文化、东南亚文化、古代非洲文化、东方近代启蒙思想文化、世界现代化浪潮等章节,

[①] 武汉大学教授,博士生导师。

使内容更加完善,既吸收了国内外有关文化研究的成果,又在马克思主义文化观指导下,提出"古今中外择优论"的新文化理论,并贯彻于书中各个章节。该书结构完整,叙述系统,具有集知识性、学术性与时代性于一体,文字简明,叙述流畅的特点。

总之,该书坚持马克思主义的文化史观的指导,又充分注意吸收国内外有关研究成果,占有丰富史料,因而涵盖面较广,信息量较大。我乐于推荐该书给广大读者,是为序。

2001 年 6 月 18 日

目　　录

第一章　导言 …………………………………………… (1)
　一、文化是什么 ………………………………………… (1)
　　1. 文明与文化 ……………………………………… (1)
　　2. 文化的概念 ……………………………………… (2)
　　3. 文化的类型 ……………………………………… (5)
　　4. 文化的特征 ……………………………………… (6)
　　5. 文化的性质 ……………………………………… (7)
　二、世界文化史纲要 …………………………………… (8)
　　1. 世界是什么 ……………………………………… (8)
　　2. 东方与西方 ……………………………………… (9)
　　3. 宏观与比较 ……………………………………… (10)
　　4. 吸收与创新 ……………………………………… (11)
　三、本书关于世界文化史的分期 ……………………… (12)
　　1. 分期诸说 ………………………………………… (12)
　　2. 本书的分期 ……………………………………… (14)
　四、学习世界文化史的目的和方法 …………………… (15)
　　1. 学习目的 ………………………………………… (15)
　　2. 学习和研究的方法 ……………………………… (19)

第二章　文化的起源 …………………………………… (22)
　一、人类的起源 ………………………………………… (22)
　　1. 人类起源诸学说及几点启示 …………………… (22)
　　2. 早期人类遗骨的发现 …………………………… (27)

3. 世界三大人种 …………………………………………（28）
二、语言文字的起源与世界主要语系………………………（30）
　　1. 语言的起源 ……………………………………………（30）
　　2. 语言群与语种 …………………………………………（33）
　　3. 文字的起源 ……………………………………………（34）
三、艺术的起源………………………………………………（37）
　　1. 艺术起源诸说 …………………………………………（37）
　　2. 艺术的类型 ……………………………………………（39）
　　3. 造型与建筑艺术的发现 ………………………………（40）
　　4. 表演艺术的起源 ………………………………………（42）
四、宗教的起源………………………………………………（43）
　　1. 宗教的起源 ……………………………………………（43）
　　2. 图腾崇拜和祖先崇拜 …………………………………（44）
五、科学的萌芽………………………………………………（45）
　　1. 石器时代的重大发现 …………………………………（45）
　　2. 农业的开端 ……………………………………………（47）

第三章　古代东方文化 ………………………………………（48）
一、古代东方历史的特点……………………………………（48）
　　1. 东方与西方 ……………………………………………（48）
　　2. 古代东方的时空概念 …………………………………（49）
　　3. 古代东方的自然条件、经济与政治特点 ……………（49）
二、古代东方文化的起源诸论………………………………（53）
　　1. 大河文化论 ……………………………………………（53）
　　2. 气候文化论 ……………………………………………（54）
　　3. 粮食生产文化论 ………………………………………（54）
　　4. "挑战"与"应战"论 …………………………………（55）
　　5. 各种学说刍议 …………………………………………（55）

三、古代东方的灿烂文化 ······················(57)
　　1. 文字 ····································(57)
　　2. 文学 ····································(60)
　　3. 哲学 ····································(64)
　　4. 史学 ····································(66)
　　5. 科学技术 ································(68)
　　6. 建筑与艺术 ······························(71)
四、古代东方文化的特点及其对世界文化的影响······(72)
　　1. 特点 ····································(72)
　　2. 影响 ····································(73)

第四章　古代西方的文化 ···························(74)
一、古代希腊的自然条件与文化起源 ················(74)
　　1. 自然条件 ································(74)
　　2. 西方文化的起源 ··························(75)
　　3. 爱琴文化 ································(76)
二、希腊文化 ·····································(79)
　　1. 文学——神话、史诗与戏剧 ················(79)
　　2. 哲学与科学 ······························(84)
　　3. 史学 ····································(92)
　　4. 演说与竞技 ······························(94)
　　5. 建筑与艺术 ······························(97)
　　6. 希腊文化繁荣的原因与影响 ················(98)
三、罗马文化 ····································(100)
　　1. 语言文字 ·······························(100)
　　2. 文学 ···································(101)
　　3. 哲学 ···································(103)
　　4. 史学 ···································(105)

  5．建筑 …………………………………………（106）
  6．罗马法 ………………………………………（107）
  7．科学技术 ……………………………………（110）
 四、古代东西方文化的比较 ………………………（111）
  1．几种看法 ……………………………………（111）
  2．相似与差异 …………………………………（111）
  3．差异的原因 …………………………………（114）
第五章　宗教与文化 …………………………………（115）
 一、佛教与佛教文化 ………………………………（115）
  1．佛教的产生与传播 …………………………（115）
  2．佛教文化 ……………………………………（119）
  3．佛教文化对中国文化的影响 ………………（124）
 二、犹太教与希伯来文化 …………………………（127）
  1．犹太教的产生 ………………………………（127）
  2．希伯来文化的结晶——《旧约》 ……………（128）
  3．《旧约》的特点与影响 ………………………（131）
 三、基督教与基督教文化 …………………………（132）
  1．基督教产生的历史文化背景 ………………（132）
  2．耶稣其人 ……………………………………（134）
  3．教派、教阶与教仪 …………………………（135）
  4．基督教文化 …………………………………（138）
 四、伊斯兰教与伊斯兰文化 ………………………（141）
  1．伊斯兰教产生的历史文化背景 ……………（141）
  2．伊斯兰教文化 ………………………………（143）
 五、道教与道教文化 ………………………………（147）
  1．道教的初创 …………………………………（147）
  2．道教产生的思想渊源 ………………………（148）

3. 道教的经典与教义 …………………………… (149)
　　4. 道教与中国传统文化 ………………………… (150)
　六、中西宗教之比较 ………………………………… (152)
第六章　美洲印第安人文化 …………………………… (154)
　一、美洲古代文化的起源 …………………………… (154)
　　1. 美洲的印第安人 ……………………………… (154)
　　2. 文化起源 ……………………………………… (156)
　二、古代美洲三大文化中心 ………………………… (157)
　　1. 文化的分布与分期 …………………………… (157)
　　2. 玛雅文化 ……………………………………… (158)
　　3. 阿兹特克文化 ………………………………… (164)
　　4. 印加文化 ……………………………………… (167)
　三、古代中国与美洲印第安人文化的关系 ………… (171)
　　1. 海上交往的多种发现 ………………………… (171)
　　2. 墨西哥发现商代文化遗址 …………………… (171)
　　3. 殷人的航海能力 ……………………………… (172)
　　4. 学术界的新探索 ……………………………… (173)
第七章　中世纪的东方文化 …………………………… (175)
　一、中国文化 ………………………………………… (175)
　　1. 哲学 …………………………………………… (176)
　　2. 史学 …………………………………………… (182)
　　3. 文学 …………………………………………… (184)
　　4. 艺术 …………………………………………… (189)
　　5. 科学技术 ……………………………………… (190)
　二、日本文化 ………………………………………… (198)
　　1. 文化分期 ……………………………………… (199)
　　2. 传统文化特征 ………………………………… (200)

3. 哲学 …………………………………………… (203)
　　4. 文学 …………………………………………… (207)
　　5. 中日文化交流 ………………………………… (211)
　三、东南亚文化 …………………………………………… (216)
　　1. 文化分期 ……………………………………… (217)
　　2. 文化特点 ……………………………………… (218)
　　3. 宗教 …………………………………………… (219)
　　4. 文学与史学 …………………………………… (221)
　　5. 艺术 …………………………………………… (223)
　　6. 中国与东南亚文化交流 ……………………… (223)
　四、印度文化 ……………………………………………… (224)
　　1. 哲学 …………………………………………… (225)
　　2. 文学与史学 …………………………………… (226)
　　3. 艺术与建筑 …………………………………… (229)
　　4. 科学技术 ……………………………………… (231)
　五、阿拉伯文化 …………………………………………… (232)
　　1. 哲学 …………………………………………… (235)
　　2. 史学 …………………………………………… (235)
　　3. 文学 …………………………………………… (236)
　　4. 科学技术 ……………………………………… (237)
　六、古代非洲文化 ………………………………………… (240)
　　1. 7世纪后埃及文化 …………………………… (241)
　　2. 马格里布文化 ………………………………… (242)
　　3. 撒哈拉以南非洲文化 ………………………… (243)
　　4. 中国与非洲文化交流 ………………………… (248)
　七、中国、印度、阿拉伯文化与东方诸国文化 ………… (250)
第八章　中世纪的西方文化 ……………………………… (253)

一、所谓"黑暗时代" ······················ (253)
　　1.5～10世纪时期 ······················ (254)
　　2.11～15世纪时期 ······················ (255)
　二、中世纪的西方文化 ······················ (255)
　　1. 基督教哲学 ························ (255)
　　2. 基督教史学 ························ (260)
　　3. 文学与艺术 ························ (262)
　　4. 科学与技术 ························ (267)
　　5. 基督教与西方文化 ···················· (269)
　三、拜占庭文化 ·························· (271)
　　1. 拜占庭文化的特色 ···················· (272)
　　2. 拜占庭文化的成就 ···················· (272)
　四、中世纪东西方文化的贡献 ················ (274)

第九章　15世纪前的东西方文化交流 ············ (277)
　一、文化交流的方式、区域与层次 ············ (278)
　　1. 文化交流的方式 ······················ (278)
　　2. 文化交流的区域与层次 ················ (280)
　　3. 文化交流的阶段 ······················ (280)
　二、东西方文化交流的概况 ·················· (281)
　　1. 游牧与农耕文化的冲突 ················ (281)
　　2. 丝绸之路与长安、敦煌 ················ (282)
　　3. 十字军东征 ························ (287)
　　4. 蒙古西征 ·························· (289)
　　5. 马可·波罗东游 ······················ (290)
　　6. 郑和下西洋 ························ (292)
　　7. 中西航海活动之比较 ·················· (295)
　三、东西方文化交流与世界历史 ·············· (297)

1. 如何看待文化冲突与交流 …………………………（297）
　　2. 文化交流是世界历史发展的必然产物 ……………（298）
第十章　文艺复兴时期的文化…………………………………（301）
　一、文艺复兴评述………………………………………………（301）
　　1. 文艺复兴及其分期、特征 …………………………（301）
　　2. 德国宗教改革 ………………………………………（305）
　　3. 文艺复兴的评价 ……………………………………（307）
　二、文艺复兴兴起的原因 ……………………………………（308）
　　1. 意大利古典文化的传统 ……………………………（309）
　　2. 新兴城市兴起与资产阶级的形成 …………………（310）
　　3. 大学的兴起与扩充 …………………………………（311）
　　4. 中国四大发明推动了文艺复兴的兴起 ……………（313）
　三、文艺复兴时代的巨人及其成就 …………………………（314）
　　1. 文学 …………………………………………………（314）
　　2. 艺术 …………………………………………………（320）
　　3. 哲学 …………………………………………………（325）
　　4. 史学 …………………………………………………（330）
　　5. 早期空想社会主义 …………………………………（332）
　　6. 法学与教育学 ………………………………………（335）
　　7. 近代自然科学的兴起 ………………………………（338）

第十一章　西方启蒙运动时期的文化…………………………（343）
　一、启蒙文化产生的背景 ……………………………………（343）
　　1. 时代的特点 …………………………………………（343）
　　2. 启蒙运动产生的根源 ………………………………（345）
　二、启蒙运动的特点 …………………………………………（347）
　三、启蒙运动时期的文化 ……………………………………（348）
　　1. 启蒙时期的思想家 …………………………………（348）

2. 启蒙时期的文学 …………………………… (359)
　　3. 启蒙时期的史学 …………………………… (364)
　　4. 音乐 ………………………………………… (365)
　　5. 建筑与绘画 ………………………………… (369)
　四、启蒙思想家与中国文化 ……………………… (373)
　　1. 中国文化对启蒙思想家的影响 …………… (373)
　　2. 启蒙思想家笔下的中国 …………………… (374)
　　3. 莱布尼茨与中国古典哲学 ………………… (376)
　　4. 歌德与中国 ………………………………… (378)
　　5. 启蒙思想在中国的传播 …………………… (379)

第十二章　近代西方文化与西学东渐 ……………… (381)
　一、19世纪的西方文化 …………………………… (381)
　　1. 时代的特点 ………………………………… (381)
　　2. 哲学思想 …………………………………… (383)
　　3. 浪漫主义与现实主义文学 ………………… (384)
　二、近代西方科学文化的发展 …………………… (392)
　　1. 近代西方科学技术的发展概况 …………… (392)
　　2. 近代西方科技迅速发展的原因 …………… (397)
　三、中国科学技术在近代落后的原因 …………… (403)
　　1. 中国封建社会重农抑商政策 ……………… (405)
　　2. 封建专制统治不利科技发展 ……………… (406)
　　3. 重伦理、轻自然的文化传统 ……………… (406)
　　4. 中国的教育与考试制度的影响 …………… (409)
　　5. 闭关锁国与天朝大国的文化心理 ………… (410)
　四、明清时期的西学东渐 ………………………… (411)
　　1. 西学东渐 …………………………………… (411)
　　2. 利玛窦在华的活动 ………………………… (411)

3. 西学东渐的内容 …………………………………（412）
　　4. 西学东渐的评价 …………………………………（414）
　五、近代中国的西学东渐 ………………………………（415）
　　1. 转折与冲突 ………………………………………（415）
　　2. 阶段与特点 ………………………………………（416）
　　3. 中体西用说 ………………………………………（418）
　　4. 中国近代向西方学习的思考 ……………………（420）

第十三章　东方近代启蒙思想文化……………………（424）

　一、启蒙思想文化产生的背景 …………………………（424）
　　1. 时代的特征 ………………………………………（424）
　　2. 东方的觉醒 ………………………………………（426）
　二、东方启蒙思想的历程、特点与任务…………………（428）
　　1. 何谓启蒙 …………………………………………（428）
　　2. 东方启蒙思想的历程 ……………………………（428）
　　3. 东方启蒙思想的特点 ……………………………（429）
　　4. 东方启蒙思想的任务 ……………………………（430）
　三、东方启蒙时期的思想文化 …………………………（431）
　　1. 东方启蒙思想家 …………………………………（431）
　　2. 启蒙时期的文学 …………………………………（448）
　　3. 启蒙时期的史学 …………………………………（461）
　　4. 科学技术 …………………………………………（467）
　四、东方近代大学的兴起 ………………………………（470）
　　1. 背景 ………………………………………………（470）
　　2. 概况 ………………………………………………（471）
　　3. 特点 ………………………………………………（472）
　　4. 作用与评价 ………………………………………（472）
　五、东西方启蒙思想比较 ………………………………（473）

  1. 相似 …………………………………… (473)
  2. 差异 …………………………………… (474)
  3. 东方启蒙思想的评价与启示 ………… (475)
 六、泰戈尔与中国 …………………………… (476)
第十四章　现代世界文化 ……………………… (479)
 一、现代东西方文化思潮 …………………… (479)
  1. 时代的特点与趋势 …………………… (479)
  2. 国际文化思潮 ………………………… (480)
  3. 现代哲学思潮 ………………………… (482)
  4. 现代宗教文化 ………………………… (489)
 二、现代科学技术与文化交叉 ……………… (498)
  1. 现代科学技术 ………………………… (498)
  2. 关于"两种文化" ……………………… (504)
  3. 两种文化的交叉 ……………………… (506)
  4. 迎接知识经济的新时代 ……………… (509)
 三、现代史学、文学与艺术 ………………… (510)
  1. 现代西方史学 ………………………… (510)
  2. 现代文学 ……………………………… (515)
  3. 现代艺术 ……………………………… (521)
 四、现代大学 ………………………………… (525)
  1. 概况 …………………………………… (525)
  2. 世界著名大学 ………………………… (526)
  3. 大学类型 ……………………………… (529)
  4. 几种教育理论 ………………………… (530)
  5. 教育改革与发展趋势 ………………… (531)
  6. 培养目标 ……………………………… (532)
第十五章　东西方文化交流与比较 …………… (534)

一、现代文化交流与特点 …………………………… (535)
　1. 交流的方式 ………………………………………… (535)
　2. 科学技术的巨大变革与现代文化交流 ………… (535)
　3. 国际文化交流组织 ………………………………… (537)
　4. 世界文化交流的内容 ……………………………… (540)
　5. 世界文化交流的特点 ……………………………… (543)
二、世界现代化浪潮 …………………………………… (544)
　1. "现代化"的内涵与特征 …………………………… (545)
　2. 现代化的进程(18～20世纪) …………………… (547)
　3. 现代化的模式 ……………………………………… (550)
　4. 建设有中国特色的社会主义现代化的探索 …… (552)
三、东西方文化比较 …………………………………… (553)
　1. 近代中国:严复的中西文化比较观 ……………… (553)
　2. 现代中国:"五四"运动前后东西方文化的争论
　　 ………………………………………………………… (556)
　3. 东西方文化差异 …………………………………… (564)
　4. 世界文化史长河的流变 …………………………… (568)
四、建设社会主义现代化文化 ………………………… (570)
　1. 中国文化从传统到现代的转型 ………………… (570)
　2. 中国传统文化的探讨 ……………………………… (572)
　3. 中国传统文化的精华与糟粕 …………………… (575)
　4. 中国文化发展前景 ………………………………… (580)

参考书目 ……………………………………………… (586)
再版后记 ……………………………………………… (590)

Contents

Chapter 1　Introduction ··· (1)
  1. What is culture ·· (1)
    (1) Civilization and culture ···························· (1)
    (2) The conception of culture ························· (2)
    (3) The types of culture ································· (5)
    (4) The characteristics of culture ···················· (6)
    (5) The nature of culture ······························· (7)
  2. An outline of the history of world culture ············· (8)
    (1) What is the world ···································· (8)
    (2) The East and the West ······························ (9)
    (3) Macrocosm and comparison ······················ (10)
    (4) Assimilation and creation ·························· (11)
  3. The stages of the history of world culture ············ (12)
    (1) The theories of the stages ························· (12)
    (2) The stages by the author ··························· (14)
  4. The purpose and method of the study of
    the history of world culture ······························ (15)
    (1) The purposes of the study ························· (15)
    (2) The methods of the study ························· (19)
Chapter 2　The origin of culture ································ (22)
  1. The origin of human beings ····························· (22)
    (1) The theories of the human origin
       and the enlightenment ······························ (22)

(2) The discoveries of the early human remains ··· (27)
  (3) The three ethnic groups of the world ············ (28)
 2. The origin of language and words and
    the main language family in the world ··············· (30)
  (1) The origin of language ······························· (30)
  (2) Languages and the kinds of language ············ (33)
  (3) The origin of the written language ·············· (34)
 3. The origin of art ··· (37)
  (1) Various theories of the origin of art ············ (37)
  (2) The types of art ·· (39)
  (3) The discoveries of the art of
       architecture and modeling ·························· (40)
  (4) The origin of the art of performance ············ (42)
 4. The origin of religions ····································· (43)
  (1) The origin of religions ······························· (43)
  (2) The worship of totem and ancestor ·············· (44)
 5. The origin of science ······································· (45)
  (1) The big discoveries of the stone age ············ (45)
  (2) The beginning of agriculture ······················· (47)
Chapter 3 The ancient oriental culture ······················· (48)
 1. The characteristics of ancient oriental history ······ (48)
  (1) The East and the West ······························· (48)
  (2) The concept of time and space of the ancient East
       ·· (49)
  (3) The characteristics of the natural ,ecomomic
       and political conditions of the ancient East ······ (49)
 2. The various theories of the origin of the

ancient oriental culture ·································· (53)
  (1) The cultural theory of Big Rivers ··············· (53)
  (2) The cultural theory of climate ····················· (54)
  (3) The cultural theory of food and production ··· (54)
  (4) The theories of "challenge" and "response" ··· (55)
  (5) Humble opinions ·· (55)
3. The splendid ancient oriental culture ················ (57)
  (1) Characters ·· (57)
  (2) Literature ··· (60)
  (3) Philosophy ··· (64)
  (4) History ··· (66)
  (5) Science and technology ······························ (68)
  (6) Architecture and art ·································· (71)
4. The characteristics of the ancient orienital culture
  and its contribution to world culture ················ (72)
  (1) Characteristics ·· (72)
  (2) Influences ··· (73)
Chapter 4   The ancient occidental culture ··········· (74)
1. Natural conditions and the origin of culture
  of ancient Greece ·· (74)
  (1) Natural conditions ····································· (74)
  (2) The origin of occidental culture ················· (75)
  (3) Aegean culture ·· (76)
2. Greek culture ··· (79)
  (1) Literature——myths, epics and drama ············ (79)
  (2) Philosophy and science ······························ (84)
  (3) History ··· (92)

    (4) Speech and sports ·· (94)
    (5) Architecture and art ······································ (97)
    (6) The cause and the influence of the flourishing
        culture of Greece ·· (98)
  3. Roman culture ··· (100)
    (1) Language and characters ································ (100)
    (2) Literature ··· (101)
    (3) Philosophy ·· (103)
    (4) History ··· (105)
    (5) Architecture ·· (106)
    (6) Roman law ·· (107)
    (7) Science and technology ································· (110)
  4. A comparison between ancient oriental culture
      and ancient occidental culture ·························· (111)
    (1) Several viewpoints ······································· (111)
    (2) Similarities and differences ···························· (111)
    (3) The cause of differences ······························· (114)
Chapter 5 Religion and culture ································ (115)
  1. Buddhism and buddhist culture ························· (115)
    (1) The origin and the spread of Buddhism ······ (115)
    (2) Buddhist Culture ··· (119)
    (3) The influence of Buddhist Culture on
        Chinese culture ·· (124)
  2. Judaism and hebrew culture ······························ (127)
    (1) The origin of Judaism ·································· (127)
    (2) Hebrew culture——the old testament of Judaism
        ··· (128)

  (3) The characteristics and the influences of
    the old testment of Judaism …………………… (131)
 3. Christianity and Christian culture ………………… (132)
  (1) Historical and cultural background of
    the origin of Christian culture ……………… (132)
  (2) Jesus the man …………………………………… (134)
  (3) Christian denominations, Christian classes
    and Christian ceremonies ……………………… (135)
  (4) Christian culture ……………………………… (138)
 4. Islamism and Islamic culture ……………………… (141)
  (1) Historical and cultural background of
    the origin of Islamism ………………………… (141)
  (2) Islamic culture ………………………………… (143)
 5. Taoism and Taoist culture ………………………… (147)
  (1) The beginning of Taoism ……………………… (147)
  (2) The origin of the thought of the
    beginning of Taoism …………………………… (148)
  (3) The classics and creed of Taoism ……………… (149)
  (4) Taoism and traditional Chinese culture ……… (150)
 6. A comparison between the Chinese and
  western religious concepts ……………………… (152)
Chapter 6 The culture of American Indians …………… (154)
 1. The origin of ancient American culture ………… (154)
  (1) American Indians ……………………………… (154)
  (2) The origin of the culture …………………… (156)
 2. Three cultural centers in ancient America ……… (157)
  (1) The distribution and the stages of the

culture ……………………………………………… (157)
(2) Maya culture ……………………………………… (158)
(3) Aztec culture ……………………………………… (164)
(4) Inca culture ……………………………………… (167)
3. The relationship between the culture of ancient China and the culture of American Indians ……… (171)
(1) Several discoveries about sea travels ………… (171)
(2) The cultural ruins of the Shang Dynasty discovered in Mexico ……………………………… (171)
(3) Ying's sailing ability ……………………………… (172)
(4) New investigations of the academic world … (173)

Chapter 7 Oriental culture in the Middle Ages …… (175)
1. Chinese culture …………………………………… (175)
(1) Philosophy ………………………………………… (176)
(2) History …………………………………………… (182)
(3) Literature ………………………………………… (184)
(4) Art ………………………………………………… (189)
(5) Science and technology ………………………… (190)
2. Japanese Culture ………………………………… (198)
(1) Culture stages …………………………………… (199)
(2) Traditional culture characteristics …………… (200)
(3) Philosophy ………………………………………… (203)
(4) Literature ………………………………………… (207)
(5) Cultural exchanges between China and Japan
………………………………………………………… (211)
3. Southeast Asian culture ………………………… (216)
(1) Culture stages …………………………………… (217)

(2) The characteristics .... (218)
  (3) Religions .... (219)
  (4) Literature and history .... (221)
  (5) Art .... (223)
  (6) Cultural exchanges between China and
      Southeast Asia .... (223)
4. Indian culture .... (224)
  (1) Philosophy .... (225)
  (2) Literature and history .... (226)
  (3) Art and architecture .... (229)
  (4) Science and technology .... (231)
5. Arabic culture .... (232)
  (1) Philosophy .... (235)
  (2) History .... (235)
  (3) Literature .... (236)
  (4) Science and technology .... (237)
6. The ancient African culture .... (240)
  (1) Egypt culture after 7th century .... (241)
  (2) The Maghrit culture .... (242)
  (3) The African culture below Sahara .... (243)
  (4) Cultural exchanges between China and Africa
      .... (248)
7. Chinese, Indian and Arabic culture and
   eastern countries' culture .... (250)
Chapter 8 Occidental culture in the Middle Ages .... (253)
  1. The so called "Dark Ages" .... (253)
    (1) The 5th~10th Century .... (254)

    (2) The 11th~15th Century ························· (255)
  2. Occidental culture in the Middle Ages ··············· (255)
    (1) Christian philosophy ···························· (255)
    (2) Christian history ······························ (260)
    (3) Literature and art ····························· (262)
    (4) Science and technology ························· (267)
    (5) Christianity and occidental culture ············· (269)
  3. Byzantium culture ································ (271)
    (1) The characteristics of Byzantine culture ······· (272)
    (2) The achievements of Byzantine culture ·········· (272)
  4. The contributions of oriental and occidental culture in the Middle Ages ························· (274)

Chapter 9 The cultural exchanges between the East and the West before the 15th century ········ (277)
  1. The means, regions and levels of cultural exchanges ··· (278)
    (1) The means of cultural exchanges ··············· (278)
    (2) The regions and levels of cultural exchanges ··· (280)
    (3) The stages of cultural exchanges ··············· (280)
  2. A survey of the cultural exchanges between the East and the West ································ (281)
    (1) The conflict between the nomadic culture and agricultural culture ·················· (281)
    (2) The Silk Road and Chang'an, Dun Huang ······ (282)
    (3) The eastward intrusion of the Crusaders ······ (287)
    (4) The westward intrusion of Mongolia ············ (289)

(5) Marco Polo's travels to the East ············ (290)
(6) Zheng He's westward sailing ················ (292)
(7) A comparison of the navigation activities
    between China and the West ················ (295)
3. **The cultural exchanges between the East & the
    West and the history of the world** ················ (297)
   (1) How to regard the cultural conflict and exchanges
       ··· (297)
   (2) The cultural exchanges is the inevitable
       outcome of the development of the world ······ (298)
Chapter 10 Culture in the Period of Renaissance ········ (301)
  1. Comments on the Renaissance ···················· (301)
   (1) The Renaissance and its several
       periods and characteristics ···················· (301)
   (2) The religious reform of Germany ·············· (305)
   (3) An evaluation of the Renaissance ············ (307)
  2. The reasons for the emergence of the Renaissance
     ··· (308)
   (1) Italian tradition of classical culture ············ (309)
   (2) The rise of new cities and the formation
       of the new bourgeoisie ························· (310)
   (3) The founding and expansion of universities
       ··· (311)
   (4) The Chinese Four Inventions pushed
       forward the rising and the development
       of the Renaissance ······························ (313)
  3. Great men and their achievements

    during the Renaissance (314)
      (1) Literature (314)
      (2) Art (320)
      (3) Philosophy (325)
      (4) History (330)
      (5) Early Utopian Socialism (332)
      (6) The science of law and the science of education (335)
      (7) The emergence of modern natural sciences (338)

Chapter 11 The culture in the Period of the Occidental Enlightenment (343)
  1. The background of the origin of Enlightenment culture (343)
    (1) The characteristics of the Age (343)
    (2) The origin of the Enlightenment (345)
  2. The characteristics of the Enlightenment (347)
  3. Culture in the period of the Enlightenment (348)
    (1) The thinkers of the Enlightenment (348)
    (2) The literature of the Enlightenment (359)
    (3) The histroy of the Enlightenment (364)
    (4) Music (365)
    (5) Architecture and painting (369)
  4. Enlightenment thinkers and Chinese culture (373)
    (1) The influences of Chinese culture on thinkers of Enlightenment (373)
    (2) China under the pen of the thinkers of Enlightenment (374)

(3) Leibnitz and Chinese classical philosophy ...... (376)
(4) Goethe and China .... (378)
(5) The spread of ideological Enlightenment in China
.... (379)

Chapter 12 Modern western culture and
Its eastern extension .... (381)
1. Western culture in the 19th century .... (381)
(1) The characteristics of the age .... (381)
(2) Philosophical thought .... (383)
(3) The literature of romanticism and realism ... (384)
2. The development of modern western
science and culture .... (392)
(1) A survey of the development of modern
western science and technology .... (392)
(2) The reasons for the rapid development of
modern western science and technology ...... (397)
3. The reasons for the backwardness of modern
Chinese science and technology .... (403)
(1) The policy to uphold agriculture and to
suppress commerce .... (405)
(2) The despotic rule of feudalism was unfavorable
to science and technology development ...... (406)
(3) The cultural tradition of emphasizing
moral education while
belittling natural science .... (406)
(4) The influence of education and the
system of examination in China .... (409)

  (5) The cultural mentality of closing the
    country to international intercourse
    and great country chauvinism ················ (410)
 4. The eastern extension of western culture in
  the Ming and Qing periods ······················· (411)
  (1) The eastern extension of western culture ······ (411)
  (2) The activities of Ricci Matteo in China ········· (411)
  (3) the contents of the eastern extension
    of western culture ································· (412)
  (4) Comments on the eastern extension of
    western culture ···································· (414)
 5. The eastern extension of western culture
  in modern China ································· (415)
  (1) Changes and conflicts ························· (415)
  (2) Stages and characteristics ······················· (416)
  (3) The school of "Chinese learning as the system
    and western learning for practical needs" ······ (418)
  (4) Reflections on modern China learning
    from the west ······································ (420)
Chapter 13 The culture of modern oriental
    ideological Enlightenment ·················· (424)
 1. The background of the origin of cultural Enlightenment
 ··· (424)
  (1) The characteristics of the Age ················· (424)
  (2) The orient awakening ·························· (426)
 2. The course, characteristics and missions
  of oriental ideological Enlightenment ··············· (428)

(1) What is Enlightenment ……………………… (428)
   (2) The course of ideological Enlightenment …… (428)
   (3) The characteristics of ideological Enlightenment
       …………………………………………………… (429)
   (4) The missions of ideological Enlightenment … (430)
3. **The thoughts and culture of**
   Oriental Enlightenment Age ……………………… (431)
   (1) The oriental ideologists of Enlightenment Age
       …………………………………………………… (431)
   (2) The literature of the Enlightenment Age …… (448)
   (3) The history of the Enlightenment Age ……… (461)
   (4) The science and technology ………………… (467)
4. **The rise of modern orient universities** …………… (470)
   (1) Background ……………………………………… (470)
   (2) Surveys …………………………………………… (471)
   (3) Characteristics ………………………………… (472)
   (4) Actions and comments ………………………… (472)
5. **A comparison between oriental and**
   occidental ideological Enlightenment …………… (473)
   (1) Similarities ……………………………………… (473)
   (2) Differences ……………………………………… (474)
   (3) Assesments and revelations of oriental
       ideological Enlightenment ………………………… (475)
6. **Tagore and China** ………………………………… (476)
Chapter 14 The contemporary world culture …………… (479)
   1. **The trend of the ideology of the contemporary**
      eastern and western culture ……………………… (479)

(1) The characteristics and trend of the Age ······ (479)
(2) The international cultural trend ················ (480)
(3) The contemporary philosophical trend ········· (482)
(4) The contemporary religion and culture ········ (489)
2. **The contemporary science & technology and cultures interconnection** ···················· (498)
(1) The contemporary science and technology ··· (498)
(2) About two cultures ···························· (504)
(3) The interconnection of the two cultures ······ (506)
(4) Facing knowledge economic age ················ (509)
3. **The contemporary history, literature and art** ······ (510)
(1) The contemporary occidental history ············ (510)
(2) The contemporary literature ···················· (515)
(3) The contemporary art ························· (521)
4. **The contemporary universities** ······················ (525)
(1) Generalization ································ (525)
(2) The world famous universities ················ (526)
(3) University models ···························· (529)
(4) Several education theories ···················· (530)
(5) The trend of education reform and development ··· (531)
(6) Education objects ···························· (532)

Chapter 15 The comparision between the Eastern and Western Culture ···················· (534)
1. **The contemporary cultural communication and its characteristics** ························ (535)
(1) The means of cultural exchanges ·············· (535)

(2) The great changes of science and technology
　　　and the contemporary cultural exchange ⋯⋯ (535)
　(3) The organizations of international
　　　cultural communication ⋯⋯⋯⋯⋯⋯⋯⋯⋯ (537)
　(4) The contents of world cultural communication
　　　⋯⋯⋯⋯⋯⋯⋯⋯⋯⋯⋯⋯⋯⋯⋯⋯⋯⋯⋯ (540)
　(5) The characteristics of world cultural
　　　communication ⋯⋯⋯⋯⋯⋯⋯⋯⋯⋯⋯⋯ (543)
2. **The wave of World Modernization** ⋯⋯⋯⋯⋯ (544)
　(1) The connotation and characteristics
　　　of "Modernization" ⋯⋯⋯⋯⋯⋯⋯⋯⋯⋯ (545)
　(2) The course of Modernization(18th~20th century)
　　　⋯⋯⋯⋯⋯⋯⋯⋯⋯⋯⋯⋯⋯⋯⋯⋯⋯⋯⋯ (547)
　(3) The model of Modernization ⋯⋯⋯⋯⋯⋯ (550)
　(4) The inquirng of building up Socialist
　　　Modernization with Chinese characteristics
　　　⋯⋯⋯⋯⋯⋯⋯⋯⋯⋯⋯⋯⋯⋯⋯⋯⋯⋯⋯ (552)
3. **The cultural comparision between Orient and Occident**
　　⋯⋯⋯⋯⋯⋯⋯⋯⋯⋯⋯⋯⋯⋯⋯⋯⋯⋯⋯⋯ (553)
　(1) Modern China：The Chinese and western
　　　cultural points of view of Yan Fu ⋯⋯⋯⋯ (553)
　(2) Contemporary China：debate on the
　　　relationship between the eastern and the
　　　western culture before and after
　　　May 4th Movement ⋯⋯⋯⋯⋯⋯⋯⋯⋯⋯ (556)
　(3) The difference between the eastern and the
　　　western culture ⋯⋯⋯⋯⋯⋯⋯⋯⋯⋯⋯⋯ (564)

  (4) The change of the long process of
    world culture history ································ (568)
4. Building up socialist modern culture ················· (570)
  (1) Chinese culture trasition from tradition
    to modernization ······································ (570)
  (2) The inquiry of Chinese traditional culture ··· (572)
  (3) The essence and the dross of Chinese
    traditional culture ·································· (575)
  (4) The prospect for Chinese culture development
    ·· (580)

Bibliography ··· (586)
Postscript(2nd edition) ·································· (590)

第一章 导言

> 将来，除了文化史外，不会有别的人类史了。
>
> ——卡尔·李卜克内西

> 作为人类智慧的整体文化，不应该割裂成文学文化与科学文化。割裂后的两种文化，就难免互相隔离，互相误解，这对于人类文化的发展，是很不利的。
>
> ——(英)C.P.斯诺

一、文化是什么

1. 文明与文化

学习文化史，首先要弄清楚文化究竟是什么。文明与文化这两个概念的内涵常常容易被混淆，西方的文化学者，往往从词源学角度来说明文明与文化的关系与区别。

文化——culture 一词来自拉丁文的 cultura，本指"耕作、培养、教育、发展、尊重"的意思。

文明——civilization 一词来自拉丁文 civils，原是"城市国家、公民的、国家的"意思。

从词源学解释文化与文明的来源，只是两个概念的区别之一。但文化与文明的真正含义、概念，许多人类学、人种学、历史学、社会学、心理学、语言学等学者从不同的角度作出了不同的理解。现介绍几种有代表性的观点。

德国学者把文明与文化作了严格的区别：文明是属于物质的、技术的、客观的；文化是精神的、信仰的、主观的。

苏联有的学者认为，文明是用物质形式来说明，而文化则是使文明更高尚的精神价值。例如，"镰刀和犁、火车和飞机、浴室和厕所等等是文明的成果。文化的成果则主要表现在道德意识和与之相应的活动中，表现在哲学——人文科学思维和艺术创作中。"[①]

中国有的学者认为："文化与愚昧，文明与野蛮，是互相对立、互相排斥的。"另一种意见认为："文化包括文明，它的范围比文明更广泛，因为文化是人类的一种活动，而文明属于文化活动的成果、表象。""文化是指人类社会实践过程中所创造的物质文明和精神文明的总和。"[②]

综上所述，可见文化比文明范围大，它包括人类通过自己的劳动所创造的一切精神产品与物质产品的总和。

2. 文化的概念

对"文化"的解释，据大英百科全书统计，全世界正式出版物中就有160种之多。到现在还没有一个完全一致的看法。若归纳起来，有如下几种看法。

[①] 冯利，覃光广.当代国外文化学研究.北京：中央民族学院出版社，1986.194
[②] 中国文化研究集刊(第1辑).上海：复旦大学出版社，1984.6,7

第一种意见,认为文化是指生活方式。威斯莱(Wissler)在《人与文化》中说,文化是一定民族生活的形式。①

第二种意见,认为文化是过程。埃尔伍德(Ellwood)在《文化进化》中认为,文化是一种学习和制造工具,特别是制造定型工具的过程。苏联学者认为:"文化这个概念用来表明一定的历史时代、社会经济形态,具体社会、氏族和民族的物质和精神的发展水平(例如古代文化、社会主义文化、玛雅文化),以及专门的活动或生活领域(劳动文化、艺术文化、生活文化)。"②

第三种意见,认为文化是人类特有的现象。法国学者认为,文化是一个社会群体所特有的文明现象的总和。

第四种意见,认为文化是一种复合体。西方学术界,对文化所下的经典定义当推英国人类学家E.B.泰勒,他在《原始文化》(全名《原始文化:对神话、哲学、宗教、语言、艺术和风俗的发展之研究》)一书中说:文化"包括全部的知识、信仰、艺术、道德、法律、风俗以及其他人类作为社会的成员"③而获得的种种能力、习性在内的一种复合整体。中国学者周谷城在《论中西文化的交融》中亦认为:"所谓文化,无论是中国的或世界的,东方的或西方的,都只能是一个概括的、复杂的统一体。"④它强调了文化的内涵的多样性和复杂性,并逐渐为人们所接受。

"文化"一词在中国出现比西方早。在中国古代文献中,"文化"即是"以文教化",即是以封建伦理教化世人的意思。

---

① 朱狄.艺术的起源.北京:中国社会科学出版社,1982.37
② 中共中央党校科学社会主义教研室译.文明和文化.北京:求实出版社,1982.45
③ (英)爱德华·泰勒著.原始文化.连树生译.上海:上海文艺出版社,1992.3
④ 复旦大学历史系.中国传统文化的再估计.上海:上海人民出版社,1987.372

近代中国学者黄文山在《文化学体系》中说：文化"是人类为着满足生存的需要，凭借语言系统、技术发明、社会组织与习惯、累世承袭创建出来的有价值的'工具实在'"。

梁漱溟的《中国文化要义》则认为："以文字、文学、思想、教育、出版等为文化。"中国学者周一良认为文化可以分为狭义、广义及深义三个层次。深义文化，是"一个民族文化中最为本质或最具特征的东西"[①]。而中国学者庞朴又把文化分为表层（物质文化）、中层（制度文化）、深层（社会潜文化）等[②]。

中国国内大多数学者认为：狭义的文化是人类精神活动的产物，是纯粹精神创造的成果，如哲学、科学、文学、艺术、道德、风尚与宗教等方面的内容，是一种观念形态。广义的文化是人类一切精神文明与物质文明的总和。

马克思主义观点认为物质文明是精神文明的基础，而精神文明包括哲学、思想、科学、艺术、道德、教育形态等。因此，文明的发展和性质决定于各个时期的经济基础，并随之而变化。正如毛泽东同志在《新民主主义论》中所说："一定的文化是一定社会的政治和经济在观念形态上的反映。"

关于文化与社会经济、政治等的关系，如图1-1所示。

我们认为，要从客观的、综合的、交叉的多层结构的文化科学的特点出发，对文化的概念作广义、狭义与深义的解释。一般来说，广义的文化，是人改造世界的方式和能力以及改造世界过程中所创造的一切成果，这包括物质和精神成果。狭义的文化特指人们所创造的精神产品，诸如制度、哲学、宗教、文学、史学、艺术、科学与技术等。深义的文化，即比物质和精神文化更为深层的、最本质的、

---

① 周一良.中外文化交流史.郑州：河南人民出版社，1987.2
② 庞朴.要研究"文化"的三个层次.光明日报，1996-1-17

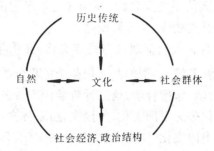

图1-1 文化与社会经济、政治等的关系

最核心的表现,它是民族性与时代性相结合形成较稳定的民族文化、民族心理精神的表现,称为民族魂或民族性格。它有优根性与劣根性之别,是一个民族精神的象征和特征,是维护、联系一个民族的无形和有形的东西,是一个民族生存、发展或衰败的重要因素。

本书主要阐述的是狭义的文化,它将着重对精神文化诸方面作简要的叙述;对于深义的文化,在本书第十五章中亦有所涉及。

3. 文化的类型

关于文化的分类,大致有时间、空间、行业与民俗方面几个标准。

以时间而言。人们把不同民族的文化划分为畜牧文化、农业文化、工商文化三种类型,或划分为农业文化、工业文化、后工业文化等等;有的又划分为古代文化、中古文化、近代文化、现代文化、当代文化。罗马尼亚哲学家A.特纳塞认为:人与人之间的通信关系有两次大革命,第一次是与"文字的出现相应的书面文化",第二次是通过当代的通信系统实现的"通信文化"。[①] 它说明文化与历史发展的联系既有连续性,又有阶段性。

以空间而言。人们把地区与民族文化,文化与地域或自然环境,划分为类型(系统)。例如罗素把整个世界哲学分为三类,即西方哲学、中国哲学、印度哲学。这三种哲学代表着三种不同的文化。国内有人将文化分为中国文化、外国文化;东方文化、西方文化。东方文化又分为中国文化、印度文化、阿拉伯文化、日本文化、朝鲜文化等。还有游牧文化、丛林文化、校园文化等,也是此种分类法的结果。梁漱溟的《东西文化及其哲学》把世界文化分为西洋文化、中国文化和印度文化。本书在文化的类型中提到的东方内陆大河文化、西方海洋文化也是从空间方面来划分的。

行业文化。它主要是指饮食文化、服饰文化、建筑文化、日用品文化、医疗文化、体育文化、旅游文化等等。

民俗文化。它是指一个民族或国家的民间传统文化和习俗文化。每个民族的传统节日,如中国的春节、端午节,西方的圣诞节、感恩节等等。

4. 文化的特征

文化由人类的多元性产生和演变出许多特征,主要有以下内容。

民族性与相似性。文化是人创造的,文化的民族性表现在不同的民族,由于不同的地理环境和历史条件的差异,产生出不同于别的民族的文化传统、文化心理与思维方式。民族性是空间概念,由于自然环境与经济发展水平相似,文化也会表现出不少相似的特

[①] (罗)A. 特纳塞. 从科学哲学到文化哲学——第17届世界哲学大会评述. 吴薇译. 国外社会科学动态,1984(3):7

征,如"象形文字"等。

时代性与稳定性。由于一个民族、国家的生产方式不同,不同的时代,有不同时代的精神,文化进而表现出时代的特性。当然,人类文化中深层结构中的某些内容,在一定程度上可超越时代,形成较稳定的文化。

继承性与创造性。任何民族的文化的产生、发展和创新,都有其内在的继承性,都经过了对传统文化的选择、取舍。离开了继承性就谈不上发展创新。世界各民族都重视自己的民族文化传统,并继承其优良成分。有的民族更能善于吸收外来文化,呈现文化的创新性,如日本文化就具有这一特点。

阶级性与非阶级性。人类进入阶级社会后,任何民族文化,都存在明显的阶级差异。当然,把一切文化都打上阶级的标签,是不科学的。因为文化也表现出超越民族、地域与时代的界限,表现出非阶级性特征。自然科学即属非阶级性文化。

5. 文化的性质

西方有的学者把文化的性质分为评比性文化与非评比性文化两类。评比性文化又分为优性文化与劣性文化,非评比性文化即中性文化。所谓优性文化,一般指先进的科技、发达的教育、优质的服务以及价值观念中的强调独立性反对依附性,重视现实,赞赏创造性和奋斗精神,反对墨守成规和不求进取性等。而吸毒、卖淫、同性恋、高犯罪率和颓废思想等文化糟粕,即属劣性文化。有人称它为畸形文化、鸦片文化等。

所谓非评比性文化,即中性文化。这类文化多与人们的行为方式、习惯、习俗相联系。属于这类的文化有:庆典、赠礼、玩笑、拜访、哀悼方式以及礼仪、禁忌、姿态、发式等。例如,中国人吃饭用筷子,西方人用刀叉。有人说刀叉容易使用,有人说筷子有益于人脑发育。其实它均是中性文化,并无严格的好坏之分。一般说来,中性文化是民族分野的重要标志,它有助于维持社会的团结与稳定,有助于增强社会的凝聚力。

按照马克思主义的观点,在阶级社会中,存在文化精华与糟粕。把封建主义与资本主义的某些文化糟粕视为腐朽文化,而把封建主义、资本主义、社会主义中有利于社会发展的文化精华称为先进文化。它是人类文明进步的结晶,是人类社会发展的灵魂。

从世界文化的角度来看,有先进与落后、优秀与低劣文化之分。但这些因素是可以转化的,由于时代不同,同是一种文化,这个时代是先进的,过了几个世纪,甚至仅一个世纪,先进的文化就变成落后的文化,这样的例子屡见不鲜。

二、世界文化史纲要

1. 世界是什么

在世界文化史的研究中,有两个问题要明确,即文化与世界。人类对世界的认识,从古到今,不断扩大,对世界文化史的认识也不断加深。随着考古学、人类学、民族学、社会学以及交通与科技的发展,人们才逐步认识世界。总的说来,是从点、线到面的认识过程。古人所知道的世界,在地理范围上是非常狭隘的。西方"史学之父"希罗多德的《历史》可说是一部早期世界史,它写的主要是希腊及爱琴海地区。中国司马迁的《史记》,把世界叫"天下",主要指的是汉代以中原为中心的世界。对世界突破性的认识是到15世纪地理大发现以后,世界的闭塞状态被打破,人们的世界地理的观念改变了。过去人们对世界的认识从小到大,现在随着通信与交通的发展,对世界认识又从大变小,甚至有人把现在的世界称为"地球村"。

本书所写的世界,主要指欧亚大陆,北非和中南美洲大陆,其他地区的人类文化发展较上述地区晚,本书暂未述及。

2. 东方与西方

从世界文化体系来看,东西方文化的源头与特点,的确存在着明显的差异。关于世界文化,我国著名学者季羡林把它归为四个文化体系:

△ 中国文化体系;

△ 印度文化体系;

△ 波斯、阿拉伯伊斯兰文化体系;

△ 欧类文化体系。

关于文化体系的概念,季羡林的看法是:"一个民族或若干民族发展的文化延续时间长、又没有中断、影响比较大、基础比较统一而稳固、色彩比较鲜明、能形成独立的体系就叫做'文化体系'。"[①] 上述四个体系都是古老的、对世界产生了巨大影响的文化体系。埃及和巴比伦的古代文化久已中断,阿拉伯伊斯兰文化继承了它们的一些东西,因此前者可以归入这个文化体系。

本书按东西方文化两大系统来写,按上述四个文化体系论述;前三者作为东方文化,后者作为西方文化。东方文化着重介绍中国、印度与阿拉伯文化;西方文化重点介绍希腊罗马文化、文艺复兴、启蒙时期及19~20世纪的文化。

---

① 季羡林.简明东方文学史.北京:北京大学出版社,1987.5

3. 宏观与比较

从宏观的角度进行文化史的比较研究,是马克思主义文化学家及中外著名文化史学家(如汤因比、陈寅恪等)经常运用的重要方法。比较有纵横两个方面:纵的比较,即历史的比较,今天与昨天的垂直比较;横的比较,主要是当时不同地域、不同民族、不同国家的文化模式的平行比较。通过比较,揭示其共同性和特殊性,加深对文化的认识和思考。

首先,世界文化史的内容不仅是一个地区、一个民族,而是世界各大洲、各民族,从古到今所创造的文化:它包括民族的传统文化和外来文化,文化交流是世界文化的普遍现象。世界文化史是跨学科的体系,它包括哲学、宗教、文学、史学、艺术、建筑等。但它并不代表具体学科,而是诸多文化要素的综合,对它应作整体性的研究。

世界文化史从宏观的角度研究世界各民族创造的文化,以及各种文化的起源、发展、衰落和成就以及各种文化的传播、交流、冲突和融合的历史。

其次,东西方文化的比较:古代世界东方的大河内陆农业文化有许多相似之处,但与西方的海洋文化又有其不同的特点。中世纪是光明的东方,黑暗的西方(特别是5~10世纪的西方)。中世纪后期东西方文化的传播与交流,特别是十四十五世纪以后,东西方经济活动的范围和特点不同,产生了更大的文化差异。16世纪以后,西方经文艺复兴、启蒙运动、资产阶级革命与工业革命,政治体制与法制的建立、经济与科学文化迅速发展,西方文化远远先进于东方文化。东方的中国和印度都落后了,整个东方受西方各殖民主义者的侵略与奴役。西学东渐,东方文化从属于西方文化。

再次,中外文化的比较是本书的重点之一。多年来,西方文化学著作的视野多以西方为文化中心,如黑格尔的《历史哲学》,英国《剑桥世界史》等。国内传统史学,讲中国史的不问世界史,讲世界史的不讲中国史,自己把中国排除到世界之外。其实,中国是世界的中国,要认识中国必须认识世界,要认识世界必须认识中国。文化史亦是如此。中国文化在汉唐时已开始走向世界,近代外国文化亦已走向中国,所以我们需要包括中国文化在内的世界文化史。关于这一点,郭沫若同志早在20世纪30年代《中国古代社会研究》的序言中就很有感慨地写道:"世界文化史的关于中国方面的记载,正还是一张白纸。恩格斯的《家庭、私有制和国家的起源》上没有一句说到中国社会的范围。……在这时中国人是应该自己起来,写满这半部世界文化史上的白页。"[①] 这是郭沫若当年向学术界、文化界发出的殷切呼喊。基于这一基本指导思想在这本书里,作者力图对中国文化在世界文化史中应有的地位,中外文化的交流与比较等作些初步的探索。

4. 吸收与创新

每个民族都有其传统文化,它的优良部分往往具有很强的生命力。在世界文化史研究中,善于发现和选择本民族与其他民族文化的特点与优点,是件极有价值的工作。对于文化的吸收与创新,本书提出"古今中外文化择优论"。要择优吸收,首先就得研究古今中外文化,否则就无法吸收,更难于结合本民族文化进行创新。善于吸收古今中外优秀文化,是一个民族获得发展的希望所在;善于创新,则是一个民族面临种种挑战而获得活力的源泉。

---

① 郭沫若.中国古代社会研究.北京:人民出版社,1954.3~4

三、本书关于世界文化史的分期

文化有其产生、发展、传播、交融和冲突的过程,因此就存在文化史的分期问题。弄清文化史的分期将有助于我们把握世界文化发展的基本线索与趋势。

关于世界文化史的分期,古今中外,众说纷纭。

1. 分期诸说

美国人种学家 L. 摩尔根的《古代社会》把人类的历史划分为三个时期:蒙昧时期、野蛮时期和文明时期。

中世纪基督教神学家圣·奥古斯丁从罗马思想家西塞罗那里继承了把人类历史分为从"生"到"死"的阶段,断言人类历史共有婴儿期、少年期、青年期、壮年期、半老期和老年期这"六段年龄"。

启蒙运动时期,意大利历史哲学家维科在其代表作《关于诸民族共同性的新科学原理》中认为人类历史经历了三个时代:一是"神的时代","在那个时代,异教人相信他们生活在神的政府统治之下,一切都由符瑞和神谕支配他们";二是"英雄时代","在那个时代,他们在一切地方都处于贵族政权统治之下,贵族们认为他们在品性上优于平民,据以进行统治";三是"人的时代",在那个时代,"所有的人承认他们自己在人的本性上是平等的,于是先建立民众国家,然后又建立君主国家,两者都是人的政府"。

德国哲学家赫德尔在其《人类历史的哲学思考》中认为,每个民族都依次经历着作为其童年期的"诗的时代",作为其青壮年期的"散文时代"和作为其老熟期的"哲学时代"。他试图对各民族的比较研究,归纳出各个民族历史"生命周期"的共同模式,而这正是后来斯本格勒、汤因比归纳的"文明形态兴衰周期"模式的滥觞之一。①

历史学家和社会学家非常关心文明发展的主要阶段和每个阶段所产生的文明类型。法国哲学家奥古斯特·孔德提出西方文明历经三大时代:宗教、军事时代——从有历史记载开始到罗马帝国灭亡的时代;形而上学、法律时代——中世纪到孔德的时代;科学、工业时代——近代科学应用于工业社会的时代。②

黑斯的《社会学研究绪言》把社会进化分为四个阶段。③

△ 野蛮阶段(savage stage)
△ 半开化阶段(barbarous stage)
△ 文明阶段(civilized stage)
△ 文化阶段(cultural stage)

美国历史学家海斯等人在《世界史》中把历史划分为文明的开端、古典文明、基督教文明和近代文明等几个阶段。文明的开端指猎人时代和农人时代的古代东方和美洲。古典文明指古希腊与罗马时代。它把基督教文明进入人类生活,错误地认为是古代世界的终结和新世界开始的标志。

当代美国哈佛大学教授杜维明认为世界文化是多元的,其发展阶段为:希腊文明—希伯来文明—基督教文明—欧洲文明—工业文明。它包括欧美资本主义文明(古典资本主义文明)、苏联工业

---

① 庞卓恒.比较史学.北京:中国文化书院,1987.29~32
② 中共中央党校科学社会主义教研室译.文明和文化.北京:求实出版社,1982.87~88
③ 中国文化研究集刊(第1辑).上海:复旦大学出版社,1984.448

文明和东亚工业文明(现代资本主义)。①

上述世界历史与文化史的分期,各有其合理的因素,但多以某一地区或按宗教与科技发展来作分期标准,有其不科学之处。海斯、杜维明对人类文明发展的观点是片面的,只讲了西方的文明,没有讲东方的文明,这是西方文明中心论的翻版。

马克思、恩格斯对世界整个文明期的观点认为"奴隶制是古代世界所固有的第一个剥削形式;继之而来的是中世纪的农奴制和近代的雇佣劳动制。这就是文明时代的三大时期所特有的三大奴役形式"②。

2. 本书的分期

历史与文化是相联系的,一部世界史,其中就有一部文化史。本书暂且沿用国内一般的分期,把世界文化史分为四个阶段,但也吸收了上述诸说的某些合理成分。本书的分期如下。

(1)古代文化(上古文化)

《文化的起源》一章,叙述人类起源到奴隶制产生前的文化。它分古代东方文化与西方文化两大体系来论述,其中包括东方的中国约从距今7000年前到公元前5世纪的仰韶文化至春秋文化,印度从公元前25世纪的印度河文明到公元4世纪笈多王朝的文化;西方从公元前20世纪到公元476年西罗马帝国灭亡的古希腊罗马文化。本书主要叙述古代东西方的文化。它包括原始社会和奴隶社会时期的文化。

---

① 中国文化书院讲演录编委会.中外文化比较研究.北京:三联书店,1988.93~115

② 恩格斯.家庭、私有制和国家的起源.马克思恩格斯选集(第4卷).北京:人民出版社,1972.172

(2)中世纪文化(中古文化)

东方的中国从公元前5世纪的战国文化到19世纪中叶的清朝文化,印度从公元5世纪笈多王朝到18世纪莫卧儿王朝文化,西方从公元5世纪西罗马帝国灭亡到17世纪英国资产阶级革命时期的文化。《宗教与文化》一章,叙述宗教的产生、教义的形成、宗教文化及其传播,也阐述了美洲印第安人文化及15世纪前的东西方文化交流。

(3)近代文化(17世纪~1917年)

从英国资产阶级革命到十月社会主义革命时期的文化。从世界文化发展的全局看,这个时期是西方资本主义文化占主流的时期。从15世纪到19世纪,西方文化经历文艺复兴到启蒙运动,资产阶级革命与工业革命,科学文化获得迅速发展。西学东渐,东方从属于西方。这个时期,产生了近代东方启蒙思想文化。

(4)现代文化

指1917年俄国十月革命至今的文化。这是西方资本主义文化、社会主义文化与东方亚非拉民族主义文化等多元文化并存时期。《现代世界文化》、《东西方文化交流与比较》两章简述了这一时期的文化。

四、学习世界文化史的目的和方法

1. 学习目的

(1)继承和发扬人类一切文化成果

继承和吸收历史的、当代的人类一切优秀文化成果,是进步人类与马克思主义者从来就重视的。列宁说过:"只有确切地了解人类全部发展过程所创造的文化,只有对这种文化加以改造,才能建设无产阶级的文化……无产阶级文化并不是从天上掉下来的……无产阶级文化应当是人类在资本主义社会、地主社会和官僚社会压迫下创造出来的全部知识合乎规律的发展。所有这些大大小小的途径,无论过去、现在或将来,都通向无产阶级文化。"[①]

文化是没有国界的,先进的文化必将超越国界和民族,被更大范围的人们所接受。所以,我们建设具有中国特色的社会主义文化,继承本民族的优秀文化传统与吸收外来先进文化是非常有益和必要的。

(2)中国社会主义改革开放的需要

当前,中国正处在一个大变革时期。如果说,文艺复兴引起意大利在政治、科技、教育、观念等方面的大变革,那么,从经济改革起步的中国变革,很快就会深入到政治、科技、教育和文化的各个领域。由于"文化"是一个覆盖面极广的概念,包括了人们的精神、物质生活诸因素,因此,随着改革的深化,时代对文化的研究提出了新的要求。日本为什么能成功,其奥秘之一,就是善于吸收外来文化。日本历史上有三次重大的文化引进,一次是大化革新,引进中国唐代文化,但没有使日本汉化;一次是明治维新,但没有使日本西化;一次是二战后学习美国,也没有美化。日本民族在自己传统文化的基础上,学习东西方文化,在许多领域超过了东西方,这是使人深思的文化现象。

(3)世界学术研究整合趋势与创新的要求

世界文化史是一门综合性、交叉性的学科,它与哲学、宗教学、文学、史学、科技等单门学科的研究有所不同,更多的是宏观研究。一部物质文化与精神文化、社会科学与自然科学相结合的文化史,对适应当前世界学术研究整合趋势的要求,无疑是有益的。中国著

[①] 列宁.青年团的任务.列宁选集(第4卷).北京:人民出版社,1974.348

名科学家钱三强预言,20世纪末到21世纪初将是一个交叉科学时代。

英国科学家培根说,知识就是力量。读史使人明智,哲学使人思考,文学使人想象,数学使人周密,伦理使人庄重,逻辑与修辞使人善辩。世界文化史的研究对培根这一名言的实现,将有裨益。

文化的积累是科学进步的因素之一。翻开世界文化史,我们就会发现,从但丁到牛顿,从哥白尼到李约瑟,隐藏在科学家背后进行科学发明和创造的自觉的与不自觉的动因,并不仅是杰出科学家短暂的智慧或灵感的爆发,而是科学家本人及当时整个国家、民族知识文化的积累与社会发展的需要。

文化积累是人类特有的属性,它不仅是同量文化在数量上的相加,而且也是新文化的创造。如果我们用 x_1, x_2, x_3(分别代表文科、理科、工科)表示原有文化元素,用 y 表示新文化元素,它的模式见图1-2。

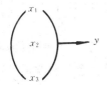 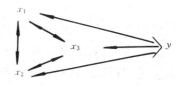

图1-2　文化积累模式图　　　图1-3　文化增长与科学发展的复杂变量模式图

它们之间的关系不是简单和孤立的,而是通过互相作用、影响和渗透,促进科学的发展。如蒸汽机的产生,引起社会的变革;"新三论"的发展,又直接或间接地影响社会科学的思辨,这就产生文化增长与科学发展的复杂变量模式(见图1-3)。

这些基础文化,或称为根文化,它常常带来派生文化。如蒸汽机的出现,大大促进了以蒸汽机为动力的文化产生,如蒸汽机船、蒸汽机车轮以及各种蒸汽机械。这里一方面根文化的产生受原有各种文化元素的交互影响;另一方面根文化产生后,又派生出许多交互影响的新文化,而且他们也都直接或间接地受原有各种文化元素增长与科学发展的影响。这样就形成了文化增长极为复杂的多层次变量模式(见图1-4)。其中 x_1、x_2、x_3 代表原有文化元素,y 代表新文化元素,y_1、y_2、y_3 代表派生文化元素。①

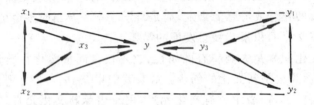

图1-4 文化增长的多层次变量模式图

在文化变迁进程中,不仅表现为新文化的增加,而且也表现为旧文化的淘汰和消失。

文化积累,从宏观世界来看,一种是民族文化的积累;另一种是外来文化的积累。两种文化的积累形成了文化与科学的两种途径:民族文化积累形成文化丛及科学群,外来文化积累形成文化流与科学流。

文化积累与综合研究,造就了众多科学巨人,李约瑟就是其中的一个。李约瑟博士被伦敦的《泰晤士报》推选为1981年"不列颠之大脑"(Britain's Brain)。其原因,《泰晤士报》指出:

△ 李约瑟博士既精通自然科学,又精通社会科学;

---

① 参阅:司马云杰.文化社会学.济南:山东人民出版社,1984.315~316

△李约瑟对欧洲文明、阿拉伯文明和中国文明都有广泛的了解并掌握其文献。

从李约瑟的成就,可以看出综合性、交叉科学研究的价值与潜力。学习世界文化史正有助于这方面的研究。

(4)扩大知识面与文化视野,提高文化与思想素质

文化素质,包括三个能力因素:学习活知识的能力、应用知识的能力和创造知识的能力。为此,研究世界文化史,其一,将有利于加强知识的多面性,使思维能力得到多方面锻炼。其二,具有跨学科的综合性研究,促进学科间的渗透,提高学术水平。其三,丰富人们的精神世界,对了解中华民族传统文化与吸收外来有益的文化,无疑是有益的。同时有利于提高民族文化素质,增强国民社会历史责任感,促进民族的生存和发展。

综上所述,研究与学习世界文化史,是时代文明进步的需要,是当代世界文化研究潮流,也是继承和发扬人类一切优秀文化成果,提高全民族的文化素质,使我们国家和民族得以自立自强的一个重要途径。

2. 学习和研究的方法

(1)历史研究法

历史研究法主要从三方面入手,一是研究各民族文化的历史与现状;二是从世界文化发展的高度探讨一个地域的文化特点和状况;三是从某一侧面或专题,如宗教文化、文化交流的发展过程在各个历史阶段所起的作用等方面进行研究。

历史研究法要注意直通和横通。直通是时间顺序,横通是空间关系。其次,要善于读书,树立良好的学风。周恩来同志曾说过要"为中华之崛起而读书"。

(2)比较研究法

研究世界文化史,要从世界全局出发,从宏观的角度,把人类的文化历史发展作一个整体进行考察。

比较的分类:从时间上分,有历史的纵向比较与同时期的横向比较。从空间范畴上分,有宏观比较和微观比较。从内容上分,有比较哲学、比较文学、比较宗教、比较教育、比较史学等等。

比较要遵循"对等原则"。时间上,年代要大体相同或相近,对不同区域文化体系文化价值进行比较,如古代的东方与西方,中世纪的东方与西方等。空间上,要注意不同地域、民族、国家之间文化比较。内容上,要注意文化构架中自身要素的复杂性,与不同的文化构架中要素进行对应比较。

比较的作用,在于了解文化系统的共性和差异,揭示其共同性及规律性。同时,探讨文化的多样性,把握丰富多彩的世界文化。这样才可能克服文化史研究中的狭隘性。法国比较史学家马克·布洛克指出,比较研究方法可克服"国家孤立主义"的倾向,就是用单一的国家因素,来解释复杂的历史现象。同时,把研究的个别事物,纳入广阔的文化背景中加以比较,从而更好地进行创新研究。

(3)表象考察法

对于表层的文化现象,进行实地考察、社会调查,搜集整理第一手资料,从中再逆溯到古代,了解古代文化。这是从近到远,从今到古的研究方法。近一两个世纪的人类学家在印第安人的集居地区,观察他们如何进行手工织布,采取什么工具;观察其宗教与节日文化,从中可考察其民俗与宗教的起源。又如:从我国少数民族的风俗、语言、婚姻、歌舞等文化中,还能看到母系氏族的痕迹。另一方面,对我国传统文化中深层内容,通过调查,可引起沉思和理解。这样的例子是很多的。

(4)观念分析法

观念分析法是从考察人们的生活方式和生产方式出发,研究人们的价值观念。这是从表层到深层的研究。任何一个民族的文化构架,都包含了思维方式、价值观念、审美意识、政治意识、道德观念、时空概念等众多要素。不同的观念、意识交织在一起成为文化构架。通过表象考察、文献阅读、比较研究、综合分析,从表及里,逐步认识一个时期或阶段其民族性、哲学、文化或艺术的某些观念。这是较深较难的研究,是从感性升华到理性的研究。

(5)现代科学诸方法

如诠释学、发生学、生态学、心理学、系统论、控制论、信息论、协同学、科学学、耗散结构理论、灰色理论、泛系方法论和数学方法等等。

上述种种方法都有人进行过探讨,我们可以根据自己的专业条件进行开创性研究。

文化的起源

在人类被创造出来之前,地球上面根本说不上有光荣,也根本说不上有伟大。

——玛雅传说

呵,人类,只有你才有艺术!

——(德)席勒

一、人类的起源

1. 人类起源诸学说及几点启示

(1)传说、假说与学说

19世纪之前,关于人类起源的解释经历过传说、假说和学说三个阶段。

人类起源的传说,几乎在世界各民族中都存在。北欧神话传说人是天父奥定用木片造成的。基督教《圣经》说上帝创造万物和人类,世界上第一个男人亚当是上帝用泥土造的,而第一个女人夏娃却是亚当的一根肋骨造成的。

西方除上帝造人说外,较为流行的还有泥土造人传说。如希腊神话里说,当世界拥挤着各种动物时,还没有"有灵魂的生物"。伟大的先觉者普罗米修斯知道"天神的种子"埋在泥土里(地母崇拜的遗迹),就用粘土"按天神的样子"捏造了人类。新西兰神话里有吉般神用红泥和自己的血造人的传说。

在中国,汉族神话里,有女娲氏抟黄土作人的传说。中国盘古神话与印度的开辟神话十分相似:"最初,此世界唯有水,水以外无他物,水产出了一个金蛋,蛋又成一人,是为拍拉甲拍底,实为诸神之祖。"①

中国少数民族关于人类起源的传说中,有独龙族嘎美和嘎莎用土捏人的传说,彝族的史诗《阿细先基》对人类起源的解释也属于"泥土造人"说,但又描写了人类进化的具体过程。在先基时,男神阿热和女神阿咪在太阳下面用九钱黄泥造成第一个男人,在月亮下面用八钱白泥造成了第一个女人。佤族传说人是从石洞里走出来的,高山族传说人是石头生的,黎族传说人是从葫芦里来的。泥土造人说与农业生产有关。

印度东北地区卡西、加洛和那加族(印度东北阿萨姆)的创世说,反映了原始人对宇宙的认识。他们相信世界是神创造的。卡西族认为鸟、布莱、农格赛伍创造了世界。"很久以前,神创造了宇宙和大地。后来有了五个孩子:月亮、太阳、水、空气和火。月亮和太阳依次转动产生了天空的全部星星,而其他三个孩子产生了大地表面上的全部动物。"②

综上所述,各民族的人类起源传说,基本上是两个类型。第一类型:天地开创传说,包括解释宇宙起源、天地之间各种自然现象

---

① 茅盾.神话研究.天津:百花文艺出版社,1981.164
② 朱昌利.印度东北地区少数民族的原始宗教.昆明:南亚研究季刊(2),1987.83

起源。第二类型:种族和文明起源的传说,包括解释人类及本族始祖起源、人类文明(风俗、伦理)起源。

19世纪中叶以来,考古学和人类学者通过对世界许多地方发现的原始人类化石的研究和实地考察,提供了人类起源与发展的科学证据,提出了从猿到人的假说与学说,其中四位学者贡献最大。

法国拉马克(Lamark,1744～1829年)1809年发表《动物哲学》,提出"人类来源于猿"的科学假说。

英国达尔文(C. Darwin,1809～1882年)著《物种起源》(又译《物种原始》)、《人类的起源及性的选择》提出进化论观点,说明人是从"类人猿"发展演变而来的。他根据对生物界的大量直接观察和实验,论证生物界经常处于变化过程中,新种形成和旧种消失是自然历史发展的结果,从而为拉马克提出的进化论奠定了科学基础。认为物种形成及其适应性和多样性的主要原因,在于自然选择(其元素是变异、遗传和生存竞争)。生物为适应自然环境和彼此竞争而不断发生变异,适于生存的变异,通过遗传而逐代加强,反之则被淘汰,即所谓"物竞天择,适者生存"的原理。还把进化论应用于人类学,阐明了人类在动物界中的位置及其由动物进化而来的根据,为科学的人类起源理论打下基础。达尔文学说推翻了神创世界、上帝造人、物种不变的形而上学的宗教唯心主义观点,完成了人类认识,特别是对自然界的认识的一次伟大变革。马克思、恩格斯对此予以高度评价。

英国赫胥黎(Thomas Henry Huxley,1825～1895年)在《人类在自然界的位置》一书中论述人类与动物,特别是与猿类的关系,首次提出人猿同族论。他的科学发现,遭到宗教人物的嘲笑和攻击,说他是"邪恶的人","是你的祖父还是祖母是猿血统?"他上街时,就有人喊:"猴子来了。"但这是科学,科学是不怕嘲笑的,正如他在为该书再版的序言中写道:"总有一天'真理会取胜';即使真理在他的一生中未能得到胜利,为了坚持真理也会使他变得更好,更加聪明。而且他会感到,他的一切努力和辛苦,总是可以得到圆满的报偿的。"① 达尔文的名著《物种起源》问世后,赫胥黎予以大力宣传,在同反进化论的宗教势力的论战中,捍卫了达尔文的学说。

恩格斯(Friedrich Engels,1820～1895 年)在《劳动在从猿到人转变过程中的作用》中,提出"劳动创造了人本身",奠定了人类起源的科学基础。

(2)人类起源地域诸说

人类起源地域学说有五种:西欧起源说、北亚起源说、中亚起源说、亚洲起源说与非洲起源说。

西欧起源说。所持理由,一是欧洲发现的人类遗迹特别多,自 1823 年到 1925 年的 102 年中,西欧发现属旧石器时代及新石器时代的人类遗骨不下 116 件。属旧石器时代之后、新石器时代之前的人类遗骨达 236 件。两者合计,西欧发现的达 352 件;二是其他各地发现的人类遗迹特别少。在亚洲,只有 1891 年在爪哇发现的直立猿人遗迹。北京猿人,1921 年才开始发掘,当时所得不多。至于非、美、澳更无新发现。由于这两点理由,西欧起源说一时很流行。

北亚起源说。国利伐(Quatrefages)等人于 1889 年发表《人类通史》一书,一方面批驳人类祖先起源各地的理由,另一方面则注意探求人类出现的中心地点。他认为爱斯基摩人实为北方最早出

---

① (英)赫胥黎.人类在自然界的位置.人类在自然界的位置翻译组译.北京:科学出版社,1973.5

现的人种,并提出因北方冰河所迫原始民族南迁的理论。

中亚起源说。1857年莱底(Joseph. Leidy)和1911年马爵(Dr. William D. Mathew)提出此观点。他认为中亚文化发现极早的区域,西边有加尔提、小亚细亚、埃及等古文化区;南边有印度古文化区;东边有中国古文化区。在史前时代、古典时代以及中世纪有许多民族从这地方涌出。其中东北经过阿拉斯加入北美及南美洲,东南则经马来西亚入澳洲。故他持中亚起源说。

亚洲起源说。奥斯本提出此观点,认为人类的发展,最初都在野外,后乃进入洞穴。其根据是:天然的食物丰富,或不费力可取得食物的地方,人类发展常呈停滞不前或倒退状态;人类最初的智慧与最早的文明,都在旷野中养成;当近生代第三纪时,亚洲为多雨水、多丛林、易觅食之地,都只便于人猿生存,而不利于人类的出现。而旧石器时代的人类,则出现在气候枯燥的高原。[①] 这种见解与汤因比的挑战与应战论有相似之处。

非洲起源说。从20世纪起,非洲发现不同时期的人类化石,如肯尼亚库彼弗拉KNM-ER3733号人、坦桑尼亚的恩杜图人、非洲南部的斯普灵布克人等,为此说提供了不少依据。

(3)几点启示

从人类起源诸说和人类起源地域之争中,我们可以得到如下几点启示。

首先,人类起源是多源头的,不是单源头的;是多线的,不是单线的。

其次,从猿到人化石的发现和研究,进一步论证了人类产生三阶段的基本观点的价值。它拨开了传说的迷雾,使人类看到了自己

---

① 周谷城.世界通史(第1册).北京:商务印书馆,1983.16~21

的祖先远古的生活与文化。

第三,古代人类文明的发展是不平衡的,从发现人类的化石遗迹和最早的文化区域看,有时间先后和文化的发达程度不平衡现象,这与各区域的地理环境有关。人类起源无所谓什么中心论。20世纪曾有"中国人种西来说",系纯属捏造的谬论。

第四,人类文化产生的地区,最早处于闭塞与孤立状态,处在地球上的零星的几个点。随着生产的进步,从旧石器时代到新石器时代,再到金石并用的时代,社会三大分工的发展,游牧畜牧业的活动,人类活动才从点发展到线,文化传播与交流才由一个地区到另一个地区,进而促进了各地区文化的发展。

2. 早期人类遗骨的发现

1876年,恩格斯在《劳动在从猿到人转变过程中的作用》中提出了有关人类起源和发展的三个科学概念,即:攀树的猿群、正在形成中的人、完全形成的人。这三个科学概念概括了人类依次递进的发展阶段。攀树的猿群是指生活在树上的古猿,正在形成中的人是指从猿到人过渡期间的生物,完全形成的人是指已经能制造工具的人。

中国人类学家把完全形成的人的发展过程分为早期猿人、晚期猿人、早期智人和晚期智人四个阶段。

早期猿人(约350万至150万年前):现已发现的化石有坦桑尼亚北部的伽鲁西河流域的拉托利地层的13个成年早期人类的化石,测定年约为377万至359万年前;埃塞俄比亚东北部的哈达尔人化石,测定年约为350万年前;中国的元谋人,测定年约170万年前。早期猿人的典型化石为"KNM-ER·1470号人头骨",

1972年发现于肯尼亚特卡纳湖地区,年代经测定为200万年前。①

晚期猿人(称直立人,约150万年至30万年前):现已发现的化石主要有中国陕西蓝田人,北京周口店的北京人,印度尼西亚的莫佐克托人,爪哇直立猿人,阿尔及利亚和摩洛哥的阿特拉人,坦桑尼亚的舍利以及德国的海德堡人等。

早期智人(古人,约20、30万年至5万年前):欧、亚、非广大地区均有化石发现,主要有德国的尼安德特人,简称尼人;中国的广东马坝人、山西的丁村人、湖北的长阳人、贵州的桐梓人;非洲的布罗肯山人和萨尔纳人等。早期智人脑容量约1 350毫升。经长期劳动,人类的智慧和体质有了很大的发展,发展和演变为晚期智人。

晚期智人(新人,约5万年前后):其活动地区比早期智人更为广泛。不但在亚、非、欧洲,而且分布到大洋洲和美洲。约5万年前,亚洲的人类越过冰冻的白令海峡到美洲,又通过东南亚的岛屿进入澳洲。已发现的化石有法国的克罗马农人,德国的阿伯加萨人,意大利的格里马狄人,苏联的科斯钦基人,阿尔及利亚的阿尔法卢人,中国广西的柳江人、四川资阳人、北京的山顶洞人、内蒙的河套人、云南的丽江人、台湾的左镇人。晚期智人的体质形态和现代人类已大体相同。②

3. 世界三大人种

晚期智人时代,现代人种已出现端倪。因长期受自然和历史条件的影响,人体在肤色、发型、眼型、鼻形、身材等方面有了差别。人类学家把世界人种划分为黄种(即蒙古人种)、白种(即欧罗巴人

---

① 转引自刘家和.世界古代史.长春:吉林人民出版社,1984.10
② 刘家和.世界上古史.长春:吉林人民出版社,1984.6~13

```
                  ┌ 中国人
                  │ 日本人
             ┌ 甲 ┤ 朝鲜人
             │    │ 暹罗人
             │    └ 其他亚细亚东部人
             │    ┌ 蒙古人
        ┌ 黄 │    │ 鞑靼人
        │ 种 ┤ 乙 ┤ 鲜卑人(即今西伯利亚人)
        │    │    └ 其他亚细亚北部中部人
        │    │    ┌ 土耳其人
        │    └ 丙 ┤ 匈牙利人
        │         └ 其他在欧洲的黄种人
        │  甲、
        │  含米特人 ┌ 埃及人
        │ (Hamitic)┤ 利比亚人
        │          └ 哥士人(居阿拉伯及埃及之南)
        │          ┌ 亚西里亚人
        │  乙、    │ 巴比伦人
        │  闪米特人┤ 腓尼基人
历史的  │ (Samitic)│ 希伯来人(犹太及以色列人)
人种  ┤ 白       └ 阿拉伯人
        │ 种              ┌ 印度人          
        │          ┌ 亚细亚之部 ┤ 伊朗人 ┤ 米底亚人
        │          │                      └ 波斯人
        │          │          ┌ 希腊人
        │  丙、    │          │          ┌ 法兰西人
        │  雅利安人┤          │ 罗马人  ┤ 意大利人
        │ (Aryan)  │          │          └ 西班牙、葡萄牙人
        │          │          │          ┌ 高卢人
        │          │          │          │ 白里敦人
        │          └ 欧罗巴之部┤ 凯尔特人┤ 苏格兰人
        │                     │          └ 爱尔兰人
        │                     │          ┌ 挪威人、瑞典人
        │                     │ 条顿人  ┤ 德意志人、丁抹人
        │                     │          └ 荷兰人、英人
        │                     │          ┌ 俄罗斯人、波兰人
        │                     └ 斯拉夫人┤ 塞尔维亚人、波希米亚人
        │                                └ 其他
        └ 黑 ┤ 非洲人
          种
```

图 2-1

种)、黑种(即尼格罗人种)。人种的外貌差异不影响人的智力优劣。种族主义者捏造和宣扬种族有优劣,说白种人起源于智人,是天然的优等民族;而有色人种起源于古人和猿人,是天然的劣等民族。这是毫无根据的,现代黄种、黑种人文化的崛起,有力地驳斥了种族优劣论的观点。

梁启超所做的人类分类列表如图2-1所示。[①]

此种分法是相对的,现代西方各人种间的通婚,产生出许多混血儿。除上述三个人种外,还有棕种人等。

二、语言文字的起源与世界主要语系

1. 语言的起源

人类与其他动物的区别之一,是他的语言能力。语言是人类社会特有的一种信息系统,是人们用来表达思想和交流思想的工具,它的起源与人类的起源是分不开的。据语言学家估计,人类语言的产生,迄今至少有10万年了。

关于语言起源,世界各国学者提出各种不同的学说,诸如神创起源说、社会约定说、感叹说、手势说、摹声说、劳动起源说等。

(1)神创起源说

亚当是上帝创造的,他给事物起名字的能力(语言能力),自然也是上帝赋予的。这种观点在中世纪以前很流行。5世纪时,据说有一位被认为是无神论者的圣·道塞尔曾坚持说:"一切婴孩都应'学习'说话。"好像语言这种极有价值而又必需的礼物,上帝忘了赋予人们一样。这样说似乎是对上帝的不敬,因此受到一些人的攻击。

---

① 梁启超.中国历史研究法五种.香港:三联书店香港分店,1980.19

(2) 约定俗成说

这是18世纪亚当·斯密和卢梭等人提出的观点。他们认为，原始人类在没有语言之前，通过相互约定，规定了一些物体的名称，这样就创造了语言。

(3) 感叹说

这是18世纪卢梭提出的。卢梭说："最初的语言是充溢热情的歌唱的语言，只是后来才变成普遍的、有条理的语言。"他们认为，人类有恐怖、欢乐、悲痛等感情，自然就会发出各种叹声。这种感叹声就发展成为原始人类的语言。英国著名作家赫·乔·韦尔斯在其《世界史纲》中说，最初的语言可能是少数惊叹词和名词的集合。中国近代语言学家黎锦熙也说："人类的言语起源于叹词，在语言学上又叫做'叹词起源说'。"[①]

(4) 手势说

古希腊哲学家苏格拉底认为，假如人类没有发音能力，所有的人就会像聋哑人那样使用手势进行交际。17世纪中叶，一位叫做达尔加诺的学者提出，人类起初一直是用手势进行交际的，后来才产生了有声的语言。卢梭、伏尔泰也持类似的观点。进入20世纪，德国的心理学家冯特、苏联语言学家马尔以及中国语言学家王力也主张手势说。但斯大林在《马克思主义和语言学问题》中，认为手势语言只能作为辅助交际的手段，不能与有声语言等量齐观。

(5) 摹声说

这是有关语言最古老的假说之一。古希腊的斯多葛派哲学家就用这种理论解释语言的起源。最早的人通过模仿自然（比如动物）的叫声，创造了第一批词。17世纪德国哲学家赫德尔、莱布尼茨亦有类似的观点，他们认为，原始人类听到了自然界的声音如潺

---

① 黎锦熙. 新著国语文法. 北京：商务印书馆，1955. 348

潺的流水、呼呼的风声、啾啾的鸟鸣等,就进行模仿,于是就产生了语言。德国语言学家保罗认为,有的模拟成了个别物体或动物名称的主要手段,但这些词在词汇中所占的比重甚小。这说明摹声说的局限性。

(6)劳动起源说

这是马克思主义关于语言起源的基本观点,是唯一正确的说法。远古时代,人类在猎取野兽或砍运大树等艰巨劳动中,他们需要协同动作,互相呼唤,表达感情,交流思想,甚至觉得"有什么东西非说不可"。劳动使人的发音器官变得灵活,思维逐渐发达,逐渐可以发出抑扬顿挫的音调和一个个清晰的音节。正如恩格斯说的:"语言是从劳动中并和劳动一起产生出来的。"[①] 随着人类生产与生活内容的丰富,思维能力的提高,语言便丰富起来。因此劳动创造了人类,也创造了语言。

关于语言起源的理论,归纳起来,可以分为两类:一类是涉及语言产生的一般原因及条件,如劳动起源说等;另一类则阐述语言的工具过程,如手势说等。

我们认为,语言的起源,具有决定性的条件是原始人的劳动。猿人在劳动过程中获得了丰富的感觉、表象、知觉,在从猿到人的演变过程中,语言和意识同步产生,所以说劳动创造了语言,劳动创造了人。至于其他条件,有的在语言产生的过程中起了加速、辅助和丰富语言的作用,不能说是语言的起源。如摹声说,同是"猫"字,汉语可能是拟声的,但苗族大南山话叫tsú,英语叫cat,都不是摹声的;又如太阳、月亮、春天、夏天等本身不发出声音,也就无声

[①] 恩格斯.劳动在从猿到人转变过程中的作用.马克思恩格斯选集(第3卷).北京:人民出版社,1972.511

可拟,这就说明只有少量的词是摹声的,摹声只起丰富词汇的作用。① 至于神创起源说,更是荒唐。

2. 语言群与语种

人类开始形成比家族、部落更大的共同体时,语言帮他们交流思想,传播经验,由于古人受自然环境及活动范围的限制,他们被森林、山脉、河流、沙漠和海洋所分隔,他们讲着不同的语言。赫·乔·韦尔斯认为,在一万年或更早以前,讲雅利安语、闪米特语、含米特语、美洲印第安语和中国汉语等的部落与家族,各自在他们的地区进行狩猎、放牧和偶然的耕种,他们大体都处在相同的文化阶段,各自按自己的方式发展了语言的工具。② 远古的世界,人口稀少,全人类也许只有几万人。随着人口的增加,部落的发展,民族的形成,语言群亦逐步形成。到了近、现代,语言学家、民族学家对语言进一步研究发现,现在世界上的语言族系繁多,经过质变,有的原始语言已经消失了,有的仍在发展。一般认为,世界上现在约有3 500多种语言。马学良在《语言学概论》中根据一般的说法,把现在世界上的语言归纳为下列语系:汉藏语系、印欧语系、乌戈尔-芬兰语系、萨莫特语系、阿尔泰语系、伊比利亚-高加索语系、闪含语系、达罗毗荼语系、柯伊撒语系、南亚语系、南岛语系、苏丹语系、班图语系、印第安语系等。此外还有许多语系未定的语言,如日本语、虾夷语(日本北海道及苏联库页岛南部)、布鲁沙斯基语(帕米尔南部)等等。

语系包括语族、语支、语言。例如,汉藏语系,包括汉语、侗傣语

---

① 马学良.语言学概论.武汉:华中工学院出版社,1981.3
② (英)赫·乔·韦尔斯著.世界史纲.吴文藻等译.北京:人民出版社,1985.154~166

族、苗瑶语族、藏缅语族4个语族。印欧语系是世界上语族、语支最多、语种最复杂的语系。它包括英语、法语、德语、西班牙语、意大利语、希腊语、亚美尼亚语、波斯语和各种印度语，或称作印度-欧罗巴语系。

语系有相同的词根，相同的语法概念。例如英语的father、mother，德语的vàter mutter，拉丁语的pater、mater，法语的père、mère，梵语的piter、māter等。闪米特语，包括希伯来语、阿拉伯语、阿比西尼亚语、古亚述语、古腓尼基语等。

世界语言的地理分布如下。

亚洲：语言主要分属于汉藏、阿尔泰、南岛、印欧、闪含、南亚、伊比利亚-高加索、达罗毗荼等8个语系。

欧洲：语言分属印欧、乌戈尔-芬兰两个语系。印欧语系包括日尔曼族语言、斯拉夫语言。

美洲：语言分属印欧语系。美国用英语，加拿大用英、法语。拉丁美洲除巴西讲葡语外，其他国家讲西班牙语，还有印第安语。

非洲：北非使用闪含语系闪语族的阿拉伯语和阿姆哈尔语；西非和索马里使用闪含系含语族的豪撒语和苏丹语系语言；东非和中非使用班图语言；南非多使用英、法语，另外还有为数较少的霍屯督语、布须曼语等。

澳洲：主要用英语，此外还有土著民族语言。

3. 文字的起源

文字，在人类进化史上，是发蒙启昧的关键，是人类文明与野蛮的分野。文字是人类文明的标志。美国人类学家摩尔根在《古代社会》中认为文明社会"始于拼音字母的发明和文字的应用"。恩格斯基本同意摩尔根的意见，指出野蛮时代的高级阶段，"由于文字的发明及其应用于文献记录而过渡到文明时代"[①]。

文字的出现,是文明最主要的标志之一。英国考古学家丹尼尔在《最新的文明》中指出,文明至少具有三个标志,其中之一是文字。只有有了文字,人类才有了文明史,才有了严格意义上的文化。

文字是在语言的基础上产生的,即先有语言而后有文字。在没有文字之前,人类为了适应彼此交流、交换的要求,靠的是有声语言。语言只能口口相传,留于后世。但由于社会发展,人口增加,各个部落联系加强,社会复杂了,单凭口语不成了,从而有了创造文字的可能。在真正的文字产生出来之前,人们想出了一些帮助记忆,辅助口说语言以完成交际任务的方法,这些方法,可以大致归为三类:

(1)结绳记事法

这是原始人类常用的记事方法。人们为了帮助记忆、传达信息,用绳子打成各式各样的大小绳结。世界上许多民族都经历了这个阶段,古代中国、日本、埃及、波斯、墨西哥、秘鲁都很流行结绳记事法。古代秘鲁的印第安人,用结绳的办法来记载历史和传说,他们还用不同的绳子代表不同的意思,如用红色代表战争,黄色代表金子,白色代表银子,用结的多少表示数目等。直到现在,秘鲁一部分牧牛人仍使用这种记事方法,牧童也学会"结绳字母"。学术界称它为"表意文字"。严格说来,它不能算是文字,只是文字产生的先导。

(2)契刻记事法

伴随结绳记事而出现的刻本记事。刻本记事一般有木刻、石刻和陶刻等形式。中国《易·系辞》云:"上古结绳而治,后世圣人易之

[①] 恩格斯.家庭、私有制和国家的起源.马克思恩格斯选集(第4卷).北京:人民出版社,1972.21

以书契。"关于"书契",一种意见认为即文字。契,就是刻,古代文字多用刀刻,故名。一种意见认为"书"指文字。契指刻本以记数、记事。李鼎祚《周易集解》:"百官以书治职,万民以契明其事。"中国新石器时代的仰韶文化、良渚文化、马家窑文化、龙山文化等遗址中,都发现了不少器物上的契刻符号。西安半坡遗址出土的一百多件陶器中,计有 20 多件不同形状的契刻符号,考古学界把它们分为五类:一类是竖道形符号,可能表示数目的,如 ノ、〕;第二类,竖道带钩状符号,可能表示事物的性质与状态的,如 ↑、丶、乙、✓、↑、↓;第三类,竖道旁带刺形状符号,可能表示事物性质与数量的,如 ᛃ、ᛈ;第四类,竖道加横道形状的符号,可能表示一种事物,如 丅、十、半;第五类,其他形状的符号,可能表示特殊事物,如 山、K、廾等。这些刻划符号,学术界有不同的意见,有的认为,契刻符号出现在结绳之前,有的认为交错介入。它也许是中国古代文字的萌芽。①

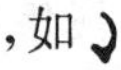

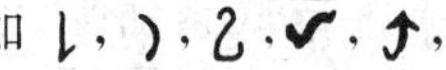

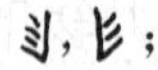

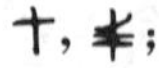

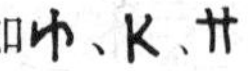

中国八卦,亦是契刻符号,人们用一种假设符号表示事物或数目如图 2-2 所示:

☰ 为乾,代表天; ☷ 为坤,代表地;
☳ 为震,代表雷; ☴ 为巽,代表风;
☵ 为坎,代表水; ☲ 为离,代表火;
☶ 为艮,代表山; ☱ 为兑,代表泽。

图 2-2 用契刻符号表示的中国八卦

云南的哈尼族用 ※、十、一、○ 分别代表 100 元、50 元、10 元和

---

① 汪宁生.原始记事到文字发现.考古学报,1981(1):12

1元。

在世界各地亦都发现古代契刻记事的遗迹。斯里兰卡的僧伽罗人邀请某人时,便交给他一根刻有一至三个刻痕的蔓藤。若有紧急事,刻痕数目更多更复杂。僧伽罗人还用一种刻划符号的树叶或木片交给吠陀人作为向他们索取鹿肉和蜂蜜的消息。爱斯基摩人、日本阿依努人也都有以刻木交换、传递信息的习俗。在北美的印第安人阿尔贡金部落,还用15厘米左右长的木条或木牌来刻记他们的历史和神话。

(3)图画记事法

又称"图画文字"。图画文字的特点是以图形象征思想,以具体图样表达具体的事物,达到传播文化的目的。这是文字产生的雏形。北美的达科塔人在牛皮上作图画文字记载每年发生的大事。其中1800年画了一个人形,全身布满红黑二色的点,表示那年流行天花;1813年也画了一个人形,口部有三条横线,表示那年流行百日咳;1840年画两手相向,表示那年达科塔人与外族和好;1851年画了一张古形毯周围环坐着人,表示那年达科塔人曾经得到政府送的毡毯。后来"图画文字"便演变为文字。

三、艺术的起源

"呵,人类,只有你才有艺术!"席勒的这句诗,道出了艺术是属于人类的。有了人才有了艺术,艺术起源的地方,就是文化起源的地方。艺术是人类智力发展到一定阶段的产物,是人类意识形态的一种表现。

1. 艺术起源诸说

关于艺术的起源,众说纷纭,目前较流行的主要有下列诸说。

(1)模仿说

它始于古希腊哲学家德谟克利特、柏拉图、亚里士多德等人。从编年史的意义说,这是一种涉及艺术起源的最古老的理论。主要论点是:文学艺术来自对自然界和社会生活的模仿,而模仿又是人类固有的本能。模仿说自提出以后,直到19世纪末仍然具有极大的影响,比如车尔尼雪夫斯基就很喜欢亚里士多德的模仿说。今天在西方美术界用模仿说作为艺术起源的动力的人已经不多了,因为事实上许多现象,例如史前洞穴壁画很难用模仿的冲动去解释。不过这些壁画的轮廓本身却来自模仿,因此,模仿不是艺术的起因,只是艺术不可少的手段。

(2)游戏说

艺术起源于游戏这是18世纪康德首先提出的论点,后经斯宾塞、席勒补充、发展。其主要论点是:人们从事艺术创造活动不带有任何功利目的,人们在现实生活中受到物质和精神活动的约束,只能将过剩精力从事游戏,借以创造一个自由天地,这就是艺术创造的起因。游戏说没看到游戏和文艺创作都后于生产劳动,最终受劳动生产所制约,因此对艺术的起源作了错误的解释。

(3)巫术说

巫术说最早是由英国著名人类学家爱德华·泰勒在他的《原始文化》第四章中提出来的。托马斯·芒罗亦提出这种观点。"在早期村落定居生活的阶段……祈求下雨就泼水,祈求打雷就击鼓,而符咒则经常被用之于雕刻和装饰,被认为能带来好运气和驱逐魔鬼。巫师有一整套的工具,包括假面、化妆、棍棒和符咒、巫术油膏、响板等。而礼仪的活动,说、唱、舞蹈都被用来保证巫术的成功。"[①]

---

① 朱狄.艺术的起源.北京:三联书店,1988.136

艺术起源于巫术的说法,遭到一些人的反对,有人认为艺术与巫术的起源有相应的区别和联系。

(4)劳动起源说

提出这一学说的著名学者有格罗塞、沃拉斯切克、毕歇尔、希尔恩、梅森、恩格斯、柯斯文等。他们主要利用人类学提供的材料,考察原始艺术起源的问题。恩格斯指出:"劳动本身一代一代地变得更加不同、更加完善和更加多方面。除打猎和畜牧外,又有了农业,农业以后又有了纺纱、织布、冶金、制陶器和航行。同商业和手工业一起,最后出现了艺术和科学。"[①]

关于艺术的起源,除上述观点外,还有法国美学家维隆的情感说,当代美国的史前考古学家亚历山大·马河克的艺术起源于季节变换的符号说,瑞士心理学家融恩的原始艺术出于幻觉式的艺术创作说等等。我们认为,艺术作为社会意识形态,是原始人类智力发展到一定水平的产物,它的起源与当时人们的社会与劳动生活有密切的联系,它与最初接触到的动植物,原始巫术或情感相联系而产生。但原始艺术主要起源于原始社会生产劳动。

2. 艺术的类型

艺术大体分为五大类:造型艺术(绘画、雕刻等)、表情艺术(音乐、舞蹈等)、综合艺术(戏曲、戏剧等)、语言艺术(诗歌、小说等)、实用艺术(建筑、园林等)。

黑格尔从美学的角度,把艺术的发展划分为三个阶段、三个类型:象征艺术——其代表种类是建筑;古典艺术——其代表种类是

[①] 恩格斯.劳动在从猿到人转变过程中的作用.马克思恩格斯选集(第3卷).北京:人民出版社,1972.515

雕刻；浪漫艺术——其代表种类是绘画，音乐、诗和散文。①

关于艺术的分类当然是粗糙的、不完整的，原始艺术尚且如此丰富，何况现代艺术的发展又增加了许多新的内容。

3. 造型与建筑艺术的发现

1879年在西班牙阿尔塔米拉发现的史前洞穴壁画被认为是欧洲最早的史前洞穴壁画，阿尔塔米拉洞穴壁画有野牛、野猪、野鹿等20多个经考古学家初步判定的动物图案，分别绘成红、黑、黄、暗红四种颜色，它是公元前15000年的旧石器时代的作品。

法国的拉斯柯克斯洞画，在长达180米的洞壁上画有红、黑、黄、白色的鹿、牛和奔跑的野牛。此外法国勒公拉岩洞中有数百只动物画像和雕刻，多尔多壁——夏朗特地区发现刻有浅浮雕的石柱，画面描绘了人和马、野山羊等动物形象，栩栩如生。这些在西班牙与法国南部发现的所有各洞中有价值的绘画与雕刻，自然都是克鲁马农人的创作了。

中国的山顶洞文化和半坡文化的遗址中，亦有原始艺术的发现。在山顶洞发现了不少钻孔的砾石、兽骨、细蚌壳，以及用赤铁粉染成红色的石珠、鱼骨等装饰品。在仰韶文化中，陶坯上有以红、黑等颜色画的图案，如人的头像，水中的鱼，奔驰的鹿，以及漩涡、波浪、花瓣等花纹。这些都表明了我国原始艺术的成就及山顶洞、半坡人初步的审美观念。

原始人已有美的观念。他们喜爱文身、刺花。中国古代已有关于文身的记载。如《淮南子》中说："九嶷之地，陆事寡而水事众，于是人民断发文身，以象鳞虫。"《汉书·严助传》："越，方外之地，断发文身之民也。"《梅槎余录》里说："黎俗，男女同俗，即文其身，不

---

① 何新.艺术现象的符号——文化学阐释.北京：人民文学出版社，1987.19

第二章 文化的起源

然上世祖宗不认其为子孙也。"这种习俗,直到解放前云湘傣族、独龙族和云南黎族还保存着。因文身易于褪落,因此采用劙纹,即割痕文身,使其耐久不灭。他们忍着剧痛,用石片、贝壳或小刀在背、臀、胸或脚的皮肤上,刻出各种图案,用炭粉之类的东西渲染点内留下的斑痕。劙纹的图谱很简单,多由短线、直线、平行线构成,而且这些线纹都是排行的。原始民族的文身是为了美观,少女们却一概热望着在自己身上完成那种标记,因为一个劙痕很密的背部,在她们看来是非常秀美的。①

史前最古老的建筑物,是1960年在非洲坦桑尼亚奥杜韦峡谷旧石器时代最下层文化层中发现的。它是用松散的熔岩块构成的围墙,考古学家们断定:它距今已有175万年。1965年10月,考古学家在法国尼斯河上的特拉·阿马塔地方发现了最古老的21间棚屋,屋内有鹅卵石砌成的炉灶,并有屋界的桩孔。据考古学家断定,它属于12万年前阿舍利文化遗物。原始社会的建筑从实用的目的出发,并作为审美对象的萌芽过程出现了。最引人注意的是中国20世纪70年代发现的早期新石器时代文化。磁山、裴李岗文化约在公元前5500年到4900年,其住宅是半地穴式,屋旁还有储蓄粮食的窖穴。20世纪50年代发现的半坡遗址,是一座新石器时代的村落,年代为公元前5000～前4500年,从住宅的结构和布局、基地的位置、彩陶的图像,都可见当时工艺水平的高超。② 它说明中国原始人建筑不仅具备抵抗和防御自然的寒冷及野兽的实用功能,而且还是一种审美意识的萌芽。

---

① 参阅(德)格罗塞.艺术的起源.蔡慕晖译.北京:商务印书馆,1987.55～57
② 夏鼐.中国文明的起源.北京:文物出版社,1985.5

4. 表演艺术的起源

音乐、舞蹈也产生于原始时代。原始社会的音乐、舞蹈与歌唱是三位一体的,这在我国古籍中有不少记载,如《毛诗序》:"言之不足,故嗟叹之;嗟叹之不足,故咏歌之;咏歌之不足,不知手之舞之,足之蹈之也。"《礼记·乐记》也说:"诗,言其志也;歌,咏其声也;舞,动其容也。三者本于心,然后乐器从之。"

原始社会最先发明和使用的是打击乐器,如鼓;后来才发明和使用管乐器,如哨、笙、箫。《吕氏春秋·古乐篇》说:"帝喾命咸黑作为声歌。……有倕作为鼙、鼓、钟、磬、吹、苓、管、埙、篪、鞀、椎钟。帝喾乃令人抃,或鼓鼙,击钟磬,吹苓,展管篪。因令凤鸟、天翟舞之。"《诗经》中保留了更多的古乐器名称,这些古乐器,我们从石器时代的绘画、雕刻等文物中得到验证。英国哲学家斯宾塞曾在《音乐的起源》中提出史前音乐发展公式:鼓→笛→琴。"鼓到如今还是大部分狩猎民族的唯一乐器。[①]"

舞蹈最早反映在旧石器晚期的洞画中。原始舞蹈多是集体舞,很少独舞,内容多与狩猎和宗教活动有关,多是模仿鸟兽的动作。《吕氏春秋·古乐篇》的"百兽率舞",反映的即是原始人模仿动物的舞蹈。今天我们传统的民族舞蹈如龙舞、狮子舞、孔雀舞、蛤舞、探海舞等,都与原始舞蹈有关。

世界原始部落中模仿动物的舞蹈很多,如北美印第安人的熊舞、犬舞和野牛舞,非洲部落跳的鳄鱼舞,澳大利亚土人跳的袋鼠舞等。

原始舞蹈与宗教活动联系在一起。恩格斯指出:北美印第安人的宗教观念,"各部落各有其正规的节日和一定的崇拜形式,即舞

---

① (德)格罗塞.艺术的起源.北京:商务印书馆,1987.222

蹈与竞技;舞蹈尤其是一切宗教祭典的主要组成部分"[①]。

原始舞蹈发展到有一定的内容,便形成原始的戏剧——哑剧。这从现代原始部落中可得到证实。北美印第安人的雷鸟舞,舞者化装成雷鸟的模样,头戴雷鸟面具,身着鸟的羽毛。表演时,舞台上有闪电、雷鸣、下雨的情景,妇女则在说唱雷鸟的神话传说或歌曲,这即带有原始戏剧的痕迹。

四、宗教的起源

1. 宗教的起源

马克思把阶级社会以前的宗教称为原始宗教(或自发宗教、自然宗教),而把阶级社会产生以后的宗教称人为宗教。

原始宗教是自发的宗教,以自然物为主要崇拜对象,它相信万物有灵、相信灵魂不死,从而构成了与各种崇拜对象相称的宗教仪式。棚濑襄尔在《宗教文化史学序说》中谈到,各民族当中已发现有神观念、万物有灵论、祭祀死者、祖先崇拜、祈祷、供牺、巫术等原始宗教的共同现象。[②] 以其对象和内容来分,原始宗教分为两大类型:一是对自然物和自然力的直接崇拜;一是对精灵和灵魂的崇拜。原始宗教大都经历了自然崇拜、动物崇拜、植物崇拜、图腾崇拜、鬼魂崇拜、祖先崇拜等阶段。这些宗教形式往往是同时并存的。

原始人在同自然斗争中由于无能为力,对自然现象如日月星辰、风雨雷电、春夏秋冬、火山爆发等无法理解,因而对自然的威力

[①] 恩格斯.家庭、私有制和国家的起源.马克思恩格斯选集(第4卷).北京:人民出版社,1972.88

[②] (日)中村元.比较思想论.杭州:浙江人民出版社,1987.209

产生恐怖,从而产生对大自然的崇拜,于是出现太阳神、月亮神、风神、雷神等自然神。

2. 图腾崇拜和祖先崇拜

图腾崇拜亦称民族崇拜,它由动物崇拜演变而来,是最早的氏族宗教形式之一,在氏族社会广泛流传。图腾系北美阿耳贡金人的奥季布瓦部族方言 totem 的音译,意为"他的族"和"他的图腾标志",指一个民族分别源于各种特定的物类,大多数为动物(如某种兽、鸟、鱼等),其次为植物,也有其他少数物种。对于本氏族的图腾物种,原始人常加以特殊爱护。图腾既是维系氏族成员团结一致的纽带,又是氏族社会的人们用以区别婚姻界限的标志。北美印第安人刻制"图腾柱",树立于村头或家宅前,作为氏族的标志。

澳大利亚某些土著氏族,除氏族图腾外,还有个人图腾。个人图腾由母亲第一次感觉胎动时所遇物种而定,可以是动植物,也可以是自然力,如风、雨、日、月等。他们尚不知受孕的来因和生父的作用,以为是感到第一次胎动时所遇物种进入母体而生成的。

龙虎是中华民族的图腾。中华民族文化是龙虎文化。这是中国著名民族学家刘尧汉先生在《中国文明源头新探》一书中提出的观点。[①]"生龙活虎",中华民族这一自我意识,渊源于远古龙、虎两图腾部落为基础的大融合。中国始自远古龙女娲和虎伏羲两部落的融合,龙虎文化把中华民族各成员联结成一个整体。龙女娲部落主要代表有苗、黎、壮、佤、蒙、满等民族的原始先民;虎部落主要代表为羌、彝、藏、白、纳西、土家族的原始先民。龙虎文化主要代表着彝、苗、黎、壮、佤等族的自然崇拜、图腾崇拜、祖先崇拜等原始文化

---

① 刘尧汉.中国文明源头新探·中华民族龙虎文化论.北京:人民出版社,1985.

诸方面。由龙女娲和虎伏羲两部落融合为汉族,可表达为"虎—伏羲—夏",与此相应则为"龙—女娲—商"。龙虎文化经夏、商、周、秦、汉一贯而下。

祖先崇拜是对祖先亡灵的崇拜。祖先崇拜的出现,是人类将在征服自然的过程中涌现的英雄,加上原始社会的氏族首领、宗教族长的权威作为其崇拜的对象。由于人类还没脱离动物崇拜,因此,原始人认为这些英雄人物是人和动物交合产生的,因此出现半人半兽神。司马贞《三皇本纪》云:神农氏(炎帝)之母女登"感神龙而生炎帝,人身牛首"。《山海经》中记载半人半兽诸神很多,有人面蛇身、马身人面、人身龙首等等。世界上许多国家都传说其祖先为半人半兽神,如埃及神话中的墓地之神阿纽比斯是豹面人身;尼罗河神赫比是虎面人身;古希腊神话中的三位复仇女神厄尼厄斯浑身漆黑,背长双翅,头发是蛇,膝间缠着蛇。从动植物崇拜到图腾崇拜,从半人半兽神发展到祖先崇拜,这说明人在自然界的地位提高了。[①]

五、科学的萌芽

1. 石器时代的重大发现

石器时代,是人类社会的童年时代,它包括旧石器与新石器时代。石器时代大约到公元前5000年才告结束。这个时代,人类在科学知识上,有几项重大的发明,对人类文明的发展起了极大的推进作用。

(1)火的发明

关于火的来源,在中国和希腊都有一段动人的传说。在中国,

---

① 陈荣富.比较宗教学.北京:中国文化书院,1987.14

传说燧人氏"钻木取火";在古希腊,普罗米修斯盗取天火送给人类,使人间有了火,有了光明。考古学发现,在旧石器时代,人类已经知道使用火。先用天然火,如雷击引起的森林燃烧或火山喷发引起的大火。后来人工取火,原始人在打制石器或钻木过程中发明了火。从天然火到使用人工火,经历100多万年的岁月。人类在制造石器工具的过程中,天然石块相互撞击迸出火花。现在火地岛的印第安人和格陵兰的爱斯基摩人仍用这种方法生火,中国解放前某些贫困山区的少数居民,也曾以击石取火。另外,随新石器时代钻孔技术的发明,当时人们利用弓弦的弹力把弓弦环绕在钻头上,反复回转运动,钻木取火。人类用火的遗迹,已有多处发现,云南元谋人牙齿化石所在地层及1960年发现于山西芮城西侯度文化遗址中,发现火烧过的动物骨、角。有的学者认为,这是迄今所知人类取火用火最早的记录。

从使用天然火到击石取火或摩擦生火,是人类掌握的一项重大技术,是人类史上第一项伟大发明。火能熟食,促进人类身体素质的提高;火给人以温暖,光明,驱赶野兽,从而扩大了人类活动的时空范围,也保护人类的生存。在生产上,可用火烧制陶器,火可作为狩猎的重要武器,具有广泛而深远的影响。

(2)弓箭的发明

人类使用弓箭,大约是两万年前的事,它是在旧石器时代晚期投掷武器的基础上发展起来的。人类最初使用各类简单的石器,逐渐发明了石簇、木、骨、皮藤、筋等材料做成的复合工具或复合武器。所谓复合工具就是用两种不同质地的材料制成的工具,例如装上木棒的手斧或鱼叉等。这是生产技术的重大进步。为了捕捉飞鸟,捕杀飞奔的野兽和水中的鱼,人类在复合工具或复合武器的基础上发明了弓箭。从考古发现大量的石簇来看,它处于中石器时代,因石簇是磨光的,有尖锐的头。恩格斯说:"弓、弦、箭已经是很复杂的工具,发明这些工具需要有长期积累的经验和较发达的智力,因而也要同时熟悉其他许多发明。"他又说,"弓箭对于蒙昧时代"……"乃是决定性的武器。"[①] 它使人类从狩猎经济过渡到畜牧业经济社会。

2. 农业的开端

关于农业起源的准确时间和地点一直没有确切定位,一般认为它起源于新石器时代。

人类在长期采集野生植物的劳动中发现,丢弃的或野生的谷物的种子,可以重新长出植物来,因此逐渐开始有目的地种植。现在知道的多种野生的小麦生长在小亚细亚、高加索和美索不达米亚,野生的大麦的祖本长在北非、波斯、小亚细亚和突厥斯坦等地。在美洲新大陆,玉米是唯一的谷类作物。

---

① 恩格斯.家庭、私有制和国家的起源.马克思恩格斯选集(第4卷).北京:人民出版社,1972.18、19

古代东方文化

当黄河长江已经哺育出精美辉煌的古代文化时,泰晤士、莱茵河和密西西比河上的居民,还在黑暗的原始森林里徘徊。

——黑格尔

一、古代东方历史的特点

1. 东方与西方

将世界划分为东方与西方,有两种说法:一说,它渊源于古代腓尼基人;一说,它渊源于古希腊罗马时代。

马克思曾指出腓尼基是"以经商为主的民族"①,公元前2000年中期,腓尼基人在地中海东岸建立起腓尼基王国。海上活动,要求腓尼基人必须确定方向,他们把地中海以东的陆地称为Asu,意即"东方日出处";地中海以西陆地叫Enb,意即"西方日落处"。Asia从腓尼基语Asu变化而来,音译为"亚细亚",意译为"东方日

---

① 马克思.资本论(第1卷).北京:人民出版社,1975.152

出处"。Enb 也渐变为 Europe,音译为"欧罗巴",意译为"西方日落处"。

传说希腊人首先把自己作为西方的代表,与东方相对称。希腊人所指的东方,指希腊以东的地区。后来罗马人沿用了东西方的说法。《大不列颠百科全书》认为,拉丁文 Oriens,意为"日出处",转义为"东方";与之相对称的 Occidens,意为"日落处",转义为"西方"。对罗马人来说,东方是指意大利以东的地区,其中包括希腊。此后,东西方的术语有了约定俗成的意义。

以上两种说法,可能有继承关系。但古代所说"东方"与"西方",纯粹是一个地理概念,后来才逐步改变为政治概念与文化概念。

2. 古代东方的时空概念

所谓"古代",约指从公元前 3500 年至公元 4 世纪人类历史上先后出现的灿烂文明。古代东方地区的概念,是指东北非洲的埃及、西亚的美索不达米亚、南亚的印度、东亚的中国等地。大河流域的古老东方民族最先摆脱原始状态,开始从事农业、畜牧业。人们习称埃及、巴比伦、印度与中国为四大文明古国。马克思把土耳其、波斯、印度斯坦(印度与巴基斯坦)、埃及与中国等也认作古代东方。[①]

3. 古代东方的自然条件、经济与政治特点

自然条件。古代东方的自然条件的主要类型有:大河流域和灌溉的低地;广阔草原和平原的无水高地;山区与沙漠地带;滨海国

---

① 马克思致恩格斯. 马克思恩格斯全集. 第 28 卷. 256,第 25 卷. 373

家。

属于第一类型的是指由几条大河,如尼罗河、幼发拉底河和底格里斯河(希腊人把这块地称美索不达米亚,意即两河之间的地方)、印度河和恒河、黄河与长江等伟大河流冲积而形成的古老冲积地和河谷低地。

属于第二类型的是指把叙利亚跟美索不达米亚和阿拉伯连接一起的叙利亚-美索不达米亚草原、里海沿岸的草原、中亚细亚和伊朗的山区和高地、德干以及中国的广阔山区和草原。

属于第三类型的是指小亚细亚、南高加索、亚述本土的美索不达米亚北部等山区,伊朗、印度和中国的山区。在古代东方世界最典型的沙漠地区中,有北非的撒哈拉大沙漠和阿拉伯大沙漠。

属于第四类型的是指尼罗河三角洲及古代分道流入波斯湾的两河流域三角洲、叙利亚和腓尼基的地中海地带、印度三面沿海地带和中国东南沿海地带。

我们认为,自然条件对文化的产生与发展,对一个民族、一个国家的经济和政治生活,甚至人的性格均有影响。普列汉诺夫说过:"不同类型社会的主要特征是地理环境的影响后形成的。"李约瑟认为地理因素"是造成中国和欧洲文化差异以及这些差异所涉及的一切事物的重要因素"[①]。关于自然环境对社会文化的作用,黑格尔曾归纳为三个方面,即地理环境对于经济、社会关系和政治制度,以及人的性格有一定的作用。[②]

我们既不同意"自然环境决定论",也不能忽视自然环境的影响。古代东方的经济、政治的特点与古代东方自然条件的多样性有

[①] 李约瑟.中国科学技术史(第1卷).中国科学技术史翻译组译.北京:科学出版社,1975.117

[②] 黑格尔.历史哲学.王造时译.北京:三联书店,1956.123,155

一定的关系。

经济特点：古代东方的经济，可分为几个典型，以村社为中心的灌溉农耕经济、村社与城邦并存经济、山区、高原的游牧经济、滨海的渔业与对外贸易经济。

以村社为中心的农耕经济是古代东方经济的最大特点。历史上，埃及、中国、印度、缅甸、泰国、柬埔寨、老挝、越南、印度尼西亚等地都存在过村社。村社，英文village，或称为农村公社，它具有如下的特点：地理上，几个自然村为一个村社，他们不仅以血缘为单位，还以地域为单位。经济上，土地公有，以家庭为单位进行单独生产，是以农业与手工业相结合为主的闭关自守的共同体。组织上，有村长（首领）、长老，在埃及有渠道官，印度有收税官、婆罗门僧、水库水道管理员、边界守卫员等。他们占有较好的份地，拥有较多的财产。村社是东方各国的奴隶社会的基层组织。印度的村社最为典型，它带着种姓划分和奴隶制度的标志和特点。

这些村社土地公有，最高的统治者国王，拥有全部土地的最高所有权。

村社在古代东方长期存在，有的到封建社会，甚至近代殖民者入侵后才瓦解。它的长期存在有着许多历史条件。其一，村社有利于奴隶主统治者的剥削和统治。其二，村社组织初期给生产生活方面带来某些方便，它具有很强的内聚力。印度传统习惯，农民要获得土地，必须具有村社全权成员的资格。村社还保留了较早期的某些民主传统，每个村社都有通过选举产生的村议会和村民大会，可以讨论村社内部的问题。印度的村社制和种姓制并存，两者有密切的关系。其三，村社中的奴隶进行农业劳动，修造大型工程，如兴修水利、营造神庙、宫殿或坟墓（如金字塔）或从事家务劳动。有的学者认为，东方奴隶制是家庭奴隶制或早期不发达的奴隶制。

政治特点：恩格斯指出，村社是"东方专制制度的基础"。这就是说，奴隶主统治建立在村社基础上面，奴隶主通过村社把奴隶束缚在土地上。所以，恩格斯指出："古代的公社（即村社——引者），在它继续存在的地方，在数千年中曾经是从印度到俄国的最野蛮的国家形式即东方专制制度的基础。"① 恩格斯对古代东方专制，即奴隶主专制的论断，基本上是正确的，符合历史事实。东方的君主专制，即奴隶主君主专制，如埃及的法老是中央集权具有最高权威的君主，他们的意志就是法律，具有绝对权力。闻名于世的狮身人面像，据说面孔即按照法老哈佛拉的面容雕塑的，以象征法老的威严，金字塔是法老无限专制权力的集中体现。

巴比伦国王汉谟拉比，包揽全国立法、司法、行政、军事和宗教大权，神化自己是天神的后裔，他制定的法典史称《汉谟拉比法典》。该法典的石刻柱顶上有一幅浮雕，刻着汉谟拉比站在太阳神阿玛什的面前，接过阿玛什授给他的一根权杖，象征他的权力是神授的，具有极大的权威。

其他，如波斯帝国的大流士、印度摩揭陀国孔雀王朝的阿育王、中国的商纣王，都是有名的专制君主。

关于东方专制产生的原因，史学界意见不一，大致有下列几种说法。

水利灌溉作用说：即加强水利灌溉的需要。因为：其一，尼罗河每年定期泛滥，把私人土地淹没，要想公平划分土地，必须依靠国王的权威，这是王权专制的原因之一；其二，埃及国土被称为"黑土"，埃及每年挖渠和储池，使淤泥遍及各地，这是全埃及人的希

---

① 恩格斯.反杜林论.参阅：马克思恩格斯选集（第3卷）.北京：人民出版社，1972.

望,要完成这一水利工程并保护这片肥沃的国土绝非少数人力能办到,必须依仗国王的权威、财力和军队,这是王权专制的第二个原因。

君权神授:专制君主为维护王权,往往通过宗教欺骗人民和奴隶,宣扬君权神授的教条。古埃及法老自称为"太阳神的儿子";巴比伦汉谟拉比王自称为"月亮的后裔";中国历代君主都自称"天子",谎称"受命于天",其权位决定于天意,是神圣不可侵犯的。从奴隶社会到封建社会的君主,都利用这一点来加强其专制统治基础。

我们认为,东方专制政权产生的根本原因,主要在于以下五个方面。一是统一组织和管理全国水利灌溉事业的需要,对中央集权制的形成起了一定促进作用。二是君权神授说起了对上层建筑的巩固作用。三是土地被认为是国王的财产,是专制政权的物质基础。四是由于千百个分散而又极少商品交换关系的村社组成的社会的需要,产生了君主集权政治的统治思想,而形成所谓"东方专制主义"。五是氏族社会没有充分解体,氏族首领直接转为奴隶主。如在中国,氏族社会的宗法制度及其意识形态大量积淀下来,形成中国奴隶社会的宗法奴隶制,加强了专制统治。

二、古代东方文化的起源诸论

1. 大河文化论

在人类的黎明时期,东方出现的四个文明古国,都与大河有密切的关系。

埃及的尼罗河,它是世界最长的河流之一,由南向北,流入地中海。它每年6~10月定期泛滥,造成沿岸一片肥沃的淤泥。因此,古希腊历史学家希罗多德说:"埃及是尼罗河的赠礼,埃及文化乃是尼罗河的恩赐,埃及是尼罗河的女儿。"

巴比伦的两河——底格里斯河与幼发拉底河,发源于土耳其的亚美尼亚高原,平行流入波斯湾。每年3月,上游山岳地区,积雪溶化,定期泛滥。它的文化,可以追溯到公元前3000年苏美尔人和阿卡德人创造的文化,他们最早培育出小麦。

印度的恒河、印度河,发源于喜马拉雅山,印度河西流到阿拉伯海,恒河东流到孟加拉湾。这两河流域,从公元前2500年,即发展了农业,生产米、麦、棉花。

中国的黄河与长江,是中华民族的摇篮,中国的五千年文化就从这里发源。

江河与文化的关系极为密切,水的资源是人类文明的源泉。有水,才有草,才有农业,才有畜牧业,才有了文化。

2. 气候文化论

气候与文化有关系,这是地理学家和医学家提出的。温暖湿润的亚热带气候,最适于人类生存,最利于农耕,故四大文明古国均出现在此类地区。但此论点,无法解释雨量充沛、植物四季繁茂的太平洋地区,以及美洲的西印度群岛何以没有文化兴起。而对于气候寒冷、干燥的山岳地带所产生的印加文化,也无法解释。

3. 粮食生产文化论

人类学家与考古学家强调文明起源的原因在于粮食生产。麦、米、高粱、粟、玉蜀黍(玉米)等谷物,从野生到种植,不仅提高了产量,也更容易保存。两河、地中海沿岸、埃及产麦,印度产米、麦;中国也产米、麦、高粱、粟。中国水稻专家丁颖曾证明水稻最早产于印度与中国的南方。而且在四大文明古国中,还可饲养狗、猪、羊、牛。

两河"肥腴月湾"地区在世界上最早耕植小麦,推行谷物农业,饲养牛、羊、猪,进行畜牧业,成为世界最古文明的发源地。

有的学者认为,人类脱离以采集与狩猎为主的"采食经济"阶段,而转变为以农耕与畜牧为主的"产食经济"的新阶段,此一转换远超过工业革命给人类带来的巨大变革,它对人类文明的发展有重大影响。

4."挑战"与"应战"论

这个观点是英国历史学家汤因比在其《历史研究》中提出的。他用"挑战"与"应战"理论来解释文明(文化)的产生、成长、分裂和崩溃的原因。他把那些摆在当前的重大任务叫做"挑战"(challenge),而把解决那些任务的办法叫做"应战"(response);他又把"挑战"叫做"刺激",并且分门别类地划分为五种:困难环境的刺激、新的生活环境的刺激、打击的刺激、压力的刺激、遭遇不幸的刺激。汤因比认为:如果那些"富于创造性的少数人"能给"挑战"以正确的"应战",即能以正确的方式来解决那些摆在他们面前的重大的任务,那么这个"文明"就会继续繁荣,发展下去;反之,这个文明就会衰落、枯萎,走向死亡。[①]

5. 各种学说刍议

(1)自然环境与文化的关系

上述四个观点,归纳起来主要有两说,自然地理环境论和挑战与应战论,我们倾向于自然地理环境与文化起源密切相关。文化是从一定的自然环境中发生的,人类的诞生也需要一定的自然环境。所谓自然地理环境,包括地理位置上的地形、气候、土壤、河流、山

---

① 汤因比.历史研究(上册).曹未风译.上海:上海人民出版社,1986.74~173

脉、矿藏及动植物分布等。地理环境优越的美索不达米亚、尼罗河、印度河与黄河、长江流域成为四大文明古国的摇篮。地理环境对文化的影响随着人类在自然界中的位置与作用日益提高而逐渐减弱,但始终是个不可忽略的因素,即使到了现代,在现存各种文化类型中也不难发现它的踪迹。古代各种文化类型的雏形也带有明显的地理特征,如大河文化、内陆文化、草原文化、丛林文化、海洋文化等。各种地理特征,给生活在其中的人群的生产方式、生活方式、思维方式都留下痕迹,形成不同的民族性格。当然,地理环境决定文化论是错误的。汤因比的"挑战"与"应战"论历史观,亦有一些价值,它不仅对文化起源,而且对文化生存与发展的某些看法,曾引起人们的思考和启发。

(2)文化生态论

文化生态是人类栖息生存与发展、创造文化的条件,它包括自然环境、社会环境与人文环境。这些因素与文化的产生、特质与兴衰有着密切关系。东方伊斯兰学者伊本·赫尔东(1332~1406年)于公元1377年在其《历史绪论》著作中就提出文化生态学的概念,认为人类在创造文化过程中与自然环境及社会环境存在相互作用,强调人类文化与周围环境的关系。

(3)文化起源多元论

文化发生学的观点,历来有"多元发生"(或称多元论)与"一元辐射"(或称一元论)两种观点。前者认为,不同生活样式的民族演化出不同的文化形态,不同的文化反映的社会经济政治生活不同,它是在不同地点孤立地形成和发展起来的,这种观点为多数学者所赞同。后者认为世界文化同出一源,如光的辐射一样传播到各地而成。并且有东方文化西来说,如埃及的文化传到两河,再传到印度、中国、日本。很明显,一元论是不科学的。一元辐射说,是把自己的民族文化看作是世界文化的中心,是文化自我中心论。历史上曾有儒家文化、基督教文化、伊斯兰教文化与佛教文化,辐射到各地。在文化发生学上只承认"一元辐射"的观点,这是长期生活在闭锁的环境中的文化心理表现,不符合世界文化产生与发展的规律。应该说,随着人类经济的发展,本土文化与外来文化的交流、传播、冲突及相互影响是存在的,多元文化是必然的。

(4)中国文化圈地区最广

文化圈(culturkreis)这一概念是由德国学者F. 格雷布内尔和W. 施密特提出的。它把文化丛作为一个实体看待,以发源地为中心,再传播影响到其他地区。在古代世界几个文化发源地中,中国的黄河、长江文化发源地区最广。

埃及文化只发生在沿尼罗河岸狭长地带,最鼎盛时期,加上巴勒斯坦东地中海一带,最宽之处不过100公里。

两河流域文化圈,即使在鼎盛时期,也不及中国文化的核心——中原地区。

美洲古代阿兹特克文明、玛雅文明也都建立在"中美狭地上",地区还比不上中国春秋时代的一个方国大。

欧洲文明的源头,其范围亦比中国小。[①]

三、古代东方的灿烂文化

1. 文字

古代东方的文字是从原始时代最简单的图画和花纹中产生出来的,它可分四个类型:埃及的象形文字,苏美尔的楔形文字,印度

[①] 参阅:钱伯斯世界地图集. 杨慧玫译. 北京:三联书店,1981. 2,6,14,28,29,37,

的印章文字及中国文字。

象形文字是埃及人早在公元前4000年创造的。象形文字由表意符号、表音符号和部首符号三个部分构成。

表意符号是用最初的图画来表达某种具体事物的意义和概念,如⊙即太阳,≋即水,⊞即地区。

但是,表意符号不表示发音,为了把语音表达出来,埃及人又创造了图形来表示音符,即表音符号。

古埃及文字到中王国时期演化为祭司体文字,大约公元前8世纪再简化为一种世俗体文字。古埃及文字没发展到字母文字,但它的24个声符曾经是腓尼基人22个字母文字的基础。而腓尼基字母又影响了世界上许多字母文字的创造。

古埃及文字异常复杂,当时只有少数祭司阶层和书吏掌握,因此随着古埃及的灭亡,这种文字便不再通行,成为死文字。直到19世纪,法国学者商博良研究罗塞塔石碑译解成功,从而奠定了埃及学的基础。

楔形文字是公元前3000年两河流域苏美尔人创造的文字。它是用削尖的芦杆、骨棒或木棒刻写在泥版上,由于落"笔"处较宽,提"笔"处较窄,每个笔画都像木楔,故称楔形文字。它最初是像图画文字类型的文字,后逐步演变成线型笔画文字。后来阿卡德人、巴比伦人、亚述人、波斯人、米坦尼人以及胡里特人都借用过楔形文字。胡里特人又把楔形文字传给赫梯人,楔形文字进而成为古代西亚乃至东方世界所通用的文字。

英国威尔斯认为,后世的所有真正的文字,都是由苏美尔的楔形文字和埃及的象形文字融合形成的。[①] 楔形文字最初是自上而下直行书写,后来改为横写。

---

① (英)威尔斯.文明的脚步.哈尔滨:黑龙江人民出版社,1987.47

腓尼基字母是古代腓尼基人对世界文化的最大贡献。腓尼基处在西亚诸国与爱琴海区域,是非洲与阿拉伯连结处最重要的商道中心。由于航海和海外贸易的发展,腓尼基人虽懂得许多种语言和文字,但更需要一种简便、易懂的文字。于是,腓尼基人主要利用古埃及象形文字中的音符字母创造了世界上第一套拼音字母,即腓尼基字母。腓尼基字母直接影响了希腊字母,后来希腊人在此基础上增添了元音字母创造了更为完备的希腊字母。而希腊字母又衍生出拉丁字母和斯拉夫字母,成为近世西方各国字母文字的起源。在东方,腓尼基字母影响了阿拉美亚字母,而阿拉美亚字母又是希伯来、阿拉伯、印度、维吾尔字母的祖先。

印章文字是公元前3世纪后期到前2世纪中期印度河流域的哈拉帕和摩亨佐·达罗的居民所使用的文字。这种文字见于岩石、陶、铜印、象牙制成的印章上。迄今所知字符数目估计约有250至500个。印章上的文字与图画(神、野兽)并见,多为单行的,很短,至多不超过20个符号。捷克学者赫罗兹尼认为,"这些铭文上通常有一些神、兽的图形,以表示其所代表的原始印度神祇;最常见的是一个独角牝牛,其另一只角隐蔽在半面阴影之中,或者是一个驼背的婆罗门的牡犊,或者是一个野牛,或者是一个象,或者是一个犀牛等等。"[①]

印度河文明约于公元前1750年左右衰落了。公元前14世纪开始,雅利安人从印度西北入侵印度,印度史称为吠陀时代,使用梵文。梵文为古印度的经典文字。印度人称它萨姆斯克尔达(Sanskrit)意即"雅文"或"经典文字"。直到公元1世纪,欧洲人始

---

① (捷克)赫罗兹尼.西亚细亚、印度和克里特上古史.谢德风等译.北京:三联书店,1958.228~229

知梵文与波斯、希腊、拉丁、条顿、开尔特及斯拉夫语有密切的关系。[①] 印度的历史从吠陀时代开始,才有文字记录。

中国的汉字是中华民族智慧的结晶,是人类文明的奇迹。中国上古有文字记载的历史可上溯至炎黄五帝时代,若从大汶口文化的原始文字(陶文)算起,汉字的历史大概有5000年了。

到了商代中期的甲骨文字,已经形成了能够较完整记录语言的体系,迄今将近4000年。

汉字的产生和演变对汉民族的形成、统一和发展起到了巨大的作用,对传播中华文化,促进中外文化交流产生了深远的影响。现在使用汉字的国家,除中国、新加坡外,还有日本等。汉字是联合国正式通用的六种文字之一。

2. 文学

古代东方文学开创了世界文学的先河,对古希腊、罗马文学产生了明显的影响。

古代东方文学具有如下几个特点。

第一,古代东方文学是世界上最古老的、历史最悠久的文学。世界五大文明地区——巴比伦、埃及、印度、中国和古希腊,其中四个在东方。希腊文学最早出现于公元前1000年。而古代东方文学早在公元前4000年到公元前3000年之间便出现了。

第二,种类繁多,内容丰富。古代东方文学的成就是辉煌的;其中最突出的有三个方面:即民间口头文学、史诗、文人创作。

民间口头文学:民间口头文学最早出现在苏美尔,而它的口头文学创作,大部分在乌尔第三王朝没落后用楔形文字刻的。保存下

[①] (英)麦唐纳.印度文化史.龙章译.北京:中华书局,1948.10

来的作品有寓言、俚谚和反映现实的歌谣。埃及的《庄稼人的歌谣》,是劳动人民口头文学创作的珍品。

印度有许多口头文学名著,都依靠梵语流传于世,后成为最古老的印度诗歌总集《吠陀本集》,在印度历来被奉为圣典。"吠陀"一词是梵文Veda的音译,本义是知、知识的意思。《吠陀》作为文献名称有广狭二义。狭义只指最古的四部《吠陀》的本集部分,即《梨俱吠陀本集》、《婆摩吠陀本集》、《夜柔吠陀本集》和《阿达婆吠陀本集》;广义则兼指"本集"所附加的其他上古文献。在四部《吠陀》中,最古的《梨俱吠陀》和《阿达婆吠陀》是研究古代印度文化以至人类早期文明史和文学创作的珍贵文献。

《诗经》是中国最早的诗歌总集,四言为主的句式和重叠反复的章法,是这个时代诗体的主要特点。《诗经》包括《风》、《雅》、《颂》三部分。《风》诗绝大部分是西周到春秋时代的民歌;《雅》分《大雅》与《小雅》,《大雅》多是文人歌功颂德的诗歌,《小雅》多是对统治阶级的批评或世俗流弊的讽刺诗;《颂》大部分是统治阶级颂祖的歌词或宗庙祭祀时配合舞蹈的祭歌。

书面文学:埃及的《亡灵书》是世界文学中最早的书面文学。它是写在长卷纸草上的各种咒文、祷文和颂歌,放在奴隶主帝王陵墓供亡灵阅读。《亡灵书》是埃及古王国时期文学的汇编,是当时最有代表性的文学作品。此外中王国时期的《遭难水手的故事》(一译《沉舟记》),很像《一千零一夜》中的《辛伯达航海旅行的故事》,反映出当时埃及水手的生活和爱国热忱。

古代东方神话的内容也很丰富,并有以下特点。其一,反映江河农业文化的英雄神话。例如苏美尔的《关于农业和文明诞生》的神话,其中宣扬神是农业和文明的创造者,这反映了苏美尔时代已经出现了以农业生产为主的生产方式。"苏美尔—巴比伦"神话中的主神有三位,即天、地、水三神。在苏美尔人以及后来阿卡德人

（闪族人）的世界观中，对自然界中的天空、土地及水的力量是很崇拜的，因为这些力量对两河流域农耕居民的生活意义特别重大。其二，中国神话带有浓厚的现实性和人民性色彩。中国神话中的人物，都充满着人性，如盘古创造天地，女娲补天，燧人氏造火，有巢氏建筑房屋，伏羲氏画八卦、结绳织网、教人渔猎，神农氏播百谷、尝百草、发展农业，鲧禹父子治洪水、平山川等等。其神话人物都不是纯粹的神，而是祖先化的英雄神或神化了的祖先。他们在大自然的斗争中，都自强不息，不惜自我牺牲去造福人类，表现一种群体观念，利他精神。

史诗：它也是古代民间文学的一种体裁，通常指以传说或重大历史事件为题材的古代长篇民间叙事诗。史诗主要反映每个民族在其形成和发展过程中战胜各种艰难险阻、克服自然灾害、抵御外族入侵的斗争及其英雄业绩。它能比较全面地反映一个历史时期的社会生活的各个方面。

古代东方的史诗在世界文学史中占有重要地位，如巴比伦的《吉尔伽美什》，腓尼基的《拉司——沙姆拉》和《巴尔和阿利依扬》，印度两大史诗《摩诃婆罗多》和《罗摩衍那》，中国的《格萨尔王传》（藏族）、《江格尔》（蒙族）和《玛纳斯》（柯尔克孜族）等，对世界文学都产生了极大的影响。

《吉尔伽美什》全称为《关于英雄吉尔伽美什及其战友恩启都》，是世界上最早的史诗，约3000余行，用楔形文字记述在12块泥板上。其主要人物是吉尔伽美什和他的战友恩启都。《吉尔伽美什》对西亚地区各民族文学和希腊罗马文学都产生了不小的影响，并通过希腊罗马文学丰富了欧洲文学创作。

腓尼基史诗《拉司——沙姆拉》流传至今的只是一些片断。史诗《巴尔和阿利依扬》反映了对死而复生的自然神的崇拜。

印度的两大史诗中，《摩诃婆罗多》是著名的梵文叙事诗，也是世界文学中最长的史诗,它比荷马史诗《伊里亚特》、《奥德赛》之和还多7倍多。作者传说是广博仙人毗耶莎。实际上,它是印度古代人民集体智慧的结晶,反映了古代印度的社会生活和文学成就。《摩诃婆罗多》的意思是伟大的婆罗多,它以印度北方婆罗多族王国内部般度族和俱卢族争夺王位的斗争为线索,描写了牵涉整个印度的一场大战。这次大战历时18天,俱卢百子全部阵亡,般度五子大获全胜,长子坚战为国王,后般度一家,看破红尘,离开王宫,直到神山,升入天堂。

《摩诃婆罗多》被认为是印度上古文学的艺术最高峰,其内容被视为印度人民的圣经,对印度人民的影响很深。马克思就说过,《摩诃婆罗多》可称为印度文学史上的《伊利亚特》。

《罗摩衍那》是印度文学史上著名史诗,被称为"最初的诗"。传为蚁垤(Vālmiki)所作,其原意是罗摩的漫游,也可称罗摩的生平或罗摩传。全书由《童年篇》、《阿逾陀篇》、《森林篇》、《猴国篇》、《美妙篇》、《战斗篇》和《后篇》7个部分组成,约2.4万颂,描写了阿逾陀城十车王英雄王子罗摩和他的妻子悉多悲欢离合的故事。

《罗摩衍那》的影响深远。古代和中古印度文学创作,大都取材于这部史诗。正如史诗的《童年篇》中所写:

只要在这大地上,
青山常在水常流,
《罗摩衍那》这传奇,
流传人间永不休。

两大史诗,在印度人民中是家喻户晓的,对印度人民的思想行为、道德观念、文学艺术、风俗习惯都产生了深远的影响。甚至到现代,印度的小说仍从中取材,电影也从中吸取养料。两大史诗也是世界文学宝库中的珍宝。

中华民族的史诗作品多集中在少数民族,著名的有藏族的《格萨尔王传》、蒙古族的《江格尔》、柯尔克孜族的《玛纳斯》,早已被列入世界著名的英雄史诗之林。此外,还有阿昌族创世史诗《遮帕麻和遮米麻》、彝族的《梅葛》和《查姆》以及《阿细的先基》三部史诗,这说明中华文化丰富多彩,源远流长。

文人创作:古代东方的文人创作更为世界人民所熟知,如中国先秦的散文、韵文,印度的吠陀文学、《佛本生经》及诸多的格言诗,都总结了政治斗争、道德信条、为人处世的经验,有些精辟的格言诗至今还在人民的口语中流传。印度古代还有五部文人创作的长篇叙事诗,其中《脚镯》和《玛尼梅格莱》最有代表性。

古代东方文学还有诗歌、传记和箴言等。可见,古代东方文学确是当时世界上最优秀、最繁荣的文学,为世界文学的发展做出了巨大的贡献,产生了深远的影响。

3. 哲学

哲学,英文拼写为"philosophy",源于古希腊,其本意为"爱好智慧之学"。在文化史中,哲学处于最高层次,因为,它是人们对于整个世界的根本观点的体系。哲学,正如马克思所说,无论在哪一个民族,哪一个时期,都是"时代精神的精华"。

古代东方的哲学往往与宗教有密切的关系,有的学者把它分为宗教哲学与世俗哲学,但往往在具体思潮、哲学著作和哲学家身上,又很难把两者截然分开。在古代世界,各国都有宗教经典的纂辑,例如印度的《吠陀》、中国的儒家经典、波斯的祆教经典、阿拉伯的古兰经典、西方的旧约和新约等。这些经典中包括了古代各民族的哲学,如孔子的儒家学说可说是世俗哲学;印度的吠陀经可说是宗教哲学。

古代东方哲学普遍存在着唯物主义与唯心主义的斗争以及与这一斗争交织在一起的辩证法和形而上学的斗争。两者的产生、存在、发展与斗争,除阶级根源外,还有认识上的根源。唯物主义和辩证法是在同唯心主义和形而上学的不断斗争中发展起来的。在古代,中国、印度、希腊都有丰富的哲学思想,产生了朴素的唯物主义和自发的辩证法。中国最早的朴素的唯物主义的思想五行说、印度《奥义书》的五元素说、佛教之外的外道诸宗、中国春秋战国时代的百家争鸣,都使朴素的唯物主义思想得到丰富和发展。

中国和印度的古代哲学代表了古代东方哲学的最高成就,它们有以下许多共同特点。

统一的自然观。中国殷商之际,原始的五行说与阴阳说从人们的生产实践以及人们对自然的现象、性质、人与自然的关系的积极思维中产生。印度的哲学著作《奥义书》及佛经亦有不少唯物主义和辩证法的内容。《奥义书》的朴素唯物主义自然观宣称某种物质的属性与存在形式是构成世界的最终要理。这些物质由水、火、风、地、空构成。它和中国古代五行(水、火、金、木、土)学说在性质上是相同的。

当然,中国《易经》一书,又发展了原始阴阳说中的辩证思想,承认事物蕴含的矛盾对立、转化以及变化发展的观点,显示了古代辩证法思想的光辉,这点超过了当时印度哲学的水平。

百家争鸣的哲学争论。印度的列国时代与中国的春秋战国时代,都在哲学领域展开了一场百家争鸣的运动。争论结果,中国从"百家争鸣"发展到"独尊儒术",印度从"96种观点"发展到印度教的确立。儒学与印度教均对中国与印度几千年的哲学思想产生了深远的影响。

公元前6世纪到前4世纪,印度的大部分部落已过渡为国家,小国林立,其中较重要的有16个国家,它们分布在当时的政治、经济与文化中心——印度河、恒河流域一带,为了争夺霸权,它们征战不休,社会为之动荡不安,这一历史时期在印度历史上称"列国时代"。在此背景下各种新的哲学思潮和新宗教观点不断出现,形成了如同中国春秋战国时代那样的"百家争鸣"局面。

中国的春秋战国之际,社会经历着划时代的变革。社会形态的演变,促成了哲学观念和政治思想领域的争鸣和斗争,形成了中国哲学文化大繁荣的局面,展现出"百家争鸣"的景象。这一时期,老聃、孔丘、孟轲、墨翟、荀况、韩非等哲学家纷纷著书立说,形成了儒、道、墨、法家等诸多哲学体系,极大地促进了中国哲学思想的繁荣。此时中国哲学繁荣的局面,与印度、希腊灿烂文化遥相辉映。

中国与印度哲学还有以下各自不同的特点。

印度的古代哲学中宗教哲学成分较多。从婆罗门哲学的经典到印度教的经典,都充满了浓厚的宗教色彩。婆罗门哲学以《吠陀》为哲学经典,它主要强调"吠陀天启"、"祭祀万能"、"婆罗门至上"等宗教哲学理论。印度教的正统派哲学承认吠陀以来的婆罗门经典的权威,承认婆罗门教的生活规范,包括四种种姓的权利与义务等。

中国古代先秦哲学具有伦理化的特点。孔子开创的儒家伦理哲学,其核心思想是仁和礼。"仁者,人也","仁者爱人"提出"己所不欲,勿施于人","己欲立而立人,己欲达而达人"的论点,也就是说,孔子的思想是以仁为核心,是古代人道主义的开端。孟子又将孔子的道德学说加以条理化,提出"仁义礼智"、"孝悌忠信"、"父子有亲、君臣有义、夫妇有别、长幼有序、朋友有信"等道德条目,并把道德追求作为终极目标,对中国社会产生了深远的影响。

4. 史学

早在公元前 3000 年,埃及、巴比伦就出现过年代记一类历史记载。古埃及的巴勒摩石碑,上面刻着公元前 2750 年至前 2625 年埃及古王国第五王朝的世系表及宗教事务,是世界史学史上最早的纪年史。但总的看来,古代东方几个文明的国家,历史虽然悠久,但历史著作却很少,只有中国例外。

除中国以外的东方各国的历史,主要是从近代考古发掘及西方史学家如希罗多德的著作记载中才知道的。如美索不达米亚的历史、对希波战争的另一方波斯的风俗习惯、宗教信仰、文化和历史,希罗多德的《历史》就有不少记载。《历史》还仔细记载了美索不达米亚的主要城市巴比伦,认为这座城市是"该国最著名的最坚强的城市",并记述了居鲁士攻占巴比伦,波斯大流士当政时期巴比伦人民的起义。

然而,对东方各国历史的了解,更多的还是源于近代考古发掘。19世纪后半期,考古学家在美索不达米亚发掘了公元前4千纪末的最古老的苏美尔城市的废墟。同时,"贝希斯顿石刻"揭开了美索不达米亚的部分历史。

印度有悠久的历史,但它是一个充满神话传说的国家。古代印度人不注意系统记录自己的历史。正如11世纪到达印度的穆斯林学者阿尔·伯拉尼所说:"他们总喜欢讲故事。"以神话故事的形式叙说古代所发生的重大历史事件或英雄人物,是印度历史的一个特点。《往世书》和两大史诗,可以说是印度神话的宝库。此外,各《吠陀》、《梵书》、《佛经》中也有不少神话传说。所以许多印度的古代历史书都没有确切的年代,给研究者带来不少困难,甚至一些学者确定一些历史故事的时间,往往相差几世纪,甚至1000多年。

中国的古代史学,在古代东方各国中最悠久和发达。在中国传统文化中,史学占有十分突出的地位,中国的史学家与著作之多,"实在是任何民族所比不上的"①。《尚书》是中国一部记载上古时

---

① (德)黑格尔.历史哲学.王造时译.北京:三联书店,1956.161

代历史的文件汇编。"尚"即"上",意为上代的书,相传是孔子编选而成。书中记载了商周王朝的历史事件。《春秋》是孔子依据鲁国史官所编《春秋》整理修订的一部编年体史书。书中记事起于公元前722年(鲁隐公元年),终于公元前481年(鲁哀公十四年),共242年历史。这部书在中国史学史上有深远影响,在世界史学史上也占有一定的地位。西方"历史之父"希罗多德的《历史》为西方第一部比较完整的历史著作,约在公元前430年问世,比《春秋》迟半个世纪。后世出现的《春秋左传》、《春秋公羊传》和《春秋谷梁传》,称《春秋三传》都是对《春秋》注释和补充的著作。"这四部书,是中国史学史上的创举,是我们现在能看到的最早的历史书。"①

5. 科学技术

古代东方的科技以天文、数学、医学的成就较为突出。

天文学:古代东方社会农业生产需要确定季节,他们在长期农业劳动中,通过观察植物的生长、水汛期和星象位置变化等较早地掌握了天文学。两河流域的天文学时间最早,对后世影响亦很大。两河流域的苏美尔人制定了太阳历,定一年为12个月,每月29日或30日,大小月相间,过几年再加上闰月来协调月亮与太阳运行的周期。同时他们还以七天为一个星期。在计时上,他们把一天分为12小时,每小时分为60分,每分为60秒。我们现在仍沿用此方法,只不过把现在的24小时,按时、分、秒缩短一半罢了。

古埃及天文学的产生与尼罗河有密切关系。马克思说:"计算尼罗河水的涨落期的需要,产生了埃及的天文学。"②根据他们对尼罗河水的涨落和天象的观察,埃及人制造了自己的太阳历。他们

---

① 白寿彝.中国史学史(第1册).上海:上海人民出版社,1986.237
② 马克思.资本论(第1卷).北京:人民出版社,1975.562

把一年分为3季(泛滥季、播种季、收获季),每季4个月,一年按12个月,每月30天,并以天狼星与太阳同时从地平线升起的那一天定为一年的起点,全年365天,这与回归年(现行阳历)$365\frac{1}{2}$日只差$\frac{1}{4}$日。古埃及历法在公元前1世纪传入罗马,经恺撒修改成为儒略历(朱里亚历)。公元1582年,罗马教皇格里高利十三世又组织一批天文学家对儒略历进行修改,产生格里高利历,这就是世界上通用的公历。

古印度天文学知识,早在吠陀时代(约公元前2000年)就有记载。《吠陀支节录·天文篇》确定一年为366天,确定月亮与太阳在冬至、夏至时的位置及朔、望时月亮的位置。此外,主要天文学著作还有《毗达伽伽本集》、《论太阳》等。他们认识了许多星宿,并把黄道附近的恒星划为28星座(基本上与中国28宿说法相同),以此为背景来观察太阳以及各行星在天空的位置。

中国是世界上天文学发达最早的国家之一,以天文记录的连续性及准确性著称于世。根据云南天文台1975年统计资料,从公元前43年到公元1638年,中国共有太阳黑子的记录106条。哈雷彗星在公元前613年《春秋》上就有记录,这是世界上最早关于哈雷彗星的记录。世界上最古老的星表,是公元前4世纪战国时魏人石申测量若干恒星的坐标后汇编成的,而古希腊最早的星表是希腊天文学家依巴谷在公元前2世纪才测编出来的。

数学:数学是研究客观世界数量关系和空间形式的科学,被称作"科学的女王"。人类产生关于数量与形的概念,经历了一个在实践基础上逐级抽象的漫长过程。

中国是世界上最早发明十进位值记数法的国家。古今中外的记数法,可以分为两类。一类是位值制,它以阿拉伯数码记数法为代表,即一个数码表示什么数,要看它所在的位置而定,如"33"中的第一个"3"表示30,第2个"3"表示3。另一记数法是非位值制,它以罗马记数法为代表,即每个较高的单位是用特殊的符号来表示,例如3888,罗马记数法要写成MMMDCCCLXXXVIII,这是一种笨拙的记数法。中国用筹记数的十进位值,如2656写成=TXT,和现代记数法相比只是符号不同而已。这种以9个数码跟位值成分十、百、千、万相结合的十进位记数法,要比古埃及的累积法、罗马的减乘式构数法、巴比伦60进位法、玛雅人20进位制优越得多。它的特强生命力为后来世界基本进位制的统一作出了贡献。

古代印度的数学起源也相当早。《夜柔吠陀》中已出现"一亿"这样的数目。《吠陀》、《奥义书》时代重视祭祀,当时有一类书叫《祭坛经》,专门论述祭坛的形状、构作法及如何进行等积变换,如将长方形变换成同积的正方形或同积的圆形等。印度首先发明了"0",并把它引人数学计算,发明了今天通行的世界阿拉伯数字,从而对世界数学作出了巨大的贡献。

埃及与巴比伦的几何学成就比较突出。埃及的几何学与尼罗河定期泛滥、金字塔的设计与建造有关。古埃及人已能计算等腰三角形、长方形、梯形和圆的面积,其圆周率为3.16。在《莫斯科数学纸草》中,保存有古代埃及人求截头角锥体和半球体积的难题答案。他们能解有一个未知数的方程式。

巴比伦数学家掌握了算术四则和分数的演算,是代数的奠基者。他们能求出平方根和立方根。在几何学方面,掌握勾股弦定理:勾^2+股^2=弦^2。为了计算不规则形状的田地面积,他们把田地分成长方形、三角形、梯形等许多块,分别计算,然后得出总和。

医学:古埃及人在制造木乃伊的过程中,初步知道解剖学的知识,知道血液循环与心脏跳动的关系,以及大脑对人体的重要作用。他们已经懂得分内科、外科、妇科治病。在一部《纸草书》中记载有 877 个药方。

巴比伦的医学是与古代宗教信仰交织在一起的。宁胡尔萨格女神被认为是人的保护神,她创造了八个神可以治愈口、齿、肋骨等处的不同疾病。并注意到水的治疗特性。保护神尼那沮被认为是"识水性"的神。

古代印度医学取得很高的成就。《阿闼婆吠陀》里反映了人们已积累了许多有关药物学、解剖学、治疗学、胚胎学的知识,还记载了人体所有骨头的准确数目。

中国的古代医学在古代东方世界中独树一帜。中国有丰富的中药学(本草学)和系统的中医学理论。中国本草学的历史悠久,早在有文字记载以前,就有神农、歧伯尝百草治病的传说。春秋战国时出现了不少名医,如齐国的秦越人(号扁鹊)被誉为中国的"医学祖师"。他诊断时采用望、闻、问、切的方法,既精通内科,又熟悉妇科、小儿科、五官科。大约在这个时期出现了《黄帝内经》、《扁鹊内经》、《脉法》、《五十二病方》等医学著作。

6. 建筑与艺术

古代东方的建筑为全世界人们所惊叹!古埃及的胡夫金字塔,① 用 230 余万块巨石砌成,平均每块重 2.5 吨,塔高 146.5 米,四边各长 230 米。塔底占地约 52 900 平方米,它是古代埃及人民勤劳和智慧的象征,是埃及永恒的光荣。埃及金字塔大小共 70 多座,此外还有狮身人面像、亚历山大港灯塔、新王国时期在底比斯附近兴建的阿蒙神庙,也十分壮观。巴比伦的观星台、新巴比伦城

---

① 埃及金字塔、亚历山大港灯塔、巴比伦空中花园、奥林匹亚的宙斯神像、以弗所的阿苔密斯神殿、土耳其境内的哈利卡纳斯的库索拉斯陵墓、地中海罗得岛上的阿波罗巨像,被称为世界七大奇观。

的空中花园、历代亚述的王宫、印度的摩亨佐·达罗的城市和佛塔建筑也为世界建筑艺术增添了光辉。

建筑与艺术总是结合在一起的,上述古代东方的帝王坟墓、神庙、宫殿、皇城都充满雕塑、绘画等艺术。例如埃及的卡尔那克神庙大厅里的12根柱子,柱身满布着象形文字和各种精美的浮雕,柱头作含苞欲放状,雕琢技艺精湛。

湖北随县出土的战国时的曾侯乙编钟是世界音乐史上的奇迹,它是铸造术和音律学的结合,是中华民族古代科技高度发达的一个象征。

四、古代东方文化的特点及其对世界文化的影响

1. 特点

古代东方的文化从各方面显示出自己的特点,主要表现在:

大河文化:从古代东方的文明古国来看,埃及与巴比伦的文明,孕育于肥沃的尼罗河、底格里斯河与幼发拉底河;中国与印度文化,分别起源于黄河与印度河。罗素称古代中国为河上帝国(River Empire),这说明东方文明与江河的关系密切。

内陆文化:地理环境是一个民族文化形成某种类型的前提性因素。如中国与印度的地理环境就有较大差异:中国在东亚大陆上,印度在南亚大陆上。中国东面是茫茫大海,西北是戈壁,西南是青藏高原,形成与外界隔绝的状态;印度三面临海,北临喜马拉雅山。这都造成了中国与印度的封闭与半封闭的内陆民族文化。

农业文化:古代东方各国,以农业立国。西亚、埃及的小麦,南

亚、东南亚、印度的大米,中国的小米、麦、高粱等都很有名。以血缘为纽带世代居住的农村,培养了东方人热爱故土、依恋故乡的民族情感,后来逐步升华和形成了爱国主义的精神。

东方农业社会的文化并不排斥游牧等文化存在。在中国的边境、印度的西北、阿拉伯地区都有相当发达的游牧文化,在西亚的腓尼基甚至还有古代海洋文化,但它们在整个古代东方经济与文化生活中的比重尚小,占主要的、起重要作用的是农业文化。

2. 影响

古代东方的文化,无论是科学、哲学、文学与艺术,都给世界文化的宝库增添了许多有价值的东西。例如:近代许多科学都萌芽于古代东方的文明,如数学、天文历法学。正如希罗多德在有关天文、历法的论述中所说,日晷和"一日之分为12部分,这是希腊人从巴比伦人那里学来的"[①]。当然,西方经过近代的实验、观察、计算、规则化等科学方法的应用,西方科学已超过了东方,但古代东方科技对世界的贡献是不可抹杀的。

古代埃及的文化,对西方亦发生巨大的影响。希腊人从古代埃及得到了书写的材料、技术与文字。泰勒斯、索伦、毕达哥拉斯、柏拉图等文化名人都曾游学于埃及,并从埃及文化中吸收过营养。古代埃及的诗歌与散文,也曾启发和激励了希腊文学。希伯来文学《旧约全书》构成了欧洲文学的主要来源之一。

总之,古代东方的文化,丰富多彩,对西方乃至世界文化作出了巨大贡献,所以西方自古有句谚语:"光明来自东方"。

---

① 希罗多德.历史.北京:商务印书馆,1962.321

第四章

古代西方的文化

> 光明来自东方。
> ——西方谚语
>
> 希腊是西洋文化之母。
> ——西方谚语

西方文化起源于古代希腊、罗马文化。而它的最早形成是希腊的爱琴文化时期。所以,西方人普遍称"希腊是西洋文化之母"。西方文化是东西方各民族文化交融的产物,希腊文化的人文与科学精神、罗马文化的法学传统等,共同构成了今日所谓的西方文化。

一、古代希腊的自然条件与文化起源

1. 自然条件

古代希腊,包括希腊半岛、爱琴海诸岛和小亚细亚西部海岸。希腊半岛是古希腊的主要领域,它分为北、中、南三部分。

爱琴海是希腊文化,也是欧洲文化的发源地。爱琴海的地区范围:北起色雷斯、南到克里特,西起希腊本土,东达塞浦路斯。

东方的内陆文化与江河文化,可说产生于一望无垠的平原中,政治文化易于统一;反之,爱琴文化——海洋文化,分散在几百个大小岛屿中,政治文化难以统一。幸亏有爱琴海的水把它们连在一起。所以说:"没有爱琴海就没有爱琴文明",就如同"没有尼罗河就没有埃及"一样。自古以来,埃及人把爱琴人视为"海中霸王"或"海上居民"。[①]

希腊的自然环境为古代希腊创造了航海和经商的条件,很多城邦之间,一水相连,交通方便。天晴的时候,可以隔海相望。希腊的商业与殖民往往联系在一起。希腊山区产葡萄和橄榄等经济作物,制成葡萄酒和橄榄油输出国外。不少地区产大理石、陶土,还有许多金属矿藏,为手工业的发展提供了丰富的原料。加上希腊半岛不生产粮食,因此希腊人早在公元前6世纪就有贸易活动,一方面对外销售其葡萄酒与橄榄油等,另一方面输入粮食等物。随着商业的发展,希腊人产生了冒险精神,早期殖民也因此而开始。

希腊的东南部与东方古代文明的埃及和西亚隔海相望,古代希腊人的航海,有利吸收埃及小亚细亚的先进文化。希腊文化,最早产生在爱琴文明中心的两个地方,一个叫克里特岛,一个叫迈锡尼,所以爱琴文化又叫克里特·迈锡尼文化。

2. 西方文化的起源

西方文化的源与流,一般可概括为"两H四R"。所谓"两H",是指 Hebraism(希伯来主义,即基督教《圣经》)和 Hellenism(希腊主义,指古希腊文化)。"四R"是指 Renaissance(文艺复兴)、Reformation(宗教改革)、Rationalism(理性主义)和 Revolution(资产阶级革命)。

西方文化几千年的发展中经历了三次重大文化转型,即从希

---

① 冯作民编著.西洋全史(三).台北:台北燕京文化事业股份有限公司,1979.4

腊的两希(古希腊与希伯来)精神到文艺复兴时期人文精神及以后启蒙时期的理性精神,再到20世纪的反理性的现代主义和后现代主义精神。①

在东方文化即大河文化的同时或稍后两千年,西方世界,在东地中海地区的希腊,以爱琴海为中心,建立起独特的海上文化。希腊的爱琴海文明,是欧洲文明的摇篮。

古代东方农业文化(农耕、畜牧)的发生地最早在西亚。这里雨水充足,生长了许多野生谷物,包括小麦和大麦,这有利于从狩猎采集过渡到畜牧、农耕生活。

现在发现的新石器时代西亚农村遗迹,有城堡、神坛、谷仓、首领坟墓、母神崇拜等。西亚的雨水线内的农业定居生活,有利于人口的繁殖。随着人口的增加,对外移民是很自然的事。西亚人或向两河流域扩展,或向欧洲移民,是世界历史上最早的移民活动。它使东方的农业文化向西方传播。

大约从公元前6000年起,第一批农业文化开始出现于爱琴海诸岛和希腊半岛,再从西亚扩展到西欧的不列颠群岛,大约花了二三千年时间。欧洲主要通过两条路线吸收东方文化:一条沿瓦尔达尔河、多瑙河、莱茵河的通道而上,由匈牙利到德国和荷兰,再传到不列颠;另一条经地中海而西,到意大利、法国、西班牙、葡萄牙沿岸,部分东传到俄罗斯草原。在几千年的时间里,欧洲最发达的地区是最早被移居的东南部,这就是爱琴海地区,它是古代爱琴文化、希腊文化的发源地。

3. 爱琴文化

爱琴文化是以爱琴海为中心的文化,或称多岛海文化,主要有

---

① 汤一介.学术文化随笔·总序.北京:中国青年出版社,1996.1

克里特文化(公元前20世纪～前12世纪)、迈锡尼文化(公元前15世纪～前12世纪)。

(1)克里特文化

英国学者伊文斯于1900年两大考古发掘证明,远在公元前2000年,克里特岛上已有很高的文化。

克诺萨斯的君主诺索斯的迷宫。宫室有三四层之高,其中有许多房间、通道、楼梯。柱子上粗下细,非常美丽。有的房间墙壁绘有鹧鸪的壁画,称为"鹧鸪之室"。另有浴室、仓库、庭园、供水排水系统等,以及玛瑙刻成的印章和雕刻、陶器,还发现数以千计的铭文泥版。这些铭文是用两种不同系统的文字写成的,一种是线形文字A,另一种是线形文字B。[①]

线形文字。克里特文字有三种,象形文字、线形文字A、线形文字B。线形文字B是从线形文字A发展而来的。线形文字A现在还没有释读成功;线形文字B已在20世纪50年代释读成功,该类文字为希腊人文字。举例如下。

线形文字A,如：

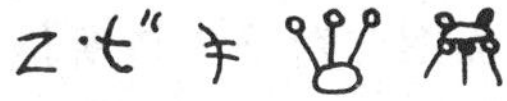

线形文字B,如：

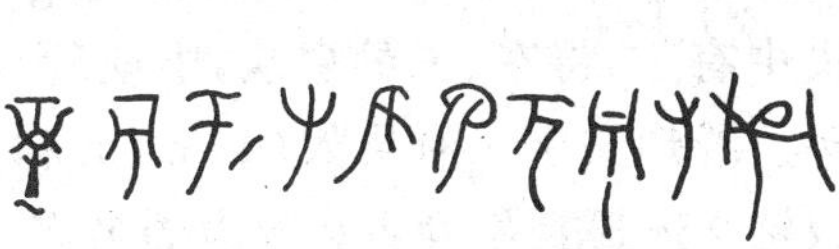

图4-1 希腊人的线形文字

线形文字B意为"一个有窗户的胡里特房屋;一个奠酒用的容器"[②]。

[①] (苏)兹拉特科夫斯卡雅.欧洲文化的起源.北京:三联书店,1984.82～86
[②] (捷克)赫罗兹尼.西亚细亚、印度和克里特上古史.北京:三联书店,1958.276

(2)迈锡尼文化

公元前15世纪至公元前12世纪,克诺索斯毁灭,爱琴文化由克里特文化为主转入以迈锡尼文化为主的时代。

迈锡尼文化比克里特文化晚。迈锡尼是荷马时代一个最强大的希腊城邦。它位于伯罗奔尼撒半岛东北部的亚哥里斯。这是一块山脉纵横、丘陵起伏的原野。德国考古学家谢里曼在迈锡尼进行考古发掘,有两个重大发现:

古墓五处。墓内有古尸10多具,并有丰富的随葬品,多的竟达870件,其中最稀奇的是模拟死者特征罩在国王脸孔上的黄金面具。[①] 有的死者,胸部盖着金板,还有匕首、剑等随葬品。匕首的柄用黄金和骨制成。在4号墓出土了一个最珍奇的长柄高脚鸽子金杯,杯耳装饰着两只黄金鸽子。谢里曼指出它与《伊利亚特》里所描绘的金杯很相似。

迈锡尼王宫。迈锡尼王宫内有宫殿、庭院、寝室、浴室。庭院的地板和墙壁都涂上色彩,黄、蓝、红的线条在正方形里边构成复杂的图案。王宫的总平面图与荷马史诗所描写的王宫平面图相似。

考古发掘说明,公元前15~前12世纪,迈锡尼是奴隶制社会。城市居民中有王、将军、王的扈从,土地所有者和各种官吏占有大量的奴隶。线形文字B有男奴(do-e-ro)和女奴(do-e-ra)的词汇。有的泥版铭文还提到奴隶主和奴隶的名字,如"雅鲁伯塔季耶的奴隶"等。在这些铭文中,奴隶占所提到人名的1/4。

公元前13世纪中叶,迈锡尼伯罗普斯王朝的一个王,统帅希腊联军远征特洛伊,经十年战争,终于取得胜利。此后不久,北方的印欧语族的爱奥尼亚人、伊奥利亚人、多利亚人入侵,结束了迈锡

---

① (苏)兹拉特科夫斯卡雅.欧洲文化的起源.北京:三联书店,1984.122

尼文化,历史从此进入荷马时代。

二、希腊文化

1. 文学——神话、史诗与戏剧

希腊文学的发展大致可分三个阶段:神话与史诗时期;古典时期,即奴隶制度全盛时期,产生了悲剧、喜剧和文艺理论著作;希腊化时期,主要成就是新喜剧。

古希腊神话:主要包括神的故事和英雄传说两大类。

神的故事包括关于天地的开辟、神的产生、神的谱系、人类的起源和神的活动等故事。西方有一句谚语"希腊神话是文学的源泉"是最好的证明。

希腊众神都住在北希腊最高的奥林匹斯山,形成以宙斯为首的"奥林匹斯神系"。他们主要有12位神。天神宙斯(Zeus)是众神的父亲,掌管雷电;天后赫拉(Hera)掌管婚姻与生育;宙斯的儿女有:智慧与保护神雅典娜、爱与美神阿芙罗蒂即维纳斯(罗马的称呼)、青春女神赫柏、农神狄密特、狩猎和月亮女神阿尔忒弥斯,太阳神阿波罗掌管光明、青春、音乐、诗歌。此外,还有战神亚力斯、酒神巴克斯、火神与匠神赫菲斯拉斯、商旅神赫尔墨斯、灶神赫斯提亚、海神波赛顿以及9个文艺女神(通称缪斯)、3个命运女神(通称摩伊拉)、3个复仇女神厄尼厄斯和偷天火造福人类的恩神普罗米修斯等。

希腊神话中的诸神都具有人的形体和人的性格,即"神人同形同性"。每一位神都有一段生动的故事。此外,希腊女神的地位相当高,这反映了爱琴文化母系中心的存在。在希腊神话故事中充满了乱伦思想,它一定程度上反映了当时希腊的伦理道德观念。

荷马史诗:相传由盲诗人荷马所作,它是以说唱形式流传下来的希腊远古时代关于人与神的传说,称为《荷马史诗》,包括有《伊利昂记》(一译《伊利亚特》)和《奥德修记》(一译《奥德赛》),是保留至今的古希腊公元前11至前9世纪的重要文化遗产,也是欧洲文化史上最早的重要作品。

《荷马史诗》在公元前6世纪才写成文字。其中,《伊利昂记》描写希腊与东方特洛伊人交战的故事;《奥德修记》描写在特洛伊战后,希腊英雄奥德赛由特洛伊返回故乡10年中,在海上的历险和复仇的故事,实际上它是一部反映古代人类与自然、人类与社会斗争的史诗。

《奥德修记》是欧洲文学史上第一部以个人遭遇为内容的作品,对文艺复兴、18世纪浪漫主义小说都具有深远的影响。2 000多年来,西方人一直认为它是古代最伟大的史诗。马克思说它具有"永久的魅力",是"一种规范和高不可及的范本"。直到今天,它"仍然能够给我们以艺术享受"。[1]

恩格斯说"荷马的史诗以及全部神话——这就是希腊人由野蛮时代带入文明时代的主要遗产"[2]。高尔基说:荷马时代的文学经过世世代代人的千锤百炼,是古希腊人民集体的创造天才的结晶。[3]

在西方文学史上,荷马的名字经常与但丁、莎士比亚、歌德、巴尔扎克、列夫·托尔斯泰、高尔基的名字连在一起。

---

[1] 政治经济学批判·导言.马克思恩格斯选集(第2卷).北京:人民出版社,1972.114

[2] 恩格斯.家庭、私有制和国家的起源.马克思恩格斯选集(第4卷).北京:人民出版社,1972.22

[3] 高尔基著.俄国文学史.缪灵译.上海:上海译文出版社,1979.508

第四章　古代西方的文化

除古希腊的荷马史诗外,古代西方流传至今的比较著名的史诗,还有古代日耳曼人的《希尔德布兰特之歌》和《贝奥武甫》、冰岛的《埃达》、芬兰的《卡勒瓦拉》(又名《英雄国》)、亚美尼亚的《萨逊的大卫》等。

古希腊戏剧:古希腊戏剧起源于每年春秋两季举行的对酒神的祭仪和民间歌舞。古希腊文学的最高成就是悲剧。埃斯库罗斯、索福克勒斯、欧里庇得斯是古希腊三大悲剧作家。他们三人的悲剧作品反映了雅典奴隶主民主政治发展的三个阶段即成长阶段、繁荣阶段和危机阶段。

埃斯库罗斯(约公元前525~前456年),恩格斯称他为希腊"悲剧之父",他出身贵族,曾参加希波战争,具有高度的爱国精神。相传他一生创作90部悲剧,10多次获奖,流传至今的只有7部作品,即《普罗米修斯》、《俄瑞斯忒亚》三部曲(《阿伽门农》、《奠酒人》、《复仇神》)、《波斯人》、《乞援人》和《七将攻忒拜》。前3部为代表作,主要是表现个人行为与天神意志之间的矛盾冲突。

悲剧《普罗米修斯》取材于普罗米修斯盗取天火的神话。普罗米修斯是个庄严、崇高的英雄。为人类的光明和幸福,他不畏强暴,不怕牺牲,不惜忍受苦难与宙斯的暴力进行了不屈不挠的斗争。作品歌颂了普罗米修斯的英雄行为和自我牺牲精神,实际上是歌颂了雅典奴隶主民主派反对贵族专制的斗争。普罗米修斯的形象受到世世代代人们的称颂,马克思曾给予它极高的评价:普罗米修斯不愧为"哲学的日历中最高尚的圣者和殉道者"[①]。

索福克勒斯(公元前496~前406年)被称为"戏剧艺术的荷马",他的创作是雅典民主制盛极而衰时期的反映。索福克勒斯出

[①] 马克思.《博士论文》序.贺麟译.北京:人民出版社,1973.3

身于雅典富商家庭,受过良好教育,对音乐与诗歌的造诣很深。他28岁参加戏剧比赛,击败了埃斯库罗斯而获头奖。他是希腊悲剧作家中得奖最多的一位。相传他一生写了110多部悲剧,现存7部:《奥狄普斯王》、《安提戈涅》、《埃阿斯》、《特拉基斯少女》、《埃勒克马特拉》、《奥狄普斯在科洛诺斯》、《菲罗克忒忒斯》,前两部为其代表作。

《奥狄普斯王》描写个人的坚强意志、英雄行为与命运间的冲突,表现了善良的英雄在力量悬殊的斗争中不可避免的毁灭。

欧里庇得斯(公元前485~前406年)出身贵族,曾学过自然哲学,与苏格拉底和另一位哲学家交往,被称为"舞台上的哲学家"。他大约写了92部剧本,现仅存《美狄亚》、《特洛伊妇女》、《腓尼斯少女》等18部悲剧。这些悲剧大多取材于神话与英雄传说,反映了雅典奴隶主民主制社会发生危机时期的种种矛盾,表现了希腊人追求自由的思想精神。

《美狄亚》是欧里庇得斯的代表作品之一。它描写被丈夫遗弃的美狄亚的故事。故事反映了妇女地位的提高,批判了不合理的婚姻和男女地位的不平等,鞭挞了伊阿宋的不道德和极端自私的丑恶灵魂。美狄亚的遭遇是当时妇女的共同命运,作者对她们寄予了无限的同情。

希腊三大悲剧家的悲剧风格各有特点:埃斯库罗斯的风格悲壮、雄浑、自豪而又充满信心;索福克勒斯悲愤、迷惘、上下求索;欧里庇得斯悲痛、憎恨和寻找出路。古希腊悲剧往往以人与命运的斗争为主题,实际上反映了人与外界环境、人与人之间的冲突。有人称希腊悲剧为"命运悲剧"。①

公元前5世纪的雅典,曾先后产生过三大喜剧诗人,有完整作

---

① 朱维之,赵澧.外国文学史.天津:南开大学出版社,1985.34

品流传下来的只有阿里斯托芬。

阿里斯托芬(约公元前446～前385年),恩格斯称他为"喜剧之父"。他生于雅典一个平民家庭,博识荷马史诗、希腊悲剧,又与苏格拉底和柏拉图交游。他一生写了44部喜剧,得过7次奖,流传至今的有11部:《阿哈奈人》、《骑士》、《云》、《马蜂》、《和平》、《鸟》、《公民大会妇女》等。他的喜剧对和平与战争的问题最为关心。他的作品触及了当时重大的社会问题,反映了雅典奴隶主民主制危机时期社会生活,如暴露政治野心家利用民主制欺骗民众的《骑士》和《马蜂》,反映党派斗争和贫富不均的《公民大会妇女》和《财神》等。

《阿哈奈人》与《鸟》是阿里斯托芬的代表作。《阿哈奈人》是通过农民狄凯奥波利斯单独与敌人媾和,从而过着幸福生活的故事,表达了人民要求和平的强烈愿望。

《伊索寓言》的作者伊索,相传他大约生活在公元前6世纪。实际上,现在流传的《伊索寓言》是后世人根据大量的希腊寓言和其他寓言编纂成集的,有的故事还可能来自亚洲、非洲或印度、阿拉伯和基督教的故事。伊索寓言大多数是动物故事,其中一部分作品(如《狼与小羊》、《狮子与野驴》等)用豺狼、狮子等凶恶的动物比喻人间的权贵,揭露他们的专横、欺压弱小的罪行,反映了平民或奴隶反抗压迫的思想感情。像《乌龟与兔》、《牧人与野山羊》都是其中具有代表性和深刻思想意义的作品。

《伊索寓言》在西方文学史上占有很高的地位。法国的拉封丹、德国的莱辛、俄国的克雷洛夫等作家的寓言作品都从中吸取了营养。中国早在明代就有《伊索寓言》的中译本名为《况义》,清代又出现了英汉对照本《意拾蒙引》,以后才有名为《伊索寓言》的新译本。

2. 哲学与科学

古希腊是西方哲学的故乡。古希腊哲学的产生与希腊神话有一定的关系。希腊神话中的神和人是同形同性的,但神比人更有力量主宰着人间的命运,反映出古代希腊人与自然力斗争不屈不挠的精神。有的学者在谈到古希腊神话中的神的特点时指出:大多数民族的神都自命曾经创造世界,奥林匹斯的神则主要是征服世界。希腊人通过神话的形式,反映出积极进取的人生态度。

古希腊哲学有以下特点。

哲学与科学交织在一起。古希腊的哲学家同时还是自然科学家,或语言学家、文学家、艺术家等。当时,研究自然本原和结构变化的自然哲学与研究认识道德问题的人的哲学都处在产生与发展阶段。在古希腊,哲学为统摄群学的最高学问。柏拉图将哲学分为辩证学(dialectics)、物理学(physics)和伦理学(ethics)。亚里士多德将哲学范围扩大到几乎包括讨论宇宙与人生的一切学问。

文字与哲理朴素而且生动。亚里士多德在《形而上学》中说:"因为古代哲学还属青年,知识方开,尚在发言喔嚅的初学时期。"依靠直观和经验,并借助于丰富的想象来阐述哲学观点,是当时人们思维方式的特点。因此当时唯物论是朴素的唯物论,辩证法是朴素的辩证法。

充满唯物主义与唯心主义、辩证法与形而上学的斗争。不仅有唯物辩证法的萌芽,而且有唯物辩证法的发展和典型的诡辩论;不仅有调和的唯物论和唯心论的哲学体系,而且有丰富的逻辑学、伦理学与政治学著作。在这种哲学的争论和斗争中,产生了希腊的"百家争鸣",孕育了群星灿烂的思想巨人,为西方文化甚至世界文化提供了宝贵的哲学财富。

第四章 古代西方的文化

古希腊的哲学,大体可分为三阶段。

第一阶段:公元前7世纪～前6世纪,哲学家重视宇宙本原的研究,这个阶段的哲学被称为自然哲学。最初哲学主题讨论的是物的起源以及万物的生成问题,由于哲学家居住的地区不同,形成了古希腊哲学的不同流派,如:米利都学派、爱非斯学派、毕达哥拉斯学派、爱利亚学派等。

米利都学派为最古老的学派。此派以水、无限定、气为世界本原。米利都学派的泰勒斯(公元前624～前547年)认为万物的根源发端于水,水是一切的开始,一切生灭存废,皆是水的变化。承认世界万物是物质构成的,不是神创造的理论与米利都地区靠海,天天观察大海而得到的领悟有关。这与中国管子说的"水者何也,万物之本原也"以及印度涅槃论所说的"水是万物的根本"有相似之处。

爱非斯学派的赫拉克利特(约公元前540～前470年)认为世界万物的本原都是永恒的、符合规律地燃烧和熄灭的火。列宁说:"这是对辩证唯物主义原则绝妙的说明。"[1]赫拉克利特提出:"万物皆流,万物皆变。"其著名的哲语为"濯足长流,抽足再入,已非前水。"(即"人不能两次踏进同一条河流")他还认识到了物质运动变化的原因在于对立面的斗争,任何现象、任何事物都含有内在的矛盾,"一切都是斗争所产生的"。列宁称他是"辩证法的奠基人之一"[2]。

毕达哥拉斯学派把"数"视为事物的原型,认为"数"构成宇宙的"秩序","凡物皆数"。

爱利亚学派把千变万化的世界归之为虚幻的假象,认为唯一真实是"存在","存在"是单一的、有限的、不变的、不可分割的。

---

[1][2] 列宁全集.第38卷.北京:人民出版社,1959.395,390

后期的自然哲学家又提出了"四元素"(水、火、土、气)、种子、原子概念,以探求世界的本质。如古希腊唯物主义哲学的杰出代表德谟克利特(约公元前460~前370年),他认为水、土、气、火是构成世界万物的四个元素(即四根说)。他对早期希腊哲学进行大综合,并加以系统化,提出了著名的原子论。他认为世界万物的本原是原子与虚空,即宇宙世界有两部分:一是物质性相同的原子;一是虚空的空间。原子是不可再分的物质微粒,运动是它固有的属性;虚空是原子运动的场所。原子按不同方式结合而成世界万物,甚至人的灵魂也是由精微的原子构成的。德谟克利特以其唯物的心理学为根据,认为人有感官知觉,亦有理智。感受知觉所得到的是相对的知识,理智所得的则是绝对的知识。

以上朴素的唯物论自然哲学家,认为客观世界是从具体的自然物质中寻找一个或多个"始基"。他们是通过自然科学来探索哲学问题的。

和朴素唯物论相对立的是各种唯心论学派,著名的代表人物是苏格拉底、柏拉图与亚里士多德。他们三人是师生关系,为希腊哲学三圣。列宁把德谟克利特作为西方唯物论的代表,把柏拉图作为西方唯心论的代表。

第二阶段:公元前5世纪,古希腊哲学家研究的重点由自然转移到人。这时的智者不相信有真正的存在和客观真理。自称为"爱智者"的苏格拉底就是其中代表人物之一。

苏格拉底(公元前469~前399年)生于雅典。他反对研究客观的自然界,认为客观世界是神的领域,人是不能认识的。他专门研究人生道德哲学。"认识你自己!"他大声喊出这一振聋发聩的命题以来,人的问题一直是西方哲学的核心问题之一,对人的问题的思考一直是哲学发展的动力。苏格拉底认为,哲学的任务不在于谈天说地,追索自然的本原,而在于认识人的内心世界,培植人的道观念。

苏格拉底提出:"知识即道德,无知即罪恶。"他所说的知识,不是指感觉得来的知识,是指一种真知灼见。所谓道德,希腊原文为apetu,本意指能力(ability)或最善(excellence)。他进一步指出:"道德即幸福。"① 亚里士多德也认为一个快乐的人应该是有:健康、财富、知识、友谊和美德,这五项要素,缺一不可。他还认为,人类实际上有一系列的选择过程,这一系列选择过程,都是在美德的指导下进行的,因此,五项要素当中,美德是至关重要的。这就是亚里士多德的快乐的伦理观。

苏格拉底把自己一套教育方法概括为讥讽、助产术、归纳、下定义四个步骤,基本要领是通过启发或教育,使人确认自己的无知,然后得出真正的道德观念。

苏格拉底的论辩方法是唯心主义概念辩证法。该方法首先是向对方提出许多问题,使对方陷入自相矛盾而承认自己"无知",这叫做讥讽;其次是通过产婆术② 的方法,帮助对方把知识启发出来;然后通过对一些个别事物的比较,认识事物一般的本质,这称为"归纳";最后将所得的概念明确规定下来,即定义的方法。

第三阶段:公元前4世纪,古希腊哲学进入系统化阶段,代表人物有柏拉图和亚里士多德。

柏拉图(公元前427~前347年),他是苏格拉底的学生,亚里士多德的老师。他出身于雅典贵族家庭。苏格拉底被处死后,他逃

---

① 丘镇英.西洋哲学史.北京:北京大学出版社,1986.45,46

② 产婆术:柏拉图《泰阿泰德篇》称苏格拉底认为通过不断向对方发问又不断揭露对方回答中的矛盾,可以逐步达到所谓普遍性的认识。苏虽自称无知,但这方法能帮助对方把头脑中固有的知识激发出来,犹如他母亲是个助产婆,虽然年老不能生育,但能把别的母体中的胎盘接出来一样,故称"助产术"(maieutics)。

离雅典,后去南意大利,最后回雅典办柏拉图学院。柏拉图学院成为古希腊唯心论哲学的中心。

柏拉图的著作是几十万字的对话,主要有《美诺篇》、《斐多篇》、《理想国》、《泰阿泰德篇》、《巴门尼德篇》、《智者篇》、《蒂迈欧篇》、《法篇》等。

在哲学上,柏拉图提出了"理念论",同德谟克利特的原子论相对立。理念论的基本内容是将理性世界与感觉世界对立起来,认为感性的具体事物不是真实的存在,在感觉世界之外,还有一个永恒不变的、独立的、真实存在的理念世界。理念哲学是柏拉图哲学的核心,这一学说对后世哲学思想界产生了深远的影响。柏拉图的理念论主要是探讨理性与感性的各种问题。他认为有两个世界:一是理念(本体)的世界;二是物质(现象)的世界。前者为理知的对象,为万有的根源,是永恒不变、超感觉的实在;后者是感官的对象,为理念世界的摹写,是流转无定、可感觉的物体(现象)。感官得个体,抽象化或概括化则得理念。①

柏拉图提出的理念,对西方哲学有重大影响。他引导人们不要满足感官的认识,而要深究理念的精神。这种精神是纯西方的一种文化精神和哲学性格,后来文艺复兴哲学以及黑格尔哲学无不受到这一理性精神的影响。其次,这一理念思想,所导出的神秘主义和丰富的诗意联想,使人对宇宙、自然和自我提出了一系列探索的问题,这就符合了西方人激进精神与文化心理。②

柏拉图的理念,在他社会政治思想上的表现,就是建立理念的理想王国。《理想国》正是西方空想社会主义的第一部书。

柏拉图理想的四大道德目标为:智慧、勇敢、节制、公正。统治

---

① 丘镇英.西洋哲学史.北京:北京大学出版社,1986.49~50
② 葛雷,齐彦芬.西方文化概论.北京:中国文化书院,1987.27~28

国家的哲学王最有智慧,守卫国门的军人最为勇敢,从事生产劳动的人则以节制欲望为美德。这三种人都具备了自己所有的德行,这就实现了"公正"。

他主张在理想国的第一、第二等级中实行两项措施:取消私有财产,取消家庭,即实行"共产"、"共妻"。

柏拉图把哲学家看成为"真正完善"的人。其原因在于哲学家有知识。在这里,柏拉图继承了苏格拉底的"知识治国"论,认为治理国家要依靠知识,强调了知识的作用。他强调了两点:一是优生;二是教育。

在柏拉图的理想国中,关于"共产"、"优生"、"教育"等措施,是以斯巴达城邦制度为蓝本的。所谓理想国,不过是斯巴达城邦在雅典的理想化。柏拉图以此办法来挽救日趋瓦解的雅典城邦制度。

亚里士多德(公元前384～前322年)是希腊古典文化集大成者。他是柏拉图的学生,18岁进柏拉图学院。他的著作广博无比,但现存论文只有40种,主要有《工具论》、《物理学》、《伦理学》、《政治学》、《诗学》、《雅典政制》等。公元前220年在亚历山大特里亚图书馆中尚有其他146种。照亚里士多德自己的分类有:理论科学包括数学、物理学、心理学、神学(形而上学);实践科学包括伦理学、政治学(又分为经济学、统帅术)、艺术科学(包括制作或创造的科学,如艺术、诗、修辞)。此外,还有历史、逻辑、美学等。他对以上各学科差不多包括了古代人类知识的全部领域都有卓越的贡献。马克思称他是百科全书式的科学家[1],恩格斯说他是"古代最博学的人物。"[2]

---

[1] 马克思恩格斯全集(第3卷).北京:人民出版社,1958.143
[2] 恩格斯.反杜林论.参阅:马克思恩格斯选集(第3卷).北京:人民出版社,1972.

亚里士多德是逻辑科学的创立者,他提出了著名的三段论。他的形式逻辑为传统逻辑打下了坚实的基础。

亚里士多德的《修辞学》和《诗学》奠定了西方文学史研究的基础。他的动物学的分类方法,至今还大体沿用。他的一篇对小鸡发育所作的报告,使现代胚胎学家惊叹不已。

亚里士多德说:"我爱我的老师,但我更爱真理。"他对柏拉图把理念世界与物质世界分离持反对意见,认为普遍性事物(理念)不应离开感觉(个体)而独立于另一世界;理念应当生于事物之中(inherent in the thing)或存在于事物之内(immanent in the thing)。"一"在"多"旁(one along with the many),应当由"一"在"多"中(one among many)取而代之。① 这可以说是发展了柏拉图的理念论。

古希腊哲学与科学是分不开的,许多哲学家同时又是科学家。所以,从公元前7世纪到公元前2世纪末,西方哲学与科学发展的高峰都出现在古希腊。古希腊是西方古代科学文化的中心,也是近代科学的主要发源地之一。

根据19世纪《自然科学史》的作者法国的乔治·居维埃的看法,自然科学的发展可分为三个阶段。第一阶段是宗教阶段。这个阶段科学处于一种神秘的状态,并为少数人所垄断与世袭秘传,它开始并结束于古代东方。第二阶段是哲学阶段。这个阶段科学为宗教所孤立,并由部分智者所掌握,这个时代起于古希腊,具体起于泰勒斯,它是纯西方性质的。第三阶段是我们所处的阶段。即具有分工和分科的鲜明特征的阶段,这时的科学,才是具有真正定义上科学的阶段。② 这个真正科学的阶段,起于亚里士多德。因此,可

---

① 丘镇英.西洋哲学史.北京:北京大学出版社,1986.56
② 转引自葛雷,齐彦芬.西方文化概论.北京:中国文化书院,1987.84

以说亚里士多德是西方科学之父。

古希腊的科学成就是多方面的,在数学、几何学、物理学、天文学、地理学、生物学方面都取得很大的成就。例如:泰勒斯曾预测了公元前586年的月蚀;毕达哥拉斯在数学上提出了著名的勾股定理;亚里士多德对许多学科进行研究,分类和总结;墨东准确地测算了太阳年的周期,改进了希腊的历法。到公元前3世纪,希腊化时期,与东方各国文化交流更频繁,希腊科学进一步发展起来。埃拉托色尼(约公元前275~前194年)测算出地球圆周的长度约为39 700公里,与实际数值40 008公里相差不多。

亚里士多德除了哲学上的成就外,在生物分类、解剖和胚胎发育等方面进行了大量的工作,并取得丰硕的成果。他的自然科学著作,有8卷本的《物理学》、4卷本的《天体学》、10卷本的《动物史》,对科学的发展作出了重大贡献。

希腊化时期,对科学技术的发展作出了巨大贡献的还有欧几里德和阿基米德这两位著名的科学家。

欧几里德(约公元前330~前275年)的《几何学原本》是古希腊科学的最高成就,它奠定了古典几何学的基础。该书严谨的逻辑推理的科学方法对近代科学的发展有十分重要的影响。恩格斯称欧几里德是"精确的和有系统的科学研究"的代表人物之一。

阿基米德(约公元前287~前212年)是力学、流体力学的奠基人。他发现杠杆、浮力、滑轮和螺旋机械原理。他有句名言:"给我一个支点,我将翻转地球。"这表达了科学家对揭示与利用科学巨大威力的信心。他在数学著作《论量圆》和《论球体与圆柱体》中,算出圆周率为 $3\frac{10}{71}<\pi<3\frac{1}{7}$。他设计了大型投石器,来保卫叙拉古城。后来,叙拉古城被罗马人攻下时,他正在埋头研究几何图形,不幸被罗马兵所杀。

综上所述,希腊的哲学与科学,可说是西方哲学与科学的起点。古希腊科学的特点是重视理论的探讨,这和中国科学技术体系偏重解决实际问题的传统是不同的。其中德谟克利特的原子论、毕达哥拉斯的数的审美学说、亚里士多德的逻辑方法等成为以后西方近代科学产生的三个最重要的思想前提。所以西方人称"希腊是西洋文化之母"。

3. 史学

光辉的希腊文化,其中包括光辉的历史著作。希罗多德的《历史》(又名《希波战争史》)、修昔底德的《伯罗奔尼撒战争史》,以及色诺芬的《远征记》都是世界历史文库中的要籍。

希罗多德的名著《历史》视野广阔,是一部以希腊为中心的世界历史。全书共9卷两大部分:前半部泛论希波战争并叙述小亚细亚、埃及、利比亚、叙利亚、巴比伦以及亚欧草原游牧部落斯基泰人的情况;后半部分叙述希波战争的经过,从而歌颂了希腊城邦特别是雅典的奴隶主民主政治,雅典人作战勇敢,为自由而战的精神。希罗多德被誉为"西方历史之父"。

修昔底德曾任雅典将军,在伯罗奔尼撒战争中率领军队对斯巴达作过战,后被解职放逐,战后回雅典从事著述,写了《伯罗奔尼撒战争史》,共8卷。他把雅典与斯巴达之间延续27年之久的伯罗奔尼撒战争严格按年代顺序叙述出来。在编排结构、运用史料、分析历史的因果关系等方面,比希罗多德的《历史》有所进步。

由此,希腊历史上的三次大战:特洛伊战争、希波战争和伯罗奔尼撒战争分别有三部历史名著记载并永垂于世了。

雅典史学家色诺芬是个多产作家,其主要著作有《希腊史》、《远征史》、《居鲁士的教育》、《斯巴达政体论》、《回忆苏格拉底》、《经济论》、《论税收》等。有人把色诺芬与希罗多德、修昔底德并称

第四章 古代西方的文化

为"三大史学家"。但有人认为,他们三者不能相提并论,色诺芬在希腊历史上占有一定的地位是因为公元前5世纪末到前4世纪初希腊的史事主要是靠他的记载而流传下来的。①

公元前2世纪中期,希腊被罗马人征服,成为罗马帝国的一部分。然而希腊历史学依然在发展,产生了古代欧洲最杰出的史学家波里比阿。

波里比阿生活在罗马统一地中海地区的时代,面对这些惊心动魄的事实,波里比阿立志写一部《通史》。他曾感叹道:"罗马以一个小小的城邦,几乎征服了整个文明地区……而种种征服事业,是在不到53年的时间内完成的。罗马何以能够如此?它是用一种什么方法致胜?这些功业是在一种什么政体下完成的?对于这样的事迹,一个人焉能无动于衷,默然无述!"波里比阿被称为"史学家中的史学家",在西方史学家中,他的著作最合乎科学要求。②

古希腊史学思想的基本特征是人本观念。"这就是人的历史的叙述,人的行为、目标、人的成败的历史。"③

古希腊史学家的人本观念大体上有以下内容。

△"认识你自己",即认识人类自身的历史。这是希腊史学中人本主义的基本出发点,也是苏格拉底的哲学观点在史学上的反映。

古希腊史学的人本观念在修昔底德的著作中有了更多的发展。他说:"人是第一重要的,其他一切都是人的劳动成果。""使我们城邦光明灿烂是这些人和类似他们的人的勇敢和英雄气概。"④

---

① 郭圣铭.西方史学史概要.上海:上海人民出版社,1986.32
② 葛懋青.历史科学概论.济南:山东教育出版社,1985.382
③ 张广智.略论古希腊史学中的人本观念.复旦学报,1987(1):68
④ 修昔底德.伯罗奔尼撒战争史.北京:商务印书馆,1960.103,34

△ 富有理性的批判精神。这是希腊史学中人本思想的本质特征。现代英国著名史学家伯立指出:"希腊人虽不是记录人类史实的第一人,却是批判史实的第一人。换句话说,他们首创了史学。"①

修昔底德《伯罗奔尼撒战争史》所体现的理性批判精神与希罗多德不同,他受当时唯物主义哲学思想的影响,认为历史的发展变化,决定于自身,所以他致力于探索历史事件的因果关系。有人称他为"世界上第一位真正的具有批判精神的历史学家"。

△ 历史的功用不是为神唱颂歌,而在于保存人类的功业,使之垂训千古,教育后世。这是希腊史学中人本思想的最后归宿。

从记神事发展到记人事,从用虔诚的笔调记下神明的恩赐发展到用批判的精神记载人类的功业,这是史学发展史上的一大进步。历史记人事,训后世,这成了古希腊史学家的一个优良传统。希罗多德在《历史》的开篇就声明"把研究成果发表出来",是为了保存人类的功业,使之不致由于年深月久而被人们遗忘。② 包括人本观念在内的希腊古典史学遗产,2000多年来,成为"指导和鼓舞"西方史学前进的"灯塔"。③

4. 演说与竞技

为什么古希腊会兴起演讲术?主要原因有三:一是在当时民主政体下的雅典,遗产的继承问题和钱财的纠纷,可用诉讼方式解决,因而需要诉讼知识;二是富家子弟竞选官职也要长于辞令;三是民主政治要进行政治辩论。

---

① 张广智.略论古希腊史学中的人本观念.复旦学报,1987(1):70
② 希罗多德.历史.北京:商务印书馆,1953.167
③ 张广智.略论古希腊史学中的人本观念.复旦学报,1987(1):72

从事传授诉讼和训练口才职业的教师称为"智者",他们主要讲授修辞术,也传授哲学、文学等。到公元前5世纪末4世纪初,希腊散文和修辞学进入黄金时代,西西里最有名的修辞学家高吉亚于公元前427年来到雅典传授修辞术。他采用诗的词汇,讲求对偶和节奏,使散文具有诗的色彩。因他巧言善辩,教人以文辞取胜,所以轰动了雅典城。

由于当时政治斗争剧烈,雄辩术在雅典得到发展,产生了十大演说家,其中最著名的是伊苏格拉底和德摩斯梯尼。

伊苏格拉底最著名的作品是号召全部希腊城邦联合起来讨伐波斯的演讲词。他的文章讲究和谐,重视节奏。

德摩斯梯尼传下34篇演说词,最著名的是第三篇《反腓力辞》。这篇演说辞洋溢着忧国忧民的热情和强烈的爱国感情。它提醒希腊人注意马其顿的威胁,号召他们团结御敌;它善于用简单语言表达激昂的情绪,对后世雄辩术有很大的影响。

西方从古希腊时代就重视演讲,到了近代,资产阶级在议会演说、辩论或竞选官职时,都要发表演说,因此,演说术一直为西方人所重视。

古希腊是奥林匹克运动会的发源地。早在2700多年前,古希腊埃拉乌斯山巅一处峭壁上,就刻了这样的格言:"如果你想强壮,跑步吧!如果你想健美,跑步吧!如果你想聪明,跑步吧!"[①]这音节铿锵的诗句在历史的长河中久久回荡,至今仍显示出真理性的光辉。现代一些运动项目不少来源于古希腊的竞技。最早召开奥林匹克运动会是为了传达诸神的和平旨意"消除内争外战"。运动会期间,各城邦停战,不准带武器进入运动会,否则以背叛神灵罪予以严惩。所以古代奥运会的特征与宗旨是:争取和平、增进友谊、反

---

① 于克勤,章惠清编著.古代奥运会史话.上海:上海人民出版社,1986.101

对侵略、祈求神灵保佑。而为优胜者编织成奥林匹亚的野橄榄树枝头冠,就成为和平的标志。

古代奥运会和现代奥运会都将点燃火炬作为重要内容,火炬接力成为传统仪式。象征团结、光明、勇敢的火炬,来源于古希腊神话普罗米修斯盗火给人间的故事。

现于世界各地举行的马拉松赛,也起源于古希腊。希波战争马拉松战役的士兵——菲迪皮第斯,为了把胜利消息尽快告诉人们,一口气从马拉松跑到雅典,高呼:"我们胜利了!""雅典得救了!"然后倒下牺牲了。从马拉松到雅典,距离为42 195米,后来,人们以举行马拉松赛跑的形式来纪念这位英雄。

奥林匹克运动会对文学与艺术都有深远的影响。

为优胜者雕刻石像,作为永久的纪念。希腊人认为,人体的健美不是他的衣服,而是他的自身素质,所以参加运动会的运动员都是裸体的。这就为艺术家提供了观察人体、研究人体结构,经过加工和提炼,塑造出完美的艺术形象的机会,运动场进而成为艺术家最好的学校。希腊的现实主义艺术作品通过表现人体而逐步获得完善和发展。

对文学、音乐的促进。在雕像的落成典礼上,请诗人作赞美诗,朗诵给参加的人听。因此,全希腊的文学家、音乐家、哲学家、历史学家,这一天都可在集会上发表自己的杰作,如史学家希罗多德就在大会上朗诵过他的著名诗篇。

世界性奥运会。奥运会从公元前766年以后,每四年举行一次,公元前394年,被西罗马皇帝狄奥多西禁止。1883年法国教育家皮埃尔·顾拜旦男爵为了提高对教育与文化的兴趣,也为了使青年热爱的体育这一全球性的媒介促进国际了解,发起举办现代奥林匹克运动会,得到英美等国的响应。1896年,在雅典举行了第一届世界性奥运会,当时有13个国家与地区参加。到2000年第27届奥运会,已发展为201个国家与地区参加。

5. 建筑与艺术

公元前5世纪以雅典为中心,建筑与雕刻艺术已达到了很高的水平。希腊大型建筑主要是神庙。神庙殿堂为长方形,周围环以圆柱柱廊,它显得庄严、肃穆,在和谐的比例中显示出一种自然的生命的美。后人把希腊建筑主要部分的柱子,按样式分为三种风格,即多利亚式、爱奥尼亚式和科林斯式。

与建筑关系最密切的是雕塑,最能代表古希腊艺术的也是雕塑。西方艺术最早的繁荣阶段是希腊雕塑。

古希腊的雕塑作品以体态健美、形象逼真和比例匀称为特点。这时出现了梅龙、坡里克利特、菲特亚斯等著名雕刻家。

希腊人特别注意肉体的健美。由于城邦之间、异族之间的斗争频繁,公民有保卫国家的义务,一个强健而勇敢的战士,必须有健康与健壮的身体。斯巴达当时的法律规定,体魄有缺陷的婴儿一律处死,结婚年龄应选择最佳生育时期。在教育方面,不论男女从小都受到编队训练,青年人大半时间在练习跑步、跳跃、拳击、掷铁饼等,以把肌肉练得强壮而富有弹力,具备最健美的身体。希腊的雕刻艺术不仅是一种审美的艺术,而且是体现一种民族精神的实用艺术,它的最大特点是实感性强,力度大。

在伯里克利时代,雅典大规模修整装饰卫城,主持卫城雕刻的是菲狄亚斯,他为雅典卫城中的帕特嫩神殿雕刻了"保护神雅典娜",高12米,用黄金与象牙镶刻表面,极其庄严豪华;卫城内室城上又雕塑了一个青铜的战士雅典娜像。两个雅典娜像都是当时的雕塑杰作,它体现了雅典国家在希腊世界的优越地位。雅典卫城是希腊"建筑与艺术的博物馆",是古代希腊人民的智慧结晶。古希腊的雕塑对西方文化产生了十分深远的影响。

6. 希腊文化繁荣的原因与影响

古代希腊文化是人类文化的宝贵遗产。它的繁荣,原因有四点。

希腊文化接受了古代东方文化的影响。东方两河流域和埃及文化,通过小亚细亚、地中海传到了古希腊。这是古代希腊文化繁荣的基础。

古代希腊奴隶制度为古希腊文化发展提供可能。雅典进入奴隶社会之后,奴隶制使农业和手工业、脑力劳动与体力劳动之间更大规模的分工成为可能。这些分工为生产力的提高、交换的扩大提供了条件。希波战争后,希腊变成了"雅典海上帝国"。雅典海上霸权的确立,为其商品生产的原料、市场提供了条件和保障。工商业发展,为文化繁荣提供了可能。古代希腊文化的发展,它的基础和条件则是奴隶制。"没有奴隶制,就没有希腊的国家,就没有希腊艺术和科学。"[1]

雅典奴隶主民主政治为文化的发展提供了重要条件。雅典的民主政治是平民与贵族早期斗争的产物。公元前5世纪,伯里克利当政时,民主政治更盛行。所以有人说,希腊是民主的故乡。希腊公民不受出身门第和财产限制,皆有参加政治的机会。所有公职由公民抽签或举手表决选出,一般一年一次,无终身制。公民在法律面前人人平等。雅典的文化,主要是为公民阶级(工商业的奴隶主、小农和手工业者)服务的文化。因此,希腊的许多作品反映的是城邦政治理想和公民生活。这是希腊文化走向现实主义的基本政治

---

[1] 恩格斯.反杜林论.马克思恩格斯选集(第3卷).北京:人民出版社,1972.220

条件,也是希腊文化具有较多的民主色彩,反对神权和专制政治、相信和赞颂人的智慧的重要原因之一。

雅典的民主政治掌权者——工商业奴隶主重视知识和重视人才,也大大促进了文化的繁荣和昌盛。

古希腊人的宗教、神话、观念对文化的繁荣有重大的影响。希腊宗教神话最大特点是"神人同形同性"。他们认为神是人最完美的体现,神不但具有人的形象,而且具有人的感情和经历。天神宙斯和人一样生男育女。保护神雅典娜给雅典带来各种精湛的技艺,因而受到尊敬。希腊人都把神拉到人间,神话不过是现实生活的反映。

希腊人信神的同时,还相信人的自身智慧和力量,重视现实世界。在古希腊,许多神像都是典型、完美的人像,许多文学作品都取材于神话,这就为希腊文学艺术走上以表现人为中心的现实主义道路奠定了基础。

希腊文化对世界文化有以下的影响。

对东方文化的影响。波斯及印度的许多希腊化都市,都是希腊文化传播的据点,对东方文化影响极大。希腊城邦派麦伽斯梯尼驻印孔雀王朝首都华氏城,传播希腊文化。印度西北白沙瓦(Peshawar)为中心的"犍陀罗艺术",其佛像雕刻明显受希腊艺术的影响。

希腊的伊索寓言则在日本、印度、中国广为流传。

对西方文化的影响。古罗马文化实际是古希腊文化的延伸,如罗马的哲学、文学、戏剧和艺术等,都明显表现出希腊文化特质,所以人们习惯把古代希腊罗马文化连在一起谈。希腊的法理思想也传到罗马,对罗马文化产生巨大影响。罗马大诗人贺拉斯歌颂说:"被征服者希腊反哺胜利者罗马,使粗野的拉丁民族迈向文明开化。"确实,罗马人继承了全部希腊文化遗产,接着把它传遍全世界。①

三、罗马文化

1. 语言文字

意大利半岛最早的岛民是利古里亚人,它的一支——居住在第伯河畔的拉丁姆平原上的拉丁人创造了拉丁文字。

拉丁文中的拉丁字母,亦称罗马字母,为世界上使用最广泛的字母文字体系,是大部分英语世界和欧洲人聚居区语言的标准字母。拉丁字母是在公元前6世纪由埃特鲁斯坎字母发展而来。它的源头还可溯至约公元前1100年叙利亚和巴勒斯坦通用的北闪米特字母。最早使用拉丁字母刻写的铭文见于普雷内斯大饰针上,这是一枚公元前7世纪的斗篷别针,文字从左到右读作"MANIOS MED FHEFHAKED NUMASIOI",意思是:"马尼乌斯为努梅利乌斯制作此别针。"另外一段早期铭文,即公元前6世纪的杜埃诺斯铭文,却与拉丁字母的远祖不一样,是从右到左读的。古典拉丁语有23个字母,其中21个是从埃特鲁斯坎字母派生而来,罗马人从中取了21个;到中世纪,字母i分化为i和j,v分化为u、v和w,这样就产生了26个罗马字母,与现代英语字母相同。古罗马时代拉丁字母有大写体和草写体。15世纪在意大利出现了圆形的"人文主义体",即大写体,用于抄写书卷;另一种有棱角的草写体,用于法律和商业。这两种手写体分别衍生出现在印刷的楷体和斜体字母。意大利语包括拉丁语、意大利半岛其他地区的

---

① 冯作民编著.西洋全史(三).台北:燕京文化事业股份公司,1979.710

语言以及从拉丁语派生出的罗曼语。在罗曼语中,最重要的是法语、葡萄牙语、西班牙语和罗马尼亚语。

拉丁字母继承并发展了希腊字母形体上的优点:简单、匀称、美观,便于阅读和连写。由于拉丁字母本身的优点,法国、西班牙、葡萄牙人继承了它,形成了"拉丁文民族"。《圣经》是拉丁文字写的,由于基督教的传播和殖民扩张,现在整个西欧、美洲、澳洲及非洲的大部分地区都使用了拉丁字母。中国的汉语拼音方案也是用拉丁字母制订的。拉丁文与拉丁语是古代世界上的国际文字和语言。拉丁语还是现代医药科学和生物学的重要工具语。医学界以正规的拉丁处方进行国际交流,中国 1963 年、1977 年、1985 年版的《药典》所载药物(含中草药及其制品)都注明了拉丁药名。现在世界上使用拉丁语的约 4 亿人,世界语字母也是参照拉丁字母制订的。这一古老文字与语言至今仍然显示出它特有的生命力和价值。

2. 文学

古罗马文学是在模仿和继承古希腊文学的基础上发展起来的。它是古希腊和后世欧洲文学的桥梁,在文学发展史上起着承前启后的作用。文艺复兴时期和 17 世纪的欧洲人,主要通过古罗马文学认识了古希腊文学。17 世纪的古典主义作家受罗马文学的影响远远大于受希腊文学的影响。

古罗马的戏剧文学发展较早。罗马文学史上,第一位诗人和剧作家李维乌斯·安德罗尼库斯(约公元前 280～前 204 年),将荷马史诗《奥德修记》译成拉丁文并改编成剧本于公元前 240 年第一次上演,这是古罗马戏剧的发轫。在他之后,罗马出现了一批诗人和剧作家,其中喜剧家有普劳图斯和泰伦斯,悲剧家有塞内加。

普劳图斯(约公元前 254～前 184 年)出身下层,当过演员。相传他一生写了130部剧本,至今仍然流传的有20部,比较著名的有《吹牛的军官》、《孪生兄弟》、《一罐黄金》等。

泰伦斯(约公元前190～前159年)写的六部喜剧,一直保存到现在。最有名的喜剧是《婆母》和《两兄弟》。《婆母》描写青年潘菲路斯夫妇间的一段婚姻纠葛,书中宣扬妇女为了爱人和儿子的利益,应该牺牲自己的观点。在他的代表作《两兄弟》中,这种主张宽容、相互谅解的思想又得到了新的体现。

公元前1世纪下半叶的奥古斯都时期(公元前27～公元14年)古罗马文学进入"黄金时代"。诗歌发展达到高峰。这一时期三位最著名的诗人是:维吉尔、贺拉斯和奥维德。

维吉尔(公元前70～前19年)是罗马史上最卓越的诗人,他有三部主要作品:《牧歌》、《农事诗》和史诗《埃涅阿斯纪》。《埃涅阿斯纪》是罗马文学史上最重要的史诗。《牧歌》包括10个诗章,是模仿希腊的田园诗而写的,诗歌反映了罗马牧羊人的生活和爱情。

《农事诗》共9卷,2 000多行,耗时7年。这是一部关于古罗马农民的工作和生活的诗歌,第一卷谈种庄稼,第二卷谈种葡萄和橄榄树,第三卷谈牧牛马,第四卷谈养蜂。当时罗马主要是农业国家,奥古斯都也重视农业,因此这篇长诗是与当时政策相配合的。

《埃涅阿斯纪》是维吉尔写的罗马民族史诗,共12卷。它记述了罗马人的祖先特洛伊英雄埃涅阿斯,在伊利昂城被希腊人攻陷后,带着老父、幼子及少数特洛伊的居民,渡海到意大利第伯河口登陆,建立罗马城的经历。

维吉尔被公认为是当时最重要的诗人,但丁在《神曲》中以维吉尔为他的老师和带路人。文艺复兴后,许多欧洲诗人史诗体裁的作品,都以维吉尔的史诗作为范本。

贺拉斯(公元前65～前8年),著名的抒情诗人,古典主义文艺理论家。他的主要著作是《歌集》和《诗简》。

《歌集》又称《颂歌集》,共4卷,收诗103首,主要是赞美爱情和友谊的抒情诗,也歌颂奥古斯都和罗马道德的复兴。

《诗简》,共2卷,第一卷中谈论生活哲理,第二卷以文学评论为主,其中有表现他文艺思想的诗体书信,即《诗艺》。这篇诗论在欧洲古典文艺学中影响深远。

奥维德(公元前43~公元18年)是奥古斯都时期第三位重要诗人。他的早期作品主要是用哀歌体格律写的各种爱情诗,包括《恋歌》3卷,49首;《列女志》(一译《古代名媛》)21首;《爱的艺术》3卷。他的诗内容轻佻,但真实地反映了罗马上层社会的生活风貌。

长诗《变形记》是奥维德创作成熟时期的作品,也是他的代表作。这是一部希腊和罗马神话的大汇集。全诗15卷,从天地的形成,一直写到当代罗马。作为希腊神话和罗马传说的传播者,它对后世欧洲文学有很大的影响。许多作家、艺术家从中吸取创作材料。他的诗对但丁、莎士比亚、歌德的创作有一定的影响。

3. 哲学

古罗马哲学是古希腊哲学的继续。从共和时期到帝国时代,出现了很多哲学派别,主要有:伊壁鸠鲁派、斯多葛学派、怀疑派、折衷派、新柏拉图学派、教父哲学等。其中伊壁鸠鲁派继承和发展了德谟克利特的唯物论哲学。西塞罗的折衷主义、斐济的怀疑主义和新柏拉图主义,则是柏拉图唯心主义和宗教神秘主义哲学代表,这些思潮后来与基督教结合而形成教父哲学。

唯物论哲学中的伊壁鸠鲁派是伊壁鸠鲁(公元前341~前270年)所创。他出身于雅典一个教师家庭,著作丰富,以《论自然》37卷为最重要,可惜大部分已散失,只留下三封信和一些作品的片断。马克思很重视研究伊壁鸠鲁的哲学,博士论文即以《德谟克利特的自然哲学和伊壁鸠鲁的自然哲学的差别》为题,并写有长达150多页的《关于伊壁鸠鲁哲学的笔记》。

伊壁鸠鲁发展了原子唯物主义的"物理学"。这里说的物理学就是伊壁鸠鲁的本体论学说。他继承了德谟克利特原子论的基本思想,认为宇宙由原子和虚空构成,"原子和虚空是永恒的"[①]。他还提出原子在虚空中运动不仅有直线下降还有偏斜运动,用以说明必然和偶然的关系,克服了德谟克利特只承认必然,不承认偶然的片面性观点。

伊壁鸠鲁发展了"影象学"的"准则学",即伊壁鸠鲁哲学的认识论。他认为人们的感觉或思想都由对象的"影象"所引起的,感觉是真实可靠的,"一切感官都是真实东西的报道者",理性不能推翻感觉,因为理性本身就是建筑在感觉之上的。

伊壁鸠鲁还提出了幸福主义的伦理学和社会契约的社会政治观点。他认为幸福是人生追求的目的。他从人的精神是人生幸福的伦理观出发,提出社会契约论。他强调宁静是人生幸福的观点,从而强调个人的独立自由,在自愿的基础上通过相互约定结成社会国家。

卢克莱修(约公元前99~前55年)是伊壁鸠鲁的后继者。《物性论》是他留传下来的唯一著作。全书系统地阐述并发展了德谟克利特、伊壁鸠鲁的原子学说和无神论思想。他认为,全部自然界由原子(他称为"种子"、"本原"、"原初物体"等)组成的,宇宙是无限的,宇宙有无数的世界在形成发展和消灭。他反对神创论,认为只有向人们解释自然现象的真实原因,宗教偏见就会消失。《物性论》是我们了解古代原子唯物论思想的唯一系统的著作,它对以后

[①] 伊壁鸠鲁.致赫罗多德的信.参见:古希腊罗马哲学.北京:商务印书馆,1962. 351

唯物主义的发展有很大的影响。

4. 史学

罗马的史学兴起比较晚,第一位历史学家是费边·毕克托(约生于公元前254年),他著有《罗马史》,描述的内容始于神话时代,止于公元前3世纪末,其中关于第二次布匿战争的记载尤为精彩。

罗马史学真正奠基者老加图(公元前234～前149年)奉行的哲学是"罗马至上",他维护罗马古老的传统,反对希腊文化的影响。他用拉丁文写的《罗马历史源流》,共七卷,前三卷追溯罗马和其他意大利城邦的起源;后四卷概述第一、二次布匿战争的经过以及他那个时代的大事。老加图认为历史著作必须达到"垂训"的目的,那就是要发扬爱国思想,把古圣先贤的事迹当作道德教育的教材,以培养青年一代的优良品质。

萨鲁斯特(公元前86～前34年)曾任执政官,恺撒遇刺后,他失去了政治靠山,专心著书。他的著作有《喀提林叛乱记》和《朱古特战争史》。前者记叙罗马贵族喀提林(公元前108～前62年)利用当时社会上的不满情绪发起叛乱,英勇战死的经过;后者是记述公元前2世纪末叶罗马用兵于弩米庇亚,与其国王朱古特作战的经过。

儒力斯·恺撒(公元前101～前44年)是一位具有多方面才能的人,他不但是政治和军事上的风云人物,而且是一位才华横溢的散文家和历史学家。恺撒留下的两部历史著作是《高卢战记》和《内战记》。《高卢战记》共8卷,记述了恺撒征服高卢的始末,包括他对高卢人、日耳曼人所进行的一系列战争,以及他于公元前55年、前54年两次侵入不列颠的历史;对高卢之地的山川形势、物产状况、民族分布、风俗民法等等也有描述。①《内战记》分为3卷,系记述他战胜庞培及其党羽的经过。凯撒的历史著作,文笔简练,疏而不漏,一向被当做拉丁散文来阅读。

李维(公元前59~公元17年)著有《罗马史》(全名为《罗马自建城以来的历史》),全书142卷,现仅存35卷,叙述罗马城的建立、武力扩张,直到统一意大利半岛的历史。他创立了"通史"体例的写作方法。

古罗马最伟大的史学家是塔西陀(约55~120年)。他的主要著作有《关于雄辩术的对话》、《阿格里古拉传》、《日耳曼尼亚志》、《历史》(亦称《罗马史》)和《罗马编年史》等。他的著作史料价值较高,言简而意深,有些句子犹如格言,启人心智。

阿庇安是希腊人,曾任皇帝金库检查官和埃及总督等要职。他所著《罗马史》上、下册,24卷(尚存11卷),记叙从罗马建国至图拉真统治时期的历史。下册内战史是罗马史的重要部分。马克思称《罗马史》是一部很有价值的书。

5. 建筑

罗马建筑是它留给后世的一份宝贵遗产。共和末期,罗马的建筑开始发展。公元前3世纪以后,罗马吸收了希腊的建筑成果,广泛地采用柱廊式建筑并饰以各种雕刻绘画。罗马建筑采用的石拱结构更加坚固,这是罗马建筑的一个特点。罗马统治者为了显示其强盛,在罗马广场四周修建了宏伟的神殿、宫殿、圆形剧场、凯旋门、记功柱、引水渠等。屋大维时代开始修建的供奉朱庇特等神的万神殿,是一座规模巨大的神庙,足足用了150年的时间才建成。圆形剧场,即罗马大斗兽场,又叫科洛西姆(Colosseum 拉丁语"巨

---

① 郭圣铭编著.西方史学史概要.上海:上海人民出版社,1986.36~49

大的建筑"之意)。它约建于公元 70~82 年之间,据说是皇帝韦斯巴芗和狄托为纪念犹太战争的胜利而建造的,它是罗马最大的圆形剧场。圆形剧场平面呈椭圆形,长轴 188 米,宽轴 156 米,高48.5 米;有三层用拱券支撑的券廊,每层 80 个拱券,四周为看台,可容观众 45000 人(一说 8 万人)。

罗马帝国出于军事需要,建筑了 8 万公里长的罗马大道。罗马疆域最大时,西起不列颠、西班牙,东达幼发拉底河,南自非洲北方,北抵莱茵河、多瑙河一带。地中海成为帝国的"内湖",故谚语云:"条条大路通罗马。"道路多用大石板铺砌,中间略作凸状,宽度测量相当精确,这被认为是罗马建筑史上的一大奇迹。

6. 罗马法

罗马法属大陆法系。大陆法系是世界上历史最长、影响最大、包含国家最多的法系。"大陆法系"一语中的"大陆",原指欧洲大陆,它是相对于欧洲的岛国而言的。欧洲大陆的法制都渊源于罗马法,故大陆法系又可称罗马法系。通行欧洲的英国法制称为普通法,还有的学者称之为海洋法。大陆法现在不仅欧洲大陆采用,而且在拉丁美洲、美洲、亚洲也广泛采用了。

所谓罗马法,通常指整个古罗马世界的法律,即从罗马于公元前 753 年建国起,至公元 529 年"查士丁尼法典"的完成,中间所有的罗马法律都叫罗马法。罗马法经中世纪各国法学家研究、解释,衍化为德、法等国的现代法。

罗马法是罗马文化史上重要一环。19 世纪德国罗马法学家耶林所著《罗马法精神》一书说:"罗马三次号令世界三次统一国家:第一次是罗马极盛时代,以武力号令世界统一国家;第二次为罗马式微时代,以宗教号令世界统一国家;第三次为中世纪以后的欧洲列国,以罗马法号令世界统一国家。"①

罗马法的形成可分四个时期。

第一时期,习惯法向成文法发展时期。这段时期大约从公元前753年至公元前450年,即从罗马城建成起到古罗马共和国成立初期止。习惯法是一种不明确的法律,对习惯法的解释权操纵在贵族手中。平民不满意,经过反复斗争,最终于公元前450年颁布了《十二铜表法》。这是古罗马第一部成文法,也是世界法律发展史上极有价值的一部早期法典。此法的颁布标志着古罗马已进入成文法阶段。

第二时期,"市民法"与"万民法"的发展和统一阶段。这一时期约始于公元前3世纪,终于公元前27年。唯有享受罗马公民权的人才能得到法律的保护,这种法称"市民法"或"公民法"。公元前4至前3世纪,罗马征服意大利并大举对外扩张,越来越多的非罗马人沦为罗马的臣属,"万民法"是指各族共有的法律,它实际上是罗马统治范围内的"国际法"。对罗马人和非罗马人皆可适用,它的作用在于调解罗马市民与异族人之间的关系。后来,随着异族人公民权的取得和《查士丁尼法典》的制订,两者完全统一了,罗马法的内容更丰富了。

第三时期,罗马法的发达时期。这一时期大约从公元前27年始至公元3世纪止。这是罗马帝国建立和发展时期,许多资产阶级法学家称此阶段为罗马法的"古典时代"。到奥古斯丁统治时期,法学家获得公开解释法律的特权,各种学派相互竞争,主要有普罗卡尼斯派和萨比纳斯派,两人都是法学研究所所长。争论使罗马法空

---

① 冯作民编.黎东方校订.西洋全史(四).台北:燕京文化事业股份有限公司,1979.1

前地发展,达到了古代法学的高峰。这期间出现了五大法学家,即巴比尼安、包鲁斯、盖尤斯、乌尔比安和摩狄斯梯努。公元5世纪初,罗马皇帝规定五大法学家的著作具有法律效力。

第四时期,法律编纂时期。这一时期,从3世纪延续到6世纪中叶。公元3世纪开始,罗马陷入严重的经济与政治危机之中,奴隶起义,外族入侵,终至公元476年西罗马帝国灭亡。东罗马帝国为了改变法律的混乱和无系统状况,查士丁尼皇帝委任特里波里安大臣主持法典编纂工作,共编出三部法律汇编:《查士丁尼法典》对历史上罗马皇帝的敕令加工整理;《查士丁尼法学总论》(又称《法学阶梯》)叙述了罗马法则的基本原则,是钦定的教科书,本身具有法律效力;《查士丁尼学说汇编》是对以前法学学派的整理。公元565年,法学家又把查士丁尼皇帝在法典编定后颁布的168条敕令汇编成集,称为《查士丁尼新律》。到公元12世纪时,上述四部法典统称为《查士丁尼民法大全》(或译为《国法大全》和《罗马法大全》)。这部法典是古代最完备、影响最大的法典。这是罗马法完成的时代,后世所称罗马法概指《查士丁尼民法大全》,它对欧洲各国法制的发展有重大影响。19世纪拿破仑制定的《法国民法典》,即以此为主要依据。①

罗马法是反映私有制和商品生产的最完善、最典型的法律。对商业买卖、借贷、债务、合同、契约、遗产继承以及其他涉及所有权者,罗马法皆有详细的规定。恩格斯说罗马法是"以私有制为基础的法律的最完备形式"②。罗马法是"第一个世界性法律……它对简单商品所有者一切本质的法律关系"③作了明确的规定。

---

① 参阅:吴大英主编.比较法学.北京:中国文化书院,1987.51~69
② 马克思恩格斯选集(第3卷).北京:人民出版社,1972.143
③ 马克思恩格斯选集(第4卷).北京:人民出版社,1972.248

7. 科学技术

罗马的科学是在总结意大利本土与地中海诸民族的科学成就的基础上发展起来的。

罗马时代比较著名的科学家是普林尼。他所著的《自然史》，共37卷，参考了2 000多种文献资料，可与亚里士多德的《百科全书》相媲美。他的书反映了天文、地理、气象学、人类学、动物学、植物学、矿物学、医学、石类研究等多方面成就。

托勒密的地心说体系和盖伦的医学体系是公元2世纪罗马天文学与医学上最突出的贡献。托勒密的《天文大全》确立了地心说的体系。他认为，地球位于宇宙的中心，静止不动，一切重物都被吸到地球上来。盖伦非常重视对解剖学的研究；他对活的动物进行解剖，如对猕猴的解剖，有利于了解人体的结构；他考察了心脏的作用，对脊髓的功能进行了研究，取得了成绩，从而对西方解剖学作出了贡献。

罗马的农学方面较有成就。保存下来的重要农学书有加图的《农业志》、瓦罗的《论农业》和科路美拉的《农业论》。其中瓦罗的《论农业》内容较丰富，全书共三卷。第一卷主要叙述经营农业的方法，第二卷讲怎样饲养牲畜，第三卷讲怎样饲养鸟类和兽类。在加图、瓦罗和科路美拉三人的著作中都谈到怎样管理奴隶的劳动问题，从中可看到意大利奴隶制农庄的产生、繁荣和走向衰落的过程。

军事测量方面，罗马的维特鲁维奥、罗马军人和工程师弗朗提努对建筑罗马大道和罗马供水工程作出了贡献。

四、古代东西方文化的比较

1. 几种看法

古代东西方文明总称为古代文明。中国学者梁漱溟在《东西文化及其哲学》中说：中国——伦理型文化，讲五伦，互以对方为重；希腊——科学型文化，突出科学精神；罗马——政治型文化，如罗马法，罗马的扩张。

庞朴认为世界文化有三个类型：一是希腊文化，注重人与自然的关系；二是中东、印度文化，注重人与神的关系；三是中国文化，注重人与人的伦理关系。

张岱年《中国文化的回顾与前瞻》认为"中西文化只有相对的区别。中国文化比较重视人与自然、人与人之间的和谐统一的关系，西方文化比较重视人与自然，人与人之间的分别对立的关系"。

泰戈尔1924年访华时说：东方文化是精神文化，西方文化是物质文化。

以上各种观点各有优缺点。我们可进一步研究，从中吸取合理的成份，概括出更科学的看法。

2. 相似与差异

公元前6世纪至公元2世纪之间，东方的中国与印度、西方的希腊与罗马，都出现过思想文化上的"百家争鸣"。与中国春秋战国的百家争鸣时代大致相同，印度出现了与正统婆罗门教相对抗的"沙门思潮"，希腊也出现了具有民主精神的"百家争鸣"局面。鸟瞰这一时期的东西方文化，出现了数以百计的文化名人，如老聃、孔丘、孟轲、荀况、公孙龙、韩非、商鞅、屈原、司马迁、班固、王充、张衡、悉达多、筏歇摩那、埃斯库罗斯、索福克勒斯、欧里庇得斯、阿里斯托芬、希罗多德、泰勒斯、赫拉克利特、德谟克利特、苏格拉底、柏拉图、亚里士多德、伊壁鸠鲁、卢克莱修、欧几里德、阿基米德、亚里斯塔克、恺撒、李维、塔西陀、波里比阿等。他们的学术思想和科学技术的成就对东西方文化具有深远的影响。此时,哲学从早期的宗教迷信中解脱出来,开始探讨自然与人生的奥秘,产生了早期朴素的唯物主义与唯心主义思想;天文、数学、物理、医学方面,也从观察、应用逐渐过渡到系统性、精确性、可证性等理论化的阶段;文学艺术出现了与现实生活紧密联系的丰富多彩的形式;史学从神话中分离出来,内容趋向真实,开始探讨历史演变的因果关系,歌颂民主制度、法治精神与爱国主义精神。在这几百年里,东西方所呈现的文化繁荣和它对世界文化进程的巨大影响,有人称为"轴心时代"。[①]

18世纪德国著名哲学家莱布尼茨写有《孔子与苏格拉底之比较》,认为两人在东西方的哲学地位基本相同。学术界有人说,苏格拉底是西方的孔子,孔子是东方的苏格拉底。他们相似之处有三点:学问渊博;创造了启发式教育,孔子的《论语》、苏格拉底的《对话录》都是学生的记录,都谈及了启发式的教学方法,都要求注意复习;孔子对学生不分贵贱,其教育原则是"有教无类",而苏格拉底被称为"街头哲学家"、"青年导师",拥有许多学生。两人也有不同之处,在世界观与认识论方面,苏格拉底认为"万物(即世界)的原因"是人的心灵(唯心),孔子却有唯物的观点。

文学与史学方面,西方有希腊荷马的两大史诗,东方有印度的两大史诗。西方历史之父希罗多德写《历史》,中国孔子著《春秋》,都不是以神意为基础的划时代著作。后来的东方史学名著《左传》、

---

① 参见:田汝康,金重远选编.现代西方史学流派文选.北京:人民出版社,1982.39

《史记》,均是照耀东西方史学的著作。

在全面论述的基础上,我们将东西方文化的差异归纳如下。

东方	西方
大河内陆文化	海洋多岛文化
封闭农业文化	开放商业文化
哲学伦理型文化	科学知识型文化
民族的爱国精神	冒险主义精神
宗法社会组织分封制与种姓等级制	民主共和制、元首制与罗马独裁制
君主专制重人治	民主共和重法治

中国古代哲学与西方古代哲学也有三点较明显的区别。

△ 中国哲学以研究人与人之间的关系为主,是对人生经验进行反思的哲学。不论是儒家思想,还是道教与佛教思想,都是一种人生哲学。而西方哲学则以研究人与自然的关系为主,是具有一定科学色彩的哲学体系,其思维方式较多强调对立面的冲突与斗争。在长期的历史过程中,这两种不同的哲学体系,都影响了各自的民族文化。

△ 中国的哲学家重"智",西方的哲学家重"理"。中国哲学着力研究人际伦理及人与自然的天人合一,即重视人与人、人与自然的和谐,而西方哲学重数学、物理和逻辑。

△ 中国哲学重实用,西方哲学重玄思。

东西方哲学上的差异也反映到神话的差异上:中国神话强调伦理;印度神话多宗教色彩;埃及神话注重来世;希腊神话则把握现实,神话形象趋向于神人同体。同时,希腊神话多"征服神的英雄"。

3. 差异的原因

(1)地理环境的不同

古代东方各国,从埃及、苏美尔、巴比伦、印度到中国,他们的文化理论都与大河有关。他们最早定居下来,从事采集与农耕。他们世代生活、劳动在一块土地上,居住在一个地区,从而产生爱故土、爱家乡的思想。这种爱乡土思想的升华,就是爱国主义、保卫国家的思想。所以,爱国思想成为东方文化的一个特点。当然,我们不排斥世界上许多国家民族都有爱国思想。

相反,希腊半岛三面临海,岛屿如星,陆地贫瘠,农业不发达,粮食需要进口,因而大都从事海上贸易。他们在从事航海贸易和进行掠夺战争中,培养了富于冒险的精神。这在希腊荷马的两大史诗中都有所反映。

(2)经济基础与政治体制不同

西方,大部分是以城邦为单位的商业型经济,政治上实行奴隶主民主共和制。恩格斯评价说:雅典的民主政治,是所有奴隶制国家中一种"高度发展的国家形态"[①],它比奴隶主贵族专制统治更进步,对经济文化的发展更有促进作用。

东方,大部分是以村社为单位的农业型经济,政治上是奴隶主专制。埃及的法老、巴比伦的汉谟拉比等都是有名的君主。君主就是法律,东方社会逐步形成了"人治"传统。

---

① 马克思恩格斯选集(第4卷).北京:人民出版社,1972.115

第五章 宗教与文化

> 人创造了宗教,而不是宗教创造了人。
> ——马克思
> 东方之宗教是解脱之宗教,西方之宗教是生活之宗教。
> ——李大钊

宗教是人类文化重要的组成部分。它和科学及其他社会意识形态如哲学、文学、艺术、道德等都有密切的联系。在民族历史上,宗教曾对民族精神、文化、道德、科技、建筑、医学以及生活方式都产生过不同程度的影响。这里仅叙述世界几种主要宗教及其文化。

一、佛教与佛教文化

1. 佛教的产生与传播

(1)佛教的创立者——悉达多

佛教产生于公元前6世纪至前5世纪的古印度喜马拉雅山山麓的迦毗罗卫域(今尼泊尔境内)。佛教的创始人乔达摩·悉达多(约公元前566~前486年)比中国孔子大15岁。他原是印度北方迦毗罗卫城释迦族人,属于刹帝利种姓,是净饭王的太子。悉达多自幼过着锦衣玉食、无忧无虑的生活,他善射骑,也富于沉默思考。他娶娇妻,生爱子,生活在王宫,对人间的忧虑、烦恼和不幸见所未见,闻所未闻,甚至从未想到人生有所谓忧患、贫困、病、老、死亡诸种痛苦。传说他29岁时,有一次出城游玩,分别遇见四种人:一为生小孩痛苦不堪的妇人,一为奄奄待毙、呻吟的老人,一为病入膏肓的患者,一为待葬的死者。人生为什么这么多生老病死的苦难?从婆罗门经典中得不到解答,悉达多开始摸索人生哲学。为此,他摒弃宫室,离开亲眷,暗中出走,在森林中,修苦行7年,但一无所获。后来,他在菩提树下,冥思苦想49天,豁然心地光明,觉悟成佛。他说:"我心已解脱,无明清除尽,光明破黑暗,智慧已生起。"此事大约发生在公元前531年,悉达多时年35岁。"佛",梵文为Buddha(佛陀),又作"浮屠"、"浮图"、"没驮"、"勃驮",意译为"觉者"。佛,即"彻底觉悟的人"。悉达多在印度恒河流域中部地区传教40年,80岁去世,被尊称为"释迦牟尼"(释迦是族名,牟尼意为圣哲、圣人,即"释迦族的圣人")。因历史、地区不同,人们以各种名称尊称他。

释迦牟尼有十大称号:佛、佛陀、大雄、如来佛、观音佛、燃灯佛、弥勒佛、阿閦佛、药师佛、南无阿弥陀佛。大雄,是佛教徒对释迦牟尼的尊称,意为像大勇士一样,一切无畏。佛殿称"大雄宝殿"。

(2)佛教产生的历史文化背景

如果仅仅从佛教创始人悉达多的个人经历说明佛教的产生那是不够的。佛教的产生与公元前6世纪印度社会的文化状况是分不开的。宗教作为一种文化系统,它的形成离不开本民族传统文化,其中包括民族思想、民族心理、民族感情、民族习俗和阶级观念、宗教观念等。

奴隶社会的种姓等级制度,是印度特有的、典型的、长期存在的制度,它是阶级压迫与民族压迫的产物。

公元前1500年前后,一批操印欧语的雅利安人游牧部落从中亚高原到达印度,征服了印度土著居民达罗毗荼人。雅利安人为了维护其统治,实行了严格的种姓制度。种姓制度把人分为四个等级:第一等级叫婆罗门,即僧侣;第二等级叫刹帝利,即武士;第三等级叫吠舍,即农民、手工业者、商人;第四等级叫首陀罗,即雇佣劳动者,分别是被压迫、被征服的土著居民,如达罗毗荼人等。

各个等级的社会地位、权利、义务和生活方式都不同。婆罗门地位最高,垄断了学习和解释《吠陀》等宗教知识的权利,刹帝利是王权的支柱,两者构成了奴隶主阶级,对广大低层的吠舍,特别是对首陀罗进行残酷的剥削。婆罗门教的经典《吠陀》、《摩奴法论》、《爱达罗氏梵书》,规定首陀罗不准听,不准念,他们还可以随意被驱逐、被残杀。四种姓之间不能通婚,甚至不能共食。种姓压迫,实质是阶级的压迫的具体体现。[①]

婆罗门教是维护种姓制度的工具,以崇拜婆罗贺摩而得名,它以《吠陀》为最古的经典,宣扬吠陀天启、祭祀万能和婆罗门至上的思想。婆罗门教信奉多神,其中有三主神:婆罗贺摩(梵天,即创造之神)、毗湿奴(遍入天,即保护之神)和湿婆(即毁灭之神),并认为三者代表宇宙的"创造"、"保护"、"毁灭"三个方面。婆罗门教制定的《摩奴法论》凡12章,论及许多方面,而其核心内容可以归纳为一点,即维护种姓制度,宣扬种姓起源的神话,论列各种姓的地位、权利和义务,规定违反种姓制度的要惩罚,并以来世痛苦作为这种惩罚的补充。

种姓制度及维护种姓制度的婆罗门教,不仅受到广大底层种姓人民的反抗,也受到剥削者刹帝利的反对。佛教的创立无疑要受

---

① 陈佛松.印度社会中的种姓制度.北京:商务印书馆,1983.1~2

到这一历史背景的影响。佛教创始人乔达摩·悉达多,面对现实,认为人的本质就是苦。他吸收了婆罗门教中如轮回、业报、众生平等、灵魂解脱等内容而创立佛教。

有的学者认为,乔达摩·悉达多不是雅利安人,而是原来的土著居民。从民族关系看,释迦牟尼宗教活动地区,是被婆罗门种姓鄙视的印度东方(恒河流域)。释迦牟尼本是一国太子,怎么会悲观到要出家?怎么会了解群众的宗教需要?中国学者季羡林认为:合乎情理的解释只能是民族压迫。[①] 释迦牟尼的悲观主义表达了人民群众比较普遍的情绪,因而,他的学说有着广泛的基础。

佛教认为众生平等,只要信奉佛教,不管是哪一个种姓的人,都是平等的。所以,一开始,佛教就是反抗婆罗门种姓制的、被压迫的宗教。在后来演变发展中,佛教思想开始迎合统治阶级的需要,统治阶级进而把它作为统治人民的思想武器,麻醉人民。

(3)佛教派别和传播

佛教教派主要有两个:小乘佛教,属巴利文系统;大乘佛教,属汉藏文系统。乘,指乘载船、车和道路的意思。前期佛教称小乘佛教,尊称释迦牟尼为教主。大乘,梵文 Mahāyāna,意译为大的乘载,能运载无量众生从生死大河此岸达到菩提涅槃之彼岸,成就佛果。强调一切众生,皆可成佛,认为自己的教法最好,故称大乘。中国佛教属大乘佛教,所以佛像很多。

佛教的传播有两条路线:小乘佛教南传南亚、东南亚诸国,如斯里兰卡、缅甸、泰国、柬埔寨、老挝等。其中,泰国奉佛教为国教。在泰国,举国男子必须在一定期间削发为僧。至今,公务人员甚至要带薪出家4个月。全国学校,掌握在佛教僧侣手中。大乘佛教北传,即从帕米尔高原传到中国,再由中国传入朝鲜、日本、越南等

[①] 季羡林.原始佛教的历史起源问题.历史研究,1985(3):20

国。在日本,佛教寺院到处可见,只在东京一处,就有1700多所。中国在南朝时,有所谓"南朝四百八十寺"的诗句,实际上寺庙之众远远不止这个数目。

佛教是世界三大宗教之一。1950年,世界佛教徒联谊会将总部设在泰国曼谷。大会宗旨是:"慈悲精神,反对战争,要求和平、裁军、禁止核武器。"

2. 佛教文化

佛教文化内容丰富,它包括佛教哲学、佛教文学、佛教艺术。

(1)佛教哲学

佛教经典称《大藏经》。藏的梵文意思是盛放东西的竹筐,借以概括佛教的全部经典。另一种解释,藏即宝藏的意思。佛教经典繁多,总称为经、律、论,即经藏、律藏、论藏,所以又称三藏。

佛教哲学体现在佛教的教义中。佛教哲学观点主要有四谛与八正道、十二缘起与三法印等。其中关于人生观、世界观和认识论等方面的内容是佛教全部教义及其修行实践的思想基础。

△四谛、十善与八正道是佛教探讨人生的最基本的看法,它集中反映为苦海无边的思想。

四谛,即苦谛、集谛、灭谛、道谛,意思是四真理或四圣谛。

苦谛:讲现实存在种种痛苦的现象。佛教认为人生一切皆苦,主要有生苦、老苦、病苦、死苦、怨憎苦(和不可爱的讨厌的东西相会)、爱别离苦(和可爱的东西分离)、求不得苦(求不到所欲望的东西)、五阴盛苦等八苦。

集谛:造成痛苦的各种原因或根据。佛经说,苦的根源在于有欲望,想长生达不到,想不死总要死,这就产生苦。且有欲望,就会有言行,就有言行的后果"业",就不断有因果轮回转世(生老病死)。佛教主张生死轮回和三世论(过去、现在和来世)。轮回有六条道路:或生天界为天人,或生人界为人,或生为阿修罗(魔鬼),或生为畜生,或生为饿鬼,或坠入地狱。地狱阴森可怕,是对生前作恶多端的灵魂的惩罚。所谓"十八层地狱"是极端残忍的,是折磨的工具与手段,如肢解、油煎、冰镇等。佛教的天堂就是涅槃,是摆脱了六道轮回之苦的极乐世界。

灭谛:消灭造成苦的欲望的真理。佛教称这种境界叫涅槃。涅槃,梵文nirvāna的音译,意译为灭、圆寂,是佛教全部修习所要达到的最高理想,也是熄灭生死轮回后获得的一种精神境界。涅槃即对生死诸苦及其他烦恼最彻底的逝灭。

道谛:为实现佛教理想所应遵循的手段和方法。要达到消灭痛苦的方法,就要学习教义,遵守戒律和八正道。

所谓戒律,主要要求信徒在道德实践中做到五戒和十善。

五戒是不杀生、不偷盗、不邪淫、不妄语(不说谎言)、不饮酒。这些戒律要求严格,如不可饮用未经过滤的水,因为水中有小虫;不可耕作,因为无意会伤害地下之虫。

十善是以五戒为基础扩充而来的,包括:不杀生、不偷盗、不邪淫、不妄语、不两舌(不挑拨离间)、不恶口(不骂人、说人坏话)、不绮语(不花言巧语)、不贪欲、不瞋恚(不愤怒)、不邪见(不违背佛教的见解)。五戒、"十善"其实是世俗道德的神圣化,有的教徒恪守戒律,有的却未做到。

八正道或译成八圣道,意为八种通向涅槃的正确方法或途径,它以四谛为标准。原始佛教认为道谛即八正道。佛教认为按照教理和方法进行自我道德修行必须做到八正道。八正道正见、正思维、正语、正业、正命、正精进、正念、正定。其中最根本的一道是正见,即坚定不移地信奉佛教的教义,而其余七道则是在正见的基础上言论行动的不懈修行。

佛教认为,按此修行,便可不断去"恶"积"善",修成阿罗汉或成佛,可由"凡"入"圣",从迷界无知贪欲的此岸,渡过生命的生河到达智慧与解脱的彼岸。

△ 十二因缘是佛教分析人生苦难和造成苦难原因的唯心主义哲学理论。佛教所谓的十二因缘包括无明(无知)、行、识、名色(身体、精神和肉体)、六处(眼、耳、鼻、舌、身、意)、触、受、爱、取、有、生、老死12个部分,又称十二支。佛经认为世界上各种人生现象的存在,都是依赖于某种"缘"(即条件),离开了"缘",就无所谓存在。人的生命起源和过程,也是依赖于这12个彼此成为条件或因果联系的环节,以此来论证只有信仰佛教修行,才能摆脱生死轮回。

△ 三法印说:"印"是标准的意思。这三条佛教教义是:"诸行无常"、"诸法无我"、"涅槃寂静"。它是佛教和其他教派根本区别的标志。"诸行无常"是说世界万物都是生灭变化无常的。以人为例,佛教认为人的构成包括心理方面和物质方面两部分,经常都在变化之中,人生总是离不开生老病死的。"诸法无我"是说一切现象皆因缘和合,没有独立的实体或主宰者。"涅槃寂静"是说人生活的最后目的,是追求一种绝对安静的、神秘的精神状态,进入涅槃境界。它宣扬现实社会为苦难所构成,是变化无常的。它要人们出家,皈依佛教,逃避现实,只有在彼岸世界中才能寻得最后的归宿。

综上所述,佛教哲学的四谛、八正道、十二因缘及三法印等,都是宣扬因果报应、生死轮回的,其核心是:苦海无边。佛教提出众生平等、种姓平等,认为人只有信仰佛教,严守戒律,才能找到摆脱苦的道路。佛教让人们放弃对现实生活中的美好东西的追求,以精神上的平等掩盖实际上的不平等,要人们逃避现实的阶级压迫与剥削的斗争,以达到欺骗麻醉人民的目的。

(2)佛教文学与艺术

佛教文献中的文学成份主要是诗歌和故事。佛教文学充满神话、夸张的色彩,有许多譬喻格言诗及民谣和谚语。数千卷印度佛典,如《维摩经》、《妙法莲华经》、《楞严经》等,本身就是瑰丽的文学作品。《百喻经》、《佛本生经》等被认为是世界文学中的珍品。

巴利文的《佛本生经》是一部极古老、内容极丰富的寓言故事集,在世界文学史上占有重要的地位。据统计有547个故事,大量故事生动有趣。故事人物有国王、僧侣、祭司、大臣,也有商人、妓女、强盗,还有鹦鹉、孔雀、山羊、小鹿、蜥蜴、蛇、狮子、老虎、豹、猫等等动物。故事种类大体包括寓言故事、神话故事、报恩故事、魔法故事、笑话故事、道德故事、世俗故事等。

佛教文学对城市生活和下层人民的活动有生动的反映,诗歌和散文的写作技巧有了新的发展,运用比喻进行说理等特征。如第七十三个故事,一国王被奴隶扔进河里,被人救起后又杀死救他的人,连蛇、鼠、鹦鹉都不如,最后民众联合起来把他打死。另外一些飞禽走兽的故事,仍然保留民间故事的某些民主性的成分。佛教文学的形象塑造、语言运用等方面,都给文学创作提供了借鉴。

著名的《百喻经》也是一部寓言故事集。全书共有98个故事,其中许多故事寓有哲理、讽刺,发人深思。如一富人要建三层楼,只准木匠造最上一层;某人乘船渡海,一银钵堕水中,竟画水求钵;熟读航海书的人替人掌舵,造成船沉人亡的故事等等。

文学巨匠鲁迅先生十分重视佛经故事的文学价值,不但指出印度佛教思想对中国古代小说的影响,而且出资印刷了《百喻经》。

一般说来,从公元前3世纪孔雀王朝起到公元5～6世纪是印度佛教艺术的黄金时代。此时建筑、绘画、雕塑、音乐与舞蹈等有了进一步发展。

佛教建筑主要有佛塔、祠堂、石柱、石窟等。其中石柱建筑可代表当时的艺术风格。在萨勒拿特(鹿野苑)出土的狮子柱头堪称世界艺术宝库的精品。该柱头高2.8米,顶端是四只背靠背的圆雕雄狮,前腿挺立,面对四方,威严地高踞在一面鼓状圆盘石座上,该图案后被选作印度国徽的图案。

佛塔是印度建筑艺术的一个特点。佛塔称窣堵波(梵文stūpa)或浮图(梵文buddha),最先用于供奉释迦牟尼的舍利和藏经典的。佛塔平面以方形、八角形为多。层数一般为单数,佛塔层层重叠,逐层收缩,每层各有层檐,最上为刹杆和相轮(在塔顶竖一根金属刹,用七重或九重铁环套着刹身)。佛塔最初被认为是象征宇宙的建筑,塔的柱象征天地间的支柱,日本人认为木塔四周的柱子为擎天柱。逐层收缩的塔身可能象征神话中的高山,而相轮则象征若干重天。这种以建筑形式象征宇宙并因藏有舍利而具有宗教意义的思想,可能源自印度的吠陀祭坛。[①] 以建筑的材料不同,可将佛塔分为木塔、石塔、砖塔、铁塔、铜塔和琉璃砖塔等。最有代表性的佛塔建筑是中印度西部的桑奇大塔。佛塔四周的装饰石栏及石制塔门,一般均有浮雕,题材为莲花、蔓草、各种禽兽、人物等,而莲花浮雕成了佛教的象征。

印度的佛教石窟艺术,亦很有特色。笈多时期,以阿旃陀石窟为最有名。该处现存石窟29个,其中第八至十三诸窟系公元前2世纪至公元2世纪所凿,属第一期,内部装饰及浮雕较少。其余的为公元4至6世纪所凿,装饰浮雕繁绮富丽,表现出典型的巴罗克风格。洞内多佛像,并绘有壁画及藻井图案。杰出的壁画艺术使阿旃陀石窟成为世界画廊的瑰宝。[②]

---

① 参见:简明不列颠百科全书(第3卷).北京:中国大百科全书出版社,1985.148
② 参阅:方广锠.印度文化概论.北京:中国文化书院,1987.108~110

3. 佛教文化对中国文化的影响

佛教传入中国,对中国的哲学思想、文学艺术、音乐舞蹈都有影响。佛教文化已熔铸为中国文化的一个有机部分。

(1)佛教文化对中国文化的影响具有历史性和复杂性的特点

佛教因传入中国的时间、途径、地区、民族文化和社会背景不同而形成三大系,即:汉地佛教、藏传佛教和云南地区上座部佛教。

汉地佛教:从汉魏以至明清,佛教都很盛行。魏晋时皇帝曾下诏在各地兴建寺院、佛塔,组织翻译佛经。据载,隋朝有佛寺3 985所,僧尼23万人。唐初玄奘到印度求法,带回佛典657部。在唐朝朝廷的资助下,玄奘设译场翻译各种经典74部,1 335卷,并著《大唐西域记》。唐代高僧义净在公元671年取道海路去印度求法,在印学佛学10年,带回梵语佛典400余部,并著有《南海寄归内法传》、《大唐西域求法高僧传》等著作,它们是研究印度与东南亚历史与文化的宝贵资料。

公元7世纪,云南上部佛教、藏传佛教形成。藏、蒙族都有不少群众信仰佛教。唐初松赞干布提倡佛教,元朝以后佛教在西藏形成独具特色的喇嘛教。元明清时期,统治者崇尚藏传佛教,对汉地佛教采取限制政策。

佛教的教派极为复杂,如汉地佛教主要有天台宗、三论宗、法相宗、律宗、华严宗、禅宗、净土宗、密宗等;藏传佛教主要有宁玛派、噶当派、噶举派、萨迦派、格鲁派等。

(2)佛教的轮回、因果报应思想以及许多其他观念被许多中国人所接受

南朝佛教领袖慧远提出《三报论》:一是现报,二是生报(生来就要报),三是后报,过一、二、三代或以后再报。总之,因果报应思想在中国社会生活中产生了广泛的影响。元初的中书令(宰相)耶

律楚材宣称:"以儒治国,以佛治心。"① 这种"儒、佛、道"三教融合的思想格局基本保持到清末。以它们在中国文化思想史上的地位与影响而言,儒家应排第一位,佛教排第二位,道教第三。儒、佛、道三教既互相斗争又互相融合,形成了中国封建文化发展的基本特征。

(3)佛经中的幻想、夸张等写作手法对中国小说亦有影响

例如《西游记》中的孙悟空72变,一个筋斗十万八千里,都是从佛经中借鉴来的。鲁迅在《百喻经》题记中说:"常闻天竺寓言之富,如大林深泉,他国艺文,往往蒙其影响。即翻为华言之佛经中,亦随在可见。"《百喻经》的通俗易懂明显影响了中国的章回小说。佛教思想还直接影响了陶渊明、王维、白居易、王安石、苏轼等大文学家的创作。禅宗语录不仅为宋明理学家所仿效,也影响到后来的民间文学创作。

佛经用梵文写作,梵文是拼音文字,发音变化高低,要求严格。中国古代音韵学,对生字的注音只靠直字注音法,唐代名僧守温参照梵文,仔细分析汉语的音素,创制30个字母,为宋人36字母的蓝本,中国的音韵学从此发展起来。

佛经还丰富了中国的词汇,例如:世界、恩怨、唯心论等均来自印度佛典。翻译佛经也为中国翻译学积累了一定的经验。

(4)佛教对中国艺术领域的各个方面都产生了影响

中国的文化宝库——世界闻名的甘肃敦煌莫高窟、洛阳龙门石窟、山西大同云岗石窟的壁画,都不同程度接受了印度佛教艺术的影响。到了隋唐时代,佛教艺术已经中国化。如吴道子在长安、洛阳画了300多幅佛画,人物形象衣裙飞舞飘动,富有动感,后人称为"吴带当风"。藏传佛教艺术,既与汉族地区佛教艺术有一定的

---

① 耶律楚材.寄万松老人书.湛然居士文集(卷十三).北京:中华书局,1986.10

渊源关系,又受印度、尼泊尔佛教艺术影响,独具风格。拉萨的布达拉宫,藏有大量佛画、金铜佛像、刺绣与木刻的版画佛像等,很有自己的特色。

中国的建塔造像,起源于佛教。建塔造像包括两门艺术,一是建筑,二是雕塑。随着佛教的传播,建塔造像的艺术亦随之流行各地。公元4至6世纪,全国各地到处涌起壮丽的塔寺建筑。晚唐诗人杜牧有"南朝四百八十寺,多少楼台烟雨中"的诗句,可知当时的寺院之多!现在中国古代建筑保存最多最好的是佛教寺塔。

中国著名的佛塔有西安大雁塔、开封的铁塔、北京天宁寺塔、杭州六和塔、山西应县木塔、河北定县开元寺塔等。山东长清县灵宝寺塔林,是历代高僧墓塔,共167座;河南登封县少林寺,有历代僧人墓塔220座。

中国的名山,多为佛教文化所占领。古人说:"天下名山僧占多。"中国四大佛教名山是山西五台山、四川峨眉山、安徽九华山、浙江普陀山。

在音乐方面,公元3世纪中国已有梵呗的流行[1]。三国时,曹植诗曰:"尝游渔山,忽闻空中梵天之响,清雅哀惋。乃摹其音,写为梵呗。"[2] 南朝梁武帝更笃佛法,曾创作《善哉》、《天道》、《仙道》、《神王》等十篇歌词,"名为正乐,皆述佛法"。他们创作的梵呗新声,大概都有清商乐中"江南吴歌"的特色。隋代宫廷设置的七部乐,唐太宗时增为十部乐,其中有天竺乐、龟兹乐、安国乐、康国乐、骠国乐、林邑乐等均来自佛教国家。至今还有部分唐代乐谱保存在某些佛教寺庙中。1986年北京曾举行佛乐演奏会。

---

[1] 梵呗亦称赞呗,是以短偈形式,赞颂佛、菩萨之颂歌。
[2] 广弘明集·辨惑篇(卷五).中国大百科全书.宗教.北京:中国大百科全书出版社,1988.540

至于医药,隋唐史书上记载由印度翻译过来的医书和药方就有许多种。藏传佛教《大藏经》中存有大量医学著作,藏医也很有名气。

二、犹太教与希伯来文化

1. 犹太教的产生

犹太教是世界各地犹太人的宗教,产生于公元前5～6世纪的迦南(今巴勒斯坦)地区。

公元前3000年,生活在迦南的原始居民迦南人,受苏美尔、腓尼基、巴比伦和埃及文化影响,创造了迦南文化。公元前13世纪末至前12世纪期间,犹太人与其他一些半游牧民族从美索不达米亚进入迦南。迦南人称犹太人为"希伯来人",意为来自河(即幼发拉底河)那边的人。所以,希伯来人即犹太人的别称。犹太人的文字称希伯来文,希伯来文化主要指犹太教文化。希伯来人又别称以色列人,犹太教是以色列人的国教。

犹太人为什么要创立犹太教呢?这与以色列犹太人的民族苦难、亡国之痛、被奴役、受歧视、遭迫害而流亡异乡的受压迫的境遇有着密切的关系。

犹太人先后受到埃及、亚述、巴比伦、希腊、罗马人的奴役。公元前722年,犹太王国被亚述所灭。公元前586年,犹太王国为新巴比伦王国所灭,耶路撒冷被巴比伦所占领,首都被付之一炬,包括王公贵族在内3万多人被掳去巴比伦,这就是历史上著名的"巴比伦之囚"。公元前538年,波斯帝国国王居鲁士战胜并占领巴比伦,他释放被囚的犹太人,令其回耶路撒冷重建都城和神殿,犹太历史称重建圣殿时期。公元前322年,亚历山大击败波斯后,占领巴勒斯坦。公元前64年,巴勒斯坦又为罗马帝国所占领。公元70年,犹太人因反抗罗马帝国而受严厉镇压,神殿被毁,他们背井离乡,犹太历史称散亡时期。古希伯来民族历史到此结束。虽然犹太人流散于世界各地,但他们用犹太教作为联系世界各地犹太人和维系民族意识的重要纽带。

从公元前7世纪～公元2世纪这900年间,是犹太民族受压迫受奴役的时期,但也是犹太教形成和宗教经典编纂时期,因此也是希伯来文化发展的最重要时期。

当时,受奴役的犹太人在绝望中盼望一个"救世主"来拯救他们。一些"先知"在民间宣传上帝耶和华将派"救世主"来拯救犹太人脱离苦海,相信耶和华为唯一的神。

犹太教无数先知们,经过300年的搜集、考证,于公元前2世纪编成了一本古代最庞大的文献集《圣经》,即《旧约》。希伯来人说这些作品记载了上帝通过摩西与以色列人订立的契约,它被犹太人奉为圣经。后来基督教承袭此说,认为"新约"是上帝通过耶稣基督与信徒新立的契约,于是犹太教就把圣经称为《旧约》。

2. 希伯来文化的结晶——《旧约》

《圣经》(《旧约全书》)包括了公元前7世纪到公元前2世纪的古希伯来神话、传说、历史、箴言和文学创作,共计39卷,分别反映了古代犹太文明不同时期的情况。从地域上说,它涉及到西亚、北非和地中海沿岸一带,诸如美索不达米亚、叙利亚、阿拉伯、波斯、巴比伦、亚述、小亚细亚、迦南、埃及与希腊等地。它的内容分为四部分,即《律法书》、《历史书》、《先知书》和《诗文集》。

《律法书》又称《教诲书》,共5卷,包括《创世记》、《出埃及记》、《利未记》、《民数记》和《申命记》,都编于公元前444年前,相传这5卷是创国英雄摩西受天命而写成的,故通称《摩西五经》。《摩西五经》是《旧约》中最核心的组成部分。五经记载的是上帝创造天地万物和人类,以及古代以色列人的传说、法典与教规等。如《创世记》中,记载了古希伯来传说中世界与人的开始及古希伯来民族的起源,并记叙了关于亚伯拉罕、以撒、雅各和约瑟等几位先祖的传说故事。

《历史书》12卷,即《约书亚记》、《士师记》、《路德记》、《撒母耳记》(上、下卷)、《列王记》(上、下卷)、《历代志》(上、下卷)、《以斯拉记》、《尼希米记》和《以斯帖记》等,成书年代约在公元前300年左右。这些书的作者相传分别为约书亚、撒耳、以斯拉、尼希米等人。它记述了以色列民族形成的历史。

《先知书》16卷,包括史书和预言,是希伯来文学中的一朵奇葩,成书于公元前8世纪到公元前3世纪之间。犹太教的先知在犹太民族史上是神意的代言人,他们多有诗人的气质。所谓"先知的精神",即指敢说真话和富有鼓动的能力,也即"先知讲道之能"。马克思认为旧约全书中的语言热情且富于幻想,这多半是就先知书而言的。

《诗文集》是世界文学遗产中的珍品。它以诗歌和小说为主,包括《约伯记》、《诗篇》、《箴言》、《传道书》、《雅歌》、《耶利米哀歌》6卷。这些书的作者较多,其中以大卫和所罗门为主。

《诗篇》计有150篇,写作时间从公元前11世纪大卫时代至公元前2世纪,多为犹太教用于宗教活动的诗歌,大部分是大卫的诗。诗中也有对人民苦难命运的申诉,其中记述了"巴比伦之囚事件"时期的悲歌,如第137首:

>我们曾在巴比伦河边坐下,
>一追想锡安就哭了。
>我们把琴挂在那里的柳树上,
>因为在那里掳掠我们的,要我们唱歌,
>抢夺我们的,要我们作乐。
>……

语言哀惋凄切,抒发了希伯来人民思乡怀国的深情和强烈的爱国主义精神。

《雅歌》是古代希伯来人民的爱情诗,共8章,大约写于公元前2世纪。诗文情感纯真质朴,语言优美秀丽,细腻地表现了青年男女的爱情欢乐和痛苦,据称为象征神人之间的深情而写。

《箴言》属"智慧文学",是收集不同年代的格言和谚语而形成的,专讲处世之道,也包括对青年的教导,具有深刻的哲理性。

《耶利米哀歌》共5章,是对耶路撒冷遭到毁灭的哀叹,作于巴比伦占领耶路撒冷时期。先知耶利米亲眼目睹了犹太人国破家亡、妻离子散的凄惨情景,写下了这组民族绝唱:

>我眼中流泪,以致失明,
>我的心肠扰乱,肝胆涂地。
>吃奶的孩子的舌头,因干渴贴往上膛,
>孩子求饼,无人擘给他们。
>……
>我们的产业,归于外邦人,
>我们的房屋,归于外路人;
>我们成了无父的孤儿,
>我们的母亲,成了寡妇。

鲁迅对《哀歌》给予了高度评价。①

《塔木德》是仅次于《圣经》的重要经典,是公元前2世纪至公元6世纪编纂的口传法集。此书内容不仅讲律法,还涉及天文、地理、医学、数学、植物学等方面。

3.《旧约》的特点与影响

△《旧约》是以大量人民口头创作为基础加工而成的文学作品,不仅反映了古代希伯来民族的历史、思想与文化,而且还反映了西亚与地中海东部各民族间的文化交流。

△ 希伯来的文学思潮以宗教为中心,所编成的《圣经》成为后来基督教和伊斯兰教经典形成的土壤。公元1世纪,基督教兴起后,把《旧约》与《新约》合起来,统称为《圣经》。2 000年来,《圣经》对西方文化甚至世界各地文化都产生了深刻的影响。

△ 希伯来文化和希腊神话、史诗一样有"永久的魅力"。《旧约》的浪漫主义色彩表现在各种文学体裁中。《旧约》的神话、传说、民间故事、诗歌、箴言、小说等,对世界各国文学,特别是欧美文学有着无可比拟的深刻影响。

《旧约》作为古代希伯来文学的基本汇集,通过罗马的《圣经》传入欧洲。《新旧约全书》和古代希腊、罗马文学,构成欧洲书面文学的两大源头。欧洲中世纪的诗歌、戏剧、小说,文艺复兴时期的绘画、雕塑,大多以《圣经》为重要题材。大诗人但丁的《神曲》就利用了《旧约》的神话传说;莎士比亚的戏剧引用很多《旧约》的典故;17世纪英国诗人弥尔顿根据亚当、夏娃及基督教故事,创作了《失乐园》、《复乐园》;18世纪德国诗人歌德《浮士德》中的魔鬼形象也来自《旧约》的《约伯记》。英国诗人拜伦的《该隐》诗剧、19世纪俄国

---

① 鲁迅.摩罗诗力说.参阅:鲁迅全集(第1卷).北京:人民文学出版社,1973.10

诗人莱蒙托夫的叙事诗《恶魔》、20世纪德国著名小说家托马斯·曼的《约瑟和他的兄弟们》,也都采用了旧约故事。普希金、托尔斯泰、高尔基也强调要学习《旧约》的写作技巧。《旧约》中的人物和典故,也曾多次被马克思、恩格斯引用。《旧约》至今仍受到各国人民特别是文学爱好者的欣赏。①

三、基督教与基督教文化

1. 基督教产生的历史文化背景

基督教和犹太教有密切的联系。它是由犹太教演变而来的。

犹太教的教义是狭隘的。它认为,犹太人是上帝的"选民",上帝的恩惠只加给自己选中的犹太人。这样就不能满足罗马帝国各种受苦受难的人们的愿望,在此背景下,基督教便开始应运而生了。

公元1世纪,罗马征服了地中海沿岸地区,地中海成为它的内湖,被罗马统治的各族人民,便把希望寄托在"救世主"的降临上。1世纪,罗马统治下的东方地区出现了传道者,说上帝之子耶稣在巴勒斯坦传道,教人要忍受痛苦,死后可升天堂。这一教义很快从西亚传到埃及、希腊、罗马以及欧洲和北非地区。

新产生的基督教不再是犹太人的犹太教,而是没有民族界限的,能够吸引罗马帝国各种受苦受难者的宗教。早期的基督教徒都是罗马帝国的受压迫的下层群众,无力在经济、政治、军事上获得解放,只能用宗教激情来表达、宣泄自己的理想与渴望。正如恩格

---

① 朱维之.希伯来文学简介——向〈旧约全书〉文学探险.外国文学研究,1980(2):118

斯所说,基督教"最初是奴隶和被释放的奴隶、穷人和无权者、被罗马征服或驱散的人们的宗教"①。

基督教与当时现实的阶级关系、思想基础和文化传统是分不开的。它是"从普遍化了的东方神学,特别是犹太神学和庸俗化了的希腊哲学,特别是斯多葛派哲学的混合中悄悄地产生的"②,是"西方观点和东方观点的调和"③。

早期基督教吸收和继承了犹太教《旧约》中关于天堂、地狱、灵魂不死、神人出生的传说以及犹太教的教会形式与礼拜仪式,同时也吸收了某些东方古老宗教的仪式以及希腊唯心主义哲学所鼓吹的柔顺、弃世、禁欲等教义。基督教的伦理思想和法律思想,具体表现为十诫。它对西方法律和伦理思想发展有重要的影响。

基督教吸收犹太教及东方各民族宗教的学说并加以具体化、通俗化。它毫无区别地对待一切民族而成为世界宗教。《保罗书信》中提出,基督之所以出世,不仅是为了安排以色列民族的命运,而且也是为了安排人类的命运。它宣扬在上帝面前人人平等,上帝对各民族信徒一视同仁。恩格斯指出:基督教"这样肯定一切民族宗教及其共有仪式,毫无差别地对待一切民族,它本身就成了第一个可行的世界宗教"④。

早期基督教是有进步性的宗教,后来发生了变化。由于当时基督教已经传遍整个罗马帝国,所以有较富有者和上层分子入教,有些教会逐渐拥有较多的财富。教会领导人的社会成份也发生变化,他们不再反抗压迫,而是向罗马皇帝和教团说教,宣扬基督教的信仰内容和制度习俗的合理和无害,力图消除反教者的误解,以博取

---

① 马克思恩格斯全集(第22卷).北京:人民出版社,1965.525

② 马克思恩格斯选集(第4卷).北京:人民出版社,1972.251

③④ 马克思恩格斯全集(第19卷).北京:人民出版社,1963.329,334

宽容和同情。在后来的不断发展中，其思想与教义被统治阶级充分利用，他们把基督教的教义渗透到哲学、史学、法学、文学与艺术中，进一步加强对人民的思想统治。基督教开始发生了质变。

2. 耶稣其人

基督教是信仰上帝和"救世主"（上帝之子）的宗教。耶稣，希腊语叫基督，希伯来语叫弥赛亚。基督教宣称耶稣为拯救人类的苦难而在童贞女玛利亚身上降生，是圣父、圣子、圣灵三位一体神。

关于耶稣，一般认为他约于公元前7年至公元前4年间生于罗马帝国的属国。《新约全书》以耶稣诞生为公元元年，公元前即耶稣诞生之前。

耶稣30岁时，深感他所进行的传道事业需要人们的帮助，因此他选中12个门徒，最先的4个门徒是彼得、约翰、安得烈、雅各，他们都是渔人；后有保罗、犹大等，他们到处宣传天国的福音。福音书记载耶稣所行神迹，如呼斥风浪，使死人复活及治病驱魔等，传统观点认为，这些足以证明他具有神能，同时救死扶伤，表彰了上帝的慈爱，因此得到穷人的拥护。后来耶稣被弟子犹大出卖，犹太上层分子勾结罗马总督彼拉多把耶稣钉死在十字架上，但耶稣死后三天又复活，然后升天。耶稣到了天上后，坐在上帝的右边，其门徒遍布普天之下，其福音也在世界各地传播。

是否有耶稣其人，基督教与非基督教的文献资料争论多年。与耶稣同时代的瑟弗斯所著《犹太古事记》有两处关于耶稣的记载；罗马史学家塔西陀在公元115～117年间写的《编年史》中，也提到"基督，由此该教因而得名，于提庇留统治期间，在总督本丢·彼拉多手下被处死"。专家们推断塔西陀是根据罗马文献记载而写这段文字的。《新约》记载耶稣被彼拉多钉在十字架的事，与塔西陀所述相符，因此这段材料可证明耶稣的历史存在。但犹太教与基督教长期争论的焦点不在于耶稣的有无,而在于其是否为神子。犹太学者如克劳斯内尔与艾斯勒等人,从犹太教观点出发都否定耶稣是神子,但他们证明耶稣在历史上确有其人。[①] 耶稣其人是否存在的争论还可能延续下去,但耶稣的神话,完全是后人捏造的,这一点是可以肯定的。基督教创造出一个耶稣,正如马克思所说,这是"人创造了宗教,而不是宗教创造了人"[②]。耶稣神话只是在一定程度上表明基督教起源于下层人民。

3. 教派、教阶与教仪

(1)基督教派

基督教派的分类可用下表具体说明:

基督教
- 东部正教(即东正教或希腊正教)
  曾以君士坦丁堡的牧首为东正教名誉上的教主,圣索非亚教堂是东正教的中心教堂。
- 西部公教(即天主教或加特力教)
  以罗马梵蒂冈为中心,圣彼得大教堂是天主教的中心教堂。
- 新教
  - 路德教派(德)
  - 加尔文派(法)
  - 圣公会派(英、美)

  新教开始时以德、法、英、美为中心。

公元395年,罗马分裂为东、西罗马,宗教也因政治上的各自为政而分裂了。东西两教派为了争夺大主教席位(实际上是政治权力之争)而造成矛盾重重。1054年,君士坦丁堡主教迈色路拉里乌和罗马教皇利奥九世因争夺教会权力,双方相互革除教籍,从此,

---

[①] 中国大百科全书·宗教.北京:中国大百科全书出版社,1988.447
[②] 马克思恩格斯选集(第1卷).北京:人民出版社,1972.1

东西教会正式分裂。以君士坦丁堡为中心的东部教会自称正教(即东正教),同自称公教(即天主教)的西部教会相对峙。

正教不承认罗马教皇有高出其他主教的地位和权力,教义信条也与天主教略有分歧。中世纪时,正教是拜占庭帝国的国教。1453年,拜占庭帝国灭亡后,东正教的中心逐渐转移到俄国。沙俄把它定为"国教",号称莫斯科为第三罗马。18世纪后,东欧有些国家正教也宣告在行政上对君士坦丁堡独立。独立后的东正教会主要有君士坦丁堡、希腊、南斯拉夫、波兰、罗马尼亚、保加利亚、俄国等。1727年中俄《恰克图条约》签订后,俄罗斯正教正式派传教士来到中国,并开始在中国北部一些地方建立东正教会。[①]

以西罗马为中心的西部教会为罗马公教(有时也称为"旧教",以区别于基督教新教),于1582年(明朝万历年间)由意大利耶稣会传教士传入中国,中国信徒把上帝称为天主,故称天主教。

天主教除崇拜上帝和耶稣基督外,还尊玛利亚为"圣母",强调教徒必须服从教会权威,声称教皇有授自天主的神秘权力,可以代表天主对人定罪或赦罪,并规定一整套等级森严的教阶制度。中世纪时,天主教在西欧各国封建社会中占统治地位。恩格斯称天主教会是西欧"封建制度的巨大的国际中心"[②]。

新教是基督教的一派,在中国称基督教或耶稣教。新教是16世纪欧洲宗教改革中脱离天主教而产生的新宗派以及从这些宗派中不断分化出来的更多宗派的统称。新教最大的特点是可以自由解释《圣经》。它对天主教的传统教义作了一些删除,例如不承认炼狱(涤罪所),不承认变体论(即认为弥撒仪式中经神父祝圣后的饼和酒真正变成耶稣的身体和血),反对尊玛利亚为圣母等。新教主

---

① 蔡鸿生著.俄罗斯馆纪事.广州:广东人民出版社,1994.18
② 马克思恩格斯选集(第3卷).北京:人民出版社,1972.390

要宗派有路德教派、加尔文派、圣公会派等,它们主要分布于英、法、美、德、瑞士、北欧、澳大利亚、新西兰等国。

(2)教阶制

教阶制是天主教会与东正教会神职人员的等级制度和管理体制。它萌芽于公元二三世纪,公元4世纪基督教成为罗马帝国国教。教阶制参照帝国的官阶制度而逐步完备,到中世纪定型,它大致由主教、神父、助祭三品位组成,主教品位又分为教皇、枢机主教、宗主教、都主教、总主教和一般主教。枢机主教,又称红衣主教,是天主教最高主教,由教皇直接任命。都主教,负责京都或大都市的主教。总主教俗称大主教,负责一个省的主教。一般主教,通常负责一个教区的高级僧侣。神父,又称神甫或司铎。助祭主要指一般的修士、修女、牧师等,是修身为教会服务的传教人员。

基督教会是三大宗教中的最大国际团体,有较严密的组织。在教阶中,教皇自称是天主教的最高首领,是"基督在世的代表"。教皇由枢机主教中产生,终身任职。罗马教廷设在罗马西北的梵蒂冈,政权形式采用封建君主制,它统治着世界各地的天主教会。有天主教会的国家都划分为若干教省、教区,由上述神职人员进行管理。

(3)教仪

东正教与天主教都主张教徒参加宗教仪式,做所谓"七件圣事":洗礼、圣体血(或圣餐)、坚振礼、告解、授圣职礼、婚配礼和终傅。

洗礼是基督教教徒的庄严仪式,一般在婴儿后脑壳上滴几点冷水,或将受洗者全身浸入水中片刻。水被认为能洗去婴儿身上的大罪并由圣子代为承受,这种大罪是在父母想生孩子前犯下的。只有举行洗礼仪式才能使婴儿或入教者的原罪和本罪得到赦免,否则,上帝不准他入乐土。洗礼仪式一般在复活节举行,受洗者在水中浸入三次,然后,穿着新的白色衣服到主教面前,由主教用圣油在受洗者额上画一个十字,口里念道"圣父及子及圣灵之名,平安和你在一起"。受洗者再步入教堂,举行第一次饮受圣体血(圣餐)的仪式。

告解包含忏悔、告罪、补赎三部分。举行这种仪式时,由教徒向神父告明对上帝犯的罪过,并表示忏悔,神父对教徒所告明的罪过则应绝对保密。

终傅是教徒临终时,神职人员用含香液的橄榄油,敷擦病人的耳、眼、鼻、手、足等,并念一遍祈祷经文,以此赦免病人一切罪恶和消去临终前的痛苦,以安心去见上帝。而平时的祈祷,是为从上帝那里求得自己需要的东西,不祈祷,上帝就不知道自己的创造物需要什么。

唱赞歌,实际上则是对基督教教徒进行潜移默化的熏陶。

十字架是叉子的意思,原是古罗马的残酷刑具,形状似十字。基督教认为,耶稣为替世人赎罪,被钉死在十字架上,故基督教应用十字架作为信仰的标志。

基督教在祈祷或唱圣歌等仪式结束时,齐声说"阿门",意为"真诚"或"诚心所愿",即表示希望一切祈祷能够得到上帝的保佑,以求实现自己的愿望。

基督教认为,基督教徒应参加一系列宗教崇拜仪式,教徒才能受到基督的宠爱和保佑。实际上这是加强教徒的思想与组织的管理,以巩固教会在组织上的地位。

4. 基督教文化

(1)《圣经》

《圣经》是基督教的经典,被奉为教义和神学的根本依据,它包括《旧约全书》和《新约全书》两部分。

《新约全书》共27卷,包括:福音书和使徒行传、书信体教义著作和启示书。

《福音书》4卷,即《马太福音》、《马可福音》、《路加福音》和《约翰福音》,分别由耶稣12信徒中的马太、马可、路加和约翰4个人写成,总称"四福音书",其内容主要是记载耶稣的生平与教训。

《使徒行传》叙述耶稣的门徒在耶路撒冷建立第一个教会,以及彼得、保罗在地中海沿岸的传教情况。

《书信》21卷,包括使徒保罗致各地教会的13封书信,故又称《保罗书信》。另有其他人的8封书信,都是教义著作。

《启示书》1卷,用形象化语言描写天地末日的景象。预言罗马终归倾覆,末日审判和新天地终将自天而降。

《新约全书》用希腊文写成,写作时间大约为公元1世纪的中叶至末叶。

根据《新约全书》记载,《圣经》是圣徒依照上帝的默示写成的。《圣经》的原始抄本已失佚,现存各种抄本和残篇,都不早于公元4世纪。四、五世纪时,全部《圣经》被译成拉丁文。16世纪宗教改革运动前后,《圣经》在欧洲逐渐被译成多国文字,并在世界各地传播。据1982年牛津大学出版社《世界基督教百科全书》统计,全世界信奉基督教包括天主教、东正教和新教的人数约有15亿,占世界人口1/3弱。信徒遍布世界150多个国家和地区,为世界第一大宗教,它对人类的影响极为深广。

(2)教义

基督教各派共同信奉的教义,主要有如下几点。

三位一体说。基督教宣称,上帝是由圣父、圣子、圣灵组成的三位一体。上帝是圣父,是"天地的全能的创造者";耶稣是上帝的独生子,称为圣子,也是上帝的"道";道通过玛利亚圣母感受圣灵,降世人间,传播福音,并通过自我牺牲,拯救世人。"三位一体"是基督教的根本教义。它认为圣父、圣子、圣灵是三位一体的神,三位一体的上帝为创造和管理天地万物的主。

原罪与救赎说。《圣经》宣传,人类始祖亚当、夏娃不听上帝的吩咐,偷吃了伊甸园知善恶树上的智慧果,犯下了罪行。因此,基督教认为罪性是人的本性。人类的始祖犯了罪,这种罪代代相传。人一出生就是罪人。人们既然有罪,就必须忍受一切苦难,只有信仰耶稣,才能使灵魂得救。

天堂地狱说。基督教认为,只有一切服从上帝的安排,死后灵魂才能升入天堂,否则就要被抛入地狱。信在今朝,见在来世,这是基督教信仰的实质。他们把天堂描绘成"黄金铺地,宝石盖屋","眼看美景,耳听音乐,口尝美味,每一官能都有相称的福乐",是一个极乐世界。① 地狱则到处有不灭之火烧人,蛇蝎咬人,肉体和精神都受到无穷尽的折磨,可怕到了极点。基督教的"天堂地狱说"和"原罪说"结合在一起,成为欺骗和吓唬被压迫人民的精神枷锁。为了解脱罪恶,只有对上帝诚爱、顺从,加入地上乐园——基督教会,才能得救,获得进入"天堂"的希望。以此磨灭人们的意志,使被压迫群众顺从剥削阶级的统治。

逆来顺受说。《圣经》教人要"爱人爱己","要爱你们的仇敌"②,"凡事要存敬畏的心,顺服主人"③,"做仆人的要用诚实的心听从你们自身的主人,好像听从基督一般"④。总之,基督教宣扬愚民奴才性格的一切特点,抹杀阶级矛盾,取消革命斗争,从而维护

---

①③ 新约全书·彼得前书.第二章18节。
② 新约全书·马太福音.第五章44节。
④ 新约全书.以弗所书.第六章5节。

和巩固剥削阶级的统治。

基督教的教规及理论,来源于古犹太教的十诫,但对十诫给予不同的解释,即所谓"八不二要":除上帝外不可信别的神;不可造拜偶像;不可妄称上帝的名字;要守安息日为圣日;要孝敬父母;不可杀人;不可奸淫;不可偷盗;不可作假见证;不可贪恋他人的财物。这十诫,究其实质是要维护私有制。

基督教的道德伦理规范,主要是反映并调整上帝与人的关系,是上帝与人订立的契约。在基督教眼中上帝与人是善恶的两极,上帝是绝对的善,人是绝对的恶,人必须信仰上帝才能获得完善;人只有遵守基督道德伦理要求,才能在"最后审判之时"作为升天堂或入地狱的根据。

基督教文化的其他部分,因为涉及到中世纪的文化,如哲学、史学、文学与艺术等,将在本书第八章里加以叙述。

四、伊斯兰教与伊斯兰文化

伊斯兰教由穆罕默德创建于公元7世纪的阿拉伯半岛,麦加是伊斯兰教的圣地。伊斯兰教主要传播于亚洲、非洲、东南欧,以亚洲最为盛行,现有信徒约7至8亿人。

1. 伊斯兰教产生的历史文化背景

(1)伊斯兰教的产生是阿拉伯社会统一的要求

阿拉伯半岛面积是欧洲的1/4,但多数地区是沙漠,骆驼成了主要交通工具。只有东南一线的也门、汉志地区是绿洲,有农业、商业,被称为阿拉伯福地。阿拉伯民族由贝杜因人与古莱西人构成。他们各据一方,经常发生战争,致使生产停滞,社会动荡,生灵涂炭。

阿拉伯半岛古代是东西方交通贸易的要道,是海陆交通的交接点。贝杜因人用骆驼经西部商道把中国的丝绸、印度的各种宝石沿红海运到地中海,地处商道的麦加,成了交通、商业和宗教的中心。麦加的贵族、商人也都成了有钱人,从事经商、贩卖奴隶、放高利贷等活动。

长期的战争使阿拉伯半岛商业经济遭到破坏,加深了社会和阶级矛盾。公元6～7世纪,拜占庭和波斯两大帝国为了争夺也门到叙利亚的商道入侵阿拉伯。为了抵御外族侵略,阿拉伯商人及其他各阶层的人民迫切要求统一。

在宗教信仰上,阿拉伯半岛原始宗教盛行,人民崇拜各种自然物体,相信神灵,同时,各部落都有自己的部落神。多神教局面的存在,既不利于消除氏族间的仇杀,也不利于实现政治统一和社会的安宁。

作为商业贵族的穆罕默德顺应这一历史进程的客观要求,努力谋求实现政治统一。谋求政治上的统一,首先需要宗教信仰的统一。于是,他以"安拉唯一"为号召,结合犹太教和基督教的教义创造了伊斯兰教,并自封是安拉使者,宣布这是真主的启示,以促进阿拉伯社会政治的统一。

(2)伊斯兰教的产生促进了阿拉伯社会的统一

伊斯兰教的创始人穆罕默德出生于麦加城的一个没落贵族家庭,早年随商队到过叙利亚等地,后在麦加与富孀赫蒂彻结婚。他的足迹走遍阿拉伯半岛和叙利亚、巴勒斯坦等城乡,接触了犹太教、基督教和游牧的贝杜因人各部落的原始宗教,也比较了解阿拉伯半岛上的社会矛盾和人们的愿望与要求。

穆罕默德40岁时,常到麦加附近的希拉山洞去沉思冥想,在阿拉伯历9月的一天,他说自己受到了安拉的启示,宣布自己是安拉的使者和先知,从而开始了传播伊斯兰教的活动。

伊斯兰是阿拉伯文 Islām 的音译,意为顺从,即顺从真主安拉的旨意。穆罕默德开始传教时只在至亲好友中进行,公元612年开始向麦加居民公开传教。他宣称安拉是宇宙万物的创造者和主宰,他是安拉的最后一位使者,传布伊斯兰教。穆罕默德提出禁止高利贷,提倡买卖公平,制止血亲复仇,实现和平与安宁等社会改革的主张,激起了阿拉伯人民对伊斯兰教的向往。后来他号召所有穆斯林,不分种族部落,团结一致贯彻"穆斯林都是弟兄"、"你们要一同抓紧安拉的准绳,不要分裂"等原则,建立起以穆罕默德为领导核心的穆斯林公社。穆罕默德兼任政治、军事领袖,发号施令,同时,建立清真寺,规定必须遵循的礼拜、斋戒等宗教制度。他先后派传教使节到阿拉伯半岛及阿比西尼亚、埃及、波斯、拜占庭等地传教,扩大自己的影响。公元632年3月,穆罕默德率领10多万穆斯林到麦加进行了一次改革的朝觐,史称"辞别朝觐"。他以安拉启示的名义宣布:"我已选择伊斯兰教做你们的宗教。"同年6月,穆罕默德病逝。至此,伊斯兰教已初步形成。① 随着阿拉伯半岛境内多神教的统一,阿拉伯半岛也统一了。公元8世纪,地跨亚、非、欧三洲的阿拉伯帝国正式建立。

穆罕默德逝世后,实行了选举哈里发制度。公元1798年,法国拿破仑入侵埃及,伊斯兰教国家开始沦为西方的殖民地,从而揭开了近代伊斯兰教史的序幕。

2. 伊斯兰教文化

(1)《古兰经》

《古兰经》是穆罕默德宣称的"安拉启示"的汇集,共30卷,114章,6 200余节。"古兰"一词是阿拉伯文 Qurān 的音译,意为宣读、

---

① 中国大百科全书·宗教.北京:中国大百科全书出版社,1988.456~457

诵读。该经不仅是一部阐述伊斯兰教教义的宗教经典,亦是一部政治文献。伊斯兰教国家的法学、伦理学、社会制度、风俗习惯以及个人的衣食住行的规范在这里都有规定。至今仍有一些伊斯兰国家将它作为国家立法的首要依据或以有关内容作为国家和社会生活的指导原则。《古兰经》汇集了古代阿拉伯的神话、传说、故事与历史,反映了穆斯林时代阿拉伯半岛的社会现实和伊斯兰教传播过程中的斗争概况;也是第一部散文形式的阿拉伯文献,是阿拉伯文学与语言的典范,在阿拉伯文化思想史上占有重要的地位。至今,《古兰经》已被翻译成世界多种文字,其中包括汉语和维吾尔语的译本。

中外作家对《古兰经》有极高的评价。德国诗人、剧作家歌德说:《古兰经》是百读不厌的,每读一次,起初总觉得它更新鲜了,不久它就引人入胜,使人惊心动魄,终于使人肃然起敬。其文体因内容与宗旨而不同,有严正的,有堂皇的,有威严的——总而言之,其庄严性是不容否认的……

中国《古兰经》的译者马坚教授评介说:"凭着这部《古兰经》,穆罕默德在23年之中把一盘散沙似的阿拉伯人鼓铸成一个坚强的民族。凭着这部《古兰经》,阿拉伯民族在百年之中解放了亚非欧三洲上被罗马帝国和波斯帝国所奴役的几百万人民。后来,他们创造了灿烂辉煌的文化,引起了欧洲各国的文艺复兴。阿拉伯人为了使新入教的各民族和自己的子孙能正确地了解《古兰经》经义,而草创阿拉伯的文字学、文法学、修辞学、圣训学、教律学、法理学、教义学,并且记载穆罕默德的遗教,以及阿拉伯的民间歌谣、传说和故事。因此,阿拉伯语的学科和伊斯兰教的学科,都是以《古兰经》为中心的。故《古兰经》在阿拉伯文学史上,在伊斯兰文化史上,都占一个极其重要的地位。"①

《圣训》主要内容是穆罕默德的言行及其默认弟子的言行和传教过程的综合记录,是对伊斯兰教的信仰和社会、宗教制度的阐述。它作为《古兰经》的补充和解释,是仅次于《古兰经》的伊斯兰教经典。

(2)伊斯兰教的教义

伊斯兰教的基本教义,包括五条信仰和五功。五条信仰即信仰安拉、信仰天使、信仰经典、信仰穆罕默德先知、信仰后世。这五条信仰是穆罕默德在传教中参照犹太教与基督教的教义创造的,其中,信仰特别强调安拉是宇宙万物的创造者、恩养者,是全能全知、大仁大慈、赏善罚恶、无所不在的宇宙唯一的主宰,而穆罕默德是安拉之道的使者或先知,是沟通神与人的中介。安拉和使者是一个信仰的两个方面,一个在天上,一个在人间,信仰安拉是为了信仰使者,信仰和服从天上的主宰是为了信仰和服从真主在人间的先知。

关于信仰后世,伊斯兰教认为人本来是不清白的、罪恶的,但由于真主的宽恕,人在今世已不再带有罪。人的富贵贫贱,生死祸福都是真主安排好的,人们应忍受一切苦难,安于现状。凡是今世信仰安拉、遵守经典、服从先知的人,在生命停止即"世界末日"来临时,可升天堂,作恶者下火狱。认为天堂流水潺潺,火狱一片火焰,实际上是对阿拉伯自然条件中绿洲与沙漠的反映。

五功是穆斯林的五项宗教功课。《古兰经》第三章第四十八节说:"我们是唯独顺从他(安拉)的人。"因此穆斯林规定的一套宗教行为规范,被认为是伊斯兰教的核心。《古兰经》规定穆斯林在信仰上要做到念功、拜功、斋功、课功、朝功。

---

① 古兰经. 马坚译. 北京:中国社会科学出版社,1985.9~10

念功：又称证言，是穆斯林对自己信仰的表白。其内容用阿拉伯语念诵："我作证：除安拉外，再没有神；穆罕默德是安拉的使者。"这一证言，中国穆斯林称清真言。任何人只要接受这一证言，并当众背诵，就可以成为正式的穆斯林。这两句话，是一个穆斯林生下来听到的第一句话，又是他临终时听到的最后一句话。

拜功：每个穆斯林无论在什么地方，每天都要朝麦加克尔白神庙方向礼拜五次——晨（破晓）、晌（中午）、晡（下午）、昏（日落）、宵（晚间）各一次，仪式很简单，只要立正、鞠躬、跪拜，口中以阿拉伯语默诵念功中那两句清真言。每星期五举行一次聚礼，成年男女到清真寺，那里无贵贱之分，全是兄弟姊妹。每年开斋节（伊斯兰教历10月1日）和古尔邦节（伊斯兰教历12月10日）要举行会礼。

斋功：斋戒是赎罪形式的一种，每年伊斯兰教历9月斋戒1个月；每天从黎明到日落，斋戒期间白天不吃饭，不喝水，不行房事，晚上集体吃斋。斋期满，即行"开斋节"，非常隆重。

课功：也叫天课，指穆斯林向伊斯兰教会纳税，原为一种慈善行为，号召有钱的人自由施舍，后发展成为按不动产的比例征收的宗教税。

朝功：又称朝觐。每个穆斯林在身体健康、经济条件许可时，一生至少朝拜麦加圣地一次，膜拜克尔白黑陨石。吻"黑石"是阿拉伯游牧民族最重要的宗教仪式。各地穆斯林，一般组成团体前往朝圣。穆斯林朝圣的目的是为加强穆斯林世界的团结，强调天下穆斯林是一家。

圣战功：专指保卫伊斯兰教或反对异教迫害的战争，是穆斯林为伊斯兰教、为"真主"而进行的最神圣的战争，也是该教的军事制度。在作战中要经常朗诵《古兰经》，高呼"安拉伟大"，以激发战士们的热忱。他们相信死于圣战，虽死犹生，灵魂归入天国。

(3)伊斯兰教文学

《古兰经》是一部带韵的散文,其语言辞藻和表达形式,至今仍是阿拉伯文学的典范。

公元6~7世纪,阿拉伯的诗歌盛极一时,诗人地位很高,有七位诗人获得了特殊的荣誉。他们是伊姆鲁尔·凯斯、泰拉法、阿摩尔、赫里士、安塔拉、萨赫尔和拉比特,被称为"阿拉伯七星",他们的诗被称为悬诗。这些诗细致地描绘了六世纪初七世纪末阿拉伯人的游牧生活和诗人的经历,至今仍被阿拉伯人作为诗歌的典范,对后世诗歌的发展产生了深远的影响。

此外,还有一些游侠诗人。最著名的有塔阿巴塔·舍拉,他的《复仇歌》展示了丰富多彩的沙漠生活,对后来阿拉伯诗歌有一定的影响。

五、道教与道教文化

道教是中华民族的传统宗教,产生于东汉中叶。鲁迅曾经说过:"中国根柢全在道教……以此读史,有多种问题可迎刃而解","人往往憎和尚,憎尼姑,憎回教徒,憎耶教徒,而不憎道士。懂得此理者,懂得中国大半。"道教在长期发展过程中所形成的经籍、道义,对中国封建时代的哲学、文学、艺术、医学、天文、地理、民俗、民族关系和农民运动方面等都产生过不同程度的影响。它是中国古代文化遗产的一个重要组成部分。

1. 道教的初创

道教产生于东汉,兴起于隋唐,到明代中期有进一步发展,明中叶以后逐渐走向衰落。

道教在初创时期可分为两派,即太平道和五斗米道。五斗米道又称天师道,是张陵于东汉顺帝时(公元126～144年)在四川鹤鸣山创立的,奉老子为教主,以《老子五千文》(即《道德经》)为主要经典。太平道是张角于东汉灵帝时(公元167～189年)所创,以《太平经》为主要经典。张角自称大贤良师,教病人叩头思过,用符水咒语为人治病。由于"以善道教化天下",故徒众数十万,多属下层群众。

道教又可分为全真教和正一教两大教派。前者为出家道士,蓄发、须,头顶挽髻,素食,重修行。正一派为在家道士,一般不蓄发,重符箓,主要从事斋醮活动。斋醮也叫道场,有唱诵、舞蹈、乐器伴奏等仪式。全真、正一两派都以太上老君、玉皇大帝为最高天神。

2. 道教产生的思想渊源

(1) 古代巫术鬼神思想

在中国古代社会,人们视日月星辰、江河山岳、祖先为神灵,对它们进行崇拜和祭祀,逐渐形成了天神、地神和人鬼的神灵系统。殷人认为巫是神与人之间的中介者,巫师可以交通神鬼,能降妖、解梦、预言、祈雨、医病、占星。春秋战国时代,楚人也重巫,《楚辞》中多有巫觋降神的描写。这种祈祷、降神、禁咒之巫风,是道教的一个源头。

(2) 神仙传说和方术活动

神仙传说多出自楚文化与燕齐文化。在《庄子》和《楚辞》中有关于神仙的言论及生动浪漫的神游故事的记述。燕齐地处海滨,有海市蜃楼的幻想、航海探险的神秘,还有三神山(蓬莱、方丈、昆仑)的传说,在这一文化环境熏陶影响下,燕齐一带出现了各种神仙方士,他们鼓吹成仙的方术,骗取利禄。齐威王、燕昭王、秦始皇都曾寻求方术,派人入海觅仙求不死之药。汉武帝亦梦想成仙。这些活动后转化为道教的修炼方法。神仙方士后衍化为道士,也成为道教丹鼎派的直接来源。

(3)荆楚文化中的道家哲学

《老子》、《庄子》、《列子》、《文子》等书中所体现的思想,对道教的形成产生了很大的影响。东汉时,老子被奉为道教教主,巫术神仙方士开始依托《老子》的学说。五斗米教则称老子为太上老君,以五千文为经典。唐代尊称《老子》为《道德真经》,《庄子》为《南华真经》,《列子》为《冲虚真经》,《文子》为《通玄真经》,老子、庄子、列子、文子皆成为道教尊神。

(4)谶纬之学

阴阳五行思想起于先秦,汉代从董仲舒起,开始以这种思想解经,逐步形成谶纬之学。西汉末到东汉初,谶纬之学盛行,儒生与方士合流,以阴阳五行推验灾异祯祥。道教融合了谶纬思想,并汲取它作为方术之内容。[①]

(5)汉代经学思想

早期道教经典《太平经》大讲阴阳五行和君民协调。五斗米道教张鲁作《老子想尔注》,也提倡忠孝仁义。晋代葛洪说,求仙"要以忠孝和顺仁信为本"。北魏嵩山道士寇谦之的天师道以礼乐为首,南朝宋末道士顾欢著《夷夏论》排斥佛教,以华夏正统继承者自居。道家以神仙思想引出了道教的出世,而儒家思想赋予了道教的现实性与人间性。

佛教传入后,道教与佛教也互有渗透。道教模仿佛教仪式、戒律,建立起祈祷、礼拜、诵经、斋戒等一套完整的规仪戒律。

3. 道教的经典与教义

(1)经典

道教初创时,经典不多,除奉《老子五千文》为主要经典外,还

[①] 中国大百科全书·宗教.北京:中国大百科全书出版社,1988.61

有《太平经》、《老子想尔注》等。为了阐发教义,与佛教相抗衡,造经日多,卷帙如山。《道藏》是道教经典的汇集,总计5 485卷。宋马端临《文献通考》卷225说:"道家之术,杂而多端。"一般道士,仅以《道德经》为必须习诵的功课。

(2)教义

△ 道教追求人人安居乐业,没有病灾旱灾,没有瘟疫,没有战争的太平世界。它追求的另一个是仙境,即得道成仙,过上仙人的生活,如三十六洞天、七十二福地,便是道教的理想境地。东汉末以来的太平道信徒们,以此而奋斗终身。

△ 道教追求乐生、重生和长生不死。早期道教的重要经典《老子想尔注》,就把《老子五千文》中的"天大、地大、王亦大"改为"天大、地大、生大",认为生比王重要。《道藏》的首经《元始无量度人经》也强调"仙道贵生",道教的养生之术如服食、行气、守一、外丹、内丹、房中术、辟谷以及斋醮、符箓、守庚申等,名目繁多。

△ "我命在我,不属于天",就是说自己的寿命长短不是靠天决定,而是靠个人修炼。

△ 万物有灵论。道教是多神教,最高的神仙是元始天尊、灵宝天尊、道德天尊,以下有36天帝,还有大明、夜明天神,北斗之神,五星五行之神,风雨雷电之神,四海诸神,城隍土地之神等。

4. 道教与中国传统文化

(1)道教与政治思想

一方面,道教依附于政治,神权服从于皇权,统治阶级用它来作为统治人民的工具;另一方面,道教首领对封建政治也有巨大影响。如南朝道士陶弘景虽隐居茅山,但有关军国大事梁武帝往往向他咨询,陶因之被称为"山中宰相"。道教的长生不死之术,为封建君主提供了精神支柱,从秦始皇、唐玄宗、宋徽宗到嘉靖皇帝,都想长生不死,派人四处求仙求药;道教的太平思想,多次被农民起义利用作为反抗封建朝廷的武器;道教的多神崇拜,使广大汉族农村神庙林立,除天地君亲师外,诸如门神、玉皇、玄女、财神、灶神、雷公神、关帝、土地、城隍、文昌、药王神等,对民间的信仰产生了深远的影响。民间信仰,是有神就求,有神就拜,故道教的民间神话和传说在中国几千年盛行不衰。

(2)道教与文学艺术

道教对民间文学影响很大,以宣传道教教义、神仙出世思想为题材内容的各种文学作品最丰富,如八仙庆寿、八仙过海等许多动人的故事,广为流传。文人创作方面,李白号称谪仙人,他做梦都想成仙,正如有诗云"余尝学道穷冥筌,梦中往往游仙山"[①]。元剧《张天师夜祭辰钩月》、短篇小说《唐明皇好道集奇人》和章回小说《七真传》、明清四大奇书等亦都反映了明显的道教思想。《聊斋志异》借鬼神狐怪讽刺现实,也多取材于道教仙语。

(3)道教与民俗文化

道教在城市普通百姓与广大农村中得到广泛流传。在农村,天灾疫疾、斋醮祭祀、求福免祸、丧葬等多请灭法道士诵经修祠,超度亡灵;春节以道观为基地举办庙会。清代北京,正月以白云观为中心举行燕九节。旧时扬州地区,二月过土地生日,三月过东岳生日,四月过神仙生日,五月过关帝生日,六月过药王神生日,八月过灶君生日。行业神崇拜,多为道教尊神,如有铁匠崇老君、染匠崇梅葛仙翁,刺锈崇妃绿仙女,墨匠崇昌祖,剃头匠崇罗祖大仙,文具商崇文昌帝君等。

(4)《道藏》与医药、化学

[①] 李白.下途归石门旧居.参见:瞿蜕园,朱金城校注.李白集校注(三),上海:上海古籍出版社,1980.1266

《道藏》不仅是道教典籍的汇集,还容纳了其他各类学术著作成果,因此,它成为中国传统文化遗产之一。道士为追求长生成仙,继承和吸取中国传统医学的成果,极重视养生健康与发展医药。许多道士就是著名的医药学家,如葛洪著的《肘后备急方》是中国第一部急诊手册;陶弘景著的《本草经注》、孙思邈著的《备急千金要方》等即是有代表的例子。中国传统气功学多来自道教的内丹学,以吐故纳新,养气守静为主旨。道教有所谓炼精化气,炼气化神,炼神化虚,炼虚合道之说。而气功学是积精气之学,具有一定的科学与实用价值。道教武术在中华武术中独树一帜,武当功夫闻名于世就是最好的证明。

道教讲求炼丹,其中的外丹黄白术就是古代的化学实验。《道藏》的许多外丹书为中国古代化学史提供了丰富的内容。

近30年来,道教研究引起了全世界的重视。北美洲、澳大利亚、法国、意大利、英国都有研究道教的学者和组织,也出版了不少有价值的著作。20世纪70年代,巴黎出版了《道藏通检》,为研读《道藏》提供了方便。日本学者对道教的研究成就尤为显著。道教思想是世界文化史上一朵奇葩,有待我们去进一步研究。

六、中西宗教之比较

这里主要谈谈道教与基督教在地位、组织、理论上的比较。

地位:在西方,教会有大批地产,与王朝长期对抗或勾结,即所谓"政教之争"、"政教合一",甚至神权超过王权;在中国,神权与王权是统一的,一般说来,王权大于神权。

组织:基督教有严密的组织,有庞大的神职人员,罗马教廷成为国际性的天主教中心;中国的道教,组织松散,没有形成统一的组织。

理论：基督教有系统的理论，对宗教的基本命题，如人与神，灵魂与肉体，苦与乐，生与死，天堂与地狱等都有系统的论述；中国道教虽有经典教义和宗教理论，但缺乏体系。中国人的宗教观念较为淡薄，不像有的西方人从摇篮到坟墓都受到宗教思想的支配。

第六章 美洲印第安人文化

> 要用远大的眼光来瞻视人类,从中国一直到秘鲁。
> ——(英)约翰逊

印第安文化与古代东西方文化一样,也是世界文化源头之一。他们留下的金字塔祭坛、神庙、石柱、浮雕、文字、文学及物质文明等对人类文化都有卓越的贡献。我们要打破民族的片面性与局限性,从宏观的视野来考察世界各种文化类型,正如英国启蒙时期的诗人约翰逊所说:"要用远大的眼光来瞻视人类,从中国一直到秘鲁。"

一、美洲古代文化的起源

1. 美洲的印第安人

美洲古代文化最早产生于墨西哥和中南美洲。从墨西哥到秘鲁的地区是美洲古代文化水平最高的地区。生活在这些地区的玛雅人、阿兹特克人、印加人征服了各地区的其他部族,建立起了光辉的文化,他们先后在墨西哥、中南美洲建立了三个印第安文化的中心。

关于印第安人的来源,随着考古学、人类学、民族学、民俗学研究的不断深入,主要有四种说法。

<u>北来说</u>:即认为印第安人是从亚洲经白令海峡到达北美逐渐南下逐步形成的说法。

<u>南来说</u>:即认为印第安人是由马来亚、澳大利亚、美拉尼西亚、玻利尼西亚经伊斯忒岛到达秘鲁,或经夏威夷到达中美,或经火地岛到达南美南端的。

<u>西来说</u>:即认为印第安人是从西班牙或英国经冰岛、格陵兰进入加拿大的说法。此说已不被人重视,虽早在公元1000年前后,的确有人从挪威经格陵兰到达北美,这已有确证,但这仍不能说是印第安人的来源。

<u>土著说</u>:除拉美民族主义学者外,无人支持这一观点。这是推理的说法,无实物考证。

其中北来说与南来说已被许多学者承认,因为南北美洲印第安人肤色、颅形、语系等均极不相同,不可能整个美洲的印第安人只有一种来源,而可能是多种来源。

在四种说法中,北来说最合理。此说亦称白令海峡说,它是美国人类学家亚历克斯·赫德利卡从人种学的角度即颅形、骨骼、肤色等方面考察,发现印第安人与蒙古利亚人基本相同,因此他认为蒙古利亚人是从西伯利亚经白令海峡"陆桥"而到达阿拉斯加的。这种蒙古利亚人,有人认为是北越人,有的认为是蓝田人,中国有的民族学者认为是云南彝族人。他们认为:800万年前的禄丰腊玛古猿和170万年前的元谋人,其发现地都在云南楚雄彝族自治州内。仅元谋人生存年代之久便已堪称亚美两洲人民的共祖,元谋人的子孙在十几万年、几十万年的历史时期中,沿金沙江、雅砻江、岷江、沱江、嘉陵江、长江北上或东向,逐步遍及祖国大地以至亚洲大陆,乃经白令海峡到达美洲。大约5万年前,蒙古利亚人种的一支,由于追踪猎捕古长毛象之类的巨大动物,来到亚洲东北角,趁最后一次冰期还在持续,海平面低落,有从白令海峡经过的机会,就进入美洲西北角阿拉斯加。他们在加拿大的冰川走廊打开后,由北向南移,由北美洲进入到南美洲。

新华社驻墨西哥、委内瑞拉的记者许必华,20世纪70年代都在拉美,他的采访记录《漫游印第安之邦》认为印第安人的祖先来自亚洲,很似中国的西藏人。①

印第安因1492年哥伦布将美洲误认为印度而得名。印第安人(Indian)原意为"印度的居民",后来为有别于真正的印度人,一般就称之为"美洲印第安人"或简称"美洲人"。葡萄牙、西班牙等殖民主义者入侵后,又被人称拉丁美洲人。

2. 文化起源

玉米文明是走向文明的第一步,也是决定性的第一步。印第安人在同大自然的长期斗争中,从一种近似玉米的刍草植物中培育出了玉米。这是对人类最伟大的贡献之一。

玉米是拉丁美洲人的主食。像中国人吃馒头、米饭一样,拉美人上自总统、下至平民百姓,一日三餐吃玉米。如墨西哥有一望无际的玉米田,人们把墨西哥称为"玉米的故乡"。

秘鲁也盛产玉米和马铃薯,还有棉花。

哥伦布发现新大陆后,这些农作物逐渐传播到世界各地。

---

① 许必华.漫游印第安之邦.合肥:安徽人民出版社,1983.309

二、古代美洲三大文化中心

1. 文化的分布与分期

在美洲,古代文明集中分布在两处:以墨西哥为中心的墨西哥文化和以中美洲地区为中心的文化,其中,最具有代表性的文化有玛雅文化、阿兹特克文化和印加文化。印第安人民族史诗《波波尔·乌》、诗剧《奥扬泰》、克丘亚诗歌和散文是印第安民族文化的优秀遗产,它们也是世界文化宝库的组成部分,充分体现了印第安人的智慧和才能。

玛雅文明历史悠久。1977年出版的墨西哥大百科全书把玛雅文明划分为三个时期:即前古典时期(公元前1500～公元292年);古典时期(公元292～900年);后古典时期(公元900～1527年)。[①]

公元前1000年,墨西哥中南部出现了"达文拉文化",亦称奥尔梅克文化。奥尔梅克人创造了象形文字,发明了计算法和历法。奥尔梅克文化被认为是墨西哥"古典文化的先驱",墨西哥和中美洲几乎所有地区的文化都受到它的影响。

公元3世纪玛雅文化进入"古典时期",这也是玛雅文化的兴盛时期。接着,玛雅文明突然衰落,北迁后,古尤卡坦复兴(公元900～1527年)称后古典时期,直至西班牙人入侵始被灭亡。后古典时期是玛雅文化中断期与复兴期,又是玛雅文化和阿兹特克文化并存期。阿兹特克文化包括公元700～1100年的托尔特克文化

---

① 胡春洞.光辉灿烂的玛雅文明.见拉丁美洲史论文集,北京:东方出版社,1986.37

以及12世纪后出现的阿兹特克文化。

2. 玛雅文化

玛雅人住在今天的墨西哥南部与尤卡坦半岛以及伯利兹、危地马拉、萨尔瓦多、尼加拉瓜、洪都拉斯一带。公元前2000年左右,玛雅人就已开始定居,从游牧社会进入农业社会。奇钦·伊查与乌希玛尔是玛雅宗教、政治和文化中心。公元3世纪到9世纪,是玛雅文化的全盛时期。玛雅人是美洲大陆最早创造象形文字和留有文献的民族。玛雅文化比美洲其他地区文化发展早、水平高,因此,玛雅人有"美洲的希腊人"之称。从物质文化和精神文化两个方面,我们可以对玛雅文化的成就窥斑见豹。

(1) 物质文化

远在前古典时期的奥尔梅克文明阶段,玛雅社会经济已具有明显的综合性质,既有农业、渔业和狩猎,又有对外贸易活动等。近些年的考古研究发现,玛雅农民在古代并不只是从事刀耕火种式的农业,而是采用集约性更强的耕作方式。古代玛雅人在山区开挖了梯田,在低洼地带开挖了密如蛛网的人工渠,修造了大量的水中垫田或浮田。中美洲地区一年分为两季,当年11月~次年5月为旱季,6~10月为雨季。主要农作物是玉米。玉米的种类最多,有需要6至7个月成熟的大穗玉米(老妇玉米),也有3个月成熟的小穗玉米(女孩玉米),更有60天可收获的特别玉米(鸣啼玉米)。此外玛雅地区还盛产棉花、番茄、豆类、甘薯、可可、烟草等,这些农作物后来都传播到全世界。

(2) 精神文化

玛雅地区的精神文化表现在以下几个方面。

天文学:玛雅人的天文学家算出了太阳历一年的时间为365.2420日,精确率远超过当时的世界水平。他们将一年分为18

个月,每月 20 天,再加上 5 天禁忌日,共 365 天。每年度从冬至那天开始,第一个月叫亚什。玛雅的历法与农业季节联系相当紧,有"播种月"、"收割月"、"举火月"(即烧荒地)等。他们可以算出日蚀时间,知道月亮和行星运转的周期。他们测量出金星运转周期为 584 天,比现代科学家测定的 583.92 天只多了 1 个小时 55 分钟。德国学者诺尔伯特·弗里德《墨西哥见闻录》一书说:玛雅历法是"根据精密的观察星辰而制定的"。墨西哥东南海岸委拉克路斯的华斯台克文化遗址,在太阳金字塔内有 365 个神像,代表一年的 365 日,每个神像都有一个壁龛。①

文字:玛雅人是美洲唯一留下文字记录的民族。公元 1 世纪,玛雅人已有了象形文字,它与埃及、中国的象形文字体系相似。1949 年,在伯利兹的流莫纳大牧场发现了一件璧形玉饰,带有前古典时期的玛雅文字。这件玉璧直径 18 厘米,是戴在头冠上的耳饰。从字符可以看出,所有的符号是按顺时针方向阅读的。从左方开始,依次有太阳神、黑暗神和守护神等图案。这件璧形玉饰上的图像据瓦萨学院 John S. Justeson 和图兰大学的 Will Norman 解释是尤卡特克方言的专门符号。②

玛雅人认为文字是由"日眼大神"创造的,因此,文字被祭司所垄断,他们用头发制成小毛笔,用无花果树皮做纸,记录下玛雅神话、传说、礼仪、历法、编年史、祈祷文以及叙事诗和戏剧等内容。西班牙殖民者侵入后,这些宝贵的玛雅文写本基本上都被当作"魔鬼的作品"付之一炬。现只留存 3 本玛雅文抄本,一部是关于天文学方面的,成书于公元 11 世纪;另外两部是关于占卜、祭祀和预言的作品,写于公元 15 世纪。这些抄本现在分藏在德累斯顿、马德里和

---

① (捷克)诺尔伯特·弗里德.墨西哥见闻录.北京:世界知识出版社,1958.12
② (美)罗曼·哈其特.玛雅文明的出现.科学,1987(1):10

巴黎图书馆,迄今尚未完全释读出来。在古城废墟中考古学家们还发现了许多石碑文,他们多刻在城墙、宫殿、庙宇墙上。

数学:玛雅人制定了原始计算法。他们根据手脚指头产生了20进位法,用三个符号来表示:"点"表示一;"横"表示五;画一贝壳圆形表示"零"。"0"的概念的形成比印度晚些,但比欧洲人早800年。

玛雅人的数字(如图6-1所示):[1]

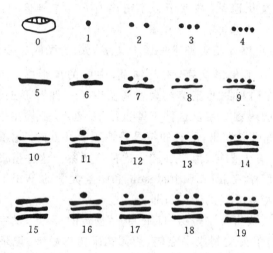

图6-1 玛雅人的象形文字(0~19)

建筑:玛雅人很重视历史,每隔20年玛雅人就在一些城邦里建一座石柱碑,在石柱上刻上象形文字,记载重大事件的内容和年代。现已发现石柱数百个,最早的瓦迈城石柱记事年代约为公元292年。在公元800年前后,石柱记载中断,玛雅文化衰落了。后来

---

① 李春辉.拉丁美洲史稿(上册).北京:商务印书馆,1983.21

在尤卡坦又恢复了石柱碑,但时间不长。都鲁姆建立的最后一块石柱,刻的年代是1516年。所以玛雅文化是美洲古代历史上唯一有明确纪年的文化。

金字塔是玛雅文化古典时期重要的建筑。埃及的金字塔是法老的坟墓,玛雅的金字塔是祭坛,它用磨平的巨大石头筑成,雄伟壮观。塔四周有阶梯,塔顶是祭神的庙坛。通往金字坛的阶梯,装饰有浮雕。金字塔神庙祭坛,成为墨西哥的国宝。

米拉多尔有两座大金字塔:虎塔和猴塔,它们是玛雅人最大的建筑物。两座金字塔都是在公元前150年前后兴建的,所含建筑材料都超过25万立方米。其中虎塔高55米,相当于一座18层高的大楼。它顶部的三座神像聚成一群,呈三角形。

红黑相配是玛雅古典时期艺术的特征之一。这种配法具有礼仪意义,因为太阳每天由红变黑,所以红色表示与东方相关,黑色表示与西方相关。鲁特赫斯教授认为,红与黑是玛雅人在观察陶器烧制过程中发现到的,如陶器在氧化焰中烧成红色,在还原的条件下再烧便变成黑色,再氧化又变成红色。

玛雅人建的虎塔金字塔,反映玛雅人对虎的崇拜。后来的阿兹特克文化亦崇拜虎神。美国学者认为,玛雅人为玉米繁殖而举行的隆重宗教仪式中,有崇拜"龙虎形象"的仪式。[①]

古代的印第安人有"老虎神庙",玛雅或阿兹特克一些画家还在神庙中画上虎。房仲甫在《扬帆美洲三千年》中写道:以崇拜虎神为特征的奥尔梅克文化传到秘鲁后,形成有名的查比因(查文)文明。至今秘鲁安第斯山上的神庙里,还矗立着一座高大的露出獠牙狞笑的半人半虎的石像。

[①] (美)H.B.派克斯.墨西哥史.北京:三联书店,1957.9

文学:玛雅人的文学,主要是根据契兰·巴兰的书稿来了解的。①

戏剧作品在玛雅流行很广。玛雅人建有石台专门作演出戏剧的场所。演出一般都戴有假面具。但戏剧作品一本也未传下来,仅知道一些喜剧的剧目,如《不要脸的食客》、《卖瓦罐的人》等等。

西班牙殖民者占领新大陆以后,有的祭司被杀死,土著语言书籍被毁。西班牙传教士弗朗西斯科·希梅内斯于17世纪末在危地马拉发现了约成书于16世纪的玛雅史诗《波波尔·乌》,又名《公社的书》、《基切族公约》、《基切族导书》、《危地马拉基切族的起源及历史》,它是印第安人最杰出的一部古典文学作品和史诗。

《波波尔·乌》是基切人的圣经,是皇帝读的书。基切语波波尔·乌原意为"咨询之书",又称"席子上读的书",皇帝召开会议,总是坐在席子上,和大臣一边讨论,一边读古代传下的圣书。

《波波尔·乌》全书内容可分为三部分:第一部分叙述世界的创造和人类的起源;第二部分是基切人的神话——英雄胡纳波和依赫巴朗盖的故事;第三部分,简述基切部落建立和发展变迁的历史。

基切人的上帝叫"天心"。天心创造世界与大地;接着天心又创造了4个男人和4个女人,女人生育繁殖,形成了大大小小的部落。这就是基切人的起源。

《波波尔·乌》第二部分是艺术价值最高的部分,它围绕两个古代英雄展开。神话主题是颂扬反对残暴统治,反对财富、权势、骄横与不公正的精神与行为。西瓦尔洼的老爷是统治阶级的代表,胡波纳和伊赫巴朗盖是勇敢、聪明的英雄,他们捍卫被压迫者的利

---

① 转引自:(苏)A.B.叶菲莫夫.拉丁美洲各族人民(上).北京:三联书店,1978.85

益。这个神话不仅反映剥削与被剥削者之间的斗争,也反映了基切人的道德观念:一个人不应骄傲、霸道、欺压老百姓,一个真正的人应该无私、主持正义、捍卫被压迫者的利益。

《波波尔·乌》内容丰富,从思想性看,这部书反映了当时社会的主要矛盾,揭发了统治者的罪恶,赞美了人民英雄惩罚恶人、维护道德的行为。该书已被译成西班牙文、法文、德文、英文、日文等多种文字,得到了广泛的流传。①

此外,玛雅人还有三部文学作品:《索洛拉纪事》是居住在危地马拉索洛拉省的玛雅印第安民族卡克奇凯尔人珍藏的一部民族编年史,约在17世纪初由印第安学者搜集汇编,用拉丁字母拼写而成,又名《卡克奇凯尔年鉴》;《契伦·巴伦之书》记录居住在尤卡坦的玛雅人各个时期的文化,包括宗教、历史、医学、天文、文学等方面的内容;《拉维纳尔武士》是一部剧本,它描写基切部落和拉维纳尔部落之间的一次战争,由19世纪中叶一位传教士根据拉维纳尔族老人的口授用拉丁字母记录而成。②

艺术:艺术在玛雅文化古典时期已达到了较高的水平。现在考古工作者在玛雅地区发现了数量巨大、样式繁多的精美彩陶、刻有文字和各种人物形象的碣石及其他绘画艺术品。玛雅学专家认为,"玛雅艺术兼有埃及、中国和印度艺术风格特色。"玛雅的"包南帕克是世界古典壁画艺术宝库之一,可和印度的阿旃陀石窟、中国的敦煌石窟、克里特岛的克诺萨斯宫共同媲美于世界"③。

玛雅人的乐器与歌唱、舞蹈紧密结合。他们有各种各样的打击

---

① 参阅:吴守琳. 拉丁美洲文学简史. 北京:中国人民大学出版社,1985.25~33
② 中国大百科全书·外国文学(第1卷). 北京:中国大百科全书出版社,1982.559
③ 转引自:中国拉丁美洲史研究会编. 拉丁美洲史论文集. 北京:东方出版社,1986.42

乐器和吹奏乐器,特别流行五度音阶的四孔笛。

3. 阿兹特克文化

据传说,阿兹特克人原住在墨西哥西部的海岛上,大约在公元12世纪初叶,太阳神向在四处游牧的阿兹特克部落发出启示,要他们向南迁移,如果走到一只鹰站在仙人掌上啄食一条长蛇的地方,就定居下来,建立安乐的国家。信奉太阳神的阿兹特克人立即行动起来,在祭司的带领下,他们披星戴月,跋山涉水,向南前进。1248年,他们到达特诺奇蒂特兰城(即墨西哥城的前身)的地方,发现了此景。他们认为这正是太阳神启示他们安家建国的地方,就定居在这里。特诺奇蒂特兰在阿兹特克人讲的纳瓦语里的意思是"屹立着雄鹰的仙人掌国"。墨西哥人就根据这个传说,把鹰作为他们民族的象征。鹰吃蛇的图案成为墨西哥今天的国徽。当时的特诺奇蒂特兰城中心(今墨西哥城广场)旁侧的一个台基上立有一具铁铸的雄鹰塑像,塑像下面,墨西哥人刻下了这样一句名言:"只要地球长存,墨西哥——特诺奇蒂特兰的声名和光荣将永远不会消失。"这个传说,实际上反映了阿兹特克游牧部落的图腾崇拜。

阿兹特克人的社会结构与北美许多印第安部落一样,一个家族组成为一个氏族,有共同的祖先。各族有一个族长,管理同族人的全部生活。20个氏族合为4个胞族,组成一个部落,管理部落的有两个酋长,一个领导全部活动,一个掌握部落内部事务和宗教仪式。阿兹特克部落在迁入墨西哥时仍处在奴隶制社会早期阶段。

阿兹特克人信奉多神教。他们把部族神威齐罗波彻里奉为"太阳神"和"战神",此外还崇拜自然神、云神、酒神和为数众多的农业神,如玉米神、土地和生殖神,掌管雨、雷、电的山神等。

阿兹特克人是用人的心血来祭祀太阳神的。他们认为,众神只有保证血这种生命之液的充分供应才能永葆其青春和活力,如果得不到血,他们就会变得老而衰弱,无力完成降雨或使谷物成熟等任务。同样,他们也认为,只有以人的心血祭祀太阳神,太阳才能永不陨落,给人民带来无限的光明与希望。《我们当代的原始民族》一书,叙述了阿兹特克人在金字塔祭太阳神的方法。"为了要向神祇供应他们所渴望的最丰富的血液,就采用了人祭。……在虔诚的群众的众目睽睽之下,牺牲者庄严地走上金字塔的台阶,而在到达顶点以后即被五个祭司捉住,他们将他朝后扳弯在一块凸出的祭石上,抓牢他的头和四肢,第六个穿着一件猩红斗篷的祭司即熟练地向他胁下刺一刀,再将手伸进去,把还在跳动的心脏抓出来。他先将这颗心举向太阳,再放在一个用树胶制成的盘子里供在神像前,使血腥气能升入神像的鼻子里去,接着,祭司们又将血涂在神像的嘴唇上,割下死者的头,将尸体丢下塔去……"①

这种人祭,说明了阿兹特克酋长向奴隶主转化过程中的残暴和贪婪。为了祭神,阿兹特克有人数众多、等级森严的祭司,有专门培养祭司的学校(叫做"卡尔柏卡克"),在校学生全是贵族和祭司的子弟。除了宗教仪式之外,他们还学习占星术和有关天文学、气象学、数学等方面的有用知识,但最主要的课程是部落的历史、神话和传说。

科学和艺术。阿兹特克人最发达的是医学和天文学。阿兹特克人的巫医,除了祈祷、符咒和巫术以外,在利用各种药草方面取得了很大成就,例如,用奎宁治疟疾,用洋地黄治肺病等等,他们已知道用麻药(一种叫做"亚马特利"的植物)进行土法麻醉。应当指出,欧洲医生在采用这些药物上比阿兹特克人晚了好几百年,而且有许多药物是从印第安人那里学来的。从阿兹特克抄本的图画上可

---

① 乔治·彼德·穆达克著.我们当代的原始民族.童恩正译.成都:四川民族研究所,1980.252

以看出,他们对于人体的构造以及各个器官的作用已经有了十分确定的认识①。在实践中阿兹特克人积累了许多科学知识,他们能把 1 200 种植物和许多种属的蛇、虫、矿物加以分类。

保存下来的阿兹特克人的精工雕刻,有很大一部分都与宗教有关。作为崇拜对象的雕刻,想象丰富,在特诺奇蒂特兰主要神庙的废墟中发现的巨大雕刻——"夸特利奎女神"神像是这种雕刻的典型例子。同时,也有少数雕刻头像与宗教无关,如"死人头"、"雄鹰战士"等,说明阿兹特克雕塑家们在当时的条件下也能创造出卓越的现实主义作品。

1970 年,墨西哥考古工作者发掘出了"太阳石",现收藏在墨西哥市立人类学博物馆碑林大厅里。这块"太阳石"直径 3.8 米,重 24.50 吨,是阿兹特克人借助复杂的几何图案来计时的石质日历。阿兹特克人从玛雅人那里学习继承了玛雅历法。从阿兹特克人的太阳石可知,他们是以鳄鱼、风、房屋、蜥蜴、蛇、颅骨、鹿、兔、水、狗、猴、草、芦苇、虎、鹰、兀鹫、运动、燧石、雨、花等 20 种动植物或其他东西来代表一个月的 20 天②。圆石上雕刻托纳蒂乌(Tonatiuh)太阳神头像,其周围的 4 个方柱中有 4 个象形文字——4 个祖先图腾神像,代表 4 个在洪水时期已经陨落的太阳,即风日、火日、水日、土日。

1977 年,在墨西哥又发掘到一块直径 3 米多,重约 10 吨,命名为"月亮女神"的石雕。石雕中的"月亮女神"肢体破碎。据说"月亮女神"想杀害她的母亲"地球女神",但阴谋被她的哥哥——"太阳神"识破,为了拯救母亲,哥哥把妹妹肢解了。阿兹特克人用精湛

---

① 参阅:(苏)A.B.叶菲莫夫.拉丁美洲各族人民(上).北京:三联书店,1978.111
② 朱宝忠,王大有.阿兹特克太阳历及其文明.社会科学战线,1985(3):10

的艺术把这个传说记载下来,它无疑是极宝贵的文物。①

4. 印加文化

印加文化的中心在今秘鲁的库斯科城。在库斯科城郊海拔3 700米的山上,有一里外三层圆形的太阳庙。每年6月24日是南半球的冬至日,印加人于这一天祭祀太阳神,祈求幸福。

印加人的宗教是对太阳神和月亮神的崇拜。他们认为自己的祖先起源于太阳,国王是太阳之子,死后还会复活。国王的木乃伊祭奉在太阳庙里,坐在金椅上,远征时抬到战场上,以求战争必胜。所以"印加"一词,印第安语意为"太阳的子孙"。

公元前1500年至前1200年,以秘鲁为中心的安底斯山沿海地区先后或同时出现查文文化、莫契卡文化、提瓦纳科文化等,到公元13世纪初,这些文化创造者均被印加人征服了,在此基础上创造了印加文化。

查文文化于公元前1500至公元800年,诞生在秘鲁的安卡什省瓦腊斯孙查文村,它的庙宇建筑技术水平高。20世纪初在发掘该村古庙(约公元前1500年)时发现一大石头上凿有7个不太深的圆洞,其图很像猎户星座,这表明他们很早就掌握了天文知识。

莫契卡文化产生于公元前400年至公元900年,中心地区在秘鲁贝利诺省特鲁希略城一带。此地印加人以农业为基础,有渠道排灌工程。此外他们创造了金字塔庙宇,最大的一座称太阳神庙,它的基座长228米、宽136米、高18米。

提瓦纳科文化大约发生于公元8世纪秘鲁南部喀喀湖畔。它以宏伟的石建筑——阶层式金字塔"太阳门"而著名。"太阳门"由一块高2.4米,宽4.5米的石头刻成。在没有铁工具和车轮的古

---

① 刘明翰.美洲印第安人史略.北京:三联书店,1982.42

代，如此宏伟的建筑在工程技术史上是一个奇迹。

从公元9～16世纪，印加奴隶制国家强盛起来，其版图以秘鲁为中心，北起今日的厄瓜多尔及哥伦比亚，东至今日的玻利维亚大部，南至智利中部和阿根廷西北，西濒太平洋，南北长达4 000公里，东西从太平洋沿岸到亚马逊丛林，面积80多万平方公里，人口达600万，成为美洲空前大国，被称为"新世界罗马人"，后被西班牙入侵者灭亡。

农业：秘鲁是南美洲农业发源地，也是世界农业摇篮之一。公元前4000年，秘鲁的印第安人开始种玉米、南瓜、菜豆、棉花。玉米达90个品种。

金属工艺：印加的金银矿产丰富，据记载，每年运到库斯科的黄金达700万盎司。库斯科国王花园的金花银花，使西班牙人信以为真。印加人用金银制造装饰品和祭器。被称为"黄金之国"的太阳神庙，壁上贴满了金叶，庙里还有三个用纯金铸成的神像，所以这座庙也叫"金宫"。西班牙从美洲殖民地掠走了大量黄金，成为世界黄金储蓄库。

建筑与交通：印加人的建筑也闻名于世，每一个城都有一个中心广场，周围有宫殿、太阳神庙、食品库等。古代印加驿道长达数千公里，两条大道贯通全国，一条是高原大道，一条是沿海大道。高原大道从哥伦比亚的安加斯马约河起，贯穿现在的秘鲁和玻利维亚，进入阿根廷，到印加古国南端——智利的马乌莱河，全长5 600公里，沿海大道从通贝斯起，纵穿沙漠，进入智利中部，全长4 000公里，路面宽5米至8米。大道两旁种树，并开凿了隧道。沿途架有石桥、木桥、浮桥、吊桥，每隔一天路程有驿站。如果有外来者侵犯，就点燃烽火，"急使"用接力方式传递消息。据记载，从利马至库斯科670公里的路程，只要三天时间就可跑完，即使今天用汽车也要一天一夜。① 印加人修筑的驿道不论其长度与工程水平,都远远超过了罗马帝国大道,是当时世界上最大也是最先进的工程之一。

结绳记事:据西班牙历史学家佩德罗·西埃萨记载,印加人在一条长约一米的粗绳上拴着许多细绳,这些细绳结着不同的结,用它的形状和位置来记录数字。

科学知识。库斯科城中央筑有高台,用以观察太阳的位置而确定农业节气。印加人使用太阳历,12个月为一年,每月30天,全年365天。最近在喀喀湖畔又发现一座约公元前1000年建成的天文台。印加人在医药知识方面成就也很突出,流行巫医,发现了金鸡纳霜。印加人把一种烟草给人闻可治鼻病,用水草汁可治眼病,用一种树脂治外伤,这些药物都具有科学效力。

《奥扬泰》是古老的印加帝国留传下的一部美丽动人的诗剧。它的整理年代约在公元15世纪。剧本是一位无名氏作者,在民间传说和神话的基础上加工形成。它用克丘亚语写成,反映了古代印加人的集体智慧。史书中记有民族英雄奥扬泰的事迹。奥扬泰确有其人,他是印加王帕却柯特克最亲信的将军,在建立印加帝国的战争中屡建奇功,被提升为仅次印加王势力的最大的将军,印加王对他非常宠爱。

奥扬泰和公主姑茜·柯依约相爱,他向公主求婚,却因出身低微而遭印加王的拒绝。但公主和他相爱,并已经怀孕。印加王大怒,奥扬泰被逐出库斯科,他悲愤交加,宣布起义而独立,由此印加被分为两个王朝。

姑茜·柯依约公主怀孕9月生了个女儿叫伊玛·苏玛克,印加国王不能原谅女儿违背祖传家规,把她关进了地牢。

---

① 喻继如.异彩夺目的印加文化.外国史知识,1984(8):10

十年后,印加国王去世,王位传给图帕克·王·邦基王子。奥扬泰中计被俘送到库斯科太阳庙作牺牲,他认出庙中年轻美丽的女祭司伊玛·苏玛克就是他的女儿。依玛·苏玛克向国王请求宽恕他的父母,国王得知奥扬泰是姐姐的情人,把姐姐放出地牢,促成了他们的亲事,一家团聚。图帕克·王·邦基国王钦慕奥扬泰的非凡勇敢和对帝国的贡献,把王位让给奥扬泰。在帝国的统一及婚礼乐声中全剧结束。

姑茜·柯依约是印加王的掌上明珠,对这样一位心爱的女儿,只因她违反祖宗法规被关进地牢达10年之久。通过这个故事,可以看出印加帝国等级是何等森严。整个作品语言优美,显示出高度的语言表达能力。

克丘亚语文学作品还有:宗教赞美诗、民歌、民谣、寓言、神话故事等。

宗教赞美诗是宗教仪式及印加王礼拜太阳神时诵唱的,基本内容是表示对上帝的钦佩、感谢、敬仰和歌颂,表现生活的欢乐、幸福,并祈求上帝保佑帝国国泰民安、吉祥如意。

民歌、民谣多反映战争、劳动。《战歌》是一首短小的民歌,表示了战争胜利者的欢乐、骄傲,也从侧面反映了当时野蛮的习俗。《姑娘,我要征服你》是一首反映古代印第安人在集会、节日时青年男女恋爱、征求配偶的民歌。

寓言、神话故事反映了印第安人的精神面貌、思想和生活,很富有哲理。例如《美洲狮和狐狸》,讲了一只狐狸偷吃了美洲狮埋藏的驼羊肉,睡着了。由于大意、自负,说出了事情真相,被美洲狮吞掉,最后作者总结出"祸从口出,病从口入"[①]的哲理。

[①] 参阅:吴守琳.拉丁美洲文学简史.北京:中国人民大学出版社,1985.36~56

三、古代中国与美洲印第安人文化的关系

古代中国与美洲印第安人文化的关系,一直是中外文化史、中外关系史史学家关心和感兴趣的课题。目前有两种意见:一是认为印第安文化与中国文化有联系;一是否定两者之间有联系。

关于印第安文化与中国文化的联系,曾有中国僧人慧深在5世纪最早发现美洲的墨西哥的说法。中国航海史研究人员房仲甫在《中国人最先到达美洲的新物证》、《扬帆美洲三千年》与《殷人航渡美洲再探》等文中,也论证了古代中国与美洲印第安文化的关系。

1. 海上交往的多种发现

中国福建与墨西哥都发现有蛇的崇拜遗迹。中国福建山区至今有蛇王宫,墨西哥金字塔有羽毛蛇殿。

另外,在美洲发现中国文物与文字。1886年,在秘鲁北部禧玉的小山洞里,发现裸体女神铜像,她坐在龟背上,双手(一臂残)所提铜牌上铸有"武当山"三个字,当是公元5世纪中国与美洲交流物证。近年在墨西哥发现"大齐田人之墓"的墓碑,可能是战国或秦末从山东半岛放舟逃亡的齐田人埋骨遗迹。秘鲁还发现刻有汉字"太岁"的古碑,厄瓜多尔发现王莽当政的钱币。据统计,美洲发现古汉字碑140处,这是巧合,是文化交流的结果,还是与中国文化有渊源关系,仍要进一步探索。

2. 墨西哥发现商代文化遗址

在墨西哥发现有与东方文化相似的墩、雕像、饕餮纹、祖石、虎神崇拜、石锚(船上用)、四合院等,特别是与甲骨文相同的文字。

一些欧美学者认为3000年前,即殷代末年可能有一批逃亡者到达墨西哥。委内瑞拉学者克尼奥·莫雷诺·维亚弗兰卡认为,美洲兹奥尔柏克和奥尔梅克文化,是公元前1400年左右的商朝一批移民从黄河流域东徙,穿过太平洋在美洲登陆后,将高度发展的中国文化带到美洲的结果。①

墨西哥出土的陶圆筒上,有20多个和殷代甲骨文完全相同的文字。如月(帆),23个"亞"字等。帆字与航海有关;"亞",殷"妇好"墓的青铜器上就有。王国维认为卜辞中的"亞"字,即古代明堂,中经一方为中庭,中庭即言中,东西南北相对为室。其形式类似后世的四合院。众所周知,四合院是中国的建筑形式,至今墨西哥山上104号105号墓上,还留有四合院式的建筑,看来不是偶然巧合。

3. 殷人的航海能力

中国古代越人长于造舟,善于航海,7000年前的船桨,已在浙江余姚河姆渡遗址出土。它是用石器加工磨制而成的。

16世纪,中国与美洲的交往是通过菲律宾实现的。中国输出丝绸、瓷器、金属、香料、火药、面粉;美洲的玉蜀黍、南瓜、西红柿、菠菜、烟草,经菲律宾传入福建,并扩展到其他地区,丰富了中国人民的生活。1535年,西班牙在墨西哥设厂铸造银元,银元上铸有老鹰图案,16~17世纪流入中国,中国称之为"鹰洋",在市面上流通,这是近代的事了。

随着考古学、航海学的进一步研究,古代中国与美洲的关系必将获得新的成果。

---

① 委历.古代已有亚洲移民到美洲的新论.世界历史,1981(2):81

4. 学术界的新探索

印第安人来自中国之说,世界史上早有人探讨。

美国学者马克劳德说:"印第安人实在几乎就是横渡重洋过来的中国人。"

中国学者杨和森《图腾层次论》论证印第安虎文化与中国虎文化的关系时,提出了如下几个观点。一是中国云南古羌戎及其遗裔彝族等民族,以虎伏羲为原生图腾的"虎文化"与印第安古文化的崇拜虎神极其相似。二是彝族的十月太阳历,以虎、兔、龙、蛇、马、羊、猴、鸡、狗、猪、鼠、牛等12属相轮回记日,轮30周为一年,它与印第安人以自然物现象记日的方法相同。三是阿兹特克人的人祭与古羌戎的人祭最为相似,云南晋宁石寨山出土的滇族青铜器上便铸有人祭的场面。据《后汉书》记载,彝族支土族先民也用人血祭祀先祖:"廪君死,魂魄化为白虎,巴氏以虎饮人血,遂以人祠焉。"四是印第安人祭祀太阳神的金字塔结构及功能与彝族向天坟也很相像。向天坟在川、滇、黔彝族都有发现,是人们举行祭天求雨等祀典活动的地方。由此可见,古中国与印第安人是有文化交流的。

北京大学罗荣渠教授在《扶桑国猜想与美洲的发现》等文章中,对中国人发现美洲之说提出了异议。他认为国内对这个问题的提法不是"什么新发现和新突破"。作者引用材料承认,从世界科学技术史的角度来看,在哥伦布之前,中国的造船和航海技术的确高于同时代的西方国家,但是,这一事实不能证明扶桑即是墨西哥。即使如此,在当时的航海技术条件下,横渡太平洋是根本不可能的。李约瑟曾一针见血地指出:"对实际技术及其发展的无知,再一次证明文人描述性历史(指扶桑故事——引者)的致命要害。"至于把慧深式的发现向上再推溯1000年,提出殷人东渡说,也不是什么创见,只是几十年前的旧话翻新。正如张宽生指出:"虽启人想象但乖史实甚远。"认为"石锚"等物是"中国人最先到达美洲的新物证",亦是站不住脚的。虽然"石锚"的研究者——美国加州圣地亚哥大学的莫里亚教授及其助手皮尔逊的看法是,这些石器的石料不产自加州本地,像是古老的外国物,可能来自中国。但这只是猜测。这些水下遗物很可能与19世纪华工在加州经营渔业生产有关。所以,中国文化与印第安文化的关系,要做出科学结论,还要做大量的研究工作。

第七章
中世纪的东方文化

　　世界文化史的关于中国方面的记载,正还是一张白纸,恩格斯的《家庭、私有制和国家的起源》上没有一句说到中国社会的范围。……在这时中国人是应该自己起来,写满这半部世界文化史上的白页。

——郭沫若

　　在公元 3 世纪到 13 世纪之间(中国)保持一个西方所望尘莫及的科学知识水平……中国的这些发明和发现往往远远超过同时代的欧洲,特别是 15 世纪之前更是如此。

——李约瑟

中世纪的东方,中国文化、日本文化、东南亚文化、印度文化、阿拉伯文化与非洲文化交相辉映。它们相互学习、相互影响,并辐射到周围国家,这与"黑暗时代"的西方形成了鲜明的对照。

一、中国文化

　　从战国到明清,中国各族人民在古老的神州大地上,创造了灿烂的文化,而他们在哲学与史学、文学与艺术、科学与技术等方面的杰出成就,又进一步丰富了东方文化的宝库。

1. 哲学

中国古代哲学按历史时段划分,大体可分为先秦哲学、两汉经学、魏晋玄学、隋唐佛学、宋明理学、明清实学等六个阶段。

先秦时期的"百家争鸣"是中国第一次伟大的思想解放运动,其突出的特征是哲学思想异常活跃。按司马谈对诸子学的研究可把先秦哲学分为六家:儒、墨、道、名、法、阴阳,其中儒、墨、道三家最为重要。"先秦哲学"是奴隶制向封建制转变时期的哲学,其时,各种学派自由竞争,相互吸收,也互相融合。

(1)儒家哲学

儒家的代表人物有孔子、孟子、荀子等。其经典有《诗经》、《书》、《礼》、《乐》、《易》、《春秋》等六经以及《论语》、《孟子》、《荀子》和《礼记》等。

孔子(公元前551~前479年),春秋末年鲁国昌平陬邑(今山东曲阜)人,名丘,字仲尼,儒家学派的创始人。

儒家哲学的基本核心是"仁"。"仁"是人之所以为人的根本,故曰"仁者,人也"[1]。"仁",就是生命的相互沟通,是人、我、群、己之间的普遍联系和相互关系,是相互以"对方为重"。"仁"的具体含义是"爱人",即是一种博大的同情心。"己所不欲,勿施于人"[2];"夫仁者,己欲立而立人,己欲达而达人"[3],儒家的思想,是要把仁爱的精神,由亲人推广到所有人,推广到宇宙万物,这就是"老吾老以

---

[1] 《礼记·中庸》。
[2] 《论语·颜渊》。
[3] 《论语·雍也》。

及人之老,幼吾幼以及人之幼"① 的根本宗旨所在。

重义轻利的价值观。"重义轻利"就是重视仁义或道义,不计较功利或物质利益。"义"表明社会的伦理规范。重义轻利的思想,反映了儒家哲学的道德、价值取向。

儒家人生观。儒家的人生态度是"自强不息,刚健有力。"他们提倡的是胸怀大志、刻苦奋斗、百折不回的强者道德。"博学之,审问之,慎思之,明辨之,笃行之"②,要成为有作为的人物,都必须经过一段十分困难的自我修养历程。

人生境界。儒家在个人的学问与道德的修养的基础上,追求格物、致知、正心、诚意、修身、齐家、治国、平天下③ 的社会理想,并达到内圣外王的人生境界:"内圣"即个人在品德与学问修养上是圣人,"外王"即在社会的统治和管理上有作为。

(2)道家哲学

道家代表人物是老子和庄子。老子(公元前571～前500年),姓李,名耳,字老聃,楚国苦县历乡曲仁里人。代表作《老子》又称"道德经"。老子认为"道"是世界万物的本,"道生一,一生二,二生三,三生万";道也是客观规律,世界上一切万物都存在正反两方面的对立,在一定条件下可以转化,即"祸兮福之所倚,福兮祸之所伏"。黑格尔称老子是"东方古代世界的精神代表"。

《老子》说:"道可道,非常道;名可名,非常名。"道,本义为道路,引申为规律或宇宙本原。张岱年认为"道"是"万物之宗"的含义。"道"最初意义是道路,后引申为途径、方法和原则。春秋时有

---

① 《孟子·梁惠王上》。
② 《中庸》。
③ 《大学》。

"天道"的说法,"天道"即天之道,特指与天象有关的自然规律。[①]

道家哲学观包括四个方面的内容。一是宇宙生成学的观点。道家认为,"道者,万物之奥";"道者,万物之宗"。老子哲学的核心是道,道既是最高的实体,也是万物的总根源,同时还表示自然现象的运行规律及社会的行为准则。因而道是万物本源、本质和规律的总称。二是辩证思想观。老子看到物极相反的规律,主张在坚持正确原则时要避免极端化,提出柔弱可以胜刚强。三是在认识论方面,道家提倡直觉主义的认识方法,"不出户,知天下;不窥牖,见天道",夸大直觉认识的作用。最后道家还提出"小国寡民"的社会理想。

老子的"道"在思想发展史上有很大的贡献。首先,老子第一个提出作为哲学范畴的"道";其次,老子完全否定了宗教世界观;最后,老子提出了丰富的辩证法学说,该学说成为中国辩证法传统的重要来源。

(3)儒道互补互动与相似

儒道互补互动。阳刚与阴柔,进取与退守,庙堂[②]与山林,整体与个体,恒常与变动,肯定与否定:儒家肯定现实社会与人生价值与道家否定现实社会、揭露社会种种罪恶根源形成对照,这些都是儒道互补互动的表现。

儒道相似:儒道两家都以物欲为不齿,不追求物欲;两家都重视道德修养,儒家重修齐治平,道家则主张"修道"、"积德";两家都采取简单的类推思维方式,儒家将家国利益设定为一致,修身、齐家、治国、平天下,由小到大,由内向外推导,道家修德的序列是身、

---

① 张岱年著.中华的智慧.上海:上海人民出版社,1992.17
② 庙堂:即明堂,古代帝王祭祀与议事的地方,代指朝廷。

家、国、天下,这与儒家并无二致。①

(4)《周易》

《周易》,一说是简易;另说是"变易"。"周"字,一说周代人的筮法;二说周变之意,即探求普遍的变易法则。《周易》内容既是世界观,又是方法论。"一阴一阳之谓道","刚柔相推而生变化"。这两条成为2000多年来中国人解释和观察世界的依据。

有学者认为《周易》是"神秘的殿堂","古老的科学宝库"②,它的产生,标志着朴素的辩证宇宙观的萌芽与发展。《周易》内容广泛,它与医学、气功科学、人体科学都有内在联系,其卦爻辞中还包含了文化资料,体现了人文和自强不息的精神,对科技发展也具有一定的价值。

西汉时期,为了强化专制主义中央集权,汉武帝采纳董仲舒(公元前179~前104年)的建议,"罢黜百家、独尊儒术",从而使诸子百家之学转入了汉代经学。儒家学说不仅为西汉大一统的中央集权统治而且为尔后2000年封建制度奠定了理论基础。董仲舒的儒学,是将周代以来的宗教天道观和阴阳五行学说结合起来,吸收法家、阴阳家特别是道家思想,建立的一个新体系。其基本观点大致有以下两个方面。

一方面,董仲舒提出的带有浓厚的神秘色彩的"天人感应"和"君权神授"的学说,把世间的王权与天上的神权结合起来,使皇权神圣化。"天人感应"学说是董仲舒神学体系的理论基础。

另一方面,董仲舒儒学确立的"三纲"、"五常",成为中国封建社会的基本道德、伦理原理和规范,通称纲常。所谓"三纲"是指"君为臣纲,父为子纲,夫为妻纲",要求为臣、为子、为妻的必须绝对服

---

① 李宗桂著.中国文化概论.广州:中山大学出版社,1988.149
② 冯天瑜等著.中华文化史.上海:上海人民出版社,1990.338

从于为君、为父、为夫的,为君、为父、为夫的也要为为臣、为子、为妻的作出表率。三纲反映了封建社会中君臣、父子、夫妇之间的道德关系。所谓"五常",是仁、义、礼、智、信,是用以调整"君臣、父子、兄弟、夫妻、朋友"等人伦关系的行为准则。常,指永恒的道理。从宋代朱熹开始,才将"三纲""五常"并用。三纲五常,既体现了封建社会中人们的社会关系,又维护了封建宗法等级专制制度。在宗法制度下,重血缘、重家族、重宗族、重社会成为以后2000年间束缚人民的精神枷锁,成为中国传统文化的重要组成部分。

董仲舒为当时封建统治者提供了主要的思想理论体系,享有"群儒之首"的声誉,成为汉代和整个中国封建社会的重要思想理论家。董仲舒所创立的学说,适应了当时地主阶级和封建制度上升阶段及已经确立的封建大一统局面的需要,对巩固大一统、调整封建政权内部矛盾及社会矛盾,促进封建社会经济文化的发展,有一定的积极意义,但它毕竟是封建专制的思想体系,随着封建统治阶级日益趋于保守,他的哲学理论越来越成为社会发展的阻力。

两汉时期,印度佛教传入中国。后来,中国人又创造了中国化的佛教哲学。中国佛教渗透了中国哲人的智慧,特别是道家、儒家和魏晋玄学的哲理,如天台宗、华严宗和禅宗更是散发出了不尽的智慧光彩。禅宗即禅学,是中国佛教的禅法理论。禅,全称"禅那",源于梵文,意译"静虑",谓静中思虑,心绪专注一境的佛教义理。天台宗的创始人是陈隋之际的智顗,因常住浙江天台山而得名。它又以《法华经》为主要的教义根据,故又称"法华宗"。[①] 华严宗因以《华严经》为主要经典而得名,又因实际创始人法藏被武则天赐号"贤首",故亦称"贤首宗"。

佛教哲学和道教哲学先后产生,各种哲学思想相互斗争又彼

---

① 任继愈主编.宗教词典.上海:上海辞书出版社,1983.50

此吸收,形成一条哲学发展史的长河。

魏晋玄学是汉代道家思想黄老之学演变发展的产物,实为老庄之勃兴。西汉时期除儒家是官方哲学外,道家思想亦有很大的发展。后来,道家与道教又浑然一体。玄学家着重研究《老子》、《庄子》和《周易》,称之为"三玄",代表人物有王弼、郭象等。

隋唐五代是中国儒、道、佛三家并存发展、佛教哲学空前发达的时代。隋唐时期,国家统一,经济与文化繁荣,统治者认识到佛教、道教与儒家伦理纲常对巩固封建统治有利,使三教合流。其中,佛教融合了中国固有的儒、道两家的观点,成为中国佛教,它是上承魏晋玄学,下启宋明理学的重要环节。三教合流,正如明代胡谧在《三教平心论》中指出的"以儒治国(世),以佛治心,以道治身",三教有机地融合在一起。

宋、元、明、清的哲学是由中国古代哲学向近代哲学转变时期的哲学。这一时期,中国封建社会的经济结构发生了变化。佛教哲学开始衰败,儒家哲学成为主流。程颢、程颐、朱熹的思想大体一致,都以"理"为最高范畴,故称"程朱理学"。他们以继承孔孟的儒学传统为己任,使儒学发展到新的阶段,成为我国封建社会后期的正统思想。理学的集大成者朱熹(1130~1200年)也成了继孔子、董仲舒之后的第三代"圣人",他的主要著作有《四书集注》、《四书或问》、《太极图说解》、《周易本义》、《易学启蒙》及后人编纂的《朱子语类》等。朱熹认为"理"是伦理道德的基本准则,并提出了一系列道德规范、修养方法和思维方法,构成了儒家发展的最终形态。与此同时,他把人的自我完善放到最重要的地位,强调"存天理、灭人欲",窒息了人的个性发展。礼教吃人,正是从这一时期开始的。朱熹等人的唯心主义哲学,遭到了黄宗羲、顾炎武、王夫之等思想家的批判,这一斗争正是中国早期资本主义萌芽在哲学上的表现,它预示着中国古代哲学的终结和近代哲学的到来。现代人所称"明清实学"就是在反理学斗争中形成和发展起来的,它们具有反封建君权的理性主义思想。

综上所述,中国哲学思想的基本特点。一是具有明显的伦理化的特征,比较重视人与人、人与自然之间的和谐统一的关系。印度文化则注意人与神的关系,西方文化比较重视人与自然、人与人之间的分别、对立关系,所以它们之间有明显的区别。"天人感应"、"天人合一"的思想主张人与自然是相互统一的,人不能违反自然规律,彼此有统一的关系。它不强调人征服自然。而是顺应自然。西方则比较注意人与自然的对抗,强调人要征服自然。在人与人的关系上,西方强调个人独立、个性自由、不受他人干涉。中国哲学思想内容丰富,例如《周易》,其中"天行健,君子以自强不息"的哲理在中国思想文化史上也起了积极的作用。二是中国古代哲学主要是研究人的哲学,不重视自然哲学,不甚追求自然知识。伦理哲学思想的过分倾向,妨碍了对自然哲学的研究和自然科学的发展。

2. 史学

梁启超在《中国历史研究法》中说:"中国于各种学问中,惟史学为最发达;史学在世界各国中,惟中国为最发达。"这话是有根据的。

中国中古史学,具有源远流长、体例多样,史籍繁富的特点,是传统文化的重要组成部分。

源远流长。《尚书》是中国和世界上最早的一部史书,其中的《盘庚篇》成书于公元前14世纪,距今3300多年,比古希腊《荷马史诗》、日本的《古事记》早600年至2000年。《尚书》保存了许多关于夏、商、西周的珍贵史料。春秋时代的近现代史《春秋》,与约公元前430年间问世的西方"历史之父"希罗多德的《历史》相比,《春秋》要早半个世纪。

第七章 中世纪的东方文化

体裁多样。中国古代史发达表现在编纂体裁多样,主要有三种体例:编年体、纪传体、记事本末体,它们各有特色,其中影响最大的为纪传体。

史籍繁富。中国史籍,通常说"二十四史",现已有"二十六史"。其实言之,何止二十六史呢,还有"十通"与"会要",可谓史籍繁富。

此外,中国少数民族的史书亦丰富和珍贵,如用蒙文撰写的蒙古民族的三大史书《元朝秘史》、《蒙古源流》、《蒙古黄金史》;记述西藏史的重要著作《青史》;新疆喀什噶尔人穆罕默德·海答元以波斯文写的,研究明代南疆及哈萨克族、柯尔克孜族的历史著作《拉什德史》等。

中西史学之比较。将天命或神灵意志视为决定社会发展、兴废存亡的原因,是中西史学观的大体相同的特点。如中国司马迁的《史记》,在比较秦之由兴到亡,项羽由胜到败和禹汤、文武、周公的圣明与桀、纣、幽、厉、秦二世的暴虐等具体人物事件时,往往表现重人谋、人德,甚至注意到经济因素对兴衰治乱的重大影响,但亦承认"天命"的作用。在他看来,秦之兴衰和汉之代秦,终究还是天意使然。

此后中国封建时代的史学家、思想家在进行历史考察时,大多是以天命观去评判社会兴废存亡的。

西方中世纪基督教"天命"神学史观显得更为突出。奥古斯丁直接把上帝视为决定人类社会历史进程的最高主宰,认为国家兴衰,伟人存亡,都是上帝预先安排的。把所有的人分成"上帝的选民"和"上帝的弃民"两种,前者属上帝之国,后者属尘世之国。他用这种神学观来观察历史,从亚述—巴比伦到希腊、罗马的历史,统统纳入到"上帝的计划"中去,把社会历史现象的生灭消长的共同终极原因,归于上帝的意志和计划①,目的都是借君权神授统治人民。

中国、西方中世纪史学之差异在于:中国史学重史料的翔实、细致的考察,而西方史学重宗教传说。

中国史学还重伦理道德修养。清代章学诚认为,史学家要具有"才、识、学、德",四者之中,以史德为要。所谓"史德"就是"著书者之心术",即指史家作史,要忠于客观史实,做到"善恶褒贬,务求公正"的一种品德。所以,中国史籍内容比较可靠,而西方基督教史学的编年史,以宗教传说代替了信史实录。

中国史学的考证,微观研究,是实在的并非玄谈的史实,不同于西方经院哲学中的繁琐的考证,如"天国的玫瑰花是否有刺"、"针尖上能站多少个天使"等无稽、无聊之谈。

3. 文学

中国中古时代的文学,自先秦散文、汉赋乃至唐诗、宋词、元曲与明清小说,为世界文化史增添了无尚的光彩。

先秦散文包括历史散文与诸子散文。《春秋》、《左传》、《战国策》等历史散文重在叙事,诸子散文重在言理。战国诸子的作品如《孟子》、《庄子》、《荀子》、《韩非子》文笔流畅,论理透彻。郭沫若说:"孟文的犀利、庄文的恣肆、荀文的浑厚、韩文的峻峭。实在是各有千秋。"②

楚辞,乃中国文学的奇葩。伟大爱国诗人屈原为其杰出代表。他的《九歌》、《九章》、《离骚》、《天问》,特别是他的代表作《离骚》,

---

① 科斯敏斯基.中世纪史学史(第1讲).转引自:庞卓恒.比较史学.北京:中国文化书院,1987.24

② 郭沫若.十批判书.北京:人民出版社,1954.186

是我国古代抒情诗之最,是辉耀千古的浪漫主义杰作。屈原的诗篇充满着炽热的爱国思想,是思想性与艺术性统一的典范。

两汉400年,是辞赋的黄金时代。早期的赋,能比较自由地抒发感情,文词朴实。另一种是以叙事为主的诗体——乐府,如汉魏六朝的民歌《陌上桑》(《艳歌罗敷行》)、《孔雀东南飞》和《木兰诗》等,乐府诗使汉魏六朝获得"诗歌大国"的美称。

唐朝是中国古典诗歌创作的繁荣时代。清代康熙时编的《全唐诗》,就收诗48 900余首,作者达2 200余人。真是诗人辈出,百花争艳。唐诗发展,可分初唐、盛唐、中唐、晚唐四个时期。初唐的诗人以"四杰"为代表,即"王勃、杨炯、卢照邻、骆宾王",这批年轻诗人踏上诗坛,使诗歌题材"由宫廷走向市井","从台阁移至江山与塞漠"[①],开启了一代新风。盛唐以王维、孟浩然、高适、岑参、李白、杜甫为代表。王维与孟浩然以写山水田园诗而闻名,高适和岑参则以写边塞诗著称。中唐以韩愈、柳宗元、李贺、元稹、白居易为代表,晚唐以杜牧、李商隐、杜荀鹤为代表。在这些诗人中最著名的是李白、杜甫和白居易。李白的诗热情奔放,气势磅礴,想象丰富,富于浪漫主义精神。他描绘祖国山河的诗歌如"黄河之水天上来"、"蜀道之难,难于上青天"等都是千古绝唱。他创作近千首诗歌,有《李太白集》传世,人们称他为"诗仙"。杜甫的诗雄浑有力,语言精炼,富于现实主义精神。对统治者的腐化和人民的苦难,杜甫写出了"朱门酒肉臭,路有冻死骨"的千古名句,并有"三吏"、"三别"、《丽人行》与《兵车行》等名篇。他创作诗歌计1 400多首,有《杜工部集》传世,人们称他为"诗圣"。白居易诗的精华部分是讽谕诗,它深入浅出,人民性强。如《卖炭翁》、《新丰折臂翁》等;《长恨歌》、《琵琶行》等长篇叙事诗,也是脍炙人口的大作。

---

① 闻一多. 唐诗杂论. 闻一多全集(第3卷). 北京:三联书店,1948.28

五代两宋时期的文学占统治地位的是词。北宋词作者主要代表人物有晏殊、柳永、苏轼。词至南宋发展到高峰。反映民族矛盾是南宋词坛的思想特色,李清照与辛弃疾是杰出的代表。他们歌唱时代的哀怨和欢乐,民族的悲愤和希望,爱国之情跃然纸上。宋词的艺术风格有婉约派与豪放派两大派别,如苏轼属豪放派,李清照属婉约派。

鲁迅曾说:"小说和戏曲,中国向来是看作邪宗的。"[①]戏曲一般被当作不登大雅之堂的东西,一直未受重视,所以发展较晚。至元、明、清时代,小说和戏曲才迅速发展起来,并涌现出一大批有声望的、杰出的作家与作品。

元朝文学的突出成就是元曲。元曲包括散曲和杂剧两种。散曲,是由词进一步发展而来的,是新兴的文学形式。散曲只有唱腔没有动作和表白。杂剧是中国古典戏剧,一般由曲(唱)、白(对话或独白)、科(动作和表情)三部分组成,通常有四折(幕)。中国古典戏剧是歌、舞、做、念、打融为一体的综合性艺术。元代是中国文学艺术史上承前启后的时期。元朝著名剧作家达80多人,流传于世的优秀剧目有136种。在元代杂剧作家中,关汉卿、白朴、马致远、郑光祖被称为元曲四大家。关汉卿(约1220～1300年)是其中最杰出者,他一生的作品达60多种,流传至今的剧本有18部,如《窦娥冤》、《望江亭》、《救风尘》、《单刀会》等。悲剧《窦娥冤》是他的不朽作品。有人称关汉卿是东方的莎士比亚,实际上他比莎士比亚的剧作在数量上多出将近一倍。关汉卿为中华民族赢得了世界声誉,20世纪50年代,被列为世界文化名人。白朴的《墙头马上》、马致远的《汉宫秋》、王实甫的《西厢记》、纪君祥的《赵氏孤儿》,在中国文化史上也占有极为重要的地位。

---

① 且介亭杂文二集.鲁迅全集(第6卷).北京:人民文学出版社,1973.291

第七章 中世纪的东方文化

此外,中国维吾尔族思想家兼诗人尤莱甫·哈斯·哈吉甫的长诗《福乐智慧》,则是中国维吾尔族文化的思想结晶。

明清戏剧在中国文学史上也占有重要的位置。明代汤显祖的《牡丹亭》、清代孔尚任的《桃花扇》、洪昇的《长生殿》等都是不朽之作。法国启蒙思想家伏尔泰高度评价说:"戏剧之发达最早,则莫过于在伟大的中国和雅典。"

明清两朝是小说的时代。中国小说,唐代有"传奇",宋代有"话本"。明清两代文学的主潮,由诗、词转为小说和戏曲。明清小说有四类:历史小说、神魔小说、传奇、世情小说。有人统计,明清长篇小说有 5 000 种,其中著名的是罗贯中的《三国演义》、施耐庵的《水浒传》、吴承恩的《西游记》、吴敬梓的《儒林外史》等。

明清世情小说有《金瓶梅》、短篇白话小说集冯梦龙的"三言"和凌蒙初的"两拍"。所谓"三言"是《喻世明言》、《警世通言》、《醒世恒言》;两拍是《初刻拍案惊奇》、《二刻拍案惊奇》,它们是中国封建社会后期的风俗史。最具代表性的《金瓶梅》写的虽是宋代的人物和故事,实际却反映了作者所处的明代中期的社会,真实暴露了明代中叶以来封建社会的黑暗与腐朽,具有深刻的社会意义。在创作方法上,对后来的《红楼梦》有一定的影响。在当代比较文学的研究中,有的学者把《金瓶梅》与欧洲文艺复兴时期薄伽丘的《十日谈》相媲美。

清代小说将中国古典小说的创造推向了高峰。蒲松龄的《聊斋志异》和吴敬梓的《儒林外史》便是清代小说的精华。而曹雪芹的《红楼梦》则是明清小说的丰碑,"可以和世界上许多著名的小说媲美。《红楼梦》对 200 年来的中国文学发展产生了深远的影响"①。

中国学者指出:中国古代文学尽管在不断发展,但其特点显得

---

① 中国大百科全书·中国文学(一).北京:中国大百科全书出版社,1986.3,4

异常稳定和凝固化,与西方文学相比,表现出一种相当明显的统一性和单一性。中国古代文学的特点主要表现三个方面。

△ 现实主义与浪漫主义的创作方法有继承、发展与创新。中国古典作品屈原的楚辞、李白的诗、汤显祖的戏剧、吴承恩的小说,都是优秀的浪漫主义作品。

《诗经》奠定了中国古典诗歌现实主义的基础,汉乐府民歌则继承并发展了现实主义。唐代李白、杜甫成为浪漫主义和现实主义发展两个屹立的高峰。也有不少作品则是现实主义与浪漫主义的结合。关汉卿等的元曲,直接取材于现实的作品,作家与人民比较接近,有比较丰富的创作源泉,取得了突出的成就,《红楼梦》也是杰出的现实主义作品。它们对后世文学有着极深远的影响。

△ 现实主义作家的作品受儒家"治国平天下"、"以文载道"的熏陶,思想情感极深,深刻地反映了作家心中极浓的忧患意识及爱国爱民的崇高情怀和反封建精神。

△ 从中国文学作品的流变而言,占主导地位的是抒情的诗歌散文。元朝以后,戏曲小说以创作为特色,空前繁荣,这是中国社会经济、政治文化的变迁的现实反映。

古代文学的这种特点是与中国社会的历史进程紧密相关的。这种密切的联系在很大程度上决定了中国古代文学的命运:中国文学大部分是在封建社会的小生产土壤中产生的,并经过漫长的时间而获得了辉煌的成就;中国文学几乎一直生存于中央集权的统一国家中,在重视文学思想、并对之实施严格控制的国家中获得发展;尽管改朝换代,但中国文学的发展在 3 000 多年中始终没有中断过;中国文学与外国文学的联系相对说来比较少,在大部分时间里处于封闭的自生自灭的环境中;除某些特殊的历史时期之外,总的说来与宗教的联系相当淡薄,主要体现的是世俗的色彩。这些背景和命运,使中国古代文学表现出凝重、稳健的性格。

4. 艺术

法国著名雕塑家奥古斯特·罗丹说："艺术家和思想家好比十分精美、响亮的琴——每个时代的情景在琴上发出颤动的声音,扩展到所有其他的人。"① 这说明每个时代都通过自己的思想家和艺术家来发出时代的声音,反映时代的面貌。中国哲学的精神是天人合一,追求人与自然的和谐统一的关系。中国的建筑、园林、书法、绘画、雕刻等艺术,同样渗透和反映了中国的民族思想和审美观。

书法是中国特有的艺术。汉字从甲骨文算起,后经大篆、小篆、隶书到楷书、草书、行书,各具风格,深寓造型美、抒情美。晋代书法艺术水平达到了高峰,出现了王羲之这样伟大的书法家,其代表作《兰亭序》备受后人推崇。盛唐颜真卿开创了正而不拘,庄而不险,奇伟秀拔而法度从容的书法新风格。号称"颜筋柳骨"的唐代柳体、宋代欧体、元代赵体都对东亚的艺术文化产生过深远的影响。中国书法是审美之情的结晶,是祖国艺术宝库中的重要财富。

中国传统绘画,有人物画、山水画、花鸟画三大体裁。东晋的顾恺之,是人物画的大师,《女史箴图》和《洛神赋图》均是佳作。隋唐是中国绘画发展的一个高峰时期,其壁画多将佛教题材人物化、世俗化,如天女被描绘成体态丰腴、容貌端庄的女性。唐初阎立本的《历代帝王图》、《肖翼兰亭图》、《太宗步辇图》的人物画达到极高的水平。《太宗步辇图》真实记录了文成公主与松赞干布联姻的历史,画中唐太宗与藏族使者禄东赞的容貌神情画得逼真生动。北宋张择端的《清明上河图》是人物画的珍品,其用透视和远近法则的艺术技巧,描绘了北宋首都汴梁(开封)秋日的繁华景象。宋元时期是

---

① (法)罗丹口述.葛赛尔记.罗丹艺术论.沈琪译.北京:人民美术出版社,1978. 128

中国山水画发展的高峰阶段。北宋著名山水画家郭熙的代表作《溪山秋霁》,表现秋雨初晴后的自然景色。青年画家王希孟创作的《千里江山图》,描绘了祖国山河的雄伟奇丽,异常壮观。元代以"元四家"(黄公望、王蒙、倪瓒、吴镇)为代表的元代山水画,注意抒情写意,此后山水画成为中国画的主流。中国花鸟画于隋唐奠定基础,五代时趋于成熟,其标志是徐(熙)、黄(筌)的杰出创作。徐熙的《石榴图》,讲究线条与色彩的互相结合,后世称"徐体",其后人采用的不用黑笔线条勾勒,纯以色彩描绘的画法称"没骨法"。黄筌画鹤用"勾勒法"。"没骨法"与"勾勒法"是我国传统花鸟画中"写意"和"工笔"画的基础,对后世影响极大。两宋绘画主要是所谓"四君子"(梅、兰、竹、菊)题材的画。明清画派较多,其中"扬州八怪"之一的郑板桥(郑燮)以画家笔法"作字",颇有特色。中国画的特色与成就,可与希腊的雕刻和德国的音乐相媲美。

中国古代的雕塑艺术也有突出的成就。1974年发掘的陕西临潼骊山秦始皇兵马俑是世界八大奇观之一。新加坡总理李光耀赞誉这是"世界之奇迹,民族之骄傲"[①]。

北魏时期开凿的甘肃敦煌莫高窟、山西大同云岗石窟、河南洛阳龙门石窟和甘肃天水麦积山石窟,凝聚着中国传统的雕塑风格和印度犍陀罗艺术风格,这是东西方文化汇合的结晶。

5. 科学技术

中国古代科学技术,从战国到宋元时期,一直走在世界的前列,对人类文明作出了重大的贡献。

(1)天文与数学

战国时甘德著《星占》8卷,石申著《天文》8卷,后人合编为《甘

---

① 张自修. 秦始皇兵俑军阵. 西安:陕西师范大学出版社,1988. 扉页

石星经》,这是世界上最早的天文学著作。东晋虞喜写《安天论》,认为天是无穷大的,日月星宿的运行也是有规律的。元代王恂在大都(北京)建了一座观察天象的司天台——灵台,是当时世界上设备最完善的天文台之一。

在历法研究方面,中国也曾走在世界的前列。

南北朝祖冲之改进了观测技术,制定大明历,测定一年为365.24281481日,一交点月为27.21223日(现行数据分别为365.2422日和27.21222日);唐代张遂(僧一行)仿制了大衍历;元代郭守敬集历法之大成,创编了《授时历》,他制造圭表(高四丈),证实了一年为365.2425日,比地球绕太阳一周的实际时间只差26秒,比1582年国际开始通用的公历(格里高利历)早300年。明末邢方路把表加高到6丈,测得数位为365.242190天,比现在推算理论值只小0.00027天,这远远超过欧洲当时的天文学水平。西方传教士汤若望来华,见到邢制仪器,赞不绝口。

15世纪明朝中叶前,中国数学是遥遥领先的。

中国古代数学对世界文化的重大贡献首推"十进位值制记数法"。

其次在被称为"各个时代的数学才能的量度"的圆周率研究领域,获得了惊人的精确度。早于魏晋时期的刘徽在圆周率的研究上就取得重大突破,他根据割圆术从圆内接正六角边形算起,边数逐步加倍,相继算出正圆内接正12,24……96,192边形的面积,得出圆周率为3.14159,这个数值超过同时代的希腊阿基米德和托勒密取得的成果。继刘徽之后,南北朝的祖冲之把圆周率求出精确到小数点后第七位有效数字的 $3.1415926<\pi<3.1415927$,为当时世界圆周率精确之冠。元代赵友钦把圆内接正多边形增至16 384边,计算结果证实了祖冲之圆周率的精确性。在欧洲圆周率到

1573年才被奥托和荷兰人安托尼茨求得。①

中国数学遥遥领先世界的还有《周髀算经》和《九章算术》等数学名著。《九章算术》是中国古代的教科书。它的重要内容是代数，有求解一元二次方程和联立一次方程的解法，这比欧洲同类书早1500多年。13世纪中叶到14世纪初的宋元时期，中国出现了秦九韶的《数书九章》，李冶的《测圆海镜》和《益古演段》，杨辉的《详解九章算法》、《日用算法》和《杨辉算法》及朱世杰的《算法启蒙》和《四元玉鉴》，这些著作中已有高次方程数值解法。而在欧洲，由意大利人鲁斐尼和英国人霍纳分别于1804年和1819年提出的人们所熟悉的鲁斐尼-霍纳方法，应改为"秦九韶方法"。②

封建时期的中国物理学，在中国传统文化中指的是"格物致知"之学。这里特别要提出的是战国时的《墨经》。《墨经》总结了光学、力学、声学以及对物质结构的猜测等科学理论，如"杠杆原理"、"浮力定律"及光学的原理等，它可与同时期的古希腊科学相媲美。《考工记》记述了声学知识，讲述了钟的结构和发声响度、传声距离的关系。建于15世纪初的北京天坛古建筑群中有应用声音的反射、共振原理建筑的回音壁、三音石、和圜宇。中国最先利用地磁现象制造了指南针。沈括的《梦溪笔谈》介绍了指南针、凹镜成像的原理。

（2）农学与水利

中国是水稻的故乡。早在6000年前，黄河、长江流域就有水稻等农作物的种植。中国还是种茶、制茶、饮茶最早的国家。唐朝时，陆羽编著了世界上第一部茶叶专著《茶经》，陆羽被尊为"茶神"。16～17世纪中国的茶叶已输往欧亚各国，茶叶、咖啡与可可并称为

---

① 杨金鼎主编.中国文化史词典.杭州:浙江古籍出版社,1987.305
② 杜石然等编著.中国科学技术史稿（下册）.北京:科学出版社,1985.38～42

世纪三大饮料。

中国农业科学著作内容极为丰富,其中最著名的有西汉汜胜之的《汜胜之书》、北魏贾思勰《齐民要术》、南宁陈旉的《农书》、元代王祯的《农书》、明代徐光启的《农政全书》等,这些著作基本上是各个时期农业生产技术的总结。此外还有专业农书和大量动植物谱录,如晋代戴凯之的《竹谱》、北宋蔡襄的《荔枝谱》、秦观的《蚕书》、刘蒙的《菊谱》、南宋王灼的《糖霜谱》(关于种植甘蔗和制糖的专著)、韩彦直的《桔录》等。[1]

中国古代水利工程,规模之大,建设之早和收益之大,世界罕见,可称为东方水利大国。早在战国时期就建成的四大著名水利灌溉工程,即勺陂、漳水十二渠、都江堰和郑国渠,隋朝建成的大运河,至今还发挥着巨大的效益。

(3)丝、瓷与建筑

"中国是丝、瓷的故乡",西方人称中国为"东方丝国"。养蚕缫丝,早在四五千年前就在河北、河南一带已开始。

中国的瓷器,从原始瓷器到精美的青瓷、白瓷与彩瓷,至汉代制瓷技术渐臻成熟。唐时有精美的唐三彩。北宋的瓷有"青如天,明如镜,薄如纸,声如磬"的美誉。到明、清时期制瓷技术发展到了最高峰。瓷器作为中国特产,在唐代即开始出口。欧洲人是15世纪后半叶才学会制瓷的。

谈到建筑,首先自然让人想到长城、位于河北的赵州石拱桥、闻名中外的芦沟桥等。长城像一条东方巨龙绵延万里,体现了中国劳动人民的勤劳、智慧和无限的创造力,体现了中华民族的大无畏精神。中国长城是人类建筑史上的奇迹。然而现在有人断言,长城窒息了中国人民,阻碍了东西方文化的交流,成了中国落后的象

---

[1] 唐启宇编.中国农史稿.北京:农业出版社,1985.410,597,560,563

征,这是与史实不符的。长城在战国秦汉隋唐时期,作为一项国防工程,在某种意义上说,一直是中国人民巍然屹立世界的象征。如果真的把长城视为中国落后的象征,我们唱"筑起我们新的长城"还有什么意义?!

中国古代建筑形成了一个独特的体系,无论以土木混合结构为主的传统建筑方式,或以木构架为主的结构方式、平面布局的纵深构造方式,都有本民族的独特风格。周王城的建筑,按照周礼的规范内容,表现出来的数的和谐形式是一致的。情理结合的理性精神,构成建筑艺术的美学基础。周王城的建筑对中国后世的城郭建筑、宫殿建筑、宗庙建筑以及墓室建筑等,都产生了广泛而深远的影响。秦代的咸阳、汉唐的长安、宋代的开封、明清的北京等等,皆可看出中华民族建筑的传统风格。

秦汉时代的宫殿建筑,代表了中国封建早期宫殿的建筑风格,如秦代的阿房宫、汉代的未央宫、唐代的长安宫。现存的明清故宫是中国封建社会后期宫殿建筑的典型,它在南北中轴线上依次布列了五门三殿。即天安门(皇城正门)、端门、午门(宫城正门)、太和门、太和殿、中和殿、乾清门、保和殿。太和殿是整个宫殿的中心,使用衬托的手段,是中央集权皇帝至高无上的权威在建筑设计上的表现。

园林是中国建筑的又一特色。中国的园林建筑可追溯到公元前12世纪,周商奴隶主借助天然景色,划地种植树林和圈养动物。汉代建宫设苑,是园林艺术的开始。中国古代园林从汉朝在池中建岛发端以后,到魏晋南北朝沿着池岸布置假山花木及各种建筑有了进一步发展。北宋时汴京(今开封)"寿山艮岳"因建造在城市中,称为城市园林。还有自然园林,杭州西湖十景当推自然园林的典型代表。明清是中国园林艺术的集成时期,园林艺术达到高峰。大型皇家园林如北京的圆明园、颐和园与河北承德的避暑山庄是中国园林艺术的精华。其中圆明园称为"万园之园"、"东方的凡尔赛宫"、"真正一千零一夜神话的宫殿",是世界园林史上的一大奇迹。可惜,于1860年,被英法侵略者焚掠殆尽,这是世界文化史上的空前浩劫。

(4)中医、中药学

中国的传统中医中药学自成体系,内容丰富,有独特的理论和方法,在医疗实践中表现出独特的效能。《黄帝内经》是中国最早的中医学名著,约成书于春秋战国时代。该书与汉末张仲景著的《伤寒杂病论》是中国最重要的医学遗产。中国医学著作甚多,据统计有8000种,居古代世界各学科之首。比较重要的有晋代王叔和的《脉经》、葛洪的《后救急方》、隋代巢元方等人的《诸病源候论》、唐代孙思邈的《备急千金要方》和《千金翼方》、王焘的《外台秘要》、明末吴有性的《瘟疫论》等。北宋杨子建的《十产论》和南宋陈自明的《妇人大全良方》都是著名的妇产科著作;北宋钱乙的《小儿药症直诀》是有名的小儿科著作;南宋宋慈的《洗冤集录》则是世界上第一部法医学专著。

中医学著作理论的特点是从人体整体与环境高度统一出发,通过"四诊"(望、闻、问、切)进行"阴、阳、表、里、寒、热、虚、实"所谓"八纲"的综合辨证施治,达到治理效果。

除中医学外,中药学(本草学或药物学)也有很多名著。成于公元1~2世纪的《神农本草经》收集药物365种,是中国现存最早的药物学专著。唐代医学家苏敬等人编撰的《唐新本章》是中国医学史上最早的一部药典,它比欧洲著名的纽伦堡政府的药典(1535年)早800多年。明代李时珍的巨著《本草纲目》是药物学的最高成就。《本草纲目》自1596年在南京刻版印刷后,屡经再版,1674年译为拉丁文,以后又被译为日、朝、英、法、德等各种文字,流传于世界,被誉为"东方医学巨典"。达尔文赞这部巨著为"中国古代的百科全书"。鲁迅评价这部巨著"含有丰富的宝藏","实在是极可贵的"。①

针灸疗法也是中国独具的医疗技术。因其操作简便,应用广泛,疗效迅速,现在已越来越受到世界各国医学界的重视。秦汉之际的《黄帝明堂经》和西晋医学家皇甫谧著《针灸甲乙经》是广为流传的针灸学著作。

11世纪,在宋代医学家王惟一主持下,于1027年首次铸成针灸铜人两座,其体表铸有穴位,旁注穴名,这是中国最早的针灸医模型。1979年在巴黎召开了第六届世界针灸大会,有20个国家和地区的学者与学生参加,总结和推广中国的针灸医疗法。

(5)四大发明

造纸术、印刷术、火药、指南针并称为中国古代科技四大发明,是中华民族对世界文明的伟大贡献。

中国的植物纤维造纸大约发明于公元前2世纪至前1世纪。在纸没有发明之前,中国曾用甲骨、金石、竹木、丝帛作书写材料。简牍笨重,缣帛昂贵,不易普及。东汉和帝时(公元105年)宦官蔡伦总结和改进了中国古代造纸经验,发明了植物纤维纸。纸得到了迅速推广。公元6世纪开始,这种造纸术传到了东亚其他国家。751年,中国同阿拉伯的穆斯林在怛罗斯大会战,数万被俘的唐朝人给阿拉伯人传去了造纸术,后又传到欧洲和美洲。纸对后来西方文明进程产生了巨大而深远的影响。据估计,中世纪生产的一本羊皮纸《圣经》,至少需要300多只羊的皮。正如一位美国学者指出:"纸对后来西方文明整个过程的影响无论怎样估计都不会过分。……世

---

① 转引自:冯天瑜,周积明著.中国古文化的奥秘.武汉:湖北人民出版社,1986.303

第七章 中世纪的东方文化

界受蔡侯的恩惠要比许多更知名的人的恩惠更大。"①

中国发明的印刷术被称为"文明之母",商代刻甲骨,先秦雕印玺、秦襄公刻石鼓、秦始皇封禅勒石等,都提高了人们的刻字技术。隋唐之际,民间已有雕版印刷佛像等宗教画。迄今最早的印刷品实物是1944年在成都望江楼五代墓中发现的《无垢净光大陀罗尼经咒》。② 公元868年(唐懿宗咸通九年)印刷的《金刚经》则是世界上现存的最早的一本佛经。欧洲现存最早雕版印刷品是德国的《圣克利斯托菲尔》画像,成像时间是公元1423年,晚于中国约600年。北宋时期,中国印刷技术出现了重大突破,据宋沈括《梦溪笔谈》卷18载,宋仁宗庆历年间(1041～1048年)平民毕昇创造了活字印刷术,其法采用胶泥刻字,经火烧变硬,用铁范排字。若印十百千本,则极为神速。元代王祯创制木活字,印成6万字的《旌德县志》。当时已出"铸锡作字"。到1800年为止,中国印的书超过了世界的总和。中国发明的雕版和活字印刷术传遍西方。印刷术的西传,对中世纪欧洲从基督教统治中解放出来起了积极推动作用。

火药的发明,是与中国古代炼丹术分不开的。

人们在长期实践中发现硝石、硫磺、木炭等物混合起来会燃烧、爆炸。这就是早期的炸药。唐初(公元7世纪末)孙思邈的《丹经·内伏硫磺法》里所说的"伏磁磺法"是中国最早的有文字记载的火药配方。唐朝末年,火药已经用于军事,把火药制成球状形缚在箭头上,点着引线后发射出去,当时叫"飞火"。宋朝有火箭、火炮、火枪、火药鞭箭、突火枪、飞火枪、霹雳炮、火药箭。元朝出现火镜、震天雷,明代有地雷。火药是从阿拉伯传到欧洲的。火药对欧

---

① (美)德克·卜德.中国物品西传考.孙西译.转引自:中国文化.上海:复旦大学出版社,1985(2):358

② 曹之著.中国印刷术的起源.武汉:武汉大学出版社,1994.270

洲文明产生了巨大的影响。

指南针是中国古代人民对人类文明进程的又一重大贡献。早在战国时期,中国就发明了指南针,最初的指南针是用天然磁石磨成的勺形物,底圆,放在刻有方向的平滑的"地"上自由旋转,等它静止时,勺柄指向南方,古人称之为"司南",后广泛用于军事、航海事业中。公元12世纪初,北宋朱彧在《萍州可谈》一书中记载:"舟师识地理,夜则观星,昼则观日,阴晦则观指南针",这是世界航海史上使用指南针的最早记录。到元代,不论昼夜阴晴都有指南针导航了。指南针的发明与使用,提高了认识航海方向的准确性与可靠性。

中国四大发明对人类文化的贡献是世人公认的。然而,作为四大发明的故乡,四大发明并没有在中国本土进一步发展提高,成为促进科学技术与经济文化发展的手段。正如法国作家雨果指出:"像印刷术、火炮、气球和麻醉药这些发明,中国人都比我们早。可有一个区别,在欧洲,有一种发明,马上就生气勃勃地发展成为一种奇妙的东西,而在中国却依然停滞在胎胎状态,无声无嗅。中国真是一个保存胎儿的酒精瓶。"① 鲁迅也痛心地说:"外国用火药制造子弹御敌,中国却用它做爆竹敬神;外国用罗盘针航海,中国却用它看风水。"② 这是一针见血的剖析,值得我们深思。

二、日本文化

日本是东亚一个资源贫乏的岛国,日本文化是独树一帜的岛国文化。它由本州、九州、四国、北海道等四个大岛以及数千个小岛

---

① 雨果.怪面人.上海:上海译文出版社,1978.35
② 鲁迅.伪自由书.电的利弊.北京:人民文学出版社,1973.432

组成。日本列岛的文化生态具有复杂性与多样性。境内山多,尤其火山多。富士山是一座死火山,全国最高峰,终年积雪,风景优美,是日本的象征。因此有人称日本为"火山国",确实"名不虚传"。日本全国地震频繁,亦称为"地震国"。樱花是日本国花,每年三四月,从南到北樱花盛开,因此日本又有"樱花之国"之称。

"日本"即"日之本"、"日之源",意是太阳升起的地方之意(是亚洲东部,亦有东方日出处之意)。

1. 文化分期

纵观世界文化发展的时代分期,一般将日本文化划分上古文化、中古文化、近代文化与现代文化四个时期。

(1)上古文化(远古至公元6世纪)

从远古时代开始,日本民族的祖先就在日本列岛繁衍生息,经历了漫长的原始社会。约公元前1至2世纪,日本结束了原始公社阶段,于公元5世纪,建立了统一的奴隶制的大和国,这个时期是日本文化的形成时期,它的代表是绳纹文化、弥生文化与古坟文化。

(2)中古文化(公元7~19世纪)

从大化改新到明治维新时代,这是日本封建社会阶段,中经飞鸟、奈良、平安、镰仓、室町、江户和德川时代。每个时期都各具有特点。

奈良时代为710~794年。646年的大化改新是日本奴隶制度向封建制度的转折点,是日本封建制度的开端。大化改新开辟了日本文化发展的新时代——唐风时代。日本从政治、经济、文化上学习与模仿唐朝,平安文化(794~1184年)、唐风文化与日本文化相结合,形成了具有日本特色的国风文化。幕府时期的文化始于1192年,止于1867年。日本史上有镰仓(1192~1333年)、室町(1336~1573年)、江户(1603~1867年)三个幕府。在这段幕府与天皇并存长达700年的时间里,日本文化具有三个特点,一是镰仓、室町时代文化主要反映武士(武家)风尚的主要特色;二是江户贵族(公家)文化与神、佛、儒融合成为一种新文化;三是西方的蛮学与兰学在日本的传播。

2. 传统文化特征

日本的文化"起步晚而进步在先"。孔子与释迦牟尼的时代,日本仍处在绳纹文化的原始经济的采集阶段,但自公元3世纪开始,受先进的中国文化影响的弥生文化出现之后,日本加快了文明的进程。4世纪以后,日本列岛成为统一的国家,这个国家的职能之一,就是吸收外来先进文化。探索日本传统文化与异国文化的结合、综合变异与创新成为了解日本文化的关键。一部日本文化史,是它与两种不同的文化要素交替盛衰而展开的过程。[①]

我们认为,日本传统文化具有鲜明的固有文化的特质又吸收异国文化的因素,经过消化、改造、选择,创新发展成国风文化(日本式文化),主要有如下几个基本特征。

(1)神道意识

"神道"是神道教的简称,它是日本固有的民族宗教。它的"人神一致"的思想,历史悠久,影响深远。它与日本神话、宗教、社会生活密切相关,随着社会的发展,逐步形成为日本人的精神道德和凝聚力。

神道最初产生于绳纹时代对自然、祖先的崇拜,形成于弥生时代农耕社会的祭坛上。至今有2000多年历史,经历了原始神道、神社神道、国家神道和独立神社并存的四个发展阶段。神道思想的基

---

① (日)木村时夫.日本历史与日本文化的双重结构.吕永和译.世界史研究动态,1992(5):36

本核心是多神论、主神和多神并存,自然神与社会神、人格神结合,神与人、自然和谐一致,相互依存。"人神一致"[①]神道理论意识和礼仪积淀于日本民族思想文化的深层之中。这种神道意识是摄取和改造外来文化的原动力。神道是万法的根源;神道是主干,儒教是枝叶,而佛教则是花实,即所谓根叶花实论。神道根源在这意义上,体现了日本思想的主体性。[②]神道意识成为日本思想文化深层的传统文化,对日本的历史、经济、政治与文化产生了深远的影响。

(2)危机意识

这一意识在日本民族文化中产生和长期存在,与日本列岛的文化生态有关。日本国土狭小,地貌复杂。从古至今,地震、火山、海啸、台风等自然灾害频繁,并不断威胁着日本人民。日本人常年都笼罩在恐怖之中。另一方面,日本人文资源少,除原始宗教神道意识外,文化遗产继承上也很少。近代之前,日本缺少著名的文化大师,缺乏精神支柱。因此,危机意识乃是日本人产生强烈的压力与动力的双重源泉。从古至今,危机意识一直埋藏在日本国民的心中,是日本文化心理一大特色。

(3)清贫思想意识

清贫传统,是日本传统文化的精髓。清贫不是指贫乏,而是从自己的思想和意志出发,保持积极的简单的生活状态。日本人选择这种生活方式更接近他们的人生信仰。同时,选择最为简朴的生活也是日本人自信思想的体现。

清贫传统的另一方面是和谐、友好地对待自然。清贫不等于消极的禁欲主义,而是包含有积极意义与宇宙合一的哲理。

(4)爱好大自然的质朴意识

---

① 王守华.神道思想研究的现代意义.日本学刊,1997(3):76
② 参阅:(日)坂本大郎著.日本史概说.北京:商务印书馆,1992.235

爱好大自然的特点表现在日本人的日常生活及文学、宇宙情感当中。中国著名学者周一良认为：日本人民自古以来对大自然特别爱好，对季节的转换，对山川草木，都表现出特别的敏感。日本学者芳贺矢一(1867～1927年)在其《国民性小论》一书中亦认为：爱草木喜自然，淡泊、纤巧，是日本民族文化特征之一。[①] 这也许是日本人长寿的奥秘之一。

(5)善学变异创新意识

日本传统文化是一种"复合形态的变异文化"。这种"变异"，指的是日本本土文化在吸收外来文化并使之溶解而形成新文化形态的能力。"变异"是一种新生命、新形态的产生。日本西村真次在《文化移动论》中断言："日本文化不是独立的，而是带有复合性质，其构成要素可以看出是以西伯利亚文化为根基而加上中国文化和印度文化。"日本复合变异创新，在日语、宗教、文学、伦理诸方面均有体现。例如，日语的创造与演进，受到多种语系的影响。在文学方面，日本文学"读本"与"翻版"作品也是一个明显的例子：18世纪，日本人编辑中国话本小说"新三言"(《小说精言》、《小说寄言》、《小说粹言》)，其文选自中国明代话本"三言二拍"，它的第一个成果，便是把中国传奇"翻版"而为日本小说；而《牡丹灯笼》是从明人传奇《剪灯新语》中的《牡丹灯记》翻版而创作的。

日本文学的另一形式是"排异"中的"变异"，这是日本传统文化的一个极重要的特征，它几乎贯穿于民族文化发展始终。例如日本短歌(日本文学史上称"和歌")基于中国先秦时代的歌骚体，特别是乐府体诗的某些特点，融合而成的一种新体形式。

日本传统文化诸特点，反映在日本宗教、哲学、文学与风俗等诸领域中。

---

① 参阅：周一良著. 中日文化关系史论. 南昌：江西人民出版社，1990. 18，19

3. 哲学

"日本没有哲学",这是中江兆民的一句名言。对于这句话,日本哲学家永田广志解释说日本"古代没有出现过像希腊从泰勒斯到亚里士多德时代和古代中国的诸子百家时代及印度从《奥义书》哲学经过'六师'时期"[①] 的哲学繁荣局面,然而,一个民族总是有其哲学的,日本更不例外,日本哲学按照它的发展史在前资本主义时期,可分两个时期:"公元7世纪前(截至飞鸟时代)为第一时期;从8世纪到19世纪中叶(奈良时代到江户时代)为第二时期。"[②]

日本有文字记载的哲学思想,最初出现在据传于世纪初写的《维摩经义疏》等著作中,从整个日本文化史来看,8世纪初,佛教哲学适应封建中央集权的需要,在意识形态中占统治地位,佛教哲学是当时的主流哲学,至17世纪,儒学取代佛教成为占统治地位的意识形态,同时,日本固有的民族信仰,吸收了儒学、佛教的影响,逐渐形成神道哲理。它们的关系在不同时期,各有主次。

(1)佛教哲学

佛教于公元522年传入日本。当时中国南梁司马达等人到日本大和(今奈良县)安置佛像进行礼拜。公元552年,百济圣明派使者向日本进献金铜释迦牟尼像一尊及佛经幡盖等物,并上表赞颂佛教功德胜过孔子,凡信仰者国家兴隆,治其学者可明哲理。从此佛教传入日本,并得到发展。

从奈良、平安到镰仓时期,日本佛教兴盛。奈良平安时期,日本高僧最澄(传教大师)和空海(弘法大师)入唐学习佛法,传创天台

[①] "六师"时期,指古代印度佛陀时期(约五世纪)以尼乾陀若提子等六位否定吠陀权威、反对婆罗门教的、具有朴素的唯物主义倾向的思想家为代表的时期。

[②] 王守华,卡崇道著.日本哲学史教程.济南:山东大学出版社,1989.5～6

宗,后在京都传创真言宗,然源传创净土宗。唐僧鉴真到日本,始创戒坛,把律宗带到日本,成为日本律宗的开山鼻祖,并在奈良设计兴建了招提寺。

镰仓时期中国佛教在日本传播的过程,亦是佛教日本化的过程。随着日本社会的变化,日本佛教亦不断改变自己的形式:奈良时期是贵族式的佛教,到平安时代是山岳佛教,至镰仓时期已完成佛教的日本化。日本僧侣在吸收中国佛教各派宗教的基础上,独创了适合日本的佛教新宗教,最明显的有天台宗、密宗、净土宗、净土真宗、禅宗、日莲宗等。

日莲宗,亦称"法华宗"。13世纪由日莲(1222～1282年)创立。该宗奉《妙法莲华经》(《法华经》)为正典。1253年日莲归故乡千叶县访亲,登清澄山面对旭日,高唱《南无妙法莲华经》十遍,后世以此日为日莲宗之日,鼓吹口唱题目即"南无妙法莲华经"。念五字的功德、"妙法莲华经",才能拯救众生,这正是把南无阿弥陀佛的口念佛名转用到法华信仰上。日莲宗的社会基础是农民、下层武士和城市平民。

日本佛教哲学有如下特点:第一,从异域印度、中国,从佛像到佛经的传播,是在吸收、冲突、融合与创新的过程中,根据日本民族社会文化诸特点,而形成日本的佛教诸宗,进而使佛教日本化;第二,随着日本社会经济政治的变化,佛教亦不断改变形式和内容,奈良时期的贵族式佛教,到平安时期的山岳佛教,至镰仓时期普及到民众各阶层的佛教,它成为日本人民的信仰,丰富了日本人民的生活;第三,从奈良到平安时代,从政教合一到政教并立,佛教的职能仍然是祈祷国家平安、论证政权的合理性等。在成为统治阶级思想向鼓吹皆可成佛,皆可往极乐世界的下层人民思想演化过程中,佛教有着积极与消极作用。

(2)日本儒家哲学

第七章　中世纪的东方文化

在前资本主义时期,日本哲学主要受中国儒家哲学的影响。

儒学最早东传日本,据日本第一部书《古事记》记载是公元285年。日本应神天皇之子菟道稚郎子拜王仁为师而学《论语》。从此至推古天皇的300年间,以《论语》、《易》、《诗》、《书》、《礼》、《春秋》等儒家典籍为中心的中国古代思想文化,逐渐在日本传播。

公元603年,推古朝圣德太子制订以德、仁、礼、智、信、义命名的"冠位十二阶"[①]和"十七条宪法",作为政治立国准则和官僚群臣的行为准则,这两个文件,从思想到文字,大多选自儒家典籍。

日本的大化改新,亦受儒教思想影响。其领导人中臣镰足和中大兄皇子(天智天皇),制定大化改新蓝图,受教于中国留学生南渊清安和僧旻等人,中臣镰足还经常参加僧旻的《周易》讲座。《周易》的"变易"思想,激励了他实行改革的决心,并将改新成果,固定为完整的法律。702年日本公布了基本法典《大宝律令》,其中教育论专章"律令"规定中央设太学,地方设国学,授以儒家经典,并以《论语》、《孝经》为必修课目。701年,日本开始祀孔。757年,孝谦天皇下诏,令全国每家必备一本《孝经》,奖励"孝子"、"贞妇"。768年,称德天皇敕称孔子为"文宣王"。革新事业经历大约半个世纪完成。大化革新运动是日本儒家政治思想推动社会进步的一个例证[②]。

中国的儒家经典是奈良、平安时代的教科书,《论语》、《孝经》为必修课。唐代以五经学为中心,在日本博士家代代传《论语》,官中进讲也是以《论语》为主。

《朱熹集注》东传日本是在后醍醐天皇时,相当于中国元代中

---

① 冠位十二阶:以不同颜色的帽子作为爵位的标记,共十二阶。按功受阶,不得世袭。

② 参阅:王家骅著.儒家思想与日本文化.杭州:浙江人民出版社,1990.213

期。经 300 年的传播,盛行于江户时代,1603 年以后,成为德川幕府的"官学"。

藤原惺窝(1561～1619 年)是日本"朱子学"之祖。他的代表作《儒名性理》、《四书五经倭训》是最早用日文写的宣传宋儒"理性"的著作,他同时亦是第一个宣传朱注的《四书五经》的儒学家,德川家康还聘请他讲授《大学》等儒经。藤原惺窝在日本传播朱子学,其贡献与影响是巨大的。正如永田广志所说:"总之,藤原惺窝是成为德川时代的儒学——作为摆脱了宗教教条,在人类理性上初步奠定了基础的哲学——的发展开端的第一个人。"①

惺窝的学生幕府儒官林罗山(1583～1657 年),任过四代将军的侍讲、顾问,参与幕政。他的著作传下来编成《林罗山文集》(75 卷)、《林罗山诗集》(75 卷),主要著作是《三德抄》、《神道传授》等。

藤原惺窝、林罗山的朱子学后来称为京师朱子学派。此外还有海南、海西(关西)、大阪等朱子学派、水户学派。17 世纪,德川幕府后期,出现了古学派,它是朱子学派的反对派,代表人物有京都的伊藤仁斋(1627～1705 年)、江户的荻生徂徕(1666～1728 年)。荻生徂徕注意研究古文辞汉文学,对日本文化产生很大影响,在一个时期内,他的思想"大有标志日本儒学最高峰之感"②。古学派的学者以民间异端思想家的姿态出现,代表非当权派,名义上提倡复古,实际上是对日本朱子学派发动了一场哲学革命。③

儒学对日本的影响是深远的。日本学者坂本太郎说,儒学是日本文化立国的基础。④ 日本儒学,经过种种变革与复合,更趋于日

---

①② (日本)永田广志.日本哲学思想史.陈应年等译.北京:商务印书馆,1992.66,139

③ 中国大百科全书・哲学.北京:中国大百科全书出版社,1987.726

④ 坂本太郎著.日本史概说.汪向荣等译.北京:商务印书馆,1992.56

本化,它与原中国儒学思想有较大的差别。中国儒学思想成为日本人的精神支柱,上至朝廷,下至万民百姓,遵循儒家伦理,特别指出实现礼治关键在于"和","以和为贵",强调"礼"是治国之本。江户时代,将军德川家康和以后历代将军采用宋代新儒学,作为巩固封建统治的精神支柱。日本道德最重忠孝与诚。"忠"是对君,感谢君恩;"孝"对双亲,感谢亲恩。

中国的佛教与儒学促进了日本文明的进步。中国文化的其他部分如文字、艺术、建筑、医学等,随着也传入日本,日本的诸"道",如茶道、书道,不少来自中国,在长期的历史演变中,逐渐日本化,并融于日本人的生活方式和心理境界之中,成为日本文化的特质。

4. 文学

日本上古与中古文学,在其产生初期与发展过程中,受当时相对先进的汉书的影响,经过不断的借鉴、创新,其形式与内容逐步具有鲜明的日本民族文学的特色。

下面我们从大和、奈良时代文学,物语与话本,中日文学之比较联系等角度进行介绍。

(1)大和、奈良时代文学

日本大和时代以口头文学为特征。日本古籍《古语拾遗》说:日本"上古之世,未有文字,贵贱老少,口口相传,前言往行,存而不亡"。奈良时代,向中国文化学习,"一法隋唐",贵族书面文学逐步形成与发展。8世纪初,日本相继出现了《古事记》、《日本书纪》(简称记纪)、《风土记》以及《万叶集》与《怀风藻》等。

《古事记》记录了不少日本古代历史、宗教、文学和风俗神话传说。它的出现标志了日本书面文学的确立。

《万叶集》是日本现存最早一部和歌总集,它在日本文学史上的地位与中国的《诗经》相仿。关于书名,有万之集和万首和歌①之集的说法。《万叶集》的作者广泛,就著名的作品的作者来说,约有450人。舒明天皇(593~641年)的"天皇登香具山望国时御制歌"是早期和歌的一首佳作。

> 大和有群山,群山固不少,
> 天之香具山,登临众山小,
> 一登香具山,全国资远眺,
> 平原满炊烟,海上多鸥鸟,
> 美哉大和国,国土真窈窕。

其中柿本人麻吕自古以来被称为"歌圣"。他是属于写长歌的诗人,他写的《过近汉荒都歌》、《别妻歌》、《蛋亡歌》都十分有名,为后世所传颂。山上忆良被誉为"社会诗人",他第一个将社会矛盾和人们生活痛苦咏入和歌世界,开拓了和歌题材的新天地。其代表作《贫穷问答歌》,包括长短歌各一首,堪称古典和歌中的千古绝唱。诗中写道,

> 天地虽云广,独容我身难。
> 日月虽云明,不照我身边。
> 世人皆如此,抑或我独然?
> * * * *
> 忧患兮人世,羞辱兮人世!
> 恨非凌空鸟,欲飞缺双翅。

日本评论家樱井满认为,《万叶集》是古典中的古典,它成为日本人内心的故乡。平安时代,贵族文学占主流,文学主要形式有物

---

① 和歌是古代日本人将民族固有诗歌与汉诗加以区别的称呼。前者称歌,后者称诗,和歌只有音数律,有固定的诗形,但无韵脚。

语散文与随笔。清少纳言的《枕草子》与紫式部的《源氏物语》被称为平安文学的两璧,这两部书的作者均是女作家,有女性文学之称。清少纳言(约1000~1017年)的随笔代表作《枕草子》,记录了她在宫廷做女官时所见所闻。"物语"又称"物语文学",是日本特有的一种古典文学体裁,约10世纪初受中国六朝和隋唐传奇文学的影响而产生,它类似中国的小说与评话等形式。《源氏物语》是日本文学史上一部卷帙浩繁的古典名籍,也是平安时代物语文学的代表作,作者紫式部(约978~约1014年)。该书成书于11世纪初,全书54卷(帖),约80万字,被认为是世界上最早的长篇小说之一。①

镰仓、室町时代,反映战士生活的"战记物语"文学和反映民众生活的戏剧文学占突出地位。《平家物语》是战记物语的代表作。《平家物语》是一部散文体的长篇小说,它描述的是战争。在文体上,《平家物语》和汉混合,标志着日本文学进入了最初全用汉文,经过和汉混合的过渡,进而达到纯熟的民族文学的确立阶段,在日本文学发展史上有着深远的意义。

较《平安物语》晚出的《太平记》也是颇享盛誉的战记文学之一。

日本戏剧始于南北朝时期(1336~1392年),至室町时期(1392~1573年)而有"能"和"狂言"两个剧种的形成。之后,到17世纪江户时代,涌现出净琉璃,然后进一步发展,产生了歌舞伎,到了近代乃有话剧的兴起。

"能"和"狂言"是日本最古老的两个剧种,是中世纪日本舞台艺术的代表,它们有较强的生命力,至今仍活跃在日本舞台上。

---

① 参阅:(日)市古贞次著.日本文学概说.倪玉等译.沈阳:东北师范大学出版社,1987.

"能"原为表演技能的意思,明治维新后,称为能乐。日本古典剧种之一。狂言,又称"能狂言",日本古典剧种之一。是小型的科白喜剧,公元 14~16 世纪定型。

日本戏剧自 14 世纪出现能乐和狂言之后,17 世纪出现净琉璃和歌舞伎。

江户时代(17~19 世纪)的文学,可谓平民文学的时代,特别到元禄时期(1688~1700 年),商品经济发展,元禄文学繁荣出现了三位杰出作家:近松长于戏曲,芭蕉长于俳谐,西鹤则长于小说,并以开创浮世草子这一崭新文学体裁见称于世。

近松门左卫门(1653~1724 年),以名净琉璃和歌舞伎创作的台本著名,至今仍作传统精彩剧目上演。净琉璃是日本的木偶戏。近松一生创作的剧本,净琉璃有 110 多种,歌舞伎有 28 部,不少剧目,至今仍活跃在舞台上,所以他有"日本莎士比亚"之称。

松尾芭蕉(1644~1694 年),他是町人文学中诗歌的集大成者、俳谐大师。俳谐是日本在中世纪兴起的一种新的诗歌体裁。芭蕉著有《芭蕉俳七部集》,确定了他一代宗师的地位,被人们尊为"俳圣"。芭蕉风格的美学特点是闲寂和幽雅,最能代表他的风格的俳句是《古池》一诗。

古池塘呀,	静寂的池塘,	沉寂的古潭呵。
青蛙跳入水声响。[①]	青蛙蓦然跳进去,	一只青蛙跳入,
	水的声音呀![②]	刹那间的水声![③]

井原西鹤(1642~1693 年),他是日本文学史上第一个以商人生活为题材的作家,以写"浮世草子"而闻名。浮世草子中的"浮

[①] 谢六逸著.日本文学史.抒林译.长沙:湖南人民出版社,1983.27
[②] 季羡林主编.简明东方文化史.北京:北京大学出版社,1987.328
[③] 抒林译.日本古典俳句选.长沙:湖南人民出版社,1983.10

世"具有现世享受的特殊含义,"草子"原意为小册子。浮世草子指的就是享乐主义的艳情小说。

(2)中日文学之比较与联系

中国学者严绍璗教授在《日本古代短歌诗型中的汉文学形态》中,通过考察汉诗在短歌诗型中的分解与组合,将短歌诗型形成的轨迹图表示如图7-1所示:①

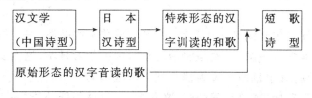

图7-1　日本短歌诗型形成的轨迹图

(3)物语与话本

日本物语文学与中国宋代的论文话本颇有相似之处,例如,儒家经典的极盛必衰的思想,是《平家物语》统贯全局的主线。鲁迅在《中国小说史略》第十二篇论述宋代话本时说:"以意度之,则俗文之兴,当由二端,一为娱心,一为劝善,而尤以劝善为大宗,故上列诸书多关惩劝。"可见产生于同一时期的两国的说部,尽管内容取材各异,而立意主旨都是如出一辙的。②

5. 中日文化交流

纵观之,日本文化史是一部既重视自己的传统文化,又善于学习、吸收异国文化并加以模仿、融合、变革独创的历史。

中日两国是一衣带水的近邻。自古以来,两国人民就有着文化

---

① 王勇著.中日关系史考.北京:中央编译出版社,1995.187
② 季羡林主编.东方文学史.长春:吉林教育出版社,1995.743

交往。从中国大陆东渡日本列岛的中国人当中,最早的当推秦始皇时代的徐福。"秦始皇将徐福派遣往海外寻求不死药,虽无结果而返,但这却是中国人大规模出访海外之先声。"① 中国文化传到日本,对日本古代社会的进步和发展起了促进的作用,日本各地还保留着徐福的神社和寺庙,日本学者于1991年5月在东京成立了"日本徐福会",目前中日两国有关学者正在广泛深入地进行这一专题的研究。②

中日文化交流2 000多年,历史出现过两次高潮,一次是隋唐时代日本学习中国,一次是明治维新后中国学习日本。这两次文化交流高潮,对中日两个民族都起到了深远影响。

人往高处走,水往低处流,文化似水,总是往低处流。一个发展的民族,总望着文化比自己高的民族,中日两次文化交流,彼此的国情及客观条件是不相同的。一高一低,一强一弱,这就是当时中日两国文化交流的事实。

隋唐时代的中国,不仅在东亚甚至在世界都可称是当时文化程度最高的国家之一。当时中日之间的来往不像今日北京、东京间的几小时的飞行即可到达,而是要冒着生命的危险在大海的惊涛骇浪中搏斗长达十几个昼夜,即使由中国东海的近路,也要十天左右。据估计,当时日本派到中国的船就有1/4沉没海底,如此艰难危险的航行,并没有挫败日本人向中国学习的热情。在隋朝37年中,日本派来五次遣隋使。在隋朝建立不久的623年,以前的遣隋使留学生、学问僧等曾称:"大唐国者,法式备定,珍国也,常须达。"从此,唐朝时在630年到834年的204年中,共派出遣唐使18次,平均每11年一次,其中有16次到达中国。人数由早期250人左

---

① 谢方.古代中外关系史籍透视.传统文化与现代化,1997(1):57
② 参阅:赖育芳.中日文化交流的回顾与展望.中华文化报,1992-10-28

右,增加到后期500人左右。船只由早期的2艘增加到后期的4艘。著名的鉴真和尚访日6次,最后一次才到日本。

日本从经济制度的均田制、租庸调制到政治制度的律令格式、典章制度,从文化上的文字、文学、历史、儒学,一直到社会经济、生活方式和社会风俗等都学习中国,尤其是学习当时中国的唐朝。奈良时代,沿袭中国典章制度,从而实现了著名的"大化革新"。其他方面,如日本的和服还保留着唐人服装的影子;日本人至今席地而坐,更是中国人古代的生活习惯。风俗方面,如中秋赏月,七夕(七月七)、重九(九月九)登高,无不沿自中国。①

在谈到中日文化交流时,中日两国人们都很自然地会联想起鉴真和尚、阿倍仲麻吕的名字。中国唐代和尚鉴真(688～763年),历时12年,连续5次东渡日本失败,最后他以65岁的高龄忍受着双目失明的苦痛,于753年率领弟子数十人历尽艰辛,第六次飘洋过海,终于在佐贺市嘉濑津一带(今嘉濑町)登上日本列岛。在日本,鉴真及其弟子不仅弘布戒律,还把中国建筑、雕塑、医药、书法、绘画、文学等方面的成就介绍到日本,对日本奈良文化的发展产生了重大影响,被日本人民称誉为日本兴盛的奠基人。1990年10月,日本佐贺市民集资修建了"鉴真和尚嘉濑津登陆纪念碑"。②

日本学者阿倍仲麻吕(701～770年)在长安的太学深造后,被任命为唐朝的秘书监,相当于今天日本国会图书馆馆长。唐玄宗给他起了个中国名字叫晁衡,他跟当时唐朝的大诗人王维、李白等人交往甚密。公元753年,晁衡回国,当时人们误传他葬身大海,李白为此还作了一首悼诗《哭晁衡》:

---

① 参阅:周一良著.中日文化关系史论.南昌:江西人民出版社,1990.3,4
② 参阅:赖育芳.中日文化交流的回顾与展望.中华文化报,1992-10-28

> 日本晁卿辞帝都，征帆一片绕蓬壶。
> 明月不归沉碧海，白云愁色满苍梧。

此事作为中日两国文化交流史上的一个史实，至今仍被人们广为传颂。日本已故当代著名作家井上靖，曾创作了一部歌颂鉴真和尚和阿倍仲麻吕等遣唐使的光辉业绩的长篇历史小说《天平之甍》，读来感人肺腑。①

由此可见，日本吸收外来文化有以下特点。

(1) 吸取外来文化是日本社会变革的重要因素

历史上，日本的大化革新和明治维新，是两次划时代的进步变革；一战后的改革与二战后吸取美国文化，又促进了日本的近现代化，这些都是典型的事例。例如，大化革新的思想灵魂人物是南渊请安、高向玄理和僧旻三人（这三人都是圣德太子派往中国的学儒），回国后借用儒家的一套治国模式改造日本政治。② 日本学者木村时夫认为，外来文化能够成为日本改革的重要因素的条件，是在周围的国际形势发生变化，危及日本生存的时候。换句话说，为了生存与发展，日本才积极学习外国先进文化。日本是在不同时期摄取当时的先进的中国文化、欧美文化的。在吸收外来文化过程中，经过改革，日本从低势文化态势中跃进到高势文化，这是很值得我们思索与借鉴的。

(2) 文化交流，融合与创新

首先，学习与吸取质量不断提高。例如平安时代对唐文化的取舍借鉴，在质量上大大超越了奈良时代的生硬模仿格式，政治上对律令的修正，天台宗对南部六宗的统摄等，均可看作是平安时代特

---

① （日）井上靖.天平之甍.楼适夷译.北京：人民文学出版社，1980.1
② 启良.中国儒与日本儒.东方文化，1996(5)：20，21

殊文化氛围的产物。[①]

其次,日本本土文化与外来文化,有着全方位的交流、融合、相互补充中的融合与创新,具体涉及制度、文学、哲学及日常生活领域。例如,在汉字与假名方面,直至今天,日本的碑文和墓志铭几乎都用汉字汉文记载。文学上,日本的汉诗集《怀风藻》与《万叶集》,既吸收了中国文学的特点,又具有日本民族文学的特色。日本的儒教也不同于中国的儒教[②]。日本引进儒教中的重视教育、崇尚理性、提倡节俭的观念,对促进经济的发展起到了类似西方清教的作用。被称为"引进之父"的圣德太子,他只想把中国有价值的东西嫁接到日本民族精神上,如儒家的伦理学。中国人认为最大的美德是"仁",而日本人都归结为"忠";中国儒学的现实根基是宗法家长制,日本儒学的现实根基是类似欧洲中世纪的世袭等级制。这样原本根基血缘的温情脉脉的"仁"便黯然失色,而充满武士气概的"忠"都突出起来,所以,中国儒与日本儒是不同的。赖肖尔指出,这种对国家和非亲属集团的效忠[③]和以忠为内核的儒学后来成为日本民族主义精神旗帜。

总之,日本吸取中国文化,择优弃劣。如日本学习盛唐教育制度,而不取道教;抄袭中国典章制度,而不用宦官;效法宋明社会礼俗,而不学缠足,这都说明日本的选择是明智的,择优的。[④]

从日本传统文化的特点中,可看到两点启示。

(1)择优与排劣

---

① 王勇著.中日关系史考.北京:中央编译出版社,1995.13
② (日)木村叶时夫.日本历史与日本文化的双重结构.节译自:木村时夫.日本文化的传统与变革.参阅:世界史研究动态,1992(5):10
③ (美)赖肖尔.日本人.曹胜德译.上海:上海译文出版社,1980.61
④ 参阅:梁容若著.中日文化交流史论.商务印书馆,1985.22

在日本的前资本主义时代,日本主要吸收中国文化,特别是儒家的伦理、律令文化,从而影响了日本人的精神生活与物质生活。在精神生活上,重感情、重道德、与人为善;物质生活上,甘心过清贫与简朴的生活;在社会生活方面,严守"父慈、子孝、兄友、弟恭",注意整体,互以对方为重,都是某些儒家修身、齐家、治国思想的体现。诚然,日本民族受中国儒家思想的渗透与影响,与日本传统的生产方式和以宗法关系为基础的社会组织结构有关。其次是排劣。人往高处走,水往低处流,日本总是向周边异国优秀文化学习,认为劣质的部分则加以排斥,如隋唐时中国的科举制度、宦官制度以及妇女缠足等习俗,日本人认为不适合其国情,便拒绝引进。

(2)择优与跳跃式发展

日本善学、变异、复合、择优、创新,加快文化发展的文化方向,是一种可贵的独特的文化心理,是加速文化发展进程的有效方法,其本土与异国文化的"文化力"与"文化合力"的效能,促进了日本经济发展与社会进步。日本社会文化跳跃式发展,大大缩短了古老落后与社会进步的时间,加速了前资本主义时代的进程。日本吸收异国文化,16世纪前是中国学,16世纪以后吸收西方的蛮学、兰学、洋学与美学等西学,这将在日本近代文化中加以论述。

三、东南亚文化

东南亚地区,中国古书称之为南洋、南海、东西洋。东南亚位于亚洲的东南部,地理上分为中南半岛和马来群岛两个部分。前者包括越南、老挝、柬埔寨、泰国、缅甸、马来西亚,后者包括印度尼西亚、菲律宾、新加坡、文莱等。

柬埔寨国名,在中国史书《三国志·吴志》中称为"扶南",到隋唐时称"真腊",明朝万历年间正式称为"柬埔寨"。柬埔寨亦叫"高棉"。越南北部称之为北圻(东京),中国古人称之为交趾。泰国旧称暹罗。印度尼西亚简称印尼。① 缅甸古代称掸国、骠国等。马来西亚 1963 年 9 月 16 日由马来亚、沙捞越和沙巴联合组成。

东南亚是人类发祥地之一,爪哇猿人化石的发现证明了这点。戈岱司指出东南亚固有文化的特征,在物质文化方面:耕种有灌溉的稻田;驯养黄牛和水牛;初步使用金属;有航海技术。在社会方面:妇女的重要地位与母性世系有关;由灌溉产生了一系列组织。在宗教方面:泛灵信仰;祖先崇拜与崇拜土地神;在高地建立祭坛;瓮葬和石冢葬;充满着对山与海、有翼动物与水生动物、山民与海岸人对立的宇宙二元论的神话。②

中国著名的东南亚史学者陈序经先生指出:"在东南亚不只有文化,而且有过很高的文化;不只有历史,而且有很长的历史。"③英国史学大师汤因比在其巨著《人类的大地母亲》中也给了东南亚古代文化很高的评价。

1. 文化分期

原始文化时期:从爪哇猿人到公元前后。这是东南亚原始文化的发展时期。东南亚原始社会的文化特别是原始社会后期的文化,在许多方面影响了后来的东南亚文化的发展。

东南亚古代文化时期:这一时期开始于公元前后,终于 11 世纪左右。东南亚早期古代文化在本质上已是一种新的文化,其重要特点是外来文化和宗教文化传入并与当地社会原有的文化结合,

---

① 刘迪辉,李惠良主编.东南亚简史.南宁:广西人民出版社,1989.3,24,53
② 戈岱司.印度化国家.转引自季羡林主编.南亚东南亚评论.北京:北京大学出版社,1990.105
③ 陈序经.东南亚古史研究合集.香港:商务印书馆,1992.13

但还没有产生确定的和巩固的形式。在越南北方,主要是中国古代文化特别是儒家文化传入;在中南半岛的占婆、扶南、真猎、骠国、堕罗钵底和海岛室利佛逝等国,传入的主要是印度文化,尤其是印度教和佛教。

东南亚文化发展的第二个时期(中古时期):大致始于11世纪,终于19世纪中叶。其文化形成了由中国传入的儒、佛文化在越南,由印度和斯里兰卡传入的小乘佛教在缅、泰、老、柬,以及伊斯兰教文化在马来群岛大部分地区占统治地位的格局。而菲律宾中部和北部的多数居民在18世纪已皈依天主教,南部地区的居民仍信奉伊斯兰教。

东南亚文化的近代时期:始于19世纪中叶,延续到1945年。其文化发展的特点,一是文化变迁和转型的主要动力来自西方的冲击和影响;二是文化转型和发展的主要方向,趋向于近代文化;三是传统文化或民族文化受到空前的冲击,但它在各个国家的机遇并不相同;四是西方近代文化的传入和基督教的传播,使得东南亚文化呈现出更加复杂的多元性图景;五是中国近代文化和传统文化在东南亚扩大了影响。

2. 文化特点

东南亚历史与文化具有整体性、差异性与多样性[①]的特点。霍尔肯定了东南亚文化在11世纪前的整体性。东南亚的许多民族在风俗习惯和信仰等方面,有许多相同和相似之处,如妇女地位较高,万物有灵和祖先崇拜等。造成这种共同性和整体性的主要原因,在于东南亚的地理环境、民族迁徙、早期历史发展阶段社会生

---

① 参阅:贺圣达. 东南亚文化发展史. 昆明:云南人民出版社,1996.3

产力的落后以及印度文化等因素的影响。

11世纪后,东南亚文化的发展越来越显现出多元性和复杂性特点。东南亚文化在地域上和空间上的差异性:一是表现在海岛国家(以马来民族为主,主要信奉伊斯兰教)和半岛国家(大多数信奉南传上座部佛教)之间;二是表现在海岛和半岛内部的各个国家之间(海岛国家中菲律宾主要宗教受西班牙和美国影响为基督教,半岛国家中越南和新加坡深受中国文化影响);三是在同一国家的不同地区和不同民族之间。比如印尼,每一个民族集团都有自己独特的风俗。东南亚文化发展的这一特点,主要是由地理环境、民族迁徙、社会经济发展不平衡和外来影响造成的。

3. 宗教

佛教、伊斯兰教与儒学在东南亚的传播。孔雀王朝(公元前323～前184年)时期,佛教和婆罗门教开始传入东南亚。13世纪到15世纪伊斯兰教开始在东南亚传播,其传播的方式有三种:一是依靠长期以来穆斯林商人在贸易过程中带来的宗教影响;二是依靠来自印度和阿拉伯的以及随后在本地产生的宗教职业者的劝说和鼓吹;三是依靠一个地方的穆斯林君主向邻近的非穆斯林地区发动战争。

东南亚受印度文化影响的国家,其文学、艺术、音乐、舞蹈同样保持了自己的传统风格,并在吸收印度以及中国、阿拉伯的文化营养之后,获得了新的发展。皮影戏是一种综合性的古典戏剧艺术,广泛流行于爪哇及马、泰等国。

东南亚可以明显地划分为两个地区:大陆地区各民族以信仰佛教为主,越南信大乘佛教,系由中国传入;缅甸、泰国、老挝和柬埔寨主要信奉小乘佛教;海岛地区各民族以信奉伊斯兰教为主;印度尼西亚、马来西亚和文莱均可称为穆斯林国家,属逊尼派;至于菲律宾，则被称为"亚洲唯一的天主教国家"，只是在菲律宾南部，住有一些人信奉伊斯兰教，他们被统称为"摩洛人"。[①]

小乘佛教文化圈和缅泰老柬文化。东南亚小乘佛教文化圈在11～14世纪最终形成，直到殖民主义势力侵入之前，南传上座部佛教在这些国家或地区一直保持了"独尊"地位。

在上座部佛教确立其统治地位的数百年间（在缅甸为800年，泰国、老挝、柬埔寨等国近600年），东南亚小乘佛教文化圈较为完整地保持了自身的特点，显示了其独特的文化个性。这一佛教文化圈最终形成后，至今仍保持着14世纪时的"版图"。

泰国古代宗教。泰国著名学者披耶阿努曼拉查东说："我们研究一个国家的文化，就是要将其作为一个整体来加以研究。从根本上说，泰国文化可以用一个词来概括，即宗教。"[②] 在泰人中，有这样的说法，"佛教与印度教往往是相互支持的"[③]。这就反映出泰国古代的宗教以小乘佛教为国教，但也融合了原始祖先崇拜、大乘佛教和印度教的内容，带有较大的包容性。

缅甸的"佛塔文化"。有的学者认为缅甸的古代文化可以形象地称之为"佛塔文化"。因为在佛塔中，缅甸古代社会以佛教思想为中心的各种文化因素得到了高度的汇集和交融。首先，造塔既是佛教徒的宗教行为，又是其宗教观念和宗教感情的物化形式和象征；其次，佛塔不仅是教徒向往的宗教活动场所，而且往往是宗教活动的中心；其三，佛塔是保存和研习宗教经典的中心，著名的佛塔，都由高僧主持，佛塔内设有藏经楼；第四，佛塔又是上座部佛教艺术

---

① 季羡林等．东方文化知识讲座．合肥：黄山书社，1988.136
②③ 披耶阿努曼拉查东．泰国传统文化与民俗．马宁译．广州：中山大学出版社，1987.20，21

荟萃之地,佛教大量的造像、塑雕、壁画都在佛塔内;第五,佛塔也是上座部佛教传播的媒介,哪里出现佛塔,标志着上座部佛教也已传播到哪里。在缅甸的蒲甘,至今仍屹立着2 000多座佛塔,蒲甘的塔群、柬埔寨的吴哥与印度尼西亚的婆罗浮屠并称为东南亚三大文化遗迹。

4. 文学与史学

东南亚文字:除了使用汉字、梵文和巴利文外,这一时期东南亚国家的居民,还在梵文婆罗迷字体的基础上,创造了本国或本民族的文字,共有五种,即孟文、骠文、占文、高棉文和卡昧爪哇文。

马来传奇小说:它是从印度、阿拉伯和波斯移植过来的,有的则从爪哇班苳故事中汲取题材。在传奇小说中,最有马来民族特色的和最脍炙人口的当推《杭·杜亚传》。《杭·杜亚传》产生的年代,估计不会早于17世纪。这部描写马来民族传奇英雄杭·杜亚一生光辉业绩的长篇名著,曾被誉为马来文学的《奥德赛》,代表了马来古典文学的最高成就。

缅甸古代文学:缅甸在诗歌创作方面,出现了多种诗体,主要有"加钡"(舞盾歌)、"雅都"(赞歌)、"埃钦"(四言摇篮歌)、"茂贡"(纪事诗)、"比釉"(四言长诗)、"林加基"(长诗),对后世文学产生了深远的影响。

雍籍牙王朝前期:缅甸古代文学的集大成时期。雍籍牙王朝前期,缅甸著名作家的古典诗歌已达到纯熟的阶段。雍籍牙时,大臣列维通达拉在流放时写的《美婆仙籠》就是一首完美的雅都诗。

泰国文学:最终完成于曼谷王朝前期的七部作品,"是代表泰国文化的七本伟大文学著作"①。它们是《昆昌和昆平》、《玛哈差》、《拉玛坚》、《伊瑙》、《三国》、《拉乍希拉》、《帕阿沛马尼》。

老挝史学：在巴利文佛教及其三藏经经典的影响下，《本生经》中的故事成为老挝古代文学的主要构成部分。老挝的史书有浓厚的传说成分，具有文学价值的主要有：《尼特》、《朋萨瓦丹·孟老》即《老挝纪年》、《朋萨瓦丹·卡萨特·永珍》、《朋勃拉邦》、《朋勃拉巧》、《乌尼加尼纳达》。

缅甸古代的史学：在缅、泰、老、柬四国中，缅甸古代的史学遗产最为丰富，这些历史著作，多半也可以看作文学作品。在缅文中，历史一词读为"耶什温"意即"国王的世系"，它准确地概括了古代缅甸历史著作的基本特点，即以国王为中心叙述历史的发展。信摩诃蒂拉温达在1520年完成的《名史》，是缅甸古代第一部编年史。

古代马来历史著作：东南亚地区的第一部历史著作是满者伯夷（麻喏巴歇）极盛时期的《爪哇史颂》；1516年成书的《马来纪年》（也被译为《马来亚编年史》），是在海岛地区伊斯兰化之后出现的"表现马来民族文化思想的代表作"。②

泰国古代的史学：泰国历史学家参威·甲社西里指出，泰国传统史书有两个不同体系，即"丹南"与"蓬沙瓦丹"，前者是"佛教史"，后者是"王朝史"。③

---

① 披耶阿努曼拉查东．泰国传统文化和民俗．广州：中山大学出版社，1987.48
② 许云樵译注．马来纪年（增订本）．新加坡：新加坡青年书局，1966.1,50
③ 贺圣达．东南亚文化发展史．昆明：云南人民出版社，1996.260,125

5. 艺术

建筑和雕刻：东南亚古代早期建筑和雕刻艺术深受印度的影响，并与居民的宗教信仰有着密切的关系。佛塔、雕刻的内容更为丰富一些。印尼的婆罗浮屠，已远远超过印度的同类建筑，成为10世纪之前东南亚地区最伟大的建筑，体现了印尼人民非凡的艺术创造力。①

吴哥建筑：古代柬埔寨建筑和雕刻艺术的代表作是吴哥建筑，它的最大特点是用巨石筑成，而且几乎每块石头上都有雕刻，成为古代东南亚最大的也是最富艺术性的石建筑群。其"在构思的宏伟和手法的精巧方面"，都"远远超过了我们所知道的印度本土上的同类建筑"②。

老挝佛教：老挝佛教的特点和性质使得佛寺和佛塔在老挝社会中占有特殊位置，寺塔建筑成为遗存到现在的老挝古代的主要艺术作品。其风格源于印度，类似于缅、泰、印度等国的建筑。

音乐和舞蹈：东南亚的居民能歌善舞，中国古籍中对东南亚古国的音乐舞蹈也有涉及。

6. 中国与东南亚文化交流

印尼史学家陶威斯·德克尔在《印尼史纲要》一书中写道："我们的祖先是向中国学习用蚕丝纺绸的。"③

在经济和文化交流方面，东南亚各国人民对中国农业生产的

---

① 贺圣达．东南亚文化发展史．昆明：云南人民出版社，1996.260，125
② (印)马宗达等．高级印度史．北京：商务印书馆，1986.234
③ 转引自：西光．中国印尼人民友好关系史略．北京大学东方研究，1980(1)：10

发展,也有推动作用。1011年,福建从越南取占城稻种三万斛,分种于江、淮、两浙一带。

我们不能低估印度文化在一些东南亚早期国家创建过程中的历史作用。正如日本学者和田久德所说:"佛教及婆罗门教的政治理想与宗教美术,给东南亚各小国带来了国王的神圣化、阶层秩序观念,行政法典、梵文以及技术高超的建筑、雕刻和音乐等等,对土著君主统治的正统化以及整顿和发展他们的国家都起了很大作用。"① 我们认为,借用"印度化"这一概念来表述印度文化、宗教对古代东南亚一些国家的深刻影响,或说明他们之间历史、文化的联系,是可以的。但如果认为这些国家不是当地民族建立的国家,而是印度移民建立的殖民地,那是荒谬的。②

四、印 度 文 化

印度封建社会始于何时,学术界有不同的看法。我们的看法是笈多王朝封建论,③ 即从公元4世纪起的笈多王朝是印度封建社会的开端,中经德里苏丹到19世纪50年代莫卧儿王朝崩溃,共约1500年的文明史。

印度著名历史学家高善必说,东方文明的两个主要渊源就在中国和印度。棉织品和糖是印度对人们的日常生活所作的特殊贡献,正像纸、茶叶、瓷器和丝绸是中国的主要贡献一样。④ 印度在哲

---

①② 季羡林主编.南亚东南亚评论(第4辑).北京:北京大学出版社,1990.106,109

③ 胡光利,陈佛松.试论印度笈多王朝封建化问题.辽宁大学学报,1986(6):92~94

④ (印)高善必.印度古代文化和文明史纲.王树英等译.南亚译丛,1983(1):10

学、文学、艺术和数学等许多方面,对人类亦有特殊的贡献。

1. 哲学

印度哲学的发展大致可分三阶段:第一阶段为古代婆罗门哲学;第二阶段为诸派哲学的兴起,其中最主要有正统六派和异流三派;第三阶段为佛教哲学。古代婆罗门哲学在本书第三章已提及。诸派哲学兴起于中世纪,它有正统派哲学和宗教哲学之分。所谓正统门派是指数论派、瑜珈派、胜论派、正理派、弥曼差派和吠檀多派,他们承认吠陀的权威,被称为婆罗门正统派。所谓异派是指顺世派、耆那教与佛教。这里简要叙述宗教哲学。

印度教哲学是中世纪印度文化的核心。它是公元4世纪前后多种宗教思想、哲学理论、祭祀仪式、传统信仰、风俗习惯的混合物,吸收婆罗门教、佛教、耆那教等教义和民间信仰演化而成。主要经典有《吠陀》、《奥义书》、《薄伽梵歌》、《摩奴法论》等。基本教义与婆罗门教的善恶有因果关系、人生有轮回之说类同,故亦称"新婆罗门教"。后逐步形成毗湿奴教、湿婆教和性力派三大派别。马克思曾对印度教评述说:"这个宗教既是纵欲享乐的宗教,又是自我折磨的禁欲主义的宗教;既是林加崇拜的宗教,又是扎格纳特的宗教;既是和尚的宗教,又是舞女的宗教。"[①]

印度教的宗教哲学思想包括天堂与地狱说、世界的劫运说(世界周而复始不断创造又毁灭的过程)、现世与来世说(从现世不同的"业"解脱到彼岸世界)。这些宗教思想渗透到印度人民社会生活的各个方面,如对众神崇拜、寺庙的宗教仪式、圣地的朝拜、种姓制度的遵守等等。

---

① 不列颠在印度的统治.马克思恩格斯选集(第2卷).北京:人民出版社,1972. 62~63

圣雄甘地认为印度文化只有三个要素:即耕田的犁;手工的纺织机;印度的哲学。这是印度文化的特点。其中农业文化和宗教哲学为文化的核心。印度自古以来是一个自给自足的农业社会,这是甘地所说的"耕田的犁"、"手工的纺织机"的真正含义。而"印度的哲学"主要是印度的宗教哲学,追溯吠陀经、正统六派哲学以及非正统的佛教、耆那教哲学等,它影响和渗透到道德、文学、艺术和政治领域。所以,在自给自足的农耕文化基础上的印度教哲学,是印度文化的灵魂。

我们认为,印度传统文化的核心是印度教及种姓制。种姓制演变发展到中世纪更加严格和复杂,印度教的经典是印度教徒的伦理规范,每个种姓等级的人都必须遵守。这样一来,种姓与印度教的传统文化同人们的生活、习俗、宗教、哲学和法律等都有密切的关系。种姓的等级制、内婚制与职业的世袭制,几乎渗透于印度社会的各个方面,渗透到每一个印度教徒的血液中,对印度文化传统有着深刻的影响。世界文化中许多制度,存在的时间这样长久,恐怕就只有印度的种姓制了。印度的种姓制是印度进步和强盛道路上的基本障碍,它与中国的宗法制,都强调血缘关系,黑格尔将中国文化主旨概括为"家庭精神",印度是种姓家庭,所以,我们认为印度教哲学理论的核心是维护种姓制的,亦是维护封建统治的工具。

2. 文学与史学

中古时代的印度文学大致可分作两个时期:古典梵语文学时期(约公元1世纪到12世纪)和各种方言文学时期(公元11～12世纪到19世纪中叶)。与吠陀、史诗时期的文学创作相比,古典梵语文学时期的文学体裁更多种多样,内容更丰富多彩。

这个时期,在叙事诗、抒情诗、格言诗、戏剧和小说等方面,出现了大量作品和不少著名的作家。如佛教诗人马鸣和他的长诗《佛所行赞》；诗人、戏剧家迦梨陀娑的剧本《沙恭达罗》、抒情诗《云使》、叙事诗《罗怙世系》及《鸠摩罗出世》；戏剧家薄婆菩提的剧本《茉莉和青春》；首陀罗迦的剧本《小泥车》；跋娑的剧本《惊梦记》；德富的长篇故事诗《伟大的故事》；古典小说家檀丁的《十公子传》；抒情诗人胜天的《牧童歌》等等，都获得很高的成就。这个时期，印度寓言故事极为出色，《五卷书》就是在中古东方民间故事中影响最大，流传最广的作品。它是印度公元前后几世纪的故事总集。印度寓言在艺术形式上富有东方故事的特点：既有故事又有说教，大故事套小故事，有一个总故事贯穿全书，主要是教给王子和人民一些治世待人之道，德国学者称之为"连串插入式"。印度寓言继承了《佛本生经》的民间口头文学传说，给后来的创作以深远的影响。

迦梨陀娑（约350～472年）是印度古代伟大的诗人和戏剧家，他的创作体现了古典梵语文学的最高水平。相传他与公主结婚，公主对他出身牧人家庭深以为耻。他因得迦梨女神之恩而获得诗情才艺。梵文"迦梨陀娑"，即是"迦梨女神的奴隶"之意。《沙恭达罗》意译《孔雀女》，全名《凭标记认出沙恭达罗》，是迦梨陀娑的代表作，也是世界文学史上的伟大诗剧之一。诗剧女主人公修道院的养女沙恭达罗和国王豆扇陀经过磨难终于美满结合，其艺术成就超过了同时代的世界文学水平。1000多年来，印度人民高度赞扬这部作品。在印度人民和学者中流传着这样几句话："在所有的艺术形式中，戏剧最美。在所有的戏剧中，《沙恭达罗》最美。在《沙恭达罗》中，第四幕最美。在第四幕中，有四首诗最美（指沙恭达罗与义父干婆离别时的那几首诗）。"[①]1789年后被译为英文和德文，在欧洲受到很高的评价。中国曾出版过几种译本，其中，最流行的是季羡林先生1956年直接从梵文翻译的本子。中国青年艺术剧院曾

---

① 季羡林主编.简明东方文学史.北京:北京大学出版社,1987.128

演出《沙恭达罗》,受到中国观众的欢迎。

11世纪后,北印度遭到伊斯兰教的入侵,加上梵语文学日益脱离群众,梵语文学逐渐衰落,各地方言文学勃然兴起。15~16世纪出现了方言文学繁荣时期,其中公元12世纪的印地语言学诗人全德·伯勒达依著的《地王颂》和著名诗人迦比尔的反种姓制的诗篇以及加耶西的爱情长诗《伯德马沃德》等都具有一定的价值。

莫卧儿王朝阿克巴时期,诗歌绝大多数是宗教性的。其中杜勒西达斯(1532~1623年)的著作《罗摩功行录》,被称为印度斯坦"亿万人民的一部圣经","他的书从宫廷到农舍都人手一册,印度教社会各个阶级的人不管地位高低、贫富、老少都同样阅读、听人朗诵并欣赏他的书"。①

诗人提出了理想社会——罗摩社会,诗中写道:
>　　罗摩王朝没有人身痛苦,
>　　也没有天灾人祸流行,
>　　所有的人相亲相爱,
>　　都把吠陀的教义来遵循。

>　　所有的男女都慷慨舍己为人,
>　　个个都给婆罗门当仆人,
>　　所有的男人只要一个妻子,
>　　妻子也诚心用言行侍奉夫君。

>　　林中树木四季长青,
>　　大象和狮子双双同行,

---

① (印)R.C.马宗达等著.高级印度史(上).张澍霖等译.北京:商务印书馆,1986.630

>　　走兽飞禽不相残害，
>　　相互增长和睦的友情。①

这里，诗人把遵循吠陀和充当婆罗门的仆人作理想的太平盛世的一部分，这是与他维护种姓制度的思想分不开的。

文学理论继公元前后婆罗多的修道仙人写的《舞论》之后，先后出现一批论著，其中主要有檀丁的《诗镜》、婆摩诃的《诗庄严论》、欢增的《韵光》、曼摩吒的《诗光》等。

印度的史学极不发达，这一点印度学者也承认。但有几部历史著作颇有资料价值。如德里苏丹时期，明哈—乌德—丁的《那西尔通史》，沙姆斯—伊—西拉其·阿费富的《费鲁兹王史记》和雅赫·宾·阿马德的《穆巴拉克王史记》。在莫卧儿阿克巴统治时期，著名的历史著作有毛拉·达马德的《阿勒菲史》、阿布勒·法兹勒的《阿克巴则例》和《阿克巴本纪》、巴道尼的《历史选集》、尼扎姆—马德—丁·艾哈迈德的《阿巴王朝通史》等。②

3. 艺术与建筑

艺术是民族精神的反映。鲜明的道德观念和审美观念，是印度艺术的突出特征。

印度的建筑与艺术结合在一起，现存的5～13世纪的古建筑主要是佛教、耆那教和印度教的宗教建筑物。佛教的塔称为窣堵波。笈多时代，石窟艺术发达。位于印度海德拉邦省文迪亚山谷下的河流旁阿旃陀石窟，开山凿壁，费时7个世纪（即公元1至7世纪），是建筑、雕刻和绘画艺术结合的范例，现存石窟29个，洞内多

---

① 刘安武.印度中世纪的大诗人杜勒西达斯和他的《罗摩功行录》.南亚研究，1983(2):48

② （印）R.C.马宗达等著.高级印度史（上）.北京:商务印书馆,1986.627

佛像，并绘有精美的壁画及藻井图案，与中国的敦煌莫高窟均为世界文化瑰宝。

印度教三大神，特别是显婆舞蹈铜像为雕刻艺术之花，他伸展双臂，翩翩起舞，整座像呈现出舞王狂热的动态，象征宇宙永恒的运动。法国艺术家赞赏它"充满了生命力，像生命的洪流，像空气，像阳光，生机盎然"①。

印度的都城、陵墓建筑之奢侈在莫卧儿王朝时达到登峰造极的程度。沙·杰汉时期首都德里的建筑物，如勤政殿和枢密殿，都用昂贵的银质天花板以及大理石、黄金、宝石混合装饰。它上面刻着题词：

<blockquote>
人间若有幸福乐园，
即在此地，即在此地，舍此无他。
</blockquote>

沙·杰汉为他的心爱的妻子玛哈尔建筑了一座陵园。陵园波斯文为"泰吉"，今天仍称泰吉·玛哈尔。这个工程经过20年才完成，花去4 000万卢比，全部由大理石建成，集中了印度、波斯及土耳其建筑师与工匠的技术和风格，被称为"欧洲和亚洲天才结合的产物"②，是印度的国宝。

印度民族能歌善舞。就上层人士来说，莫卧儿王朝的君主除奥朗则布以外，都欣赏音乐艺术。据说有36个歌唱家享受阿克巴朝廷的资助。其中最著名的是坦森和马尔瓦的巴兹·巴哈杜尔。关于坦森，阿布勒·法兹勒写道："最近一千年印度没有过像他那样的歌唱家。"③

---

① 方广锠.印度文化概论.北京:中国文化书院,1987.111
②③ （印）R.C.马宗达等合著.高级印度史(上).北京:商务印书馆,1986.636,641

4. 科学技术

古代印度医学、天文、数学较为发达。著名的医生有恰逻迦、修罗泰、婆跋吒等。据说,恰逻迦是迦腻色伽王的御医,他著的《恰逻迦本集》把植物分为不开花的果树、开花的果树、结实之后枯萎的药草、茎枝蔓延的药草等四种,指出营养、睡眠和节食是保持身体健康的三大要素。修罗泰的《修罗泰本集》是外科著作,记载了移植、固定骨折、堕胎、切除胆结石等手术。印度叫婆跋吒的名医,有的学者认为可能有两位,一位生于公元 6 世纪,著有《八科提要》;一位生于公元 8 世纪,著有《八科精华集》。① 种姓制限制了印度医疗技术的发展,因为医生属下等种姓,《摩奴法论》规定高等种姓成员不准接受医生的食物,他们认为,"受自医生的食物就像血和脓液一样脏"。

印度数学比较古老,在《夜柔吠陀》中已出现"一亿"这样的数目。印度的《祭坛经》,专门论述祭坛的形状,涉及到等积交换、勾股定律。公元后不久,印度数学家得出圆周率的值为 3.1416,能解一些不定方程、多元方程;约公元 4 世纪发明了"0"。今天通用的十个数字,是由印度发明经阿拉伯传到欧洲。"0"的发明是数学史上的重大突破。公元 5 世纪,印度天文学家、数学家圣使(467 年生)著了《圣使集》,是第一个提出大地是球形、地球绕地轴转的印度人,他的著作亦通过阿拉伯传播到欧洲,对近代天文学的发展起了促进作用。圣使以后的著名天文学家,还有著《日究竟理》的彘日,约 6~7 世纪著《梵明满究竟理》的梵藏,约 12 世纪著有《究竟理顶上珠》、《时间吉兆》等的作明。作明第一个证明地球是圆的,并提出地球是靠引力悬于空中的观点,他是伊斯兰教在印度取得统治地位前的印度天文学和数学界的最后一位泰斗。②

---

①② 参阅:方广锠.印度文化概论.北京:中国文化书院,1987.113,114,117

五、阿拉伯文化

阿拉伯文化是公元8～13世纪阿拉伯帝国境内各族人民创造的文化。8世纪中期，阿拉伯帝国最后形成。它的疆域，东到亚洲的葱岭与唐代中国接壤，西到欧洲的西班牙和法兰克王国为邻，南达北非，地跨亚、非、欧三大洲。中国史书称其为大食帝国。阿拉伯帝国的首都先后设在大马士革和巴格达，因而这两座城市成为世界商业贸易文化中心和东西方文化的汇合点。

阿拉伯文化由三种文化汇合而成：一是阿拉伯人固有的本土文化；一是伊斯兰教文化；一是希腊、波斯、拜占庭、印度和中国的文化。阿拉伯人在这三种文化因素的互相影响、融会贯通中，创造了烂灿的阿拉伯文化。这里，先简单介绍一下波斯文化。

(1) 波斯人与波斯帝国

波斯帝国兴起于伊朗高原。伊朗高原自古以来就是东西方重要通道之一。波斯人吸取了西亚、北非文化成果，公元前6世纪建起了波斯帝国。其主要居民是波斯人（又称伊朗人），1935年该国正式定名为伊朗。

波斯是强壮有力的民族。希罗多德记载波斯人的父亲教他们的儿子三件事情：骑马、拉弓、说真话。[①] 公元前6世纪，波斯统治者居鲁士征服了小亚细亚的大部分和爱奥尼亚海岸城市，建立了波斯大帝国。从公元前550年立国，到公元前330年被马其顿亚历山大大帝征灭，共220年。500年后又兴起新波斯帝国，主要统治伊朗和两河流域，存在时间为226～642年，共400余年。后被阿拉

---

① （美）J.K.斯温著，世界文化史（上册）．沈镰之译．上海：开明书店出版社，1946.84

伯人所灭。在伊朗古代史上最重要的三个王朝是阿契美尼德王朝、安息王朝和萨珊王朝。

(2)波斯的宗教

据希罗多德说,波斯人"不供奉神像,不修建神殿,不设立祭坛,只在最高的山峰上去向神奉献牺牲;在奉献牺牲时也不点火,不祭奠,不吹笛,不用花彩,不供麦饼"。

波斯人信奉琐罗亚斯德教(因该教创始人而得名。中国人称之为祆教)。但关于琐罗亚斯德其人及该教创立的时间、地点,至今没有定论。琐罗亚斯德教认为,世界上有善恶二神,善神即阿胡拉·马兹达,是光明之神、正义之神;恶神即阿胡拉·曼尼,是黑暗之神、邪恶之神。琐罗亚斯德教的经典是《阿维斯塔》。在大流士统治时期,它成为波斯帝国的国教。

(3)波斯文学

波斯文学可以以15世纪末为界划为前后两个时期。前期为繁荣时期,后期为低落时期。前期创作诗歌盛行、人才辈出,仅世界性的诗人就有鲁达基、菲尔多西、欧玛尔·海亚姆、内扎米、萨迪、哈菲兹、贾米等。

鲁达基(850～940年)是萨曼王朝时期的著名宫廷诗人,里达波斯语诗歌的奠基者,抒情诗、四行诗、颂诗和叙事诗等主要诗体的创立者,拥有"波斯诗歌之父"的美称。

菲尔多西(940～1020年)是波斯萨曼王朝和伽色尼王朝时期的诗人。他花了30年时间创作的《列王纪》是一篇划时代的长诗,描述了从波斯远古时代到公元651年萨珊王朝灭亡,包括四个王朝和50个国王的事迹。

欧玛尔·海亚姆(1048～1122年)是波斯塞尔拉王朝时期的诗人,是波斯有史以来最负盛名的哲理诗人。他的四行诗语言流畅、旋律优美、风格自然。

萨迪(1203～1292年)是波斯被蒙古占领和统治时期的诗人，保存下来的作品可分为三部分：哲理诗、颂诗和抒情诗，《果园》和《蔷薇园》是他的代表作。

哈菲兹(1327～1390年)善于写抒情诗，也是波斯古典文学史上最著名的诗人之一。他的作品流传至今的有500余首。

贾米(1414～1492年)是波斯前期最后一位著名的诗人。他写了七部叙事诗，称为《七座宝》。

波斯文学后期由于社会长期动乱，文学创作迅速走上了下坡路。

总之，波斯文学自古至今已延续了2000余年，其中诗歌得到了充分的发展。波斯诗歌现在越来越引起世界各国学者们的广泛注意。歌德曾这样赞扬波斯诗歌：

　　　　　谁要真正理解诗歌，
　　　　　应该去诗园里徜徉；
　　　　　谁要真正理解诗人，
　　　　　应该去诗人之邦。

这里"诗园"和"诗人之邦"便是指波斯。

(4)波斯的艺术

在波斯古都泰西封，还有萨珊尼王朝的建筑物的遗迹。最著名的古迹是约在550年建筑的一座大厅，长163尺，宽80尺，高95尺。

波斯人制造了精致的刺绣和陶器。他们的银器是世界上最美丽的。① 波斯的纺织匠和织毯匠的纺织图样传到了世界各地。

波斯文化只是阿拉伯文化的一部分。8至11世纪是阿拉伯文化的繁荣时期，它在哲学、史学、文学、科学技术等方面都获得了卓

---

① (美)J.K.斯温著.世界文化史.沈镁之译.上海：开明书店出版,1946.227

越的成就。

1. 哲学

阿拉伯的精神土壤,一方面是伊斯兰教神学思想,另一方面是希腊古典哲学思想。7世纪时,阿拉伯哲学有四个流派:即亚里士多德学派;"精诚同志社"的学说;苏菲派;伊斯兰正统派。其中最重要的是亚里士多德学派,代表人物有阿尔·法拉比、伊本·西那、伊本·路西德。伊本·西那拥有百科全书式的知识,对逻辑学和解决共相问题的主张,都比前人进了一大步。伊本·路西德是科尔多瓦大学教授,他详细注释了亚里士多德的哲学,竭力使科学脱离神学而独立。他认为世界是可知的,理论科学的目的是认识真理。伊本·路西德的哲学思想在某些方面具有泛神论和唯物主义的因素,对阿拉伯、中亚、西欧科学与哲学的发展有较大的影响。

2. 史学

阿拉伯史学著作有两类:一类叫编年体,以史学家塔巴里(838~923年)的《先知与诸王纪年》为代表。这部书从阿拉伯远古历史一直叙述到915年,是一部史料丰富的历史书。另一类是记事体,是按朝代、国王、民族专题叙述,以著名的史地学家麦斯欧迪(?~965年)的《陶金场与宝石矿》(通常译为《黄金草原》)为代表。麦斯欧迪到过埃及、东非、叙利亚、伊朗、印度、东南亚等地,他像希罗多德和中国的司马迁一样,"走千里路",到处游历。他不仅记述了阿拉伯和亚非欧许多国家的历史,还记述了它们的地理、风俗及社会制度。这部巨著共30卷,被认为是中古时期的权威著作,作者被誉为"阿拉伯的希罗多德。"

3. 文学

阿拉伯文学是举世闻名的,这里仅简单介绍两本书:寓言与童话集《卡里来和笛木乃》和故事集《一千零一夜》,从中可看出阿拉伯文学的特点和成就。

《卡里来和笛木乃》原是古代印度梵文的寓言集《五卷书》,伊本·穆加发(724~759年)将其从古代波斯巴列维文译成阿拉伯文,并添了一些内容,以鸟兽的生活比喻人生,来表达作者的伦理道德观念和处世的教训,抒发他改革社会、治理国家的政治抱负。全书以哲学家白得巴向印度国王大布沙林进谏为线索,记录了50个寓言,每个故事表达一个哲理,歌颂了人民群众同心协力战胜强暴的斗争精神。这部书对世界文学产生了巨大的影响,被译成许多语言。季羡林评介说:"从亚洲到欧洲,又从欧洲到非洲,不管是热带寒带,不管当地是什么种族,说的是什么语言,它到处都留下了痕迹。这些寓言和童话,一方面在民间流行;另一方面又进入欧洲的许多杰作里去,像意大利薄伽丘的《十日谈》、法国拉芳丹的《寓言》、德国格林的《童话》、英国乔叟的《坎特伯雷故事》等等里都可找到印度《五卷书》里的故事。过去的人作过统计,除天主教和耶稣教的《旧约》和《新约》外,世界上的任何国家的文学作品也没有被译成这样多的语言。"[①]

《一千零一夜》是阿拉伯著名的民间故事集。在中国又被译为《天方夜谭》。它是中世纪中近东各国、阿拉伯地区广大艺人、文人学士经过几百年收集、加工、提炼、编纂而成的。它吸收了印度、希腊、希伯来、埃及等地的童话、寓言,是阿拉伯、波斯等各民族人民

---

① (阿拉伯)伊本·穆加发著.卡里来和笛木乃.林兴华译.北京:人民文学出版社,1978.1,2

聪明才智的结晶。多数学者认为,这部书的故事和手抄本在中近东各国开始传播的年代约在 8 世纪中叶。

《一千零一夜》的多数故事,健康而给人启迪。《渔夫和魔鬼》、《阿拉丁和神灯》、《阿里巴巴和四十大盗》、《辛伯达航海旅行记》、《巴索拉银匠哈桑的故事》和《乌木马的故事》等是其中的名篇。这些故事歌颂了人类的智慧和才能,阐明了善终将战胜恶的真理,塑造了许多奋发有为,敢于进取的勇士形象,歌颂了青年男女忠贞的爱情。

《一千零一夜》还反映了新兴阿拉伯商人经商航海,追求财富的冒险精神。《辛伯达航海旅行记》是英国的《鲁滨孙漂流记》、《格列佛游记》等航海小说的先驱。

《一千零一夜》不仅是阿拉伯艺术宝库的瑰宝,也是世界文学中的一颗明珠。高尔基誉其是民间口头创作中的"最壮丽的一座纪念碑"[①],它对西方各国的文学、音乐、戏剧和绘画都产生过深远的影响。但丁的《神曲》、薄伽丘的《十日谈》、莎士比亚的《终成眷属》、莱辛的《智商纳旦》、乔叟的《坎特伯雷故事》、塞万提斯的《堂吉诃德》等名著,在取材与风格上,都直接或间接地受到了《一千零一夜》的影响。

从 13~18 世纪,阿拉伯在蒙古人(1258~1516 年)和土耳其人(1516~1798 年)统治时期,推行愚昧政策,强调使用土耳其语,企图人为地消灭阿拉伯语,阻碍了阿拉伯文学进一步的发展。这一时期在阿拉伯文学史上被称为"衰落的时代"。

4. 科学技术

阿拉伯科学成就较突出的是天文、数学与医学。

---

① 引自:《一千零一夜》俄译本序.光明日报,1962-2-20

天文学。阿拉伯人许多自然科学知识是在吸收和继承了印度与希腊的科技成就的基础上发展起来的。天文学主要结合自己的实践,在巴格达、大马士革、开罗、科尔多瓦、撒马尔罕、布哈拉、安提俄克等城市建立了天文台,他们自制许多精密的天文仪器,有象限仪(测量天体高度的仪器)、星盘、日晷、天球仪和地动仪,对天象进行观察,取得了重要成果。阿拉伯最杰出的天文学家阿尔·巴塔尼(约858~929年),用了长达40年的时间,对天象进行观察,著有《恒星表》,波兰天文学家哥白尼《天体运行》一书,常引证巴塔尼的实测资料。巴塔尼的著作对欧洲天文学的发展起了奠基作用。阿拉伯的天文学家把托勒密的《天文大全》译成阿拉伯文,名叫《至大论》,而且根据精确观察的结果校正了托勒密著作里的一些基本要素:黄道斜角、二分点的岁差、岁实等。阿拉伯天文学家们,曾用仪器测得子午线一度之长,用来推算地球的体积与圆周。

数学。阿拉伯在吸收印度数学成果的基础上创立了阿拉伯数字。它传到欧洲后代替了繁杂的罗马数字,直到现在仍为各国所通用。数学家穆罕默德·伊本·穆沙(780~850年),是代数学的奠基人。"代数学"就是由他编的《代数学》书名而得来。穆沙得出了二次方程的求根公式,改变了西方习惯的以几何学求解的方法。他还用移项和对消的算法,使方程的概念逐步明确起来。他的代数学著作,12世纪被译为拉丁文,直到16世纪仍然是欧洲各大学的主要教材。

医学。阿拉伯的医学、医术在中古时期达到了很高的水平。阿拉伯帝国首都和各大城市建有医院30多所。巴格达医院院长阿尔·拉齐(860~933年)不仅是著名的临床医生,而且对几种疾病有专门研究,著有《天花和麻疹》与《医学集成》等著作。其中前者是该专科最早的论著,后者是医院的百科全书。《医学集成》在欧洲流传几百年,多次重印,长期作为欧洲最流行的教科书。为了写这部书,阿尔·拉齐收集了当时所知的希腊、印度、中东全部医学知识。另一位著名医生为伊本·西那(980～1037年),西方人称他为阿维森纳(Avicenna),他的名著《医典》是一部概述哲学、卫生学、治疗学和药物学的百科全书,是"古代知识和穆斯林知识的总汇"。全书约100万字,书中的药物学部分,记述和分析了750种药物的性能,将人体的脉象分为48种,逐一加以论述,他本人被称为"医中之王"。

阿拉伯文化,对沟通东西方文化起了中介和桥梁作用,有的文化研究者把阿拉伯文化称作第三文化。如果说东方文化与西方文化是第一、二相文化,作为桥梁本身(第三文化即第三相)对东西两向文化双向交流,因而形成了世界文化犹如"三相交流"的壮观奇景,如图7-2所示。

图 7-2 阿拉伯与东西方文化"三相交流"图

中国古代四大发明传入西方,都是经过"丝绸之路"打上了"阿拉伯"的戳记。中国通过陆海丝绸之路,连接了东方与西方,泉州就是中国宋代连接东西方的市舶口岸,前来贸易和侨居的阿拉伯人及伊斯兰教徒很多。中国的火药和造纸及印刷术经过"陆上丝绸之路",指南针则经过"海上丝绸之路"传到世界各地。火药配方的主要成分硝,被阿拉伯人称作"中国雪"。大马士革采用中国的造纸技术造出的纸销往欧洲,被称为"大马士纸"。雕版印刷术传入波斯后,波斯用来印刷纸牌,并销往欧洲。欧洲雕版印刷迅速发展,最初也是模仿着印刷纸牌。阿拉伯航海家采用中国的指南针导航,波斯、阿拉伯都按中国罗盘采用四十八分向法。波斯、阿拉伯语表示罗经方向的khann,就是中国闽南话中的罗针的"针"字之音。①

阿拉伯在东西方文化交流中的桥梁作用最典型的一个例子是对瓦特制造蒸汽机时起到的作用。瓦特制造了往复式蒸汽机,促进了工业革命的迅速发展,是近代文明发展的重要标志。瓦特改进的汤姆·纽可门老式蒸汽机(希腊式的机械,特别是波义林式抽气机)曾经吸取并模拟了中国古老的机械"水排"以及双作式"风箱"的原理与结构,② 采用了阿拉伯人在中世纪末的机械构件"小孔杆"。因此,在某种意义上瓦特蒸汽机是欧洲文明、阿拉伯文明和中国文明的结晶。以前没有人揭示过这个秘密。英国科学史学家李约瑟博士广泛地研究了欧洲、阿拉伯和中国三大系统的科学技术历史文献之后,以无可争议的事实证明了上述结论。当李约瑟博士1964年在纽可门诞生300周年纪念会上首次宣布上述研究报告时,引起了机械工程界人士的震惊。③

六、古代非洲文化

"阿非利加"(即非洲,Africa)一词,最早见于公元前2世纪中叶古代罗马的文献中。大概是从当时突尼斯南部柏柏尔人的一个叫"阿非利"(Afri)或"阿非利克"(Afrik)的部落转变而来的。

<u>非洲的自然环境</u>。非洲有着世界上最辽阔的沙漠和最茂密的

---

① 胡道静.第三文化的双向交流与三相交流.参阅:复旦大学历史系编.中国传统文化的再估计.上海:上海人民出版社,1987.542

② 中国的双作式活塞风,在宋代用于钢铁冶炼。1757年由欧洲威廉·张伯所绘,瓦特受这种启发在1777年制成吹气机,它的鼓风筒是双作式的。

③ 参阅:复旦大学历史系编.中国传统文化的再估计.上海:上海人民出版社,1987.544

森林。沙漠占非洲总面积的1/3以上。撒哈拉沙漠面积有800多万平方公里,是世界上最大的沙漠。非洲有众多的河流,其中尼罗河、尼日尔河、刚果河居世界最大河流之列。非洲大陆有异常富饶的地下矿藏。

非洲是人类的诞生地之一。联合国教科文组织负责编写的《非洲通史》认为,非洲很可能是人类的发源地之一。

非洲农业与畜牧业。在非洲,古代埃及人最早从事定居农业。他们利用尼罗河水的定期泛滥,种植农作物。第一个畜牧中心是上埃及沙漠地区。西非地区是非洲原始时代农牧业发展的另一个重要中心。第三个农牧业主要中心是包括埃塞俄比亚和苏丹在内的东非地区。

1.7世纪后埃及文化

公元5～9世纪,埃及先后被拜占庭帝国和阿拉伯帝国所统治。公元969～1517年的500年间,埃及成为一个独立的阿拉伯国家,首都在开罗。此间,伊斯兰教得到迅速传播,埃及文化成了阿拉伯文化的一个组成部分,埃及在文化、科学、教育方面获得高度发展,对人类文明作出了巨大贡献。

埃及在873年建立了第一所公立医院,开罗著名医师伊本·纳菲斯叙述了人体血液循环理论,这一发现比欧洲的塞尔维图斯早3个世纪。眼科学者阿卜·阿尔·法达伊尔·伊本·阿尔·纳奎德的《验方录》是12世纪时世界上最优秀的眼科著作。

在天文学方面,阿尔—哈桑·伊本·阿尔—海姆的《光学大全》于1572年被译为拉丁文,后来欧洲一些著名学者如培根、凯普勒等人都受过他的影响。

建筑术是埃及得到高度发展的学科。埃及建立了以爱尔·爱资哈尔清真寺为代表一系列负有盛誉的清真寺。从12世纪中叶起,又产生了一种堡垒式建筑,如开罗城堡等。

在史学方面,埃及大史学家马格里齐著有《王国史介》,并创造了一种完全合乎近代史学研究方法的卡片工作法。

在化学方面,贾比尔·本·哈扬是阿拉伯世界最著名的化学家,他发明了王水。

开罗的爱资哈尔大学,是穆斯林世界的文化教育中心。在这里,聚集了大批穆斯林文化精英,培养了大批人才。

2. 马格里布文化

马格里布(Maghrib)是指埃及以西的所有地区,包括利比亚、突尼斯,阿尔及利亚和摩洛哥。马格里布地区的名字原意是指太阳西沉方向。[①]

马格里布新石器时代(约公元前5000年～前1000年):这个时期最突出的文化成就,在技术上表现在磨光的石器十分普遍。随着畜牧业的出现,人们开始由食物采集者转变为食物生产者;在艺术上则表现为有遍布于整个撒哈拉的岩壁画。

马格里布与地中海文化圈。欧洲学者认为马格里布的早期居民是从法国、西班牙通过直布罗陀海峡迁来的。马格里布学者认为,"人类首先出现在非洲,因为当时的非洲特别是撒哈拉地区,是最适宜原始人生活的地区,后来他们才从马格里布经过直布罗陀海峡迁移到欧洲。"[②]

---

① 参阅:伊本·赫尔东的《教训集》,开罗版,第6本,第98页;德·斯朗译本第1卷,第186页。

② 卡迪尔·阿里. 阿尔及利亚地理(中译本)唐裕生等译.北京:商务印书馆,1978.50

第七章　中世纪的东方文化

马格里布与阿拉伯-伊斯兰文化圈。马格里布既属于伊斯兰文化圈,又属于阿拉伯文化圈,然而这两者在历史上并不是同步完成的。马格里布的伊斯兰过程,一般认为是从纪元下世纪中、后期持续到12世纪。

马格里布的文化、科学、史学、地理学。从1084年到1492年,马格里布文化史上人才辈出。伊本·鲁世德的哲学被认为是阿拉伯哲学的顶峰,他主张以理智、思考作为哲学的基础。"14世纪的马格里布人伊本·卡尔东被认为是近代史学的奠基人之一。"[①] 摩洛哥丹吉尔人伊本·白图塔(Ibn Battute,1304～1377年)是世界古代伟大的旅行家之一,通过口授写成了一本《伊本·白图塔游记》。

马格里布文化的衰落。1492年到1830年是马格里布在经济、政治和文化的多方面急剧衰落的时代。1492年以后,西班牙人先后侵占了从摩洛哥的梅利利亚到利比亚的黎波里地中海南岸的一系列战略重镇。1578年,土耳其人把马格里布分成阿尔及利亚、突尼斯、的黎波里塔尼亚三个帕夏管区。

马格里布与非洲的文化交流。马格里布与非洲的文化交流是两个文化圈的交流,交流或传播关系基本上是一种贸易关系。

3. 撒哈拉以南非洲文化

(1) 古代非洲文化

非洲的史前文化。非洲原始时代的铸雕艺术品堪称精美。有学者认为,诺克文化是非洲铸雕艺术的最早发源地。

非洲原始时代的岩壁画更具特色。岩壁画主要集中在撒哈拉

---

① (法)马赛尔·佩鲁东.马格里布通史(中译本).上海师范大学马格里布通史翻译组译.上海:上海人民出版社,1979.21,25

地区和南部非洲的濒临河道的悬崖峭壁上。非洲岩画从公元前8000年至公元前2世纪,经历了狩猎时期、放牧时期、马匹时期和骆驼时期。

非洲宗教。非洲各民族都有自己的传统宗教,一般来说,各非洲社会普遍信仰一个无所不能的创世神,即至上神。祖先灵魂也是非洲传统宗教中十分重要的神灵。祖先崇拜是黑人传统宗教中最典型和最引人注目的内容。著名的加内塞特诗人B.迪奥普在题为《气息》的诗作中描绘了祖先灵魂的行踪,反映了非洲人的祖先观念:

> 多听自然的声音,
> 少听人间的话语。
> 听火唱歌,
> 听水呼喊,
> 听清风吹拂,
> 听树木呜咽,
> 这是祖先的气息,
> 这里飘绕着祖先。[1]

非洲哲学。非洲传统哲学可分为三个形态:神话形态、人类学形态和智者形态。神话形态的哲学思考探索着诸如宇宙和人的起源。人类学形态的哲学实质是人们的种种信仰的总和,它的最高形态是宗教。智者哲学中智者是传统文化的保存者、传播者、弘扬者。[2]

非洲史诗。《松迪亚塔》这部史诗代表了非洲口述史学和文学

---

[1] 李保平著. 非洲传统文化与现代化. 北京:北京大学出版社,1997.16
[2] 宁骚主编. 非洲黑人文化. 杭州:浙江人民出版社,1993.213

的最高成就。《松迪亚塔》成为当代史学编写13世纪20～30年代马里帝国历史的主要依据,并已写入联合国教科文组织编写的《非洲通史》和英国著名学者编写的《剑桥非洲史》等权威性的非洲历史著作中。①

非洲的音乐与舞蹈。非洲的音乐和节奏以鼓为基础,节奏短促。非洲的舞蹈千姿百态,风格各异。在非洲几乎人人都直接参与各类音乐、舞蹈活动。

非洲黑人传统文化的特点。非洲大陆有很多黑人民族,它们相互之间的语言、生活习惯、宗教信仰、社会发展等方面差别很大。非洲传统文化的共同性之一就是它的丰富性和多样性。另一方面,非洲黑人各族的传统文化又具有许多共同特征,这些特征使之有别于黑非洲大陆以外的文化。

(2)人种

现代大多数非洲人的祖先,是布须曼人(或博斯科普种人)、尼格罗和哈米特人在远古或近古的时候混血形成的。

(3)黑非洲文化类型及特点

撒哈拉以南的非洲大陆大体上被视作黑非洲文化区。中国学者宁骚教授将非洲黑人各族的文化划分为若干种类型:狩猎-采集文化;原始畜牧文化;沙漠、畜牧文化;萨赫勒和苏丹边缘地带的农业文化;西苏丹农业文化;沃尔特河流和尼日利亚高原农业文化;努比亚走廊的农业文化;中苏丹农业文化;撒哈拉南缘畜牧文化;东非畜牧文化;几内亚湾沿岸热带雨林地区农业文化;赤道雨林地区农业文化;东、南部与非洲的农牧混合型文化等。②由于黑非洲

---

① 联合国教科文组织负责编写.非洲通史(第1卷).北京:中国对外翻译出版公司,1984.47,146,672

② 宁骚主编.非洲黑人文化.杭州:浙江人民出版社,1993.14～22

地区人种复杂,地域辽阔,加之地理条件以及对外联系的状况各异,在长期的历史发展过程中形成了两种不同类型的文化:一是撒哈拉沙漠南缘的西非和印度洋沿岸的东非文化,它不同程度地受到北非、埃及文化和西亚文化的影响。地中海文明"经过麦罗埃的过滤,通过尼罗河流域的净化,对非洲内陆国家的兴起发生作用。[①]"二是赤道周围及其以南广大地区文化,它基本上是没有受到外来文化影响而发展起来的独特文化。

马里-桑海文化。西非文明古国随着撒哈拉商道贸易的发展产生了马里-桑海文化。马里帝国文化的重要特征是既吸收加纳等外来文化的精华,又保存了西非黑人文化的特点,融合成为一种新的文化。在桑海帝国时期,西非的古代文化已经发展到最高阶段,学校教育得到了前所未有的发展,创造了用文字记载的文化,这在撒哈拉沙漠以南非洲是很少见的。

赤道以南的手工艺等艺术。赤道以南非洲的广大地区手工艺素来发达。西部地区的美术编织和木刻具有高度的发展水平。库巴王国的木雕艺术在非洲是最发达的,几内亚湾的青铜雕像和浅浮雕在艺术上已经达到了很高的程度。[②]

在建筑方面,最为典型的是莫诺莫塔帕国雄伟的"津巴布韦"石头建筑群。

在口头文字方面,赤道以南广大地区留存下来许多美丽的神话、传说、史诗和故事。

麦罗埃文化、诺克文化与贝宁文化。麦罗埃是古代库施王国的

---

① (英)杰弗里·巴勒克拉夫著.当代史学主要趋势.上海:上海译文出版社,1987.174 另:麦罗埃,苏丹北部古城和古王国。
② 陆庭恩,艾周昌编著.非洲史教程.上海:华东师范大学出版社,1990.146

首都,在公元前1世纪或者更早些时候,已经大规模炼铁了。麦罗埃古城的遗迹是古代世界伟大的纪念物之一,那里有库施皇家的金字塔和太阳庙等遗址。

诺克人在2000多年以前就以美丽感人的写实主义手法,用赤陶土做出了许多精美的男女人头像。

在尼日尔河和刚果河之间的这片土地上,有着非常善于创造铜雕、陶器、木工器具和象牙雕的城邦,这便是贝宁。

1953年,在坦噶尼喀湖南端卡蓝博瀑布遗址发现了属于早期铁器时期的带槽的器具。赞比西河下游的居民,在10世纪时已经充分发展起铁器时期的文化。

(4)中古时期撒哈拉以南的非洲与伊斯兰教的传播

撒哈拉以南、几内亚湾以北和乍得湖以西的广大地区,通常被称作西非地区。西非一般又分为西苏丹、中苏丹和几内亚湾海湾三个地区。西苏丹地区先后崛起了三个繁荣强盛的国家:加纳、马里和桑海。随着撒哈拉商道贸易的发展,西非地区与北非阿拉伯国家文化联系密切,11世纪时,当地居民已接受伊斯兰教。

印度洋沿岸的东非兴起一批城邦社会,15世纪末,自摩加迪沙至基瓦尔,沿海城邦有37个之多。由于环印度洋贸易的发展以及阿拉伯半岛伊斯兰教内部的激烈斗争,大批阿拉伯人移居东非,伊斯兰教在东非传播开来。

中南部非洲也曾建立了一些比较强大的国家,如刚果王国和莫诺莫塔帕国,其中莫诺莫塔国是津巴布韦文化发展史上的一个强大的国家,津巴布韦文化是中南部非洲最具特色的文化。[①]

---

① 杨人鞭.非洲通史简编.北京:人民出版社,1984

4. 中国与非洲文化交流

在人类文明的早期,亚洲的黄河与非洲的尼罗河孕育了世界灿烂的古代文明中心。中国和非洲之间的文化交流,是从秦汉时期开始的。[1]

汉武帝(公元前140～前87年在位)时代,张骞通西域,开辟了一条中西交通大道——丝绸之路。公元前545年(即南北朝梁武帝大同十一年),埃及亚历山大的商人兼旅行家科斯马士写了一本名为《基督教诸国风土记》的书,记载了中国丝绸从陆路经过许多国家贩运到波斯的情况,还记载了中国丝绸沿海道经斯里兰卡转运到印度,再经印度转运到波斯湾和红海等地的情况。[2]

早在公元前1600年,埃及的工匠们就掌握了制作玻璃的初步技术。在中埃之间的贸易渠道打通之后,埃及的玻璃制品便辗转传入中国。[3]古埃及人民在公元前12世纪就已发明了制造琉璃的方法,琉璃制品在汉武帝时输入中国。

中国唐、宋时期的书籍,如《经行记》、《酉阳杂俎》、《岭外代答》和《诸葛志》等,不仅记载了埃及、马格里布和东非沿岸诸地的一般自然环境、地理概况和主要物产,而且介绍了当地政治、经济、风土民情等文化状况。

伊本·白图塔和《游记》。14世纪,非洲有一位对发展非中关系作出重要贡献的友好使者,他就是摩洛哥旅行家伊本·白图塔。伊本·白图塔是中世纪著名的四大旅行家之一。他从小就有远大志向,对中国、印度和东方的灿烂文明十分向往。公元1326年22岁

---

[1] 周一良主编.中外文化交流史.郑州:河南人民出版社,1987.803
[2] 陈公元.古代非洲与中国的友好交往.北京:商务印书馆,1985.1,4,5
[3] 李约瑟.中国科学技术史(第一卷).北京:科学出版社,1975

的伊本·白图塔告别家乡,立志远游。他历尽艰难险阻,终于在公元1347年(中国元至正七年)到达中国泉州。白图塔访问了中国泉州、广州和杭州等南方诸城,历时一年多。

伊本·白图塔回国后口述了他的见闻,由伊本·诸赞编纂成《伊本·白图塔游记》一书。伊本·白图塔尤其赞赏当时他所见到的中国社会慈善事业,并称中国的陶瓷是"世界最佳者"。[①] 伊本·白图塔为发展非洲和中国、亚洲人民之间的友谊,作出了重要贡献。他的《游记》是一部最早向非洲系统介绍中国和东方的情况的著作。

第一个到达非洲的中国人。有史可考的第一个到达非洲的中国人,是唐代著名学者杜佑的族子杜环。他回国后撰写的《经行记》一书,是中国最早的一部西亚非洲的游记。《经行记》关于"摩邻国"的记载,对了解古代非洲的历史、地理、物产、宗教、习俗等,具有重要的史料价值。[②]

中国三大发明传到非洲。首先是造纸术。公元751年怛逻私战役后,阿拉伯人俘获了一些擅长造纸的中国兵,这些士兵将造纸的技术介绍给阿拉伯人。公元1100年以后,又从埃及西传摩洛哥,1150年左右传入西班牙。同造纸术大致同时传入埃及的还有印刷术。1260年埃及马木路克王朝苏丹拜伯尔斯在大马士革一役击败蒙古西征军,俘获了制造火药的匠师,缴获了大量火器。从此,火药传入埃及。埃及人称硝石为"中国雪"。

桑给巴尔两次派使访问中国。据《宋史·第十六卷》的《神宗本纪》记载:"元丰六年(公元1083年)春正月已丑,层檀入贡。"当时,

---

[①] 张星烺. 中西交通史料汇编(第三册). 北京:中华书局,1978.174
[②] 陈公元. 古代非洲与中国的友好交往. 北京:商务印书馆,1985.5,10

中国称桑给巴尔为"层檀国"。元丰六年,层檀国使者层伽尼带着国书再次访华,并将大批乳香、龙涎香、珍珠、药材、玻璃器皿等物赠给宋朝政府。宋神宗"加赐白金二千两"。

汪大渊和《岛夷志略》。汪大渊,字焕章,江西南昌人,生于元武宗至大四年(公元1311年)。他曾两次乘船从泉州出发,游历了东南亚和印度洋沿岸各地,足迹遍及亚非几十个国家和地区。公元1349年,汪大渊将他的经历和见闻编撰成《岛夷志略》一书。《岛夷志略》是14世纪时最有价值的一部印度洋航行指南,对研究当时印度洋沿岸国家的经济和社会状况、印度洋航海事业的发展,具有重要的价值。

郑和下"西洋"与中非友谊。明代是古代中非友谊及交往史上最重要的时期。当时,中国杰出的航海家郑和(1371~1435年)曾七次扬帆出海,访问了东南亚和印度洋沿岸国家,其中三次,即第五、六、七次下"西洋"时访问了非洲,促进了中国同非洲国家的友好交往,为中非友谊谱写了灿烂的篇章。

七、中国、印度、阿拉伯文化与东方诸国文化

古老的东方文化是多元的,中国与印度在文化传统轨迹上长期发展,埃及与巴比伦文化中断了,而阿拉伯、伊斯兰文化则在吸收波斯、中国、印度文化的基础上形成了自己的文化。

中国、印度与阿拉伯三国文化,在长达千年的岁月中,随着经济、贸易、宗教的传播交流,彼此相互学习,取长补短。

中国文化,对东亚与东南亚的朝鲜、越南尤其对日本文化都产生了深刻的影响。7世纪中叶,日本"大化改新"后,先后10多次派

第七章　中世纪的东方文化

大规模使团到中国学习,从而形成了"飞鸟文化",在此基础上出现了奈良文化,尔后,相继出现了平安、镰仓、江户时期的文化。明治之后,日本主要学习西方文化。奈良时期从政治、经济、宗教、教育、文学、建筑、医学、服饰等方面,日本人都向唐朝学习。例如日本的第一部史书《日本书纪》(成书于 8 世纪),即仿照中国的本纪、编年记事的体例。日本学者清原贞雄曾对《日本书纪》等六国史的编撰加以评论,他说:"六国史专仿中国史记、汉书以下诸史中的本纪而编"。朝鲜的《高丽史》、越南的《大越史记》,也从体例到史观,深受中国历史的影响。[①]

诚然,东方诸国的文化既受中国文化的影响,又各有特色。如日本在公元 8 世纪编辑的《古事记》反映日本民族的神话与传说;8 世纪末编成的《贫穷问答歌》20 卷,是日本第一部和歌总集。诗人山上忆良所作《贫穷问答歌》是一部反映日本农民穷苦生活的佳作。平安至江户时期产生的"物语文学"和"俳句",是日本民族的伟大创造,反映了日本文学的民族风格。《春香传》是富于浓厚朝鲜民族特色的小说,对东方文学作出了贡献。

印度文化对南亚、东南亚诸国如锡兰、缅甸、泰国、柬埔寨、老挝、印度尼西亚影响很深。戈岱斯在《印度化国家》一书中指出,从印度传到东南亚的文化因素,有四项:以印度教或佛教信仰为特征的王权概念;以梵语为表现形式的文学;取材于《罗摩衍那》、《摩诃婆罗多》、《经世书》及其他梵语文献中采用的神话,其中的主要内容是恒河地区的王统与以王族宗谱为中心的内容;遵守印度教的神圣法典,特别是要遵守《摩奴法论》。印度文化传入东南亚地区,史称"东南亚的印度化时代",甚至把东南亚国家称为"印度教国

[①] 清原贞雄.日本史学史.转引自:中国古文化的奥秘.武汉:湖北人民出版社,1986.350

家"。①

应该冷静地看到,东南亚诸国也有自己的古老文化,并在外来文化的影响下,创造了新的民族文化。公元9至13世纪柬埔寨的吴哥文化,是柬埔寨古代文化发展的高峰,可与当时世界上最先进的文化相媲美,它和中国的长城、埃及的金字塔、印度尼西亚的婆罗浮屠,被誉为世界奇观。

阿拉伯文化作为东西方文化交流的枢纽和桥梁,它的伊斯兰教、阿拉伯语、文学等许多文化成果具有世界性的影响。阿拉伯人从印度人那里吸收了医学与数学知识,从西方吸收了哲学的智慧,经过改进与创新,又传播到西方,传播到世界。中世纪的东方文化像一盏闪烁的明灯,映照着黑暗的西方。

---

① 参阅:(英)丹·乔·艾·堆尔著.东南亚史.中山大学东南亚研究所译.北京:商务印书馆,1982.24

第八章 中世纪的西方文化

> 中世纪是从粗野的原始状态发展而来的。它把古代文明、古代哲学、政治和法律一扫而光,以便一切都从头做起。
>
> ——恩格斯
>
> 那么多一度繁荣过的文明都已消逝不见了。它们所经过的"死亡之门"是什么?
>
> ——汤因比

一、所谓"黑暗时代"

在欧洲历史上,从5世纪罗马文明瓦解到15世纪文艺复兴这段时间,称为中世纪、中古时代或黑暗时代(the Dark Ages)。

应该看到,中世纪欧洲社会是复杂的,经济结构、教会结构、领主制结构、君主制结构相互重叠、相互制约。君主制结构对教会和大领主制结构的胜利,标志着中世纪社会的结束。[①] 根据社会经济结构的变化,这一千年可分两个阶段。

---

① 简明不列颠百科全书(第9卷).北京:中国大百科全书出版社,1986.496

1. 5～10世纪时期

美国伯恩斯在《世界文明史》中提出,西欧只有从公元400年到公元1000年才是真正的"黑暗时代"。所谓黑暗时代,是指中世纪的早期。这个时期的文化,主要是三种因素,即基督教、日耳曼异族的影响和古典文化遗产合在一起促使了欧洲早期文化的诞生。

恩格斯指出:在西欧,"中世纪是从粗野的原始状态发展而来的。它把古代文明、古代哲学、政治和法律一扫而光,以便一切都从头做起。它从没落了的古代世界承受下来的唯一事物就是基督教和一些残破不全而且失掉文明的城市。"[1] 罗马天主教会在思想意识上处于统治地位,成了封建统治的国际中心。

由于异族的入侵与破坏,欧洲中世纪早期文化在某些方面向野蛮倒退了。经济活动衰退到物质交换和自给自足的原始阶段,理智上不仅停滞,而且堕落到愚昧主义和禁欲主义的深渊。[2] 教主格利哥里一世(590～604年)写了四卷被基督教徒称为名著的《对话录》,他宣扬:"不学无术是真正的虔诚的母亲。"在基督教会的指使下,不少古代有价值的图片典籍被毁掉,加上"黑死病"(the plague)流行,西至英伦三岛,东至拜占庭及印度内地都受其害。古典时代希腊、罗马文化的光辉黯然失色了,特别从4至7世纪的300年间,竟然没有产生一部著名文学著作和科学著作,整个欧洲社会进入了"黑暗时代"。

---

[1] 马克思恩格斯全集(第7卷).北京:人民出版社,1959.400
[2] (美)伯恩斯,拉尔夫著.世界文明史(第1卷).罗经国等译.北京:商务印书馆,1987.391～392

2. 11～15世纪时期

这一时期西欧升起了黎明的曙光。在君主制结构中,国王扩大了行政管理和征税的权力。在经济结构中,11世纪新兴城市的成长,手工业行会的兴起,产生了商会,国王保护商人,并获得财政的支持。13世纪末意大利城市工商业发达,14世纪意大利开始了文艺复兴,15世纪和16世纪文艺复兴遍及西欧。因此,14～15世纪不是"黑暗时代"、"文化低潮",而是学术思想十分活跃的时代。所以,中世纪时代不能笼统称为黑暗时代。黑暗时代主要指西欧中世纪初期(5～10世纪)600年左右的时代。就整个中世纪来说,西方仍在缓慢地发展。如恩格斯曾经指出的,欧洲文化领域扩大了,技术上也有很大进步,一个个富有生命力的大民族也形成了。尽管如此,中世纪时期,西方文化仍落后于东方,特别是15世纪之前的西方文化。

二、中世纪的西方文化

1. 基督教哲学

欧洲中世纪,基督教在世俗生活和精神生活诸方面都占据统治地位,哲学成了神学的婢女,它的作用是为信仰作理性的解释。基督教哲学,在中世纪历史中,适应不同时代的社会思潮,出现过两种不同的形态:第一形态是2～5世纪的教父哲学,代表人物有奥古斯丁等;第二形态是11～14世纪的经院哲学,13世纪为其繁荣时期。13世纪前是以奥古斯丁主义为主导思想的教父哲学,13世纪后是以托马斯主义为主导思想的经院哲学。

(1) 教父哲学

所谓教父,是指早期基督教的护教者,他们不但宣传基督的信仰,制定教义,并努力为信仰作论证。后来把解说信仰权威者称为"教父",即"教会父老";把教父的神学学说称为教父学或教父哲学。教父们根据《圣经》,利用古希腊罗马哲学,特别是新柏拉图主义和新斯多噶主义制定和论证基督教的创世说、原罪说、救赎说、三位一体说、天国报应说、教权至上说等一整套教义,创立了哲学与神学混为一体的为基督教教义辩护的宗教理论。

第一个被称为拉丁教父的是德尔图良(160～222年),而被称为希腊教父的是奥里根约(185～254年)。教父哲学最著名的代表人物是奥古斯丁。

奥古斯丁(354～430年)是基督教神学体系的创立者,教父哲学的主要代表,是北非希波主教,主要著作有《上帝之城》、《忏悔录》、《教义手册》、《预定论》和《论三位一体》等。其中《上帝之城》是论述神学思想最系统的一部著作。它的主要内容如下:

△ 关于上帝神性的论证 这是奥古斯丁学说最重要的内容。奥古斯丁借助柏拉图哲学的理念论和斯多葛学派的伦理学,誓言神是超越的存在,永恒不变,绝对统一;神是唯一的精神实体,充满智慧和意志。他论证上帝从"虚无"中创造出世界,我们有限的人不能领悟无限的上帝,所以对此只能采取信服的态度。

△ 神权至上说。奥古斯丁在《上帝之城》中,提出双城论(双国论),论述上帝之城和人间之城的起源、发展和终结。作者把善恶两种不同性质的统治称为上帝之城和人间之城,即神的国度和人的国度。上帝之城是永生的,光明的,它的成员过着精神生活,充满善行。人间之城过着肉体生活,犯罪作恶,贪求现世享受。人间之城爱自己以致蔑视神;上帝之城爱神以致蔑视自己。以人为中心,追求人间享受的人间之城必然衰落灭亡;以神为中心,追求神的上帝

第八章 中世纪的西方文化

之城必然兴旺,永世长存。由此,奥古斯丁劝说人间之城接受基督教的领导,改变追求的对象。同时还认为教会是上帝世俗的代表,因而教会的权力必须高于世俗的权力。这为后来教权高于王权提供了系统的理论基础,在整个中世纪中,特别是在教会对世俗诸侯的斗争中产生过巨大的影响。[1]

恩格斯曾指出:"中世纪只知道一种意识形态,即宗教和神学。"教会为了论证教权高于王权,提出了"两把刀说"和"日月说"。12世纪下半叶,教会把《新约全书》"路加福音"中第二十二章第二十二节叙述耶稣叫门徒预备两把刀,并将两把刀说成是神权和政权,认为这两种权都属于教会。教会可以把政权暂时交给国王,也可以随时把政权收回来。因此王权是教权授予的。这就是所谓"两把刀说"。13世纪初,教皇英诺森三世和波尼法斯八世的宣言中宣称,"教权是太阳,君权是月亮",月亮的光是从太阳借来的,因此教权高于王权。这就是所谓"日月说"。[2] 教皇派与国王派的权力斗争逐步酝酿,已初露端倪。

神权政治具有如下特征。

△ 改变了古代西方观察政治问题的立脚点。《圣经》被认为是绝对权威,是判断是非的唯一标准。一切权力的解释都来自上帝,并最终受上帝权力的支配。

△ 改变了古代西方的道德观念,把基督教的道德作为社会的伦理基础。西方普遍认为古代所宣扬的所谓正义、平等等观念只有来世才能实现,因此,爱上帝被人们作为行为的规范和道德标准。

△ 教会与国家、教权与王权的关系是神权政治论的中心内

---

[1] 中国大百科全书·哲学(Ⅰ).北京:中国大百科全书出版社,1988.752
[2] 欧洲哲学史教程.福州:福建人民出版社,1983.129

容。教权与王权斗争的相互消长贯穿于整个西欧中世纪。根据教父哲学,教权高于王权。而拥护王权的思想家,提出君权神授,声称国王权力来自上帝的授予,因此,王权不受教权支配。这两种理论的矛盾虽尖锐,但实质上是一致的,都是为了维护封建统治。他们相互矛盾,又相互勾结,形成"政教合一"与"政教之争"的局面,使教阶制度与封建等级制两座金字塔结合起来,使教会与封建政治组织形成相互配合的管理网。如图 8-1 所示:

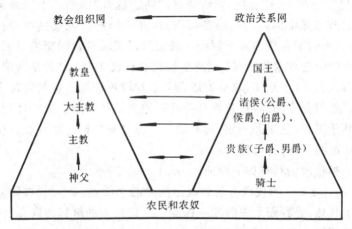

图 8-1　西欧教会与政治组织形成相互配合的管理网

因此,5～15 世纪的欧洲这种政权与神权的结合,从经济基础到上层建筑都被基督教神学所统治的局面,在历史上被称为黑暗时代不是没有道理的。

(2) 经院哲学

教父哲学之后,经过几个世纪的酝酿,于 11～14 世纪欧洲基督教教会学院产生了一种哲学思潮,后人称之为经院哲学。经院哲学运用理性形式通过抽象的烦琐的辩证方法论证基督教信仰。

它是一种为宗教神学服务的思辨哲学。围绕共相与个别、信仰与理性的关系,思想家之间展开了长期的争论,形成了唯名论和实在论两个派别。以法兰西经院哲学家罗瑟琳(约 1050~1102 年)为代表的唯名论认为:只有个别的东西有实在性,"共相"或"一般"只是个名称、概念,实际上并不存在。这种思想在宗教上,否认了三位一体的最高的神,只承认分别存在的圣父、圣子及圣灵。以基督教哲学家安瑟尔谟(1033~1108 年)为代表的实在论认为,真实存在的是"共相",不是具体的个别的事物,只有"一般"是唯一的实在。这种思想反映在宗教上,承认普遍的教会存在,认为个别的教会是从属的;承认三位一体的最高的神的存在,认为三位分离的神是从属的。"实在论"是正统经院哲学,是官方教会用以维护正宗神学、教会的最高统治地位和封建秩序的理论基础。同正统哲学相对立的"唯名论",比较集中地反映了新兴城市市民阶级的观点和利益。两者斗争延续了数百年之久,构成了中世纪哲学的基本内容。

经院哲学从其地位来看,它是"神学的侍婢"。从它的内容来看,以上帝和《圣经》作为研究和论证的对象,它是脱离实践,排斥科学知识的教条主义。"上帝存在"、"灵魂不死"和"意志自由"等三大命题,成为基督教哲学和它的范畴体系。从它的研究方法来看,用的是片面的形式逻辑、烦琐的引经据典的方法,因而经院哲学被称为"经院习气"与"烦琐哲学"。

经院哲学集大成者是托马斯·阿奎那(1224~1274 年),他是意大利神学家和经院哲学家,曾就读于那不勒斯大学和巴黎大学。后在巴黎、波伦多、罗马等地讲授神学和哲学,先后充任亚历山大四世(1254~1261 年在位)、乌尔班四世(1261~1264 年在位)及克力门特四世(1265~1268 年在位)等三个教皇的教廷神学教授和法王路易九世的顾问,属经院哲学实在论者。由于他论述甚广,有

"天使博士"之称。

阿奎那主要著作有:《论存在与本质》、《反异教大全》、《哲学大全》、《亚里士多德〈政治学〉注释》、《神学大全》等。其中《神学大全》是他论述神学思想最重要、最系统的著作,内容涉及社会、宗教、政治各个方面,是经院哲学的百科全书。该书鼓吹教皇是上帝在人间的代表,位于世俗君主之上,而封建等级的划分是上帝的安排。阿奎那的神学著作,由教会加以编辑,成为基督教神学的规范,其权威仅次于《圣经》。1879年,教皇利奥十三世在《永恒之父》通谕中全面颂扬托马斯·阿奎那的神学和哲学,把它确立为基督教哲学的最高权威。教会和一切封建势力,都把它当作最重要的思想武器,来维护其统治地位和正统信仰,扼杀和窒息一切进步思想。托马斯·阿奎那哲学体系被称为"托马斯主义",在封建社会末期和资产阶级革命时期,托马斯主义作为维护封建教会理论曾经受到市民阶级和资产阶级的批判。但资产阶级成为统治阶级后,又对它加以修改和利用,并提出所谓新托马斯主义或新经院哲学,作为反马克思主义哲学的急先锋。第一次世界大战后,新托马斯主义进而发展成一种世界性的资产阶级哲学流派。

2. 基督教史学

基督教徒用基督神学的观点解释历史、编写历史,就产生了基督教史学。

基督教史学代表人物是攸西比厄斯和奥罗修斯。攸西比厄斯(约260～340年)是巴勒斯坦凯撒里亚地区的主教,是基督教史学的奠基人,被称为"教会史学之父"。他的历史著作有四部:

《编年史》:这部书是模仿阿非加纳斯所著的《编年史》而作。他用综合编年法来叙述他所知道的世界各国历史。该书把历史分为两种,一是神圣的历史,即希伯来人(犹太人)和基督教的历史;一是世俗的历史,即埃及、巴比伦、叙利亚、波斯、希腊、罗马的历史。书以年代为经,左边记载神圣的历史,右边记载世俗的历史,使两者互相对照。这样,就为各国历史记载提供了一个新的纪年方法,即基督教纪年。这部书以后还有人继续写下去,一直写到公元8世纪。

《教会史》:这是第一部详尽记载基督教会兴起和发展的史书。

《君士坦丁大帝传》:此书描述君士坦丁大帝生平事迹及其皈依基督教的经过,充满歌功颂德的谀词,缺乏史料价值。

《巴勒斯坦殉道者传》:这部书记载了基督教兴起时巴勒斯坦地区殉道者的事迹。[1]

奥罗修斯(约380~420年)著有《反世俗的历史》七卷。他是圣·奥古斯丁的学生。奥罗修斯企图用具体事实来证明圣·奥古斯丁的神学观点。他从创世纪写起,把一部世界史描绘成巴比伦、马其顿、迦太基、罗马四大帝国相继出现的历史,同时认为世俗的国家将被上帝之城所代替。

5~13世纪西欧各国也出现一些史学家,但史学与其他学科一样,是神学的奴仆。

基督教史学具有三个显著的特征。一是宗教迷信代替了科学的探索。他们认为人类的一切都是由上帝安排的,写历史就是论证上帝的存在,赞美上帝的全能全智。二是宗教传说代替了信史实录。《圣经》中那些荒诞无稽的传说和神话,都被当作历史事实。三是宗教史观支配一切。基督教史学家把基督教的产生和传播当做

---

[1] 郭圣铭编著.西方史学史概要.上海:上海人民出版社,1983.61,62

世界历史的中心,而把世俗的历史放在从属地位,认为一切历史都是基督教的胜利史。

由于基督教史学用基督教神学观点来解释历史,因而古希腊罗马的史学传统中断了。伟大的历史学家希罗多德、修昔底德、波里比阿、李维、塔西陀、普鲁塔克等人的名著,因是世俗的作品而受到鄙薄,束之高阁,直到"文艺复兴"时期这种现象才有所改变。①

3. 文学与艺术

(1)中世纪文学

中世纪文学包括教会文学、英雄史诗、骑士文学和城市文学四大类。

教会文学:它是普及宗教教义,欺骗和麻醉人生,对人民进行精神奴役的重要工具。教会文学包括圣经故事、圣徒传、祷告文、赞美诗、颂歌、圣者言行录、梦幻故事、奇迹故事、宗教剧等,这些作品有的宣扬教会、上帝的权威、基督教教义,有的歌颂基督的伟大,有的宣扬禁欲主义和来世思想。那些为了基督教信仰而献身的殉道者,遁世修行的苦行者,以及长途跋涉去朝圣的香客,都是它歌颂的对象。基督教会企图通过宗教文学,使劳动人民敬畏上帝,安贫守贱,逆来顺受,并把希望寄于死后的荣耀和来世的幸福。②

在宗教文学中,也有反映现实生活和人民情绪的作品,对中世纪的民间文学、城市文学有一定的影响。

---

① 郭圣铭编著.西方史学史概要.上海:上海人民出版社,1983.60,63
② 参阅:朱维之,赵澧主编.外国文学史.天津:南开大学出版社,1996.49

英雄史诗:史诗不仅存在于远古时代,进入中世纪封建社会后史诗的形式仍然大量存在着。史诗以历史人物为基础,歌颂抵御外侮、维护民族独立的爱国英雄,如法国的《罗兰之歌》、西班牙的《熙德之歌》、德国的《尼伯龙根之歌》、俄罗斯的《伊戈尔远征记》等。这些史诗以民间传说、历史传说或历史事件为依据,反映了各自民族建立封建国家之后的社会关系与政治要求,描写了本民族的英雄,故称为英雄史诗,它对后世欧洲长篇小说的形成与发展有很大的影响。

《罗兰之歌》是法国中世纪英雄史诗"武功歌"的代表作品,它在民间流传与创作的基础上,约于12世纪用民间语言罗曼语写成。诗分三部分:第一部分写加奈隆投敌叛变,拉开了诗的序幕;第二部分写骑士罗兰率领的两万骑兵遇上敌人的伏击,全军覆没,这是全诗的高潮;第三部分写对叛徒加奈隆的惩罚。史诗歌颂了"忠君爱国"的英雄罗兰,为了"亲爱的法兰克"不惜战斗到流尽最后一滴血。罗兰是理想的封建骑士的形象。史诗对查理大帝有一定程度的美化,反映了人民对建立一个由强大王权领导的统一的民族国家的愿望。史诗还讴歌了真诚的爱情。与中世纪的一般文学作品一样,《罗兰之歌》由于受当时教会的影响,具有浓厚的宗教色彩。

《熙德之歌》反映的是11世纪初西班牙人反抗阿拉伯人侵略的斗争。在阿拉伯语中,熙德一词的含意是"首领",是阿拉伯人对西班牙英雄罗德利戈·德比瓦尔的尊称。熙德与罗兰一样,是一个忠君爱国、英勇善战的英雄,在他身上集中地反映了人民所希望的理想的英雄的品质。

《尼伯龙根之歌》分两部。上部称《齐格弗里特之死》,描写了尼德兰王子齐格弗里特被人谋害。下部称《克里姆希尔特的复仇》,描写齐格弗里特之妻、勃艮第公主克琳希德为夫报仇的故事。它反映了封建社会上层的争权夺势与某些社会风尚,是德国中世纪文学的宝贵遗产。

《伊戈尔远征记》为俄国英雄史诗,反映的是1185年俄罗斯王公伊戈尔孤军出征游牧民族波格维茨,被俘后,又逃出敌人囚禁,重返祖国的故事。通过对这次悲剧性的远征的具体描写和对失败原因的分析,讴歌了伊戈尔强烈的爱国主义思想,但史诗也有一定宗教的色彩。马克思指出:"全诗具有英雄主义和基督教的性质。"①

骑士文学:骑士文学是一种封建世俗文学。骑士的信条是"忠君、护教、行侠"。骑士"文雅知礼",学习音乐和作诗,重视个人荣誉,爱慕、崇拜贵妇人,为博得"心爱的贵妇人"欢心而甘冒一切风险,这就是所谓骑士精神。骑士文学是骑士精神的具体反映,12～13世纪在法国最为繁荣。骑士文学分为骑士抒情诗和骑士传奇两种。

骑士抒情诗的中心地是法国南部的普罗旺斯,作者主要是封建主和骑士,也有少数出身社会下层的人。骑士抒情诗的主要内容是歌颂骑士对贵妇人的崇拜和爱恋。它歌唱的不是通常意义上的爱情,而是女郡主的美貌、高贵的品质,以及怎样博得她的欢心,其实骑士与贵妇人之间并没有真实的感情。骑士抒情诗形式多样,有破晓歌、牧歌、情歌、怨歌、夜歌等,表达所谓"典雅的爱情"。贵族骑士就是用这种所谓高雅的爱情,来掩盖他们腐化淫乱的生活。破晓歌主要描写骑士与贵妇人在黎明前依依惜别的情景,恩格斯认为,这是普罗旺斯爱情诗的精华,对当时拉丁语系各民族甚至对德国

---

① 马克思致恩格斯信.马克思恩格斯全集(第29卷).北京:人民出版社,1972.23

人和英国人都是望尘莫及的范例①。

骑士传奇中心在法国北方。其内容亦是写骑士为了爱情、荣耀或宗教进行冒险的传奇幻想故事。从题材来源看,可分为古代系、不列颠系和拜占庭系。骑士叙事诗中,以描写不列颠王——亚瑟王和他的圆桌骑士作品数量最多。法国克雷提安·德·特洛亚的《郎斯洛》是典型的骑士传奇作品,描写郎斯洛对王后耶尼爱佛的爱情,集中体现了骑士的爱情观点。骑士文学中也有反映反封建精神的作品,如《奥卡森和尼柯莱特》。贵族公子奥卡森违反父亲意志,抛弃骑士职责,同一个女俘恋爱,经过斗争、逃亡、漂流而终成眷属。它反映了中世纪后期骑士精神的衰落,同时也可以看出近代反封建思想的一些萌芽。

骑士文学对文艺复兴及近代西方文学有一定影响。正如别林斯基所说:"这种小说诚然是骑士的,充满着幻想的小说,惯见的和不惯见的、可能的和不可能的混合在一起,但它们已经不是诗,现代长篇小说的种子已经在这种作品中成熟了。"②

城市文学。12世纪,随着城市的发展,产生了城市文化,它反映了市民阶级的反封建精神和市民的文化要求。这种新的城市文化,具有强烈的现实性与乐观精神的特点,打破了教会对思想文化的垄断,形成了非教会的世俗文化,城市文学应运而生。城市文学最流行的样式是韵文故事,其次是戏剧及抒情诗等。

法国的民间长篇故事诗《列那狐的故事》是城市文学中影响最大的一部,流传到现在的除《列那狐的故事》外,又出现了《列那狐

---

① 法兰克福关于波兰问题的辩论.马克思恩格斯全集(第5卷).北京:人民出版社,1958.420

② 转引自:(苏)阿尼斯特.英国文学史纲.蔡文显等译.北京:人民文学出版社,1980.24

加冕》《新列那狐》和《冒充的列那狐》等几部著作。这部"禽兽史诗"以主要角色列那狐狸与伊桑格兰狼的斗争为主线,实际上反映的是当时的社会现实,展示了中世纪法国封建社会各种力量矛盾和斗争的错综复杂的情况。这种寓意和讽刺的风格,是中世纪城市文学作品的突出特点。

中世纪文学的最高成就是《玫瑰传奇》和《神曲》。法国中世纪长篇叙事诗《玫瑰传奇》分两部:第一部约4 300行,作者为吉约姆·德·洛里斯,他采用隐喻手法,以玫瑰代表少女,叙述情人追求玫瑰而不得的故事。第二部作者为让·德·墨恩,诗长达17 000多行,写情人经过种种努力,包括借助财富去争取对方的欢心,终于得到了玫瑰。

(2)中世纪艺术

中世纪艺术主要是教堂的建筑艺术、宗教画与教堂音乐。

基督教建筑:基督教建筑不仅具有使用价值,而且有很高的艺术价值,特别表现在教堂建筑艺术上,主要形式有罗马式、拜占庭式和哥特式三种。

罗马式建筑是查理大帝时的教会建筑。这种建筑的特点是厚实坚固,窗户小而窄,这是因为当时社会动乱不安,战斗频繁,而狭小的窗户易守难攻,利于向外瞄准射击。这类建筑以法国的普瓦提埃和阿尔卑大教堂、德国的沃姆斯和美因斯大教堂、意大利的比萨大教堂最为著名。

拜占庭式建筑反映了东罗马帝国的建筑风格,兼有古典时代和东方各国的建筑风格。拜占庭建筑最光辉的代表是君士坦丁堡的圣索非亚大教堂。

哥特式建筑最突出的特点是高而尖。塔尖高耸,尖房顶,尖屋脊、尖望楼、尖的饰物,甚至连门窗的顶部也是带尖拱形的。这种建筑风格寓意是人们虔诚地向上帝祈祷,祈求上帝的宽恕与恩赐。

高,就是要引导人们抛开现世,两眼朝天,使人在无形中形成一种祈求上帝的印象。哥特式建筑以法国巴黎圣母院、英国坎特伯雷大教堂、意大利米兰大教堂最为著名。

宗教画:基督教的宣传画旨在宣扬基督教教义。早在4世纪时,在安提阿(叙利亚)一带就出现墓窟壁画。东罗马时,在拉文那的圣威特尔教堂中,有一幅名为《查士丁尼及其朝臣》的画,灵光圈被画到了查士丁尼的头上,使人产生东罗马帝国王权与教会有特殊关系的印象。到了文艺复兴时期,一批杰出的画家以《圣经》故事和人物为题材,创作了许多充满了人文主义色彩的美术作品。

4. 科学与技术

中世纪后期随着城乡经济的发展,科学与技术有所起色。主要表现在:

(1)农业生产技术的发明

中世纪的西欧农业生产技术的发明表现有新式犁代替老式犁,马耕代替牛耕,二圃制改为三圃制,水磨坊的出现等,这些有利于农业生产的发展。

(2)科学的进步

中世纪继承发展了古代亚里士多德、普林尼、加伦和托勒密的科学成就的不多,但物理学某些方面的进步超过了亚里士多德。例如法国科学家布里丹(1300~1360年)研究了落体与抛物体的原理,他把冲力定义为物体的质量与速度的乘积,实际上就是近代科学的动量。布里丹的观点被近代科学家所继承。因此,布里丹被誉为"现代动力学的奠基人之一"。在光学方面,格罗斯代特(1168~1253年)等人,研究了许多新的原理,如真空(vacuum)、吸管(漏斗syphoning)、透视画法和光学(optics)、反射镜、透视镜(lenses)和重量所发动的发条(clock-work)等,这些都为将来科学仪器上重要的发明创造了条件。尼毛拉利阿于13世纪著了一部书,论述了重量(weights)和坠物体(falling bodies)等方面的理论亦颇为重要。①

冶炼方面,13世纪水力鼓风机械用于冶金;到14世纪,西欧已懂得了铸铁技术。

数学,在中世纪后期有所发展。"最著名的是意大利学者费波那奇(约1170~1250年),他在《算盘书》、《四艺经》、《几何实习》等著作中,系统地介绍了希腊、阿拉伯和印度的数学知识,使西欧人掌握了利用整数、分数、平方根、立方根进行计算的方法,懂得'0'的意义,学会了解一次方程,二次确定或不定方程,而且改变了西欧数学的面貌。"②

(3) 科学家罗吉尔·培根

罗吉尔·培根(约1214~1294年)是英国思想家与实验自然科学家,曾在牛津大学学习和工作15年。培根学问渊博,研究范围涉及到数学、力学、光学、天文学、地理学、化学、音乐、医学、文法、逻辑学等,被人们称为"万能博士"。

培根的著作有《大著作》、《小著作》、《第三著作》及《哲学研究纲要》等。特别是《炼金术之镜》及《论自然的有力和巫术的无术》影响较大。

培根的主要贡献在学术思想与科学方法方面。他首先提出"科学实验"的思想,认为"没有实验,任何东西都不可能充分被认识","凡是希望对于在现象背后的真理得到毫无怀疑的欢乐的人,就必

---

① 参阅:(美)桑戴克著.世界文化史.陈廷璠译.北京:中华书局,1989.527
② 鲁品越.西方科学历程及其理论透视.北京:中国人民大学出版社,1992.180

须知道如何使自己献身于实验"①。培根认为,经院哲学家许多争论不休的问题,一旦放到科学实验之中便迎刃而解了。比如经院哲学家们硬说,只有山羊的血才能切开钻石,科学实验证明,羊血不能切开钻石,但钻石却能把其他物体切成碎片。

罗吉尔·培根重视实验科学,蔑视空洞无物的烦琐思辨,断言实验科学比论证科学更为完善,指出屈从权威、因袭习惯、相从偏见、盲目无知是掌握真理的四大障碍,认为知识来自感官知觉和科学实验。罗吉尔·培根做过光学与磁铁实验,在历法、地理及火药制造方面均提出过有价值的见解。他还根据自做蒸汽装置预测人类总有一天会制造轮船,会有不用人拉的车和似鸟一样在天空飞翔的机械鸟。

罗吉尔·培根还无情攻击经院哲学家的不学无术,他的实验学术思想给教会统治以致命的威胁,因而曾先后两次被教会视为异端而遭监禁14年之久。但是科学的光芒,是监禁阻止不了的,在他的思想的指引下,西方实验科学得以形成和发展,后为弗·培根所继承,一直影响到近现代,因此,在自然科学领域,罗吉尔·培根成为西方世界崇拜的偶像之一。

5. 基督教与西方文化

基督教文化是西方文化的一个重要组成部分,基督教文化与西方文化的关系,赵复三在《基督教与西方文化》中认为主要表现在四个方面。

第一,基督教文化加强了欧洲统一的意识。欧洲统一(European unity)是20世纪西欧的一种共同意识,欧洲内在的一

---

① (英)罗吉尔·培根.大著作.参见:西方哲学原理选读(上卷).北京:商务印书馆,1981.285,287,288

致性在于欧洲各国文化都是在基督教文化的影响下形成的。从罗马帝国的分裂和崩溃，到法兰克王国的形成、壮大，到查理帝国分裂为德、法、意，欧洲经过日耳曼人的入侵，唯一剩下的是成为帝国精神影子的基督教。由于新大陆的移民与文化交流，在北美洲、南美洲及太平洋文化中也能看到基督教文化的影响。

第二，基督教文化与西方法学传统有相当渊源。基督教的法律如"摩西十诫"继承了犹太教的经典。按照犹太教的法规，任何人违反十诫都要处以死刑。而这正是欧洲中世纪法律、伦理、道德规范的基础。古典时代罗马制订的著名的《罗马法》，随着罗马帝国的灭亡，被日耳曼人所抛弃。整个中世纪，教会法规、《圣经》释文便成为法庭判案的依据。11~13世纪政教之争，为了阐述各自权力高于对方，双方都需要各自的法学家，他们把罗马法复活而制定国家法，以后随着商品经济发展而逐渐完善为民法，这对西方法律与政府机构的形成产生了深远的影响。

第三，基督教文化与西方哲学及文学艺术有一定的关系。中世纪的哲学探讨诸如宇宙起源、宇宙本体、人生价值、善恶伦理等观念，这些都受基督教文化的影响。西方的艺术诸如绘画、建筑、雕刻、音乐都与基督教会的思想与活动分不开的。

第四，基督教对西方人们日常生活的影响极其深远。例如：基督教的圣诞节和复活节两大节日已成为西方社会的节日；公务人员就职或在法律上作证，把手放在《圣经》上宣誓；大小城市与乡村，教堂成为各种社会活动的中心，神职人员成为社会某一方面的领袖；人们常以《圣经》人物命名，男的如大卫、彼得、约翰、保罗，女的如玛利亚、伊莉莎白、撒拉、以斯帕等。总之，可以说一个人从摇篮到坟墓，从思想言行到日常生活，都不同程度受到了基督教文化的影响。[1]

---

[1] 赵复三. 基督教与西方文化. 中国社会科学院研究生院学报. 1987(4):5

然而，基督教对西方文化发展进程的消极作用也不容忽视。恩格斯说："僧侣们获得了知识教育的垄断地位，因而教育本身也渗透了神学的性质。政治和法律都掌握在僧侣手中。"① 僧侣掌握政权、神权、教育和法律大权，设立宗教裁判所，对异端实行残酷迫害。据罗马教会的资料，在15世纪后的150年期间，罗马一地就烧死了所谓"异端分子"3万人，如众所周知的天文学家布鲁诺等。基督教把科学社会主义学说称为"邪说"和"幽灵"，所以马克思与恩格斯在《共产党宣言》中说："一个幽灵，共产主义的幽灵，在欧洲徘徊。旧欧洲的一切势力，教皇和沙皇、梅特涅和基佐、法国的激进党人和德国的警察，都为驱除这个幽灵而结成了神圣同盟。"②

三、拜占庭文化

拜占庭帝国是东罗马帝国的别称。公元4世纪，君士坦丁大帝在古希腊殖民城市拜占庭为罗马帝国建新都。395年罗马帝国一分为二之后，由于东罗马帝国的首都君士坦丁堡是在希腊古都拜占庭的基础上建立起来的，因此通称东罗马帝国为拜占庭帝国，简称拜占庭。拜占庭仍保持着古典文明，并继续存在千余年，直到1453年，奥斯曼土耳其帝国灭亡拜占庭，将君士坦丁堡改名为伊斯坦布尔（意为伊斯兰教的城市）为止。拜占庭存在的年代，正值欧洲中世纪的"黑暗时代"，而拜占庭文化像一盏闪烁的明灯，在西方的东端闪烁。

---

① 德国农民战争.马克思恩格斯全集(第7卷).北京:人民出版社,1959.400
② 共产党宣言.马克思恩格斯选集(第1卷).北京:人民出版社,1972.250

1. 拜占庭文化的特色

拜占庭文化兼有东西方文化的特点,这与它的地理位置有密切的关系。拜占庭的疆域除欧洲之外,其中重要地区有:叙利亚、小亚细亚、巴勒斯坦、埃及。它处在丝绸之路的终点,东西文化的接触点上。拜占庭属地的居民,大多数是希腊人和希腊化的东方人——叙利亚人、犹太人、亚美尼亚人、埃及人和波斯人;欧洲部分,主要有斯拉夫人、日耳曼人、蒙古人等。拜占庭语言、文学、艺术、宗教主要是希腊式的,也吸收了东方埃及、西亚文化,具有丰富多彩的特色。

9～13 世纪是拜占庭文化繁荣时期。当时学者云集,他们利用古代文化遗产为现实服务,编有历史、农业、医学丛刊。瓦尔拉姆曾是意大利人文主义的始祖彼特拉克的古希腊文学启蒙教师。著名科学家米海尔·普塞鲁的名著《四学概论》(算术、几何、天文和音乐)当时被列为欧洲的科学入门读物。拜占庭被人视为知识与文明的圣地,保存和传播的古典文化对欧洲文艺复兴产生了积极的影响。

2. 拜占庭文化的成就

拜占庭的哲学与科学。新柏拉图主义是拜占庭时期占统治地位的哲学派别。它的主要代表人物是普洛科尔·迪亚尔赫(412～485 年)。迪亚尔赫既是一位新柏拉图主义者,又是一位科学家,为欧几里德的《几何学原理本》作过注释。他综合了斯多葛学派、伊壁鸠鲁学派、柏拉图及亚里士多德的哲学,进一步形成了自己的唯心主义哲学体系。

对罗马法的修订、编纂。查士丁尼时编纂的《国法大全》是罗马法的集大成著作。《国法大全》中的《法学总纲》和《法理汇要》,构成了查士丁尼时代流行的法哲学和政治哲学。

拜占庭外科医学有突出的成就。7世纪阿吉那的保罗著《医学概要》是一部著名的外科医学著作。另外,小亚细亚特拉尔的亚历山大最先谈到了大黄(rhubarb)和条虫(tape-worms),他还巧用芦苇管把细末吸入鼻孔中而止鼻血。①

地理与史学。6世纪拜占庭的商人和旅行家西姆·印吉科普著有《东方各国旅行记》,10世纪时皇帝君士坦丁七世编著有《拜占庭帝国及其临近各国记》,它们都有一定的史料参考价值。拜占庭最著名的史学家普罗科匹厄斯(约500～565年)模仿古希腊希罗多德和修昔底德的写法,留下两部重要的著作:一是《当代史》(即《查士丁尼皇帝征战史》),共8卷,记述了东罗马帝国与汪达尔人、哥特人、波斯人的历次战争;一是《秘史》,描写查士丁尼时代的宫廷内幕,大胆抨击了查士丁尼的政策和上层统治阶级的黑暗腐败。普罗科匹厄斯还著过一本《查士丁尼时代的建筑》。11世纪女作家安娜·科穆宁著《亚历克塞传》,记述了其父亚历克塞统治时期的历史。君士坦丁堡的大教长福提斯(约820～892年)所著《群书摘要》(Myriobiblion),辑录古典著作达280多种,对保存和整理古籍作出了贡献。②

拜占庭的建筑与艺术。拜占庭建筑最光辉的代表是君士坦丁堡的圣索非亚大教堂,它是拜占庭建筑艺术的精华。这座由著名学者、建筑师依西多尔和安提密阿用六年设计的大教堂,吸收了巴勒斯坦、埃及、波斯的建筑艺术,主要特色是把圆顶的原理应用于方

---

① 参阅:(美)桑戴克著.世界文化史.陈廷璠译.北京:中华书局,1989.417
② 参阅:葛懋春主编.历史科学概论.济南:山东教育出版社,1985.390

形建筑,巨大的圆屋顶盖在由4个拱台支撑的4个拱门之上。教堂内饰有色彩绚丽的白、绿、黑、红的大理石镶嵌图案,金箔、彩色大理石柱子,直立的小块彩色玻璃折射太阳光线酷似发光的宝石,使教堂里面的光线看起来不是从外部,而是由内部发出的。

拜占庭的其他艺术包括象牙雕刻、雕花玻璃器皿、手稿的装裱、刺绣、金匠和宝石匠的技术、彩釉制品及大量的绘画等,它们都是宝贵的文化遗产。

拜占庭文化对俄国、保加利亚和塞尔维亚文化产生过深远影响。俄罗斯的建筑、历法,俄语的大部分字母也都源于拜占庭文化,甚至俄罗斯专制统治也受到拜占庭文化的影响。拜占庭文化对意大利文艺复兴影响巨大,它的建筑与艺术对西欧文化亦有影响,如意大利威尼斯的圣马可教堂就是依照拜占庭风格建造的。罗马法经查士丁尼的《国法大全》流传到近代世界,亦是拜占庭文化影响的结果。中世纪晚期威尼斯与君士坦丁堡之间广泛的贸易促进了东西方文化的交流。①

四、中世纪东西方文化的贡献

中世纪的世界文化基本上有两种:一种是占统治地位的封建文化;另一种则是平民的文化。东西方的封建文化,不论是宗教的或世俗的,都不同程度地为封建主阶级利益服务。例如西方正统的经院哲学、文学与史学,其核心是忠君,信仰上帝;东方的中国哲学、印度哲学、阿拉伯哲学也不例外。但许多科技发明、文学与艺术都属于世界各族人民的精神财富,是近代文化的源泉。

---

① 参阅:(美)伯恩斯,拉尔夫著.世界文明史(第1卷).北京:商务印书馆,1987. 434~435

第八章 中世纪的西方文化

中世纪的文化具有承上启下的特殊作用。东西方的封建社会已经走过几百年的历程了,但封建文化仍在欧洲、亚洲、非洲和拉丁美洲继续存在并发生影响。如果说中世纪早期的西方处于黑暗时代,神学与宗教的结合,极大地阻止了西欧文化的发展,同时期东方的哲学、文学、艺术、建筑等却大放异彩。中国产生了一大批思想家、科学家、发明家、政治家、军事家、文学家和艺术家,许多领域都走在世界的前列。英国著名学者李约瑟在《中国科学技术史》中列举26项中国发明物传到西方后指出:"我写到这里用了句号,因为26个字母都已经用完了,可是还有许多例子,甚至还有重要的例子可以列举。"[1]

中世纪东西方文化对人类的贡献不同,原因是多方面的。

继承与断层。从封建制产生的过程来看,中国与印度的封建制均是在奴隶制基础上发展起来的。中国封建制从公元前5世纪春秋战国之际始,经秦汉封建政权统一,继承、改造和发扬了先秦文化。封建制对中华民族的形成、经济发展、文化的交流与融合,无疑起了重要的作用。印度在公元4世纪笈多王朝时进入封建社会,在文化思想上也继承了奴隶制文化。相反,中世纪的西欧是通过蛮族的入侵,奴隶制与氏族制解体相互影响,逐步形成封建社会。西欧中世纪初期,由于蛮族的入侵,昔日古典文化遭到破坏,古代世界遗留下来的仅是基督教和一些破烂不堪的城市,文化上一度出现断层。

政权与神权。东西方君主的神权观念不同。西欧君主颁布的文件中,往往有"承蒙上帝恩典"这类的词句,说明他未达到神人同格的绝对权威。中国的君主,如夏、商、周王就自称受命于天,秦皇、

---

[1] 李约瑟.中国科学技术史(第1卷).北京:科学出版社,1975.547~549

汉武、唐宗、宋祖直到明清皇帝都以受命于天的真龙天子自居。集"天地君亲师"之权于一身。印度宗教比中国盛行,但从笈多王朝到莫卧儿王朝政权一直高于神权。

中西"君权神授"思想也有显著的差别。西方神权高于政权,它支配着一切,包括科学、教育、文化与人的灵魂,极大地阻碍和扼杀了文化科学的发展。中世纪初期,虽然意大利和法国个别地区非教会学校,不受宗教法庭干预,但为数极少。中国政权也利用神权,但重政权而轻神权。为了维护和加强大一统的局面,除伦理道德外,仍需要一定的科学技术,所以中国封建社会的前期与中期,科学技术的发展超过西方。印度与阿拉伯亦未有文化倒退的现象,因而中世纪东方对世界文化作出了更大的贡献。

第九章
15世纪前的东西方文化交流

从公元前200年到公元后1800年这2000年间,中国给予西方的东西超过了她从西方所得的东西。

——德克·卜德

我们所知的是世界的极小部分;现在,藉了冒险辛苦的精神,许多从未被人道及的旷土时时被人发现了。

——斯宾塞

如果把世界文化史比作天上的银河,各个民族的文化就如繁星点点,到了中世纪,东西方有些明星消失了,有些仍在闪闪发亮。东方的中国、印度和阿拉伯文化,就似三颗耀眼的明星,它们灿烂的光辉照耀着东方,甚至也照射到黑暗的西方。长达几百年黑暗的西方,在11世纪后渐渐露出一丝光芒。古代东西方文化交流由"点"向"线"、"面"发展,相对闭塞的时代结束了。中世纪,东西方各民族各地区之间,随着社会经济发展,文化的交流更加频繁。15世纪以前的东西方文化交流,对世界文化的发展起着巨大的推动作用。

一、文化交流的方式、区域与层次

1. 文化交流的方式

在人类文化历史的长河中,文化的交流是一个从低级到高级,从简单到复杂,由慢到快的过程。纵观几千年的文化传播史,经历了手势传播—语言传播—印刷传播—电信传播几个阶段,这是"蒙昧—野蛮—文明"三个不同时期的信息传递方式。

爱尔兰的肖恩·麦克布赖德等在所撰《多种声音,一个世界》一书中指出:人类最初是发出一些最原始的、来源于其身体结构的声音和姿势或手势,后来才逐渐创造一整套传递信息的手段:音乐和舞蹈、鼓声和火光等信号,以及图画和图形符号,包括象形符号和后来出现的表意符号。

人类在文化交流方式上的第二大成就是发明了书写文字。纸在世界文化的传播中起了巨大的作用,印刷术的发明,使知识与智慧的结晶,可以用书籍的形式展示与保存下来,从而加速了文化的交流。

人的声音只能使一定距离的人听见。早些时候,人类书写的信息,最快的也只能靠驿路、帆船来传送。尽管传送速度很慢,但有些文化仍能传播得很远。在旅行还是一件艰苦而又危险的事,而且速度甚慢的时代,佛教、基督教和伊斯兰的教义都被传播到极其遥远的地方,这即是一个明显的例证。

现在,文化交流成为全球性现象,口头语言和书面语言是人类文化交流的重要手段。从古代发展到当代世界,用于口头交流的语言很多,全世界经过确定的大约有 3 500 余种。书面语言的数目,

第九章 15世纪前的东西方文化交流

据估计,不超过500种。据联合国教科文组织估计,使用人数在5 000万人以上的语言有16种:中国语系、英语、俄语、西班牙语、印地语、葡萄牙语、孟加拉语、德语、日语、阿拉伯语、乌尔都语、法语、马来语、意大利语、泰卢固语、泰米尔语。2/3的书刊印刷品是用英文、俄文、西班牙文、德文和法文出版的。除口头语言与书面语言外,还有:面部语言、手势、哑剧、舞蹈、图像、音乐、歌曲、雕刻、体育运动等。具有特殊价值的是亿万聋哑人使用的唇读法和手势语。

每一种语言都象征着一个民族历史悠久的文化传统,语言之多表明了世界文化的丰富性。

展望未来,语言作为文化交流的重要手段,可能有几种发展趋势:许多语言可能会得到更广泛的使用,特别是用于印刷品和电子交流等方面。另一个可能,技术的迅速传播会压缩或减少语种的作用,多语制将逐步规范为一种简单的、使用普遍的、易为大家理解和掌握的语言。如英语、汉语等能加强民族的一致性,并会很快消除不同国家的人民进行交流的障碍,[①] 是很有生命力和发展前途的语言。

文化交流的途径是多种多样的,主要有和平的和暴力的两类。在和平时期,文化交流有官方派遣使节、留学生、学者、歌舞团体、赠送各种礼品及书籍、贸易与传教等方式。郑和下西洋把精美的丝绸与瓷器输往国外,最远达非洲和红海,这是以和平进行的文化交流方式。战争与掠夺的暴力方式客观上也会起到文化交流的效果,这是当时人民所未预料的,十字军东侵和蒙古统治者向西扩张就是两个例子。又如751年唐代高仙芝与大食交战的怛罗斯一役,被

---

① 参阅:(爱尔兰)肖恩·麦克布赖德等.多种声音,一个世界.北京:中国对外翻译出版公司,1981.63~67

俘虏的唐军中的造纸工匠,把造纸术传入阿拉伯世界,最后遍及欧洲。另外,民族迁徙与聚合,亦起着文化交流的作用。

2. 文化交流的区域与层次

随着经济的发展,阶级分化,城市兴起,城乡之间出现复杂的文化差异,由此,文化传播与交流的区域和层次,大致出现中心区域→边缘区域→边远区域依次发展的情况。

△ 由中心区至边缘区,由上而下地传播。如东方中国的瓷器,首先到达西方城市上层社会,然后逐步传播开来。

△ 由边缘区至中心区,由下至上地传播。例如民间传说的话本,先在下层人民中口头流传,后由文人整理成书,才传播到都市上层人士中。又如乡村的音乐、舞蹈,经过乐师们的整理、调演才流传到都市和宫廷。

△ 跳跃式的传播,主要是军事征服与民族迁移所致。例如蒙古统治者的西征,蒙古文化从蒙古高原传到西伯利亚南部草原,从中亚细亚草原,传到黑海、黑海以北的平原,文化跨地区地传播。[①]

3. 文化交流的阶段

15世纪以前的东西方文化交流,从交流的规模、物质技术水平及其影响看,大致分为三个阶段。

第一阶段:公元前2世纪至公元7世纪。丝绸之路是这个时期的和平贸易文化交流之路。

---

① 参阅:卢云.论文化的传播与文化区域的变迁.复旦学报,1986(3):15

第二阶段:11世纪至14世纪。为东西方主要国家封建社会繁荣时期,东西方各国或者由于使节与商旅往来彼此联系密切,或者相互征服与掠夺,促进了文化交流。例如唐与南亚及东南亚,十字军东征(1096～1270年),蒙古西征(13世纪),马可·波罗东游等。

第三阶段:15世纪。此阶段既是世界进入大航海的时代,又是世界文化交流发生巨变的时代,也是世界市场和世界历史形成的时代。这个时期最引人注目的是郑和下西洋。西方人几次远航也具有划时代的意义:如1487年,葡萄牙迪亚士到达好望角;1498年,葡萄牙人达·伽马到达南印度;1492年,哥伦布远航,发现美洲;1519年,葡萄牙航海家麦哲伦环球试航等。

二、东西方文化交流的概况

1. 游牧与农耕文化的冲突

古代欧亚大陆之间,从尼罗河沿岸到黄河沿岸,包括欧洲的地中海沿岸的罗马,最早开始由采集发展到种植谷物,形成几个农耕中心,过上了农耕生活,称为农耕世界。中国文化、印度文化、苏美尔文化、巴比伦文化、埃及文化、罗马文化,都是在以农为本的经济基础上产生的古代农耕文化,它们处于欧亚大陆的偏南地带。

另一条是几乎与农耕地带平行的游牧地带,它东起西伯利亚、高加索、白俄罗斯直到欧洲中部,是从动物驯化过渡到游牧生活,称为游牧世界。

两个世界——农耕世界与游牧世界历史的发展,进而产生两种文化,农耕文化与游牧文化。

农耕生产的增长率,大于游牧生产的增长率,而稳定的定居生活,更带来了农业文化的发展。农耕与游牧两个平行的世界,一个富庶先进,一个贫瘠落后,南农北牧,南富北穷。中国西北的酒泉(甘肃)一带是两个文化的交界处,那里有农牧文化与农耕文化的贸易处,如马茶互市。

公元前2000年至公元十三四世纪,游牧文化向农耕文化发起过多次冲击。其中规模最大的要算是公元4~5世纪的亚欧民族大迁徙和蒙古的西侵。

游牧文化的代表是匈奴人、日耳曼人和斯拉夫人。由于日耳曼人由原始社会较快进入军事民主制阶段,向阶级社会过渡,财产分化激烈,产生向外掠夺的巨大推动力,加上"匈奴旋风"的西迁和罗马帝国的衰败等客观原因,促使日耳曼人大迁移。这次由日耳曼民族的大迁移而产生的游牧文化对农业文化的冲突,其历史后果,不仅成为公元476年西罗马帝国灭亡的原因之一,而且使人类越出了毗邻的范围,加强了东西方的联系,两种文化在冲突中促进了民族的融合,同时也促进了东西方文化的交流,使欧洲的古典文化向中世纪的封建文化过渡。[①]

2. 丝绸之路与长安、敦煌

古代东西方文化交流中,"丝绸之路"这条横贯亚欧大陆的交通要道,起着特殊的作用。公元前5世纪到公元7世纪的1000多年中,中国的丝和丝织品经此道转送到欧洲。西方称中国为丝国——"赛里斯"(Seres)。据近年在蒙古和西伯利亚等地考古发现,早在春秋时代(公元前6至5世纪),游牧于中亚一带的斯基太人

---

① 参阅:吴于廑.世界历史上的游牧世界与农耕世界.世界历史.1983(1):12

第九章 15世纪前的东西方文化交流

即视丝绸为宝物,丝绸可能通过他们传入波斯帝国。值得注意的是,公元1世纪中叶,一位生活在埃及的希腊水手写的《爱利脱利亚海周航记》提到中国的丝线、绸缎经陆路至大夏,或从恒河水路西运。书中还用秦朝之名称中国为"秦国"。公元1世纪的罗马博物学家普林尼(23~79年),在其《自然史》中说,只知"赛里斯园林中产丝……丝生在树上"。到2世纪中叶,希腊地志学家波桑尼阿在《希腊纪事》中指出赛里斯人之丝非取自植物,乃希腊人称为"塞几"(意指蚕)的昆虫所产。[①]中国丝也传入印度,在侨胝厘耶的《政事论》中有"产生在中国的成捆的丝"的文字记载。综上可见,中国的丝,早在公元前5世纪开始外传,到公元2世纪已为西方所熟知。

闻名世界的丝绸之路主要路线是:从长安出发,向西穿过河西走廊至敦煌,接着商路分南北两道进入西域;北道出玉门关,沿塔里木河北道,经疏勒(今喀什市)以西越葱岭(旧时对帕米尔高原和喀喇昆仑山脉的总称),再经大宛(今费尔干纳盆地)和康居南部(今撒马尔罕附近)西行;南道顺着塔里木河以南,取道鄯善(今新疆若羌)、于阗(今新疆和田)抵达莎东(今莎东县),西越葱岭,行至法扎巴德(在今阿富汗境内),折向木鹿城(今土库曼境内的马里)。南北两道在木鹿城会合后,再继续向西经里海东南部的和椟城(在今伊朗境内达姆甘近旁)、阿蛮(今哈马丹)、斯宾(今巴格达附近)等地,最后沿幼发拉底河到达丝绸之路的终点,经地中海东岸塞流西王朝的安提俄克城(今土耳其南部的安塔基亚)或拜占庭,再转运到欧洲,全程达7 000多公里,为古代最长的一条陆路商道。其支线,有取道天山北麓,经伊犁河流域西行的;有从喀什到兰市城,

---

[①] 希腊纪事(第6卷).参见:张星烺.中西交通史料汇编(第1册).北京:中华书局,1977.57

或从木鹿城到兰市城,由此取道印度河,循海道西行的。以上是陆上"丝绸之路"。

秦汉时海上的"丝绸之路",是从南海、广州起航到锡兰(今斯里兰卡),然后经印度洋西去。

东晋时,法显是第一个从陆上"丝绸之路"出国去印度取经,由海上"丝绸之路"回国的高僧。其回国路线是从恒河口—斯里兰卡—爪哇—广州。当时,从爪哇起"常行时正50日便到广州"。

唐代义净于671~695年到印度,来回都取道海路,他所著《梵语千字文》里有关于丝、绢、绫、锦等的记载。

唐宋时,广州设市舶司,管理对外贸易。除丝绸外,对外贸易的产品还有瓷器。当时一般从广州起航,唐时到波斯湾,宋时到亚丁、东非桑给巴尔等地。

丝绸之路对东西方文化交流起过巨大的作用。联合国教科文组织为了从各个角度考察丝绸之路,为了重新寻找和树立昔日接受丝绸之路传来的异国文化那种宽容精神,打算集20国学者,计划5年,兵分草原、沙漠、海洋三路调查丝绸之路。初步计划分10条路线,总起点为西安(古长安)。具体路线为西安—敦煌—乌鲁木齐—阿克苏—喀什—吉尔吉特—塔克西拉—拉合尔,开展包括艺术考古、宗教、建筑、民族学、语言、音乐和舞蹈等的多学科考察。[1]

长安不仅是秦、汉与唐的经济与文化中心,而且是东、西方文化交流最重要的城市。在8世纪下半叶巴格达兴起之前,长安就已成为东方最繁荣的国际都市,各国的侨民、使臣、留学生、商人、僧侣、乐工、画师和舞蹈家云集此地,为东方文化的繁荣作出了贡献。

---

[1] 联合国教科文组织资助丝绸之路综合考察1988年从西安开始.光明日报,1987-12-27

第九章　15世纪前的东西方文化交流

当时,仅日本、高丽、百济、新罗等国在长安的留学生就达8 000多人。这些留学生把中国的典章制度、文学和科学技术带回本国,发扬光大。唐朝著名诗人孟浩然的诗《春晓》在日本至今家喻户晓。

长安吸收外来的乐舞,成为歌舞文化城。唐代的音乐承袭隋代的九部乐,增加高昌乐,定为十乐,即燕乐、清乐、西凉乐、天竺乐、高丽乐、龟兹乐、安国乐、疏勒乐、高昌乐、康国乐,其中多数来自印度与西域。龟兹乐器与乐律都出自西方。乐器共有15种:竖箜篌、琵琶、五弦、横笛、筚篥、都昙鼓、毛员鼓、羯鼓、铜钹、贝等,大多数来自波斯、印度和埃及。长安盛行歌舞,舞蹈有健舞、软舞、字舞、花舞、马舞等多种。健舞曲来自西方的阿连(辽)、拂林、拓枝、胡旋、胡腾。拂林舞来自拜占庭。胡舞演员大都属于"肌肤如玉鼻如锥"的中亚伊斯兰民族。软舞曲中的苏合香,原出印度。乐府散曲中的钵头舞(又名拔头、拨头、拔豆)表现胡人因父亲被山中老虎所害,上山复仇的故事。王国维《宋元戏曲史》认为出自西域拔豆国(巴达克山),《梨俱吠陀》中有拔头王歌,也是流行于长安的外来乐舞。①

长安亦是中外宗教文化的圣地。3世纪传入了摩尼教、景教(唐代称基督教)、佛教、伊斯兰教等。5世纪传入了波斯的祆教,至今,颇有国际声誉的著名寺院就有一二十处,如中国著名的佛教旅行家和翻译家玄奘翻译佛经的大慈恩寺、玄奘的墓地兴教寺、真言大教圣地青龙寺,还有华严宗发源地华严寺、净土二祖纪念地香积寺、1987年发现的佛祖真身舍利的法门寺、道教圣地楼观台、伊斯兰教著名寺院清真寺、喇嘛教寺院广仁寺等,集佛、道、伊斯兰、喇

---

① 参阅:沈福伟.中西文化交流史.上海:上海人民出版社,1985.156~159

嘛等宗教寺院于一地。① 因此,长安堪称是"立体的历史博物馆"。

敦煌是丝绸之路上的明珠,敦煌文化反映了古代东西文化交流的光辉成就。季羡林指出:"世界上历史悠久、地域广阔、自成体系、影响深远的文化体系只有四个:中国、印度、希腊、伊斯兰,再没有第五个;而这四个文化体系汇流地方只有一个,就是中国的敦煌和新疆地区,再没有第二个。"敦煌开凿有492个洞窟,从中可以看到中国古代人民和外国商人、僧侣、外交使节等交流的丰富多彩的活动的情况以及东西方文化的交相辉映。敦煌石窟藏有大量关于中国历史、地理、文学、语言学、音韵学、宗教、科技、中外文化交流史等方面的有价值的文化资料,在艺术方面,保存有壁画、绢画、雕塑、书法、建筑、音乐、舞蹈等方面的成果。②

敦煌石窟的本身就是中外文化交流的结果,没有中外文化交流就没有敦煌,它是中外文化交流的见证。敦煌文献数量之多,价值之高世界罕见,被称为"学术的海洋"。敦煌壁画创作于4至14世纪,北朝、隋唐五代、宋元时期的敦煌壁画与14至16世纪欧洲文艺复兴画家的作品相比较,前者比后者早1 000多年,而且在艺术表现手法上,敦煌壁画也显示出先进的技术水平。中国学者王子云在《敦煌莫高窟在东方文化史上之地位》一文中评论:"敦煌石窟,实为一部完整而珍贵的东方艺术史料。尤其在佛教艺术方面,融中西文化于一炉,取希腊、波斯、印度之精华,再加上中国固有的民族艺术,遂形成奇丽不朽之杰作。敦煌壁画虽属佛教范围,但其内容包括甚广,举凡中国古建筑、音乐、服饰、习俗以及西域风尚,

---

① 参阅:祝静力.西安——"立体"历史博物馆.中国文化报,1987-12-9
② 季羡林.敦煌学、吐鲁番学在中国文化史上的地位和作用.新华文摘,1986(4):10

都可据以考证,实为研究东方文化史之绝好资料。"①

然而,我们不能忘记的是敦煌文献大半被帝国主义文人伯希和、斯坦因等盗劫而去,现有不少藏在巴黎和伦敦博物馆的历史事实。还在20世纪30年代,中国"敦煌学"这个名词第一个使用者、著名学者陈寅恪就不胜感慨地说:"敦煌者,吾国学术之伤心史也。"②敦煌在中国,"敦煌学"中心也应该在中国。几十年来中国的敦煌学,特别是最近十年的敦煌学研究取得丰硕成果,为中国与东方文化的研究与发展作出了贡献。

3. 十字军东征

十字军(crusades)东征是西方基督教会组织的西欧封建主和商人对东部地中海沿岸各国发动的侵略性军事远征,从1095～1291年,历时近200年,先后进行8次,在西方宗教史、文化史上是引人注目的事件。

十字军东征的借口是从异教徒穆斯林手中夺回圣地耶路撒冷。参加者目的各异。西欧封建主和骑士想要掠夺新的领地和农奴;意大利威尼斯、热那亚的商人企图控制东部地中海的商业;罗马教皇企图合并东正教,扩大天主教会的势力和财富;许多参加十字军的贫苦农民是受教会和封建主的欺骗宣传;还有不少人纯属出于对东方文化的向往和对异国风光的好奇而参加十字军。1095年11月16日,教皇乌尔班二世在法国南部克莱蒙召开宗教会议,发表了煽动宗教狂热的演说,号召信徒进行"圣战"。他说,"倘任何专为虔诚而不为虚荣和私利去到耶路撒冷,以救出上帝的教堂者,

---

①② 甘肃省社会科学院文学研究所编.敦煌学论集.兰州:甘肃人民出版社1985.17,39

即此种跋涉便足以代替一切的忏悔。[①]"意思是说,参加东征者完全免罪。同时决定给东征者佩十字,东征军故称为十字军。第一次东征(1096～1099年)于1099年7月攻占了耶路撒冷,该城所有的穆斯林男女老幼以及犹太人全部被杀。十字军在东方建立了耶路撒冷王国、的黎波里伯国和安条克公国。接着发动了第二和第三次东征。教皇英诺森三世发动的第四次十字军东征(1202～1204年)原定进攻埃及,但在威尼斯干预之下转向拜占庭,占领了君士坦丁堡,并建立了拉丁帝国。继后四次东征均告失败。1291年十字军丧失其在东方的最后据点阿克(Acre位于巴勒斯坦北部),十字军东征最终以失败告终。

十字军东征所带来的后果是复杂的,一方面它给西欧和东方人民带来了浩劫:长达两个世纪的战争,使西欧死伤上百万人,耗资巨大,十字军税和其他杂税加重了人民的负担。另一方面,在客观上也带来了发动者料想不到的后果。

加强了东西方的经济文化交流:十字军到东方,加强了与东方拜占庭、叙利亚和埃及的接触,一些先进技术逐渐传入西方。如,中国制造火药的方法,拜占庭制造玻璃的方法等,都是这个时期传入西方的。

促使意大利各城市发展了与东方的贸易:十字军东征时所提供的海上运输对造船技术的发展有重要意义,意大利的银行业也使欧洲各地获利,并从此确立了威尼斯、热那亚、法国马赛等在地中海区域的商业优势,从而加速了意大利资本主义萌芽的出现,进一步发展了西欧与东方的贸易。

商业贸易方面,十字军东征后,欧洲人学习了阿拉伯人的商业

---

① (美)桑戴克.世界文化史.陈廷璠译.北京:中华书局,1939.575

技术,例如支票、提货单、股份公司等。此外,欧洲商人还借用了许多阿拉伯人的商业航运用语,例如现在英文中的贸易(traffic)、关税(tariff)、风险(risk)、支票(check)、仓库(magazine)、零(zero)、薄棉布(muslin)、商品陈列所(bazar)、平面战舰(corvette)等词,都是在十字军东征时代从阿拉伯字脱胎而来。①

吸收拜占庭与阿拉伯文化。君士坦丁堡工商业繁荣,文化发达,建筑宏伟,欧洲人十分羡慕。十字军攻下君士坦丁堡后建立的"拉丁帝国"历时57年,此间西欧人学习了希腊语言文字、学术思想,阿拉伯的医学、数学与天文学知识,也传到了西方。

物质文化的西传:东方的丝绸、象牙、香料、咖啡、蔗糖、柠檬、大蒜、西瓜、棉花、颜料、镜等,亦是十字军东征后传到西方的。当然,它们的传入,也与欧洲生活方式的改变及其商业的发展密不可分。

4. 蒙古西征

13世纪初,蒙古帝国所进行的西征,对世界文化也产生了重大影响。

12世纪时,蒙古人分为两大部落:草原游牧部落和森林狩猎部落。13世纪,从成吉思汗到忽必烈时代,蒙古先后进行过3次西征,在从蒙古草原至花刺子模、俄罗斯、波兰、匈牙利,直到地中海沿岸的辽阔地域,建立了窝阔台汗国、察合台汗国、钦察汗国和伊儿汗国四大汗国。它是地跨亚欧大陆的空前大帝国。所谓"空前",是指其面积超过人类历史上曾经出现过的波斯帝国、亚历山大帝

---

① 冯作民编著.西洋全史(五).台北:燕京文化事业股份有限公司,1979.10

国等。大帝国的建立为中国与欧洲的交通提供了空前便利的条件。从 13 世纪中期到 14 世纪中期百余年间,东西方文化交流呈现出异常活跃的景象。中国学者张星烺曾概述这一时期说:

> 迄于元代,混一欧亚。东起太平洋,西至多瑙河、波罗的海、地中海,南至印度洋,北迄北冰洋,皆隶版图。幅员之广,古今未有。通蒙古语,即可由欧洲至中国,毫无阻障。驿站遍于全国,故交通尤为便捷。东罗马、西罗马及日耳曼之游历家、商贾、教士、工程师等,皆得东来,贸易内地,自由传教,挂名仕版。东西两大文明,以前皆独立发生,不相闻问,彼此无关者,至此乃实行接触。①

其实,这也是中外研究者一致公认的意见。由于东西方文化交流进一步开通,中国、印度、阿拉伯、意大利等的联系因此紧密起来。印刷术、指南针等便是这个时期传到欧洲去的。与此同时,蒙古军队进抵西亚,"中国织匠再次被遣送到穆斯林世界。在蒙古统治伊朗和中亚时期,中国的凤凰、龙、麒麟等图纹花样被引入了穆斯林的丝织样之中,这些纹样进而传到了蒙古人足迹没有到达的埃及、小亚细亚"②。

5. 马可·波罗东游

在 13 世纪中西文化交流中,威尼斯商人和旅行家马可·波罗(约 1254~1324 年)的中国之行及所著《马可·波罗游记》一书,对沟通东西方文化和以后新航路的开辟均有巨大的影响。

---

① 张星烺.中西交通史料汇编(第 2 册).参见:古代中国与欧洲交通(五).北京:中华书局,1977.1~2

② 周一良主编.中外文化交流史.郑州:河南人民出版社,1987.773

第九章　15世纪前的东西方文化交流

1271年马可·波罗随其父与叔父从地中海东岸的阿克（Acre）城出发，途经小亚细亚、两河流域、波斯、阿富汗、中亚细亚、帕米尔高原、塔克拉玛干沙漠，基本上沿着丝绸之路东行，经历了3年半跋涉，终于于1275年5月到达蒙古帝国夏都（今内蒙古自治区多伦县西北）。在忽必烈的宫廷中马可·波罗受到热烈欢迎。后到大都（今北京），马可·波罗很快掌握了蒙古语和汉语，得以奉命巡视各地，足迹遍及新疆、甘肃、内蒙古、晋、陕、川、滇、鲁、苏、浙、闽等地。他在《马可·波罗游记》一书中盛赞杭州的富庶和美丽。马可·波罗还曾出使缅甸和南洋。他在中国生活的17年间（1275～1292年）对中国情况的了解远远超过当时其他来华的欧洲人。1292年夏，马可·波罗趁奉命护送蒙古公主阔阔真嫁到波斯之便，得以和其父及叔父回返欧洲。回归途沿海路从泉州启航，经苏门答腊、印度至波斯，又由陆路取道两河流域至高加索，经时3年，于1295年末返抵威尼斯。1298年，马可·波罗在威尼斯与热那亚的战争中被俘，于狱中口述东方见闻，由同狱意大利彼萨城的作家鲁思梯谦笔录成书，即日后驰名全欧的《马可·波罗游记》（又名《东方见闻录》）。书中盛道东方富庶、繁荣和文化昌明的情景，使欧洲为之轰动。这部书是中西文化交流史上的一颗明珠，对新航路的开辟亦有深刻的影响。

《马可·波罗游记》叙述北京（汗八里城）说，"凡世界上最为稀奇珍贵的东西，都能在这座城找到，根据登记表明，用马车和驮马载运生丝到京城的，每日不下千辆次。"城内"宫中林立着许多互相连续的建筑物，设计合理，布局相宜，非常美丽，建筑术的巧夺天工，可以说达到了登峰造极的程度"[①]。书中还记载了中国各大城

---

① 陈开俊等译.马可·波罗游记.福州:福建科学技术出版社,1981.94

中丰富的丝绸、胡椒、金银、珠宝,记载了其他东方各国"黄金遍地,香料盈野"等"天外奇谈"。有人在他临终前,要他删除书中的某些"神话",他答道,他还没有说出自己见闻的一半。后世对他的著作毁誉参半:有人崇拜他是有异常记忆力的天才,忠实的观察者;有人指责他在东方25年游记中未提到中国的万里长城、饮茶和书法。近代学术研究者承认他的记录是真实的,基本可信。有人称赞马可·波罗不愧为中世纪之希罗多德。其书享誉一时,传译的有多国文字。①《马可·波罗游记》中关于中国的富裕与文明昌盛的信息,对此西方人开始由怀疑到惊羡至向往,终于随着资本主义的萌芽和文艺复兴的兴起,开始了向东方寻觅财富的大探险,进而促进了新航路的开辟和新大陆的发现。中国学者张星烺曾把《马可·波罗游记》"诱起"哥伦布决心漫游东方,发现美洲等等,看作是这本游记"最伟之功绩"。②

6. 郑和下西洋

郑和是世界上第一位洲际航海家,是人类征服海洋的先驱,他揭开了世界航运史从大陆转向海洋的序幕,是在达·伽马、哥伦布和麦哲伦等航海家之前的先行者,对中外经济文化交流起过显著的作用。

从1405～1433年,中国郑和率领的远洋船队曾经七次沿亚洲海岸跨南海,渡印度洋,远航至东非海岸。《明史·郑和传》说:

  和经事三朝,先后七奉使。路经占城、爪哇、真腊、旧港(印尼巨港)、暹罗、古星、满刺加(马六甲)、渤泥、苏门

---

① 朱杰勤译.中外关系史译丛.北京:海洋出版社,1984.71
② 张星烺.中国交通史料汇编(第2册).参见:古代中国与欧洲之交通(五).北京:中华书局,1977.373

第九章 15世纪前的东西方文化交流

答腊、阿鲁、柯枝（科钦）、大葛兰、小葛兰、西洋琐里、琐里、加异勒、阿拨把丹（印度半岛西部，有争议）、南巫里、甘把里、锡兰山、喃渤利、彭亨、忽兰丹、忽鲁谟斯（今阿巴斯港）、比剌、溜山、孙剌、木骨都束（今属索马里）、麻林（非洲东岸怯尼亚）、剌撒（在也门）、祖法儿、沙里湾泥、竹步（在索里马里南）、榜葛剌（孟加拉）、天方（麦加）、黎伐（今苏门答腊岛北部）、那孤儿（苏门答腊岛北部），凡 30 余国。①

关于郑和 7 次出使西洋活动的文献记载很多，其中最著名的四种是：马欢的《瀛涯胜览》、费信的《星槎胜览》、巩珍的《西洋番国志》、黄省曾的《西洋贡典录》。马欢、费信和巩珍都曾跟随郑和出使西洋，有时担任翻译。根据资料可看到，郑和在航海活动中，基本上是与亚非诸国进行和平友好的政治、经济与文化交流，其和平交往方式大致有下列几种。

一是通过"敕封"与"赏赐"等形式，开展外交活动。

二是使节之迎送。如第五次出航，"满剌加、古里等 19 国遣使朝贡，辞还、复命和等偕往。"

三是进行贸易。丝、瓷与珊瑚、狮子、香料等彼此贸易。

四是处理各国之间的关系。在郑和 7 次下西洋过程中，3 次有武力行动，往往起于对方"剽掠商旅，诈降而潜谋邀劫"，或对中国明朝使节"侮之，欲加害……潜发兵 5 万余，出劫和，且断归路。"（《明太祖实录》）

郑和远航，对中外经济文化交流起了重要促进作用。

在经济方面。从国外输入中国的物品甚多，郑和的船称"宝船"

---

① 今地名参见：陈佳荣，谢方，陆峻岭. 古代南海地名汇释. 北京：中华书局，1986

或"西洋取宝船"。所谓"宝",主要是指各种香料、布匹、宝石、珍珠、象牙、水晶、珊瑚、胡椒、椰子、槟榔、犀角、糖霜、翠毛等等,其中大多是所谓"番货"。绝大多数海外奇珍专供皇室及封建贵族享用。输出方面,多半是中国的特产,如"麝香、纻丝、色绢、青瓷、盘碗、铜钱、樟脑"诸物。[①]郑和的船每到一国,都受到热烈欢迎,一般郑和先向当地国王表达来意,赠送礼物,然后进行贸易。"在古里,货价议定后,互相击掌,表示不再更改。"[②]这种对外贸易对中国手工业的发展起了刺激作用,如在景德镇,明初有官窑 20 座,后发展到 58 座。

在郑和下西洋的积极影响下,侨居南洋的人增多了。他们带去中国先进的生产技术,并积极参加居住国的建设事业。华侨种植水稻、茶叶、甘蔗、胡椒树、橡胶等,有的还经营锡矿、金矿,使当地的经济繁荣起来。20 世纪初,英国的马来亚总督瑞天咸曾说,"马来亚能够采占世界半数以上的锡,是中国人的努力造成的。由于中国人的冒险精神和努力发展,方有今天的马来亚。"

从文化友好往来方面:郑和下西洋对中国与东南亚及东非的友好往来亦有巨大影响。在印尼爪哇岛有"郑将军之墓",当地居民与华侨将郑和奉为海神,出海者多往祈祷。在索马里的布腊瓦郊区至今还有一个很大的"郑和屯"。在郑和访问非洲的影响下,北非的文明古国埃及也加强了与中国的友好往来。《明史》332 卷《西域传·四》记载:"未昔尔,一名密思尔(指埃及),永乐中,遣使朝贡。"仅在永乐二十一年(1423 年),就有亚非 16 国派遣 1200 余名使臣访问了中国,足见中国与亚非诸国关系之广泛与密切。

---

① 马欢.瀛涯胜览.冯承钧校注本.北京:中华书局,1955.72
② 中国航海史研究会编.郑和下西洋论文集(第 1 集).北京:人民交通出版社,1985.345

7. 中西航海活动之比较

在世界文明史上,15世纪被称为大探险时代,远航的时代。东西方先后出现了4次空前伟大的航海活动。郑和、达·伽马、哥伦布、麦哲伦是这一时代的杰出航海家,但在西方学者写的世界史、西洋史、西方文化史中对郑和极少提及,而对后三者大加赞扬。为了公平正确地反映世界文明进程的全貌,故对郑和航海活动的成就作了简要的叙述。

从时间上看,西洋史声称达·伽马绕过好望角到达东方是横渡印度洋的第一个人,时间是在1498年,而郑和横渡印度洋是1412年,比达·伽马早将近80年。

从航海规模与交往范围看,郑和船队有船百余艘,人员达27 000人,达·伽马仅4条船,170人;哥伦布3条船,87人,最大的"圣·玛丽亚"号仅120吨,亦比郑和的船吨位小,规模的大小反映出造船与航海技术的高低。郑和远航到达南洋、印度洋、亚非30多个国家和地区;达·伽马仅到印度;哥伦布于1492年8月3日清晨在西班牙的巴罗士港扬帆出航,经两个半月航行,发现了加勒比海的巴哈马群岛中的威特林岛,而后又横渡大西洋3次,到过古巴、海地、多米尼加、波多黎各、牙买加、特立尼达,还到过中美洲的加勒比海沿岸,他认为发现了"东方",其实不是,只是一块"新大陆",即美洲大陆。从活动范围上看,郑和超过了哥伦布。至1519~1522年麦哲伦完成了环球航行一周的事业,才开辟了东西两半球合为一体的新纪元。

从两者交往的性质看,郑和带去的是"丝与瓷",进行的是和平友好的交往。西方航海家带去的是"火与剑",他们航海探险的目的是为实现"黄金梦",掠夺无比富裕的东方财富,他们的冒险成为西方给亚、非、拉带来的整整300年的殖民主义的暴力掠夺的开端。

　　东西方远航的客观后果大不相同。达·伽马、哥伦布和麦哲伦3次历史性的航行,把欧洲、亚洲、非洲、美洲沟通了,从而使世界范围内的经济交往与文化交往出现了。随着各国商品贸易的发展,加速了封建经济的崩溃和世界市场的形成。正如《共产党宣言》所说:"美洲的发现、绕过非洲的航行,给新兴的资产阶级开辟了新的活动场所。东印度和中国的市场、美洲的殖民化,对殖民地的贸易、交换手段和一般的商品的增加,使商业、航海业和工业空前高涨,因而使正在崩溃的封建社会内部的革命因素迅速发展。"

　　地理大发现和新航路的开辟,使欧洲经济中心从地中海转移到大西洋沿岸。16世纪初期,世界航路中心转移到葡萄牙和西班牙,中期又转移到尼德兰(即荷兰)。到17世纪,荷兰的阿姆斯特丹、英国的伦敦的商业经济也日益发展,引起了世界历史格局的大变化,以及由此产生的政治上和文化上的变化,在此基础上兴起了近代的西方文化,而且其发展水平与速度迅速地超过东方,东方的文明群星逐渐失去了昔日的光芒。

　　这里有一个值得探讨的问题。时间早、规模大的和平远航在推进世界文明的进程上,反而不及西方晚时的暴力远航,细究原因,在于社会政治经济的差别。在政治上,明成祖派郑和进行和平远航的主要目的一是向海外国家阐释成祖皇帝登基,并要求其朝贡;二是"耀兵异域,示中国富强"[1]。在经济背景上,15世纪的西欧,商品经济与资本主义的发展使封建国家与王公贵族公私开支剧增,金属货币的需求急剧增加,此时,货币已逐渐代替了土地,成为社会财富的象征,寻求黄金,成为西欧经济发展的需要,成为促使西方航海家远航的动机。然而,明朝"洪、永、熙、宣之际,百姓充实,府藏

---

[1] 张廷玉.明史·宦官列传(卷301).北京:中华书局,1984.7766

衍溢"① 的经济局面,只是郑和下西洋赖以实现的物质基础,是为明成祖"原赐藩臣,优礼来使"的外交方针服务的,明朝缺乏商品经济发展对外贸易的要求。所以,一个暴力,一个和平的不同性质的远航,与各自社会政治经济背景有决定性的关系。在外交上,明代还采取"厚往薄来"的方针。早在洪武五年,朱元璋就说,对外国来使,"其朝贡无论疏数,厚往薄来可也"。明政府对贡使附载来华贸易的商品也不收税。明成祖说:"商税者,国家抑逐末之民,岂以为利?今夷人慕义远来,乃侵其利,所得几何?而亏辱大体多矣。"② 这种做法,是中国伦理道德观念在外交上的反映。由于中国长期"重农抑商",阻碍了资本主义生产关系的萌芽,而且只重视伦理精神上的输出,而忽视物质上的输入,也是"重义轻利"思想的表现。

尽管如此,郑和七次下西洋在航海史上的壮举是值得称颂的。郑和把自己的青春、精力和生命都献给了航海事业,他的航行极大丰富了人类航海知识,为中国与亚洲、非洲等的国家的友好交往发挥了积极推动作用。

三、东西方文化交流与世界历史

1. 如何看待文化冲突与交流

中世纪,东西方的文化交流频繁了,文化冲突也加剧了。吴于廑在《世界历史上的农耕世界与游牧世界》一文中认为,近代工业之前,古代东西方农耕世界孕育着人类历史上最高度的文化。近代

---

① 明史・食货志序.卷77。
② 明史・食货志.卷81。

之前的史学家，多是农业文化的产儿，对游牧文化带有歧视心理，把游牧民族看作是破坏力量。西方人对他们所厌恨或怀有敌意的人加上"匈奴"的称呼，如德国作家施托尔贝格反对法国革命，把革命的法国人称为"西方的匈奴"。同时，游牧文化对农业文化也产生排斥的态度，这种态度及相应的冲突产生了严重的破坏性，使当时的社会经济停滞，甚至倒退。而另一方面，游牧文化又往往被农业文化所吸引。随着时间的推移，游牧民族的后代，继续发展了农耕文化。

文化冲突的积极意义在于东西方之间扩大通道，双方学到自己所缺少的某些技术。元朝开始时，统治者鄙视农耕，据《元史·耶律楚材传》中所述，元朝把农场改为牧场即是一例。但就两种经济而言，先进农业经济的吸引力量是无法抗拒的，后来，元朝逐步从游牧为本的经济走向以农耕为本的经济，百姓逐步过上了定居生活。在社会制度、道德规范、思想、学术文化等方面，农耕世界越来越显示出它相对于游牧世界的种种优势。

5世纪，亚欧民族大迁移。7～9世纪，东西方出现了几个比较稳定的封建国家。在西方有法兰克王国、查理曼帝国、拜占庭帝国；在东方有隋唐帝国和阿拉伯帝国等。

这个时期前后，佛教在中国，基督教在欧洲，伊斯兰教在阿拉伯世界广泛传播，打破了民族间相互闭关自守的状态，在世界历史发展中，有着不可忽视的积极意义。

2. 文化交流是世界历史发展的必然产物

世界文化是整个人类共同财富。回顾15世纪前东西方文化交流的历史，可以看出，随着社会经济的发展，道路的开辟与交通条件的改善，各国闭塞的局面逐步被打破了。各国人民都从文化交流中受益。从封闭走向开放，这是历史发展的必然，民族文化发展的

第九章　15世纪前的东西方文化交流

规律,也是世界文化发展的规律。

中国的封建社会是一个长期自我封闭的社会,但汉唐时代,特别是唐代,是一个开放社会。唐都长安是国际性的文化中心,通过丝绸之路,中国文化已开始走向世界,"赛里斯"已闻名西方,丝绸、瓷器之精华,深被西方人所赞叹!四大发明促进了西欧文明的发展。《马可·波罗游记》、郑和的和平远航,对哥伦布的地理大发现,起了"诱导"作用。这些都要以应有的地位列入世界文化史册。

中国文化的传播,开拓了欧洲人的地域和文化视野。德国亚可布说:"我们近代的世界观的形成全靠深入异邦文化的精神,只有罗盘针才能够帮助我们达到这个境界。"[①] 过去,希腊罗马的航海只限于地中海沿海,人文主义者都以为地中海及其周围陆地就是世界帝国了。而《马可·波罗游记》对中国的描绘,不仅打破了西方人想当然的地域观念,开拓了他们的视野,而且唤醒了不少欧洲禁欲主义对神秘东方的向往。[②]

中世纪时期,中国给予西方的东西,超过了西方所给予的东西。闻一多说:"中国是勇于'予'而不大怯于'受'的,所以自己还是文化的主人"[③] 尽管如此,中国亦从文化交流中获得了新的养料。除思想宗教文化外,中国许多物品,凡带"胡"的多来自西域各地,如胡弦、胡豆、胡琴。宋代称南洋为"番",去南洋称"过番",因此,带有"番"的物品,多数来自南洋诸国,如"番豆"(花生)、番茄(美洲的物产)、番茗(东南亚的物产)。所以,如果没有文化交流,人类的物质文化生活将会何等的贫乏!

一个民族,一个国家的进步离不开对外文化的交流。对外开

---

① 转引自:李述一,李小兵.文化的冲突与抉择.北京:人民出版社,1987.32
② 朱谦之.中国哲学对于欧洲的影响.福州:福建人民出版社,1983.15~16
③ 孙党伯主编.闻一多全集(第10卷).武汉:湖北人民出版社,1993.21

放,意味着一个国家国力强盛、充满自信,中国的汉唐时代,就是如此。封闭的民族是没有希望的不可能进步的民族,鲁迅深刻指出:"国民精神之发扬,与世界识见之广博有所属。"[①]

---

① 鲁迅.摩罗诗力说.参见:鲁迅全集.北京:人民文学出版社,1973.10

文艺复兴时期的文化

> 正当西班牙和葡萄牙用武力在海上和遥远的大陆上进行征服的时候,意大利凭着它的精神,在整个古老的欧洲建立起自己的帝国。
> ——加斯东·泽勒

> 这是一次人类从来没有经历过的最伟大的、进步的变革,是一个需要巨人而且产生了巨人——在思维能力、热情和性格方面,在多才多艺和学识渊博方面的巨人的时代。
> ——恩格斯

一、文艺复兴评述

1. 文艺复兴及其分期、特征

文艺复兴(Renaissance)的本意是"再生"与"复兴"。15世纪末意大利画家瓦萨利(1511～1574年)在《意大利艺苑名人传》中说古希腊、罗马艺术在中世纪衰亡,到14～15世纪才在以佛罗伦萨为中心的地区再生与新生。19世纪末,法国史学家密什莱(1798～1874年)著《法兰西史》首次用 Renaissance,从此,"Renaissance"一词普遍得到欧洲史学界的重视,正式成为一个时代的概念。

从14～17世纪这300年间,在西欧被称为"文艺复兴"时期。文艺复兴首先发生在意大利,后来影响到德、法、英、西、尼德兰等欧洲国家。新兴的资产阶级在文学、艺术、哲学与科学领域掀起了一场新兴资产阶级文化运动,这场运动是新兴资产阶级在思想文化领域对封建主义、中世纪神学和经院哲学发动的一场革命,是欧洲历史上的一次思想革新运动,它与18世纪法国资产阶级启蒙运动并称为欧洲两次思想革新运动。

文艺复兴包含有极其丰富的内容,其中主要是"人文主义"思潮的兴起。文艺复兴所倡导的精神主旨是强调个性的发展,反对中世纪神学、经院哲学和禁欲主义。在文艺复兴这场思想革新运动下,新文学艺术的创立,空想社会主义的出现,近代自然科学的兴起,中国的四大发明的西传和应用,这一切与其说文艺复兴是"古典文化的再生",不如说是近代文化的开端;与其说是文化复兴,不如说是文化创新。

欧洲的文艺复兴,是在资本主义刚刚兴起,封建制度开始解体的社会条件下发生的。当时新兴资产阶级依靠人民群众的力量,向封建势力进行勇猛的冲击。这种冲击表现在宗教上,是宗教改革;表现在阶级斗争上,是发动农民战争;表现在思想文化上,便是文艺复兴。

文艺复兴是资产阶级反封建运动。在自然科学方面,哥白尼的日心说,给几千年来上帝创造世界的宗教传统以致命打击;哥伦布和麦哲伦等在地理上的发现,为地圆说提供了无可辩驳的论据;伽利略在数学、物理方面的创造发明,使人类对宇宙有了新认识;文学与艺术水平亦普遍高涨。恩格斯高度评价文艺复兴,称道:"这是一次人类从来没有经历过的最伟大的、进步的变革,是一个需要巨人而且产生了巨人——在思维能力、热情和性格方面,在多才多艺和学识渊博方面的巨人的时代。"①

由于各国历史条件不同,文艺复兴在欧洲各国表现出不同的特征。恩格斯解释说:"这个时代,我们德国人……称之为宗教改革,法国人称之为文艺复兴,而意大利人则称之为五百年代,但这些名称没有一个能把这个时代充分地表达出来。"②这个时期在意大利,诗歌、绘画、雕刻、音乐成就尤其突出。

5~15世纪"中世纪的一千年"过去了,有些西方史学家进而把文艺复兴作为中世纪与近代史的分界线。文艺复兴长达300年,可分三个阶段。14世纪初至15世纪中叶为第一阶段,这是文艺复兴的发生时期,或称"早期意大利文艺复兴"时期。这一时期的特点是以佛罗伦萨为中心,掀起了批判经院哲学的启蒙运动,提出了人文主义的新思潮。15世纪中叶到16世纪末为第二阶段,是绘画、文学和戏剧的全面繁荣时期,艺术得到了空前发展,是"后期意大利文艺复兴"。文艺复兴思潮迅速扩展到德、法、英、西班牙等国,使西欧文艺复兴达到了高潮。17世纪初到17世纪中叶为第三个时期,是近代自然科学兴起的时期。

人文主义思想和作品主要表现为以下几个特征。

(1)提倡以"人"为中心,反对以"神"为中心,用"人权"反对"神

---

①② 自然辩证法·导言.马克思恩格斯选集(第3卷).北京:人民出版社,1972. 445,444

权"

人文主义者肯定和注重人、人性,要求在各个文化领域里把人和人性从宗教神学的禁锢中解放出来。它的口号是"我是人,人的一切特性我无所不有"。他们歌颂人和人的价值,把人看作是"宇宙的精华,万物的灵长";赞美人的精神和肉体美,颂扬人的力量和智慧,提倡"人权"反对"神权",向中世纪的教会统治和宗教教义提出英勇的挑战。

(2)反对宗教禁欲主义,强调人有权享受和追求现世幸福

中世纪教会竭力鼓吹禁欲主义和来世观念。如天主教的"原罪"、"求赎"、"来世报应"等教义,要求人们放弃尘世生活享受,杜绝情欲,宣传"肉体是人间牢狱",应忍受痛苦,去追求永恒的"天国"的快乐。

与禁欲主义者观点相反,人文主义作家宣扬人们不要求什么虚无缥缈的来世天国,反对"天堂"和"来世"的精神寄托,要求"天堂在人间"。他们肯定现实生活,颂扬尘世生活的幸福。他们热情歌颂爱情,认为爱情是人的最高尚的感情,认为人有追求荣誉和财富的权利。

(3)反对封建压迫和世袭等级贵贱观念,宣扬人的个性解放和自由平等

在中世纪,人们受神学教条和封建贵族等级的束缚,如公爵伯爵世袭的等级制,逐渐变得自卑、怯懦、自甘屈辱。

人文主义者提出打破封建贵族阶级的优越感,增强新兴阶级的自信心,要求砸碎封建等级的枷锁,实现人人自由平等。但丁说,按照人的出身门第来区分等级、贵贱是世俗的谬见,强调个人的品德才能决定人的地位。真正的"高贵"不在于"出身门第",而在于人本身的品质优良。薄伽丘说:"我们人类是天生一律平等的,只有道德才是区别人类的标准。"

(4)反对教会蒙昧主义,崇尚理性知识价值

天主教会为了巩固封建统治,大搞蒙昧主义,实行愚民政策,它扼杀希腊、罗马的古典文化,对追求真理的自然科学家进行残酷迫害,将违反天主教义的思想称为"异端邪说",疯狂加以排斥。人文主义者与此针锋相对,批判中世纪教会对科学、文化的摧残,鼓吹理性和智慧,提出"知识就是力量","知识是快乐的源泉";主张探索自然,发展科学文化,接受新事物,全面地、和谐地发展个人的才智。

(5)重视科学实验和归纳法

此外,在进步的人文主义作者中,空想社会主义者看出社会罪恶根源是社会财产的私有制,并提出人人劳动,按需分配的社会理想。

总之,人文主义者从个性论的观点出发,提出个性发展的要求。他们批判中世纪对科学文化的摧残,反对迷信和蒙昧主义,崇尚理性和智慧,主张探索自然,研究科学,追求知识,全面地发展个人的才智。人文主义提倡个性自由,人与人之间的平等,否定以人的出身、门第决定社会地位的等级制度,强调个人的品德才能决定人的地位;肯定现实生活,颂扬尘世欢乐和幸福,赞美爱情是人的最高尚的感情,认为人有追求荣誉和财富的权利。人文主义者把理性、个人自由和个人幸福看作是人类普遍的永恒的本性。人文主义实际上成为资本主义萌芽时期阐发新兴资产阶级思想的新世界观,是资产阶级同封建贵族、教会进行激烈斗争的理论武器,为近代文学、艺术、教育、实验科学发展开辟了道路,并为近代西方资产阶级文化的兴起与发展提供了理论前提。

2. 德国宗教改革

宗教改革运动的兴起与发展是德国文艺复兴的特点。

马丁·路德(1483～1546年)是德国宗教改革家、语言学家，路德教派的创始人，著名的人文主义者，并担任了维登堡大学神学教授。18岁时，在爱尔福特大学学习时，深受人文主义思想的影响，1511年到罗马教廷朝贡，耳闻目睹罗马教皇和天主教会的腐败糜烂，回国后看到罗马教皇控制下的德国教会经济上敲诈人民，政治上参与政务，使德国四分五裂，从而产生宗教改革的决心。

1517年10月31日(万圣节)路德写了《九十五条论纲》，次日贴在维登堡教堂门口。论纲指斥教会的虚伪和堕落，号召全国人民起来抵制教皇的赎罪券，指出天主教宣扬的"人得救只有通过教会和教皇才能赎罪"的骗人的说教，他明确指出：教皇不是圣经的最后解释人，信徒人人都可直接与上帝相通而成为祭司，无需神父作中介。信徒靠忏悔(即内心的悔改)可与上帝直接往来，可直接升入天堂。他的"人靠信仰得救"的学说，获得了极大的反响，给人们指出了一条思想解放的道路，德国各邦纷纷组织"路德教会"，"十分之九的德国人高喊'路德'！剩下的十分之一的少数高喊：'罗马教皇该死'！"[①] 后来，以路德宗教改革观点为指导思想形成了以"信仰得救"，建立廉俭教会，废教阶和繁杂仪式为标志的路德教派。

随着宗教改革运动的深入，农民革命兴起，路德宗教改革思想趋于保守。在1517～1533年间，路德转入语言研究，他一扫上层知识分子用拉丁语写作的恶习，用通俗的德语向敌人宣战。他用德语翻译《圣经》，对促进德国民族语言的统一起了重大作用，并奠定了现代德语基础。路德用德语翻译的《圣经》，也是德国语言史和文学史上重要的里程碑。为了使基督教徒在教会仪式中使用民族语言，

---

① 转引自：陈小川.文艺复兴史纲.北京：中国人民大学出版社，1986.125

他写了大量德语宗教歌曲,如《高兴吧!全体基督教徒》、《我在深重的苦难中向你呼喊》、《我们的主是坚固堡垒》等。其中《我们的主是坚固堡垒》,语言简洁有力,表达了路德教徒团结、战斗和胜利的信心。恩格斯称这首诗是"16世纪马赛曲",[①] 并充分肯定路德对德国文学的贡献。

继路德之后,法国的宗教改革家加尔文(1509～1564年)一方面发展了路德的学说,另一方面创造了一系列更完整的宗教改革理论。他的《基督教原理》强调《圣经》是信仰的唯一源泉,容忍是教徒达到自由的最高修养,人的拯救不在于人的行动,而在于上帝的恩赐。它论证了人对上帝的依赖,但破除了对堕落教会的迷信。《基督教原理》在法国乃至世界哲学和文学史上也占有一定的地位。

3. 文艺复兴的评价

△ 文艺复兴时代是欧洲从封建制度过渡到资本主义制度的革命转变时代,是思想解放、学术发展、巨人辈出的时代,布克哈特评价这一时期是"世界的发现"与"人的发现"的伟大时代。

人文主义运动表达了资产阶级破除封建思想体系、解放生产力、建立新的生产关系的要求,反映出这个阶级在它的上升时期开创新世界的革命朝气和巨大创造力。同时它批判了基督教和封建制度的神学体系,为未来的资产阶级革命作了思想和舆论准备,其巨大的历史意义是不容忽视的。

△ 为了斗争的需要,革新家们收集整理了古代希腊、罗马的文学艺术珍品,为保存和发扬人类文化作了贡献。

---

① 自然辩证法·导言.马克思恩格斯选集(第3卷).北京:人民出版社,1972.446

△人文主义者在提倡知识与科学方面起过重大的作用,孕育了近代西方的科学文化。他们为使自然科学在许多领域中的发展作出了贡献,以对自然的观察和实验代替了经院派的烦琐思辨,在自然科学,如天文学、机械、力学等方面有许多新的发现,为近代自然科学的发展奠定了基础。在社会理论领域,人文主义者还第一次提出了空想社会主义的思想。

△巨人的成就,是社会的需要。文艺复兴时期的科学家刻苦学习、奋发成才,冲破重重阻力,长期专心致志参加科学实验的做法和献身精神给人以深刻的启迪。

因时代与阶级关系,人文主义者反封建不是从根本上推翻封建剥削制度,只是用资本主义代替封建主义。他们批判基督教会,只反对其过分的腐化,并不否定教皇和教会存在的必要性。

人文主义者提倡的个性,是资产阶级个人主义,体现的是资产阶级的文化和世界观,反映的是资产阶级的利益、自由、幸福与爱情。他们看不到人民的力量,其中一些人甚至脱离人民,蔑视群众,这些都是人文主义作为资产阶级思想意识不容忽视的局限性。

二、文艺复兴兴起的原因

文艺复兴首先不在古老的中国或印度而在意大利兴起,并于后来影响传播到整个西欧,综合考察,可以归纳出四大方面的原因,即意大利古典文化的传统、新兴城市与资产阶级的形成、大学的兴起与扩充以及中国四大发明的推动等。

第十章　文艺复兴时期的文化

1. 意大利古典文化的传统

意大利为古罗马的本土,古罗马吸收了希腊和地中海沿岸的文化。中世纪开始时,罗马虽为日耳曼所灭,但仍遗留下一大批古典文化,被新兴资产阶级人文主义者如饥似渴地接受、整理,并改造吸收为欧洲文艺复兴所需要的养料。

希腊罗马地区有大量国家、教堂与私人的图书馆,其中有三大图书馆:一是雅典的亚里士多德图书馆,收藏了大量的古抄本、自然科学书籍和艺术珍品,后被罗马帝国运回意大利;二是埃及亚历山大图书馆;三是小亚细亚的柏加曼图书馆,藏书20余万册。后两大图书馆的书大都被拜占庭人占有。人文主义者在找到古典的著作后,努力学习古希腊文与古拉丁文,从中吸收资料。如但丁搜集了荷马史诗并宣传它,仿照它,用古托斯塔尼语写出了名著《神曲》。诗人彼特拉克搜集希腊、罗马古籍抄本,研读罗马著名作家的著作,他常说西塞罗和维吉尔是古典学问的"两只眼睛"。另外,在罗马废墟中发掘出来的古代雕刻杰作更使人亲眼看到了古典文化艺术,它们表现了人的力量和美丽。从13至15世纪,特别是君士坦丁堡陷落后,许多拜占庭学者携带古代手抄本逃到意大利讲学。在《自然辩证法·导言》中,恩格斯对文艺复兴的历史渊源以及它在意大利的成就曾作过扼要的说明:"拜占庭灭亡时抢救出来的手抄本,罗马废墟中发掘出来的古代雕像,在惊讶的西方面前展示了一个新世界——希腊的古代;在它的光辉的形象面前,中世纪的幽灵消逝了;意大利出现了前所未有的艺术繁荣,这种艺术繁荣好像是古典时代的反照,以后就再也不曾达到了。"资产阶级学者从这些古代典籍、文物中,发现了许多与封建神学相对抗的积极因素,于是,他们竭力歌颂古典文化,掀起了一股研究古典学术的热潮,由于从中汲取了思想文化上的养料,对他们的创作起了重大的促进作用,使意大利出现了前所未有的艺术繁荣,欧洲文化的发展达到了希腊以后的第二个高峰。

2. 新兴城市兴起与资产阶级的形成

意大利之所以成为文艺复兴的发源地,主要的原因在于资产阶级在意大利最早登上历史舞台。马克思在《资本论》里曾指出在意大利"资本主义生产发展最早"[①]。就整个欧洲来说,资本主义萌芽首先出现在意大利北部三个共和政体的较大城市:威尼斯、热那亚、佛罗伦萨。威尼斯是水上历史名城,由小岛组成,据统计有117条河,400座桥,居民从事晒盐、捕鱼、经商。威尼斯是马可·波罗的故乡,亦是商业城市。佛罗伦萨是内陆毛纺织工业城市,专门进口羊毛,进行加工,当时有3万纺织工。佛罗伦萨是意大利中部的政治、经济、文化中心,也是文艺复兴的发源地。

欧洲城市最先在意大利上述地区形成的主要原因。其一,这些城市面临地中海,造船业、海上航运业发达,如威尼斯每年造上千艘船,14世纪成为商业中心,为了传递商品信息,当时有"手抄新闻",称"威尼斯札"出现。其二,这些城市如威尼斯与热那亚分别在意大利的东北与西北角,都是东西方贸易的要道,十字军东征时是物资的供应或转运站,工商业很发达。由于意大利城市把握着地中海及其海上的交通和贸易,因而成为当时欧洲最富庶最先进的地区,工商业和银行业都占欧洲的第一位。

佛罗伦萨有七大行会(如羊毛商、丝绸商、毛皮商、银钱商、呢绒商、律师、医生等),称"肥人"行会,这些"肥人"、大行东,就是早期的资产阶级。他们拥有经济权,亦取得政治特权。由于十字军东征失败,罗马教皇已失去了统一意大利的资格,于是意大利各大城

---

① 马克思.资本论(第1卷).北京:人民出版社,1975.784

市,逐渐脱离教皇的束缚,组织了"城市共和国",并制定了名为"正义法规"的新宪法。城市有议会、法律、货币和军队,城市政权,为资产阶级掌握,下层平民成为近代无产阶级。英、法两国在13~14世纪亦因城市兴起,阶级结构发生变化,国王和世俗贵族也不得不允许城市代表参加政权,形成了英国议会(1295年)和法国的三级会议(1302年)。

新兴资产阶级为了在思想上和政治上反对经院哲学和宗教的束缚,为了获得更多的利润,他们开始关心生产,注意改进技术,也重视发展科学。同时为了开辟新航路,扩大国内外市场,新兴资产阶级对自然科学的许多领域,如天文学、地理学、物理、化学都研究探索起来。文学与艺术既可发挥其特有的舆论作用,又可满足人们的精神生活的需要,为了建立和发展资产阶级文化,大学也应运而生。

欧洲的城市,除意大利的几座名城外,当时还有法国的里昂、巴黎、马赛、香槟,德国的科伦,西班牙的马德里,葡萄牙的里斯本,荷兰的安特卫普、阿姆斯特丹,英国的伦敦,它们都是国际商业中心。

3. 大学的兴起与扩充

中世纪的欧洲,基督教会垄断了文化教育,封建统治者的子弟受教育,学校形式有教会学校、宫廷和骑士学校、城市学校、中世纪大学四种。教会学校学习神学,研究经院哲学。学生"只知道一种意识形态,即宗教和神学"[①]。学校讲授七艺,即文法、修辞、逻辑、算术、几何、天文、音乐等,这些都是为宗教服务的,如

---

① 恩格斯.路德维希·费尔巴哈和德国古典哲学的终结.参见:马克思恩格斯选集(第4卷).北京:人民出版社,1972.231

音乐是唱赞美歌、圣歌。教会学校推行"启示高于理性"、"知识服从信仰"、"哲学服从神学"的原则,使整个社会的自由思想受到扼杀。整个欧洲这时成了被宗教与神学统治的"黑暗时代"。

自11~12世纪以后,由于城市工商业的发展,自治城市的出现,市民阶级需要文化知识,世俗的城市学校和大学,纷纷出现。著名的如巴黎大学(1160年)、牛津大学(1167年)、剑桥大学(1209年)、意大利的博洛尼亚大学(1158年)等。此外,还有法国蒙彼利埃大学(1181年)、图卢兹大学(1230年),西班牙的帕伦西大学(1212年),意大利的阿雷佐大学(1215年)、帕多瓦大学(1222年)、那不勒斯大学(1224年),葡萄牙的里斯本大学(1290年)。13世纪还有捷克的布拉格大学、德国的纽伦堡大学、法国的奥尔良大学等。到14世纪,意大利有大学18所,法国16所,整个欧洲共计大学40所。"大学是科学家的摇篮。"文艺复兴时许多科学家都受过大学教育,如哥白尼从波兰到意大利就读于博洛尼亚大学。从此,中世纪的学术中心从修道院转向到城市大学。

大学课程分普通科和高级科,最受尊重的课程是神学、哲学、法学、医学与文学。修完普通科获学士学位,修完语法、修辞和辩证法(逻辑学)获硕士或博士学位,后形成学位制度。教授大半是口授,讲义极少。学习方法主要是听课、记笔记、参加辩论会,而不是最广泛的阅读和研究。辩论会极重要,每个获学位的人,都必须通过公开答辩。据说牛津大学一个硕士到巴黎大学参加辩论会,他听取了200条反对意见,竟能当场记住,并且立即依次加以反驳,辩论会非常热烈,双方情绪激动,甚至互相扭打起来。

4. 中国四大发明推动了文艺复兴的兴起

马克思曾高度评价中国的四大发明对欧洲进入文明时代起到的重大作用：火药、指南针、印刷术——这是预兆资产阶级社会到来的三项伟大发明。火药把欧洲骑士阶层炸得粉碎，欧洲人进而以指南针打开了世界市场并建立了殖民地，而印刷术却变成新教的工具，并且一般地说变成科学复兴的手段，变成对精神发展创造必要前提的最强大的杠杆。恩格斯也指出："火器一开始就是城市和以城市为依靠的新兴君主政体反对封建贵族的武器。以前一直攻不破的贵族城堡的石墙抵不住市民的大炮；市民的枪弹射穿了骑士的盔甲。贵族的统治跟身披铠甲的贵族骑兵同归于尽了。"[①]可见中国文明对欧洲文化的发展所起的巨大作用。正是运用科学仪器指南针导航，才有哥伦布发现美洲新大陆和麦哲伦的环球航行，而新航路的开辟，殖民地的建立，又导致经济中心的转移和世界市场的出现，从而促进了各国人民之间的文化交流，加速了世界历史的进程。关于印刷术的作用，恩格斯曾写过一首题为《咏印刷术的发明》的诗，诗中写道：

> 你是启蒙者，
> 你是崇高的天神，
> 现在应该得到赞扬和荣誉。
> 不朽的神，
> 你为赞扬和光荣而高兴吧！
> 而大自然仿佛通过你表明：

---

① 恩格斯.反杜林论.参见：马克思恩格斯选集（第3卷）.北京：人民出版社，1972.207

它还蕴含着多么神奇的力量……①

恩格斯在诗中把印刷术比为"启蒙者"、"崇高的天神"、"不朽的神"。恩格斯还指出:"印刷术的发明以及商业发展的迫切需要,不仅改变了只有僧侣才能读书写字的状况"②,而且对欧洲学术中心从修道院转到大学,对欧洲的文艺复兴和宗教改革的斗争,对世界文化的传播交流,对世界文明与进步,起了重大作用。

综上所述,文艺复兴首先发生在意大利并波及欧洲,有其重要的经济前提和政治条件,此外古典文化传统和东方文明特别是中国文化的影响也起到巨大的促进作用。当时意大利资产阶级人文主义者的世俗世界观、世俗现实利益与神学世界观、封建教会的禁欲主义、来世思想发生了尖锐的矛盾。教会把古典文化视为异端,不准研究。以新的经济关系为基础的城市资产阶级出现后,创办了一批世俗的学校,设置了"人文学科",它属于与中世纪基督教神学和经院哲学针锋相对的世俗文化,以人和自然作为研究对象,讲授内容包括古希腊罗马的学术、语言、文字、哲学、天算学等,"人文主义"这个称谓由此产生。新兴资产阶级以人文主义作指导,掀起文艺复兴运动,在世界文化史上写下了光辉一页。

三、文艺复兴时代的巨人及其成就

1. 文学

意大利文艺复兴早期主要通过文学宣扬人文主义思想。文学上三位杰出的代表是:但丁、彼特拉克和薄伽丘,他们被称为"文艺复兴三杰",是资产阶级新文化运动的先驱者。但丁《神曲》的发表

---

①② 马克思恩格斯全集(第41卷).北京:人民出版社,1982.41~42

(1307～1321年)是早期文艺复兴兴起的重要标志。

但丁·阿利吉耶里(1265～1321年)是人文主义的先驱者,是欧洲由中世纪向近代资本主义过渡时期的伟大诗人,恩格斯称他是"中世纪的最后一位诗人,同时又是新时代的最初一位诗人"。诗人雪莱评价说:"但丁的诗堪称为时间交流上的桥梁,联结近代世界与古代世界。"①

但丁于1265年出生于意大利佛罗伦萨一个不宽裕家庭,他崇敬古罗马诗人维吉尔,涉猎中古文化的各个领域,有渊博的知识,曾做过佛罗伦萨市的行政官。《神曲》是但丁的不朽巨著,前后花了14年时间写成,表达了他对古典文化的崇敬。《神曲》第一次从多方面鲜明地抒发了人文主义的新思想,它为文艺复兴时代文学的发展开拓了道路。

《神曲》采取了中古梦幻文学的形式。诗中叙述但丁"当人生的中途(但丁开始他的神游在35岁,即1300年),迷失在一片黑暗的森林之中"②,遇见了3只野兽(豹、狮、母狼),正在危急时,古罗马诗人维吉尔出现,他受贝雅特里齐的嘱托来搭救但丁,引导他游历地狱与炼狱,接着贝雅特里齐又引导他游天国。《神曲》分三部分:《地狱》、《炼狱》和《天堂》。《神曲》描写的虽然是来世,但正是现世的反映:地狱是现实的实际情况,天国是争取实现的理想,炼狱则是从现实到达理想必经的痛苦历程。书中暴露了现实的种种弊端与黑暗,也着重描写生活的理想。这说明《神曲》并不纯粹是现实主义,也是浪漫主义的。在黑暗的现实中,诗人渴望一个没有黑暗和罪恶的世界。《神曲》是一部具有强烈政治倾向性的作品。它用幻游象征手法,反映了善与恶、美与丑的斗争,善能战胜恶,美能战胜

---

① 雪莱.为诗辩护.古典文艺理论译丛(1).北京:人民文学出版社,1956.98
② 但丁.神曲.王维克译.北京:人民文学出版社,1980.3

丑。作品反映了对教会黑暗专横的反抗,表达了对人类智慧和理想的追求。诗中还反对中世纪的蒙昧主义,赞美人的才能和智慧,对古典文化推崇备至:称亚里士多德是"哲学家的大师",荷马是"诗人之王",维吉尔是"智慧的海洋"、"拉丁人的光荣"。①

除《神曲》外,《新生》也是但丁重要的文学作品,还有《飨宴》是批判封建等级观念的;《论俗语》专门论述意大利的语言、文体和诗律;《帝制论》是主张意大利统一的作品。

但丁在自己的作品中表现了他的理想。他说:"人不能像走兽那样活着,应该追求美德和知识。"他十分珍惜时间与荣誉,认为"最聪明的人是最不愿浪费时间的人","通过荣誉的路上并不铺满鲜花","走自己的路,让别人去说吧!"这些名言,给后人以无穷启迪。

彼特拉克(1304～1374年)首先提出"人学"与"神学"的对立概念。他的优秀的十四行体抒情诗集《歌集》问世,获得了"桂冠诗人"的称号。他的《歌集》表达出早期人文主义者向往和追求新生活,憎恨教会的情绪。在诗歌中,他攻击了罗马教廷,认为它是"野蛮凶狠的庙堂"、"黑暗的地狱",是"充满欺骗的地方"。例如在《罗马教廷》中,诗人痛斥罗马教皇是"泪水的泉源","各种谎言的熔炉,阴暗的牢狱"。《歌集》也描写了爱情,他写给心爱的劳拉的十四行诗,具有骑士爱情诗的色彩。彼特拉克被称为近代爱情诗的始祖。他的诗篇,对欧洲人文主义运动起了巨大的推动作用。

薄伽丘(1313～1375年)是意大利早期人文主义优秀短篇小说家,他的作品有传奇、史诗、叙事诗、十四行诗、短篇故事、论文等。《十日谈》是他的最优秀的作品。这部故事讲的是1348年佛罗

---

① 但丁.神曲.王维克译.北京:人民文学出版社,1980.18,19

伦萨发生一场可怕的黑死病,有10个青年男女(三男七女)侥幸活了下来,相约逃到郊外一所别墅避难。那里尽是一片青葱的树木,生机盎然,清泉流水,室内清静雅致,如从黑暗的中世纪来到了阳光灿烂的人间。10个青年男女就在这里住了下来,除唱歌跳舞外,就轮流讲故事,每天轮流做"国王"和"王后",每人每天讲一个故事,10天共讲了100个故事,故名《十日谈》。这些故事分别取材于欧洲中世纪的传说、东方民间故事,如阿拉伯的《一千零一夜》等。薄伽丘以人文主义的观点进行再创造,人文主义思想是贯穿《十日谈》全书的一根红线。书中的许多故事批判天主教会,嘲讽教会的黑暗、罪恶(第一天第二个故事),批判僧侣的奸诈和伪善(第六天第十个故事)。《十日谈》批判了禁欲主义,歌颂和描绘现世生活,赞美爱情是才智和高尚情操的源泉,谴责禁欲主义(第五天第一个故事),提倡男女平等,批判以金钱门第为基础的包办婚姻,带有浓厚的资产阶级民主色彩(第四天第一个故事)。这些人文主义思想表达了当时平民阶级摆脱中世纪教会和宗教束缚的要求。书中塑造了一系列多才多艺的资产阶级人物,但对情欲的描写过于袒露,反映出以个人主义为中心的资产阶级人生观。有人形容《十日谈》为开在"荆棘上的鲜花,在鲜花背后有一片棘手的荆棘"。

《十日谈》是欧洲文学史上第一部现实主义巨著,为意大利艺术散文奠定了基础。1471年《十日谈》在威尼斯出版,15世纪它印行达10版以上,16世纪又印行了77版,对欧洲现实主义文学的发展产生了很大影响。英国乔叟的名著《坎特伯雷故事集》,莎士比亚的两个喜剧《辛白林》、《善始善终》的故事情节均来自《十日谈》,法国的莫里哀,德国的莱辛、歌德,西班牙的维加,俄国的普希金等都曾引用过《十日谈》的故事。《十日谈》开了欧洲近代短篇小说的先河。

最能代表法国文艺复兴精神的是作家拉伯雷(1494～1553

年)的小说。拉伯雷学问广博,对天文、地理、数学、文学、音乐、神学、哲学、医学都有研究,成为恩格斯所说的"多才多艺和学问渊博的巨人时代的巨人"。他花了20年时间写了五卷长篇讽刺小说《巨人传》。作品通过巨人国王卡冈都亚和其子庞大固埃的神奇故事,以夸张的手法歌颂了人的智慧和力量,揭露和批判了经院哲学及其支柱巴黎神学院、法院和教会的腐败,讽刺了教士的无能和寄生性,反映了新兴资产阶级的思想意识。《巨人传》还反映了对知识的追求。小说主人公卡冈都亚远涉重洋,寻找到"神瓶",听到神瓶的启示:"要喝、要喝、要喝!……请你们畅饮,到知识的源泉去畅饮,要研究人和宇宙……请你们研究知识、畅饮真理、畅饮爱情。"[1] 这段铭文集中反映了人文主义者追求科学知识的愿望与热情。《巨人传》确立了长篇小说在法国文学领域中的地位。拉伯雷的现实主义讽刺艺术对莫里哀、伏尔泰、巴尔扎克、福楼拜等大作家都有不同程度的影响。

西班牙文艺复兴的主要代表人物是塞万提斯和维加。

塞万提斯(1547～1616年)的长篇小说《堂吉诃德》,反映了16到17世纪初的西班牙社会政治、经济、道德、文化和风俗的各个方面,深刻地揭露了封建贵族的骄奢淫逸,无情地嘲讽了骑士制度和骑士文学,对被压迫的农民和手工业者的疾苦表示深切的同情,表现了作者的人文主义观。这部小说创作水平达到了"黄金世纪"的高峰,为世界文学宝库增添了一块瑰宝。德国诗人海涅认为:"塞万提斯、莎士比亚、歌德成了三头统治,在叙事、戏剧、抒情这三类创作里分别达到登峰造极的地步。"[2]

---

[1] 拉伯雷.巨人传.佟毓文译.北京:人民文学出版社,1983.10
[2] 精印本〈堂吉诃德〉引言.文学研究集刊(第2册).北京:人民文学出版社,1956.173

第十章 文艺复兴时期的文化

维加(1562～1635年)是西班牙民族戏剧的奠基人。他的作品有抒情诗、史诗、散文和戏剧,最主要的成就是戏剧。流传下来的剧本有462部,按其内容有袍剑剧、宗教剧、牧歌剧、神话剧、历史剧等;写作形式上有对话剧、幕间剧、散文剧等。维加的著名剧作有《华伦西亚寡妇》、《带罐的姑娘》,代表作是《羊泉村》。《羊泉村》取材于1476年羊泉村民不堪封建地主的压迫,进行武装反抗的斗争,这是一部有强烈政治倾向的剧本。它写的不是个人悲惨遭遇而是全体人民的悲惨命运。维加的创作内容丰富,其作品的数量与水平被欧洲人文主义者称为"诗的海洋"和西班牙文艺复兴戏剧的高峰,他一直被公认为西班牙的"戏剧大师"。

威廉·莎士比亚(1564～1616年)是欧洲文艺复兴时期最有成就的文学家,英国伟大的戏剧家、诗人和人文主义者。他出生于英国斯特拉特福镇一个小商人家庭,读过6年书就失学。据说他大约20岁时离开故乡,最后飘泊到伦敦,在剧院中任杂役,其后当上演员和"环球剧院"的老板。从27岁到53岁,他共写悲剧、喜剧和历史剧37部,还有两首长诗《维纳斯与阿多尼斯》与《鲁克丽丝受辱记》以及154首十四行诗。

莎士比亚的作品,大量吸收了欧洲古典戏剧、民间传统的丰富内容,借古喻今,为现实服务;写作方法上,打破了古希腊、罗马戏剧"三一律"的框框,塑造了典型、生动的形象,例如夏洛克、李尔王等。他的剧作获得极高评价。马克思提出创作要"莎士比亚化"。[①]恩格斯在1859年5月18日写给裴·拉萨尔信中称赞莎士比亚创作的情节是"生动性和丰富性的完美的融合"。英国名作家托马斯·卡莱尔(1795～1881年)曾经说过,我们宁可丢掉一百个印度,

---

[①] 马克思致斐·拉萨尔.马克思恩格斯选集(第4卷).北京:人民出版社,1972.

也不愿失去一个莎士比亚。英国流行这样的比喻:哪怕拿王冠上最大的印度宝石来换莎士比亚这颗明珠,也决不交换。英国名剧作家本·琼生曾赞莎士比亚为"时代的灵魂",说他"不仅属于一个时代,而且名垂万代"。在世界文学史上,希腊的荷马、意大利的但丁、德国的歌德、英国的莎士比亚,被誉为人类文学四大宝藏。不过,受时代和阶级的局限,莎士比亚看不到人民群众的力量,认不清社会罪恶根源,把社会矛盾归结为善与恶的个性问题,同时他过于崇拜个性、英雄和爱情,这些都是我们应该全面看到的。

"文艺复兴的文学,由但丁开其端,由莎士比亚总其大成。"①用这句话来综述文艺复兴时期文学发展概貌,最恰当不过。

2. 艺术

(1)绘画

意大利艺术是文艺复兴艺术的源泉,是继古希腊以后艺术发展的第二次高峰,而单就绘画来说,则是欧洲艺术发展的第一次高峰。这个时期,意大利不仅出现了达·芬奇、米开朗基罗和拉斐尔,而且有提香、丁托列托及卡拉齐兄弟等具有全欧声誉的大画家。

文艺复兴时期的绘画特点从表现古希腊的肉体美而转向表现面庞美和心灵美,达·芬奇的《蒙娜丽莎》就是一个典型的例子。同时,各个大师的艺术作品又别具一格,各有特点。达·芬奇的作品是精深、智慧,擅长人物内心刻画,表达感情细腻入微;米开朗基罗作品的特点是雄浑、豪放,绘画有强烈的雕塑感,给人以强劲有力的感受,被誉为"市民英雄的创造者";拉斐尔作品的特点是优雅、秀美、柔和、形象完美;提香的作品形象健美,色彩绚丽,有"金色提

---

① 冯作民编著,黎东方校订.西洋全史(7).台北:燕京文化事业股份有限公司,1979.537

香"之美称。

列奥纳多·达·芬奇(1452～1519年)是意大利文艺复兴全盛时期杰出的艺术家和自然科学家。他学问渊博,多才多艺。恩格斯称赞他"不仅是大画家,而且也是大数学家、力学家和工程师,他在物理学的各种不同部门中都有重要的发现。"[1]

达·芬奇的名作是《岩窟圣母》、《最后的晚餐》和《蒙娜丽莎》。《岩窟圣母》表现了达·芬奇对人物画的兴趣,对自然现象的注意,表现了他惊人的艺术才能。《最后的晚餐》是对人物心理反应的研究。这幅名作画的是耶稣宣布有人出卖自己,门徒们听后的种种表情。达·芬奇以其超凡的才能精确、细致地描绘了人们脸上流露出来的震惊、惊讶、憎恨、愤怒、泰然自若和内疚的不同情态。《蒙娜丽莎》是西欧美术史上出色的心理描写肖像之一,是以一个商人的妻子作模特儿。蒙娜丽莎的微笑是这幅名画的最主要特征。作品的每一笔都勾画出了永恒的美。这幅画歌颂了人,歌颂了人间女性美的诱惑力和感染力,歌颂了人内在的丰富感情,建立了以人为中心的艺术观,充分体现了时代的特征。

米开朗基罗·波纳罗蒂(1475～1564年)是伟大的雕刻家、画家、杰出的建筑师和诗人。他雕刻的代表作有《大卫》和《摩西》,名作有《酒神》和《哀悼基督》。这些大理石雕像,除《摩西》外,均为裸体,健壮、逼真、颇富生命力。米开朗基罗在《朝》、《夕》、《昼》、《夜》里表现了四个肌肉颇硕的男女。《朝》是深思的,《夕》是哀倦的,《昼》是愠怒的,《夜》是昏睡的。他在答友人的一首诗中,解释了《夜》的创作思想:

睡眠是甜蜜的,

成为顽石更是幸福,

---

[1] 自然辩证法·导言.马克思恩格斯选集(第3卷).北京:人民出版社,1972.445

> 只要世界上还有罪恶与耻辱的时候,
> 不见不闻、无知无觉,于我是最大的快乐,
> 因此不要惊醒我吧!①

这是对当时现实感到痛苦而形成的情思。米开朗基罗绘画的杰作是《创世纪》和《最后的审判》。《创世纪》创造了一个宏伟惊人的"巨人世界",全长40米,宽14米,壁画上包括大幅描写《圣经》创世纪和挪亚故事的画面。《最后的审判》取材《圣经》故事。《圣经》上说世界末日到来时,基督要亲自审判世上一切人的善恶,以惩恶扬善,其目的是要信徒服从宗教的统治。而这幅画所展开的场面,好像是表现画家自己对于当时社会的裁判。米开朗基罗借用这个宗教题材,把他敬仰爱慕的人,如但丁等升入天堂;把他所痛恨的罪恶人物堕入地狱,表现了强烈的反教会的人文主义思想。

拉斐尔·桑西(1483~1520年)善于画妇女和儿童,代表作有《草地上的圣母》和《西斯廷圣母》。圣母像,形象庄重、温柔、秀丽,让人感到其心灵的纯洁,这完全是现实生活中一位年轻的洋溢着欢乐和幸福的母性,没有丝毫神化色彩和禁欲主义气味。正如普列汉诺夫在《艺术与社会生活》中所说:"拉斐尔的圣母像是世俗的理想战胜基督教的修道院的理想的最突出的艺术表现之一。"

拉斐尔的另一部杰作是《雅典学派》。它以古希腊哲学家柏拉图兴办雅典学院为题,塑造了亚里士多德和柏拉图两个学派的代表人物,描绘了他们聚集在一起,展开热烈讨论的场面。画中人物多而不乱。以柏拉图与亚里士多德为中心,众多人物统一在追求真理的主题之中,这是艺术家巧妙地运用了达·芬奇《最后的晚餐》中的多样统一构图原理。

三大艺术家的作品,获得世人的高度赞扬。《最后的晚餐》、《最

---

① 罗曼·罗兰.弥盖朗琪罗传.北京:商务印书馆,1950.88~89

后的审判》和《雅典学派》被誉为文艺复兴全盛时期三大杰作,是纪念碑式的现实主义典范作品。

乔尔乔内(1477～1510年)的《酣睡的维纳斯》、祭坛画《法兰西斯的圣母》和全景画《暴风雨》都是不朽的作品。《酣睡的维纳斯》是乔尔乔内最著名的作品。他以写实的细致技巧描绘了在宁静美丽的大自然中安详入睡的女神。这个被理想化的裸体爱神,就是优美大自然的化身,充分表达了人文主义艺术家对自然美和现实美的歌颂。"在美术史上,很难举出像乔尔乔内作品中这样幽雅、高洁的女性裸体形象来。从纪年前的古代维纳斯到17、18世纪欧洲的维纳斯……或多或少率直地在流露出某些肉感成分的话……然而,《酣睡的维纳斯》无疑在这方面是相当超脱的。"[1] 苏联艺术家阿尔巴托夫说,她"是富于肉感的裸体同崇高的圣洁稀有而美妙地融合起来了"[2]。

提香(1482～1576年)是意大利文艺复兴盛期威尼斯画派最杰出的艺术大师,他的艺术堪称是威尼斯画派的顶峰。他擅长金色色调,有"金色提香"之声誉。他的代表作品有:希腊罗马神话画《巴库斯与阿利爱德妮》、《花神》、《浴后的维纳斯》,宗教画《圣母升天》、《彼得之死》,肖像画《查理五世骑马像》、《教皇保罗三世》、《拿着手套的青年》、《端盘的女人》等。提香创作的特点:着重色彩,艺术形象"健美"。他的名画《纳税钱》(又称《基督与伪君子》)画面色彩突出了善恶对立的比较,表达了艺术家的正义必胜、邪恶必败的信念,充分体现了进步的人文主义观。

油画和版画是文艺复兴时期在美术上的显著贡献。尼德兰、德国和法国在这方面成就较突出,产生了具有世界影响的美术大师。

---

[1] 参阅:穆家麒著.西方美术史略.石家庄:河北美术出版社,1986.49
[2] 阿尔巴托夫.文艺复兴时期的艺术.上海:朝花美术出版社,1957.105

尼德兰杰出的画家彼得·勃吕盖尔(1525～1569年)的作品有素描、铜版画和油画。他创作的题材广泛,有风俗画、风景画,也画宗教画,但主要是刻画农民和市民的生活习俗的绘画作品。

德国画家阿尔勃莱希特·丢勒(1471～1528年)是德国宗教改革运动时期的油画家、版画家、雕刻家和建筑家,他的代表作《四信徒》闻名于世。恩格斯把他比拟成达·芬奇一般的巨匠,称赞"丢勒是画家、铜版雕刻家、雕刻家、建筑师,此外还发明了一种筑城学体系"①。

法国的美术以古戎(1510～1565年)最有名。古戎是法国杰出的雕刻家和建筑家。其代表作有《山泽女神》(又称《泉》)。《山泽女神》是巴黎喷水池浮雕,共有六个少女用水罐冲洗,婀娜姿态各异,刻在六块石碑上,合起来构成十分完整的作品。雕刻家以鬼斧神功,把这些少女的形象塑造得栩栩如生。

(2)歌剧与芭蕾

文艺复兴时期的音乐,是人文主义者在复兴古希腊、罗马世俗音乐和教堂寺院的赞美歌的基础上,清除抽象"神的色彩",赋予现实精神而形成的,它是为资产阶级服务的。

歌剧1600年开始于意大利。历史记载第一个公开歌剧院于1637年在威尼斯揭幕,演出了名叫卡西阿诺的戏剧。这样,往日只供王公贵族娱乐的宫廷乐剧,也成为资产阶级和一般平民大众共同享受的娱乐形式。

意大利的音乐,后传入法、英、德、奥等国。1671年3月,法国皇家音乐学会成立,这个音乐机构至今仍然存在。

文艺复兴时期的乐理成就,主要是记谱法,16世纪末五线谱逐渐完整确立,后为世界各国所采用。

---

① 自然辩证法·导言.马克思恩格斯选集(第3卷).北京:人民出版社,1973.445

由于音乐的发展,当时欧洲各大学纷纷设音乐讲座,并产生了音乐学会,音乐学院。这一时期出现了一批杰出的音乐家,如当时的音乐大师——帕勒斯特里那、奥兰多、拉索、雅内堪、杰苏阿尔多等。这些音乐家不仅吸纳了古典音乐的成就,还吸收了人民群众的民歌、民谣、民乐等素材。他们反对神学,歌颂现实的人和大自然,用典型的人和事,以及大自然的美来激励人们,创立了一整套新音乐文化,从而为近代资产阶级新音乐学奠定了基础。

舞蹈是人类文化史上最早产生的艺术形式之一。每个民族都有不同风格的舞蹈。古希腊戏剧中的合唱,诗歌与舞蹈融为一体,歌队往往随着音乐的节拍而舞动。13~14世纪意大利的芭蕾舞是以舞蹈为主要表现手段,并综合戏剧、音乐、舞台布景服装来揭示主题内容,塑造人物形象的艺术。芭蕾,实际上是一种民间舞蹈。文艺复兴时期,芭蕾从宫廷芭蕾脱胎而来。从文艺复兴以来经历几百年,芭蕾和歌剧的技术日臻完善,成为西方最精华的跳舞与歌唱的形式。意大利人贝尔贡泽奥·博塔根据希腊神话编排的《奥尔菲》是一部宫廷芭蕾。1581年,博若瓦叶以荷马史诗《奥德赛》中女妖的传说,编了芭蕾舞剧《皇后喜剧芭蕾》。1669~1671年,法国创办皇家音乐研究院(即今巴黎歌剧院)和舞蹈学校,从此芭蕾走上大众剧场的舞台。17世纪后,芭蕾流传到西欧、俄国、美国,成为世界上最引人喜爱的艺术形式之一。

3. 哲学

文艺复兴时代是伟大变革的时代,是旧的传统价值观念崩溃和旧的文化意识危机的时代,也是资产阶级理性发展的时代。

文艺复兴时期的哲学,反对封建神学和经院哲学,面向自然,面向现实,崇尚归纳法、实验与理性传统哲学。其中对新哲学贡献最大的是培根、笛卡尔和斯宾诺莎。

弗兰西斯·培根(1561～1626年)是英国伟大的人文主义者，近代唯物主义哲学家。他的父亲是伊丽莎白的大臣。培根12岁进入剑桥大学，16岁以法学士的身份在英国驻巴黎大使馆任职两年。在伦敦与巴黎，他与经院哲学派进行过激烈论战。

培根的主要著作有《学术的进展》、《新工具》和《论科学的价值与增长》等，这些著作体现了新哲学四个特点。

(1)提出科学的目的和重要性

培根认为科学的真正目的，就是用新发明和新发现来改善人类的生活。在所有能够给人类利益的事情当中，没有比新技艺(科学)和商品来改善人类的生活更有重大意义了。在先进与野蛮地区的人类生活之间，存在着巨大的差别，这种差别不是土壤、气候，也不是体力，而是技艺科学造成的。因此，培根提出了著名的口号："知识就是力量，力量就是知识。"他一方面动员资产阶级反对封建教会对科学的禁锢和迫害；另一方面，鼓励人民认识自然、改造自然。培根说："读史使人明智，哲学使人思考，读诗使人灵秀，数学使人周密，科学使人深刻，伦理学使人庄重，逻辑和修辞使人善辩。"

(2)认识事物要用归纳法与实验法

认识事物，通常有两种方法，即演绎法和归纳法。前者即推理，用大前提，小前提。例如：有火，就有烟；山上有烟，所以就有火。他认为这种"三段论"的演绎法，只是从概念到概念的纯演绎，它不能使人们认识真理。因此，他主张抛弃演绎法，建立唯一能认识真理的归纳法。他说："我们唯一的希望就在于一种真正的归纳。"[①]培根认为，归纳方法应分三步进行：第一步，广泛搜集自然史和科学实验的材料，这是基础，否则就无法进行科学的归纳；第二步，整理材料，为归纳做好充分准备；第三步，进行归纳。归纳过程，就是人

[①] (英)培根.新工具.十六—十八世纪西欧各国哲学.北京：商务印书馆，1975.10

们认识个别的经验上升到一般和原理的过程,依靠归纳法就能认识事物的本质和规律。培根还用具体生动的例子说明归纳法。他说,我们不应该像蚂蚁,单只收集;也不可以像蜘蛛,只从自己肚中抽丝、结网;而应该像蜜蜂,既采集又加工,这样才能酿出甜美的蜂蜜来。马克思在评述培根的归纳法时指出:"科学是实验的科学,科学就在于用理性方法去整理感性材料。归纳、分析、比较、观察和实验是理性方法的主要条件。"[①]

培根不仅论述了经验的认识原理,而且开创了经验的认识方法。他认为,缺乏正确方法的指导,正是以往人类知识没有重大进步的原因。他提倡实验的方法,认为实验比感性直觉更优越。他在《新工具》中强调说:"一切比较真实的对于自然的解释,乃是由适当的例证和实验得到的。感觉所决定的只接触到实验,而实验所决定的则接触到自然和事物的本身。"[②] 在他看来,唯有通过实验,才能发现一切现象的原因和规律。

培根的唯物论是近代欧洲唯物论的开端,他冲破了经院哲学的蒙昧主义的罗网,使科学研究建立在唯物主义基础上,并以实验与归纳的方法,为欧洲近代哲学和自然科学发展开辟了新的途径。

(3)重视科学的组织工作

培根把自己当作发明的鼓励者。他说,"我自己摇铃来把其他有才能的人召唤到一起。"他建议成立一个科学院来推动科学的发展,科学院不能只是学术团体,而应该是研究和教学组织,应配有实验室、种植园、图书馆、工场、车间;学院的人员要从国外、从书本里、从工匠那里、从他们的实验和观察中收集知识和资料。在此影

---

① 神圣家族.马克思恩格斯全集(第2卷).北京:人民出版社,1972.163
② (英)培根.新工具.十六—十八世纪西欧各国哲学.北京:商务印书馆,1975.17~18

响下,1662年,英国成立了皇家学会。

(4)提出了知识的分类

培根《学术的进展》,首先把广义的"学问"根据人类的三种智慧能力分为记忆、想象与理性,而把学问分成历史、文学和哲学,并把"哲学"又分类成神学、自然哲学、人生哲学。

培根重视"自然哲学",将自然哲学分为"理论部门"和"实际部门",理论的重点是原因的探讨,实际的重点是结果的产生。在理论部门中,亚里士多德所说的四个原因(形式因、目的因、质料因、动力因),操纵"形式因"和"目的因"的是"形而上学",操纵"质料因"和"动力因"的是"自然学"。

培根对哲学史、科学史作出了重大的贡献,马克思对他给予了极高的评价,称之为"英国唯物主义和整个现代实验科学的真正始祖"[①]。

笛卡儿(1596~1650年)法国哲学家兼物理学家、数学家、生理学家,是近代西方理性主义(即唯理论)哲学的创始人。他出生于贵族家庭,1604年就读于耶稣会学校,1616年毕业于巴黎波埃顿大学,决心走向社会,去读"世界这本大书",先后到过巴黎、荷兰、丹麦、德国,1629年定居于当时学术、思想较为自由的荷兰,大部分著作均完成于此时。主要著作有:《方法谈》、《形而上学的沉思》、《哲学原理》、《论世界》、《论音乐》等。

笛卡儿与培根一样反对经院哲学,不过培根采用的是经验归纳法,而笛卡儿则采用理性演绎法,笛卡儿的哲学观的主要内容为。

△ 在认识上,笛卡儿认为凡是在理性看来清楚明白的就是真的,一切概念、信仰都得经受理性的审定;复杂的事物看不清楚,应

---

① 神圣家族.马克思恩格斯全集(第2卷).北京:人民出版社,1972.163

当把它尽可能分成简单的部分,直到可以看清其真伪的程度。这就是笛卡儿的真理标准。他认为,数学是理性能够清楚明白地理解的,所以数学的方法可以用来作为求得真理的方法,应当以这种方法找出一些最根本的真理来作为哲学者的基础,他的唯物论对反经院哲学的信仰主义有积极意义,对数学和演绎逻辑的发展起了促进作用。

△ 笛卡儿提出了"二元论"世界观。他认为灵魂和肉体这个实体是彼此独立存在的。灵魂的属性是思想,形体的属性是广延。为了沟通两个毫无共同之处的实体,他把上帝作为桥梁,说两者都是相对实体,都是绝对实体上帝所创造的。他的这一观点保留了经院哲学唯心主义的内容,当时受到唯物主义者霍布斯等人的批判。

△ 笛卡儿从怀疑出发,提出著名的"我思想,所以我存在"[①]的唯心主义命题:其意为怀疑本身是一种思想,而思想总有一个思想者存在,因此"我思想,所以我存在"这就是笛卡儿世界观体系的出发点,即"第一原理"。

笛卡儿的二元论哲学中的唯心主义观点后被马勒伯朗等人发展为反动的僧侣学说,其唯物主义观点为斯宾诺莎和狄德罗等发展而达到唯物主义的高峰。

斯宾诺莎(1632~1677年)是荷兰著名的唯物主义哲学家和伦理学家,是西方近代唯物论、无神论和唯理论的主要代表,他的主要著作有《笛卡儿哲学原理》、《神学政治论》、《伦理学》、《理智改进论》等。在政治上,他既反对神权政治,也反对君主专制,是民主政体的拥护者。在宗教观上,他宣扬无神论,对传统神学进行深刻的批判。在哲学上,他继承了笛卡儿的唯理论和演绎法。提出了唯理主义的认识论。

---

① 笛卡儿.方法谈.十六—十八世纪西欧各国哲学.北京:商务印书馆,1975.148

斯宾诺莎认为宇宙只有一个"实体",这个实体是绝对无限的。实体是"自因",就是说自然界本身就是自己存在的原因;自然界中一切事物互为因果,互相作用,处于无穷无尽的因果联系之中。"相互作用是事物的真正的终极原因"①,这就否认了"神"是自然界的创造主。恩格斯说,"斯宾诺莎实体是自身原因——把相互作用明显地表现出来了。"他关于"实体"的"自因"思想,体现了唯物辩证法的观点。他呼吁改进人类理智,重视认识论和方法论的研究;反对经院哲学的信仰主义、蒙昧主义,主张人类理性的权威。

斯宾诺莎主张"自由"是"最高的人生圆满境界"②。他说,被人们公认为"最高幸福是三项:'资财、荣誉、感官快乐'"③。其实这三者是真正的恶,不会使人幸福,它们会扰乱人的心灵,使人沉沦和毁灭。他说:"一个受理性指导的人,遵从公共法令在国家中生活,较之他只服从他自己在孤独中生活,更为自由。"④ 斯宾诺莎不是禁欲主义者,他主张顺从资产阶级的统治,即"自由"才能获得"真正的幸福"。很显然,他的伦理学说是与正在努力巩固自己统治的荷兰新兴资产阶级的要求相适应的。

4. 史学

文艺复兴时期出现了人文主义史学家,他们继承了古希腊罗马史学编撰方法,从现实社会出发,把"人"和"人的历史"记录下来,批判神学的宗教史学观点,探求社会历史的因果关系和规律,为资产阶级服务。他们撰写了大批的政治史、战争史、建筑艺术史、

---

① ② ③ 斯宾诺莎.理智改进论.十六—十八世纪西欧各国哲学.北京:商务印书馆,1975.232,232,229

④ 斯宾诺莎.伦理学.十六—十八世纪西欧各国哲学.北京:商务印书馆.1975.265

文化史及人物传记。大学成了历史教学与研究的中心,由于印刷术的应用和出版业的兴起,一部分史学巨著出版了。

意大利第一个著名的人文主义史学家是布鲁尼(1369～1444年),他写了《但丁传记》与《彼特拉克传记》,宣传了但丁与彼特拉克的观点和他们在欧洲新文艺兴起中的作用。布鲁尼的名著《佛罗伦萨史》12卷,所记历史始于建城时期,止于1404年,是描述佛罗伦萨兴起、繁荣和称霸北意大利的第一部历史。书中主张"人"是世界的主人。

布鲁尼的挚友波基奥(1380～1459年)也著有《佛罗伦萨史》8卷,与布鲁尼的著作同样具有参考价值。还有马基雅弗利(1469～1527年)所著《佛罗伦萨史》8卷,这些著作比前人同类著作更好,成为世界史学文库中的要籍。

佛拉维俄·俾安多(1388～1463年)是意大利第二位著名史学家,著有《罗马帝国衰亡以后的千年史472～1440年》30卷,资料丰富,考证周详。俾安多把公元476年西罗马灭亡到文艺复兴约1000年称为"中世纪"。这一提法被西欧史学家所沿用。

意大利的罗棱索·瓦拉(1406～1457年)的《斐迪南一世时代的历史》与《君士坦丁大帝的赠予》是考证学的著作,他运用文字学与古代文献,进行辨伪,揭露罗马教皇弄虚作假的骗术。

另一位人文主义史学家是奎昔亚狄尼(1483～1540年),他著有《意大利史》12卷。

瓦萨利著《意大利艺苑文人传》于1550年出版,这是意大利和西欧的第一部艺术史。

文艺复兴时期西欧其他国家也产生了不少人文主义的史学家。其代表人物有法国的佛罗莎特(1337～1410年),他目睹了"英法百年战争",著有《法国、英国、苏格兰、西班牙编年史》,所记历史始自1326年,止于1400年;康米尼斯(1445～1509年)著《回忆录》,共 8 卷,追溯 15 世纪后半期法国的政事;道比涅(1550～1630年)写了《世界通史》(1553～1602 年),实质上是一部以法国"胡格诺战争"为中心的欧洲史。

德意志路德教派的历史学家佛拉西斯(1520～1575 年)著有《世纪史》13 卷,抨击了天主教教义与组织;斯莱登(1506～1556年)《皇帝查理五世时代政治、宗教情况实录》是研究宗教改革时期德意志史的要籍。

英国女王伊丽莎白一世(1558～1603 年)时,英国经济和文化发展很快。拉发尔·何林设德(?～1580 年)著《英格兰、苏格兰、爱尔兰编年史》,实际上是一部通史,记载英国远古时代至伊丽莎白在位初年的历史。莎士比亚的名剧如《李尔王》、《辛白林》等,大部分取材于这部历史著作。威廉·堪登(1551～1623 年)写有两部名著《大不列颠志》和《伊丽莎白女王在位时期的英国史》,人称堪登是英国近代史学的开山祖师。此外,还有空想社会主义者托马斯·莫尔(1478～1535 年)的历史著作《查理三世传》、弗兰西斯·培根的《亨利七世在位时期的英国史》等。

西班牙卡萨斯(1474～1566 年)是西班牙人文主义史学家,他写的《西印度群岛的毁灭》,揭发了西班牙殖民者对土人灭绝人性的暴行;《美洲史》记述了西班牙殖民者在美洲殖民的经过,是一部研究西班牙在美洲殖民史的珍贵史料。

综上简述,欧洲文艺复兴的史学,"复兴"了古典史学的传统,以现实材料为依据,对神学史学进行了批判,力图用理智的态度去研究当时的各国国情与世界历史,使近代欧洲史学成为资产阶级学术文化的重要部分。

5. 早期空想社会主义

在文艺复兴的人文主义者批判封建思想欢呼资本主义到来的

时候,随着资本主义的产生和发展,欧洲思想领域出现了早期空想社会主义者。空想社会主义者也是人文主义者,但思想比较激进,超过了反封建反神学的范畴,矛头指向私有制,要求改革社会制度,建立没有剥削与压迫的理想社会。最著名的代表是莫尔和康帕内拉。

托马斯·莫尔(1478～1535年)是文艺复兴时期英国空想主义创始人。1516年他发表《关于最完美的国家制度和乌托邦新岛既有利又有趣的金书》简称《乌托邦》而闻名于世。莫尔的乌托邦是模仿柏拉图《理想国》的对话体裁,采取文学游记描绘的形式,借一位航海家之口,严厉揭露现代社会的种种罪恶,描写了一个名叫"乌托邦"新岛上美满理想的社会。"乌托邦"一词源出希腊文,意为"没有的地方"(乌有之邦)。书中控诉了资本主义原始积累血泪斑斑的现实,把剥夺农民土地的圈地运动痛斥为"羊吃人"。

《乌托邦》描绘了一个理想国的蓝图,那里没有私有财产;国家政权以民主选举方法组成;每年选举一次,一律不准世袭;农业手工业生产以家为单位;乌托邦人必须参加生产劳动,"没有一个闲人,每个人都必须用心自己的手艺",产品按需分配;商品货币不存在了,乌托邦人把金钱看成次品,用来做便桶、溺器和奴隶身上的长链、大铐等物。乌托邦里"没有穷人,没有乞丐","一切为大家所公有"。

在文化教育上,莫尔主张全部儿童都应受教育,学习安排上"部分是在学校接受理论,部分是在城市附近的田地里实习"。在乌托邦这个社会里,每人每天从事六小时工作,而创造的财富可保证人人有充分物质供给,这样,乌托邦人就可以用大量的业余时间从事文化学习、科学研究和艺术活动。由于当时社会经济的发展、阶级与思想等方面条件的局限,这些理想根本不能实现,因而只能是空想。因此后人称莫尔式的社会主义为"乌托邦社会主义",即空想社会主义,"乌托邦"一词也逐渐成为空想的同义语。

《乌托邦》一书不仅对当时,而且对后世产生了重大影响。它开辟了空想社会主义思想的方向,以此为开端,经18世纪发展,至19世纪成为马克思主义思想的来源之一。

托马索·康帕内拉(1568～1639年)是意大利杰出的思想家,伟大的空想社会主义者和爱国者。他从少年时代起就热爱文学,13岁就写十四行诗,青年时代如饥似渴地阅读古代希腊罗马的各种名著、中世纪哲学著作和当代许多名人学者的著述,如莫尔、哥白尼、布鲁诺、伽利略等人的著作。一位传记作者说:"他不是一般地读了,简直是狼吞虎咽地读了许多书。"但他不是一位闭门读书的书生,而是一位爱国主义者。1599年,康帕内拉曾领导那不勒斯人民反对西班牙的专制统治密谋起义,遭监禁27年,获释后逃往法国,死于该地。他在狱中极其艰苦的条件下,写了《太阳城》。

太阳城和乌托邦一样,也是一个没有私有财产、没有剥削与压迫,大家劳动,共同分配,人人过着幸福生活的理想社会。

《太阳城》中,通过叙述一位热那亚的航海家,到不为世人所知的国家旅游见闻,以对话形式,揭露当时意大利的社会制度,把它说成是一个罪恶的世界,同时又描绘出一个实行一种理想的社会制度的"太阳城"理想国,太阳城在经济上为公有制,实行普遍的义务劳动制度,身强力壮男子担任繁重劳动,管播种、耕耘等农活;女子则从事轻便劳动,如纺织、挤羊奶、缝纫、理发、制药等。残废人也适当工作,跛子当看守员等为社会服务,与健康人一样,受到同样待遇和尊重。每人每天劳动四小时,其余时间从事科学研究、体育与文化娱乐活动。太阳城实行按需分配,衣、食、住都男女平等。太阳城实行共和制,最高领导人是最高宗教祭司,称为"太阳"。"太阳"由满35岁的人担任,为终身制,由他指定继承人。"太阳"下面设三位领导人:蓬、信、摩尔,其意思为威力、智慧、爱。"威力"掌握军事，战时为统帅；"智慧"掌管艺术、科学和手工业；"爱"掌握衣、食、生育和教育。太阳城工作由四个领导人主持，称太阳城四大领导。太阳城的用人原则是任人唯贤，"德行出众"，有"实际技能和学问"。[①]

6. 法学与教育学

文艺复兴时期,亦是罗马法的复兴时期。罗马法的复兴是从对罗马法的研究开始的。意大利的博洛尼亚大学是近代欧洲第一所大学,它设立法学院,教授法学,并长期成为传播罗马法的基地。12世纪中叶,仅在博洛尼亚大学研究法学的欧洲学者就达1万多人。以后,罗马法一直是西欧各大学法学院的主要课程。12～16世纪,相继出现意大利的前期和后期的注释法学派和法国的人文主义法学派,他们掌握罗马法的概念、方法和立法、司法等诸方面的原则。根据研究重点或方法不同,注释法学派可分为前后两期。前期注释法学派(13世纪以前),主要代表人物有阿佐(1150～1230年),他是博洛尼亚大学法学教授,著有《法学大全》、《法典研究讲义》两书,这两本书成为法学界的必读之书,主要翻译、注释了供法律规则参考的有关案例等,发展了罗马法。后期注释法学派(13～15世纪后半叶)主要代表人物有意大利的奇诺(1270～1336年)等,他们从注释转变为提出法律的原则和根据,建立法律的分析结构,促进判例法的发展。人文主义学派是15～16世纪以法国为中心的继后期注释学派兴起的法学派别,因与人文主义思潮相联系而得名,创始人为法国的J.居雅斯(1522～1590年)等。这一学派研究旨在恢复罗马法的本来面目,并通过人们对罗马法的理性知识进一步增长,来革除中世纪后期司法实践中的弊端。注释法学派与人文

---

① （意大利）康帕内拉.太阳城.陈大维译.北京：商务印书馆,1980.6,13,39,40

主义法学派都认为罗马法是人类法律的基本渊源,他们对罗马法的研究和传播,使罗马法在西方大为发展和普及。法院也引用罗马法,以补法律不足。法学著作把这一现象称为罗马法的复兴。罗马法的"复兴"与改造,是新兴资产阶级反封建、反教会斗争的重大胜利。欧洲许多法院直接聘请罗马法学家为法官、参审员或顾问。近代法国《拿破仑法典》也以罗马法为蓝本,以法国为代表的大陆法系后来传遍了欧洲和世界各地。现在,拉美多数国家,亚洲的日本、韩国,非洲的刚果、阿尔及利亚、利比亚、摩洛哥、南非等国基本上都采用了大陆法学的法律制度。

文艺复兴时期,欧洲各国由于经济发展和地位不同,产生了几位各有专长的法学家。意大利的马基雅弗利(1469～1527年)著《君主论》提出了君主专政的政治主张。法国人让·布丹(1530～1596年)著《国家论六卷集》第一次系统论述国家主权学说,书中指出:"地理环境决定论"和公民平等权利的理论。

荷兰人胡梁·格劳秀斯(1583～1645年)是近代资产阶级国际法理论的奠基人和资产阶级自然法学派的创始人之一。格劳秀斯出身于议员家庭,曾获得奥尔良大学法学博士学位,他的《战争与和平法》、《海上自由论》、《荷兰法律导论》、《捕获法》等著作反映了资产阶级夺权后的理论,强调国际关系的战争也应遵守法律所规定的权利和义务。战争有正义的和非正义之分。他说,战争爆发前,要宣战或最后通牒,不能不宣而战。应以最大的努力来防止战争,战时要实行人道主义而避免野蛮行为,战后应严格遵守和平条约,释放俘虏,沿海国应享有领海权等。这一系列国际法原则,是具有进步性的。

夸美纽斯(1592～1670年)是捷克资产阶级教育家。欧洲大学兴起后,捷克有布拉格大学,夸美纽斯总结资产阶级教育实践经验,提出了他的教育思想,被称为"近代教育科学之父"。

夸美纽斯的教育著作有《泛智论》、《大教学论》、《组织良好的学校准则》、《青年行为手册》等。他在《泛智论》中提出学生要掌握全面知识。"主张对一切人授予一切知识的普通教育",认为"人人均需学习一切"和"人人均应受教育"。"泛智"思想是文艺复兴以来时代精神的产物,反映了新兴资产阶级传播科学文化知识,培养人才,发展社会生产力的要求。泛智教育成为16至17世纪流传欧洲的教育思想,它主张用逐步扩展学生见识的方法,使学生获得关于自然和社会的百科全书式的知识,对当今学校教育思想仍有一定的影响。

《大教学论》(又译为《大教授论》)为夸美纽斯1632年写成,系统地阐述了他的教育思想,包括对教学的目的、作用、制度、内容与途径都作了阐述,其要点如下。

宣布用本民族语言教学和提倡直观教学。过去用罗马的拉丁语读圣经,而夸美纽斯提倡用斯拉夫语进行直观教学。他认为宗教讲上帝,但谁也没有看见天堂与地狱,故他提倡直观教学。他接受弗·培根的实验哲学观点,认为要"在感觉的基础上,认识现实世界"。

高度评价教育的作用。夸美纽斯认为,学校是"培养人的工场","只有受过一种合适的教育之后,人才能成为一个人"。人,除了天才、勤勉的人以外,还有无才愚笨的人,这两种人都可通过教育发挥其智力作用。

确定了学年制和班级授课制。夸美纽斯批判当时学校的经院主义性质、个别教育与无计划;要求学生一学年同时开学,编班上课,考试,放假。这符合资产阶级普及教育,扩大教育面,传播近代科学文化的要求。

提出了教育六原则:直观性原则、系统性原则、巩固性原则、循序渐进性原则、量力性原则、自觉性原则。[1]

夸美纽斯的教育思想,奠定了资产阶级教育理论体系的基础,具有民主性与人民性等进步性特点。但由于历史条件和阶级的局限,夸美纽斯的宗教思想在一定程度上仍影响了学生的思想进步。

7. 近代自然科学的兴起

(1)近代自然科学的特点

近代自然科学是文艺复兴的产物,它是伴随资本主义的诞生而产生的,近代科技的历史,从诞生到发展,经历了15~19世纪的整整400年时间。15~17世纪是近代科学兴起的初期,18~19世纪是近代科学的发展时期。

近代科学是古代科学的继承和发展,但两者有着本质的区别。古代科学,包括古代东方中国、印度,西方希腊、罗马和中世纪阿拉伯的科学都以经验的总结为主,以直觉的和零散的形式出现的;而近代科学以理性为主,把系统的观察和实验同严密的逻辑体系结合起来,形成以实验事实为根据的科学理论。

近代科学发展的初期,哥白尼、伽利略、开普勒的时代是天文学的黄金时代。从伽利略起,力学已显示出和天文学同等的重要性。牛顿(1642~1727年)时代,建立了力学理论体系。

16~17世纪是近代科学建立时期,无论在科学知识、科学思想还是科学方法上,都开创了一个新纪元,特别是物理学与天文学,在17世纪都达到了一个高峰。[2]

(2)近代自然科学兴起的原因

生产技术的发展,为科学提供了丰富的资料和必要的实验工

---

[1] 参阅.曹孚编.外国教育史.北京:人民教育出版社,1981.83~98
[2] 钱三强著.科坛漫话.北京:知识出版社,1984.75

具。14到16世纪意大利等地出现的各种形式的手工工场,是带有资本主义性质的生产组织。劳动者使用专门工具,彼此之间实行分工和协作。为改进技术,他们开始使用机械,为近代自然科学的诞生创造了条件。十字军东征,客观上促进了意大利城市经济的发展。正如恩格斯所说的"从十字军远征以来,工业有了巨大的发展,并产生了很多力学上的(纺织、钟表制造、磨坊)、化学上的(染色、冶金、酿酒)以及物理学上的(眼镜)新事实,这些事实不但提供了大量可供观察的材料,而且自身也提供了和以往完全不同的实验手段,并使新的工具的制度成为可能。可以说,真正有系统的实验科学,这时候才第一次成为可能"。由于生产技术的增长,生产力的发展,"在中世纪的黑夜之后,科学以意想不到的力量一下子重新兴起,并且以神奇的速度发展起来,那末,我们要再次把这个奇迹归功于生产"①。

航海探险推动了自然科学的发展。15世纪哥伦布等人的航海探险活动推动了天文和地理学的研究。在横渡大西洋中,需要确定船只的方位,除应用罗盘以外,还要借助于天文星表和星图,需要绘制有航线的航海图。航海的科学探险和考察,推动了近代气象学、地理学和生物学的发展。由于地理大发现,资产阶级在商业与价格革命中获得了巨大的利益,为了发财致富,为了对外扩张,资产阶级需要提倡和发展科学技术。

文艺复兴促进了自然科学的发展。由于人文主义思想提倡个性的解放,打击了神学,解放了人的思想,给科学带来了新的生机,为自然科学的发展创造了民主空气,并提供了唯物主义的认识方法,一方面使自然科学巨人辈出,发明创造层出不穷,另一方面使

---

① 自然辩证法.马克思恩格斯选集(第3卷).北京:人民出版社,1972.523~524

欧洲更加开放地接受外来的先进科学,包括中国的四大发明,进而为西欧科学传播和发展创造了条件。

科学的方法论对近代科学的兴起与发展产生了积极影响。培根和笛卡儿首创科学方法论。培根归纳法更强调实践。他认为,实践经验与理论的婚配,必须通过观察→归纳→发现的探求真理的过程,这是科学研究的重要方法。恩格斯称笛卡儿是近代哲学中"辩证法的卓越代表","数学中的转折点是笛卡儿的变数。有了变数,运动进入了数学,有了变数,辩证法进入了数学。"①有了变数,微积分的建立就立刻成为必然。微积分的建立,对自然科学的蓬勃发展起了极大的促进作用。

(3)文艺复兴时期的自然科学成就

"文艺复兴"时期,天文学、数学、物理学、医学等都有重大发展,自然科学进入了近代发展的阶段。

天文学的革命。中世纪的天主教,以公元2世纪古罗马托勒密的"地球中心论"和上帝的"创业说"相吻合为根据,认为地球是上帝创造的,万物围着地球转。"地球中心论"直到16世纪才被哥白尼日心说彻底打破。

哥白尼(1473~1543年)生于波兰一个商人家庭,1496年在意大利博洛尼亚大学学习。哥白尼论证了太阳结构,提出了新的科学观点——地球和一切行星都围绕太阳旋转,同时地球也绕着自己的轴自转。恩格斯对日心说评价很高,说哥白尼"向教会权威挑战,从此自然科学便开始从神学中解放出来……科学的发展从此便大踏步地前进"。②

---

①② 自然辩证法·导言.马克思恩格斯选集(第3卷).北京:人民出版社,1972. 236,446

天文学家布鲁诺接受并且发展了哥白尼的学说,把太阳为宇宙中心的观点发展为宇宙无限的思想。他认为宇宙是物质的、无限大、由无数星体组成的。他的学说获得广泛支持,却被教会看成是异端邪说。1592年,他被骗回意大利,在威尼斯遭到宗教裁判所的迫害,后在罗马被监禁七年,他始终坚强不屈,最后被判以死刑。1600年,布鲁诺在罗马的鲜花广场上被活活烧死,他用鲜血和生命捍卫了科学的真理和自己的信仰,为真理献出了自己宝贵的生命。

伽利略(1564～1642年)是意大利天文、物理学家,佛罗伦萨人,17岁发现了摆的等时性原理。这个原理被应用在钟表制造上,使钟表制造从此建立在科学的基础上。25岁,伽利略被母校比萨大学请去担任教授。伽利略亲自制作了第一架放大率为32倍的天文望远镜,用来观测天象,取得了一系列重大发现。他著的《星际使者》(1610年出版)指出许多新的星体的形状、距离及运行状况。他发现月球的表面有高山和深谷,木星有四个卫星,金星有盈亏之相,以及太阳有黑点,他的观测及名著《星际使者》,打开了人类通向宇宙的第一个天窗。"哥伦布发现了新大陆,伽利略发现了新宇宙。"此外,他还发现了自由落体定律,为牛顿力学的建立奠定了重要基础。

教会及经院哲学家、神学家诬蔑伽利略是骗子,望远镜是"魔鬼的发明",是他用符咒把新星从天空中咒出来的。

伽利略用九年写了《关于托勒密和哥白尼两大世界体系对话》一书,在整个欧洲大受欢迎。书中批判和嘲弄了亚里士多德-托勒密体系,有力地论证了地球自转和地球绕太阳公转的学说。1633年,教会把年迈的伽利略召到罗马进行审判,将他软禁九年,最后终于致死。教会逼伽利略跪下签名放弃对于哥白尼学说的支持,他签完字站起来说"但是,地球仍然在转动",这句名言,一直鼓舞人民为真理而斗争。

德国天文学家约翰·开普勒(1571～1630年)发现了行星运动三大定律,从而使日心说更加丰富和完整。开普勒发现每个行星沿椭圆轨道绕太阳运动,太阳处在椭圆的一个焦点上;行星运动不是匀速的,连接太阳和行星的直线在相等时间扫过相等面积;行星绕太阳一周的时间平方和行星到太阳的平均距离的立方成正比。开普勒第三定律,可以推导出牛顿发现的万有引力定律。正因为这样,黑格尔和恩格斯都认为天体力学的真正奠基人是开普勒。

数学、物理学和医学。文艺复兴时期,数学是在对力学的研究中发展起来的。16世纪时,数学的发展很迅速。1545年,意大利的数学家卡尔达诺(1501～1576年)发表了解三次方程的公式,以后他的学生解出了四次方程。

法国数学家微他(1540～1603年)采用字母来表示数学系统的一般符号,如"$(A+B)^2=A^2+2AB+B^2$"。英国数学家耐普尔(1550～1617年)第一次制定对数表(1614年),使数学在天文学和物理学上的应用扩大了。英国的波义耳(1627～1691年)发现了气体容量同外部压力成反比的定律。

尼德兰医生维萨留斯(1514～1564年)创立了科学的解剖学,著有《人体构造》,俄国的巴甫洛夫称它是"人类近代史中第一部人体的解剖学"。英国医生威廉·哈维(1578～1657年)写《论心脏与血液的运动》,最早发现人体血液循环系统的规律,创造了生理学这一门新的科学。英国人胡克(1635～1703年)在1665年首次提出细胞的概念。不久荷兰人列文虎克(1632～1723年)用显微镜第一次看到了细菌,他也是首先说明人类精子的人。

第十一章
西方启蒙运动时期的文化

> 我们这18世纪有若干显著的事实胜于任何世纪,那是真的,而其所以如此者乃完全有赖于思想及言论自由、科学及哲学的精神之普及。
>
> ——法国百科全书

> 我所思兮在何处
> 卢孟高文我本师
>
> ——梁启超

一、启蒙文化产生的背景

1. 时代的特点

17世纪中叶到18世纪法国资产阶级革命的前夜这100多年,被称为西方文化史上的启蒙时代(the Age of Enlightenment)。在这个历史时期内,欧洲各国,首先是法、德、英国的思想家,倡导理性主义,普及自然科学的研究成果,宣扬自由、平等、民主和法制思想,反对封建制度和宗教迷信,要求建立新的社会制度。

18世纪的西方又称为理性时代(the Age of Reason)。有的学者把从文艺复兴到启蒙运动的3个世纪,称为西方资产阶级的理性发展的时代。所谓理性,就是用科学知识认识事物,进行思考与判断。理性主义,笛卡儿称唯理主义,即相信理性(自我的思想知识、思想认识、观念的力量),用理智的分析代替盲目的信仰,用理性主义的态度来解释自然现象和社会现象。把人的理性看作是反封建反蒙昧的武器和对一切现成事物的最高裁判。恩格斯指出:"他们不承认任何外界的权威,不管这种权威是什么样的。宗教、自然观、社会、国家制度,一切都受到了最无情的批判;一切都必须在理性的法庭面前为自己的存在作辩护或者放弃存在的权利。……以往的一切社会形式和国家形式、一切传统观念,都被当作不合理的东西扔到垃圾堆里去了。"①

启蒙思想家认为,封建制度违反理性,他们要求建立理性的国家、理性的社会。这个理想社会,将是建立在私有制基础上的自由平等和竞争的王国。他们主张"天赋人权"和"主权在民",要求建立议会制度和实行三权分立,实际上,就是要建立资本主义社会制度。

这是一个资产阶级革命的时代。17~18世纪的欧洲是资本主义生产关系迅速发展,资产阶级革命浪潮兴起的时代。这个时期先后发生了四次资产阶级革命。1566~1609年尼德兰革命,英国17世纪中期爆发的资产阶级革命,1775年美国独立战争和1789年法国大革命。黑格尔称法国的这次革命是"一次壮丽的日出",它的意义远远超过法国国界,表现了整个欧洲的历史发展趋势。正如马克思所指出的:它不是一国范围的革命,而是"欧洲范围的革命",

---

① 社会主义从空想到科学的发展.马克思恩格斯选集(第3卷).北京:人民出版社,1972.404,405

它"不是社会中某一阶级对旧政治制度的胜利",而是"宣告了欧洲新社会的政治制度";它不仅反映了法国的要求,"而且在更大得多的程度上反映了当时整个世界的要求";"资产阶级在这两次革命中获得了胜利……意味着新社会制度的胜利,资产阶级所有制对封建所有制的胜利,民族对地方主义的胜利,竞争对行会制度的胜利,财产分配制对长子继承制的胜利,土地所有者支配土地制对土地所有者隶属于土地制的胜利,教育对迷信的胜利,家庭对宗教的胜利,进取精神对游侠怠惰的胜利,资产阶级法权对中世纪特权的胜利"①。资产阶级的政治制度,例如宪法的制定,根据宪法建立的议会、三权分立的政府在欧洲、北美普遍建立。资产阶级自由、平等、博爱的精神得到广泛传播,近代的自然科学和文学艺术亦获得迅速发展。

2. 启蒙运动产生的根源

启蒙运动是西方资产阶级文艺复兴之后进行的第二次反对教会神权和封建专制的文化运动,它是文艺复兴的继续和发展,但两者所处的时代与任务不同。文艺复兴是新兴资产阶级为摆脱封建束缚,要求生存和发展的权利在思想文化上的反映;启蒙运动则是壮大成熟的资产阶级为彻底摧毁封建制度,建立自己的统治而进行的思想文化大解放的一场革命运动,它比人文主义运动更广泛和深刻,并有鲜明的政治性。如果说人文主义者主要是从中世纪宗教的束缚下解放人的个性,肯定人有享受世俗幸福的权利,那么,启蒙运动的思想家则是批判封建传统思想和制度,高举"民主和科学"与"自由、平等、博爱"的旗帜向神学挑战,向一切封建权力挑

---

① 马克思. 资产阶级与反革命. 马克思恩格斯选集(第1卷). 北京:人民出版社,1972.321

战。后者提出了更高的要求,要破除宗教迷信,反对贵族特权,主张在法律面前人人平等,推翻封建统治,建立资产阶级的政治制度和法制,它的产生具有深刻的经济和哲学思想根源。

经济上,欧洲在17～18世纪处于商业革命的鼎盛期,国内外贸易获得蓬勃发展。与此相适应,重商主义更为成熟,强调国家干预经济,推行贸易垄断制,保证对外贸易的顺差。但随着经济的发展,这种政策与制度已逐渐过时了,因为,商业革命也刺激了工场工业的繁荣,发展了的工场工业要求经济上的自由竞争,关税应当变为主要是保护工业而不限于保护对外贸易的手段,允许企业的自由活动和贸易的自由。于是出现了一种新的经济理论,这种理论主张摆脱重商主义,鼓吹自由放任主义。法国的布阿吉尔贝尔(1646～1714年)、魁奈(1694～1774年)、杜尔哥(1727～1781年),英国的亚当·斯密(1723～1790年)是主张采取自由放任政策的代表人物。

经济自由的要求与政治上的自由和平等的渴望是相辅相成的。资产阶级的势力越来越成长和壮大,就越希望改革传统的经济政策,提高自己的政治、社会地位,发展科学和文化事业,这样他们同君主专制、贵族特权的矛盾逐渐激化。在这一斗争中,资产阶级要求民主和法制的思想更加成熟,并获得广泛传播。

哲学思想上,启蒙思想家特别是法国启蒙思想家站在时代的前列,在同封建专制与神学斗争中,在继承和发展培根、笛卡儿等人的先进哲学思想,在总结这个时期自然科学的光辉成就的基础上,建立了资产阶级特色的唯物主义哲学体系。这一哲学体系使18世纪成为法国人的世纪,不仅给笼罩在法国大地上的漫长黑夜带来了革命的曙光,而且其影响以欧洲为辐射中心波及到全世界。

为适应资本主义的发展和资产阶级的需要,自然科学得到迅速发展,哥白尼、布鲁诺、伽利略、开普勒、牛顿发现的真理,已被知识界所接受。启蒙学者吸取了自然科学的成果,并且认为,正如牛顿发现万有引力定律一样,人们也能够凭理性的力量发现有关自然、人类和社会的法则,谋取世俗生活的幸福。

二、启蒙运动的特点

18世纪启蒙运动具有广泛的国际性,它席卷了欧洲和北美的所有国家,特别是英国、法国、德国、意大利、美国和俄国。启蒙思想涉及宗教、哲学、伦理学、经济学、政治学、史学、美学等各个领域。启蒙时代,亦是群星灿烂、巨人辈出的时代,出现了诸多科学体系和著名代表人物。在运动的中心法国,伏尔泰、孟德斯鸠、卢梭以及狄德罗为代表的百科全书派的学者在启蒙运动中起了显著作用。

启蒙思想体系具有不同的表现形式,一般来说,启蒙思想有两大特点。

反对宗教蒙昧主义,宣扬理性与科学。启蒙思想家认为,社会所以不进步,重要原因之一是宗教势力特别是天主教对人民精神的长期统治。为改变这种局面,启蒙思想家树立了理性和科学的权威。他们宣称,人的理性是衡量一切、判断一切的尺度,不合乎人的理性的东西就没有存在的权利,如神学、基督教等等应该统统被打倒。启蒙思想家主张启迪人们的头脑,认为经验真理的科学能够使人正确认识自然,增长知识,破除迷信,从而增进人类的福利。

反对封建专制制度,宣传民主与法制。启蒙思想家们认为,封建专制制度扼杀自由思想,造成社会上的不平等和文化经济上的落后。因此,他们大力宣传"天赋人权",主张人民参与政治,法律面前人人平等;主张以法律规范人的行为来结束使人陷于不幸的专制统治局面。

启蒙思想家著书立说,大声疾呼,批判封建制度的不合理,宣扬建立合理的社会制度,即资本主义制度。启蒙思想如自由、平等、天赋人权、主权在民、三权分立等,主要是为推翻封建专制和建立资产阶级政权作舆论准备。并以此组织动员群众,指导革命。启蒙思想运动被称为欧洲第二次思想革新运动而载入史册。

在启蒙运动接近尾声时,西方思想界开始逐步走向黑格尔、达尔文和马克思的理论所标志的道路。

三、启蒙运动时期的文化

1. 启蒙时期的思想家

(1)法国启蒙思想家

法国启蒙运动的代表人物有伏尔泰、孟德斯鸠、卢梭、狄德罗,唯物主义者爱尔维修、霍尔巴赫和空想社会主义思想家梅叶、摩莱里、马布利等。启蒙思想家的思想唤醒了群众的意识,为法国大革命的到来做了思想上的准备,对欧美文化和社会发展产生了深远影响。

伏尔泰(1694~1778年)是法国资产阶级启蒙思想家,法国启蒙运动的领袖,大资产阶级温和派的思想代表,同时还是一位作家、政治家、历史学家和哲学家。伏尔泰生于巴黎法律公证人的家庭,在求学时期就受到自由主义思想的影响。中学毕业时,正是法国封建专制由盛到衰的转变时期,伏尔泰写了讽刺专制王朝腐败和教会专横的作品,两次被关进巴士底狱。出狱后,伏尔泰流亡到英国,在英国居住3年,深受牛顿、洛克思想的影响,对英国的资产阶级议会制度也很欣赏。

1729年伏尔泰回到法国以后,积极开展启蒙宣传活动。他的

第十一章 西方启蒙运动时期的文化

代表作有《论英国书简》(现译《哲学通讯》)、《哲学辞典》、《形而上学论》、《论各国的立国精神与礼俗》、《牛顿哲学原理》、《路易十四时代的历史》、《查理十二史》、《彼得大帝统治下的俄罗斯》、《中国孤儿》等。

《论英国书简》从反封建专制的立场出发,介绍英国的政治制度、商业和文学。它"是投向旧制度的第一颗炸弹",引起了法国专制王权和教会的愤怒。他们下令取缔并放火烧掉该书。

伏尔泰的社会思想核心是平等。他提出"天赋人权",人人都是上帝的子女,每个人不管出身如何,都是自由平等的。这是对当时等级制度和出身特权的公开挑战。

伏尔泰的政治思想是主张自由,希望建立像英国一样的君主立宪制。他宣称人民的自由和贸易自由是一个国家繁荣的根本。他说:贸易越是自由的国家就越是富裕和繁荣,贸易自由与国家繁荣成正比。

伏尔泰认为统治人民需要上帝和宗教,"即使没有上帝,也要捏造出一个上帝来"。所以,他一方面反对专制制度,一方面主张保留国王,把建立君主立宪作为其政治理想。

伏尔泰相信政治权力及国家领导权应该由少数富人掌握。他写道:"在这个社会里,既无土地又无房屋的人难道也应该有选举权吗?"他认为,当老百姓被允许议论国事的时候,一切都将毁灭。可见他对人民群众存恐惧心理,是代表大资产阶级利益的思想家。

孟德斯鸠(1689～1755年)生于波尔多的贵族家庭。从小读书用功,思想倾向进步。孟德斯鸠是一位百科全书式的学者。主要著作有:《波斯人信札》、《论法的精神》及《保卫法的精神》。《论法的精神》是费时20年精耕细作的巨著。在这部著作中,孟德斯鸠认为英国式的君主立宪制是比较好的政治制度,三权分立可保障政治清明。《论法的精神》1784年出版,两年内发行22版,有许多外国译本。在中国,1913年由严复译为汉文出版,译名《法意》。

孟德斯鸠对资产阶级的国家和法的学说,作出了卓越的贡献,对法国及欧美各国都产生了很大的影响。

孟德斯鸠提出政体可分为三种:共和政体、君主政体和专制政体。他认为小国之治宜于共和政体,中国之治宜于君主政体,而大国之治宜于专制政体。疆域大国家人多,复杂,要武力镇压;小国人少,地狭,单纯,易被吞并,宜用共和。"共和政体是全体人民或仅仅一部分人民握有最高权力的政体;君主政体是由单独一个人执政,不过遵照固定的和确立了的法律;专制政体是既无法律又无规章,单独由一个人按照一己的意志与反复无常的性情领导一切。"①

孟德斯鸠提出了三权分立的学说。他把国家权力分为立法权、行政权和司法权。认为这三种权力应分属于三个不同的国家机关,并且必须分开,同时使它们相互平衡,相互牵制,保持相对的独立性。如果这三权中任何两权集中在同一个人或同一机关之手,自由便不复存在;如果由一个人或同一机关掌握这三个权力,那就一切都完了。

孟德斯鸠提倡三权分立的目的,就是要限制国王的无限权力。这表达了新兴资产阶级要求参加政权的愿望。三权分立学说,对美国宪法、法国的《人权宣言》及后世资产阶级各国的政治法律制度产生了深远影响,如根据美国1787年联邦宪法,美国联邦政府包括国会、总统、最高法院三部分。行政权集中在总统及由他任命的国务卿和内阁成员手中。总统任期4年。国会为最高立法机关,它由参议院和众议院两院组成。国会有权在一定条件下对总统进行弹劾。司法权集中在最高法院。法官由总统任命,并经参议院同意。法官如不违法,可终身任职。

---

① 孟德斯鸠.论法的精神(上册).张雁深译.北京:商务印书馆,1961.8

第十一章 西方启蒙运动时期的文化

孟德斯鸠三权分立学说是针对君主专制制度的,它意味着国王权力受到很大的限制,在当时历史条件下具有很大的进步性,它成为资产阶级政治制度的基本原则,对近代资产阶级国家政权的组织产生了深远的影响。

卢梭(1712～1778年)是激进的民主主义者和文学家。他的思想蕴含着革命的火种。他出生于瑞士日内瓦一个钟表匠的家庭,生活贫困。后流浪法国,当过学徒、仆役、家庭教师、乐谱抄写员等当时被认为低微的职业,备受封建贵族的欺凌。他的经历加深了他对富人的仇恨和对穷人的同情。

1750年,卢梭应第戎科学院征文,征文题目是《论科学和艺术的复兴是否促进了风俗的淳厚》,卢梭应征论文使他一举成名。他在这篇文章中提出:"人生来是善良和幸福的;是文明腐蚀了他,毁了他最初的幸福。"这个观点有它的不成熟性,但卢梭对那些为封建统治服务的腐朽的文明提出了挑战。他揭示了一些人奢侈豪华的另一面是另一些人的贫困。

1775年,第戎科学院再次以《什么是人类不平等的起源,人类不平等是否为自然法则所允许?》为题目征文。卢梭以《论人类不平等的起源和基础》应征,指出人类不平等起源于私有观念的产生和私有财产的出现。此文虽未中选,但这篇论文的发表最后确定了卢梭的声誉。

在这篇文章中,卢梭提出了两个观点。

人类不平等的根源是私有制。他认为,人类社会的"自然状态"是人人平等、人人自由的社会。由于生产技术和文化的发展,出现了私有制。私有制的产生,使人类进入了文明社会,也使人类失去了天赋的自由和平等。土地私有制的出现产生了财富的不平等;伴随国家的出现产生了政治上的不平等,这种不平等和贫富对立,就发展成为专制制度。当暴君出现时,不平等发展达到极点。卢梭提出了以革命推翻封建暴力的结论：暴力支持暴君，一切都按照自己正确的自然行程前进。恩格斯说，卢梭关于人类不平等的起源的学说，是"辩证法的杰作"①。但卢梭不主张废除私有制，只要求消除贫富悬殊，保护小私有制。

主权在民：这是卢梭在《社会契约论》里表达的思想。天赋人权，人们享有生存、自由、平等、获得财产和反抗压迫等的权利。卢梭认为人类原来生活在自然状态中，由于生存受到威胁，才通过社会契约组成国家。人与国家的关系，是国家保护人的自由的契约关系。经社会契约而结合成的国家，应体现人民的最高和共同的意志。人民服从国家，实际上也就是服从他们自己的意志。政府的职责仅仅是执行"公意"，而不是人民的主人。如果政府篡夺了人民的主权，它便破坏了社会契约，人民有权利推翻它。卢梭这一自由平等、主权在民的思想，对处在封建压榨下的人民大众具有极大的号召力和吸引力。这些观点对法国资产阶级革命影响很大，并成为雅各宾派的政治纲领。

卢梭的平等观和主权在民说风靡了欧洲整整一个历史时代。罗伯斯庇尔、托尔斯泰自称是他的信徒。美国革命的《独立宣言》、法国革命的《人权宣言》以及美法在革命后制定的宪法，在很大程度上继承和体现了卢梭民主理论的精神。美国林肯政府，标榜为"民有、民治、民享的政府"，这个"民"，不是人民，实质指的是资产阶级。正如恩格斯指出的："卢梭的社会契约在实践中表现为而且也只能表现为资产阶级的民主共和国。18世纪的伟大思想家们，也和他们的一切先驱者一样，没有能够超出他们自己的时代所给予他们的限制。"

---

① 反杜林论·引论.马克思恩格斯选集(第3卷).北京：人民出版社，1972.59

第十一章　西方启蒙运动时期的文化

狄德罗(1713~1784年)出生于法国朗格尔一个制刀师家庭，19岁获巴黎大学文学硕士。1745年，巴黎书商勒·勒勒东聘请他和数学家达朗贝尔(1717~1783年)主编《百科全书》。他在主编《百科全书》25年中，深受英国唯物主义者培根等人的影响。培根关于编辑百科全书的思想，促使他坚定地献身于《百科全书》的伟大事业。狄德罗集中了一大批工作人员，包括有文学家、科学家，如伏尔泰、卢梭、霍尔巴赫等160多位撰稿人。

狄德罗呕心沥血，撰写哲学、历史和应用科学方面的条目1 000多条，常到工匠作坊中访问观察，详细了解机器和工具的结构及其性能，写成条目，并请人绘制图像，附在卷后。全书于1772年问世，共计32卷，包括正文17卷，附录4卷，图片11卷。初版1万部，至1774年有4种文字的译本。狄德罗讲的最后一句话是："怀疑是向哲学迈出的第一步。"他的一些手稿，现存留在法国图书馆。

《百科全书》的总精神，即其启蒙运动的思想是：反对传统思想（主要指17世纪的"正统"思想）；反对权威（主要指封建统治和君主专制）；反对信仰（主要指天主教会）；追求政治上和学术思想上的自由；提倡科学技术，振兴工业；坚信人类物质文明和精神文明不断进步，主张按照资产阶级理性主义的理想，改造人类社会。[①]"百科全书学派"进行了大量的活动来启迪人民，破除愚昧，发展科学文化。

(2)德、美、俄的启蒙思想家

17~18世纪的德国启蒙思想家的先驱是莱布尼茨，他是德国近代自然科学家、哲学家、唯理论者、数理逻辑的创始人，出生于莱比锡。莱布尼茨在莱比锡大学读书期间，研读了近代哲学家和科学

---

① 中国大百科全书·外国文学.北京:中国大百科全书出版社,1985.109

家如培根、康帕内拉、开普勒、伽利略以及笛卡儿等人的著作,为他后来的科学与哲学活动奠定了坚实的基础。莱布尼茨曾结识了牛顿、波义耳等著名学者,1677年,他几乎和牛顿同时创立了微积分。莱布尼茨的主要哲学著作有《形而上学谈话》、《人类理智新论》、《神正论》、《单子论》等。在哲学上,莱布尼茨的形而上学有唯心主义的倾向;在政治上有调和倾向,反对君主专制统治,但鼓吹"开明专政"。莱布尼茨十分热爱科学文化事业,是一位科学研究的积极组织者和活动家。他的活动推动了德国的启蒙运动的发展。

美国早期著名的启蒙思想家有潘恩、杰斐逊与富兰克林。他们受英国洛克及法国启蒙思想家的影响,宣扬民族平等,唤醒民族独立意识,对美国文明的进程起过巨大作用。

托马斯·潘恩(1737～1809年)的主要著作有《常识》、《人权论》和《论政府的基本原则》等,其中《常识》是他的代表作。在这篇政论中,他鼓励美国人民开展武装斗争,与英国彻底决裂而独立,他大声疾呼地说"现在论战已结束了,作为最后手段的武力决定着这场争执。"《常识》被美国人们称为革命的《圣经》,它直接影响了北美《独立宣言》的产生。

托马斯·杰斐逊(1743～1826年)是资产阶级民主传统的奠基人。杰斐逊深信洛克的天赋人权说和卢梭的社会契约说,认为被压迫人民具有天赋的自由和平等的权利。他的主要著作有《英属美洲权利概述》、《弗吉尼亚札记》和《独立宣言》等。作为主要起草人,《独立宣言》是杰斐逊为美国人民反英斗争写下的最光辉的一页。《独立宣言》庄严地宣称"人人生而平等,其中包括生命权,自由权和追求幸福等权利。"[①] 马克思指出它的进步作用是"最先产生了

---

① (美)康玛杰尔等著.1765～1917年的美国.谢德风等选译.参见:世界史资料丛刊初集.北京:三联书店,1957.4

第十一章 西方启蒙运动时期的文化

伟大的民主共和国思想的地方,宣布了第一个人权宣言。"[1]《独立宣言》唤醒了民族意识,摆脱了殖民枷锁,反过来还影响了法国革命。杰斐逊不仅把《独立宣言》中阐述的天赋人权思想作为民主主义思想的理论基础,而且在民主活动的实践中,丰富了天赋人权理论。杰斐逊任第三届美国总统时,提示白宫每天早晨向来访者开放,以便不脱离群众,保持民主作风。他还提出人民参政思想,把人民监督看作是人民参政行使权力的重要手段。

本杰明·富兰克林(1706～1790年)是美国独立时期著名政治家和科学家。他是《独立宣言》起草人之一。1730年他创办《宾夕法尼亚报》周刊,传播艺术与科学达18年之久。

俄国启蒙运动的先驱罗蒙诺索夫(1711～1765年)是俄国杰出的学者和诗人。他博学多才,在物理、化学、天文、地理、历史、文学、语言学等方面都取得了成就;他热爱祖国,立志为俄国科学文化的发展作出自己的贡献。罗蒙诺索夫以诗来激励俄国人民并鞭策自己。在他的倡议下,1755年建成的莫斯科大学成了18世纪俄国先进科学与民主思想的中心,为俄国培养了大批优秀科学人才。罗蒙诺索夫为俄国的思想启蒙和文化繁荣贡献了一生。普希金把他比作俄国的第一所大学。别林斯基写道:"罗蒙诺索夫仿佛北极光一样在北冰洋岸发出光辉。这一光辉光耀夺目,异常美丽。"[2]

19世纪俄国的启蒙思想家主要代表人物有赫尔岑、别林斯基、车尔尼雪夫斯基、杜勃罗留波夫等。他们是"俄国资产阶级民主派"或称"俄国的资产阶级农民民主派"。他们的活动和农民的革命

---

[1] 致美国总统阿伯拉罕·林肯.马克思恩格斯全集(第16卷).北京:人民出版社,1964.20

[2] 朱庭光主编.外国历史名人传·近代部分(上册).北京:中国社会科学出版社,1982.368

运动紧密地联系在一起,反映了农民和资产阶级反封建的进步要求。赫尔岑等的思想深深地打上了俄国的烙印。19世纪的俄国是欧洲封建制度的反动堡垒,是"神圣同盟"的主角,是镇压各国民族独立运动的国际宪兵。赫尔岑等俄国启蒙思想家继承了18世纪俄国罗蒙诺索夫、拉吉舍夫和十二月党人的革命思想及法国的启蒙思想与德国的费尔巴哈的唯物主义和黑格尔辩证法思想,还接受了欧文、傅立叶、圣西门等人的空想社会主义思想的影响。他们与法国启蒙思想家一样,在政治上无情地批判农奴制度和专制制度,要求给予农奴连带土地的解放;在哲学上,主张唯物主义,反对唯心主义;他们既是哲学家,又是政治家、文学家和艺术家,其哲学和政治思想主要以文学和文艺批评的形式表现出来。

亚里山大·伊万诺维奇·赫尔岑(1812～1870年)是俄国革命民主主义者、唯物主义思想家、作家。他出生于莫斯科一个贵族家庭,幼年深受十二月党人思想的影响,1829～1833年在莫斯科大学读数学物理系,取得了硕士学位。在大学期间,赫尔岑组织青年小组,研究傅立叶、圣西门学说,进行革命宣传;毕业后不久被捕。1842年赫尔岑流放归来,撰写《科学中华而不实的作风》、《自然研究通讯》等哲学著作,批判地改造了黑格尔哲学的辩证法,提出辩证法是"革命的代数学"的著名命题。他主张把唯物主义和发展观结合起来。1847年,赫尔岑被迫出国,目睹了巴黎1848年6月起义。后来在《寄自法兰西和意大利的书信》和论文《彼岸》中,赫尔岑描写了这一革命事件,猛烈抨击了资本主义制度。1852年,他在伦敦创办"自由俄罗斯印刷所",后出版《北极星》和《钟声》杂志,并在这些刊物上发表了许多宣传革命的文章。这些杂志后来秘密进入俄国,传播了革命思想,启发了俄罗斯人民的心灵。列宁称"赫尔岑在国外创办了自由的俄文刊物,这是他的伟大功绩。《北极星》发扬了十二月党人的传统。《钟声》(1857～1867年)极力鼓吹别的本身"①。

法国空想社会主义者各自提出以公有制为基础的理想社会方案。梅叶主张在理想社会中必须建立一个权力机关,领导者是"最英明、最善良、极力想发展和维持人民福利的人"②。摩莱里在《自然法典》中描绘的社会蓝图是财产公有,人人有工作,每个公民根据自己的力量、才能和年龄促进公益的增长。马布利的理想共和国是"人人都是富人,人人都是穷人,人人平等,人人自由,人人是兄弟,这个共和国的第一条法律就是禁止财产私有。……劳动果实都送到公共仓库去,这些果实都是国家珍宝和每个公民的财产。……按每个人的需要分配必需品,按照公有制对每个人的要求分配工作,并维护国内的道德"③。巴贝夫(1760~1797年)主张私有制是一切不平等的根源,一旦摧毁了私有制,黄金时代的幸福日子就会到来。他主张建立人人"绝对的平等"④作为革命的最终目的。

恩格斯指出,这一时期梅叶等人的空想社会主义思想,包含有禁欲主义和平均主义的色彩,"还是非常肤浅的";由于历史条件的限制,他们还不能指出资本主义产生、发展和灭亡的规律,以及无产阶级专政的必要性。同时,他们的思想又较早期空想主义前进了一步,摩莱里、马布利"已经有直接共产主义的理论"⑤。

2. 启蒙时期的文学

哲学是时代精神的精华,文学是时代精神的反映。在欧洲文坛

---

①⑤ 恩格斯.反杜林论·引论.马克思恩格斯选集(第3卷).北京:人民出版社,1972.58,58

② (法)梅叶.遗书(第2卷).陈太先译.北京:商务印书馆,1960.107

③ (法)马布利选集.何清新译.北京:商务印书馆,1960.62~63

④ (法)巴贝夫文选.梅溪译.北京:商务印书馆,1962.80

上,与资产阶级启蒙运动相呼应,出现了启蒙文学。在启蒙运动的理性旗帜指引下,资产阶级登上义学舞台,提倡厚今薄古,在内容与形式上都一反古典主义文学的旧框框,形成了自己的特点,这些特点的内容如下。

△ 具有鲜明的政治性与民主性。他们把文学作为宣传启蒙运动的重要工具,抨击当时社会的政治、思想,抨击封建专制和宗教势力,热情宣扬科学思想,鼓吹自由、平等、博爱的资产阶级革命民主精神。

△ 把资产阶级和平民作为他们的描写对象,歌颂他们的英雄行为和情操,而王公贵族则成为被嘲笑被批评的人物。如英国启蒙作家丹尼尔·笛福(1661~1731年)的《鲁滨孙漂流记》及法国戏剧家博马舍(1732~1799年)的费加罗三部曲,都是歌颂了敢于同封建特权作斗争的下层人物。

△ 反映时代精神,采用有利于现实斗争的新体裁。哲理小说、哲理戏剧和哲理随笔、抒情小说、启蒙戏剧都具有独创性。

启蒙文学的最早萌芽在资本主义发展较快的英国。英国启蒙文学的主要成就是现实主义小说。亨利·菲尔丁(1707~1754年)、笛福与理查逊并称为英国现代小说的奠基人。亨利·菲尔丁有四部长篇小说,《大伟人江奈生·魏尔德传》、《约瑟·安特鲁传》、《弃婴托姆·琼斯的故事》和《阿米莉亚》都在世界文学史上占有一定的地位。拉法格曾回忆马克思"比较喜欢18世纪小说,特别爱好菲尔丁的小说"①。丹尼尔·笛福是英国启蒙主义文学的重要代表,是18世纪英国文学史上第一个重要的小说家。他出生于小商人家庭,自己也是商人,经营过烟酒等。因为经商,他有机会到处

---

① (法)保尔·拉法格等著. 回忆马克思恩格斯. 马集译. 北京:人民出版社,1973.

旅行,到过西班牙、德国、法国和意大利。其著名的作品有《鲁滨孙漂流记》、《辛格顿船长》(一译《海盗船长》)、《摩尔·费兰德斯》、《罗克·萨娜》、《大疫年日记》、《一个骑兵的回忆》等。这些作品大都采用第一人称的叙述方法,回忆主人公过去的生活和命运。

《鲁滨孙漂流记》(1719年)是笛福的代表作。小说以苏格兰水手亚历山大·赛尔柯克在荒岛上的真实经历为原型。小说主人公鲁滨孙不安于平庸的小康生活,决定出海经商,父亲劝戒、船破的教训都没有动摇他的决心和意志。后来他在巴西当上植物园主,为了获得更多的利润,他又到非洲做黑奴生意,因遭难独自一人漂到荒无人烟的孤岛上,流落荒岛28年。他在岛上与自然斗争,收留了野人星期五。他战胜了失望情绪,用各种方式谋取食物、修筑住所,终于战胜自然,改变了环境,积累了财富后又回到英国。

鲁滨孙是一个新兴资产者,又是殖民主义者的形象。作者通过鲁滨孙的形象,反映了资产阶级上升时期的冒险进取精神、追求财富的思想。

法国17世纪古典文学成就最高。悲剧作家高乃依(1606~1684年)和他的作品《熙德》,拉辛(1639~1699年)及其代表作《昂朵花格》都有一定的声誉。但成就最突出的是古典戏剧大师莫里哀(1622~1673年),主要作品有《伪君子》、《石宴》(或名《唐璜》)、《恨世者》、《吝啬鬼》等。《伪君子》是五幕诗体喜剧,是莫里哀的代表作,描写了资产者奥尔贡收留宗教骗子答尔丢夫作上宾和精神导师,险遭倾家荡产的经过,辛辣地讽刺了教会和贵族上流社会的伪善、狠毒、荒淫无耻和贪婪,突出地批判了宗教伪善的欺骗性和丑恶。

启蒙文学家多数以思想家面目出现,文学只是表达思想的一种辅助手段。孟德斯鸠的《波斯人信札》是一部书信体文学作品,是启蒙运动文学的先声。伏尔泰、狄德罗等人用哲理小说来宣传启蒙思想,形式上别具一格。伏尔泰的《查第格》、《老实人或乐观主义》、《天真汉》是哲理小说的代表作。狄德罗的著名小说是《修女》、《宿命论者雅克》、《拉摩的侄儿》。

卢梭的文学著作《新爱洛伊丝》,写平民知识分子圣·普乐和他的学生贵族小姐朱丽的爱情悲剧。其《爱弥尔》是一部教育小说,也是广义的推理小说。《忏悔录》是卢梭以极其坦率的态度写成的自传,这是一部个性解放的宣言书。卢梭的文学创作表现了强烈的崇尚自我的精神,重视对感情的描写和大自然的描绘,他被称为"浪漫主义运动之父"[①]。

德国启蒙文学杰出代表、德国民族文学的奠基人是莱辛(1729～1781年),其理论著作《拉奥孔,或论画与诗的界限》和《汉堡剧评》在欧洲文学史上占有重要地位。莱辛的最主要的贡献之一是在诗歌美学方面突破了作为德国美学界及文学理论界的正统思想的"肃穆静观说"。歌德说:"我们必须回到青年时代,才能体会到《拉奥孔》对我们的影响,这部著作把我们从一个幽暗的静观境界中拖出来,拖到一个爽朗自由的境界。"[②] 莱辛的《萨拉·萨姆逊》是德国第一部"市民悲剧"。悲剧《爱米丽雅·迦洛蒂》是莱辛最成功的作品,也是一部典型的"市民悲剧",是德国文学中一部杰出的作品。故事发生在15世纪的意大利,爱米丽雅的未婚夫被公爵雇佣的强盗杀死,公爵将爱米丽雅骗到宫中,企图霸占她。其父欧罗多阿多为保全女儿的贞操,忍痛将女儿杀死。悲剧对德国专制君主的荒淫暴虐进行了尖锐的揭露和强烈的控诉。父亲杀死女儿,保存了她的贞操,取得了道义上的胜利。

德国在欧洲文学史上辉煌的一页是狂飚突进运动。它是一批

---

① (英)罗素.西方哲学史(下册).马元德译.北京:商务印书馆,1986.225
② (德)莱辛.拉奥孔.朱光潜译.北京:人民文学出版社,1984.220

青年作家发动的文学革命;是追求自由、个性解放、性格解放和大胆坦露真实情感,崇尚天才为主要特征的文化运动。席勒和歌德是这一运动中最具代表性的两位作家。歌德的《少年维特之烦恼》是这个文学运动的最高水平的作品。这部书信体小说,为18世纪的德国文学赢得了世界名誉。

席勒(1759～1805年)一生创作了大量的诗歌,他最光辉的作品是戏剧,著名作品有《强盗》、《阴谋与爱情》以及在歌德的赞助下完成的《华伦斯坦》三部曲。处女作《强盗》是一部反封建专制的杰作。恩格斯称赞它是"歌颂一个向全社会公开宣战的豪侠的青年"[①],它是一部"暴君见了定要焚毁的书"。据记载,《强盗》一上演就获得成功,当时观众欢声雷动,顿足踏地,互相拥抱,剧场活像一座"疯人院"。《阴谋与爱情》是席勒最成熟的作品。它以当时德国某封建公国为背景,通过平民少女露易丝和贵族青年斐迪南的爱情悲剧,集中反映了德国市民和封建统治者之间的激烈冲突,表达了作者反封建、要求自由平等的政治观点。恩格斯称它是"德国第一部有政治倾向的戏剧"[②]。

歌德(1749～1832年)的两部代表作《少年维特之烦恼》、《浮士德》的影响遍及整个欧洲乃至世界。在《少年维特之烦恼》中少年维特颂扬自然,爱纯朴的农民和儿童,反对封建习俗,憎恶官僚贵族。他对于人世的热情希望与鄙陋的社会现实格格不入,因为两者之间存在着不可逾越的鸿沟。他处处遭到打击和失败,在这样的处境中又遭到不幸的爱情,最后自杀。这部小说主要写作者个人的感受,实际上表现了个性自由与封建等级社会的冲突,反映了青年在个人与社会的不可解决的矛盾中的苦闷和伤感的精神状态。这烦

---

① 德国状况.马克思恩格斯全集(第2卷).北京:人民出版社,1972.634
② 致敏·考茨基.马克思恩格斯选集(第4卷).北京:人民出版社,1972.454

恼,不仅是那位青衣黄裤的少年,而且是德国正在觉醒的一代反封建青年的精神写照。所以《少年维特之烦恼》在1774年出版后,立即在青年中引起共鸣。诗剧《浮士德》通过浮士德奋斗的一生,反映当时资本主义上升时期先进知识分子不断追求知识和人生真谛的过程,并对社会的种种弊端作了深刻的揭露和批判。它与荷马的史诗、但丁的《神曲》、莎士比亚的《哈姆雷特》并列为欧洲文学的四大名著。

3. 启蒙时期的史学

启蒙思想影响下的史学,领域扩大了,重视经济与文化在历史上的作用,用理性主义对待历史,特别重视因果关系,认识到历史是不断发展的过程。

法国许多思想家,如孟德斯鸠、伏尔泰等人,对历史作过考察,他们把人性、理性作为决定各种社会历史现象兴废存亡的终极原因。孟德斯鸠的《论罗马盛衰的原因》及《论法的精神》提出"地理环境决定论",认为气候、地理、土壤等条件决定政治体制、法律的性质和人们的性格。孟德斯鸠被认为是资产阶级史学地理学派的祖宗。伏尔泰的《路易十四时代的历史》是他生平最得意的历史著作,也是研究法国文化史的要籍。伏尔泰对史学作出了两大贡献:"第一,把历史作一个整体来研究,把世界上所有文化中心的事件联系起来进行观察;第二,把历史理解为包括艺术、科学、风俗、习惯、食物、工艺、娱乐等人类社会生活各方面的汇录。……他没有欧洲中心思想,而是有着广阔视野。他极力推崇印度人、腓尼基人和中国人的智慧。"[①] 德国施洛赛尔(1735～1809年)的《俄国史》和《世界通史》等,确定了世界史应当包括各个历史时期、各个国家和地区

---

① 孙秉莹编著.欧洲近代史学史.长沙:湖南人民出版社,1984.477

一切已知的重大事件。米凯尔·伊·施密特写的《德意志史》,22卷,开始标榜客观主义。英国大卫·休谟(1711~1776年)的《从凯撒入侵到1688年革命的英国史》,内容丰富,传诵极广。

18世纪,不仅在英国,而且在一切英语国家中,最著名的历史学家是爱德华·吉本(1737~1794年)。他的代表作《罗马帝国衰亡史》的第六卷,出版于1776年,被认为是知识界的一件大事,它以深刻的启蒙主义思想和典丽的文笔立即鼓动了英国文坛,在几天内就销售一空。

吉本的历史著作,具有如下的一些特征:继承并发展了古代历史学家的优秀传统;善于利用前人的研究成果,善于综合历史事实;是规模宏大的通史性著作;叙事生动,文情并茂,雅俗共赏,代表了资产阶级史学发展的高峰。[①]

启蒙时期史学继承了人文主义史学的成果,并予以发展,标志着资产阶级史学的最终确立。19世纪欧洲理性主义后出现了浪漫主义史学。浪漫主义史学分为进步与反动两种。前者反映资产阶级民主派的思想情绪,认为法国革命后建立的新制度仍是人压迫人的不合理制度。19世纪继启蒙史学后,西方史学流派相继产生,其中最有影响的是法国复辟时期的浪漫学派和政治学派,法国和英国的实证主义历史学派、制度史学派,英国的牛津学派和剑桥学派,德国的兰克学派、普鲁士学派和经济史学派。19世纪中叶,马克思主义史学诞生,从而使史学走上了科学发展的道路。

4. 音乐

西方从17世纪开始近400年来,音乐艺术经历了巴罗克、古典主义、浪漫主义和现代音乐四个阶段。

[①] 参阅:郭圣铭编著.西方史学史概要.上海:上海人民出版社,1986.134~136

乐曲种类随着近代音乐的发展繁荣起来,诸如小夜曲、奏鸣曲、交响乐、协奏曲、幻想曲、随想曲、浪漫曲、小步舞曲、叙事曲等,但"它们之间并没有确切的界限,作曲家在为自己的作品确定名称时也比较自由"①。其中交响乐获得广泛流行。

西方近代音乐产生于16至17世纪的意大利,并以佛罗伦萨为中心,18世纪音乐中心转移到奥地利。奥地利的维也纳成为欧洲音乐城,许多大音乐家在此诞生、创作和演出。

巴罗克(baroque)指的是一种艺术风格。它反映在音乐、建筑与绘画等领域,一般泛指整个16～18世纪各国艺术,事实上,各种艺术之间的风格差异是很大的。巴罗克音乐强调宏伟的构思和辉煌的效果,形式结构上要求戏剧性的对比和平衡的原则。巴罗克音乐的集大成者是德国的巴赫和亨德尔。18世纪初期,德国的伟大作曲家约·谢·巴赫(1685～1750年)和亨德尔(1685～1759年)为把音乐从中世纪祈祷式的音乐中解放出来作出了贡献。

"音乐之父"巴赫主要声乐作品有《b小调弥散曲》、《马太受难曲》、《众赞歌前奏曲》。他是近代奏鸣曲的奠基者,对海顿、贝多芬的音乐有直接影响。

古典主义音乐风格的形成是以奥地利的海顿、莫扎特,德国的贝多芬的音乐为标志。

"交响乐之父"海顿(1719～1787年)创作扎根于故乡。他设计的室内音乐采取弦乐四重奏形式。海顿创作了100多部交响乐作品,得到广为流传的有:《哀悼》、《告别》、《牛津》、《惊愕》、《军队》、《时钟》、《鼓声》、《伦敦》等。

莫扎特(1756～1791年)是天才的音乐家,现代钢琴协奏曲的奠基人,伟大的歌剧作家。他创作了具有反贵族倾向的《费加罗的

---

① 张洪岛主编.欧洲音乐史.北京:人民音乐出版社,1997.61

婚礼》,反映贵族荒淫生活的《唐璜》,特别是民族歌剧《魔笛》,成就辉煌。

路德维希·凡·贝多芬(1770~1827年)是德国最有名的作曲家,也是世界上声誉卓著的音乐大师,被世人称为"乐圣"。他生于莱茵河畔的波恩城,祖父是当地宫廷乐团的乐长,父亲是男高音歌手。4岁从父亲学音乐,8岁开始表演,1792年起定居维也纳,以教学、演出及创作为生。1820年后两耳失聪,但仍坚持创作。贝多芬早年即受启蒙运动和法国大革命影响,毕生竭力追求"自由、平等、博爱"的理想,不少作品反映了当时资产阶级反封建争取民主的革命热情及其理想中的英雄性格。他曾说"音乐应当使人类的精神爆发出火花",他又说"自由与进步是艺术的目标,如同在整个人生中一样"。

贝多芬继承海顿、莫扎特音乐的传统,吸收法国大革命时期的音乐成果,集古典派的大成,开浪漫主义的先河。他的作品对西洋音乐的发展有深远影响。

贝多芬的著名九部交响乐从内容上可分三类:英雄性、戏剧性的交响乐,如第三、第五、第九交响乐;生活风俗性、抒情性的交响乐,如第一、第四、第八交响乐;群众性、舞蹈的交响乐,如第七交响乐。其中以第三交响乐《英雄》、第五交响乐《命运》、第九交响乐《合唱》最为著名。英雄交响乐是贝多芬音乐创作的顶峰。

18世纪末19世纪初,同欧洲文学的发展一样,音乐上产生了浪漫主义的艺术流派,著名的有法国的柏辽菲、德国的门德尔松和舒曼、波兰的肖邦、匈牙利的李斯特、俄国的柴可夫斯基等。

门德尔松(1809~1842年)自幼学习音乐,他与同时代的文化名人歌德、海涅等有交往,受其影响很深,推崇巴赫的作品。他写的五部交响乐中,最有价值的是《苏格兰交响乐》和《意大利交响乐》,他在世和他逝世后一段时期,曾被认为是继贝多芬之大的作曲家。

德国浪漫主义音乐的主要代表人物舒曼(1810～1856年)是商人之子,曾在莱比锡大学学法律,19岁起学钢琴,早期创作均为钢琴曲,包括《蝴蝶》、《狂欢节》、《交响练习曲》、《幻想曲》等。他选的歌词多来自于海涅、歌德、拜伦、席勒、莎士比亚等最有价值和富于诗意的作品。

民族乐派是继浪漫主义音乐之后,在音乐方面反映各国民族精神的音乐。

肖邦(1810～1849年)是波兰作曲家、钢琴家,生于教师家庭,少时即接触民间音乐,1826至1829年在华沙音乐学院学习。他一生中采用民间的曲调写了不少舞曲,作品有钢琴协奏曲两部,钢琴奏鸣曲三部以及大量的玛祖卡、波洛涅兹舞曲、练习曲、前奏曲、夜曲、即兴曲等。肖邦的音乐具有美丽与多样的旋律,表现了不凡的艺术天才。肖邦是爱国音乐家,他在华沙、维也纳和巴黎都极受人们尊敬。他的理想是为祖国的独立而贡献生命。他不停地在欧洲各地演奏,由于积劳成疾,不幸在39岁逝世。肖邦被誉为"波兰魂"。

李斯特(1811～1886年)是匈牙利民族音乐最重要的代表人物,他在欧洲音乐文化史上占有特殊地位。李斯特9岁便以神童闻名于世,他一生在钢琴演奏的成功是空前的,有"琴音大王"之称;他的生活也颇浪漫,日夜沉溺于美色中,其父亲曾警告他,女性将倾覆他的一生,支配他的身世。李斯特几乎走遍欧洲,最重要的音乐作品是《匈牙利狂想曲》、《巡礼的年代》和《b小调奏鸣曲》等。他曾开创了"交响诗"体裁,重要的交响诗有《塔索》、《玛捷帕》、《匈牙利》等。李斯特虽长期不在祖国居住,但他时时关怀祖国的音乐艺术的发展,他为匈牙利音乐文化开辟了广阔发展的道路。

"旋律之王"柴可夫斯基(1840～1893年)有俄国"乐圣"之称。他曾就读于彼得堡法律学校,一度在司法部任职。后入彼得堡音乐学院学作曲,毕业后留该校教书多年。主要作品有交响曲《曼弗雷德》,幻想序曲《罗密欧与朱丽叶》,幻想曲《暴风雨》,三部舞剧《天鹅湖》、《睡美人》、《胡桃夹子》等,作品多以爱与善能战胜一切为主题思想。《第六交响曲》是柴可夫斯基最后,也是反映他的世界观和艺术成就的最有代表性的一部作品。《第六交响曲》内容可以用他以前拟写的、题名为"生活"的交响乐草稿上所注释的标题概括:青春、爱情、沸腾着的工作、困难的克服和尾声——死。这部作品深刻反映了知识分子对沙俄社会现实的不满、愤慨和内心悲痛,但也暴露了作者的软弱无力。

十八九世纪,法国产生了《马赛曲》与《国际歌》两首世界著名歌曲。《马赛曲》是法国大革命的产物,它一直鼓舞着法国人民的爱国热忱,后成为法国国歌。《国际歌》是巴黎公社的产物,是巴黎公社工人阶级用生命与鲜血谱写成的。"在5月的流血失败之后的第二天",鲍狄埃作词,狄盖特谱曲,创作了这首"全世界无产阶级的歌"[①]。它像战斗的号角,鼓舞、唤醒、动员和组织人们向黑暗的旧世界猛烈冲击。列宁说:"一个有觉悟的工人,不管他来到哪个国家,不管命运把他抛到哪里,不管他怎样感到自己是异邦人,言语不通,举目无亲,远离祖国——他都可以凭《国际歌》的熟悉的曲调,给自己找到同志和朋友。"[②]《国际歌》是革命的歌,战斗的歌,胜利的歌。一百多年来,它从法国唱遍全世界,歌声跨过高山,越过海洋,把共产主义的伟大理想传播到全世界。

5. 建筑与绘画

(1) 巴罗克建筑

巴罗克建筑是16~18世纪西方的法国、英国、德国、奥地利、

[①②] 欧仁·鲍狄埃.列宁选集(第2卷).北京:人民出版社,1959.434~435

荷兰等国流行的建筑风格。17世纪末叶以前,巴罗克泛指各种不合常规的、稀奇古怪的、摆脱古希腊及古罗马规范的建筑艺术,带有贬义色彩。19世纪末,海因里希·韦耳夫林《文艺复兴与巴罗克》一书,对巴罗克风格作了系统的论述,后为许多人接受。巴罗克风格最常见的特点是:"气势雄伟,生气勃勃,有动态感,气氛紧张,注重光和光的效果,擅长于表现各种强烈的感情色彩和无穷感,颇有打破各种艺术界限的趋势。"[①]巴罗克风格的建筑最初具有代表性的就是罗马易尔杰斯教堂。

卡罗·马德那(1556~1629年)是第一位真正确立巴罗克风格的建筑家。他是圣彼得大教堂建筑师之一。其代表作是圣苏珊纳教堂。

马德那以后,17世纪最著名的建筑师首推贝尔尼尼(1598~1680年),他不仅是一个雕刻家,并且还是著名的建筑师、画家、诗人及戏剧家,享有"巴罗克时期的米开朗基罗"之美名。

凡尔赛宫不仅是法国,也是全欧洲最豪华、最辉煌、最雄壮的巴罗克建筑物。它集中了法国最有名的建筑、庭园设计、绘画、雕刻、装饰等各方面的专门人才,是一项欧洲史无前例的集体创作。

在绘画方面,17世纪称巴罗克时代。文艺复兴时期的艺术主要是静止的,以匀称为目的,而巴罗克的艺术主要表现动势,以动为目的,采用斜线和对角的构图。这个时期的著名画家,有西班牙委拉斯凯兹(1599~1660年),其代表作叫《纺织女》;法国的普桑(1594~1665年),他的作品高雅、严肃,合乎逻辑,有条不紊,因而忠实体现了古代艺术风格,形成了法国巴罗克艺术的特点,著名作

[①] 简明不列颠百科全书(第1卷).北京:中国大百科全书出版社,1988.458

品有《阿尔加底的牧人》、《诗人的灵感》、《天使》和《酒神祭》等。雄美的男性美与生动的画面,充分显示出普桑是一位典型的巴罗克艺术大家。

伦勃朗(1606～1669年)是17世纪荷兰画派最杰出的画家,也是肖像画、历史画、风景画和铜版画大师。

(2)洛可可风格

洛可可艺术(rococo art)是继巴罗克风格而起于欧洲的一种艺术风格。洛可可艺术的特征是:"比例关系偏于高耸和纤细。造型均取C形涡旋线,一般均以不对称代替对称,色彩明快柔淡,象牙白和金色是流行色。"① 洛可可建筑与巴罗克建筑不同之处在于巴罗克建筑的墙及柱均厚重而有力,空间经过分割但仍突出中心,光线力求变化;而洛可可建筑则显得十分精巧,统一的空间分割而扩散,天然光线充足。洛可可建筑雕刻以玲珑、轻盈、秀气为主要形式,以细柱和小台阶代替巴罗克的粗柱和大台阶。洛可可建筑的精巧、明亮等特点,与启蒙时期对外开放吸收外来文化有关。中国学者朱谦之谈到洛可可艺术时,曾引用英国学者赖赫淮恩的话说:"洛可可的精神和中国的老子最接近,潜伏在中国瓷器、丝绸美丽之下的,有一个老子灵魂。"②

洛可可的艺术起源于法国,中心在法国和英国。法国的包特端为洛可可建筑的创始人。法国洛可可艺术的杰出范例是尚蒂依小城堡的亲王沙龙,1722年建成,由让·奥贝贝作装饰设计;还有1732年始建的巴黎苏比斯饭店的沙龙,由热尔曼·博夫朗设计。

1830年,巴黎建筑除了具有巴罗克、洛可可风格之外,还包括

---

① 简明不列颠百科全书(第5卷).北京:中国大百科全书出版社,1988.529
② 朱谦之.中国哲学对欧洲的影响.福州:福建人民出版社,1983.215～216

了古典式、罗马式、文艺复兴式及哥特式等风格。

18世纪末到19世纪中叶,法国仍是绘画的中心。这时法国绘画艺术的发展有三个主要流派——古典主义、浪漫主义和现实主义,它们的优秀作品充满着革命英雄主义和民主精神。雅克·路易·大卫(1748～1825年)是法国最杰出的古典主义艺术大师。他的名画《荷拉提乌斯兄弟宣誓》被誉为绘画中的《马赛曲》,《处决自己儿子布鲁斯特》是画坛上的"攻克巴士底狱",《马拉之死》等颂扬了法国大革命,是体现时代精神和英雄气概的作品。

欧·德拉克洛瓦(1798～1863年)是法国浪漫主义画派大师。他继承和发展了提香等前辈画家的优秀传统。他的画面特点是构图气势雄伟,强调对比关系,重视人物情感和动势的描绘。他的《但丁与维吉尔》、《希阿岛的屠杀》、《自由领导着人民》等均是名作。《自由领导着人民》画中突出了高举三色旗帜,象征自由之神的劳动妇女形象,好似一首高昂有力的战斗进行曲。

米莱(1814～1875年)、库尔贝(1819～1877年)、杜米埃(1808～1879年)是法国批判现实主义流派著名的绘画大师。米莱是杰出的农民画家。他的名作有《播种者》、《拾穗》、《晚钟》等。米莱通过作品揭露了资本主义社会问题,统治阶级认为他是"危险的美术家"或"社会主义者"。

俄国批判现实主义的著名画家是伊·叶·列宾(1844～1930年)和苏里柯夫(1848～1916年)以及他们组织的巡回展览画派。列宾的名作《伏尔加河上的纤夫》、《意外归来》、《伊凡杀子》被列为世界名画。

启蒙运动的文化是近代文化,就水平和发展速度而言,都远远超过古代、中世纪。"它第一次证明了,人的活动能够取得什么样的成就。它创造了完全不同于埃及金字塔、罗马水道和哥特式教堂的

第十一章 西方启蒙运动时期的文化

伏尔泰说:"我曾经认真地读了孔子的书,并作了摘要;我发现书中所说的是纯粹的道德……孔子只诉之于道德,不宣传神怪,其中没有可哂的寓言。"① 伏尔泰写了《中国书简》。他将马若瑟在1732年翻译的元曲纪君祥作的《赵氏孤儿》改编为诗剧《中国孤儿》。在这个剧本中,伏尔泰让称霸一世的成吉思汗最后为崇高的道义所折服,他在前言中宣称:"这是一个巨大的明证,体现了理性和才智对于盲目和野蛮的力量具有自然的优越性。"寄托了他晚年坚持百科全书的理想和与专制政治继续斗争的信念。

孟德斯鸠的代表作《论法的精神》中许多章节,均谈到中国之奢侈、政治、商业、道德以及人口、宗教、法典、礼仪、风俗等。他敏锐地指出:考察其历史"所有的朝代开始时都是相当好的。品德、谨慎、警惕……这些东西在朝代之初还能保持,到朝代之末便都没有了"②。对中国的封建政府结构,他认为"是一个专制的国家,它的原则是恐怖的"③。

孟氏认为中国之大患在于人口过多:人口繁衍迅速。他说:"一个人种地,十个人吃土地的出产,这是不是使许多人免以饥饿的方法?"④孟德斯鸠对中国问题的研究,到今天仍有相当的参考价值和启迪作用。

魁奈作为一位重农学派的创始人,对中国的以农为本的经济加以肯定和赞赏。他认为,只有农业增加财富,方能充实国防力量。他非常赞赏中国重农主义和历代重视农业的政策。他充任御医时,鼓励法王路易十五在1756年仿效中国皇帝举行"藉田"的仪

---

① (德)利奇温著.十八世纪中国与欧洲文化的接触.朱杰勤译.北京:商务印书馆,1962.79

②③④ (法)孟德斯鸠.论法的精神(上册).张雁深译.北京:商务印书馆,1961. 103,129,103

式。

在启蒙时期,法国上层社会收藏中国丝织品、瓷器和染器等工艺品之风盛行。有人认为新奇、精致、纤巧和幽雅的中国艺术是追求秀丽多姿、争尚新奇的洛可可艺术风格的泉源,又如乘坐中国式的轿子;路易十五的情妇蓬巴杜尔还喂养过来自中国的金鱼;法国拿破仑将中国的科举制度移植过去,加以改革与完善,成为西方普遍采用的文官制度,这些例子举不胜举。诚然,西方人对中国文化有些理想化。这是对中国了解和研究不够全面、深入所致,但由此可见中国文化对西方启蒙思想之深。

3. 莱布尼茨与中国古典哲学

德国哲学家莱布尼茨非常崇拜中国儒家哲学的自然神论。莱布尼茨从21岁便开始研究中国,1687年读过巴黎出版的孔子论著和传记。在罗马结识耶稣会士闵明我后,根据耶稣会的著述和提供的材料,在1696年出版了《中国近况》(又译《中国新论》)。莱布尼茨和在北京的传教士白晋通信,共同探讨他的二进制算术和易卦,前后共有6年。在《中国近况》再版时,刊出了他翻译拉丁文的白晋的《康熙帝传》。

认识到中国文化对西方文化的发展的重要性,莱布尼茨实为第一人。他在《中国近况》序言中,借助中国文明无情鞭笞欧洲的基督教文明。他写道:"我们从前谁也不信世界上还有比我们伦理更美满,立身处世之道更进步的民族存在,现在从东方的中国,给我们一大觉醒!"[1] 他对欧洲社会发出忠告:"在我看来,我们目前处于道德沦落难以自拔之境,我甚至认为必须请中国派遣人员,前来教导我们关于自然神学的目的和实践,正如我们派遣教士到中国

---

[1] 朱谦之.中国哲学对欧洲的影响.石家庄:河北人民出版社,1999.232

去传授上帝启示的神学一样。"他对中国与欧洲文化接触感到极大的鼓舞。他说:"全人类最伟大的文化和文明,即大陆两极端的两国,欧洲及远东海岸的中国,现在是集合在一起了。"他说:"欧洲文化的特长乃数学的、思辨的科学;……但在实践哲学方面,欧洲人到底不及中国人。"①

莱布尼茨努力贯彻中国的实践哲学,倡导成立了柏林、维也纳、彼得堡的科学院,将对中国的研究列入柏林、彼得堡科学院的研究项目。莱布尼茨开创了德国的古典思辨哲学,他吸收中国哲学中有益的东西,1714年,提出了"单子论",即包括了老子、孔子和佛教关于"道"的观念。德国学者利奇温指出:"他(莱布尼茨)的灵子(monads,即单子)的学说,在许多方面和代表中国生活的三大派——老子、孔子及中国佛学所表示的道的概念,有惊人的一致的地方。所谓'先定的和谐'在中国则有所谓天道。莱布尼茨亦如中国圣人一样,相信实体的世界是一个整体,是精神实体的不断继续充实提高。两者对于先定的和谐的信仰和对于天道的信仰,产生了无限的乐观精神。"②

莱布尼茨在数学科学上的成就,也受到中国《易经》的启示。白晋认为中国自不可追忆的年代即知数学二进位法,而1697年莱布尼茨才开始起草其二进位数学法则。他从法国传教士白晋处获得两张易图,即《伏羲六十四卦次序图》和《伏羲六十四卦方位图》,从中研究中国的卦,认为八卦的排列,是人类史上第一次提出了数学上"二进位"思想,"这新方法能给一切数学以一道新的光明"。1703年,莱布尼茨提出了《论二进制计算的阐述》的论文。若没有二进位

---

① 朱谦之.中国哲学对欧洲的影响.石家庄:河北人民出版社,1999.232
② (德)利奇温著.十八世纪中国与欧洲文化的接触.朱杰勤译.北京:商务印书馆,1962.69~70

的引入,就不可能出现数理逻辑和计算机科学。李约瑟指出:"莱布尼茨成为符号逻辑或数理逻辑的前辈,对其观念的刺激,公认来自中国特殊的表意符号的性质。"①

莱布尼茨是个有远见的学者,他建议开展中西文化交流。他在《中国近况》的序言中说中国与欧洲两大文化,分处地球两端,在一个特定的时间发生接触,互相裨益,他说西方理论及思辨之学(数学、天文、逻辑、文学),当然超过东方;但中国的实用哲学及政治道德无疑要较我们为优越,认为中德两大民族相互学习,取长补短,两方都会获得益处。②

4. 歌德与中国

歌德,这位18世纪的大文豪,曾以极大的兴趣研究东方各国,特别是中国的文学与哲学。歌德一生曾直接、间接接受了中国文化思想的影响。歌德故居专设"北京厅",说明歌德自幼即接受了中国文化的熏陶。他对中国的研究,后来收集在《西东合集》(1819年)中。歌德通过拉丁文译本阅读了《大学》、《中庸》、《论语》等汉译经典。歌德在《威廉·麦斯特漫游时代》中所谓"教育省"的描写,其楷模就是孔子的所谓天、地、君、亲、师组成的理想国。由于歌德崇敬孔子,并受孔子儒家思想的影响,歌德因此在德国被称为"魏玛的孔夫子"③。现在从歌德的作品、日记与友人通信中,可看到他对中国文学的理解和向往。在他与席勒的通信中,知道他读过《好逑

---

① (英)李约瑟.中国科学技术史(第2卷).北京:科学出版社,1975.497
② (德)利奇温著.十八世纪中国与欧洲文化的接触.朱杰勤译.北京:商务印书馆,1962.71
③ 杨武能.歌德——魏玛的孔夫子.参见:中国比较文学年鉴.北京:北京大学出版社,1987.259~260

传》的德译本、英国汤姆士译的《花笺记》、法国雷慕沙译的《玉娇梨》等中国小说和诗歌,并大加赞叹。他在《花笺记》、《玉娇梨》的启发下,创作了14首中国风格的抒情诗,题名《中德四季晨昏吟咏》。诗中流露了他对孔子、老子哲理的倾慕。德、美等国有些学者逐首甚至逐字逐句地找出中国对歌德诗歌的影响。从中德文化交流中,他预见到民族文学向世界文学发展的前景,从而提出了"世界文学的时代已快来临"的著名论断。①

欧洲对中国研究的热潮,到18世纪末改变了,"18世纪初,人们认为中国为人类知识的发源地,但到了现在世纪之末,希腊人被人崇拜为人类最伟大的教师"②。对中国文化态度的改变,是西方科学文化迅速发展的理性选择。

5. 启蒙思想在中国的传播

启蒙思想启开封建主义之蒙昧,迎接资本主义之光明,不仅对于法国与欧美的革命产生了深远的影响,而且也在中国得到了传播,影响了中国资产阶级的政治家和思想家。梁启超在1901年著文介绍过卢梭的"民约学派",1903年又写了《近世欧洲四大家政治学说》,介绍了孟德斯鸠和卢梭的学说,梁启超说"我所思兮在何处,卢孟高文我本师",正在思索中国变革的戊戌变法的重要人物之一梁启超,把卢孟作为自己的老师,把学习18世纪启蒙文化作为自己的追求、向往的目标。20世纪初,资产阶级革命派报刊《译书汇编》开始翻译连载卢梭的《民约论》,以卢梭的民主学说,批判

---

① 朱维之,赵澧主编.外国文学史(欧美部分).天津:南开大学出版社,1985.241~242

② (德)利奇温著.十八世纪中国与欧洲文化的接触.朱杰勤译.北京:商务印书馆,1962.131

清王朝,反对改良派,号召民主革命。邹容的《革命军》明确借用了卢梭自由平等的思想作为资产阶级民主革命的纲领。1913年严复翻译了《法意》即《论法的精神》,使启蒙思想在中国产生了一定的影响。

第十二章 近代西方文化与西学东渐

19世纪,给予全人类以文明和文化的世纪。
——列宁

发扬吾固有文化,且吸收世界文化而光大之,以期与诸民族并驱于世界。
——孙中山

一、19世纪的西方文化

1. 时代的特点

19世纪,西方资产阶级政权普遍建立,新的社会矛盾日益激化。1789年的法国大革命是启蒙运动的成果,它不但摧毁了法国的封建制度,也震撼了欧洲的封建统治。在法国革命的影响下,许多国家掀起了民主运动和民族解放运动。但是,"当法国革命把这个理性的社会和这个理性的国家实现了的时候,新制度就表明,不论它较之旧制度如何合理,却决不是绝对合乎理性的。理性的国家完全破产了。""和启蒙学者的华美约言比起来,由'理性的胜利'建立起来的社会制度和政治制度竟是一幅令人极度失望的讽刺画。"① 随着资产阶级政权的建立,社会的各种矛盾,特别是资产阶级与无产阶级的矛盾便日趋激化。

18世纪末到19世纪初,西方的社会生产力和自然科学获得了进一步的发展。继18世纪英国工业革命以后,19世纪工业革命扩展到欧洲各国,包括资本主义发展较为缓慢的德国。据统计,"从1870年至1900年间,世界工业生产增加了几乎四倍。世界生铁产量增加了三倍多。"② 科学技术发明层出不穷,自然科学最突出的成就是三大科学的出现:细胞学说的确立、能量守恒和能量转化规律的发现以及进化论的新发展。所以,19世纪被称为"科学世纪"。

19世纪还是马克思主义诞生和无产阶级登上历史舞台的世纪。它的标志是:1848年《共产党宣言》的发表,1864年建立第一国际,1871年建立巴黎公社。

19世纪也是东西方格局发生深刻的变化的世纪,这一时期,西方的主要资本主义国家进入资本主义的发展阶段,在东西方文化的冲突中,东方各国沦为资本主义的殖民地、半殖民地或"保护国"。中国由原先的科技先进国沦为落伍者,在资本主义的商品加大炮面前,遭到了惨败,昔日文明的光辉,黯然失色了。东方只有日本,通过明治维新走上了发展资本主义的道路。

---

① 恩格斯.反杜林论.马克思恩格斯选集(第3卷).北京:人民出版社,1972.297,298

② F.H.欣斯利编.新编剑桥世界近代史(第11卷).中国社会科学院世界历史研究所组译.北京:中国社会科学出版社,1987.4

2. 哲学思想

18世纪末到19世纪30年代,西方近代哲学进入新的时期,哲学史上称德国古典哲学时期。以康德、费希特、谢林、黑格尔和费尔巴哈为代表的德国古典哲学是德国新兴资产阶级的哲学,它是西方自古希腊以来2000多年哲学发展的总汇,是近代欧洲各国资产阶级反封建哲学发展的高峰,是马克思主义哲学创立的直接理论前提。恩格斯指出:"1750年左右德国所有的伟大思想家——诗人歌德和席勒、哲学家康德和费希特都诞生了;过了不到20年,最近的一个伟大的德国形而上学家黑格尔诞生了。这个时代的每一部杰作都渗透了反抗当时整个德国社会的叛逆的精神。"[1]

德国古典唯心主义的发展过程,就是费希特批判康德,谢林批判费希特,黑格尔批判谢林的过程。费尔巴哈又突破了黑格尔的唯心论体系,这一切都是在反神学、争自由的斗争中形成和发展起来的。

马克思主义产生于19世纪40年代,它是这一时期乃至人类文明史中一个伟大的、划时代的成就。它不仅是先进阶级的思维,而且也是科学的理论思维。它继承和发展了几千年来人类一切优秀的文化成果,特别是继承和发展了18世纪下半叶至19世纪30～40年代巨大的科学成果。18世纪,资产阶级古典经济学,特别是亚当·斯密(1723～1790年)和大卫·李嘉图(1772～1828年)的经济学说,在经济思想史上开辟了一个新的时期。19世纪,社会主义学说有了新发展。自从托马斯·莫尔于1516年发表《乌托邦》、托马斯·康帕内拉于1623年发表《太阳城》以来,经过两个世纪,资本主义的弊端日益暴露,广大人民对资本主义的憎恶和对于一

---

[1] 德国现状.马克思恩格斯全集(第2卷).北京:人民出版社,1972.634

种新的社会理想的向往之情渐趋加深。18世纪末和19世纪初出现了以法国圣西门(1760～1825年)、傅立叶(1772～1837年)和英国欧文(1771～1858年)为代表的空想社会主义,他们比莫尔、康帕内拉对资本主义的揭露和抨击更深刻,对未来理想社会的设想更具体。马克思恩格斯批判地吸收了法国空想社会主义、德国古典哲学、英国古典政治经济学及启蒙思想的精华,创立了科学社会主义理论。《共产党宣言》的发表,这是人类思想的精华,对推动人类文明的发展,起了无法估量的作用。

3. 浪漫主义与现实主义文学

(1) 浪漫主义文学

浪漫主义文学运动是18世纪末到19世纪初出现在欧洲的一种文艺思潮的反映。"浪漫主义文学运动的兴起,也同这一时期的古典哲学(包括美学)和空想社会主义思潮具有密切的联系。德国的古典哲学,就是哲学领域里的浪漫主义运动,它奠定了文艺领域中浪漫主义运动的理论基础。德国古典哲学的基调是唯心主义,它夸大主观的作用,强调天才、灵感和主观能动性,强调人是自在自为的、绝对的、自由的。这些哲学观点反映出近代资本主义社会中与日益发展的自由竞争相适应的个性解放、个人自由的要求。"[①]这对浪漫主义文学产生了积极影响。

浪漫主义文学的共同特征,主要表现为作家在其作品中,特别注意抒发个人感情和表达对客观事物的内心反应和感受,极力赞美大自然,并善于运用热情奔放的语言,瑰丽的想象和夸张的手法来塑造形象,追求强烈的美丑对比和出奇制胜的艺术效果。

浪漫主义文学有消极与积极两个流派。消极浪漫主义反映出

---

① 中国大百科全书·外国文学Ⅰ.北京:中国大百科全书出版社,1982.586

逃避现实的情绪。其代表作家有英国的"湖畔派诗人"华兹华斯、柯尔律治和骚塞,法国的夏多勃里昂,德国的弗里德里希·史雷格尔等。他们厌恶资本主义文明,否定技术进步,提出"回到中世纪",妄图以此来抵制资本主义的工业文明和残酷的金钱关系。代表进步倾向的积极浪漫主义,敢于批判资本主义的罪恶现实,并寄希望于未来,表现出争取自由和进步的民主倾向。其代表作家有英国的拜伦、雪莱和济慈,德国的荷尔德林和海涅,法国的雨果和乔治·桑,俄国的普希金等。拜伦、雪莱和济慈把英国浪漫主义发展到了一个高潮。

拜伦(1788~1824年)是英国积极浪漫主义的伟大诗人。长诗《恰尔德·哈罗德游记》和诗体长篇小说《唐璜》是其代表作。《恰尔德·哈罗德游记》的动人之处在于它结合了游记和抒情诗之长。第一、二两章出版后,风靡全英,诗人自称"一夜醒来,发现自己已经成了名人"[①]。《唐璜》通过政论性的揭露和现实主义的描叙,表达了作者对封建专制和金钱统治者的轻蔑和仇视,长诗将浪漫主义和现实主义两个艺术方法很好地结合在一起,歌德称这部作品是"绝顶天才之作"。[②]

雪莱(1792~1822年)是与拜伦齐名的杰出的英国浪漫主义诗人。他短短的一生写了大量富有反抗精神的诗篇。第一部著名长诗是《麦布女王》,还有政治抒情诗《给英国人民的歌》,抒情诗《西风颂》、《云》、《致云雀》等。其中《解放了的普罗米修斯》是诗人积极浪漫主义创作手法的典范。诗剧中塑造的普罗米修斯是一个由与宙斯妥协者转变成不屈的斗士的形象。这部诗剧被高尔基誉为世界文学作品中最伟大的作品之一。雪莱因在一次渡海途中遇

---

① (英)拜伦诗选.查良铮译.上海:上海译文出版社,1982.3~4
② (苏)阿尼克斯特.英国文学史纲.蔡文显译.北京:人民文学出版社,1980.317

风暴,不幸溺死。马克思十分惋惜雪莱的早逝,"因为他是一个真正的革命家,而且永远是社会主义的急先锋"①。

海涅(1797~1856年)是德国伟大的革命民主主义诗人,杰出的散文家和政论家。1831年他曾到过巴黎,结识了巴尔扎克、雨果、大仲马、李斯特、肖邦等著名文学家和艺术家。1843年,他与马克思相识。在马克思的影响下,他的诗歌创作达到了一个新的高峰。政治长诗《德国,一个冬天的童话》是海涅的代表作。该作由马克思介绍,在巴黎办的《前进报》上发表。全诗共27章,记叙诗人从普鲁士边境到汉堡的旅行见闻。长诗以冬天象征死气沉沉的德国,通过童话般的幻想,对1848年革命前德国社会的种种丑恶现象进行了毫不留情的揭露与抨击,号召人民行动起来,建立自由的人间乐园。诗中洋溢着深信革命即将来临的乐观情绪。

雨果(1802~1885年)是法国浪漫主义文学的杰出代表,著名的诗人、戏剧家和小说家。他一生共创作58部文学作品,其中著名的有《东方集》、《秋叶集》、《惩罚集》等。长篇小说《巴黎圣母院》、《悲惨世界》、《笑面人》、《九三年》在思想上和艺术上都达到了很高的水平。其中《悲惨世界》是雨果的代表作,也是杰出的世界文学名著。在小说的序言里,雨果提出当时三个最迫切问题——"贫穷使男子潦倒,饥饿使妇女堕落,黑暗使儿童羸弱"。这是理解小说主题的钥匙。②小说以主人公冉阿让一生颠沛流离的悲惨生活史为主要线索,通过冉阿让、芳汀和珂赛特三个人的不同遭遇,广泛反映了19世纪前半期法国资本主义制度下贫苦阶层的悲惨遭遇,并对他们寄予了深切的同情,同时也集中表达了仁慈博爱可以杜绝罪恶、改革社会、拯救人类的思想。

---

① 马克思恩格斯论艺术(第2卷).北京:人民文学出版社,1963.261
② 雨果.悲惨世界(1).李丹译.北京:人民文学出版社,1978.1

(2) 现实主义文学

19世纪中期以后,随着劳资矛盾上升为社会的主要矛盾和西欧资产阶级民主派的革命性日益消亡,现实主义文学逐步取代浪漫主义文学,成为欧洲文学的主要思潮。它继承并发展了文艺复兴时期以来现实主义传统,揭露和批判了资本主义的黑暗现实。现实主义的基本特征是真实地描绘客观现实生活,在深入细致地观察和体验现实生活的基础上,对客观事物加以典型化,强调从人物和环境的联系中塑造典型性格。同时真实地、广阔地再现社会的各个方面,特别注意描写社会的黑暗现象,具有强烈的批判性、揭露性。现实主义作品不同程度地表现了对社会下层人民的同情,创作上积累了丰富的艺术经验。

由于各国历史与文化、文学传统不同,各国现实主义具有各自的个性。法国现实主义侧重直接分析社会历史经济关系,英国现实主义着重宣传崇高的、理想的道德风尚,俄国现实主义以细致地刻画人物灵魂与内心活动著称。这个时期的著名作家,也都有自己创作的个性。

现实主义文学经历了前后两个时期。前期大约从19世纪30年代到60年代,这是现实主义文学产生、发展时期;后期从19世纪70年代到20世纪,是现实主义文学繁荣时期。

前期现实主义文学以英、法成就最高。法国是现实主义文学的发源地,其奠基人是斯丹达尔、巴尔扎克和福楼拜。斯丹达尔(1783～1842年)是法国现实主义文学的奠基人之一。其论著《拉辛和莎士比亚》强调文学要反映现实,为现代人服务,对现实主义文学的形成和发展有重要影响。他的代表作《红与黑》直接取材于现实生活,描写封建贵族和日益得势的资产阶级之间争权夺利的斗争,是法国现实主义第一部成熟作品。巴尔扎克(1799～1850年)是前期现实主义文学最杰出的代表作家。他的创作总称为《人间喜剧》,它把西欧现实主义文学推向高峰,被称为"社会百科全书"。《人间喜剧》共 91 部小说,刻画了 2 400 多个人物,展示了 19 世纪前半叶整个法国社会生活画面,它是法国文学史上规模空前宏伟、内容空前丰富的现实主义作品,是一部规模宏大的社会通俗史。《人间喜剧》中几部最出色的小说,如《高老头》、《欧也妮·葛朗台》、《农民》等,一直是人们百读不厌的名著。恩格斯称巴尔扎克的创作是"现实主义的最伟大胜利之一"①。福楼拜(1821~1880 年)的代表作《包法利夫人》,描写了一个富裕农民的女儿爱玛悲剧的一生,揭露了七月王朝时代法国腐朽的社会面貌,指出爱玛的堕落与走上自尽道路是资本主义社会造成的。

英国现实主义的文学,前期最著名的作家是狄更斯,其次是萨克雷和夏洛蒂·勃朗特等。狄更斯(1812~1870 年)的重要作品有《董贝父子》、《荒凉山庄》、《匹克威克外传》、《大卫·科波菲尔》、《双城记》等十多部长篇小说。《董贝父子》揭露崇拜金钱的罪恶后果,写得十分深刻。萨克雷(1811~1863 年)的代表作《名利场》,揭露了英国上层社会的贪婪和欺诈。女作家夏洛蒂·勃朗特(1816~1855 年)和爱米丽·勃朗特(1818~1848 年)姐妹都是这一时期的现实主义文学的代表人物,她们出身于农村牧师家庭,都当过家庭教师,她们的作品以写小资产阶级个人奋斗和反抗为主要题材。夏洛蒂·勃朗特在 21 岁时发表的《简·爱》和爱米丽·勃朗特的《呼啸山庄》都塑造了反抗逆境的女性,肯定了她们为争取爱情幸福和争取人的尊严而斗争的精神。马克思对这个时期以狄更斯为首,包括萨克雷、夏洛蒂·勃朗特等在内的英国现实主义作家给予了很高的评价,认为他们的"明白晓畅和令人感动的描写,向全世界揭示了政治的和社会的真理,比起政治家、政论家和道德

---

① 致玛·哈克奈斯.马克思恩格斯选集(第 4 卷).北京:人民出版社,1972.463

家合起来所作的还多"①,并称他们为"现代英国的一批杰出的小说家"②。

(3) 后期现实主义文学

在自由资本主义走向帝国主义时期,欧洲的现实主义文学较前期有了进一步的发展。

这一时期在欧洲影响较大的作家有法国的左拉、莫泊桑和罗曼·罗兰,英国的哈代和萧伯纳,俄国的果戈理、托尔斯泰,匈牙利的裴多菲,丹麦的安徒生,挪威的易卜生,美国的斯托夫人、惠特曼、马克·吐温等。这些作家在作品中揭露了资产阶级民主制的虚伪,谴责了社会道德的堕落。

左拉(1840～1902年)的主要创作是《鲁贡玛卡一家人的自然史和社会史》,作品以前后紧密联系的20部长篇小说,描写了一个家庭在遗传原则支配下的兴衰史。小说出现人物达1 000余人,广泛反映了第二、第三帝国时的法国社会政治、军事、宗教、商业、科学、文学各方面,描写了上流社会和工人、农民等各阶层人物及其生活。其中《萌芽》成就最高,它描写了法国产业工人的生活和斗争情况。他还是法国自然主义文学的主要倡导者。莫泊桑(1850～1893年)一生写了近300篇中短篇小说和6部长篇小说,3篇游记。莫泊桑的文学成就以短篇小说最为突出。其中《羊脂球》和《项链》是脍炙人口的短篇小说。《项链》刻画了一个醉心奢华的小资产阶级女子玛蒂尔德的遭遇,讽刺了小资产阶级的虚荣心,谴责了金钱万能的资本主义社会制度。罗曼·罗兰(1866～1944年)是法国现实主义文学最杰出的代表,他的代表作是《约翰·克利斯朵夫》。该小说以贝多芬为原型,描写了克利斯朵夫一生的故事。克利斯朵夫

---

① 马克思恩格斯论文艺(第2卷).北京:人民出版社,1963.402
② 马克思恩格斯全集(第10卷).北京:人民出版社,1972.606

有才华,敢于反抗旧社会,对资本主义社会的虚伪自私和文学艺术的颓废堕落作了无情的批判,但由于个人反抗的方式的局限,致使反抗毫无结果,只好投入神的怀抱。高尔基称这部作品是"长篇叙事诗"。这部小说曾获得1915年诺贝尔文学奖。

英国哈代(1840~1928年)的代表作是《德伯家的苔丝》与《无名的裘德》。前者通过一个纯洁的女人苔丝一生悲惨遭遇,揭露了资本主义的腐朽没落及资本主义社会虚伪的道德和风尚。他的短篇小说《三怪客》以一个失业工人偷一只羊被判死刑的故事,抨击了不合理的英国资产阶级司法制度。

萧伯纳(1856~1950年)的戏剧在英国文学史上占有重要地位,高尔基称他是"勇敢的战士"。他一生完成剧本51部,其中有《华伦夫人的职业》、《人与超人》、《巴巴拉少校》、《苹果车》等名作。萧伯纳戏剧的艺术特点是幽默和讽刺。因他对资本主义社会进行了深刻的揭露与批判,获1925年诺贝尔文学奖。1933年,他曾访问中国,与宋庆龄、蔡元培、鲁迅等会面。

俄国现实主义文学的奠基人是果戈理(1809~1852年),他的喜剧《钦差大臣》和长篇小说《死魂灵》奠定了俄国现实主义文学的基础。《死魂灵》是他的代表作。作品通过一个六品官乞乞科夫到各地主庄园收购死去的农奴魂灵的故事,刻画了一群俄罗斯地主的丑恶嘴脸,鞭挞了专制农奴制俄国的腐朽性和反动性。车尔尼雪夫斯基称果戈理为"俄罗斯文学之父"。鲁迅认为:"果戈理几乎可以说是俄国写实派的开山祖师。"果戈理之后,19世纪50~60年代,俄国现实主义文学进入繁荣时期,出现众多优秀作家和作品,最著名的有阿·奥斯特洛夫斯基(1823~1886年)及其戏剧《大雷雨》,冈察洛夫(1812~1891年)及其长篇小说《奥勃洛莫夫》,屠格涅夫(1818~1883年)及其《前夜》和《父与子》,陀思妥耶夫斯基(1821~1881年)及他的《被欺凌与被侮辱的》和《罪与罚》等。这一时期描写对象是平民知识分子和一代新人。19世纪70～80年代，契诃夫(1860～1904年)创作了《变色龙》、《第六病室》、《套中人》等短篇小说。列夫·托尔斯泰(1828～1910年)是俄国最伟大的现实主义作家，他的创作标志了欧洲现实主义文学发展的高峰，在俄国和世界文学史上占有极重要的地位，其著名长篇小说《战争与和平》、《安娜·卡列尼娜》和《复活》都是里程碑式的巨著。史诗性巨著《战争与和平》歌颂了俄国人民在1812年反拿破仑战争中的勇敢和爱国主义精神，谴责了上层社会的荒淫无耻。书中宏伟的历史场面与个人的复杂内心活动交织在一起，充分显示出托尔斯泰的艺术功力。列宁称他是"俄国革命的镜子"，并认为托尔斯泰的创作是"全人类的艺术发展上的一大进步"。

东欧文学这一时期反映的主题是反对异族统治和封建专制，争取民族独立和自由。匈牙利的裴多菲(1823～1849年)是著名的革命民主主义诗人，他以诗歌为武器，教育人民，打击敌人。长诗《使徒》是裴多菲代表作。《使徒》是匈牙利人民为争取自由而斗争的光辉史诗，它是诗人创作发展到高峰的标志。在《自由与爱情》中裴多菲写道："生命诚可贵，爱情价更高，若为自由故，二者皆可抛。"鲁迅在《野草》中称他是"伟大的抒情诗人，匈牙利的爱国者"。

北欧现实主义作家成就最大的是安徒生和易卜生。安徒生(1805～1875年)是丹麦著名童话作家。他一生写过160多篇童话，其童话想象丰富，思想深刻，充满诗意和幻想，深受孩子们的喜爱，如《卖火柴的小女孩》、《皇帝的新装》、《夜莺》、《丑小鸭》即是世人熟知和喜爱的作品。易卜生(1828～1906年)是挪威具有影响的戏剧家。他一生写了26部剧本，他的《社会支柱》、《玩偶之家》、《群鬼》、《人民公敌》四部作品最具有代表性。易卜生的戏剧对世界各国戏剧的发展产生了深远的影响。

美国文学发展较晚。美国现实主义文学萌芽时期是南北战争前后,主要是"废奴文学"。希尔德烈斯(1807~1865年)的《白奴》被称为"第一部十足的反蓄奴制的小说"。斯托夫人(1811~1896年)的长篇小说《汤姆叔叔的小屋》,对废奴运动影响极大。林肯总统接见斯托夫人时曾称她为"写了一本书,酿成了一次大战(指南北战争)的小妇人"。美国民主诗人惠特曼(1819~1892年)写的《起义者之歌》和《欧罗巴》等诗,热烈赞扬欧洲的革命。马克·吐温(1835~1910年)是美国杰出的幽默讽刺小说家,其代表小说是《汤姆·索耶历险记》、《哈克贝利·费恩历险记》。前者是儿童惊险小说;后者以哈克的流浪经历为线索,反映了美国19世纪50年代的社会生活。马克·吐温的著作还有讽刺资产阶级假民主的《竞选州长》,揭露和讽刺南北战争后政治上的腐败现象的《镀金时代》和反映船员们为保护自身经济利益与船长作斗争的《密西西比河上》,这些作品都具有较大的影响。

二、近代西方科学文化的发展

1. 近代西方科学技术的发展概况

从16世纪中期到19世纪后期,是西方近代科学技术迅速发展时期。

西方的科学发展中心先后从意大利转移到英国、法国和德国。

18世纪60年代开始的工业革命,是近代科技史上的第一次技术革命,这场技术革命使资本主义从工场手工业阶段过渡到广泛使用机器的大规模工厂生产阶段。它以纺织工业的机械化为发端,以蒸汽机的广泛使用为重要标志。蒸汽机的使用,是人类继发明用火之后,在征服自然力方面所取得的最大的胜利。蒸汽机的发明和广泛应用,使世界发生了一次动力革命,而这主要归功于英国的瓦特(1736～1819年)。他应用当时热学的潜热现象的新发现,对蒸汽机作了改进,提高了蒸汽机的效率,为工业生产提供了新的动力,从而促进了机械制造业、采矿业和交通运输业的发展。19世纪则相继发明了轮船(1870年)、火车(1814年)和铁路(1825年),从而使交通运输业发生了根本性的革命,火车开辟了陆上交通的新纪元。

这次技术革命极大地提高了劳动生产率,正如《共产党宣言》中指出:"资产阶级在它的不到100年的阶级统治中所创造的生产力,比过去一切世代创造的全部生产力还要多,还要大。"19世纪60年代,又发明了内燃机,它是一种更为轻便和更高效率的动力机。蒸汽机的发明依靠工艺方面的成就,内燃机的发明则是于1826年先从理论上提出,于1876年制成的。

法国大革命导源于启蒙运动。启蒙运动的主要内容是科学与民主。科学方面,以牛顿学说为代表的科学知识得到普及和以法国百科全书派为代表的唯物论思想广为传播。近代科学从哥白尼提出日心说开始,中间经过伽利略、开普勒等人宣扬、发展,最后牛顿集经典力学之大成,于1687年发表《自然哲学的数学原理》,标志近代科学达到了第一个高峰。伏尔泰是第一个介绍牛顿学说的启蒙学者,他介绍了牛顿重视实验观察和数学应用的思想。民主方面,自由、平等、民主和法制思想深入人心。法国大革命使法国科学事业面目一新,成为继英国之后科学发展的中心——科学水平高,成果累累,新人辈出,并跃居世界领先地位将近半个世纪(数学领域领先时间更长)。

"根据现代日本科学史家汤浅光朝引用的资料,取得重大科学成就的项目,在1751年到1800年期间,英国是37项,法国是54项;在1801年到1850年期间,英国是92项,法国是144项。法国明显地超过了英国。"① 当前世界通用的科学计量制度(公制)和现代科学教育制度,都是法国大革命的产物。

经过18世纪的各方面的准备,19世纪成为科学技术全面发展的时期。

细胞学说的创立。奠定细胞学说的是德国植物学家施莱登(1804～1881年)和动物学家施旺(1810～1882年),他们分别于1838年和1839年发现了植物和动物体都是由细胞组成的,细胞是生命的基本单位,一切有机体都是由单一细胞发展而成的。这一发现表明,植物和动物有机体都按着一个共同规律发育和生长的。恩格斯在《自然辩证法》中评价细胞学说,认为由细胞"分化而产生的个体和种的有机发展过程,是合理的辩证法的最令人信服的检验"。

能量守恒原理(也称能量守恒和转化定律)的发现。来自六七种不同职业的十几位科学家,对于能量守恒和转化都有各自的见解和认识。1842年,德国科学家罗·迈尔(1814～1878年)研究了机械运动转化为热能的问题。英国科学家焦耳(1818～1889年)通过大量的实验,精确地测定了在机械、电、热等不同能量形式之间的转化关系,并获得准确的热功当量的数值。英国物理学家格罗夫(1811～1896年)在《自然界的各种能之间的相互关系》的演讲中提出,一切所谓物理能,如机械能、热、光、电、磁以及化学运动等均可以相互转化,并且在转化过程中其能量是守恒的。这一原理,"揭示了热、机械、电、化学等各种运动形式之间的统一性,达到了物理科学的第二次大综合"②。

---

① (日)汤浅光朝著.科学文化史年表(解说).张利华译.北京:科学普及出版社,1984.46～92

② 钱学森.科学技术发展的简况.参见:科坛漫话.北京:知识出版社,1984.78

进化论的创立。英国博物学家查理·达尔文(1809~1882年)是进化论学说的创始者,进化生物学的奠基人。他曾就学于爱丁堡大学医学系和剑桥大学神学系。1831~1836年,达尔文以博物学家身份乘海军"贝格尔"号舰环球航行达5年,对热带与亚热带动植物作了广泛的考察。他确立了生物进化的观念,从而极大地动摇了神学信条。回国后,经20多年的系统研究,他于1859年出版了《物种起源》(全名《论通过自然选择即在生存斗争中适者生存的方式的物种起源》)。这部名著,阐明了他的进化论的原理。达尔文的进化论原理包括生存竞争、适者生存、自然选择三个部分。他认为物种形成及其适应性和多样性的主要原因在于自然选择(其要素是变异、遗传和生存斗争)。生物为适应自然环境和彼此竞争而不断发生变异,适于生存的变异,通过遗传而逐代加强,反之则被淘汰,即所谓物竞天择,适者生存。达尔文学说推翻了神创世界、上帝造人、物种不变的形而上学的宗教唯心主义观点,完成了人对自己的认识,特别是对自然界认识的一次伟大变革。达尔文的这部伟大著作,在科学史上能与哥白尼的《天体运行论》、牛顿的《自然哲学的数学原理》、爱因斯坦的《相对论》相媲美。马克思在1860年12月19日致恩格斯的信里说,达尔文的著作"为我们的观点提供了自然史的基础"。恩格斯还在《马克思墓前的讲话》中,把达尔文发现有机界的发展规律比之于马克思发现了人类历史的发展规律。列宁也高度评价说:"达尔文推翻了那种把动植物种看作彼此毫无联系的、偶然的、'神造的'、不变的东西的观点,第一次把生物学放在完全科学的基础上,确定了物种的变异性和承续性。"[①] 达尔文进化论标志着人类对生物进化认识的一个决定性的突破,标志着现代生物科学的开始。它使人对自己的认识以及对世界的认识发

---

① 列宁选集(第1卷).北京:人民出版社,1972.10

生了一次类似牛顿力学定律出现时的转变。

19世纪后半期,资本主义工业生产从"棉纺织工业"进入了"电力和钢铁时代"。70年代是电力时代的开始。电力的应用是近代以来的第二次技术革命的主要标志。这次技术革命来源于科学实验,来源于对电磁现象的研究。例如,1831年英国杰出的科学家法拉第(1791～1867年)发现了电磁感应定律,即磁铁与金属线相对运动是磁产生电的必要条件,这就是发电机的原理。

19世纪60年代,英国物理学家麦克斯韦(1831～1879年)接受了法拉第的思想,用数学方式总结了全部电磁理论,即麦克斯韦方程。这个方程可以推论出自然界存在着电磁波,其传播速度和光速一样。法拉第、麦克斯韦理论不仅预言了电磁波的存在,而且揭示了光、电、磁现象的本质统一性。1888年,德国青年物理学家亨利·赫兹(1857～1894年)用实验方法证明了电磁波的存在,从而为无线电技术奠定了理论基础。

19世纪末在原来已广泛使用的有线电报(1837年)和电话(1876年)之外,又产生了无线电通讯技术。这样,人类开始出现了将电用于照明、动力、通讯等领域的现代文明生活。与电力时代开始的同时,英国发明了炼钢。钢的产量大幅度上升,诞生了材料工业的钢铁时代。19世纪70年代,德国发生了以电力广泛使用为标志的第二次工业革命,进而使此时的德国成为西方科学的中心。德国资本主义发展虽然较晚,但它利用英法的科学新成就,加上普法战争的胜利所获得的战争赔款50亿法郎和原属法国的阿尔萨斯和洛林地区,进一步促进了工业的发展。德国比英国、法国更重视科学和工业相结合和应用科学的研究,在此基础上发展了新兴的电气、化学等工业。根据汤浅光朝引用的资料,在1851年到1900年期间,美、法、英、德取得的重大科学成果的数目分别是:美国32项、法国75项、英国106项、德国202项。从1901至1920年,这四个国家获得诺贝尔自然科学奖金的人数分别为:美国2人,英国8人,法国11人,德国19人,德国处于世界科学技术的最前列。

2. 近代西方科技迅速发展的原因

纵观世界文化史,古代东西方的科技发展有两峰对峙的局面。东方的中国,西方的希腊,都曾达到古代世界科学技术发展水平的高峰。公元5世纪后,西方在基督教神权统治下,科学技术的发展缓慢了,东方超过了西方。但从14世纪后经文艺复兴、启蒙运动到19世纪的近400年期间,西方科技获得了迅速的发展,其原因是值得探讨的。

(1) 资本主义经济的发展是西方近代科技发展的社会土壤

近代自然科学是作为资本主义的伴生物最先在欧洲诞生并发展起来的。从14到16世纪,在意大利濒临地中海的一些城市如威尼斯、热那亚等地,出现了各种形式的手工工场。这是一种生产性质的组织,劳动者在一起使用专门的工具,并进行分工和协作,这就为使用机器生产开辟了道路,为近代自然科学的诞生创造了条件。

随着手工工场的发展,行会的增加,封建经济解体了,资本主义经济开始发展起来。在英国,由于毛纺织业的迅速发展,呢绒生产成为英国的民族工业,生产的组织方式是手工工场。而圈地运动,则进一步加速了自然经济的解体,资本主义在工业、农业和商业的各个部门都有长足的发展。资本主义关系的成长,使得意大利与英国的社会阶级关系和力量对比都发生了变化。新兴资产阶级不断壮大经济力量和政治力量,终于在16~18世纪于欧洲掀起两次思想革新运动和一系列资产阶级革命。为了争取更多的利润,新兴资产阶级十分关心生产与科技的发展。

(2) 资产阶级两次思想革新促进了自然科学的发展

文艺复兴时期的欧洲,人文主义思潮带来的个性解放和宗教改革对神学的抨击,给科学的发展带来了新的生机。文艺复兴批判了神学统治,把自然科学从神学的束缚下解放出来;启蒙时期提出的"科学与民主"的思想成为推动自然科学发展的巨大动力。新兴资产阶级向自然与生产的广度与深度进军,在各个科学领域获得了巨大的成果。

(3)商人支持与资助科技发展

西方科技的发展与商人权力的增大和资助有密切的关系。西方的商人地位比东方高。中世纪时期,因教会和神学一再宣扬《马太福音》的话,"不要为自己积攒财富在地上","财主进天堂是难的","骆驼穿过针眼,比财主进上帝的国还容易",所以西方商人地位不高。文艺复兴时期,资产阶级财富观念随着社会经济和社会结构的变化而变化了,商人地位提高了。15世纪一位历史学家写道:"佛罗伦萨人如果不是商人,没有周游世界,没有阅历异国的风土人情,没有携带一笔钱财回到佛罗伦萨,就不能获得荣誉。"[①] 商人为了追求财富而向海外殖民通商、航海和探险加速了近代自然科学的产生和发展。恩格斯说:"经济上的需要曾经是,而且愈来愈是对自然界的认识进展的主要动力。"李约瑟认为一方面商人为了发展新的贸易方式而资助科学研究,另一方面商业文明与精密科学之间有密切的关系。商人需要了解准确计量、货物实质的性能等。[②] 1662年在英国伦敦成立的"英国皇家学会"就是一个突出的例子。这是个商人资助、官方批准的民间学术团体。1667年出版的《皇家学会史》写道:"我们商人高尚的求知品质在促进科学发展和成立皇家学会上作了不少贡献,学会会员主要谋划了航海术的进

---

① 张椿年.意大利文艺复兴时期财富观念的变化.世界历史.1987(3):12
② 潘吉星主编.李约瑟文集.沈阳:辽宁科技出版社,1986.62

步。"皇家学会的宗旨是增进"关于自然界事物的知识以及一切有用的技艺",该学会成立了机械、贸易、历史、天文等多个专门委员会。皇家学会促进和推动了英国科技的发展。

(4) 资产阶级夺取政权以后,对科学采取保护和奖励的政策使科学得到更加迅速的发展

资产阶级夺取政权之后,为了发展生产,在经济和思想上战胜封建与宗教势力,他们需要以自然科学为武器,打破宗教的固定形式,冲破封建制度的束缚。为发展科学,资产阶级在经费上给予大力支持,建立了一系列的科学研究机构,出版科学刊物,聘请专家,建立了诸多奖励制度。

资产阶级还以个人或国家名义资助兴办科研机构。最早的科学研究机构是意大利1560年创立的那不勒斯自然科学院,1657年还建立有佛罗伦萨实验科学院。英国17世纪在伯明翰组织一个学术团体,叫"太阴学会",他们每逢月圆之夜集会,研究和讨论科学的实验与理论证明。英国最早的科学活动中心是1597年成立的格雷山姆学院。托马斯·格雷山姆(1519~1579年)是麦塞斯公司的大老板,又是英王的财政代理人和皇家交易所的创办人。他以自己在伦敦的房地产和住宅作为遗赠建立这所学院,并以他的名字命名。遵照他的遗嘱,学院进行科学教育,开设数学、几何、天文学、地理、航海术等七门课程,十分注重科学知识的应用。所有的伦敦市民都可以进学院听课,免收学费。学院成为17世纪英国科学活动中心。

1662年,法国巴黎自然科学院成立,这是法国科学研究的中心。1667年和1675年还先后成立了巴黎天文台和格林威治天文台。法国大革命后,拿破仑鼓励科学事业的发展,他认为"数学的进步与完善同国家的繁荣有直接关系"。他亲自管理科学行政,经常出席科学会议,设立科学奖金制度,鼓励创造发明,给予科学家很

高的荣誉。

科学研究机构成立后,一批科学杂志相继创办。如1663年英国皇家学会的《理学报告》、1665年巴黎创刊的《学者杂志》和1682年莱比锡的鄂图门克的《博学杂志》,其目的在于介绍和评论欧洲所出版的新著作。1700年,德国几乎每一部门都有专门的定期刊物。资产阶级制定了各种鼓励科学发展的政策与制度,如悬赏制、专利制、颁发奖金制和授予奖章制度等,在近代欧洲普遍使用。例如:在航海和商业贸易上需要对海上经度进行测定。为了解决这一世界性难题,1714年,英国经度局悬赏2万英镑;1716年,法国悬赏10万里弗招标。专利制是19世纪在欧洲作为奖励科技重大发明而广泛采用的一种制度。这时,英国订有专利法,并允许外国人申请专利。为了奖励科学技术的重大成就,英国首先实行颁发奖金和授予奖章的制度。继英国之后,荷兰、西班牙、瑞士等国也采用这一制度。20世纪初设立的诺贝尔奖金,至今仍成为全世界科学家所追求的最高荣誉和奖赏,它有利于促进科学的进步。

(5)新型大学的发展为科技发展奠定了坚实的基础

从改革时期起,由于资产阶级革命与工业革命发展的需要,西方的新型大学数量、教学内容、培养人才的方式与文艺复兴时期的大学有了显著的变化。

首先,发展新型大学。英国在19世纪出现了所谓新大学运动,1826年(一说1828年)在伦敦成立了具有民主主义、自由主义精神的新学院。1851年曼彻斯特欧文斯学院的创立,标志着新大学运动进入高潮时期。新大学共同的特点是注重自然科学课程的教授,有很强的地方性,很多实业家投资办学,各大学都为本地区培养专门技术人材,有自己的名牌专业,例如:伯明翰大学的机械制造专业,诺丁汉大学的乳制品专业,谢菲尔德大学的玻璃制造专业,利物浦大学的建筑专业等。法国在18世纪大力发展高等科学专业教育,1794年创办了巴黎综合工科学校,在培养工程师和发展数理方面起了很大作用,被称为"欧洲工业大学最早的模范"。拿破仑重视科学文化教育,1805年拿破仑创办法兰西帝国大学,成为欧洲政府开办大学的开端。1808年颁布《帝国大学令》,将全国划分为29个大学区,每区一所大学,神、法、文、理、医五院分立。18世纪是德国高等教育大繁荣时期,这一时期,德国全国已发展有42所大学,与欧洲其他国家比较,德国成为大学密度最大的国家。美国的第一所大学是由英国移民来的清教徒于1636年创办的哈佛大学,第二所大学是1693年开办的威廉·马利学院,第三所大学是1701年办的耶鲁大学,第四所是1746年创办的普林斯顿大学,它们都是私立大学。独立战争以前,美国只有七所大学,且都是仿效英国牛津、剑桥大学模式。独立战争后,华盛顿向国会提议创建国立大学,并要求州办大学。1860年,美国高等学校达182所,并出现州立大学,这是世界高等教育史上的创举。南北战争后,美国大学的创举是成立农工学院,大力发展专业技术教育。美国科技教育发展史上的两个先驱是1802年成立的西点军工学院和1824年在纽约成立的斯利尔多科技学院。美国总统林肯于1862年签署的《摩雷尔地法》(即政府赠予土地给州创办大学的法令)明确规定,大学以"农业和机械技术"教育为宗旨。哈佛、耶鲁这些老牌大学也迅速开设科学技术方面的学科。著名的麻省理工学院是1861年由著名地质学家兼物理学家威廉·巴顿·罗加斯创办的,他吸收了英、德工业大学和法国高等理工学院的经验,重视对专业科学的教育。这个时期,美国大学的特征是直接为产业服务:为建设铁路、公路就培养土木工程师;为开发矿藏,就培养采矿工程师;为设计工具和机械,就培养机械工程师等。

其次,进行教育改革。英国大学在18世纪末较保守。为了促进科学与生产发展,资产阶级激进派抨击英国国会,要求大学实行改革。18～19世纪西方大学教育改革的特点主要有两点。一是彻底改造大学课程,增设近代科学专业。如法国大革命后,使用了全新的教材,被人称之为"教科书革命"。在大学教育改革精神的长期熏陶与推动下,法国的大学培养出了一大批优秀的科学技术人才,如著名的柯西、盖·吕萨克、彭索、马昌斯、泊松、阿拉果、柯西、居潘等,他们在数学、化学、天体力学、电磁学、光学、热力学等学科领域上都作出了各自的贡献。二是大力提倡教学与研究相结合。德国洪堡大学是典型例子。德国著名教育家威廉·洪堡(1767～1835年)在高等教育史上第一次提出"教学同科学研究相结合"的原则,并根据这个原则于1810年创办柏林大学(又称洪堡大学)。洪堡这一办学思想,成为德国大学教育的一个优良传统。德国的大学也成为教学与研究的场所,全国有一半科研人员在大学工作。

再次,重视师范教育。欧洲在文艺复兴以后,工商业和海外贸易的发展,促进了初级和高级教育的发展。师范教育的真正发展始于第一次工业革命以后开始普及初等教育之时。例如:法国在1794年正式成立了师范学校。1883年,法国根据基佐法,每个郡都开办一所师范学校以培养小学教师。19世纪的20～30年代,德国的师范教育也得到了进一步发展。美国在1823年曾创设了私立的师资培训班。1839年,马萨诸塞州以普鲁士为榜样创办了师范学校。同年,美国政府开始拨款兴办师范学校,并于1902年授权地方兴办公立师范学院。小学的普及和中学的较大发展,为提高大学水平,推进科技的发展打下了基础。

最后,重视自然科学教育。有人说,洋人入学读书所学的一曰知识,再曰知识,三曰知识。另一方面,科学与民主精神,崇尚实业、尊重人格和人的发展的权利,对西方教育和科技的发展也起了巨大影响。

(6) 方法论与唯物论哲学促进了科技的发展

近代是西方唯物主义哲学和科学相互促进、共同前进的时代，唯物论对科学技术的发展作出了巨大的贡献。从文艺复兴时期起，由于达·芬奇、哥白尼、布鲁诺、伽利略、培根等人用唯物论作武器，批判了神学与经院哲学，使科学获得了生存与发展的条件。这一切不仅仅促进了人的思想解放，更重要的是指导了人们用观察和实验的方法研究自然。哥白尼自制仪器观测天象，伽利略用望远镜观测天空，培根创立的归纳法和实验的方法，对科学发展起了重大作用。

综上所述，近代西方科技发展迅速是多种因素的作用。西方近代科技迅速发展，其根本原因是新兴的资本主义制度能促进生产力的发展。正如马克思指出的"资本主义生产第一次在相当大的程度上为自然科学创造了进行研究、观察、实验的物质手段"，"随着资本主义生产的扩展，科学因素第一次被有意识地和广泛地加以发展、应用，并体现在生活中，其规模是以往的时代根本想象不到的"。

三、中国科学技术在近代落后的原因

从4世纪起至14世纪的1000多年间，中国的科技走在世界的前列。然而，15世纪后，经历400年后到19世纪，中国科学技术明显地落后了。表12-1与图12-1可以引起我们深刻的反思。

从表12-1和图12-1中可以看到，15~16世纪是个转折点。15世纪以前，中国的科技发明约占世界的58%，国外只占42%。然而15~18世纪的400年间，重大科技发明，中国只占4%，国外占96%。近代科技没有在中国产生和发展，一颗闪烁科学之光的星星在东方失去了光芒，它成为世界文化史研究中的重大研究课题。归结起来，中国科学技术在近代落后的原因有以下几方面：

表 12-1　中国与世界各国重大成就对照表

年　代	重大成就（件）	中　国		世界其他各国	
		件	百分比	件	百分比
公元前 6 世纪（前 601 年）以前	54	31	57%	23	43%
公元前 600 年至公元 1 年	87	44	51%	43	49%
公元 1 年至公元 400 年	45	28	62%	17	38%
公元 401 年至公元 1000 年	45	32	71%	13	29%
公元 1001 年至公元 1500 年	67	38	57%	29	43%
公元 15 世纪（1500 年）以前统计	298	173	58%	125	42%
公元 1501 年至公元 1840 年	472	19	4%	453	96%
公元 1841 年至公元 1948 年	1436	17	1.2%	1419	98.8%

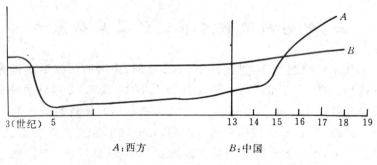

A:西方　　　B:中国

图 12-1　中国与西方科技发展示意图[①]

① 潘吉星主编.李约瑟文集.沈阳:辽宁科技出版社,1986.213

1. 中国封建社会重农抑商政策

中国历史上少量的商品经济不是没有出现过,早在14世纪一位到广州的欧洲旅行者说:"全意大利的货物也没有这座城市的货物多。"他认为,广州一城可抵得上三个威尼斯①。《马可·波罗游记》描写东方的富庶,使欧洲商人向往,说这是"远东契丹的诱惑"。16世纪后期即明代中叶,中国在农业与手工业发展的基础上,商品经济有了发展,商品种类迅速增加,商业资本活跃,形成了许多商业资本集团,著名的有徽商、闽商、粤商,他们纷纷设立"会馆",组织"商帮"。江南有五大繁荣的手工业区,如棉纺织业发达的松江、纺织业发达的苏州、浆染业发达的芜湖、造纸业发达的铅山和制瓷业发达的景德镇。苏州、杭州、松江、嘉兴、湖州五府成为江南最繁荣的城市,到17~18世纪初的清朝,这个由商品经济而产生的资本主义萌芽仍有进一步的发展,但它的发展受到严重障碍。一是中国长期以个体农业与家庭手工业相结合的自给自足的小农经济,很难产生商品市场。中国城市的商品交换是狭小的,同时受商品市场和劳动力市场的限制。二是中国传统的重农抑商政策,商人受歧视。封建土地所有制阻碍了产业资本的积累。"凡置产业自以田地为上"②的传统思想根深蒂固,商业资本大都购买土地,阻碍了商业资本向工业资本的转化。商人地位低下,需要缴纳苛捐杂税,还要受到官府的其他各种干扰。李约瑟指出:"中国基本上是一种水利农业文明,其结果是阻止商人权力的扩大,这与欧洲的畜牧航海文明形成了对比。"他还进一步指出商人与科技发展的密切关系,"2000多年来中国是一个否认商人(无论是金融家还是企业

---

① 苏联社会科学院编.世界通史(第4卷,上册).北京:三联书店,1962.102
② 钱泳.履国丛语(卷7).北京:中华书局,1979.7

家)在国家事务中的领导作用的社会……中国的社会中存在着一种固有的反商业主义的思想……如果在中国社会里不可能出现一个富格尔(Fugger)家族或格莱辛,那么它也不可能产生出一个伽利略或哈维式的人物。"① 三是由于中国被一个庞大的农业经济所包围,几乎没有去促进采矿、海上贸易之类促使科技发展的动力。至于小农经济的自私狭隘心理、知识私有保密、家族观念重等因素均阻碍了科学技术的推广。

2. 封建专制统治不利科技发展

中国的历代封建统治者,如有名的秦始皇、汉武帝、唐太宗、宋太祖,主要是政治统治,而不是靠科学。就是比较重视科学文化的康熙帝,也不能与欧洲的统治者如拿破仑、俄国沙皇彼得大帝相比。中国封建帝王更关心与中央集权"大一统"有关的科技,如天文、历法、水利等,把这些都纳入政治统治的轨道。许多有学问的人,只是在政治上失意或罢官了,才转向科学。如宋代大科学家沈括,跟随王安石变法失败后,58岁才到江苏镇江东部梦溪园,著书立说《梦溪笔谈》30卷。其次,中国封建社会中,盐、铁、矿山、外贸等大都实行官办。主持这些部门工作的官吏,只是完成政治任务和税收的需要,并不去发展科技。李约瑟认为:"中国社会已被称为'官僚封建主义'社会,这大大有助于解释为什么中国人虽然对科学与技术作出了光辉的贡献,都没有能像他们的欧洲同伴那样冲破中世纪的思想束缚,进入我们所谓的近代科学技术行列。"②

3. 重伦理、轻自然的文化传统

中国封建社会自汉以后,形成以儒家学说为正统、道家学说为

---

①② 潘吉星主编.李约瑟文集.沈阳:辽宁科技出版社,1986.122,300

补充的文化思想结构,这对中国古代科技影响是巨大的。学者文人研究的重点是"穷天理、明人伦、讲圣言、通世故",缺乏探索自然、征服自然的研究实践与精神。这种重伦理、轻自然的文化传统,可以从中西大百科全书的编写比较中看出中国学者与西方学者在知识观、自然观、价值观、思维模式上的明显差别。

(1) 对什么是"知识"的概念不同

中国的知识总汇(百科全书)《类书》反映的主要内容是封建大一统的以皇帝为中心的政治社会体系的组织和意识形态。这被认为是最重要的知识,即"纲常伦理,典章制度",书中讲政治制度与伦理关系占60%以上。而西方百科全书像瓦洛的《学科撮要九书》讲西方的"自由七艺",这是古代希腊罗马人认为最重要的修养。"自由七艺"包括"三学四术",三学是逻辑学、文法和修辞学,四术即天文学、几何学、音乐和算术。瓦洛还加了医学和建筑,所以叫"九书"。这样的内容以后不断扩大。罗马人色苏斯编写的百科全书《诸艺》,除上述七艺之外,还包括农业、法理学和战争学等。到了普林尼的《自然史》,包括的内容从宇宙志一直到采矿术。7世纪,西方百科全书开始有了国事管理、度量衡等方面内容,10世纪有了冶金技术门类。11世纪西勒斯的《诸学汇要》包括了心理学、伦理学、物理学、生物学、天文学、气象学、宇宙志等内容。至于狄德罗的《百科全书》,更是包罗万象。这也涉及到知识的价值观。宋应星写《天工开物》,知识的排列顺序是:粮食、种植、加工,最后讲金银铸造。宋应星说他的书中"重谷物而贱金玉"。从这话中,我们可看出其知识价值观。两者的不同不是偶然的。孔子与亚里士多德是同时代的人。亚里士多德一面研究哲学,一面解剖动物。王阳明(1472~1528年)与达·芬奇为同时的人。达·芬奇一面在画着蒙娜丽莎的迷人微笑,一面在解剖死尸,制作各种新巧的机械,做科学的实验,而王阳明却放弃"见竹取而格之"的格物方法,认为"心外无理",不可"外心以求理",终于倡导"致良知"的学说,比较起来,两者差别何等巨大。

(2) 知识分类不同

西方传统分类是逻辑分类,以事物的本质作为分类原则。亚里士多德研究过定义,定义的定义、"种差＋邻近的属"的"树状分类法"。"树状分类方法"属于逻辑分类方法,它将事物按本质放在一起,力图按世界的本身去说明世界。中国类书不是逻辑分类,基本上是并列的,它按人的关系分类,不是按事物性质分类。例如,中国古代很早就有浑天仪、相风、漏刻等天文、气象、计时仪器,但把它们放在"仪饰"类,跟代表皇帝权威的节钺、绶带、玉玺、鼓吹等放在一起,不是把它们看作一种观测工具,而是作为帝王权力的一种象征,只有朝廷才有观测天象的权力,民间是没有这种权力的。所以这些仪器作为伦理和权力的象征,远远超过了它们的科学涵义。

(3) 百科全书的编写者与读者不同

中国古代类书,除少数几本如《白孔六帖》等私人著作之外,大多数是敕修,就是皇帝下令编的,《太平御览》、《永乐大典》、《古今图书集成》都是这样。西方百科全书差不多都是个人著作,没有哪个人是受国王命令去编的。另一方面,中国古代类书主要编给两种人看,一是皇帝本人(包括最高统治集团的核心人物),所以叫御览。还有一种是给科举考生看的,作为考生写文章引经据典之用。比如,如果题目涉及到天,就可以引《尔雅》云,天如何如何,这就显得很有学问了。

此外,受儒家哲学传统的影响,许多中国自然哲学家的论证方法大多是思辨性的,而不是以定量的实验分析为依据。恩格斯在《神圣家族》中指出:"归纳、分析、比较、观察和实验是理性方法的主要条件。"中国传统哲学这一缺点亦阻碍了中国科技的进步。

4. 中国的教育与考试制度的影响

教育内容、目的与考试方式,无疑与科学的发展具有密切的关系。

从教育的内容看,中国封建社会的教育主要是四书五经等儒家经典,各种自然科学知识根本不被列为学校的课程。中国古代科技在明代之前一直走在世界前列,但它的教授不在学校之内,而在学校之外,不被视为正宗,而被归为三教九流,被看作雕虫小技,不能登大雅之堂。中国汉代,根据董仲舒的建议,在文化教育上主要实行三项措施:兴太学,大力发展官学,以"明人伦"为学校教育的总目标;注重考试经术部分;罢黜百家,独尊儒术。这是汉代文教政策的核心,自此儒家的《诗》、《书》、《易》、《礼》、《春秋》被尊崇为"经",成为学校主要教学内容。唐代官学依行政所属可分为中央官学和地方官学。中央官学中的国子学、太学、四门学、广文馆都是专修儒经的学校,地方官学除府州医学和府州崇尚学之外,也都是专修儒经的学校。唐、宋、元、明、清书院兴起,北宋著名的书院有庐山的白鹿洞书院、河南商丘的应天府书院、衡阳的石鼓书院、长沙的岳麓书院,号称天下四大书院。还有河南登封嵩阳书院和江宁府茅山书院等,教学内容也只是讲授儒家的知识,重视身心修养。书院经历将近1000年的历史,各种民办的、民办官助的书院共约2 000余所。其培养的是通过科举考试的学子,以巩固封建社会统治的基础。而西方教育却偏重知识,偏重自然科学。同是一个"天"字,中国教育这个"天"不是天文学意义上的天,而是"天子"的天,不属于自然科学的概念;西方教育谈"天",介绍天文知识,什么天上几多星,地球怎样转,属自然科学的知识范畴。中国许多科技发明家很少是学校培养出来的,主要是在生产实践中,通过经验的总结而有所成就的,因而,缺乏系统的提高;而西方众多科学家在大学中深造,大学成为科学家的摇篮。中国封建社会的教育培养的人才,不但缺乏促进中国科技发展的因素,反而成为阻碍中国科技发展的障碍。

5. 闭关锁国与天朝大国的文化心理

纵观中国历史,由于地理环境与自然经济的束缚,中国文化长期处于与外界文化相对隔绝的环境中。汉唐明清虽有中外文化交流,但在很大程度上中国存有华夏文化的优越感,视周围异体文化为野蛮文化,并将少数民族名之曰"夷狄"。在中国传统文化中,缺乏与世界各种异体文化多元的并存的心理。《说文解字》称:"夏者,中国之人也。"这种解释反映了华夏人的自我中心意识。汉唐时期,东亚与中亚各国学者长期住在长安,学习中国先进技术,回国后进行传播。中国文化对周围国家的影响,加深了中国人文化的优越心理,各个朝代都自诩中国为天朝,惟我独尊,把外国看作番国与小邦。

从文化标准上看,中国人把儒家文化的伦理道德观念、习俗、等称作文明之邦的标志,作为文明与野蛮的唯一尺度,对外来文化存有极大的排斥心理。明人沈㴶攻击西洋历法数学的论证方法,就是一个典型的例子。沈氏以传统的五行学说来解释天文,当他发现西学解释与传统解释不相符合,便予以激烈抨击:"天无二日,亦象天下之奉一君也,惟月配日,则象子后;垣宿经纬,以象百家,九野众星,以象八方民庶,今(西人)特为之说曰:'日月五星,各居一天',是举尧舜以来中国相传纲维之最大者而欲变乱之。"

以数学为例,唐朝时期印度已有现在使用的阿拉伯数字,玄奘到印度只带回了佛经,却没有吸收先进的印度数字,后来阿拉伯人吸收了印度数字而广泛流传。尽管中国与阿拉伯(大食)来往频繁,但仍旧没吸收阿拉伯数字中的数字符号、公式。

天朝大国、自我优越的文化心态,千百年来,成为中国民族的潜意识、旧传统、旧观念。它既坚且厚,主要表现为自我优越、自我封闭,不善学习,不善于吸收新生事物,从而成为中国近代科技落后的重要原因之一。

四、明清时期的西学东渐

1. 西学东渐

西学,指西方文化;东渐,指西方文化向东方的输入。作为国际潮流,在中国从16世纪80年代到19世纪90年代的300年间有过两次西学输入的运动。第一次是明末清初,从明万历九年(1582年)意大利传教士利玛窦等人来华开始到清乾隆二十二年(1757年)实行闭关政策为止,持续大约200年;第二次是中国近代时期的西学输入,从19世纪40年代之后到90年代。

输入的西方文化大体有三类:一是宗教文化,如天主教义等;二是科学技术,如天文、地舆、数学、理化、医学等;三是人文科学,如政治、哲学、语言、音乐等。

16世纪末17世纪初,西方具有一定科学知识的传教士纷纷来华传教,其中比较有名的有意大利的利玛窦、熊三拔、艾儒略、罗雅谷,德国的汤若望,比利时的南怀仁,法国的白晋、金尼阁等。西方传教士为了在当时的中国立足,他们来华后,更用中国的姓名,学习中国语言、文字和儒学经典,并带来西方科学技术译书、历法等,以博得中国士大夫及政府的好感与信任,以方便在中国活动。

2. 利玛窦在华的活动

利玛窦(1552~1610年)号西泰,意大利人,天主教传教士,

1582年来华,1610年在北京病逝。他是传教士中很具有代表性和较大影响的人物。在华28年,利玛窦先从澳门进入广东的肇庆,学习汉语,传播教义,后在韶州、南昌、南京、苏州等地活动近20年,1601年到达北京。他为了"博中国人之信用,其教始能推行"①,改用中国的姓名,学习汉语。1589年,他从肇庆寄给那不勒斯一位朋友信中说:"我已能流利地讲中国话……同样,我又学念中国书,学写中国字,中国字有好几千,如今我渐渐地看得懂一些中国书了。"②1591年,利玛窦开始用拉丁文翻译《四书》,译完后即寄回意大利。利玛窦按中国风俗行跪拜礼,以自鸣钟、天象仪器、三棱镜等礼物送给肇庆知府,获准建教堂。为了迎合中国士人的夜郎自大的"中国为天下之中"的虚骄心理,他改绘了西洋绘制的世界地图。他绘制的"万国全图",把第一条子午线(经过加那利群岛的子午线)的投影位置转移,把中国的位置绘在图之中央。因地球是球形,未违背地图学原理,还使人感到"此图表现海洋广浩,而欧洲诸国,去中国至远,彼等将不复虞欧人之东来侵略"。③

利玛窦到北京后,与徐光启、李元藻、杨延筠等中国学术界人士结合,开展了传播西方文化的工作,直到1610年死于北京。

3. 西学东渐的内容

(1) 天文地理学

这是输入的西方科学的中心。这个时期传教士关于天文学的主要著作有利玛窦的《乾坤体义》,书中记述有天象、地心学、九重天;德国汤若望的《历法西传》涉及托勒密、第谷、哥白尼、伽利略的

---

① 柳诒徵.中国文化史(下册).北京:中国大百科全书出版社,1953.661
② 转引自:李申,何高济.利玛窦与中国.世界历史,1985(3):28
③ 王庸.中国地理学史.北京:商务印书馆,1982.100

学说,但不提日心地动说;葡萄牙阳玛诺的《天问略》介绍托勒密的十二重天说;意大利熊三拔的《表度说》、《简单仪说》,汤若望的《远镜说》都是介绍天文观察仪器的。最后一批来华的法国教士蒋有仁在《坤舆图说》中介绍了哥白尼的地动说,但未介绍牛顿的万有引力。①

(2) 数学与物理学

数学知识的输入影响最大的是利玛窦与徐光启合译的欧几里德《几何原本》。这是正式传入中国的第一本西方数学著作,它丰富了中国的几何学。点、线、面等专有名词都是由这个译本确定下来的,一直沿用到现在,甚至影响到日本、朝鲜等东方国家。日本人小川琢治把《几何原本》看成是"利玛窦最初向东洋传播天文和数学知识的纪念物"。利玛窦与李之藻译著的《同文算指》是第一本介绍西方笔算的译作。这本译作传入的笔算方法对中国以后的算术发展起了很大的影响,如加、减、乘的笔算方法及验算方法(如"以减试加"、"以除试乘"等)就是此书引进的。此外,利玛窦与李之藻还合译了《圜容较义》和《测量法义》两书,前者是几何著作,后者是测量方面的书籍。利玛窦和其他耶稣会士输入西方数学知识,宣告中国"本土数学时期"的结束。②

清朝康熙帝对自然科学感兴趣,曾让法国传教士张诚将西方几何、三角和天文学方面的书籍译作教科书。1713年,他又下令在内廷蒙斋设馆编纂《律历渊源》,全书共100卷,其中数学分册《数理精蕴》就占一半以上(53册)。《律历渊源》是根据法国传教士白晋等的译稿汇编而成的介绍西方数学知识的重要典籍,对中国数学发展有一定影响。

---

① 转引自:李申,何高济.利玛窦与中国.世界历史,1985(3):28
② 李约瑟.中国科学技术史(第3卷).北京:科学出版社,1978.114

利玛窦等耶稣教会士不仅输入自然科学知识,也输入社会科学如语言学、建筑、绘画、音乐等知识。在语言学方面,利玛窦与罗明坚合编了《葡华字典》(中文题名《平常问答词意》)。1627年,葡萄牙传教士傅汎际(1587~1653年)与李元藻合译了亚里士多德的《名理探》、《论天》、《寰有诠》。西洋油画和绘画原理,亦于此时传入。利玛窦贡物中有三幅圣像画,其中天主圣母(玛利亚)像"其貌如生……脸之凹凸处,正视与生人不殊"①。西方钢琴、五线谱用法,也陆续被介绍到中国。1699年,清宫廷组织一个小型西乐团,由葡传教士徐日昇任首席乐师。徐日昇还编写了《律召纂要》等,传授了西洋音乐知识。

4. 西学东渐的评价

(1) 对西学的态度

明清时期(在鸦片战争以前),中国士人对待西学有三种不同的态度。一是排斥与恐惧。如沈潅、杨光先等人,他们诚恐传教士"用夷变夏",杨光先则宣称"宁可使中夏无好历法,也不可使中夏有西洋人"。二是全盘学习。如徐光启、李元藻等人,他们对西方的自然与人文科学加以全盘吸收,并加入了教派,徐光启取教名保禄。李元藻于1610年2月病重时,由利玛窦在北京领洗。三是分析批判吸取的态度。如方以智等。方以智(1611~1671年)作为一位著名哲学家和科学家,在《物理小识》中,多处援引艾儒略的《职方外记》,吸收其天文、地舆、人体解剖和生理卫生知识。但他扬弃了上帝造人说,对西学中的历算、奇器亦持批判吸收态度,在文字音韵学上也借鉴西学。

(2) 评价

---

① 顾起元.客座赘语(卷6).历史研究,1983(1):26

长期以来,中国学术界对西学东渐这一时期传教士带来的中外文化交流,褒贬不一。持肯定态度的称誉耶稣会士是"圣洁的布道者","西洋文明的伟大传播者";持否定态度的贬斥他们为"文化侵略分子","欧洲殖民主义海盗的急先锋","西方侵略者的矛头和工具"。① 李约瑟在《中国科学技术》第四卷《天文学》中评论说:"他们把欧洲的科学和数学带到中国只是为了达到传教的目的,但由于当时东西两大文明互相隔绝,这种交流作为两大文明文化联系的最高范例,仍然是永垂不朽的。"这是比较切实的评价。

同时,传教士带给欧洲的中国思想文化,对启蒙运动和西方人了解中国起了不可磨灭的作用。

五、近代中国的西学东渐

1. 转折与冲突

18~19世纪的西方诸国先后向东方扩张,古老的印度、中国等都沦为殖民地或半殖民地。鸦片战争引起了中国社会的重大变化,也引起了中国文化的重大转折。西方资产阶级"按照自己的面貌为自己创造出一个世界","它的商品的低廉价格,是它用来摧毁一切万里长城、征服野蛮人最顽强的仇外心理的重炮"②。"遇到不列颠的枪炮就扫地以尽,天朝帝国万世长存的迷信受到了致命的打击,野蛮的、闭关自守的、与文明世界隔绝的状态被打破了"③,中国近代史开始了。对于100多年的中国近代史,美国著名汉学家

---

① 李洵.明清史.北京:人民出版社,1956.100
② 共产党宣言.马克思恩格斯选集(第1卷).北京:人民出版社,1972.255
③ 中国革命和欧洲革命.马克思恩格斯选集(第2卷).北京:人民出版社,1972.2

费正清说:"从根本上说,是一场最广义的文化冲突","是扩张的、进行国际贸易和战争的西方同坚持农业经济和官僚政治的中国文明之间的文化对抗。"① 这次因西学输入而引起中外文化的冲突的方式,与汉唐明清之外来文化的输入大为不同。这次冲突在中国朝野上下引起了强烈的反响,在中国近代史上写下了沉痛而悲壮的一页,对中国人文化结构、文化心理的变化具有深远的影响。

2. 阶段与特点

△ 从1840年鸦片战争经1861年洋务运动、1862年同文馆成立至1895年甲午战争失败。这一时期的特点是:鸦片战争后,中国人深感中国器物不如西洋文明,为了救亡图存,需要了解西方,学习西方文化知识,学习西方国家制造轮船、火炮等方面的技术。林则徐、魏源等最早明确提出:"师夷长技以制夷。"林则徐作为近代中国放眼看世界的第一人,在西方列强的战舰打破了中国紧锁的国门之后,能产生这种认识,是极为可贵的。据统计,1821~1861年,中国至少有66人赞成中国必须采办军舰和枪炮,其中包括道光帝、政府高级官员和著名学者。②1862年(同治元年)同文馆的成立,1861年正式开始的洋务运动正是在这种基础上进行的,"中体西用"是当时颇为盛行的思潮。

同文馆成立的目的是培养外交人才和翻译西方文化的人才。所谓"与外国交涉事件,必先识其情理……欲悉各国情况,必谙其语言文字,方不受人欺蒙"③。同文馆最先设英、法、俄语班,后增设

---

① (美)费正清.剑桥中国晚清史(上卷).北京:中国社会科学出版社,1985.251
② (美)费正清.剑桥中国晚清史(下卷).北京:中国社会科学出版社,1985.173
③ 奕䜣.奏请创设京师同文馆辩.见:张静庐.中国近代出版史料(初稿).北京:中华书局,1957.3

德、日文及天文、数学班。1895年出版译书235种。除译书外,同文馆还聘请外国人讲学,派青年出国留学。

△ 从1895年甲午战争失败,中经戊戌变法至1911年共和革命成功,庞朴认为这一时期的特点是:人们多具有鲜明的政治色彩,是怀疑一切成法,发挥创造精神,从制度上承认不如西洋文化和勇于革除、勇于建立的时期。①

另外,此时甲午战败,民族危机加深,中国人民为了寻求救国的真理,渴望进一步了解西方文化。梁启超说这是一个"学问饥荒的年代",在这样的时代背景下,学习西学成为一股热潮。它与前期不同,除学习"船坚炮利"外,重点学习西方的自然科学理论,即声光电化的"格致之学",李善兰、徐寿、华蘅芳等人翻译了一批自然科学书籍,王韬、薛福成、冯桂芬、郑观应、黄遵宪、康有为、严复、梁启超等一批维新派人士,纷纷介绍资本主义国家的政治、经济、军事和文化教育制度,鼓吹改良,实行君主立宪,以变法自强。正如郑观应指出的,"西方富强之本,不尽在船坚炮利,而在议院上下同心,教养得法,兴学校,广书院,重技艺,别考课,使人尽其才;讲农学,利水道,化瘠土为良田,使地尽其利;造电路,设电线,薄税敛,保商务,使物畅其流。"②

维新派亦认为只有实行政治体制、观念形态的改革,中国才能富强。他们在1902年的《新民丛报》中写道,"有新学术,然后有新道德、新政治、新技艺、新器物,然后有新国家、新世界。"1894年孙中山《上李鸿章书》亦云:"欧洲富强之本,不尽在于船坚炮利,垒固兵强,而在于人能尽其才,地能尽其利,物能尽其用,货能畅其流

---

① 庞朴著.稂莠集——中国文化与哲学论集.上海:上海人民出版社,1988.5
② 郑观应.盛世危言·自序.参阅:黄根连.现代中国思想家(第二辑).台北:巨人出版社,1978.166

……我国家……徒帷船坚炮利之是务,是舍本而图末也。"① 为了了解西方富强之本,中国掀起学习西学热潮。西学的输入,对维新变法起了启迪和借鉴作用。

甲午战争前,西学由中国传到日本。甲午战争失败后,中日关系逆转,西学输入的渠道转为从日本输入中国,日本成为西学东渐的桥梁。这一时期,中国通过日本输入西学。1902年后,清政府成立译书局,翻译西方科技、制度方面书籍,严复等人译著甚丰,同时留学风潮兴起,青年学生纷纷东渡日本,如1906年竟达万人。留日学生看到日本输入西学的成功,主张仿照日本实行维新变法,他们出版有《译书汇编》等翻译杂志,积极介绍西方文化。

西学的输入与传播,引起了中国传统文化与西方文化的冲突以及知识分子的中西文化观念的冲突。如何看待中国近代文化史,主要有八个主张:中体西用、西学中源、发扬国粹、全盘西化、批判继承与吸收、革新改造、中西文化比较观、西体中用。要求独立、民主、变革、富强,是近代文化的主要内容。中西文化之间的斗争融合成为中国近代文化的特征,其中"中体西用"与严复的"中西文化比较观"这两种思潮对整个近代中国都具有重大而深远的影响。

3. 中体西用说

"中体西用"作为整个19世纪后半期的时代思潮,至今仍有深刻影响。"中体西用"的思想,实际上在林则徐、魏源提出的"师夷长技"中已为开端,它是"中学为体,西学为用"的节略。所谓中学为体,即以维护中国封建政治秩序的纲常伦理为本体;西学为用即采用西方近代科学技术以及政治法律和文化教育方面的若干具体办法为中国社会发展服务。1861年,冯桂芬在《校邠庐抗议》中说:

---

① 黄彦编.孙中山全集(第1卷).北京:中华书局,1981.8

"以中国之伦常名教为原本,辅以诸国富强之术。"他的所谓"富强之术",主要指制洋器、重格致。他不仅承认中国船坚炮利不如人,而且承认中学有四不如夷:"人无异才,不如夷;地无遗利,不如夷;君民不隔,不如夷;名实必符,不如夷。"从而要求改革内政。持中体西用说的学者认为:"盖万世不变者,孔子之道也"①,"取西人器数之学以卫吾尧舜禹汤文武周孔子之道"②。洋务派把中体西用作为指导思想。1896年,孙家鼐进而在《议复开办京师大学堂折》中明确地说,"自应以中学为主,西学为辅;中学为体,西学为用。"1898年,张之洞发表《劝学篇》指出:"旧学为体,新学为用","中学治身心,西学应世事"。对"中体西用"作了系统的阐述,并进一步概括成"中学为体,西学为用。"

中体西用思潮的产生不是偶然的,它是时代的产物。在半殖民地半封建社会的中国,由于阶级的利益、民族的感情、社会的心理和文化的惰性,人们对两种异质文化体系的认识提出这一看法是很自然的。中体西用以中国儒家的伦理纲常为主体和核心,吸收西方的近代的科技与制度,在中国文化走向近代化的过程中,它具有一定的进步性。其一,它使学习西方文化从被动变为主动。明清之际传教士输入西学,中国对学习西学表现较为被动。在民族危亡之际,为了阶级与民族利益而提出"中体西用"的口号,这对自我封闭的和排外的中国人来说是一个不小的进步。当时,对于洋人、洋物、洋文化朝野仍抱着排斥的心态,最典型者如大学士徐桐见洋人、洋教士时竟以扇遮面,不与夷狄共戴天。他还抵制铁路、电讯等近代交通设施。诸如此类在顽固派中亦不少见。其二,中体西用主张的

---

① 王韬.易言跋.参见:张海林.王韬传.南京:南京大学出版社,1993.217,218
② 薛福成.筹洋刍议·变法.参阅:陈旭麓主编.中国近代史词典.上海:上海辞书出版社,1982.760

提出,较之19世纪60年代出现的"西学中源说"的保守思想也有极大的进步。甲午之战,中国惨败,宣告洋务派的中体西用思想的破产,其影响随着时间的推移所起的消极作用亦是明显的,"中体西用"成为保守的国粹论者思想因素之一,阻碍了中国政治经济制度的变革,影响了中国走向近代化的进程。

4. 中国近代向西方学习的思考

近代中国向西方学习是中西文化排斥、冲突、融合、选择、吸收与创新的过程,是中国人民,特别是少数觉醒的知识分子,从文化外层(物质)、文化中层(制度)到文化深层(心理)逐步深入学习的过程。即由"提倡西洋制械练兵之术","渐生政治根本问题之觉醒,进而为民主共和君主立宪之讨论"①。它是为民族独立富强,使中国走向近代化的爱国的举动。面对着西方资本主义的入侵,中国有识之士在痛苦中思索,热烈中争辩,大胆地选择,从鸦片战争时期林则徐、魏源发出的"师夷长技以制夷"的呐喊,洋务派的"中体西用"的呼唤,到维新派严复的"中西文化比较观"的提出,都具有爱国保种、救亡图存的民族意识,是值得肯定的。虽然"中体西用"说无疑包含保存国粹,捍卫大清封建统治的内核,确有保守的一面,但从当时的中国政治、经济与国际关系所处现实状况考察不能全盘否定它的价值。

(1) 西方近代新思潮新科技的输入,对传统伦理纲常是一大冲击

近代中国的各种同文馆的译著,用请西方学术进来和派留学生出去等方式,广泛介绍西方的政治、科技和文化思想。据统计:仅在1902至1903年间,维新派就广泛而通俗地宣传了培根、洛克、

---

① 陈独秀.吾人最后之觉悟.青年杂志(1卷6号),1916-2-15

笛卡儿、达尔文、孟德斯鸠、伏尔泰、卢梭、亚当·斯密、边沁、康德、黑格尔、约翰·弥勒、斯宾塞、圣西门以及亚里士多德、柏拉图等人的学说;比较系统地整理和介绍了欧洲哲学、政治学、法律学、经济学、教育学以及物理学、生物学、天文学的发展史和近代成就;撰写和发表了资产阶级代表人物如噶苏士、罗兰夫人、克伦威尔、加里波的、马志尼、华盛顿、拿破仑、俾斯麦、张伯伦、罗斯福等人的传记或评论;翻译和推荐了卢梭的《民约论》,孟德斯鸠的《法意》,亚当·斯密的《原富》,约翰·弥勒的《自由原理》、《名学》,斯宾塞的《群学肄言》及《代议政治论》等重要理论著作以及《独立宣言》、《人权宣言》等资产阶级经典文献。正如梁启超所说,"壬卯(1902~1903年)间……新思潮之输入,如火如荼矣。"甲午战后,人们以西方资产阶级的进化论与民权平等思想为武器,批判传统的儒学和封建纲常伦理。戊戌变法前夕,湖南的保守派人物曾廉在《上在先生书》中就说:"变夷之议,始于言技,继之以言政,益之以言教,而君臣父子夫妇之纲,荡然尽矣。君臣父子夫妇之纲废,于是天下之人视其亲长亦不啻水中之萍,泛泛然相值而已。"

(2) 文化部门的结构变化

文化部门分类的变化大致有两种情况,一是原有学科内容体系的变革,一是新领域、新学科的兴起和发展。以教育为例,鸦片战争以后,西方资产阶级教育思想与制度的传播,不断冲击中国的旧教育。维新时期,康、梁在西方教育思想影响下,十分重视教育。康有为在《大同书》中说:"太平世以开人智为主,最重学校。"梁启超在《论科举》中,主张废科举兴学校。他们还提出教育内容与方法的改革。康有为在《清开学校折》中,建议学校设小学、中学、大学三级。1895年,中国自办的新式大学北洋西学堂建立,后改为北洋大学,是中国最早的工科大学。近代中国最早由政府正式开办的大学,是1898年创立的京师大学堂(1901年同文馆也归并于该校)。

至于报刊、出版、图书馆、博物馆，亦开始兴办。社会习俗从衣食住行到礼仪婚姻亦受西方文化的影响。

政治思想方面，英国达尔文的进化论，法国卢梭的民约论等进步思潮，推动着中国救亡图存的变法维新运动，启迪着一代中国知识分子走向资产阶级民主革命的道路。严复曾充满信心地说过，中国如果学习西方，在30至60年内，就一定能够"与欧洲各国方富而比强"。他在个人与国家、民族关系上，主张"先国而后身，先群而后己"，宁愿"以身许国"、"舍生以存种"[①]。资产阶级革命派陈天华、孙中山等亦受其影响。在这一思想与精神激励下，经过长期奋斗，资产阶级革命派终于推翻了清王朝的统治，建立了资产阶级共和国。

经济上，从19世纪60到80年代，近代中国在振兴商务，开办近代工业方面也大有起色，正如恩格斯所预言："中日战争意味着古老中国的终结，意味着它的整个经济基础全盘的但却是逐渐的革命化，意味着大工业和铁路等等的发展使农业和农村工业之间的旧有联系瓦解。"通过近代工业的发展，中国传统的自然经济发生了某些变化。

回顾这段历史，我们可以这样肯定，西学东渐更新了中国思想文化结构和教育制度，为旧民主主义革命提供了思想武器，推进了中国文化走向近代化的进程。

我们认为，近代中国向西方学习的历程，所以未能有突破性的成效，有其经济、政治、教育、国民素质等多方面的原因。一是中国近代向西方学习的广度与深度不够：中国资本主义经济基础薄弱，缺乏向西方学习的雄厚的阶级基础，只有少数上层觉醒的知识分子在思索和呐喊，因而缺乏广泛的群众基础。二是政权对吸收西方

---

① 王栻主编.严复集(1).北京:中华书局,1986.18

文化的作用：中日两国皇帝（光绪帝与天皇）都是傀儡，但中日两国的改革却是从上而下的改革。康梁变法，慈禧太后很快囚禁光绪帝，废新政；日本因有大名支持，利用天皇，断言"欧洲各国之政治、制度、风俗、教育……尽皆超绝东洋"，因而派出欧美使团，分别选择学习英、美、德的议会、教育和军事等方面的先进经验，成效极大。三是民族文化心理的影响：中国天朝大国骄虚的文化心理到近代仍很浓厚，这妨碍了国民向西方学习的迫切性和重要性的认识。

第十三章 东方近代启蒙思想文化

亚洲的觉醒。

——列宁

亚洲觉醒的征兆已经慢慢地从地平线上的一端到另一端散布开来。在人类东方群山上的闪耀出来的新黎明的红光的确是伟大的景象。

——泰戈尔

一、启蒙思想文化产生的背景

1. 时代的特征

16世纪至20世纪初的400年,世界文化进程发生了显著变化:从封闭走向开放,从农业走向工业,从分散到整体,东方从属于西方,文化观念也有明显转变。

从1492年新航路的发现和开辟到新的交通工具的发展,火车、轮船、海底电缆已获得广泛使用,世界逐步发展成为一个整体。

第十三章 东方近代启蒙思想文化

欧亚大陆、东西方的交通开始变得比较便利。世界各民族开始由封闭走向开放,联系进一步加强。

15~16世纪西欧的意大利、荷兰等一些地区,近代商业城市的兴起,加快了封建自然经济的解体,使农村劳动力纷纷向城市流动。17~18世纪,由于科学技术的发展,尼德兰、英国相继实现工业化。正如马克思指出:"资产阶级在它的不到100年的阶级统治中所创造的生产力,比过去一切世代创造的全部生产力还要多,还要大。"[①] 西欧和北美资本主义的崛起,并且成为世界历史发展的主流。东方诸国重农抑商,资本主义萌芽极为缓慢。昔日的东方相对落后了,不少国家甚至逐渐沦为西方的殖民地。

从16世纪起到19世纪末20世纪初,在亚洲除日本经过明治维新走向资本主义道路外,其他国家相继沦为西方列强的殖民地、半殖民地和缓冲国。在非洲,埃及、摩洛哥、突尼斯、阿尔及利亚和埃塞俄比亚等国也相继沦为西方的殖民地和半殖民地。西方向东方侵略经历了三个阶段。

△ 1500~1800年是早期殖民帝国时期。早期殖民帝国首先是葡萄牙和西班牙,接着是荷兰、英、法、俄、美诸国。侵略方式主要是向美洲定居殖民,其次是占领亚洲与非洲沿海地区。早期殖民帝国体现出的是资本主义原始积累"赤裸裸"掠夺的特征。

△ 从1800年到1870年这一阶段和前一阶段的分水岭是西方资本主义开始以工业资本家取代商业资本家对东方进行掠夺;殖民地范围从沿海扩展到内陆。

△ 1870~1918年,帝国主义以资本输出和文化输出完成了整个殖民侵略体系。金融资本逐渐取代工业资本占据侵略统治地位。在旧的殖民动机之外,帝国主义"又增加了争夺原料来源,争夺

---

① 马克思恩格斯选集(第1卷). 北京:人民出版社,1972.256

资本输出,争夺'势力范围'以及争夺一般经济领土等等的动机"①。

东方沦为西方殖民地、半殖民地的原因主要是:经济上,封建的自给自足的自然经济占统治地位,长期实行"重农抑商"的政策,资本主义经济发展缓慢;政治上,封建政权内部腐败。另外,种族、种姓、宗教的矛盾也破坏了团结,影响了民族的凝聚力等。而最根本的原因,是近代西方文明与东方的古代文明之间存在着巨大的"文化落差"使然。

对于西方列强的殖民侵略,马克思曾以英国为例指出:"英国在印度要完成双重的使命:一个是破坏性的使命,即消灭旧的亚洲式的社会;另一个是建设性的使命,即在亚洲为西方式的社会奠定物质基础。"② 这种论断同样也适用于其他殖民地。

2. 东方的觉醒

(1) 东方社会经济与社会结构的变化

西方殖民者对东方的掠夺,对东方社会经济文化起了极大的破坏作用。例如,印度大批的农民与手工业者赤贫与破产,封建的生产方式逐步瓦解。19世纪中叶以后,英国殖民当局开始把资本主义某些生产方式带到了印度殖民地。马克思把这种社会经济变革称之为"亚洲历来仅有的一次社会革命"③。

(2) 东方近代民族工业与城市的兴起

19世纪,一系列新兴城市兴起,并成为东方各国统一的市场和对外贸易中心,主要集中在中国、印度和东南亚一带。其中有上

---

① 列宁选集(第2卷).北京:人民出版社,1974.841
②③ 马克思恩格斯选集(第2卷).北京:人民出版社,1972.70,67

第十三章 东方近代启蒙思想文化

海、香港、大阪、东京、西贡、仰光、曼谷、雅加达、新加坡等。①

（3）人民的反抗与新兴资产阶级的兴起

殖民者疯狂的掠夺和残酷的压迫，激起了不断的反抗。19世纪中期，反殖反封建运动席卷亚非大陆。从中国的太平天国起义和义和团运动、印度的民族大起义、伊朗的巴布教徒起义，到东非的马赫迪起义和南非的班巴塔起义，都充分地显示了亚非人民英勇不屈的精神。历史呼唤东方的新兴资产阶级，首先是知识阶层走上历史舞台的中心地位。东方资产阶级组成了革命的领导力量。列宁把20世纪初亚洲一系列东方国家的革命运动，称之为"亚洲的觉醒"。

（4）新兴知识分子的产生与扩大

在东方近代社会沿海的城市中，在形成的资产阶级和农民、手工业者的上层分子，提出了救亡图存，师夷制夷，改革封建陋习等主张。

（5）西方文化的传播，促进了东方近代思想文化的变革

西方殖民者企图通过传教士、办报、办学校，来宣扬西方的价值观。但客观上，这也是东方知识分子产生启蒙思想文化的因素之一。这期间著名的传教士到印度去的有来华的马礼逊等。

（6）东方启蒙思想知识分子的出现

在东方不少国家（如印度、日本、埃及、菲律宾、中国等）的近代史上，曾出现过时间长短不等，规模大小不一的"启蒙运动"。② 这一运动与人民群众的反殖反封建斗争相结合，促进了东方民族的觉醒。近百年的屈辱和痛苦，使东方传统的爱国主义、自强不息的精神得到了升华。近代启蒙思想家，对自己的国情、自己的文化及

---

① 李原．世界城市知识大全．北京：世界知识出版社，1985.15
② 季羡林主编．东方文学史．长春：吉林教育出版社，1995.819

政治制度、经济状况,作了分析、反思,他们主张学习西方科学技术,做出了明智而理想的选择,从而走上了近代化(现代化)的道路。

二、东方启蒙思想的历程、特点与任务

1. 何谓启蒙

广义的启蒙运动是一种世界性的普遍的历史现象。谈到启蒙,不能只有西方模式,因为即使在西方先进的资本主义国家,各国的启蒙及其所起的作用也是有很大区别的。

例如,法国启蒙思想具有"反神学、反形而上学、唯物主义理论"[①]的性质,主张"自由、平等、博爱"。而德国的启蒙思想,是为了承认封建国家的专制权力的"由上而下"的近代化,而且是在合理主义的基础上再建神学的形而上学。这样,德国启蒙思想就在思想体系上表现了德国资产阶级革命的任务,那就是:国民统一。[②]

2. 东方启蒙思想的历程

东方启蒙思想经过了三个过程。一是西方殖民者对东方奴役、征服、掠夺的过程,也是东方人民反抗、反思、觉醒与争取独立的过程。二是经济与政治变革的过程。经济上,东方封建自然经济逐步解体;政治上表现为资产阶级的革命团体的形成与建立,如印度国民大会党与孙中山的兴中会的建立;亚洲民族主义四大思想体系

---

① (日)近代日本思想史研究会著. 近代日本思想史(第1卷). 北京:商务印书馆,1990.26

② (匈牙利)卢卡奇. 理性的毁灭. 王玖兴等译. 济南:山东人民出版社,1988.37

的形成,如甘地主义、孙中山革命主义型的民族主义、苏加诺的"综合性的民族主义"、凯末尔的"世俗改革性"的民族主义。三是东方启蒙思想文化的产生。启蒙思想文化是东西方文化冲突的产物,亦是东方觉醒与西方科学文化融合创新的产物。

3. 东方启蒙思想的特点

(1)"师夷长技以制夷",具有学习与赶超西方的意识

东方启蒙思想家向西方学习,表现了两种矛盾文化心理:一方面要抵抗西方列强侵略;另一方面又要学习西方的先进的科学技术。

(2)强烈的危机意识和爱国精神

东方一批启蒙思想家具有极强的危机意识,发出了"救亡图存"的呼喊。梁启超说:"吾国四千余年大梦之唤醒,实自甲午战败割台湾二百兆之后始也。"[①] 印度的启蒙思想家罗姆·摩罕·罗易最先敏锐地感觉到印度丧失了自由,而且是第一个庄严地宣布印度的自由权利并且以民族的名义向殖民统治当局争取这个权利的人。

(3)充满变革精神

危机中产生变革,变革意识则是理性反思的选择。中国的启蒙思想家认为,欲改变中国积贫积弱的地位,必须进行变革。日本经过明治维新,成为东方唯一的没有沦为殖民地的国家。

(4)继承、弘扬东方文化

为了抵制西方腐朽文化的侵略,东方启蒙思想家竭力弘扬东方文化。罗易是最早把西方资本主义的科学文化介绍到印度的人,

---

① 梁启超.戊戌政变记.饮冰室合集.专集.第一册.上海:上海人民出版社,1972.113

但他对他本民族的优秀传统文化加以肯定与发扬。孙中山也弘扬中华文化,力求从传统文化中吸取精华,他们对先进的西方文化亦加以选择吸收。

(5)努力探索现代化的思想

东方现代化启蒙思想,随着民族危机意识的加深,了解与学习西方,变革与求强求富思想的提高,逐步明晰起来。

魏源的《海国图志》中提出可造"商船"。到了19世纪60年代,洋务派创办了军事工业和民用工业。到了70年代,又提出了"商战",郑观应在《盛世危言》中有《商战》篇,提出"西人以商为战,士农工为商助也。"20世纪初的20年,孙中山撰写的《实业计划》,提出了中国经济现代化的宏伟蓝图。

4. 东方启蒙思想的任务

东方启蒙思想面临的任务,主要有两个层次:第一是反帝反封建、争取民族独立与解放的任务,第二是实现现代化(近代化)的任务。

当时中国、印度、日本等国,在西方列强的奴役下,为反帝反封建,争取民族的独立与解放而开展"救亡图存"的运动。维新变法的启蒙思想家为"救亡图存"奔走呼号,如日本的启蒙思想家福泽谕吉,为积极争取日本的独立,提出了"一身独立,一国独立"的思想与主张。①

在实现现代化的任务方面,东方日本的现代化较早。日本启蒙思想家以"明六社"等为中心介绍西方哲学与现代科技,对日本现代化起了推动作用。中国的近代化启蒙思想,除早在魏源《海国图

---

① 高增杰.福泽谕吉与近代日本人的中国观.北京:日本学刊杂志社.日本学刊,1996(4):85~86

志》中含有师夷制夷的思想外,还包含了发展工业化、农业机械化和商业的计划。戊戌变法失败后,有识之士梁启超等认识到中国现代化是人的现代化。印度的早期现代化始于19世纪50年代。从19世纪40年代后期开始,世界进入现代化的第三阶段。其中日本获得最引人注目的成就。

总之,16~20世纪初的400年的时代特征,世界,特别是东西方的地位发生巨大变化:西方各国经文艺复兴、宗教改革运动、资产阶级的启蒙运动与工业革命,其经济生产力迅速发展,近代科学技术与文化的发展成为世界的主流;东方的屈辱与觉醒,给东方文明带来巨大的变革,特别是19世纪这100年的思想文化财富,对现代东方的崛起产生了深刻的影响。

三、东方启蒙时期的思想文化

1. 东方启蒙思想家

(1) 中国启蒙思想家

魏源(1794~1857年),中国近代启蒙思想家,原名远达,字默深,湖南邵阳人,出身于下级官吏,52岁中进士,与龚自珍同为19世纪进步思想家,时人以"龚魏"并称。鸦片战争后,魏源的思想发生了巨变,在林则徐《四洲志》的基础上,于1842年撰写了中国近代第一部系统介绍世界历史、地理的专著《海国图志》。在《海国图志》中,魏源提出了"师夷长技以制夷"的口号。面对殖民者的双重性:侵略的西方和先进的西方,魏源认识到,只有"师夷"才能"制夷","师夷"与"制夷"这两个相反的命题,其目的都是为了拯救中国。所谓"师夷",要学习西方科学技术,发展中国近代工业。所谓"制夷",是指抵抗侵略,克敌制胜。

《海国图志》在中国近代史上有着较深远的影响与意义：第一，通过对世界各国史地情况的介绍，反映了当时中国人的一种开放的近代世界观，在地理学上也有重要价值。第二，魏源"师夷长技以制夷"和"开眼看世界"的维新思想，对洋务派、早期维新派和康有为、梁启超等产生了深远的影响。正如梁启超在《饮冰室合集·收集》中所说，"日本之平象山、吉田松阴、西乡隆盛辈，皆为此书(《海国图志》)所刺激，间接以演尊攘维新之活剧。"

徐继畬(1795～1873年)，山西人，是近代中国放眼看世界先驱之一，启蒙思想家。他著有《松龛全集》、《瀛寰志略》(共10卷)。《瀛寰志略》是一部研究近代世界的地理、政治、经济、军事的综合性著作，介绍了当时世界上先进的近代大工业的资本主义经济体系，向中国人民传播了启蒙思想。

徐继畬的书对当时中国维新派康有为、梁启超、严复等人均有影响。美国学者德雷克先生认为，"徐继畬的破荒之作，深刻地影响着19世纪中国整整一代的思想家。作为变革与维新的微妙宣言，它为19世纪60年代的自强运动奠定了根本的思想基础。"[①]

王韬(1828～1897年)，初名利宾，又易名韬，字仲弢，江苏长洲(今吴县)人。中国近代宣传维新变法的启蒙思想家，主要著作有《弢园文录外编》、《弢园尺牍》等。

王韬的启蒙思想，最突出的贡献是。

第一，强调"变"的观念，主张治理国家，要"由渐而变"，反对"泥古以为治"。

第二，传播近代西方文化。在《弢园文录外编》中大量介绍西学

[①] 参见：(美)德雷克著.徐继畬及其瀛寰志略.任复兴译.北京：文津出版社，1990.64

知识的著作,主要有:《火器略说》、《西国天学源流》、《西学图说》、《西学辑存六种》、《重订法国志略》、《普法战纪》、《漫游随录》和《扶桑游论》。

康有为(1858～1927年),原名祖诒,字广厦,号长素,又号更生,广东南海人。1879年,康有为开始接触西学。中法战争失败后,康有为有了变法维新的要求。1898年,康有为在《上清帝第六书》中指出,中国已名存实亡,只有立即变法,才能救亡立国。变法为救亡,维新为富强,这是康有为变法维新思想的精髓。[①]

康有为的代表作有《新学伪经考》(1891年)、《孔子改制考》(1897年)与《大同书》(1902年)等。

《大同书》的主要内容:第一是揭示了封建社会的黑暗,同情劳动人民的苦难;第二是勾画了一幅大同社会的理想图景。在这个大同世界里,无阶级,无压迫,无邦国,无帝王,人人相亲,人人平等,天下为公,是谓大同。

梁启超(1873～1929年),字卓如,号任公,别号饮冰室主人,广东新会人,近代启蒙宣传家和杰出的学者,改良主义政治活动家。

甲午战争给中国人民带来巨大的历史灾难的同时,也促进了中华民族的觉醒。梁启超曾一方面介绍西学,一方面积极宣传资产阶级的启蒙思想。为了救亡图存,改革现状,梁启超大力鼓吹变法维新。从1901年到1903年,梁启超写了大量文章,热情介绍西方资产阶级哲学、社会政治学说和文化学术思想,例如,卢梭的民权论、孟德斯鸠的三权分立学说、达尔文的生物进化论。同时,他介绍西方的学术著作有《政治学学理扩言》、《生计学(经济学)学说沿革小史》、《亚里士多德之政治学说》等;西方名人传记有《匈牙利爱

[①] 李华兴著.中国近代思想史.杭州:浙江人民出版社,1998.159

国者噶苏士传》、《意大利建国之杰传》、《近世第一女杰罗兰夫人传》；西方历史地理有《斯巴达小志》、《雅典小史》、《欧洲地理大势》等。

梁启超对中西文化之研究，有以下几个特点。第一，介绍西学，亦不鄙薄中国古代的文化。第二，主张了解研究西方，是为了向西方学习，推进维新，同时应力求结合中国国情，学以致用。第三，认为"学术"、"智慧"对于社会发展有决定作用。英国培根曾提出"知识就是力量"，梁启超则说"今日光明灿烂如荼如锦之世界，来自启蒙学者的智慧"。这种评价虽有点过分，但从对知识学术、智慧的崇敬这一观点来说，亦是可以理解的。第四，提倡大办学会，倡立学校，推动教育改革事业的发展。"变法之本，在育人才，人才之兴，在开学校。"①

梁启超的启蒙思想致力于介绍西方文化，开展中西文化交流，因而教育和启迪了一代有志有为的青年。

严复(1854～1921年)是中国近代资产阶级启蒙思想家。他在中国走向近代的文化历程中占有十分重要的地位。蔡元培在《五十年来中国之哲学》一文中称"五十年来介绍西洋哲学者，要推侯官严复为第一"②。严复生于福建侯官(今福州)，1877年(光绪三年)赴英国留学，亲自考察英国的社会制度，研究资产阶级的社会政治学说。他认为要使中国富强必须学习西方先进的学术思想。他比较系统地介绍了西方资产阶级文化。除翻译了赫胥黎的《天演论》外，还翻译了亚当·斯密的《原富》、孟德斯鸠的《法意》、斯宾塞的《群学肄言》等。在编译《天演论》时，严复作了许多按语，以宣传达

---

① 梁启超．论变法不知本原之害．戊戌变法(三)．上海：上海人民出版社，1972．21

② 蔡元培全集(第4卷)，北京：中华书局，1959．351

第十三章 东方近代启蒙思想文化

尔文的进化论思想而负盛名。

孙中山(1866～1925年),名文,字德明,号逸仙,广东香山县(今中山市)翠亨村人。他是中国近代民主革命的先行者,伟大的民主主义革命家,是集革命家与启蒙思想家于一身的中国资产阶级最杰出的先进人物。孙中山"幼读儒书,12岁毕业。13岁随母往夏威仁[夷]岛(Hawaiian Islands),始见轮舟之奇、沧海之阔,自是有慕西学之心,穷天地之想"。

1887年孙中山到香港西医书院学习,开始了他的大学时代。大学五年中,他把学习与爱国、救国、革命联系起来,系统地接受了西方近代科学的训练,阅读了大量与国计民生有关的书籍,探索利国福民的各种知识,而且交游广泛,与他交往最密切的有陆皓东、陈少白、郑观应等。1892年7月以优异的成绩毕业。①

1894年,孙中山组织了中国最早的资产阶级革命团体兴中会,揭起"振兴中华"的大旗。1905年,孙中山在日本领导兴中会与华兴会、光复会联合组成中国同盟会。

孙中山的文化观主要表现在:一是取中西文化而贯之,即是使西方先进文化与中国传统文化相结合;二是宣传爱国主义精神,陶铸"国民新灵魂"。孙中山的爱国精神主要表现在发扬民族主义。三是主张启发"民智",实行对外开放。

孙中山的近代(现代)化思想以挣破双重枷锁——殖民主义与封建主义为前提,"实业化"构成中心,民主政治则是杠杆,科学教育与文化当是必要的条件。近代化的根本目标在于建立独立的民族和富强的新中国。孙中山强调,中国必须"取法西人的文明而用之","择地球上最文明的政治、法律来救我们中国"②,并主张实行

---

① 陈锡祺著.孙中山与辛亥革命论集.广州:中山大学出版社,1984.45
② 黄彦编.孙中山全集(第1卷).北京:中华书局,1981.280

土地国有,发展工商业。孙中山的学说继承了中国近代启蒙思想,在他撰写《实业计划》中描绘了中国经济现代化的宏观蓝图:建大泊港;开发长江流域,修筑 10 万公里铁路;农业实现现代化;引用外资。孙中山一生进出长江 12 次,累计在长江之滨居留 5 年半,占去其生命的 1/10。开发长江是《实业计划》的重要部分。①

孙中山还认为科学、教育、文化的革新和发展是近代化(现代化)的必要条件。孙中山的近代化思想是一个开放的思想体系,既主张"从欧美吸收解放思想",又对外来事物采取分析辨别的态度,并力求使之与中国的国情和民族的传统相结合。

孙中山是杰出的爱国主义者和民族英雄。他的爱国思想主要表现在他对自己所处的时代有比较清醒的认识,并与时俱进,在不屈不挠的斗争实践中不断深化认识,陶冶爱国主义情操。在争取民族独立的前提下,把中国建成一个富强、民主、文明的近代化强国,也是孙中山毕生追求的崇高理想。

(2)日本启蒙思想家

1868 年的日本明治维新,推翻了长达 260 多年的德川幕府封建统治,建立了资产阶级政权。明治政府实行一系列资本主义性质的改革,提出了"富国强兵"、"殖产兴业"、"文明开化"三大政策,加速了日本社会的近代化的进程。

日本近代哲学随着日本资本主义的发展而产生。明治维新运动时期,出现了一批著名的启蒙思想家,如西周、福泽谕吉、中村正直、加藤弘之、中江兆民、森有礼、西田几多郎等。这些启蒙思想家以"明六社"为中心展开启蒙运动。日本的"启蒙"始终"由上而下"地进行。启蒙学者宣传平等、独立、文明开化等思想及对封建意识

---

① 萧致治. 论孙中山开发长江流域的宏伟规划. 武汉:武汉大学学报,1996(5):84

形态的批判,具有进步作用。

西周(1829~1897年)是日本近代的启蒙思想家,也是第一个将西方哲学系统地介绍到日本的人,被称为"日本近代哲学之父"。西周出生于石见国(今岛根县)士族家庭,幼年学《四书》、《孝经》,后进修朱子学。18岁时接触到《论语》,继而倾向于具有唯物主义倾向的徂徕学。1862年,西周受幕府派遣留学荷兰,深受当时荷兰哲学界流行的法国A.孔德实证主义和英国密尔功利主义的影响。1870年开设私塾("育英舍")主讲日本最初的百科全书式的哲学讲座《百学连环》。1873年,与森有礼共创启蒙学术团体"明六社",并发行"明六杂志"进行启蒙教育。此时前后是西周哲学思想与启蒙活动的活跃时期。

西周主要著作有:《灵魂一元论》、《百学连环》、《生性发蕴》、《生性礼记》、《尚白礼记》、《人智论》、《心理学说一斑》、《人生三宝说》、《知说》、《论理新说》、《美妙学说》、《教育论》、《政略论》、《社会论说》。

在《人生三宝说》中,西周写道:"健康、知识、富有"是人生的"三宝",获得了此三宝,人生便获得了最大的幸福。西周认为三宝不仅是人生追求的目标,而且还是社交的道德准则。"勿害他人健康,……勿害他人知识,……勿害他人富有,如能帮助尽量帮助达到之。"[1] 社会愈重视三宝,增进人的健康,社会就更文明、更发达,也就是说三宝是衡量社会是否先进、文明、发达的标准。西周的伦理思想是受西方资本主义的功利主义思想与"天赋人权"说影响的产物,在当时急需启蒙的日本有着明显的积极意义。[2]

西周是汉译西方哲学术语的先驱,是第一个将英语

---

[1] 王守华,卞崇道主编. 日本哲学史教程. 德州:山东大学出版社,1989.199
[2] 任厚奎,罗中枢主编. 东方哲学概论. 成都:四川大学出版社,1991.480

philosophy 译为"哲学"的人。他给"哲学"下了一个"哲学是科学的科学（Philosophy is science of science)"的定义。主观、客观理性、现象、实在、演绎、归纳等术语也是他苦心精译的结果。他在介绍移植西方哲学时，首次将哲学分为逻辑学、心理学、伦理学、政治学、美学、本体论、哲学史等七个分支，并对每一分支都进行了较系统的论述和介绍。西周是一个"百科全书式"的学者，堪称是"日本近代文化的建设者"和"明治初年日本新文化运动的领导者之一"。

福泽谕吉（1834～1901 年)是日本近代重要的启蒙思想家、教育家，日本近代文化的缔造者之一，被认为是在意识形态方面及对日本资本主义的建立贡献最大的"日本的伏尔泰"、"国民的教育家"。他出生于大阪的下级武士家庭，目睹并深刻体会到封建制度的腐朽，自幼就有强烈的反封建意识。14 岁入私塾才开始学习汉学，1860 年作为军舰舰长的随从去美国，后数游欧美。回国后，专心致力于教育著述，著作有《西洋事情》、《劝学篇》、《文明论概略》等。《西洋事情》一书使他作为介绍西方文化的启蒙思想家而闻名于世。

福泽谕吉的哲学观点主要有以下几点。

一是自由平等、天赋人权说。他极力宣传西方资产阶级的自由平等、天赋人权思想；反对封建的等级门阀不平等制度。在《劝学篇》中他提出："天不生人上人，也不生人下人。"他强调个人自由独立。"所谓独立，就是没有依赖他人的心理，能够自己支配自己。"[1] 人们应立志向学，学习实际有用的学问，掌握知识，获得独立。福泽谕吉把人们之间存在的贫富、贵贱、智愚差别的原因归之于是否有学问造成的。

福泽谕吉以人类平等观和天赋人权论作为思想武器，猛烈地抨击了封建主义的专制、压迫和门阀等等级制度，从而逐步帮助了

---

[1] （日)福泽谕吉著．劝学篇．群力译．北京：商务印书馆，1984.2,14

第十三章 东方近代启蒙思想文化

许多日本人摆脱了封建意识形态的束缚,树立了资产阶级人生观。

二是"文明论"。福泽谕吉在所著的《文明论概略》一书中认为,人的天性本来是趋于文明的,人类社会的历史就是一部文明发展史。什么是"文明"呢？福泽谕吉指出:"文明就是指人的安乐和精神的进步。因此,归根结蒂,文明可以说是人类智德的进步。"[①] "智"是指分析,处理具体事物和复杂事物的智慧和才能;"德"即一个人的道德、修养和人与人之间交往的道德准则。文明的含义包括智德两个方面。福泽谕吉把文明区别为外在的事物和内在的精神两个方面,即物质文明和精神文明。他把文明的发展分为三阶段:野蛮、半开化和文明阶段。福泽谕吉提倡文明史观,其目的在于确立日本的独立。他说:"人民的理想是要使我国的文明赶上或超过西洋文明的水平,而且不达目的誓不罢休。"[②]

福泽谕吉的文明论具有很多合理因素,他重视科学技术对历史发展的重大作用,强调应树立文明的精神以迈向近代化,这种思想对日本走向独立富强、文明开化和实现近代化具有重要的意义。但福泽谕吉的文明论对文明本质的认识及对文明三阶段的分析,离开了具体的生产关系和阶级关系,并且片面强调了科学技术对文明进步和社会发展的作用。[③]福泽谕吉对待西洋文明时,不是把西洋看作至高无上、永世长存的东西,而是看作一定历史发展的范畴,这是其思想极为可贵的地方。[④]

(3)东南亚启蒙思想家

越南的启蒙思想家潘佩珠(1867~1940年),原名潘文珊、潘民汉,字巢南。越南南义安(今义静省)人。1904年,他创立越南维

[①] (日)福泽谕吉.劝学篇.群力译.北京:商务印书馆,1984.2,14
[②][③][④] (日)福泽谕吉著.文明论概略.北京编译社译.北京:商务印书馆,1991.33,2,1~2

新会。为了效法日本的明治维新,在国内发起东游运动。潘佩珠与孙中山结下了深厚的革命友谊,这对于他后来从主张君主立宪转而主张资产阶级民主,提出建立"越南共和国"有积极影响。他尤其受日本学者福泽谕吉的影响,主张通过文化教育,开启民智;主张儒学与西方思想摄合。潘佩珠的主要著作有:《越南王国史》、《重光心史》和《孔学灯》、《易学注释》等。

潘佩珠同时也是著名的诗人、作家,他的主要汉文作品有《琉球血泪新史》、《越国亡国史》、《海外血史》、《狱中书》等,他的越南作品有《巢莹文集》、《国音诗集》等。潘佩珠最为中国人所知的对联,是他在 1925 年为悼念孙中山而作的一幅挽联,联语云:"志在三民,道在三民,忆横滨致和堂两度握谈,卓有真神贻后死;忧以天下,乐以天下,被帝国主义者多年压迫,痛分余泪泣先生。"表现了潘佩珠对孙中山的同志同道者的深挚感情。

潘周桢(1872~1926 年),字西湖,是越南近代杰出的民主主义者。与潘佩珠不同,潘周桢在 19 世纪迈向 20 世纪的世纪之交就接受了西方资产阶级的民主思想,提倡民权、民智,主张"导民排君",废除君主制,开办学校,改革法律,予士绅以言论自由,办报纸以通民情,兴利除弊,振兴工商业。他的思想与行动,在越南人民中起了启蒙作用。1926 年 3 月,潘周桢在西贡病逝,参加葬礼的人多达 14 万,充分表达了越南人民对这位杰出的民主主义者的崇敬。①

菲律宾的启蒙思想家黎萨尔(1861~1896 年)出生于内湖省卡兰巴。他擅长写作,留下了大量政治、历史方面的著作和诗歌、戏剧、散文及小说等作品。黎萨尔的著作《黎萨尔文集》是近代菲律宾思想文化的丰碑,对菲律宾近现代文化的发展,影响极大。

---

① 贺圣达著.东南亚文化发展史.昆明:云南人民出版社,1996.362,505

第十三章　东方近代启蒙思想文化

在政治思想上,黎萨尔是伟大的爱国主义者,主张和宣传近代民族主义和民主主义。他说:"我心里最大的愿望是我的国家繁荣幸福。"他反对民族压迫,主张在法律面前,西班牙人与菲律宾人一律平等。[①]

在社会发展问题上,黎萨尔重视工商业发展对社会进步的决定性作用,强调教育的作用,并重视提高妇女的地位。他认为教育是社会进步的基础。在学术研究上,黎萨尔致力于菲律宾历史和文化的优秀传统的研究,并作出了杰出的贡献。1888~1889年,黎萨尔研究注释了莫加的《菲律宾群岛志》;1889~1890年,他又连续发表了《百年后的菲律宾》和《论菲律宾人的怠惰》,预言了西班牙殖民统治的崩溃。

黎萨尔的作品表达了近代爱国主义、民族主义、民主主义和人道主义思想,他不仅是19世纪末菲律宾的伟大作家和启蒙主义者,而且在当时东南亚的精神界,他也是最为杰出的人物。[②]

印度尼西亚(下简称"印尼")的卡蒂尼(1879~1904年)对印尼民族主义的兴起作了思想上的启蒙。她是第一位较早觉悟的印尼妇女运动的领袖。这位贵族出身的妇女,在少女时代就阅读了大量的社会科学著作,接受了欧洲资产阶级思想。在印尼,卡蒂尼首先提倡男女平等和妇女解放,主张用西方先进思想文化促进印尼进步,提高印尼民族的独立性和地位。卡蒂尼只活了25岁,但由于她的思想新颖,因而受到荷兰进步人士和印尼爱国主义者重视,从而成为印尼妇女解放运动的先行者。[③]

---

① (菲)格里戈里奥·卡·赛迪.菲律宾革命.林启森译.广州:广东人民出版社,1997.21
② 贺圣达著.东南亚文化发展史.昆明:云南人民出版社,1996.505
③ 季羡林,任继愈等主编.东方文化知识讲座.合肥:黄山书社,1989.321

(4)印度启蒙思想家

罗易(1772~1833年),印度近代启蒙思想家、社会活动家和印度教改革家,生于孟加拉一个显贵的婆罗门家庭。15~20岁之间,他游历了印度各地,并到过中国的西藏。1804~1815年,他在英属东印度公司任职。1814年,42岁的罗易定居加尔各答,专门从事宗教与社会改革及文化教育活动。

罗易在加尔各答创办了印度最早的民族报刊——《明月报》、《镜报》和教授现代科学知识的学校——印度学院。1828年,他在加尔各答创立了近代第一个印度宗教改革团体——梵社。他还代表印度德里大君出使英国,结识了著名的哲学家边沁和空想社会主义者罗伯特·欧文。

罗易的重要著作有:《一神论者的赏赐》、《捍卫印度神论》、《耶稣的教训——和平与幸福的导引》、《一个传教士和三个中国改信者的对话录》、《罗易英文著作集》等。

罗易的启蒙思想主要表现在哲学和宗教方面。他从宗教改革入手,发动了印度资产阶级启蒙运动。他反对印度教的偶像崇拜,烦琐祭仪和种姓分立。同封建陋习,特别是寡妇自焚、童婚、多妻制等歧视妇女的现象进行了坚决的斗争。罗易认为"种姓分立抹杀了印度人民的爱国情感"[①]。1815年,罗易团结了一部分志同道合的人建立了"友爱协会",开始为印度改革做准备。

罗易是最早把欧洲资本主义的科学文化介绍到印度的一个人,是印度近代宗教的热心宣传者和组织者。针对英国殖民者大力提倡的文化复古运动,他认为应促进一种更高尚的开明的教育制度,知识的传授应包括数学、自然哲学、化学、解剖学和其他有用科学的讲授。

---

① 黄心川著.印度近现代哲学.北京:商务印书馆,1989.18

第十三章　东方近代启蒙思想文化

罗易和焚社的思想活动,对于解放印度人民的思想,提高国家的文化科技水平,改革宗教的腐败,清除种姓的压迫和封建习俗,加强民族团结等方面都起了巨大的作用。罗易在印度被称为"近代之父"、"民族主义的先驱者"。

辨喜(1863～1902年),印度近代哲学家、社会活动家和印度教改革家,生于加尔各答,属刹帝利种姓。1883年毕业于印度加尔各答省立学院。在大学期间曾一度醉心于西欧哲学,后又接受了无神论的信仰。大学毕业后,他决心献身于印度的宗教和社会改革活动。

1893～1897年,辨喜出席了在美国芝加哥召开的世界宗教会议,途中访问了中国广州等地。会后,到美国和欧洲旅行,并发表了几十次宗教与学术演讲,受到西方学术界重视,被美国哈佛大学、哥伦比亚大学聘为梵文和东方哲学的讲席。

1897年,辨喜在加尔各答筹建"罗摩克里希那教会"。1899年,他创立了"吠檀多二不论修道院"。他向印度群众宣传:要求政府建立民族的工业与文化教育系统;改善群众的精神和物质福利状况;驱除封建的"社会暴君",打破宗教和种姓对立;提高妇女权利等一系列主张。

辨喜的主要著作是《业的瑜珈》、《力的瑜珈》、《智的瑜珈》、《理性与宗教》、《吠檀多哲学》、《东方与西方》等。[①] 辨喜一生致力于印度古典哲学吠檀多理论的研究与革新,因而被称为"新吠檀多派"的首创者。他从客观唯心主义的立场出发,运用逻辑演绎的方法,推演出了一套哲学思想体系。这套哲学体系的中心问题是梵与世界的关系问题。辨喜十分注意哲学理论与实践的联系,十分强调行为,甚至认为"行动是生命的表征",并提出了一套具体的行动纲

---

① 黄心川著.印度近代哲学家辨喜研究.北京:中国社会科学出版社,1979.10

领。

在印度民族主义运动中,辨喜最先把爱国主义同社会改革结合起来,奠定了民族主义的理论基础。辨喜的爱国主义浸透着对普通人民权利的同情和关怀。他最先把爱国主义同改善人民的物质境遇的任务结合起来,把印度的希望寄托在群众身上,"印度的唯一希望就在群众身上,那些上层阶级不论在形体上还是在道德上都是僵死的"。

罗宾德拉纳特·泰戈尔(简称罗·泰戈尔)(1861～1941年),印度近现代爱国主义作家、诗人、文学家,印度伟大的民族主义者,被誉为"导师"。1861年5月7日,泰戈尔生于加尔各答一个地主家庭,属婆罗门种姓。1878年他到英国伦敦大学学习语言文学,1880年回国后从事文学与社会活动,1890～1901年定居农村。由于与农民有密切的接触,他逐渐了解英国殖民统治的专横暴戾,进一步激起了他的爱国意识。1901年泰戈尔在孟加拉省圣地民亚坦创办学校,该校是著名的国际大学的前身。1905年他参加了印度第一次民族解放运动,写了许多爱国主义歌曲。泰戈尔创办了进步月刊《宝库》,1913年获诺贝尔文学奖金。从1912年起泰戈尔多次出国旅行和讲学,游历了亚、欧、美许多国家。1941年8月7日泰戈尔病逝于加尔各答,终年80岁。泰戈尔留下了大约172种著作。他的哲学著作有《生命的亲征》、《论人格》、《创造的统一》、《人的宗教》、《民族主义》等。

泰戈尔的哲学没有形成完整的纯理论体系,但是保存着对美学的探索,带着艺术的情趣,是从艺术的大门进入哲学的殿堂的。泰戈尔通过他的文学创作,表达了他的世界观,包括他的宇宙观、人生观、宗教观、真理观、认识论、方法论、社会伦理思想和他的爱国主义、国际主义及美学思想等。因此,从广义的哲学定义来说,他不愧是一位伟大的"诗哲"。和谐统一是泰戈尔哲学的思想核心。例

第十三章 东方近代启蒙思想文化

如在世界观方面,他追求人与神和人与大自然之间的和谐。在宗教观方面,他号召宗教各教派联合起来,反对宗派主义。在真理观上,他认为"真理就在于一切事物的综合";对于"美"和艺术的看法,他主张形式与内容的统一,真善美的统一。总之,泰戈尔的思想融会了印度和西方、古代和近代各方面的知识。和谐与统一、韵律与节拍,这是他全部思想的主流,也是古今印度和西方各种思想在他身上融合与共鸣的基础。

泰戈尔的哲学思想承袭古代吠檀多不二论的传统,认为宇宙的本原是一种绝对存在,称为"梵"、"世界意识"或"无限人格"。泰戈尔认为神与自然或现象世界的关系同样适用于神和人或个体灵魂的关系。① 泰戈尔摇摆于自然和精神,主观和客观之间,显现出无数的自我矛盾。这种矛盾性是他所处的时代和印度资产阶级阶级性格的反映。② 在认识论上,泰戈尔将人类认识的对象区分为三种要素,即神、人和世界。泰戈尔的认识论与他的世界观是一致的,他把神或梵(也称为"无限")认为是认识的重要来源之一,而把"有限"包括有限的人、自然和社会认为只是无限的显现。泰戈尔的方法论可以概括为和谐与统一。每当强调和谐与统一时,泰戈尔必然回到他本体论的核心——梵,从而在方法论上他也陷入了形而上学的境地。在真、善、美的论述方面,泰戈尔认为作为艺术准则的真、善、美三者,在形式上有区别,但在内容与本质上都是一致的。"美的形象是善的完善形象,善的形象是美的完善本质。"③

泰戈尔是伟大的思想家,他的社会政治思想可以归纳为:首

---

① 泰戈尔经常把人、人的精神和个体灵魂(个我,精神)相混淆,在我们看来有着重要的差别(此观点见注③)。
② 中国大百科全书·哲学.北京:中国大百科全书出版社,1987.863
③ 黄心川著.印度近现代哲学.北京:商务印书馆,1989.187~188,181

先,他无情谴责殖民主义的统治,鼓舞人民热爱祖国,为摆脱英国的殖民统治而斗争。他提出改造印度的"建设性"理论,提倡民族教育,用爱、自助、服务、团结精神改造人们的心灵。[①] 泰戈尔号召亚洲被压迫民族在共同反帝的基础上团结起来。他在访问中国时说:"在亚洲,我们必须在联合中,在坚定的信仰正义中,而不是在自我的分裂中以及维护自利的权益中寻得力量……亚洲必须团结起来。"[②] 其次,他重视印度社会问题,揭露封建主义的剥削和压迫,抨击种种恶习陋规。

泰戈尔对文化的理解亦含有唯心主义的成分。例如他把文化分为东方和西方两种,说"东方之静"(passive),"西方之动"(active)[③],一方面他批判盲目跟随外国人;另一方面他也反对在文化问题上的盲目排外。同时他对西方资产阶级的腐朽文化进行了批判。

泰戈尔不仅强调要发扬东方的文化传统,而且对东方文明的复兴前景作出瞻望。在晚年的《文明中的危机》一文中,泰戈尔再次预言:"黎明会从……太阳出升的东方出现。"[④]

(5) 阿拉伯启蒙思想家

哲马伦丁·阿富汗尼(1817~1898)是19世纪阿拉伯杰出的穆斯林现代主义思想家。他用"泛伊斯兰团结"号召穆斯林团结起来,争取民族解放和国家独立;他倡导伊斯兰现代主义思想,主张用宗教现代化应对现代西方文明的挑战。他认为:伊斯兰教的出路在于"自我净化",只有以伊斯兰教基本精神为"体",以西方科学技

---

① 郭晨风. 泰戈尔政治思想评价. 南亚研究季刊(北京),1992(1):48
② 黄心川著. 印度近现代哲学. 北京:商务印书馆,1989.194
③ 泰戈尔. 冯友兰与泰戈尔谈话. 参见:梁漱溟著. 东西文化及其哲学. 北京:商务印书馆,1987.61
④ 季羡林著. 中印文化关系史论文集. 北京:三联书店,1982.169

术为"用",才能重建伊斯兰文明,才能发展伊斯兰社会。在《论教育与学问》的讲演中,阿富汗尼精辟地论述了他的宗教哲学思想。他指出:哲学是人类认识活动的"第一因",哲学以智慧之光破除迷信和黑暗,使人类由盲从肤浅过渡到清醒、深刻,它将人类从野蛮、愚昧无知中解放出来,使人类步入"德性之域";宗教对人类文明的进步有很大作用,这些作用要求人类具有三种美德,即谦逊、公平和真诚。

阿富汗尼的哲学思想在当时具有思想启蒙和解放思想的作用,它引导了巴基斯坦的穆罕默德、伊克巴尔反西方殖民主义斗争,净化了伊斯兰革命;另一方面,阿富汗尼还是印度复兴伊斯兰运动的倡导者,他以民族自律精神反思历史、展望未来,并以百折不挠的精神为穆斯林民族的解放而奋斗终生。

19世纪伊斯兰哲学的另一代表人物是埃及的伊斯兰现代主义思想家穆罕默德·阿布笃(1849~1905年),他17岁时前往开罗,进入阿拉伯世界最高宗教学府艾资哈尔大学学习。后留校任教。在阿富汗尼的影响下,穆罕默德·阿布笃不久就投身于伊斯兰现代主义运动,成为阿富汗尼的得力助手和亲密战友。19世纪晚期,埃及知识界日益觉醒,大量译介西方科学、哲学、政治学著作,提倡现代教育,复兴阿拉伯文化。

穆罕默德·阿布笃也是一位伊斯兰现代主义者,其宗教哲学思想与他的改良主义思想一脉相承。阿布笃认为,伊斯兰教欲恢复历史上的活力,需要进行三方面的改革:

一是净化信仰,消除腐败,恢复伊斯兰教初创时期纯洁素朴的教义;

二是改革伊斯兰教的高等教育,培养具有现代主义思想的一代穆斯林知识分子;

三是要大力解放思想,按照现代改良主义思想重新解释伊斯兰教,使它与现代社会发展相适应。

阿布笃的宗教哲学代表作有《回教哲学》、《回教、基督教与学术文化》(马坚译)其思想在阿拉伯世界起到启蒙作用。①

2. 启蒙时期的文学

(1) 东方近代文学的特点

东方近代文学具有以下共同特点。

△ 东方近代文学逐渐地向新文学过渡,表现了民族的觉醒和启蒙时代的特征。

△ 东方近代文学以反殖反帝反封建,反映民族独立和解放为中心主题,出现了具有强烈民族主义和爱国主义的作家,如中国的黄遵宪,印度的巴拉蒂、泰戈尔,菲律宾的黎萨尔等。

△ 东方不少国家发起"启蒙运动"促进了民族的觉醒,批判了落后的封建制度。启蒙文学是启蒙思想家或社会活动家批判封建制度的武器,其中文学作品直接反映了殖民地的社会矛盾与阶级矛盾。

△ 在近代东方文化兴起与发展过程中,东方近代文学受到了西方文化文学及科学民主的影响。在继承和发展本国文学的基础上,东方各国近代文学在语言形式上采取比较通俗的语言,文学体裁多样化,内容上充满了时代感。

(2) 中国近代文学

中国近代文学既是中国古典文学的发展和终结,又是现代文学的胚胎和先声,它具有承前启后的意义。其一,它是作家在空前民族灾难前,在西方文化的冲击下,经过痛苦反思之后所形成的

---

① 参阅:楼宇烈主编. 东方哲学概论. 北京:北京大学出版社,1997.377~378,384~385

觉醒的、蜕变的、开放型的文学。其二,它吸收了西方文学的成就与优点。其三,文化是时代的一面镜子,中国近代文学形象而真实地反映了多灾多难的时代,反映了中华民族的苦难、呐喊、反抗和觉醒,在艺术形式格局上是比较完备的文学。其四,爱国主义是中国近代文学中最光辉、最集中的主题。它具有民族觉醒、启蒙和革新意识,并带来了文学的革新运动。最后,近代中国文学亦发生一系列的文学观念的变化:一是赋予文学鲜明的革新意识和时代意识;其次是文学创作具有题材的扩大、艺术形式的变化和审美趋向三个方面的变化。

时代的觉醒,文学意识的觉醒,创作意识的觉醒,中国近代文学是觉醒的启蒙主义的文学。中国近代文学更新了文化观念,扩大了审美范围,熔铸了新的艺术特点,从而叩响了世界文学的大门。

中国近代的代表作家有龚自珍、黄遵宪、梁启超、林纾等人。

龚自珍(1792～1841年):号定庵,浙江仁和(今杭州)人,近代文学的开山祖和近代思想家与诗人。在文学领域开创了中国近代文学史的新纪元,揭开了中国近代启蒙主义的序幕。龚自珍的文学创作的特点,开创了近代文学的新篇章。龚自珍认为诗歌创作的动机是由于"外境"即由现实生活所引起。其诗歌名句有"九州生气恃风雷"。梁启超认为"龚自珍颇似法国的卢梭"。

梁启超:中国著名的政治家、思想家、文化家和学者,是近代资产阶级文学革新运动的旗手。先后发动过"诗界革命"、"文界革命"、"小说界革命"(简称"三界革命")和"戏剧改革",并写了大量的文学理论文章,创办了《清议报》、《新民丛报》和《新小说》,1898年"百日维新"后,流亡日本。

"诗界革命"的提出,标志着在梁启超的文学思想中一种新的诗学观念的诞生。梁启超认为诗歌创作必须适应近代社会发展的需要。其"文界革命"主张选题"必择众人目光心力所最趋注者",以"流畅锐达之笔书之",而造就趋向"言文合一"的通俗文体。其关于小说艺术感染力和移情作的论述,是对中国小说美学的一大贡献。梁启超倡导的"文学革新运动"使千百年来中国形成的文学封闭状态由此被打破,并开始在世界进步文学殿堂中结构了自己的"脊梁"。梁启超在文学创作方面,成就最高的是他的翻译和新体散文。梁启超的启蒙思想和文学活动对五四时期一批有重大影响的作家也有一定的影响,如鲁迅、周作人、郭沫若、茅盾、曹靖华等。青年时代的毛泽东、周恩来都喜欢读《新民丛报》以及梁启超带感情的散文。

黄遵宪(1848～1905年):近代诗人,字公度,别号人境庐主人。广东嘉应州(今梅县)人,出生于历代经营典当的大商人家庭。黄遵宪是中国近代著名的外交家、改良派思想家,也是杰出诗人。他曾任清廷驻日、英、美等国的使节,回国后积极投身于戊戌维新运动,参与创办《时务报》。他的著作有《日本杂事诗》、《日本国志》、《人境庐诗草》等多种。

黄遵宪主张从自己的时代和生活中去寻找诗的源泉。其诗作的首要内容是反映帝国主义和中华民族的矛盾。他的诗作铺展发挥,并擅长写作汪洋广博的宏篇。《锡兰岛卧佛》全诗2 000余字,是最长的一首诗,也是中国古典诗中少见的长诗。

林纾(1852～1924年):近代文学家、翻译家。原名群玉,字琴南,号畏庐,福建福州人。

林纾一生翻译小说170余部,达1 200万字,翻译了英、美、法等十几个国家的作品,这在中国乃至世界翻译史上都是罕见的。林纾翻译小说最著名的有《巴黎茶花女遗事》、《黑奴吁天录》、《伊索寓言》、《英国诗人哈巴燕语》、《迦英小传》、《鲁滨孙漂流记》等。特别是《巴黎茶花女遗事》是使他享有翻译家盛名的译作,文字婉丽流畅,哀艳动人,该作也是中国介绍西洋小说的第一部。林纾对西方文学的大量译介,开阔了中国人民的艺术视野,拓开了一个新的艺术天地。

谴责小说在中国近代文学中也占有一席之地,代表作主要有:李宝嘉的《官场现形记》、吴沃尧的《二十年目睹中国之怪现状》、刘鹗的《老残游记》、曾朴的《孽海花》等。曾朴的《孽海花》揭露和讽刺了晚清社会的腐朽黑暗和道德败坏,在社会上深有影响,在国内外也广为流传。

中国近代文学是对中国民族多灾多难、人民反殖反帝反封建的形象记录,也是对中西文化交汇的社会生活的艺术反映。中国近代文学在文学观念、文学意识、人物形象和艺术形象等诸方面都发生了巨大的变化,在体裁的完备、文学与美学理论的建构、翻译文学的繁荣和文学期刊的出现诸方面也取得了前所未有的成就。五四运动的产生标志着中国近代文学的终结,同时宣告了中国现代文学的发轫。[①]

(3) 日本近代文学

坪内逍遥(1859~1935年)原名坪内雄藏,别号逍遥游人、春之屋胧等,生于岐阜县美浓加茂市,武士后裔,自幼受传统儒学和汉学教育,14岁开始翻译莎士比亚的著作。著有著名文论《小说神髓》,被誉为日本近代文学的"破晓晨钟"。《小说神髓》吸收了近代,特别是英国的一些文学理论著作的优长之处,是日本近代第一部系统论述小说理论和写作技巧的专著。该书贯穿的是作者唯"真"的文学观,并第一次明确了小说应有的地位,为日本近代文学的形

[①] 参阅:郭延礼.中国近代文学发展史.济南:山东教育出版社,1990:2369~2383

成和发展开辟了道路。①

日本近代文学的奠基人二叶亭四迷(1864～1909年)原名长谷川辰之助。二叶亭四迷的笔名为日语音"你给我死掉算了"的谐音,这个带有自嘲味道的笔名展示了他对社会现实的不满和愤慨。其代表作为《浮云》。《浮云》这部长篇小说被认为是日本近代小说的第一篇。小说反映了作者的现实批判精神,对主人公内心世界发掘深入,反映了新旧思想的对立,暴露了明治时期文明的实质,并批判了官尊民卑的思想。②

明治维新"文学入门启蒙"、翻译文学、政治小说、文学改良与革新等构成日本第二个十年文学的主要内容,显现出这个时期的文学特点。第一个十年后期,产生了政治小说。此类小说仍未脱离传统的"劝善惩恶"的文学观念,但回答了人们迫切关心的问题,并表现了作者自身的思想、热情、理想,唤醒了国民的觉悟,为新文学观念的形成奠定了基础。

在日本近代文学发展时期,自然主义文学占主流地位。自然主义文学是在法国作家左拉的自然主义理论影响下形成的。日本文学则形成了真实反映现实的和描写人的生物本能的反现实主义两种不同的倾向。前者以岛崎藤村的《破戒》为代表,后者以田山花袋的《棉被》为代表。

岛崎藤村(1872～1943年)的长篇小说《破戒》的发表标志日本近代文学进入了一个新的发展阶段。由于《破戒》中确实带有一些自然主义的特点,因此,日本文学作家一直将《破戒》视为"自然主义第一部划时代的代表作"。

---

① 参阅季羡林主编.东方文学史(下册).长春:吉林教育出版社,1995.842～843

② (日)中村光夫.二叶亭四迷传.巩长全译.长沙:湖南人民出版社,1985.5

第十三章 东方近代启蒙思想文化

日本自然主义文学的真正奠基之作应是田山花袋(1872～1930年)写的《棉被》。《棉被》中的"露营描写",从根本上决定了日本自然主义文学发展的方向,把日本近代文学引上了回避社会重大问题,一味进行自然暴露和自我发展的"坦白小说"(即忏悔小说)的道路,为后来的"私小说"开了先河。

森鸥外(1862～1922年)的代表作《舞姬》,表现了近代知识分子生活的苦恼。《舞姬》为日本近代浪漫主义文学确立了方向。

夏目漱石(1867～1916年)是日本近代文学的杰出代表,本名夏目金之助,漱石是他的号,生于江户。1905年他发表了长篇讽刺小说《我是猫》。《我是猫》以敏锐的观察力,通过教师苦沙弥家一只"猫"的口吻,批判了走上资本主义道路的明治时代黑暗的现实,特别是批判了资本家专横跋扈与"金钱万能"的世态。其后夏目漱石又发表了《哥儿》、《旅宿》、《三四郎》、《后来的事情》和《门》等反映近代知识分子生活的三部曲。他一生顽强坚持创作,直到生命最后一瞬。1910年,夏目漱石拒绝了天皇政府授予的文学博士称号,表现出一个富有正义感的作家的骨气。[①]

在日本近代文学发展史上,夏目漱石是少有的严肃作家,目光敏锐,笔锋犀利,其作品勾画了日本明治社会的丑态,具有鲜明的现实主义倾向。

大正中期,日本文坛出现了"新思潮派"文学,或称新现实主义文学。"新思潮派"对现实表现是客观的,理智的;在艺术技巧上更是刻意追求,代表作家是芥川龙之介。

芥川龙之介(1892～1927年)号柳川隆之介,别号我鬼,生于东京。自幼受到中日古典文学的熏陶。他曾在东京大学英文系学习,大学时代涉猎欧美文学,中世纪末的西方文学对他影响更深,

---

① 朱维之主编. 外国文学史(亚非部分). 天津:南开大学出版社,1996.277

此时期,他已初步形成了自己的人生观与艺术观。在俄国十月革命的影响下,芥川龙之介写了具有鲜明现实倾向的作品《桔子》。《桔子》是芥川作品中少有的对生活抱以明快心情的佳作。《玄鹤山房》被称为极为阴郁的力作。《水虎》是一部杰出的现实主义讽刺小说,它借用一个精神失常的人口述半人半妖的水虎世界的所见所闻,抨击了日本资本主义社会的丑陋。

从日本文学发展史来看,芥川龙之介的文学标志着一个时代文学的转换,他的死则标志着日本近代文学的结束。芥川龙之介的每一篇小说,题材与内容和艺术构思都各有特色,这是他写作过程中苦心孤诣地不断进行艺术探索的结果。为了纪念芥川在文学上的成就,1936年设立了以他命名的"芥川文学奖",该奖一直是日本奖励优秀青年作家的教育文学奖。[①]

(4) 东南亚近代文学

东南亚的近代文学特点主要有:由旧文学逐渐地向新文学过渡,反映了从旧的封建社会逐步向殖民地社会转变的过程,带有明显过渡的性质,它具有反帝反封的倾向;在内容上,反映了殖民地民族矛盾与阶级矛盾;在时代特征形式上,采用了西方文学的式样;语言上,用比较通俗的大众语言。[②] 总之,东南亚近代文学对群众进行了启蒙教育,并充分发挥了思想启蒙作用。

菲律宾著名爱国诗人佛兰斯科·巴尔诺萨尔(1788~1862年)的代表作《弗罗兰特和萝拉》反映了菲律宾人民对西班牙殖民者的入侵的愤慨,被誉为菲律宾近代文学的第一杰作。

爱国诗人何塞·黎萨尔(1861~1896年)是菲律宾反抗西班牙殖民统治,争取民族独立的民族英雄,也是东方被压迫民族解放运

[①] 中国大百科全书·外国文学. 北京:中国大百科全书出版社,1982.491
[②] 季羡林主编. 东方文学史. 长春:吉林教育出版社,1995.907

第十三章 东方近代启蒙思想文化

动先驱者之一。他写的两篇反殖民主义的长篇小说《不许犯我》、《起义者》,深刻地反映了菲律宾人民对殖民统治者的仇恨和反抗,对菲律宾民族解放运动起了巨大的教育作用。何塞·黎萨尔是东南亚近代文化史上最伟大的作家之一。其《社会毒瘤》和《起义者》是东方最早的反殖民主义长篇小说,是唤醒民族觉醒的第一声号角,是对西班牙殖民统治的控诉书和菲律宾民族的苦难写照。鲁迅评价说,从他的小说中听到了"爱国者的声音"和"复仇者反抗的呼喊"。

何塞·黎萨尔的名作《我最后的告别》①,共14节70行,这是一曲扣人心弦的爱国壮歌:

在迎接曙光时,我将休息长眠,
黎明将冲破黑夜,阳光将普照人间。
……
当我的骨灰还留在人世间,
就让它化为尘土,覆盖祖国的良田。
……
我将遨游在您的高山和平原,
把优美嘹亮的歌声送到您的耳边。

黎萨尔的文学创作打破了宗教文学长期盘踞菲律宾文坛的局面,使菲律宾文学跨入了"民族觉醒文学"的新阶段。黎萨尔不愧为菲律宾文学发展史上一颗耀眼夺目的明星,堪称东方现代民族觉醒文学的先驱。②

安维列斯·波尼法秀(1863~1897年)是一位工人出身的诗人,在武装起义中他被陷害而牺牲,死后被尊为民族英雄和"伟大

---

① 季羡林主编.东方文学史.长春:吉林教育出版社,1995.921
② 参阅季羡林主编.东方文学史(下册).长春:吉林教育出版社,1995.914~923

的庶民"。他的诗歌《对祖国的爱》是一首饱含爱国激情的抒情诗,表现了他献身祖国的忠诚。

何塞·帕尔马(1876～1903年)、塞西略·阿波斯托尔(1877～1938年)、弗尔南多·玛·格雷罗(1873～1929年)都是抒情诗人,并被称为"诗中三杰"。他们各自创作的《菲律宾》、《致黎萨尔》、《我的祖国》都充满了爱国激情,体现了时代精神。①

《菲律宾》表达了菲律宾民族觉醒,誓死保卫祖国的崇高精神和决心。

> 司晨的大地,
> 太阳的后裔,
> 让我们一起热情地歌颂你……
> ……
> 美丽的国家,
> 光辉灿烂,
> 在你的怀里欢乐无边,
> 但我们将以受苦和牺牲为光荣,
> 如果祖国遭到侵犯。

"诗中三杰"的费尔南多·玛·格雷罗著有浪漫抒情诗《我的祖国》、《国旗》和《革命烈士》等,后汇成诗集《蝶蛹》。在《革命烈士》里,他写道:

> 烈士们没有死:
> 他们在坟墓里、在心灵里复活;
> 若说他们生前是温顺的鸟儿,
> 死后却成为刚劲的雄鹰。

---

① 朱维之主编.外国文学史(亚非部分).天津:南开大学出版社,1996.297

费尔南多·玛·格雷罗被誉为菲律宾第一共和国时期最伟大的抒情诗人。①

越南的爱国诗人阮廷炤(1822~1888年),他的诗文忠实地反映了抗法斗争的过程面貌,表现了对敌人切腹之恨,抒发了对祖国、对人民的无限热爱。阮廷炤著名的《勤约义士祭》是一首英雄赞歌,一篇声讨敌人的檄文。潘文治、潘佩珠、潘国桢等都是文学家,他们的作品也都洋溢着真挚的爱国热情。

泰国近代文学的产生与发展是从介绍、翻译、改写西方作品开始的。缅甸近代文学是从1904年詹姆斯拉觉(1866~1919年)根据法国作家大仲马《基督山伯爵》逐步改写成白话文小说《貌迎貌玛梅玛》开始的,其后兴起的小说打破了传统的佛教故事的轮回思想,体现了新的主题和风格,为近代小说创作开辟了道路。

反帝反封建文学的兴起。列蒂班蒂达·吴貌基(1879~1939年)以写历史小说借古喻今著称。比莫宁(1883~1940年)以改写英国小说来揭露谴责现实而享誉文坛,他们的作品堪称是东南亚近代文学兴起的代表。

(5) 南亚近代文学

泰戈尔不仅是印度的启蒙思想家、是近代和现代印度文学史上最伟大的诗人和作家,而且是世界近代文化史上最伟大的作家之一。

泰戈尔创作了50多部诗集,12部中长篇小说,100多篇短篇小说,40多个剧本,2 000多首歌曲,还写有大量的论文、游记、书简、回忆录、日记等。

泰戈尔一生的创作可划分为三个时期。1875~1907年为第一时期,这个时期前期创作的《刚与柔集》,标志泰戈尔的创作开始步

---

① 参阅季羡林主编. 东方文学史(下册). 长春:吉林教育出版社,1995.915

入成熟期。泰戈尔此时最光辉的成就是他发表的80篇短篇小说。1907～1919年为第二个时期,这个时期出版的诗集有19部,其中最有代表性的诗集《吉檀迦利》,长篇小说《戈拉》,中篇小说《四个人》,短篇小说《一个女人的信》等等。1919年到1941年为第三个时期,这个时期的诗集最有名的是《边沿集》等。

《戈拉》是泰戈尔长篇小说中的代表作,也是充分体现作者创作思想的一部优秀作品。它展现了当时印度社会生活的通病,反映了印度民族的觉醒,歌颂了印度人民的爱国主义精神,揭露了殖民主义者的专横和残暴,批判了梵社社员中存在的盲目崇洋现象。《吉檀迦利》于1913年获得诺贝尔文学奖。他是第一位获得该奖的东方作家。

巴拉蒂(1882～1921年)出生于印度泰米尔纳杜邦提鲁纳尔维利一个婆罗门家庭。他通晓梵文、印地文和英文。青少年时代就崇拜英国诗人雪莱和拜伦,受到伊拉克的激进民族主义革命思想的影响,不满英国殖民主义的压迫,向往自由民主和独立。1921年9月,巴拉蒂不幸病逝,年仅39岁。巴拉蒂的主要成就是诗歌。他的诗歌作品包括四个部分:民族主义诗歌、颂神诗歌、杂咏诗和三篇长篇叙事诗。巴拉蒂的诗歌作品被汇编成《大诗人巴拉蒂诗集》、《巴拉蒂短篇小说集》、《巴拉蒂文集》。

巴拉蒂是20世纪初觉醒了的印度民族主义革命诗人,其诗歌的革命思想和进步倾向主要表现在。其一,歌颂祖国人民,宣扬爱国主义。他写的《向祖国致敬》、《我们的祖国》、《我们的母亲》、《婆罗多国之歌》等诗都是对他的祖国印度的赞美诗篇。其二,反对殖民压迫,渴望自由民主和解放。代表作有《自由的渴望》、《歌唱自由的伟大》、《解放》。其三,反对封建压迫,反对种姓制度,提倡男女平等。如写有《新的女性》、《妇女的解放》等诗篇。其四,讴歌十月革命,向往光明幸福的理想社会。如《新俄罗斯》一诗,即赞颂了这一历史事件。巴拉蒂是20世纪初期印度文坛上颇负盛名的诗人。他在泰米尔语诗歌创作上的杰出艺术成就使他赢得了"泰米尔诗王"的桂冠。

阿拉马·穆罕默德·伊克巴尔(1877~1938年)是巴基斯坦和印度的著名诗人。他生于旁遮普省锡亚尔科特城(今属巴基斯坦)一个穆斯林商人家庭,大学毕业后先后在德国、英国学习哲学和法律,获哲学博士学位,1930年被选为"全印穆斯林联盟"阿拉哈巴德会议主席。巴基斯坦独立后,将他的诞辰定为"伊克巴尔日",每年举行纪念活动。

伊克巴尔写过十部诗集。诗集《秘密与奥秘》是伊克巴尔的代表作。他用波斯文写的两部诗集,其上篇《自我的秘密》,主要内容是:让穆斯林修炼自己和净化自己,以便成为理想的"完人"。诗中呼唤伊斯兰教义建立理想社会,其宣扬的宗教哲理具有神秘主义色彩,同时含有强调人的个性发展的资产阶级因素。诗集下篇是《非我的奥秘》,提倡穆斯林为民族和国家服务,努力建设自由独立的穆斯林社会,反映了资产阶级民族意识的觉醒。诗人用"无我"观念强调个人与集体、民族的矛盾,并指出"自我"作出牺牲,才能融合在集体之中,达到"无我"之境。

伊克巴尔怒斥西方殖民主义者给东方民族带来的灾难。在《待酒歌》一诗中,诗人为中国人民反殖反帝斗争进行了歌唱:

  沉睡的中国人民正在觉醒,
   喜马拉雅山的喷泉开始沸腾!

诗人为俄国十月革命的胜利写出了热情洋溢的长诗《列宁》。在诗中他谴责现实世界:"工人和劳苦大众的日子多么痛苦难熬!资本统治的帆船何时沉没?"[①]

[①] 俞灏等选编.东方文学作品选集.北京:北京出版社,1978.595

在《诗人》一诗中,伊克巴尔将民族比作人的躯体,将自己比作眼睛,这表明了他的艺术观。

伊克巴尔是民族诗人,也是宗教诗人,澎湃的爱国激情和深邃的宗教哲理观念是他诗歌的突出特点。他的诗歌创作突破了印度的传统题材和抒情格调,开拓了一代新的诗风,成为乌尔都现代诗歌的奠基者。①

西亚、北非各国的近代文学,一般是指19世纪初到20年世纪初的文学。它们都是在继承各自民族文化优秀传统的基础上,在反帝反殖反封建主义的民族民主运动中产生和发展起来的。

马赫穆德·塔尔基(1867~1935年)是当时的思想启蒙者,他创办的《西拉吉·乌尔——阿赫巴尔》报和他的著作,奠定了阿富汗近代文学的基础。

纪伯伦(1883~1931年),黎巴嫩诗人、散文作家、画家。生于黎巴嫩北部山乡卜舍里。12岁去美国波士顿,两年后回到祖国,进贝鲁特希克玛(睿智)学校学习阿拉伯文、法文和绘画。

纪伯伦青年时代以创作小说为主,定居美国后转为以写散文诗为主。散文诗集《先知》被认为是他的代表作。作者以智者临别赠言的方式,描绘了爱与美、生与死、婚姻与家庭、劳作与安乐、法律与自由、理智与热情、善恶与宗教等一系列人生和社会图景,具有浓郁的东方文化色彩。纪伯伦并自绘充满浪漫情调和深刻意寓的插图。正如冰心在《译本新序》中所指出的,《先知》与泰戈尔的《吉檀迦利》有异曲同工之妙。《沙与沫》是一本短诗集,表达了作者对美、爱情、友谊、艺术、生活和思想等问题的精辟见解。它在艺术上表现的特点,一是简洁含蓄,二是生动形象。

---

① 参阅:朱维之主编.外国文学史(亚非部分).天津:南开大学出版社,1996.340

纪伯伦的文学创作业绩为阿拉伯近代文学的发展做出了空前贡献。他独自组织和领导了"叙美派"文学的重要团体——"笔会",一个以散文诗为主流的阿拉伯文学形成了。这就是素负盛名的"叙美派"文学。纪伯伦的作品已被译成20多种文字,在世界各国广为流传。

3. 启蒙时期的史学

(1) 中国近代史学

在近代中国社会性质和基本矛盾发生变化之际,传统史学亦发生了深刻变化,中国史学出现了一个新的高峰与新的局面,出现了一部分具有爱国思想的、经世致用的史学家,其代表人物有:龚自珍、魏源、康有为、梁启超、章太炎等。

龚自珍对史学作了理论上的探索,他写的《古史钩沉》、《尊史》等文,极力阐明史学与民族兴亡的密切关系,对史学的目的、史学的道德、学术与政治的关系都有精辟的论述。他说:"欲知大道,必先为史;灭人之国,必先去其史。"[①]

魏源的《圣武记》是其研究中国近代史的名著,也是他以史为鉴史学思想的集中体现。

梁启超是近代史学家。他写的《中国史叙论》和《新史学》两文,提出了"史学革命"的口号和中国特色的资产阶级新史学理论。从"经世致用"的要求出发,他提出了编著资产阶级"国史"、"民史",反对封建"君史"的主张。[②]梁启超"史学革命"主张主要内容如下。

第一,他认为首先要进行"史界革命",并强烈批判了封建史学的种种弊端。第二,他系统地论证了"新史学"理论,认为历史者"叙

---

①② 尹达主编.中国史学发展史.中州古籍出版社,1985.385~386,426

述人群进化之现象,以求得其公理公例者也"。① 并指出,"新史学"倡言史学是"国民之明镜"、"爱国心之源泉"。

梁启超认为理想的中国史,应包括以下五个方面:"智力"(指思想史),"产业"(指经济史)、"美术"(指美术史),宗教、政治。由此可见,梁启超"新史学"理论的哲学基础,就是资产阶级的社会进化论,以及地理环境决定论、英雄史论和文化史等。梁启超的"新史学"理论体系的形成标志着一个崭新史学的开端。

章太炎(1869～1936年),名炳麟,别号太炎,浙江余杭人。他撰写了《史学略说》,强调史学的重要性,认为历史学的使命是"鼓舞民主,启导将来",引导人向前看。

19世纪后期,中国陆续增加了对英、法、日、俄、印度、菲律宾等国的历史著作的翻译与研究,进一步扩大了史学研究的视野。其中较重要的史学译著有:通史《万国史记》等,古代史《欧洲史略》等,近代史《泰西新史揽要》等,国别史《俄史辑译》等;人物方面有《华盛顿传》等。

西方传教士所编的世界通史,主要的目的在于利用历史为传教及文化侵略服务。如美国谢已楼著、赵如光译的《万国通鉴》,"所论皆教门、种族为多,而于各国治迹转多缺略。"梁启超批评此书指出:"《万国通鉴》乃教会之书,其言不尽可信。"

另外,由冈本监辅为原著的译著《万国史记》,比较有价值。该书内容有两个特点:一是没有盲目地以欧洲为世界中心,二是主张讲求新政新学。

(2)日本近代史学

日本近代史学是吸取欧美史学思想,改造传统史学的产物。日本近代史学派别主要有文明史学、实证史学和民间史学等三大派

---

① 夏晓虹编.梁启超学术文化随笔.北京:中国青年出版社,1996.289

别。

文明史学流行于19世纪70～80年代,代表性著作有福泽谕吉的《文明论概略》,田口卯吉的《日本开化小史》等。文明史学批判封建主义,主张开发民智,带有思想启蒙性质。福泽谕吉对儒家学说采取比较理性的态度,肯定儒学在日本走向近代化的自觉转型中的作用。

实证史学形成于19世纪90年代,它试图把文明史学与社会学相结合,以提高史学科学的实证水平,三宅米吉的《日本史学提要》为实证史学代表作。

民间史学认为史学的根本目的在于通过事实探求学理。其代表作品为竹越与三郎的《新日本史》(1891年),这是第一部从经济原因论述明治维新的著作。

20世纪初,日本史学的主要派别有文化史学和社会经济史学。文化史学的代表作有:津田左右吉的《神代史新研究》,为日本古代史研究奠定了基础;西田直二郎著的《日本文化史序说》,以文化价值作为历史评说的标准;西村真次的《日本文化史概论》首创用文化人类学的方法研究历史。社会经济史学主张持经济史的观点,以经济中心为基础,阐明历史的发展。其代表作主要有:内田银藏的《经济史总论》、本庄荣治郎的《日本社会经济史》等。

中日两大史学潮流在19世纪后期既有其内在的思想联系,又有一定的差异,这从梁启超"新史学"与福泽谕吉"文明史学"思想比较中可以看出。

梁启超史学思想深受日本文明史学的影响。在居日期间,他细读和肯定了福泽谕吉及日本文明史学成就,肯定其反对政治与学术的偏重权力而主张"民权"与自由。

造成梁启超新史学与福泽谕吉文明史学差异的根本原因在于两国社会形态发展的快慢与不同的国情与文化。

关于中日文明形成的原因,梁启超持"地理环境论",而福泽谕吉则把世界近代社会发展的原因归结于"市民"阶级的产生,他的史学研究更注重对经济因素的分析。

在福泽谕吉的《文明论概略》中,《论文明的涵意》、《西洋文明的来源》、《日本文明的来源》诸篇皆史学论著。福泽谕吉的"文明转型史观"认为任何民族与国家从农业社会向近代化工业社会转化过程中,都会发生"文明转型"的问题,经济发展与文明转型犹如车的双轮一样相辅相成。

(3) 印度近代史学

公元7世纪以前,印度没有真正的历史著作。7世纪以后,印度史学的发展大体经历了古典史学、殖民主义史学、民族主义史学和唯物主义史学四个阶段。

殖民主义史学。1818年,丁·米尔写成了《印度史》一书,书作者站在殖民者的立场,描述了英国对印度的征服,灌输了殖民主义历史观。米尔《印度史》的问世,标志着殖民主义史学在印度的建立。此后,印度建立了一系列研究印度史的机构,1831年在伦敦成立了皇家亚洲学会。

唯物主义史学。印度独立以前,历史学家开始用唯物主义观点研究历史。19世纪40年代中期,B.N.达塔和A.N.鲍斯分别发表了《印度社会制度研究》和《北印度社会经济和农村经济》等著作。[1]

(4) 东南亚史学

泰国史学:泰国史学家特别重视对泰国的史文化的研究。丹隆·拉差努帕亲王(1862~1943年)是近代泰国最杰出的历史学

---

[1] 中国大百科全书·外国历史. 北京:中国大百科全书出版社,1990.1083

家,被称为"泰国历史之父"。他的主要著作有《暹罗古代史》、《孟族考古》、《暹罗佛塔史》、《泰缅战争史》、《纳腊王传》、《曼谷王朝拉玛二世编年史》等。丹隆·拉差努帕亲王研究的重点是泰国古代史,研究范围是宗教史、艺术史、政治史、文化史、泰族族源研究等,其中许多著述以多种外语出版。1904年,在丹隆亲王的倡导下成立了"暹罗学会"。该学会发行的英文版《暹罗学会学报》成为研究泰国历史和文化学者的必读刊物。著名学者许云樵先生曾谈到国际上许多学者的看法,认为丹隆亲王与中国学者冯承钧、法国学者伯希和是三位对东南亚史学贡献最大的人。[①]

缅甸史学:缅甸国王组织学者编写的《琉璃宫史》,既是一部著名的史学巨著,也可看作是一部优秀的文学作品。《琉璃宫史》长达百万言,共分两部分。第一部分,叙述迄今第一次英缅战争前的缅甸历史。第二部分叙述1821~1854年的缅甸史。在编写时,引用了许多古代编年史、文学作品和碑铭材料,因而有很高的史学价值。《琉璃宫史》中的一些章节,后来被选入缅甸的语文课本中作为教材内容使用。[②]

(5) 非洲史学

非洲具有悠久的历史,古代地中海的史学家和中世纪伊斯兰文明的史学家的著作也包括有相当多的非洲史,特别是撒哈拉以北的埃及与马格里布,是地中海和伊斯兰两种文明的交汇地,因而北非历史一直是东西方历史学者研究主流的一部分。

近代非洲不断被西方殖民者征服和占领,特别是1798年拿破仑远征埃及,1830年法国征服阿尔及利亚和1882年英国占领埃及以后,随着欧洲在北非殖民势力的增长,欧洲人的殖民主义观点

[①②] 参阅:贺圣达著.东南亚文化发展史.昆明:云南人民出版社,1996.397~398,432

逐渐支配了北非历史的撰写。到了20世纪初,北非掀起了民族主义运动,促使北非历史研究逐步开展起来。

据目前所知,在17世纪的非洲,有两本历史著作颇有价值:延巴克图编写《苏丹史》和《法塔史》。① 它们记载了古代加纳帝国和马里帝国的历史中的重大事件。

近代,西方的史学家从西方文化的观点出发,总是忽视和贬低非西方地区的文化。黑格尔的《历史哲学》就是一个典型的例子。该书关于非洲历史的记载有这样一段话:非洲"不是一个历史的大陆,它既没有显示出变化,也没有显示出发展",非洲黑人"既不能进步,也不能发育,正象我们今天所看到的,他们从来就是这样"②。

虽然黑格尔对编写非洲史的直接影响可能不大,但他的观点不仅在19世纪,甚至在今天也不乏追随者。牛津大学规定现代史授课内容时曾宣布过如下一段话:

> 也许将来有一些可以讲授的非洲史。但现在还没有,只有在非洲的欧洲人的历史。其余的就是黑暗……而黑暗不能成为历史的主题。③

但同时必须指出,就在黑格尔活着的时代,欧洲人已着手对非洲进行现代的和科学的有效探索,这为开始合理评价非洲社会的历史和成就打下了基础。而这一变化无疑与反对奴隶制和贩卖奴隶的运动有关,也与争夺非洲市场有关。主要著作有:詹姆斯·布鲁斯的《考察尼罗河发源地旅行记》(1790年)和古斯塔夫·纳赫

---

① 《苏丹史》由G·胡达斯(G. Houdas)1990年编辑和翻译;《法塔史》由胡达斯和德拉福斯(M. Delafosse)编辑和翻译。

②③ 联合国教科文组织编写. 非洲通史(第1卷). 北京:中国对外翻译出版公司,1981.23

蒂加尔的《撒哈拉和苏丹》(1879～1889年)。

而非洲人自己写的两部历史著作:卡尔·克里斯琴·赖因多夫的《黄金海岸和阿撒蒂史》(1895年)和墨缪尔·约翰逊的《约鲁巴人的历史》(1897年完成,到1921年才出版)则是两部很严肃的历史著作。甚至在今天,任何研究非洲约鲁巴历史的人都离不开参考约翰逊的著作。这些著作大都反映了早期民族主义者的思想。

早期民族主义者的历史著作有J.W.德格拉奥特·约翰逊的《西非走向民族主义道路》等。

1947年以后,新一代非洲知识分子掌握了欧洲人的历史调查技术,开始自己探索非洲的过去。1948年,W.E.F.沃德的《黄金海岸史》[①]引起了学术界的重视。1966年,为了满足非洲知识分子和非洲国家的愿望,联合国教科文组织提出编写《非洲通史》的意见,1969年以来,在联合国教科文组织的赞助下,编写《非洲通史》的工作一直在进行,没有间断。

4. 科学技术

这里主要以中国为代表,谈谈近代东亚科学技术的发展概况。

广泛的译书活动是近代中国科技的一个重要特征。在书局和译局中,出现了一批中国近代科学家。其中有李善兰、华蘅芳、徐寿、詹天佑、冯如等,他们为近代中国科学技术的重新起步作出了贡献。

李善兰(1811～1882年),字壬叔,号秋纫,浙江海宁人。著有《行素轩算稿》6种,共23卷;《则古昔斋算学》共13种24卷。翻译了代数、三角、微积分、概率论等书共60多卷。李善兰与英国人艾

---

① 沈谓滨主编.中国近代科学家.上海:上海人民出版社,1988.121～122

约瑟合译《重学》,[①] 将牛顿力学三大定律第一次介绍到中国。

1852年,李善兰与英国人伟烈亚力(1815～1885年)、艾约瑟(1823～1905年)等人合译《几何原本》后9卷。徐光启、利玛窦合译了前6卷的《几何原本》,使《几何原本》终于有了完整的中译本。[②]李善兰的数学研究著作还有《方圆阐幽》、《四元解》等。

在融会贯通新学所知的基础上,李善兰先后撰写了《垛积比类》、《尖锥变法解》、《考数根法》等一系列著作,证明了费马定理,提出了引起国际数学界极大兴趣的"李善兰恒等式"。他还创造了一种"尖锥术",即用尖锥的面积来表示"x",用求诸尖锥之和的方法求积术,已有初步的积分思想。李善兰还创造了不少数学名词和术语,例如"代数"、"微分"、"积分"等等都一直被沿用到今天,而且也传到日本被沿用至今。

李善兰与伟烈亚力还合译了《谈天》。《谈天》原名《天文学纲要》(The Outlines of Astronomy),是英国著名天文学家约翰·赫歇尔所写的名著。由于李善兰等的努力,从哥白尼开始至牛顿完成的建立在牛顿古典力学体系上的西方近代天文学知识便比较系统地传入中国。

华蘅芳(1833～1902年),江苏金匮(今无锡)人,字若汀。先后主讲于上海格致书院、湖北自强学堂、两湖书院达20年,造就数学人才甚众,曾与徐寿制造"黄鹄"号轮船,又自造氢气球。他与英国人傅兰雅合译了《代数术》、《三角数理》、《微积溯源》、《决疑数学》、《合数术》等。华蘅芳所译各书,内容比李善兰等人所译丰富,译文通畅易懂,影响较大。他还翻译了关于地质矿物学的《金石识别》、

---

①② 杜石然等编著.中国科学技术史稿(下册).北京:科学出版社,1985.256～258

《地学浅识》等书,其中大多与英国人傅兰雅合译。①

徐寿(1818～1884年),江苏无锡人,是中国比较系统地介绍西方近代化学知识的第一位学者,著名化学家,和李善兰、华蘅芳齐名。②徐寿所译书刊有《化学鉴原》、《化学考质》等17部共168卷。其中《化学鉴原》和《西艺知新》两书较为著名。《化学鉴原》中述及的元素已有64个。在翻译这些元素名称时,由于一般要首先确定一个统一的中文命名原则,所以徐寿在这里提出了一个取西方第一音节造新字命名的原则,并从《化学鉴原》一书开始使用,徐寿首创的这一原则,被后来的中国化学界所接受,一直沿用下来。③徐寿译的《化学鉴原续编》是有机化学知识的汇编,另外还译有《化学鉴原补编》等。④

徐寿还创立了格致书院。在书院经常举办一些讲座与科学讨论会,同时也向听讲的人作示范的化学试验。这在中国也可以说是化学知识普及教育的最初尝试。

徐寿是一个有唯物主义思想倾向的科学家,反对鬼神迷信。他曾与华蘅芳等制造了第一艘汽船。

詹天佑(1861～1919年)原籍安徽,本人出生在广东南海县(今广州),字眷诚,杰出的铁路工程师。12岁时,考取容闳倡议的"留美幼童",留学美国,为中国第一批留学生。1881年毕业于耶鲁大学。1905年至1909年以总工程师身份主持建设京张铁路(北京——张家口),还主持修建了滦河大铁桥。

詹天佑在1905年受命主持的京张铁路工程中北京至张家口

---

① 陈旭麓主编.中国近代史辞典.上海:上海辞书出版社,1983.255
② 陈旭麓主编.中国近代史辞典.上海:上海辞书出版社,1983.582～583
③④ 杜石然等编著.中国科学技术史稿(下册).北京:科学出版社,1985.261～263

一段崇山叠嶂,川流湍急,一位外国人预言:建造这段铁路的工程师,至少还要等50年才能诞生。可在詹天佑主持下,该铁路工程于1909年提前竣工,费用仅为外国人承包索价的4/5。詹天佑著有《京张工程纪略》及绘图册。他还培养了不少工程后备力量,为中国近代铁路事业的发展作出了重大贡献。

冯如,旅美华侨,在设计和制造飞机方面有杰出成就。他自己设计改进制作的飞机,经多次试验,时速达104公里,在当年国际飞机比赛会上获第一名,达到了世界最高水平。冯如这次飞行的航程,是莱特兄弟首次试飞的三倍。1911年2月,冯如带着自制的单翼和双翼飞机两架,同三个助手返回祖国。武昌起义后,他和革命同志组织北伐飞机侦察队。1912年,在广州一次试飞中,冯如不幸遇难。

四、东方近代大学的兴起

1. 背景

19世纪中叶,东方各国在严重的民族危机下,各阶层有识之士和启蒙思想家为了救亡图存,救国强国,纷纷要求本国政府设立大学。

中日甲午战争后,中国民族危机日益严重。各地有识之士纷纷上疏,争献救国强国之策。津海关道盛宣怀提出:"自强之道,以作育人才之本;求才之道,尤宜以设立学堂为凭。"1895年,光绪皇帝准奏建立了北洋大学堂(原名中西学堂,1903年始改为北洋大学堂),开创了中国办理近代高等教育之先河。外来殖民者帝国主义者为了传播西方文化,奴役东方人民,为其殖民统治服务,从19世纪中期到20世纪初期,在东方兴办了一批近代教会大学。

东方启蒙时代,亦是东方近代大学兴起的时代。何谓大学?孙中山认为:"大学者,文明进化之泉源地。"蔡元培说:"大学者,研究高深学问者也。"① 清华大学校长梅贻琦说:"大学者,非谓有大楼之谓也,有大师之谓也。"② 浙大校长竺可桢说大学是"社会之灯塔"。

2. 概况

近代东方大学兴起于19世纪初,其中较著名的有:西非塞拉内昂福拉湾学院(1827年);印度孟买艾尔劳斯顿学院(1828年)、加尔各答大学(1857年)、马德拉斯大学(1887年);日本庆应大学(1858年)、东京大学(1879年)、早稻田大学(1882年);中国的武汉大学(1893年,创办时称自强学堂)、天津大学(1895年,原为北洋大学)、岭南大学(1888年,广州格致书院改岭南学堂)、交通大学(1896年)、湖南时务学堂(1897年)、北京大学(1898年)、浙江大学(1897年,原为求是书院,1928年定现名);菲律宾大学(1908年)。

近代大学的培养目标是根据世界潮流和国家民族的需要,培养弃旧创新,独立自强,科学民主,为国富强,迈向现代化道路的人才。

近代大学对高等教育的发展起了奠基性作用,对现代东方大学仍有借鉴与启示作用。

---

① 蔡元培.就任北京大学校长之演说(1917年1月9日).参阅:张汝伦编选.蔡元培文选.上海:上海远东出版社,1995.295

② 刘述礼,黄延复编.梅贻琦教育论著选.北京:人民教育出版社,1993.10

3. 特点

两次鸦片战争后,中国知识分子认为西方诸国及日本的强大,是由于变法所致,而变法之关键是普及教育。日本启蒙大学的特点是"自上而下""自下而上"。印度由于处于英国殖民地时期,其新兴大学也皆仿照伦敦大学创建,用英语授课。印度的加尔各答大学在20世纪70年代中期,已经发展为世界最大的大学之一。

各国的教育宗旨及理论也有差别,如中国的教育宗旨有:中体西用、教育救国论、科学救国论。日本为:和魂洋才,日本的教育理论有"全人教育"、"文艺教育论"、"国家主义教育论"、"军事主义教育论"、"文明开化论"、"崇实致用论"、"学校教育论"等。印度的教育宗旨有:教育救国论、科学救国论。

近代东方大学也存在一些共同特点。在培养目标上,根据世界时代潮流与国家民族的需要,如中国培养的是"师夷制夷",救亡图存,弃旧创新,独立自强,科学民主,为国富强,迈向现代化道路的经世致用人才。在课程设置上,东方近代大学保存本土文化,吸收外来文化,注重了传统化与近代化,科学文化与家国伦理教育的结合。大学设置有法律、土木工程、本地语文及古典语文教授。如北洋大学以美式大学为办学模式,头等学堂四个科系,有工程组建、矿冶、机械、法律等。在教学方法上,例如康有为讲课"每说一家,成一家,必上下古今,以究其沿革得失。又引欧美以比较证明之"。

4. 作用与评价

近代大学是传播启蒙思想与科学文化的基地。启蒙思想与科学文化联系在一起。以日本为例,其成功的经验对现代化仍值得借鉴,即具有竭力开放引用外来文化的民族心理;中体西用,和魂洋才;注重全民文化素质的提高,形成其民族精神;措施严密,大中小教育网系统,值得借鉴。

殖民地官办教育存在着它的弊端和不合理性,在印度表现在三方面。第一,在高等教育和中等教育领域,英语作为教学用语取代了印度语言。第二,重文理教育轻农工教育。第三,实行奴化教育。

五、东西方启蒙思想比较

东方与西方的启蒙思想同属资产阶级启蒙思想,两者时间相差约两个世纪:西方约从17世纪中叶到18世纪;东方各国出现时间长短不等,大体从19世纪20年代到20世纪初,东西方在思想形成、基本内容、历史作用等方面,既有相同又有差异,呈现异中趋同,同中见异的特点。从整个世界人类文明进程的视角来考察,探索两者的异同,有利于我们认识世界文化中近代启蒙思想发展的规律、特点与启示。

1. 相似

首先,东西方启蒙思想都是产生于中世纪封建制度"末世",资本主义因素不断发展的历史转换和社会转型时期。中国明清之际,东南沿海部分城市开始出现资本主义经济萌芽。日本幕府末年,出现了资本主义性质的工场手工业,经过明治维新成立了具有资产阶级性质的明治新政权,在"富国强兵,殖产兴业,文明开化"三大政策下,日本启蒙思想开始出现。法国近代资产阶级要求推翻黑暗的封建统治,变更腐朽的封建生产关系。伏尔泰、卢梭、孟德斯鸠等人的启蒙思想,在社会大变革的前夜应运而生。

其次,在思想的来源上,都从本民族的传统文化和异国思想理论中吸取了积极的合理的因素。中国传统文化中的爱国、自强不息的精神,儒道哲学中一些有价值的观点,如变革思想等都成为中国近代启蒙思想的重要来源。日本、印度、东南亚各国的启蒙思想家,都继续发扬了爱国主义精神。

第三,大学与启蒙运动关系密切。在启蒙运动中,大学培养的知识分子对于新思想新文化起了一定的推动和传播作用。如中国的康有为、梁启超,日本的福泽谕吉等都自筹办起了大学。印度的辨喜要求印度建立民族工业与文化教育系统。

第四,都批判落后的制度和思想文化。近代东西方的启蒙思想家,虽然都认同中世纪文化的民主性与进步性,但对其封建性却无情批判。法国18世纪启蒙思想家对各种封建主义思想观念展开了猛烈批判。他们批判封建专制制度的精神支柱——神学的唯心主义及蒙昧主义和禁欲主义,竭力传播资产阶级学说、理论,提倡科学和文化。中国与印度的启蒙学者也对落后的封建制度、风俗等进行了批判。如印度早期启蒙思想家罗易,强烈要求改革印度教,反对种姓制度、早婚和妇女殉节等陋习。又如中国的近代启蒙思想家们集中批判了"君权神授"的圣上论,又借鉴吸取了儒学全民思想和大同思想的积极因素。严复在著名的《辟韩》一文中,以孟子"民为贵,社稷次之,君为轻"的思想,抨击了韩愈《原道》篇"知有一人不知有亿兆"的消极思想。严复还用先进的资本主义思想唤起民族精神的觉醒。对儒家伦理学说,中国启蒙思想家们集中抨击了三纲五常的陈腐说教及其对人性的摧残。近代中国学者对早期启蒙学者初步民主思想的认同,主要表现在对黄宗羲《民夷待访录》的宣传,后人称之为17世纪中国的"民权宣言"。

2. 差异

历史条件不同。东方的启蒙思想是在国势衰微、民族危亡的历史条件下形成的。这是东方启蒙思想学者不同于欧洲启蒙先驱的

第十三章　东方近代启蒙思想文化

历史根源。故而东方启蒙思想体现了危机意识、变革意识和近现代化意识。而欧洲启蒙时代,"自己造成的蒙昧"来源于基督教的某些教义,腐败专制的教会势力也推波助澜。①

任务不同:西方18世纪是启蒙的世纪,被称为"哲学世纪"、"批判的世纪"和"理性世纪","理性"成为了18世纪的聚点和中心,它表达了该世纪所追求并为之奋斗的一切,表达了该世纪的一切成就。②

19世纪的东方是启蒙的世纪、屈辱的世纪、救亡的世纪、觉醒的世纪、谋求独立的世纪、探索近现代化的世纪,是东方走向先进的起点。此时,从中国、日本、印度、阿拉伯至北非,东方开始从封闭走向开放,从伦理走向科学,从人治转向法制,从中世纪走向近现代,从而为20世纪的复兴,作了思想、理论、文化、经济上的准备。

3. 东方启蒙思想的评价与启示

(1) 评价

△ 东方启蒙思想,对反殖反封建、救亡图存、民族觉醒、加速社会改革和近代化的进程作了重要贡献。

△ 启蒙运动和启蒙思想的传播,哺育了一批具有时代精神的新作家,他们大多强调文化的社会作用和教育意义,对于整个东方的觉醒和"东方的精神"与"东方的价值观"的形成起了推动作用,为20世纪东方的崛起与东方文化的复兴奠定了思想文化基础。

△ 东方近代启蒙思想是一份珍贵的世界文化遗产。马克思、恩格斯曾把法国18世纪启蒙思想家的唯物主义称为"社会主义和

---

① (美)微拉·施瓦尔著.中国的启蒙运动.李国英等译.太原:山西人民出版社,1989.4

② (德)E·卡西勒著.启蒙哲学.顾伟铭等译.济南:山东人民出版社,1988.4

共产主义的财产"。东方启蒙思想中所体现的东方精神和东方价值观为东方现代化进程提供了有益的借鉴。

△ 东方启蒙思想家群星灿烂。从中国、日本、印度、东南亚、阿拉伯到非洲,都出现了伟大的启蒙思想家,中国的有林则徐、魏源、徐继畬、冯桂芬、王韬、薛福成、马建忠、郑观应、康有为、梁启超、严复、孙中山,东亚与南亚的有朝鲜的张志渊,越南的潘佩珠,印度的罗易、辨喜、泰戈尔,日本的西周、福泽谕吉、加藤弘之、中江兆民,印尼的卡蒂尼;北非有阿卜杜·卡迪尔等。

面对西方的挑战,东方启蒙思想家对自己的国情、自己的文化、政治制度、经济状况作了分析,思想上有了飞跃,引起了文化观上的巨大的反思。英国汤因比说:"人类创造文明……对极端困难处境挑战的反应,正是这种困难唤起了他作出迄今为止都难以想象的努力。"①

(2) 启示

恩格斯说过:"伟大的阶级,正如伟大的民族一样,无论从哪方面学习都不如从自己所犯错误的后果中学习来得快。"② 对人类文明历史的挫折和教训的总结反思,是振奋民族精神,探索富强之路的重要思想条件。东方近代落后的不少教训,对我们今天的发展仍有深刻的启示意义。

六、泰戈尔与中国

泰戈尔一生十分珍视中国文化和中印两国人民的友谊,强调中印两国人民的团结友好合作的重要性。他十分同情中国人民所

---

① (英)汤因比.文明经受着考验.沈辉等译.杭州:浙江人民出版社,1988.299
② 马克思恩格斯选集(第4卷).北京:人民出版社,1972.285

遭受的压迫和命运。

1924年,泰戈尔访问了中国,在中印两国人民的文化史和友好关系史上写下了光辉的一页。

泰戈尔的作品在中国被翻译和广泛流传。中国最早介绍泰戈尔的是陈独秀。从那时开始,泰戈尔的诗歌、小说和戏剧作品源源不断被译成中文,如郑振铎译的《飞鸟集》和《新月集》,冰心译的《吉檀迦利》,郑振铎、赵景深等合译的《泰戈尔诗选》等。①

泰戈尔对东方文明和中印的未来充满信心,他对东方崛起也是满怀信心的。他曾说:"亚洲的觉醒征兆已经慢慢地从地平线的一端到另一端散布开来。在人类历史上闪耀出来的新黎明的红光的确是一个伟大的景象——它是自由的景象。不仅是从外在的束缚中解放出来的自由,而且是从昏昏欲睡的怠惰和对自己内在力量的不信任的束缚中解放出来的自由。"

泰戈尔对中印两国人民的未来寄寓了热烈而真挚的希望:"正像早晨的鸟儿,在天还没有完全破晓的时候,就唱出了和宣告了太阳的升起。我的心在歌唱,宣告一个伟大的未来的来临——这个伟大的未来已经很迫近我们了。我们一定要准备好迎接这个新的世纪。人类历史上会出现新的一章。说不定黎明会从这一刻出现,从太阳升起的东方出现。"泰戈尔强调中印友谊,肯定东方精神,盛赞中国是伟大的民族。他希望中国快学科学,并满怀深情地说:"这个伟大的民族,我十分相信,他能学科学,并且能发明科学的,东方民族决不会灭亡。"②

泰戈尔高度赞扬了中国传统文化和古老的精神文明,他强调"以社会和人类精神理想为基础的文明",在中国和印度仍然是起

---

① 泰戈尔作品选第1卷(十卷本).北京:北京人民出版社出版,1961
② 参阅:1921年出版的《东方杂志》(北京)第21卷第6号。

作用的东西。

泰戈尔在访华期间,对中印人民的美好未来满怀信心地写道:

> 我相信,你们有一个伟大的将来;
> 我相信,当你们的国家站起来,
> 把自己的精神表现出来的时候,
> 亚洲也将有一个伟大的将来——
> 我们都将分享这个将来带给我们的快乐:
> 让我们,中国和印度,联合起来吧,
> 让欢迎伟大时代的歌声从中国和印度响起来吧![①]

---

① 王树英主编．季羡林论印度文化．北京:中国华侨出版社,1994.66~67

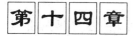

现代世界文化

> 国民精神之发扬,与世界识见之广博有所属。
>
> ——鲁迅

> 工业化是一项具有巨大历史威力并不断前进的过程。在此以前,从来没有另一件百年才逢一的大事如此改变地球的面貌及其居民的生活。
>
> ——鲁道夫·贝尔特

一、现代东西方文化思潮

1. 时代的特点与趋势

20世纪是一个伟大的世纪,其特点与人类所取得的成就有目共睹。

△ 20世纪是人类文明大进步、科技与生产大放异彩的世纪。

△ 20世纪世界三大潮流:和平与发展、新技术革命与现代

化。

△20世纪是殖民体系崩溃,东方崛起、觉醒、变革的世纪。

△20世纪发达资本主义国家的新变化与新特点中,潜伏着没落的因素。

△20世纪出现了影响人类的七件大事:第一次世界大战,十月革命的胜利,世界人民反法西斯战争的胜利,中国革命的胜利,亚非拉民族独立运动的胜利,东方复兴与东亚的崛起,第三次科技革命的飞速发展和经济的巨大增长。这些震撼世界的事件,大大改变了世界东西方的格局。

△战后世界科技与经济继续发展,国际格局走向多极,和平与发展是当代世界的两大潮流。现有的社会主义国家、资本主义国家、民族主义国家的经济与文化之间,将相互依存、相互竞争、相互矛盾、相互交融,以求得更加美好的未来。

总之,20世纪可分为前后两个时期。前半期主要是战争与革命的年代,后半期是和平与发展的年代。现代世界文化,即是在这个时代背景下发展起来的。

2. 国际文化思潮

20世纪的现代世界文化,基本上分成三种类型:社会主义文化、资本主义文化和民族主义文化。它们共同构成了现代世界多元文化的新特色。

(1)马克思列宁主义的传播与社会主义潮流

从马克思主义创立到巴黎公社的建立,最后到俄国十月革命、中国革命的胜利,都属于社会主义体系的思想文化,如系统的马克思主义哲学、政治经济学、科学社会主义、法学、历史学和文学与艺术等获得迅速发展和传播。虽然前进中也有曲折,但它是前进中的插曲。社会主义各国都在进行经济、政治、文化的全面改革,走上了具有自己特点的发展道路。

(2)亚非拉民族主义思潮新发展

民族主义文化,主要指亚非拉广大近代被压迫的"东方民族"的文化。东方民族主义文化,属于20世纪的世界先进文化之列,其中代表性的文化有:孙中山的民族主义、苏加诺综合型民族主义、甘地的印度教道德型民族主义、阿拉伯的民族主义、泛非主义、拉丁美洲的民族主义等。

东方民族主义思潮具有多样性与统一性的特点。其一,主张反殖反帝,维护民族独立,发展民族经济与文化,这是它们共同的理论核心。其二,民族主义者都具有爱国意识,如孙中山说"文爱国如命"。[①] 其三,多具有本民族文化的特点。[②] 如泛非主义,其纲领口号是"非洲是非洲人的非洲"。其四,弘扬本国优秀文化。现代民族主义思潮多集中在亚洲,当代以社会主义为名的民族主义思潮集中在非洲,它的共同基础是:阿拉伯民族性、伊斯兰教传统、传统的村社原则。按思想内容分有:桑戈尔等人的民主社会主义(强调社会主义与黑人传统相结合),阿拉伯社会主义(主张社会主义与伊斯兰教结合,强调阿拉伯的统一的地域性)、村社社会主义(强调社会主义村社相结合和其他以工农业与社会改革为内容的社会主义)。[③] 这种思潮在涉及经济改革和未来社会设想时,总是把自己的民族主义称为社会主义。

(3)西方资本主义的现代文化

西方现代的资本主义文化中,科学技术与教育获得迅速发展,哲学社会科学一方面继承了近代的传统文化,另一方面,由于时代

---

① 黄彦编.孙中山全集(第7卷).北京:中华书局,1981.51
② 中国大百科全书.哲学.北京:中国大百科全书出版社,1987.235~236
③ 彭树智著.现代民主主义运动史.西安:西北大学出版社,1987.425

条件的变化也发展起了反传统的现代主义文化。文学艺术领域出现了形形色色的现代主义流派,文坛、绘画等方面的作品,充满了灰色、抽象和颓废主义的情调,这正是其走向没落的一种反映。

现代西方文化思潮纷繁复杂,从不同角度研究人、人性、人道主义,始终是西方现代文化的主题。此外,现代西方文化思潮中还出现了综合性科学和边缘科学。

3. 现代哲学思潮

19世纪40年代马克思主义哲学产生后,宣告了旧的哲学时代的终结和新的哲学时代的开始。作为一门新的哲学思潮,马克思主义哲学始终保持着旺盛的生命力。西方资产阶级哲学,学派林立。亚、非、拉一些发展中国家则迎来了民族主义哲学发展的新时期。

现代西方资产阶级哲学经历了三个阶段:第一阶段从19世纪中叶以后到20世纪初;第二阶段从第一次世界大战前到第二次世界大战结束;第三阶段从第二次世界大战结束直到现在。和古典的资产阶级哲学强调知识、重视理性不同,现代资产阶级哲学的某些流派的特点是:"带有否定知识,蔑视理性的倾向,宣扬非理性主义。非理性主义有两种表现:一是同宗教合流,宣扬神秘主义;一是向理性挑战,反对对客观世界的科学认识,颂扬神秘的直觉、内省、意志,甚至下意识,否定哲学的认识作用,强调哲学是个人的感受和体验的产物,是个人意志的表现。"[①] 表现前一种形式的非理性主义流派有新托马斯主义,这是中世纪的托马斯·阿奎那哲学在新的历史条件下的复活,还有人格主义,这是一种把上帝作为最高人格来宣扬的新神学。属于后一种非理性主义流派有唯意志论、生

---

① 中国大百科全书·哲学.北京:中国大百科全书出版社,1987.24

命哲学、现象学、弗洛伊德主义和存在主义等。唯意志论的主要代表是叔本华和尼采。生命哲学的代表是狄尔泰和柏格森。现象学的主要代表是德国的胡塞尔,心理分析学派的主要代表人物有弗洛伊德等。此外,还有分析哲学,代表人物有罗素、维特根斯坦。法兰克福学派主要代表人物有霍克海默,实用主义哲学以杜威为代表等。在现代西方哲学中,科学主义和人本主义是两种影响最大的思潮。人本主义哲学简介如下。

(1)唯意志论

阿图尔·叔本华(1788～1860年),德国哲学家、唯意志论创始人。叔本华哲学的内容主要有三点:生命意志论的哲学体系,主张意志高于理性,意志是宇宙的本质,它支配一切;非理性主义的认识论;悲观主义人生哲学,这是前两点的必然结果。这种哲学在哲学史上产生了一定的消极作用。

弗里德里希·威尔海姆·尼采(1844～1900年)是19世纪德国哲学家,唯意志论的主要代表。尼采从叔本华的生命意志论出发,创立了"权力意志说"和"超人哲学"。尼采思想的形成同普鲁士在1871年普法战争大获全胜,德意志民族统一宣告成功,由自由资本主义转向帝国主义时代的背景密切相关。

尼采的权力意志论认为:权力意志,是万物的本原。它不仅是有意识活动的人的本质,也是一切自然事物的过程的本质。强、弱权力之争构成了整个宇宙的全部历史过程和内容。他认为"这个世界就是权力意志"[①]。人生的目的在于发挥权力,"扩张自我",为此,他提出超人哲学。"超人"就是人类中的"精英"、"天才"。超人高于普通人,犹如人高于动物。他妄言,超人是可以弘扬整整一千年人类生存的人。尼采认为超人在不同地方和不同时代都有过,罗

---

① 洪谦主编.西方现代资产阶级哲学论著选辑.北京:商务印书馆,1982.24

马帝国的恺撒,法国大革命时代的拿破仑,德国的"铁血宰相"俾斯麦等伟大人物都是。他把人类历史描绘成为强者和弱者,以及这两者之间的永恒斗争。他还鼓吹战争,赞扬种族间和男女间的不平等。

尼采认为艺术是权力意志的一种表现形式,艺术家即高度扩张自我,表现自我的人。他说,风格就是武器。他阐明自己的思想,也具有独特的方式。鲁迅翻译的《查拉图斯特拉如是说》序言中说:"尼采的文章太好。"[①] 尼采的文笔在19世纪德国文学中享有较高的评价,他的思想和学说也被不同的人从不同的角度进行了诠释和评论。中国五四时期的进步作家,如鲁迅、郭沫若、茅盾等人,都曾称赞过尼采,认为尼采是"时代的叛逆者","偶像破坏的大人物",[②] 但当他们接受马克思主义后,又都转而批判尼采的哲学。

(2)生命哲学

柏格森(1859～1941年)是法国哲学家,生命哲学和直觉主义的主要代表。生命哲学的特点是把生命现象神秘化,认为认识生命现象只能靠直觉。他强调人的主观精神作用,认为人们只有通过直觉、本能和感情才能认识一切事物的实质。这种神秘观念,对资产阶级社会有很大的影响。

柏格森认为,直觉即创造,直觉的境界就是与上帝合二为一的境界。在文艺上,他劝说作家跟着人物的"意识流"来刻画人物,对"意识流"小说的形成和意识流的技巧的广泛采用产生了很大的影响。

(3)现象学

现象学创始人胡塞尔认为,"现象学主要特征首先意味着一种

---

① 鲁迅译文集(第10卷).北京:人民文学出版社,1976.456
② 随感录四十六.鲁迅全集(第1卷).北京:人民文学出版社,1958.333

新的描述的哲学方法,它从19世纪末已经建立起来了。"①"在我们看来,现象学不仅是一种方法论,它同时也是一种认识论,并有着自己本体论的基础。"现象学的目的是凭借直觉,直接研究和描述意识的对象。在胡塞尔之后,现象学已经发展成为世界规模的哲学运动。

(4)心理分析学派

弗洛伊德(1856～1939年)是奥地利精神病学家和心理学家,心理分析学派的创始人。弗洛伊德心理分析理论内容主要有以下内容。一是创立了心理分析法的基本方法——自由联想法。弗洛伊德用自由联想去解释梦和人们日常生活心理、行为,这一方法进而成为他的思想体系中的重要组成部分。二是提出了无意识的理论。弗洛伊德认为决定人的行为的不是人的意识和理性,而是人的情欲;在人的整个心理过程中,"无意识"起决定作用,并以此作为道德问题的起点。由此,弗洛伊德开辟了无意识心理研究的新领域,同时由于把需要、动机、道德的研究提到首位,他还开创了动力心理学、道德心理学、变态心理学的新领域。另外,弗洛伊德提出了心理治疗的理论,创造了一套治疗神经症的方法和理论。这些都值得我们加以科学分析与借鉴。同时,还应该看到,弗洛伊德思想是资本主义社会病态的产物。这种理论实际上是叔本华、尼采、柏格森等人理论的一种变形。

(5)存在主义

存在主义是当代西方人本主义哲学思潮中影响最大的一个唯心主义哲学流派。它产生于20世纪20年代,20世纪50年代至60年代流行。创始人是德国的马丁·海德格尔(1889～1976年),他是悲观主义和无神论者存在主义的代表。另一位存在主义哲学的

---

① 参阅:范进,金体著.当代资本主义的文化.福州:福建人民出版社,1996.99

代表人物萨特在西方影响较大。

让·保尔·萨特(1905～1980年),法国哲学家、作家、无神论存在主义哲学的代表人物。1929年毕业于法国著名的巴黎高师。在校期间,研读了笛卡尔、斯宾诺莎、卢梭和柏格森等人的哲学,同时也初步接触了马克思主义哲学。1933～1935年,他在德国柏林法兰西学院进修哲学,研究胡塞尔、黑格尔和海德格尔等人的著作,开始形成存在主义思想。

萨特哲学是专门研究和阐释人的存在的哲学。它的主要观点有三点。第一,人生是荒诞的,人的力量是微薄、渺小的,它不能改变社会的疯狂和残酷。第二,人的存在先于人的本质。萨特把完全按照自己的意志设计、选择自己的行动,称为自由,并把这种自由当作人的本质。这为极端个人主义和无政府主义提供了理论根据。第三,人的自我超越:人在做着自由的选择,而每一次选择就是一次超越。

存在主义哲学是主观唯心论和非理性主义哲学。实际上,存在主义的人生荒诞的理论只不过是对资本主义现实的一种谴责和抗议,是对资本主义制度的揭露和批判。萨特对中国革命表示同情与支持。因此,对萨特的存在主义应作具体分析,特别要正确认识其政治态度与哲学观点之间的区别和联系。

第二次世界大战后,西方英美科学主义与欧洲大陆人文主义各种流派之间,从对峙、论争到对话、融合,先后产生了结构主义、解释学、现象学、法兰克福学派、西方马克思主义等。

(6)结构主义

结构主义是当代西方流行的一种反人本主义的哲学流派。它出现于20世纪50年代的法国,60年代后迅速取代存在主义的地位。瑞士结构主义的代表人物皮亚杰(1896～1980年)在《结构主义》一书中认为"结构"有三性:整体性,即结构是按一定组合规则构成的整体;转换性,即结构中的各个成分可按照一定的规则互相替换,而并不改变结构本身;自律性,即组成结构的各个成分互相制约,互为条件而不受任何外部因素的影响。① 结构主义的主要代表人物有人类文化学家列维·斯特劳斯、心理学家雅克·拉康、文化思想史家密歇尔·福柯、文化理论家罗兰·巴尔特,以及"西方马克思主义者"路易·阿尔图塞。

列维·斯特劳斯(1908~　)是法国著名的人类学家、哲学家。他的主要著作有《结构人类学》与《野蛮的心灵》等。主要观点是:人文科学应当采用精密科学的方法,认为社会文化现象的研究,要运用符号化、形式化、量化、模型化的方法,使人文科学和社会科学的研究达到像自然科学那样精确的程度;世界是一个关系系统,社会生活的所有各个方面——经济、技术、政治、法律、伦理、宗教构成一个意义复杂的整体,其中某一方面必须与其他方面联系起来考虑,否则便不能得到理解;② 科学研究的任务是探寻"内在结构",他认为社会现象的背后隐藏着"内在结构",科学研究的任务就是努力超越经验的观察而达到比较深远的实在。

结构主义的影响巨大,它渗透到人文科学、自然科学、实际生活和人们的思维方式之中,成为一种广泛的文化与社会思潮。结构主义的片面性在于忽视动态规律,忽视人的能动性,忽视感觉经验的作用等,因此,20世纪70年代后又被后结构主义所替代。

(7)哲学解释学

哲学解释学的创始人是德国的海德格尔和伽达默尔。伽达默尔(1900~　)于1960年发表的《真理与方法——哲学解释学的基

---

① 夏基松著.现代西方哲学教程.上海:上海人民出版社.1996.605
② 参阅:张象,黄若迟主编.20世纪世界文化.成都:四川人民出版社,1994.164~168

本特征》一书是哲学解释学诞生的标志。主要观点是:理解是人的存在方式;成见是深入理解的必要前提;解释是一种"视界融合",视界融合产生新的视界,新的视界给人以新的理解的可能性;语言是理解的普遍媒介。许多思想家认为哲学解释学是 20 世纪末西方哲学的一种主导思潮。①

(8)西方马克思主义

西方马克思主义是 20 世纪西欧国家部分马克思主义者试图重新阐释马克思主义,寻求新的发展道路,并适应西欧的具体环境形成的思潮。代表人物有卢卡奇、科尔施、葛兰西、布格赫、萨特、阿尔都塞、德拉沃尔佩等。西方马克思主义的基本观点为:反对苏联模式的马克思主义,重新解释和"完善"马克思主义,强调马克思主义早期与晚期的相互矛盾,强调马克思、恩格斯以及列宁之间的矛盾,特别重视阐述异化学说和人道主义,并对无产阶级的历史作用等持怀疑或否定的立场观点。当代西方马克思主义者多是学者或教授,主要从事纯理论研究,与政治实践有较大的距离。②

西方哲学,从柏拉图的理念的确立到理性哲学,从非理性哲学到人生哲学,都是从不同的角度和采用不同观点探索世界和人生。现代西方各派哲学是时代的产物,是资本主义向帝国主义转化时代及帝国主义时代的资产阶级哲学。从总体上看,它们在理论上是唯心主义的,在政治上是代表资产阶级利益的,在思想上是以敌视或歪曲马克思主义,宣扬个人绝对自由,个性绝对解放,选择绝对自主为特征的自我中心论。在实践中,反对社会主义,维护资本主

---

① 参阅:张象,黄若迟主编.20 世纪世界文化.成都:四川人民出版社,1994.164~168

② 参阅:彭树智主编.世界史·现代史编(下卷).北京:高等教育出版社,1996. 364~365

义制度,在历史观上宣扬英雄史观,否认历史发展的客观性,否认对资本主义进行革命改造的必要性。对现代西方哲学,应当采取科学分析的态度。总体上它们的倾向是错误的,但在局部问题上有合理因素,如对某些问题的结论虽是不正确的,但提出这些问题本身都有一定意义。具体为哲学应当研究个人的情绪、感受、心理、意志的问题,哲学应当探讨各门科学共同方法论,哲学应当吸取数学和自然科学的成果,哲学应当研究所谓"后工业社会"中科学技术的发展和人的矛盾等等。[①] 对这些问题加以批判、分析、吸收,不仅有利于保卫马克思主义并且有助于马克思主义哲学的发展。

当今世界,除了马克思主义哲学和西方资产阶级哲学以外,亚洲、非洲、拉丁美洲一些发展中国家的哲学亦引起人们的关注。不少民族主义哲学家一方面继承本民族的哲学传统,另一方面又吸收西方资产阶级哲学的某些内容,力图使东方的哲学传统与西方的现代思潮结合起来。如越南的潘佩珠的哲学,印度的辨喜、甘地、尼赫鲁、恰托帕底耶等人的哲学,巴基斯坦的伊克巴尔的哲学,印度尼西亚的苏加诺的哲学,伊朗的加马鲁丁·阿富汗尼的哲学,埃及的穆罕默德·阿布笃的哲学,拉丁美洲的罗梅罗的哲学等,都属于这一类。这些哲学家的哲学观,带着自己民族的特色,在各自的国家中具有很大的影响。[②]

4. 现代宗教文化

现代世界三大宗教领域出现了一些新特点与新情况。

△ 第二次世界大战至今,宗教徒人数呈持续上升趋势。据美国《教会研究国际公报》1993年第一期的统计数字,全世界基督教

---

①② 中国大百科全书·哲学.北京:中国大百科全书出版社,1987.27~28,27~28

信徒人数约18.7亿,伊斯兰信徒共约10亿人,佛教徒约3.34亿人,印度教及其他宗教信徒共约10亿人,前三大宗教信徒总数占世界总人口57.7%。基督教徒在世界总人口中所占比重虽有所增加,但从各地区看,基督教徒人数在欧洲和北美人口中所占比例明显下降,而在非洲、东亚和南亚人口中的比重明显上升。[①]

△宗教与政治交织在一起。宗教组织用宗教的特殊性燃起的纷争层出不穷,并且对个别国家和地区的政治形势有着举足轻重的作用。例如1979年伊朗宗教领袖霍梅尼领导的伊斯兰革命推翻了巴列维国王的统治。

△宗教领域出现多元化倾向。多种性质的宗教组织林立,仅日本一国就有新兴宗教团体700多个。

△教会对教义实施改革,向多元化发展。宗教随着现代科技革命的发展而向多元化、现代化和世俗化发展。首先反映在神学理论上,即把对未来天国的关注转到今世、现在。其次表现为宗教组织不再是单纯的传教组织和联系信徒的地方,它们还从事更多的世俗经济活动。

(1)佛教文化

随着社会的发展,科学技术的进步,传统文化的变迁,文化的转型,在教义理论、教团组织以及传教方式等方面,三大宗教文化出现了许多新情况、新特点和新的发展趋势。

古代印度是佛教的故乡。但是,由于印度佛教自身缺少活力,加之印度教的扩张和伊斯兰教的侵入,13世纪,佛教在印度衰落。1947年印度独立以后,因崇尚和平,政府支持复兴佛教。佛教亦因之在民间有了很大的发展和变化。首位印度总理尼赫鲁说:"印度是佛教的祖国,佛教教义崇尚和平,向世界宣扬佛陀的和平主义,

---

① 于可主编.当代基督新教.北京:东方出版社,1993.353~355

第十四章 现代世界文化

是我们每个佛子都应有的责任。"①

这样,佛教得到了印度政府的扶植与重视,同时在民间也有很大的发展和变化。1956年,安培德·卡尔(1891~1956年)领导的"贱民"②皈依佛教的"新佛教运动",促进了印度佛教的复兴。1961年,贱民改宗佛教者已超过2500万,约占当年印度人口的7%。印度新佛教运动的兴起是贱民解放运动推动的结果。③1956年,安培德·卡尔著的《佛教及其教法》一书成为当代印度新佛教的经典。其教义被称为"解放、平等和博爱"的清净宗教。④安培德·卡尔认为,佛教虽认为人生皆苦,但苦的根源是贫困和负债。安培德·卡尔从"贱民"解放的实际斗争出发,对佛教传统教义进行了现代化、民主化、世俗化的大胆改造,这是印度佛教发展的重要原因,也是印度新佛教的特点。

印度佛教传入中国后,于公元6世纪经朝鲜传入日本,经过与日本传统文化的长期融合,逐渐发展成日本化的佛教宗派,其中,以创价学会为代表。"创价学会"全称"日莲正宗创价学会",是佛教日莲宗系统的宗教徒组织。1930年,根据牧田的教育理论和价值理论,牧口常三郎(1871~1944年)和户田城圣(1900~1958年)共创实验教育团体"创价教育学会"。该学会宣传只有"利、善、美"才是价值的本体。"创价学会"主张把"真、善、美"改为"利、善、美",认为信仰日莲正宗就可创造"利、善、美",获得"利、善、美",而教育的目的是培养创造"利、善、美"的人才。

1945年,日本公布的《宗教法令》规定在信教自由的前提下,

---

①④ 杨曾文主编. 当代佛教. 北京:东方出版社,1994.1~4,53,57

② 陈佛松. 甘地与贱民. 中国社会科学院,北京大学南亚研究所编. 南亚与东南亚资料.1983(4):76

③ 尚会鹏. 略论印度的"新佛教运动". 世界宗教资料,1990(4):10

解散战时为天皇效力的宗教团体,各教派经重新登记可另组教团。1945年户田诚至改建创价教育学会,经登记改名为"价值学会"。1951年户田诚至出任第二任会长。[1]1956年,该学会始称"创价学会"。1960年池田大作担任第三任会长。1964年发展成为"公明党"。学会教义由日莲正宗"三大科法"和牧口、户田的"生命哲学"、"价值论"组成。学会政治理论是由"佛法民主主义"、"人性社会主义"、"第三新观念"(第一为资本主义,第二为社会主义)、"地球民族主义"等构成的"第三文明论"。

创价学会以日莲御书《法华经》、《御义口传》、《价值论》为教典。出版了《大白莲华》,宣扬价值论、生命论和现世利益的功德。价值论认为人生的目的在于追求幸福,追求幸福在于创造价值,建立美(审美价值)、利(经济价值)、善(道德价值),三阶级的价值哲学体系,与丑、害、恶的反价值体系相对立。

在国内蓬勃发展的同时,创价学会还积极向国外传教,在世界70多个国家建有"日莲正宗"分会,信徒达30万以上。1975年在关岛召开日莲正宗国际会议,有51个国家和地区的代表参加,大会成立了"国际佛教徒联盟"。

"创价学会"还兴办了遍布日本的自幼儿园、小学到中学至大学的教育网络,创办了《大白莲华》、《本教新闻》等出版刊物;兴办了"东洋哲学研究所"、"亚洲文化研究所"等科研机构。同时学会还创办了"创价大学",出版有《主教新闻》(月刊)、《大学新报》(周刊)、《大白莲华》(月刊),经常举行多种多样的登山、音乐会等集体活动。[2]

在传统宗教中,净土真宗、禅宗、日莲宗、真言宗等仍然占有重

---

[1] 任继愈主编. 宗教词典. 上海:上海辞书出版社,1983.411
[2] 杨曾文主编. 当代佛教. 北京:东方出版社,1994.247

第十四章 现代世界文化

要地位。[①]

目前,佛教在东南亚一些国家如斯里兰卡、缅甸、泰国、柬埔寨、老挝、越南等不断有新的发展。其特点是:上座部佛教继续发展;上座部佛教在近代反殖斗争和基督教文化的冲突中,是捍卫民族传统文化的精神武器。在斯里兰卡,1891年,达摩波罗创办"摩诃菩提会",致力于佛教的复兴。佛教复兴逐步与民族主义相汇合。缅甸1885年沦为英国殖民地,佛教成为反对外来侵略、捍卫民族传统文化独立的重要力量。泰国规定上座佛教为国教,国王必须是佛教徒,男子一生中必须出家一次,才能取得成人资格。1969年"世界佛教徒联谊会"总部迁往曼谷。佛教徒占泰国总人口的95%。柬埔寨佛教作为民族文化的象征和唤醒民族意识的武器,在反殖斗争中有了新复兴。老挝近现代佛教的发展一直和民族解放斗争相结合,佛教文化成为捍卫民族独立的思想武器。越南是东南亚唯一信奉大乘佛教的国家。在近百年的抗法、抗日、抗美斗争中,广大佛教徒积极投身于民族解放斗争。爱国主义成为越南佛教的一大光荣传统。

自19世纪末,达摩波罗在科伦坡组建摩诃菩提学会后,东方的佛教开始主动向西方传播。1928年,大菩提分会在伦敦兴建了英国的第一座寺院,到1945年,中、日、泰、缅、斯里兰卡僧人聚会伦敦,以"伦敦佛教会"名义发表《佛教十二原则》,其精神为1950年仰光召开的世界佛教联谊会所承认。据1982年《世界基督教百科全书》统计,在欧洲的21万佛教徒中,英国有12万,其中藏传佛教有6万,全英有12个佛学中心和45个佛教团组织,英国人阿兰·贝内特于1902年在缅甸落发出家,法名阿难陀弥勒。1923年阿难陀弥勒与克里斯马斯、汉弗莱等组建"伦敦佛教徒联盟"。

---

① 黄心川主编·世界十大宗教·北京:东方出版社,1990.155

法国在近代以来一直是欧洲汉学研究中心,对大乘佛教,特别是对汉传、藏传佛教的研究甚丰。

美国人对佛教的信仰始于19世纪末。二战后,日本佛教向美国传播,其中禅宗最受欢迎。

(2)现代伊斯兰文化

19世纪中叶以后,西亚伊斯兰国家和地区相继沦为西方的殖民地或附属国。伊斯兰出现了呼吁穆斯林在《古兰经》旗帜下抵抗殖民侵略的呼声,从而举起了伊斯兰复兴的旗帜。不断变化的社会现实,要求对传统的伊斯兰教义作出了新的解释,要求全世界穆斯林联合起来,维护伊斯兰的尊严和价值,抵御西方的霸权及其对伊斯兰的威胁。

阿富汗尼的泛伊斯兰主义:哲马尔丁·阿富汗尼(1838～1897年)倡导的泛伊斯兰主义由于有鲜明的反殖民主义的特点,它的产生成为现代伊斯兰文化兴起的标志。泛伊斯兰主义理论内容主要有三点:第一,要求伊斯兰世界统一,团结所有的穆斯林反对欧洲殖民主义。阿富汗尼认为泛伊斯兰主义意味着"友谊、团结、和解和互换大使"。① 第二,改革伊斯兰教,使伊斯兰教在新的历史条件下成为迎接西方文化挑战,反对欧洲列强的意识形态。第三,在反对殖民主义的同时,反对伊斯兰世界的封建专制主义。阿富汗尼是一位集大成的伊斯兰文化的大师。

伊斯兰社会主义的形成:伊斯兰社会主义理论的代表人物是希赫兹·拉赫曼·西赫瓦维,他明确提出,伊斯兰社会主义理论必须建立在伊斯兰教的基础上,必须以《古兰经》和伊斯兰教法义为

---

① 彭树智.从伊斯兰改革主义到阿提们民族主义.历史研究(北京),1951(3):170

指导。这就大体奠定了伊斯兰社会主义的理论体系。其主要内容如下。

第一,伊斯兰社会主义是主张社会主义、社会平等、走中间道路的社会主义。第二,认为"社会主义"、"社会平等"这些社会主义原则起源于伊斯兰教,并受到伊斯兰教的规范和指导。并认为《古兰经》是社会主义原则的核心。第三,既反对资本主义,也反对共产主义的走中间道路的社会主义。主张在维护生产资料私有制的基础上,通过"济贫"、"施舍"、互助合作来实现社会主义。

20世纪40年代末,伊斯兰"社会主义"成了"正义"、"平等"、"独立"、"解放"的同义语。一些政治活动家也举起了伊斯兰社会主义的旗帜。如:巴基斯坦的"国父"真纳(1876～1948年)在1948年就公开提出,巴基斯坦应把主张社会正义和人们的平等与兄弟情谊的那种"伊斯兰社会主义"作为立国的根基。到20世纪60年代,伊斯兰社会主义在埃及、叙利亚、伊拉克、阿尔及利亚等国家开始付诸实践。①

阿拉伯复兴社会主义:二战前中东已经兴起广泛阿拉伯民族主义,二战期间,在叙利亚又兴起了阿拉伯复兴社会主义。1940年由留学巴黎的大马士革中学教师米歇尔·阿弗拉克(1901～)和律师萨拉赫丁·比塔尔(1921～1980年)筹建阿拉伯复兴党。1946年在大马士革创办《复兴报》,1947年4月7日举行第一次党代表大会,并通过党章。他们反对资本主义,主张公正的理智的社会主义。这是一种建立在私有制基础上的以伊斯兰教义为灵魂的社会主义。②

---

① 金宜久主编.当代伊斯兰教.北京:东方出版社,1995.181～192
② 参阅:彭树智主编.世界史·现代史编(下卷).北京:高等教育出版社,1996.

(3)基督教的现代神学思潮

基督教神学思想中,影响较大的有新托马斯主义、新教的自由主义、新教统主义、福音主义与基督主义等。新托马斯主义亦称新经院主义,它渊源于中世纪托马斯·阿奎那的神学和经院哲学,是联系某些现代科学思潮而建立的神学哲学体系。其主要代表人物有:法国的雅克·马利丹(1882~1973年)、日尔松(1884~1978年)和瑞士的波亨斯基(1928~   )等。

新托马斯主义的特点:始终以上帝为最高原则,以上帝为一切事物的出发点和终结点。主要内容为:宣扬科学与宗教、理性与信仰的调和;教会的目的是把人引向上帝,但这并不等于教会对尘世的一切现实生活漠不关心;极力强调人对神的屈服,但又同时主张建立人道主义体系,主张宗教上对异端的宽容;反对马克思主义。

新托马斯主义影响了西方现代派文学和艺术,竭力表现上帝的光辉和启示,宣扬艺术家应有神学立场,而其文化观影响更深远。显然,西方文学艺术、哲学伦理,都从不同的角度,以不同形式体现了这些观点。[①]

随着亚洲民族的独立,亚洲国家的教徒掀起了教会独立运动,以摆脱西方教会的控制,实现教会民族化。在教会独立运动中,中国教会于1954年发起自治、自传、自养"三自爱国运动",后新教建立三自爱国委员会,天主教建立了爱国会,实现了教会的独立自主。

在非洲,基督教在圣职结构方面,培养了一大批黑人牧师担任圣职。1984年,非洲红衣主教乃·甘丁当选为梵蒂冈司法治安委员会主席和圣主教会议的负责人,这是来自第三世界国家人士所担任的最显赫的圣职。

---

① 参阅:中国大百科全书.哲学.北京:中国大百科全书出版社,1987.1024

19世纪末20世纪初,随着非洲人民的日益觉醒、民族的独立,"独立教会"运动在非洲迅速开展。二战结束时,非洲有800多个独立教会。至20世纪80年代,则发展到8 000多个,拥有2 200多万的教徒。[①]

神学思想的非洲化有深刻的意义,它是在反对种族压迫斗争中诞生的非洲神学,其主要观点是:多数非洲人处于一种不发达和依附的状态,而这是罪恶的,不能忍受的。因此,改造社会是教会和教徒的使命,故这一神学思想具有鲜明的民族性和政治色彩。

目前,拉美是世界上天主教徒最为集中的地区。面对世界新形势,天主教会不得不进行改革。1962~1965年举行的第二届梵蒂冈会议通过的一系列进行改革的文件,特别是《当前世界教会的主要宪法》文件,更是集中体现了罗马教廷主张社会改良的方针。

1968年8月,哥伦比亚举行第二届拉丁美洲主教会议。会上,激进派主张进行社会改革,指出"解放神学"理论。其创始人为秘鲁青年神学家古斯塔夫·古佚雷斯。古佚雷斯是秘鲁天主教大学教授,拉丁美洲主教理事会的神学家。他提出了人的三重解放,即第一步实现政治解放,第二步是个人在历史进程中的解放,第三步是人从罪恶中得到解放。[②]

"解放神学"反对帝国主义,主张改造社会,适应了拉美民族民主革命斗争的需要,有进步意义。同时,也对其他第三世界国家和地区的神学思想产生了积极影响。

---

① 参阅:雷雨田.论基督教的非洲化.西亚非洲.北京:中国社会科学出版社,1990(2):10

② 杨真.现代基督教神学透窥.参见:世界宗教研究(第1辑).北京:中国社会科学院出版社,1979.10

二、现代科学技术与文化交叉

1. 现代科学技术

(1)概况

世界现代科学技术革命突飞猛进,在以下几个方面,取得了巨大成就:相对论,原子结构和基本粒子的发现与量子力学,电子计算机的发明和控制论、信息论、系统论的创立,分子生物学,特别是核酸的分子结构和遗传密码的发现等。①

相对论。爱因斯坦(1879~1955年)是20世纪物理革命的先锋和杰出人物。1905年,年仅26岁的爱因斯坦提出了相对论(狭义相对论)。同年9月,他提出了物质的质量和能量相当性理论,认为物质的能量等于物质的质量乘以光速的平方,即$E=mc^2$。这一理论为核物理学奠定了基础。1915年爱因斯坦又建立了"广义的相对论",提出了宇宙有限无边模型,推动了宇宙学的发展。爱因斯坦的科学理论将人类对自然界的探索从宏观世界引向微观世界,从而引起了16世纪以来的第三次科学革命。爱因斯坦被誉为"20世纪的牛顿"。

量子论的起源和原子结构理论以及德国普朗克(1858~1947年)对作用量子的发现。作用量子的发现被约尔丹评价为"历史转折的标志"。1900年普朗克提出了"量子假说",这个假说是:能量辐射或吸收是以基本量子为单位的方式不连续进行的。他还引入了著名的普朗克常数h(当时定为$6.55×10^{-27}$尔格秒,目前为

---

① 刘欣大.世纪性的总结:科学技术是第一生产力.光明日报,1996-3-6

$6.6×10^{-27}$尔格秒)。① 普朗克提出的量子概念和随着建立起来的量子力学理论亦是一次自然科学的革命。波兰著名科学家居里夫人(1867～1934年)与丈夫比埃尔·居里合作,于1898年7月发现了放射性元素钋,同年12月又发现了放射性元素镭。对放射性的研究,使得居里夫人成为两次获得诺贝尔奖的人。②

电子计算机与横断科学——信息论、控制论、系统论。电子计算机是20世纪40年代最辉煌的技术成果之一,具有划时代的意义,目前已被广泛应用于国民经济、国防、科研乃至家庭日常生活各个领域。英国数学家图林(A. M. Turing 1912～1954年)是现代计算机设计思想的创始人。第一台电子计算机的主要设计者和制造者是美国的莫希利(J. W. Mauchly,1907～1980年)。1946年,美籍匈牙利人冯·诺伊曼提出了完整的存储程序和通用电子计算机EDVAC的逻辑设计方案(离散变量自动电子计算机)。

20世纪以来自然科学和社会科学发展呈现两种趋势:一方面,学科分工越来越细,形成了许多分支学科;另一方面,学科之间又相互渗透,相互交叉,综合化、整体化趋势日益明显,形成了若干横断科学。信息论、控制论和系统论就是突出的代表。

现代控制论的奠基人是美国数学家维纳。他于1894年出生在美国密苏里州的哥伦比亚。1948年他出版了《控制论》,该书的出版标志着控制论的诞生。

系统思想由来已久。战国时代秦人李冰主持修建都江堰水利工程就是系统思想指导下的杰作。德谟克利特的《世界大系统》著作是关于世界是一大系统最早的理论。亚里士多德提出的"整体大于部分和"的思想,后来成为系统论的基本原则。系统工程的实施

---

①② (英)贝尔纳著.历史上的科学.伍况甫等译.北京:科学出版社,1981.419,413

通常包括四项内容:系统分析、系统设计、系统运行计划和系统管理,最重要的是系统分析。一般系统论的发展主要体现在耗散结构理论和协同论上。普里高律(1917～   )首次提出了耗散结构理论,它是一门研究系统从混沌无序向有序转化的机理、条件和规律的科学。德国物理学家哈肯(W. Haken,1928～   )提出的"协同学"是系统论发展的又一重要标志。

生物工程与医疗革命:20世纪70年代,生物工程兴起,它主要包括遗传工程、细胞工程、酶工程和发酵工程四大体系,其中以遗传工程(基因工程)为核心。奥地利遗传学家孟德尔(1822～1884年)提出遗传因子系统。[①]1973年美国分子生物学家科恩和博耶成功地进行了DNA重组技术的试验,生物技术开始发展到应用阶段。

绿色革命通过选育良种,改进农业技术达到提高粮食产量的目的。20世纪以来,随着遗传学理论的发展和新技术的应用,通过选育良种使农业单产有三次较大突破,一是1930年美国培育出了杂交玉米新品种;二是墨西哥小麦的推广;三是菲律宾水稻的推广。

20世纪后,医学进入实验医学阶段。化学治疗和抗生素治疗有新的突破。1909年德国药学家艾利希研制出治疗梅毒的"606"新药。1928年英国细菌学家弗莱发现了青霉素的杀菌作用。1944年美国微生物学家瓦克斯曼发现了治疗结核病的特效药链霉素。接着氯霉素、土霉素等抗生素类药物相继问世。1980年美国首先发现艾滋病。世界卫生组织将1988年12月1日定为第一个"世界艾滋病日",攻克艾滋病是当代医学面临的艰巨任务。

---

① (德)W.普勒塞,D.鲁克斯主编.世界著名生物学家传记.北京:科学出版社,1985.246

现代科技领域：20世纪在现代天文学、现代地球科学、化学、汽车、飞机、航天技术、地学、石油、环境科学、材料技术、空间技术、海洋开发技术等主科学方面都取得了很大发展。世界近现代出现了1 424位科学专家。[①] 美籍中国物理学家杨振宁和李政道于1956年提出在弱相互作用中宇称不守恒理论，美籍中国物理学家吴健雄用实验为杨振宁和李政道的发现作出了验证。杨振宁和李政道获得了1957年诺贝尔物理学奖。1974年，美籍中国物理学家丁肇中发现了原子组成物质中的一种新粒子——丁粒子。崔琦获得1998年诺贝尔物理学奖，他是继杨振宁、李政道、丁肇中、李远哲、朱棣文之后，得此殊荣的第六位华人。[②] 他们对现代科学研究都作出了重大贡献。

20世纪中国也涌现出一批有世界声誉的科学家，他们之中有竺可桢、华罗庚、李四光、童第周、王淦昌、陈省身、吴健雄、袁家骝、贝聿铭、高锟、王安、茅以升、钱学森等人，他们都为现代科学作出了巨大的贡献。

20世纪科学技术的杰出成就及其对经济增长和社会发展的强烈辐射与全面渗透是人类有史以来最为辉煌的文化景观。20世纪辉煌的科学成就，改变了人类历史的发展进程。

(2)特点

现代科学技术的发展具有如下几个特点。

△ 系统的革命，重大的突破：20世纪科技取得了惊人的进步，出现了一系列革命，比如物理学革命、能源革命、信息革命等。总之，20世纪科学技术处在革命与突破性进展状态。20世纪可以称为科学技术革命的世纪。

---

① 参阅：刘志著.科学技术史新论.沈阳：辽宁教育出版社，1988.410
② 石河.崔琦获得诺贝尔物理奖之后.光明日报，1998-10-16

△ 从分散走向整体,现代科学日益趋向高度的专业化和高度综合的整体化。

△ 科学研究规模越来越大:在20世纪,大量的科学研究工作从分散的单纯个人活动转化为社会化的集体活动,出现了所谓"大科学"。研究活动规模越来越大,发展到企业规模、国家规模,甚至国际规模。如美国的"曼哈顿计划"、"阿波罗计划"。

△ 科学技术中心的转移。20世纪20年代,世界科学发展中心在德国。经过两次世界大战,特别是第二次世界大战以后,德奥两国就有2 000名科学家移居世界各地,其中大部分到美国。美国取代德国,成为世界科技发展中心,苏联的科技水平这时亦逐步达到世界先进水平。

△ 科技与军事,科技与人民生活关系更为密切。它使人进一步认识到,没有科学技术的现代化,就没有工业的现代化和国防的现代化。科学技术渗透到人民的衣、食、住、行、教育等领域,为人类造福,这大大缩小了工农差别、城乡差别、体力劳动与脑力劳动的差别。

(3)中国面临的机遇和挑战

新中国成立后,在数学、物理学、生物科学、原子能技术等方面取得了一系列成就。

数学。华罗庚和陈景润在数论方面取得了很大成就。华罗庚系统地发展了三角和方法,创造性地将分析代数几何融为一体,还创立了优选法和统筹法两门应用数学分支学科。陈景润在哥德巴赫猜想方面也作出了重大的成绩,其成果被誉为"陈氏定理"而载入了数论专著中。杨乐、张广厚在函数值分布论的研究中,则创立

第十四章 现代世界文化

了"杨张定理"。①

物理学。中国在固体物理、核物理、高能物理、光学、声学、超导等方面的理论研究和实验工作都取得了可喜的成果。1965年,中国高能物理学工作者提出强子结构的层子模型,从而于20世纪70年代首次找到了胶子的存在;在超导电性研究领域中,中国最早用液态氨获得了绝对温度在100度以上的超导体。

生物化学。1965年,中国成功地合成了整分子结晶牛胰岛素,这是世界上第一个人工合成的蛋白质。20世纪80年代,又首次成功地合成了具有世界先进水平的人胰岛素原C肽。

地学。中国著名地质学家李四光(1887~1971年)独创了地质力学的完整理论体系。

原子能技术。1964年10月16日,中国试爆了第一颗原子弹,1967年成功地爆炸了第一颗氢弹。在原子核能的和平利用方面,中国建造了世界上屈指可数的多功能原子核反应堆装置,并自行设计了第一座原子能发电站。中国已经以拥有核能技术的强大实力步入国际原子能技术先进行列中。

空间技术。1970年中国成功发射了第一颗人造地球卫星。继美、苏之后,中国第三个掌握了卫星回收技术,并且是继美国、苏联、法国之后,第四个掌握"一箭三星"技术的国家,这标志着中国已进入世界运载技术的先进行列。

电子计算机。1958年,中国第一台电子数字计算机诞生。1984年,国防科学技术大学研制出每秒1亿次的"银河"计算机,目前其运算速度已达每秒100亿次。

---

① 纪素珍,田力著.中外科技史概要.北京:中国人民大学出版社,1991.251~260

激光技术。1961年,长春光机所研制成功第一台红宝石激光器,表明中国激光技术已步入世界的先进行列。现在,激光技术已广泛运用于工业、农业和医学等领域,发挥了巨大的作用。

20世纪80年代以来,中国在科学技术方面确实取得了进步。但与世界上科技先进的国家相比,中国的科技水平还很落后。1977年,邓小平即指出"同发达国家相比,我们的科学技术与教育整整落后了20年。科研人员,美国有120万,苏联有90万,我们只有20多万"。①100多年前,马克思提出科学技术是生产力。1988年邓小平明确指出"科学技术是第一生产力"。②20世纪80年代以来,我们在科技上取得不小的进步。我国科技竞争力的国际排名上升,根据最近瑞士洛桑国际管理学院公布的1998年"国际竞争力报告"的主要评估结果,在洛桑国际竞争力评价中,中国科学技术近年升幅较大,从1996年的第二十八位上升到1997年的第二十位,再上升到1998年的第十三位。③

2. 关于"两种文化"

英国著名科学家和作家查尔斯·帕希·斯诺(C. P. Snow, 1905~1980年)1959年在剑桥大学的演讲《两种文化》中指出,现在社会实际存在着相互对立的两种文化,一种是文学知识分子代表的人文文化,另一种是科学家(特别是有代表性的物理学家)代表的科学文化。"二者之间存在着互不理解的鸿沟——有时(特别是在年轻人中间)还互相憎恶和厌恶,当然大多数是由于缺乏了解。他们都荒谬地歪曲了对方的形象。"斯诺的重要贡献,就在于为

---

① 邓小平文选(第2卷).北京:人民出版社,1994.40
② 邓小平文选(第3卷).北京:人民出版社,1993.274
③ 刘敬智.我国科技竞争力的国际排名上升.光明日报,1998-7-28

现代社会文化的整体性和历史性研究,提供了新的视野。[①]

斯诺在分析两种文化分裂的严重性时,强调了两点。第一,西方的传统文化与现代人文文化在科学文化的关系上十分相似,它们都是与科学文化相分离甚至是相对立的。第二,现代西方文化不等同于科学文化,因为它还应包含与科学文化相分离的人文文化。他分析了构成两种文化分裂的原因,除了哲学和社会历史背景原因外,斯诺强调,最主要的是"对专业化教育的狂热推崇"和"社会模式僵化的倾向",我们总希望能在某一领域达到深入的境界,并认为专业化教育是最有效的捷径。我们也总认为社会模式将一成不变发展下去,而这却是思想保守的倾向。他说,"所有这一切只有一条出路,就是重新考虑我们的教育。"[②]

两种文化给人类带来损失。正如米兰·昆德拉指出:"科学的兴起把人推入一条专门化训练的隧道。人越在知识方面有所进展,就越看不清作为一个整体的世界,看不清他自己,于是就进一步陷入……存在的遗忘。"[③]

斯诺的观点起很大反响,学术界意识到的确存在两种文化,并研讨如何来填补它们之间的鸿沟。例如美国当代著名的文化人类学家路丝·本尼迪克特认为人类文化有两种模式:日神阿波罗文化,代表秩序和控制;酒神狄奥尼索斯文化,代表激情和本能。日神象征光明和理性,包括强调理解、认识世界的科学理性和强调操纵、改造世界的技术理性,与科学有关。酒神象征直觉、感情、诗性和宗教信仰的力量,与人类文化相关。[④]

---

①② (英)C.P.斯诺著.两种文化.纪树立译.北京:三联书店,1994.1~4.
③ 米兰·昆德拉著.小说的艺术.北京:作家出版社,1992.2
④ 胡显章,曾国屏主编.科学技术概论.北京:高等教育出版社,1998.456

3. 两种文化的交叉

著名科学家钱学森曾说过:"本世纪(20世纪)末到下一世纪(21世纪)初将是交叉科学[①]时代。"交叉科学群的崛起,不仅是科学自身发展的内在要求,更是社会实践的迫切需要。

随着人类进入科技、经济、社会、教育密切交叉渗透的交叉科学时代,科技交叉跨学科发展的趋势与规律研究已成为当代科学研究的最重要任务之一。1970年9月7~12日在法国尼斯大学召开了首届交叉学科问题国际学术研讨会,标志着交叉学科的产生。1976年国际《交叉科学评论》杂志创刊。进入20世纪80年代更有多部交叉学科研究的专著问世,交叉学科目前已成为国外新兴热门学科之一。

(1)"交叉学科"的概念

"交叉学科"一词英语为interdisciplinary。《英汉辞海》解释为:"各学科之间的,多学科的,以两个或两个以上的学科或研究领域的参与与合作为特征的。"

交叉学科最早出现于20世纪20年代的纽约市,最早公开使用"交叉学科"一词的是哥伦比亚大学著名心理学家吴多士。1937年,《新韦氏大辞典》和《牛津英语辞典补本》首次收入"交叉学科"一词。

广义的交叉学科包含的含义主要有:它是打破学科壁垒,把不同学科理论或方法有机地融为一体的研究和教育活动。国际上将交叉学科科研称为IDR,将交叉学科教育通常称为IDE或整合教育。

从专业内容上看,交叉学科指包括众多的学科在内的学科群,

[①] 交叉科学,英文为interdisciplinary,有的译为"跨学科"。

涉及自然科学、社会科学、人文科学、工程技术等领域。交叉科学，即interdisciplinary science。钱学森在题为《交叉科学：理论和研究的展望》的讲话中指出："交叉科学就是指自然科学和社会科学相互交叉地带来生长的一系列新生学科。……一个对我们祖国、民族负有深深的责任感的科学家，必然要考虑社会科学和自然科学的交叉关系领域里的问题。"①《交叉科学学科辞典》收入的有影响的交叉性学科即达800多门。

(2) 类型

交叉学科大体可分为六种类型。

比较学科：比较学科是以比较方法作为主要研究方法，对具有可比性的两个或两个以上的不同系统进行研究，以探索各系统运动发展的特殊规律及其共同一般规律的科学。

边缘学科：主要指二个或三个学科相互交叉、渗透而在公共边缘地带形成的学科。如社会心理学、哲学经济学、技术美学、地球化学等。

软学科：以管理和决策为中心问题的高度综合性、智能性学科。

超学科：如哲学等。

另外，还包括综合学科和横断学科（如控制论、系统论及信息论）等。

(3) 现代交叉学科运动与交叉学科学的发展

现代交叉学科运动发展大致经历了三个历史时期，第一时期，是从第一次世界大战到第二次世界大战，它以一些初级阶段的讨论为主要特性；第二时期，是从第二次世界大战到20世纪60年代

---

① 李光,任定成主编．交叉科学导论．武汉：湖北人民出版社出版,1989.33

后期,出现了一些涉及面比较广、影响较大的交叉学科活动;第三时期,是从20世纪70年代末到现在,一些专门性交叉学科活动脱颖而出,形成"交叉学科学"新的研究领域,与前两个时期相比,产生了量和质的飞跃。例如:自然科学对哲学社会科学的发展即产生了积极影响:哲学社会科学的发展,始终与自然科学的发展密切相关。由于现代自然科学是关于自然界物质运动规律的科学;哲学则是关于整个世界物质运动规律的科学。"随着自然科学领域中每一个划时代的发现,唯物主义也必然要改变自己的形式。"[①]

现代自然科学创造了具有一般方法论属性的系统论、信息论、控制论、耗散结构论、协同论、突变论。这些理论也日益被应用到哲学、社会科学研究中,逐渐成为适用于自然科学与社会科学的横断科学。自然科学的发展,还给社会科学研究提供了一些先进的技术手段,使社会科学研究出现了技术化的趋势。

另外,科学革命与社会革命的产生,对交叉科学的发展也产生巨大影响。当今世界发展,资本主义生产关系得以调整,各国经济发展与世界市场经济更紧密地联在一起。"世界已逐渐形成了一个大社会,哪一个国家也不能闭关自守,闭关自守只会落后。世界一体化,经济、文化交往频繁,另一方面,国家政体不同,有资本主义国家,还有社会主义国家。"这种"世界社会形态"是一种过渡性的社会形态,是为实现共产主义社会,走向世界大同奠定物质、精神、文化的坚实基础。[②]

两种文化的交融是时代的需求和未来的趋势。20世纪中期,随着科学技术的迅速发展,引起人们生活方式、思维方式和价值观念的变化。然而人们也看到科学技术不是万能的,许多问题单靠科

---

① 马克思恩格斯选集(第4卷).北京:人民出版社,1972.224
② 钱学森著.科技革命与社会革命.北京:哲学研究,1993(12):20~28,42

学技术是解决不了的。为了人类生存和未来的命运,必须关怀人类的终极价值,在发展科学技术的同时,也要重视人文科学。爱因斯坦说得好:"我们的问题不能由科学来解决,而只能由人类自己来解决","如果你们想你们的一生工作有益于人类,那么,你们只懂得应用科学是不够的。关心人本身,应当始终成为一切技术上奋斗的主要目标;关心怎么组织人们劳动和产品分配这样一些尚未解决的重大问题,用以让我们科学思想的成果去造福于人类而不致于成为祸害"[①]。正因为科学技术与社会事业密切联系,因此在学术界出现了专门研究科学技术与社会之间各种关系的学科,即科学技术与社会(STS)。STS 是 20 世纪 60 年代末 70 年代初诞生的一个新的研究领域,它以科学、技术、社会之间的相互关系为研究对象,不仅从历史、经济、哲学、文化与社会等专门角度研究科学技术,而且从科学技术的角度研究社会的科学技术。目前,STS 的研究和教育在我国与世界许多国家已建制化。STS 的研究和教育正在科学文化和人文文化之间架起桥梁,促进两种文化融合,加速交叉科学精神的发展。这样,两种文化的对立将会逐步减少,时代需要的是充满科学精神的人文文化和充满人文精神的科学!

4. 迎接知识经济的新时代

21 世纪人类将进入知识经济时代。知识经济不仅改变着世界经济结构,也改变着传统观念。在农业经济时代,人们希望占有土地;在工业经济时代,人们希望拥有资本;在知识经济时代,掌握知识成为人们的追求。什么是知识经济?联合国研究机构在《以知识为基础的经济》的报告中指出,知识经济是建立在知识和信息的生产、分配和使用之上的经济。其主要标志为:以知识、智力为经济发

---

① 胡显章,曾国屏主编. 科学技术概论. 北京:高等教育出版社,1998.456

展的关键要素,并如同劳动力和生产资源一样直接存在;在经济生产发展过程中,知识可以形成产业经济,即以高科技产业为标志的产业化经济。[1] 人类的未来和国家的繁荣比任何时候都更加依赖于科技人才培养和科技知识的应用。创新是一个民族的灵魂,是国家兴旺发达的不竭动力。知识经济更加强调知识创新。知识创新的目的是追求新发现、创造新规律、创造新方法、积累新知识。创新要具有交叉学科的素质和能力。知识经济、科技、信息、网络一体化就是文化、知识经济的双向运动和交叉生长。自然科学技术与人文社会科学,是连接在知识经济时代前进列车钢轴上的两个车轮,离开其一,知识经济就会失去平衡。正如爱因斯坦所说,"科学虽然伟大,但它只能回答世界是什么的问题。应当如何的价值目标,却在它的视野和职能之外。"[2] 古今中外,所有卓越的科学家大都具有很高科学素质和人文社会科学素质,这是知识经济的要求,亦是时代发展的必然趋势。

三、现代史学、文学与艺术

1. 现代西方史学

进入20世纪后,尤其是两次世界大战后科学技术的迅速发展,史学需要对人类的过去和前途作出新的解释与探索,出现了许多新的流派和新的观点。

(1)文化形态学派

文化形态学,又称历史形态学、文化形态观,它试图通过比较

---

[1] 秦言著.知识经济时代.天津:天津人民出版社,1998.1
[2] 许良英等编译.爱因斯坦文集.北京:商务印书馆,1979.3

多个文化的兴衰过程,揭示其不同的特点,以分析、解释人类历史的发展进程。其首倡者是德国的文化史学家斯宾格勒与英国文化史学家汤因比。

斯宾格勒(1880～1936年)于1918年发表《西方的没落》。《西方的没落》被证明为20世纪前半个世纪中社会科学、历史哲学与德意志哲学的一部最有影响力的大作。斯宾格勒认为世界历史上共存在过8种自成体系的文化,即埃及文化、巴比伦文化、印度文化、中国文化、古典(希腊罗马)文化、玛雅文化、西亚与北非的伊斯兰文化和西欧文化。每种文化都有其基本特征,都需经历青春生长、成熟、衰老直到死亡的生命周期。他还认为西欧文化是世界上唯一还有生命力的最优越的文化,但毕竟也要遵循同样的轨道,最终难以逃脱死亡的归宿。斯宾格勒预测西方文明于2200年以后瓦解。

总的看来,《西方的没落》的基调是悲哀的,斯宾格勒的预见与第一次世界大战所导致的西方社会的种种弊病相结合,道出了当时西方人对自己的前途所感受到的深深忧虑与悲观情绪,同时也反映了德国黩武主义在军事冒险失败时的绝望心理和没落情绪。

斯宾格勒以后,继承与发展其文化学理论的,首推英国历史学家汤因比。

阿诺德·汤因比(1889～1975年)代表作《历史研究》为12卷本的巨著,于1961年出版。

汤因比认为,在人类文明发展的近6 000年的历程中,曾出现过26个文明,它们是:西方基督教文明、拜占庭东正教文明、俄罗斯东正教文明、伊朗文明、阿拉伯文明、印度文明、中国文明、朝鲜与日本文明、希腊文明、叙利亚文明、古代印度文明、古代中国文明、米诺斯文明、苏美尔文明、赫梯文明、巴比伦文明、埃及文明、安第斯文明、墨西哥文明、于加丹文明、玛雅文明和5个停滞发展的文明：玻里尼西亚文明、爱斯基摩文明、游牧文明、鄂图曼文明、斯巴达文明，共为 26 个文明。迄今大部分文明已经灭绝，目前，世界上只存在 5 种文明，即西方基督教文明，东南欧、俄罗斯东正教文明，北非、中近东和中亚的伊斯兰教文明，印度文明以及中国文明，朝鲜日本的远东文明。每种文明之间具有一定的历史继承性，各个文明虽出现有先后，存在有长短，但只要处于同一发展阶段，就可视为处于同一时代，其价值相等，都可进行比较。①

汤因比把生物学的发展规律移入到文明形态的研究中，认为各文明形态都要经历起源、生长、衰落、解体这四个连续发展的阶段。他还提出文明发展于"挑战与应战"。在人类文明发展过程中，挑战与应战是相互作用的，一个文明的社会如果能够成功地应付来自环境的挑战，那么它就可能走向繁荣，反之则导致衰落与灭亡。对于挑战，要积聚更大的力量去应对，从一次成功走向另一次新的应战，以此方式有节奏地前进，以致无穷。②

文化形态学派的代表作品还有美国历史学家兼政治家的爱德华·伯恩斯和菲利普·拉尔夫合著的《世界文明史》，美国历史学家威廉·麦克尼尔的《西方之兴起》以及美国政治学家亨廷顿的《文明的冲突》等。

(2)分析的历史哲学

分析、批判的历史哲学是在对 19 世纪的实证主义史学严格的审视和毫不留情的批判的基础之上诞生的。其先驱者是意大利历史哲学家贝奈德·克罗齐(1866～1952 年)和英国历史哲学家乔治·罗宾·柯林伍德(1889～1943 年)，他们的代表作分别为《历史学的理论与实际》(1915 年)和《历史的观念》(1946 年)。

---

①② （英）汤因比著.历史研究.曹未风等译.上海：上海人民出版社,1986.67,453

克罗齐认为历史即哲学,在他看来"哲学就是他的历史,或者说,历史就是他的哲学"①。他还认为"一切历史都是当代史"。柯林伍德更多地从历史学的角度去看待历史哲学,提出"一切历史都是思想史"。②认为历史就是史学家在自己的心灵中重演他所要研究的过去的历史事实背后隐藏的思想。

克罗齐与柯林伍德对历史学的性质、对象、历史思维的特点、史学的功能与价值等方面的见解都有独到之处,但他们否定对历史客观规律的探讨,看不到思想背后更深刻的性质动机。

(3)年鉴学派

在现代西方史学界颇有影响的年鉴学派,第一代的代表人物有吕西安·费弗尔(1878~1956年)、马克·布洛赫(1886~1944年);第二代有费尔南·布罗代尔(1902~1985年)等人;第三代的雅克·勒高夫等人的理论与方法则是多方面和多元化的。

第一代年鉴学派史学家的观点有:提倡"全面的历史"(亦称"整体史学"或"综合史学"),主张扩大史学的研究范围;提倡打通史学与社会科学,采用多种研究方法。布洛赫的《欧洲社会历史的比较研究》即是其中有代表性的作品。

第二代著名的年鉴史学家布罗代尔于1958年《历史与社会科学:长时段》中提出"三种时段"理论。布罗代尔将历史时间分为三种,称为"三种时段说",分别表示三种不同层次的历史运动。一是变化非常缓慢的自然史时期,即"长时段"。二是节奏相对缓慢,具有周期性变化的社会史时间,即"中时段"。三是瞬息即逝的政治史

---

① (意)克罗齐著. 历史学理论与实际. 傅任敢译. 北京:商务印书馆,1982.249
② (英)柯林伍德著. 历史的观念. 何兆武等译. 北京:中国社会科学出版社,1986.243

时间,即"短时段"。① 布罗代尔发展了年鉴学派的总体史观,提出进行交叉学科研究。第二代年鉴史学家比较注意对人民群众和文化史的研究。

第三代是年鉴学派发生重大转变的时期。由于出现新史学思想的冲击与年鉴学派内部的分裂,后来学者称这阶段的年鉴学派为"年鉴-新史学派"或"新史学派"。

(4)新史学

二战后,当代西方"新史学"(又称社会科学史学)兴起,西方史学发生了重大的概念变化,史学研究方法亦有演进。各种史学流派兴起,如年鉴派、社会史派、心理史学、精神史学、结构主义史学、历史人类学、计量史学、大众史学、比较史学、追溯考古学、地理文化史学、交叉学派史学、新经济史、新社会史(包括人口史、家庭史、妇女史、社区史)等。这些史学流派与旧的传统史学差距甚大,故统称为"新史学"。

新史学与传统史学的差异。首先表现在史学概念的变化方面,这主要体现在"历史是什么"和"历史学是什么"这两个基本概念上。传统史学研究的重点是政治事件与上层文化,新史学认为历史就是以往人类的全部活动,它包括人与自然、人与社会、人的心理与情感等方面的关系。因此,历史研究还应研究普通人所想的和所做的。在历史学写作方法方面,传统史学是一种记叙与归纳性的描述,新史学则是一种分析性的叙述。其次,二者于史料的概念和运用方面存在不同:传统史学在政治史研究范围内占有史料优势,而新史学在某些研究领域中却缺乏史料(如心理情绪史、精神史等),因此新史学更重视开辟史料资源,如口述材料、报刊资料、建筑造型、私人日记等都是重要材料。

---

① 参阅:何兆武、陈启能著.当代西方史学理论.北京:中国社会科学出版社,1996.519

新史学研究方法。一是把历史科学与其他科学相结合,产生了新的边缘学科和综合研究。例如历史与经济学、医学、人口学、科技发展史等相结合而形成历史经济学、历史医学、历史人口学、科技发展史学等。二是从描述性学科向实验性学科转化,走上了运用理性假设和计量史学的道路。最后,为了建立更严密的论证体系,新史学将数理统计方法与电子计算机运用于历史研究。

西方现代新史学思潮的形成,经历了半个多世纪。新史学对于历史学的最大贡献是丰富了历史学的思维,扩大了历史学的研究领域,并增加了分析法取代狭窄的史料注释,为直接服务于社会提供了可能性,同时为历史科学自身的科学化与现代化创造了条件。不过,其理论与方法仍有相当的局限性。

2. 现代文学

(1)现实主义传统与现代派的兴起

现代文学,反映了现代历史发展的广度、深度和曲折的过程,反映了不同国家民族和阶层的心态。现实主义传统是现代文学发展的主流之一,与此同时,西方资本主义也兴起了"现代派"文学。

20世纪之初,欧美文学巨人都是那些从19世纪就已享有盛名的跨时代的作家。老一辈现实主义作家如英国的萧伯纳、法国的罗曼·罗兰、美国的马克·吐温、德莱塞、俄国的列夫·托尔斯泰等,经过第一次世界大战与十月革命后,加深了对战争、革命的认识,他们写出了伟大的作品。如:罗曼·罗兰的长篇小说《母与子》、历史剧《罗伯斯庇尔》、回忆录《内心旅程》等;萧伯纳的著名剧本《伤心之家》、《苹果车》、《搁浅》,揭露了英国社会的衰败腐朽和资产阶级民主的虚伪性;德莱塞的代表作《美国的悲剧》则标志着美国现实主义文学发展的高峰。

在现实主义的文学发展史上,从世界文化的范围上看,高尔基、鲁迅、罗曼·罗兰、法朗士、郭沫若、萧伯纳、曼氏兄弟、布莱希特、德莱塞、泰戈尔、聂鲁达、宫本百合子、小林多喜二等都是杰出的文学巨匠。

西方"现代派"（或称"现代主义"文学派）是一种否定传统的现实主义，追求"创新"的资产阶级文学流派。现代派文学在19世纪末和20世纪初曾包括颓废派、先锋派、表现主义等重要流派，后来又有迷惘的一代、垮掉的一代、黑色幽默、荒诞派戏剧、未来主义、达达主义、超现实主义、意识流、意象主义、存在主义等。意识流小说的创始人英国的乔伊斯(1882～1941年)著有《尤利西斯》，法国的普鲁斯特(1871～1922年)的《追忆逝水年华》，奥地利的表现主义作家卡夫卡(1833～1924年)的代表性的三部长篇小说为《美国》、《审判》、《城堡》（均未完成），有人把他们及其作品推为"现代派"的杰出的代表。卡夫卡是现代派文学的鼻祖。[①]

现代派文学有几个明显的特点。第一，有描写非英雄的倾向。这标明西方文化已由崇拜英明领袖的时代过渡到了自我崇拜和自我鄙视的时代。第二，现代派文学中大量地表现人的痛苦、空虚、焦虑和孤独感。第三，现代派文学作品的结构与传统的现实主义作品不同。如意识流小说的叙述不是按时间进展直线前进，而是随着人的意识活动，通过自由联想来组织故事。第四，现代派文学反映了新的现实和新的价值观念。例如未来主义认为，现代大都市、机器文明、速度与竞争已构成时代的主要特征。文学作品应反映新的现实，"歌颂进取性的运动"与"机器文明"，歌颂资本主义都市"繁荣"的生活，赞美"速度的美"和"力量"，展示人的意识的冲动。

老一辈现代派作家有法国的纪德、普鲁斯特，意大利的皮兰德罗、邓南哲等。安德烈·纪德的《梵蒂冈的地窖》、《伪币犯》等小说，

---

① 中国大百科全书·外国文学．北京：中国大百科全书出版社，1982.506,1196

曾荣获诺贝尔文学奖。

新一代的现代派作家较重要的有英国的乔伊斯、伍尔芙、劳伦斯、艾略特,美国的海明威、福克纳和奥地利作家卡夫卡。海明威和福克纳是"迷惘的一代"中的代表人物。海明威是美国现代文学中地位最高的作家。他参加过第一、二次世界大战,对战争和资本主义制度持否定态度。他的重要作品有《永别了,武器》《太阳照样升起》、《战地钟声》、《老人与海》等,影响极大。威廉·福克纳的代表作是《喧嚣与愤怒》,这部小说描写了美国一个败落家庭的变态心理。海明威和福克纳都曾获得诺贝尔文学奖金。西方现代派文学,是西方现实社会的反映,对这类作品,不能简单地看作资产阶级的腐朽没落的产物,而应对作家和作品进行具体的客观的分析。

二战后在西方文坛影响较大的现代主义文学流派有存在主义文学、荒诞派戏剧、新小说派、垮掉的一代和黑色幽默小说等。

存在主义文学形成于20世纪30年代的法国,鼎盛期在20世纪四五十年代,60年代开始衰落。萨特(1905~1980年)的长篇小说《恶心》和加缪(1913~1960年)在1942年出版的小说《局外人》、《鼠疫》可谓是存在主义的奠基之作。1957年,加缪获得诺贝尔文学奖。战后初期,萨特创作了《死无葬身之地》、《可尊敬的妓女》等,这些作品通过戏剧的表演而传遍欧洲,展示了当代欧洲人面临的社会问题和普遍的忧虑,具有强烈的现实感。

荒诞派戏剧重要作家及作品有爱尔兰贝克特(1906~1989年)的《等待戈多》。《等待戈多》是贝克特最重要的作品,也是荒诞派戏剧的经典之作。荒诞派戏剧家通过剧作来揭示人与人、人与物、人与自我、人与世界等各方面存在状态的荒诞性。贝克特于1969年获得诺贝尔文学奖,同时,他被公认为荒诞派戏剧的领袖。

"垮掉的一代"是出现于20世纪50年代美国的文学流派。杰克·凯鲁亚克(1922~1969年)的小说《在路上》(1957);金斯堡

(1926～　)的诗集《嚎叫及其他》等是其最具代表性的作品。

黑色幽默是兴起于20世纪60年代的美国小说文学流派,取名于美国作家弗里德曼主编的一部短篇小说集《黑色幽默》。约瑟夫·海勒(1923～),美国当代著名作家,"黑色幽默"小说的重要代表人物。他的代表作长篇小说《第二十二条军规》被认为是20世纪60年代美国最佳小说,被反越战的一代青年奉为经典,是欧美大学文科学生的必读书。"黑色"的内涵是绝望、恐怖、残酷和痛苦,人们面对这一切,却无法避免,无可奈何,只能发出玩世不恭的苦涩的笑,即所谓"黑色幽默"。

欧美现代主义文学是对西方社会生活和精神生活的曲折反映。它一方面表现了现代西方人的精神危机,另一方面也体现出对西方传统文化的批判精神。在艺术技巧上,为文学艺术的发展作出了重要的贡献。①

(2)苏联文学

苏联社会主义现实主义的奠基人是马克西姆·高尔基(1868～1936年)。革命前,高尔基发表了《海燕之歌》和小说《母亲》,革命后,他又写出了不朽的著作《我的大学》、《阿尔塔莫诺夫家的事业》、《克里木·萨姆金的一生》等。

弗·马雅可夫斯基(1893～1930年)和杰米扬·别德内依是杰出的苏联诗人。马雅可夫斯基的长诗《列宁》、《好!》、《向左进行曲》,给人们以热情的鼓舞。诗人对中国人民的革命斗争给予深切的同情和支持,创作了《滚出中国》(1924年)、《致中国的照会》(1924年)、《最好的诗》(1927年)。别德内依的鼓动诗如《关于土地、自由和工人的命运》,描述了农村青年在布尔什维克思想影响下,逐步走上革命道路的过程。

---

① 朱维之,赵澧主编·外国文学史(欧美卷)·天津:南开大学出版社,1996.561

苏联社会主义革命和建设时期,绥拉菲莫维奇的《铁流》、弗定的《城与年》、卡达耶夫的《时间呀,前进!》、法捷耶夫的《毁灭》、革拉特科夫的《水泥》、潘菲洛夫的《磨刀石农庄》、克雷莫夫的《油船德宾特号》、肖洛霍夫的《静静的顿河》和《被开垦的处女地》等,都从不同的角度描写了世界第一个社会主义国家的诞生和成长。其中《静静的顿河》在世界文学史上有较大影响。中国作家刘白羽评论说:"如果说《战争与和平》是旧时代俄罗斯的百科全书,《静静的顿河》则是新时代俄罗斯的百科全书。前者是通过贵族点燃俄罗斯民族灵魂的火炬,后者是通过人民点燃俄罗斯民族灵魂的火炬的,两者在艺术上都是辉煌的。"①

奥斯特洛夫斯基的《钢铁是怎样炼成的》,塑造了一个献身革命和建设的优秀青年保尔·柯察金形象。小说对苏联及世界各国进步青年都产生了十分积极的影响。

(3)亚非拉文学

亚非拉这块古老的神圣的大地,曾饱受西方帝国主义的奴役。然而,在十月革命的炮声中,伟大的亚非拉民族开始觉醒了。古老的文化传统结合新的民族解放、科学民主和社会主义内容涌现了一批著名的作家。现代亚非拉文学的主要特点为:主要体现的是反帝反封建的精神;其次是无产阶段文学的出现。这一时期亚非拉杰出的作家亚洲有:中国的鲁迅、郭沫若、茅盾、巴金,印度的泰戈尔、普列姆昌德、安纳德,斯里兰卡的魏克拉玛辛诃,土耳其的希克梅特,伊朗的赫达亚特,印尼的马尔戈、普拉姆迪亚,缅甸的德钦哥都迈,越南的阮公欢,泰国的西巫拉帕,朝鲜的李箕永、李虎、李赤晚、宋影,日本的小林多喜二、藏原惟人、德永直、川端康成、井上靖、叶山嘉树、宫本百合子。阿拉伯、非洲有:埃及的塔哈·侯赛因、泰穆

---

① 刘白羽·谈艺日记四则·光明日报·1989-7-23

尔兄弟和诗人邵基,阿拉伯的纪伯伦,塞内加尔的乌斯曼,莫桑比克的桑托斯。独立后的非洲大陆迄今已有三人获得诺贝尔文学奖。他们是:尼日利亚的沃尔·索因卡(1986年),埃及的纳吉布·迈哈福兹(1988年)和南非作家——反对种族歧视的文学勇士纳丁·戈迪默(1991年)。[①]拉丁美洲有:古巴诗人纪廉,智利诗人聂鲁达等。20世纪60年代,拉丁美洲文学有新的发展,涌现出小说流派"魔幻现实主义"。魔幻现实主义是植根于拉美本土的文学流派,独特的民族文化传统、苦难的民族斗争史和丑恶的社会现实是其产生的土壤,而反独裁政治是其作品所集中反映的最重要的主题。马尔克斯代表作《百年孤独》(1967年)是魔幻现实主义文学最重要的作品。《百年孤独》一书被喻为"可与西班牙古典名著《堂·吉诃德》相媲美"的伟大作品。[②]

  魔幻现实主义作家,除马尔克斯外,还有危地马拉作家阿斯图利亚斯,其代表作有《总统先生》(1946年)、《玉米人》和三部曲《强风》、《绿色教皇》、《被埋葬者的眼睛》,阿根廷作家路易斯·博尔赫斯,古巴作家阿莱霍·卡·彭佚尔,前者的代表作是《交叉小径的花园》,后者的代表作是《方法的根源》,他俩与阿斯图利亚斯一起被称为"拉丁美洲三大魔幻现实主义文豪"。其中阿斯图利亚斯是魔幻现实主义作家中第一位摘取"诺贝尔文学奖"桂冠的人。

  当代拉丁美洲文学是丰富多彩的,在国际文坛受到高度赞赏,1945年至今,已先后有四位拉美作家荣获诺贝尔文学奖。上述诸作家的作品各放异彩,推动了世界文化的发展。

---

① 季羡林主编.东方文学史(下册).长春:吉林教育出版社,1995.1092
② 金重远主编.战后世界史.上海:复旦大学出版社,1996.459

3. 现代艺术

(1) 现代美术

西方的现代艺术派绘画流派众多,创造了层出不穷的艺术世界。19世纪的欧洲,在艺术上曾出现过新古典主义和浪漫主义的艺术思潮,后来印象派艺术成为欧洲艺术的主要思潮。

20世纪初从印象派开始,欧洲涌现出影响较大的画派有:野兽派、立体派、未来派、表现派、达达派、超现实派、抽象派以及二战后出现的活动派和照相现实主义派等。这些流派构成了西方绘画领域的现代派。现代派艺术的共同倾向是:由具体走向抽象,绘画意境的追求与新科学的发展紧密结合,趋向于反映现代人悲剧处境,在形式与手法上有创新,与实用结合。

印象派:印象派兴起于法国,因莫奈创作的《日出的印象》而得名。后期印象派塞尚(1839~1906年)、凡·高(1853~1890年)、高更(1848~1903年)被认为是西方现代美术的先驱,特别是塞尚,被称为"现代绘画之父"。塞尚作品强调色彩调节,强调永恒的静态学和结构美,代表作有《果盘》、《玩纸牌者》。

野兽派:这是第一个现代美术流派,形成于1905年,因其技法一反常规,被称为"野兽般的艺术"。该派代表人物是马蒂斯(1869~1954年),代表作有《生活的欢乐》、《蓝色的裸体》等。

立体派:它是20世纪影响最大的一个画派。杰出代表是毕加索(1881~1973年),他于1907年创作的《亚威农的少女》这幅画被称为第一幅立体派的作品,其最有名的作品是《格尔尼卡》和《和平鸽》。

未来派:未来派是一种象征的艺术,由意大利诗人马里奈蒂(F. Marintri)于1909年以一篇宣言为开始,宣告过去的艺术(过去派)的终结和未来艺术(未来派)的诞生。

表现派:该派出现于德国,挪威著名画家蒙克(1863~1944年)是其创始人。

达达派:该派诞生于瑞士。萨尔瓦多·达利是其著名艺术家,代表作有《记忆的永恒》。

超现实派:该派20世纪主要代表是西班牙的达利(1904~1989年)和德国画家恩斯特(1891~1976年)。达利的《塞纳河》是其代表作。

行动派:该派20世纪40年代兴起于纽约。代表人物是T.波洛克(1912~1956年)。

波普艺术:又称流行艺术,代表人物是英国画家汉密尔顿(1922~　　),流行艺术代表作有瑞典版画家帕尔·达尔贝格创作的《鲸鱼的舞蹈》。

西方美术是艺术家对现实生活观察和思考的结果,其作品大多数以现代资本主义的社会和精神危机异化现象作表现对象,它是意识形态的表达形式,表现了艺术家的独特审美观念;艺术家们的探索,成为艺术创造力的不尽源泉。

另外,在广大的亚非拉地区,艺术的发展也是源远流长。中国艺术家齐白石、张大千等享有盛名。徐悲鸿、刘海粟等艺术家注意把西洋画与中国传统技法结合起来,创造了许多优秀的艺术作品。墨西哥画家奥罗柯科、里维拉、西克罗斯创造了许多优秀壁画,智利画家万德勒里的作品也有较大影响。非洲民间木雕,在现代艺术中亦有其重要地位。

(2)西方现代音乐

印象主义音乐:西方现代音乐是从19世纪末20世纪初的印象主义音乐开始的。法国作曲家德彪西(1862~1918年)被认为是现代音乐的创始人和印象主义的代表。在他的代表作组曲《大海》中,他抛弃了浪漫主义音乐的感情因素和哲理性,着重于气氛渲染和表现个人对大自然的印象及感受。

德、奥的表现主义音乐:代表者是新维也纳乐派的勋伯格(1874～1951年)。1922年他和他的学生创立的"十二音音乐",彻底打破了300多年来占统治地位的大小调体系。由于这是现代音乐中一次最大的变革,故勋伯格被称为"现代音乐之父"。

新古典主义音乐:它是法国作家萨蒂(1866～1925年)、意大利作曲家布索尼(1865～1924年)等人于20世纪初创建的乐派。他们提倡简朴的音乐风格。俄国人斯特拉文斯基(1882～1971年)为该派主要代表,他的《钢琴与管乐协奏曲》成为新古典主义的代表作。

新物主义:它是20世纪20年代德国作曲家兴德密特(1895～1965年)创建的一个乐派,推崇"实用音乐",并力图创造一种能表现古典精神的旋律,代表作为钢琴曲《调性游戏》。

先锋派音乐:二战后,特别是50年代后,一批年轻的音乐家不仅对传统音乐的基本要素——旋律、和声、节奏全面否定,而且对音响的来源、记谱法、创作和表演方法进行改革,从美学思想到表现形式都要创造所谓的"全新音乐",他们被称为"先锋派"或"先锋主义",主要代表音乐类型有:序列音乐、具体音乐、电子音乐、偶然音乐等。

通俗流行音乐:又称通俗音乐,以通俗歌曲,节奏鲜明、曲体简单的管弦乐曲为主要体裁。约从19世纪80年代起,流行音乐开始出现。约从1910年起,流行歌曲开始与爵士乐逐渐合流,成为二战前流行音乐的主流。20世纪60年代,随着电声技术的发展和摇滚乐的兴起,流行音乐进入了一个新的发展阶段。①

(3)西方现代舞蹈

20世纪初,现代舞蹈在欧美兴起。这种舞蹈突破了古典芭蕾只耍弄空洞技巧的程式,也反对毫不关心与观众交流的"解释性舞蹈"。这场舞蹈改革的带头人是美国女舞蹈家伊莎多拉·邓肯(1878~1927年),被誉为"现代舞之母"。邓肯的名言为"自由的身体,蕴藏着最高的智慧"。② 美国舞蹈家肖恩被誉为"现代舞之父"。

匈籍奥地利舞蹈家鲁道夫·拉班(1879~1958年)和他的学生玛丽·魏格曼(1886~1973年)以其丰富的舞台实践和大量的研究工作,完成了现代舞理论体系的创建。

二三十年代西方涌现出一批现代舞蹈家,为现代舞的发展进一步奠定了基础。主要代表人物有美国的玛莎·格兰厄姆(1898~　)、多丽丝·韩芙莉(1895~1958年)等。

二战后60~70年代,欧美涌现出许多先锋派舞蹈派别。美国舞蹈家默斯·坎宁汉(1919~　)创造了机遇舞,美国的特丽莎·布朗等人创造了简约派舞蹈,美国革新派舞蹈家怀勒·撒普创作了撒普式舞。

此外,20世纪60年代西方还兴起了各种自娱性舞蹈。其中,影响最大的有迪斯科(disco),属爵士舞的一种;70年代纽约黑人区中又兴起了另一种自娱兼表演的即兴舞——霹雳舞,又称布瑞克舞(break dance)。③

---

① 参阅:上海音乐学院音乐研究所.外国音乐辞典.上海:上海音乐出版社,1997.237

② 参阅:邓肯自传(原名我的生平).朱立人等译.上海:上海文艺出版社,1981.10

③ 范进,金华著.当代资本主义的文化.福州:福建人民出版社,1996.314

(4)西方电影

电影的成长和发展完全称得上是一门20世纪的艺术,电影的发明是在1895年,第一部认为较成熟的故事片是1914年的《一个国家的诞生》。

1945年,意大利导演贝托·罗西里尼拍摄了《罗马,不设防的城市》,标志着意大利新现实主义电影的诞生。1945~1950年是意大利新现实主义电影的全盛时期,涌现出一系列优秀影片。如罗西里尼的《游击队》,桑蒂斯的《罗马11时》,维斯康蒂的《大地在波动》等。

美国是世界电影大国。爱迪生公司于1889年开始拍电影。1989年,在好莱坞电影百年大庆之际,评出美国电影史上的十大佳作,其中战后的作品有三部:《在江边》、《搜索者》和《教父》。近20年来,在世界影坛上影响较大的美国影片还有《刺杀肯尼迪》、《与狼共舞》、《阿拉丁》、《泰坦尼克号》等。

音乐、舞蹈与电影是现代西方艺术的三个重要分支,对于现代西方人的精神生活的影响是巨大的。20世纪在西方各种思想的剧烈动荡中,音乐、舞蹈和电影也经历着一个变革发展的过程。

现代主义艺术的诞生、发展,同西方文化中其他领域变革一样,最大的特点是多元化与多样性。它深刻反映出西方文明发展的危机和人的异化,其作品不少带着强烈的悲观情绪、幻灭感。

四、现代大学

1. 概况

一般学者认为,现代大学有的是古老大学,如意大利的博洛尼亚大学被誉为"欧洲最古老的最高学府",1988年11月14日,是该校建校900周年的日子；有的是近代建立的大学，如美国1636年创办的哈佛大学；现代中国的著名的大学是成立于1898年的"京师大学堂"（北京大学前身）。

现代大学主要是20世纪创办的，特别是二战以后，世界各国的大学都得到迅速的发展。目前，全世界大学总约有9 000所。各国拥有大学的数量及在校学生的人数并不与人口相适应。只占世界人口总数的20%的发达国家却占有世界70%的大学数（约6 000余所，其中美国拥有3 000所）和65%的在校学生人数；而众多的发展中国家只拥有3 000所大学（其中中国有1 000余所），各个大学的历史、规模、教学科研水平更是悬殊较大。①

2. 世界著名大学

(1) 排行榜

据美国的权威杂志《American News and the World Reports》上的大学排行榜和《Paterson Guide》、《Fobes》中的高等学校排名，加之听取国内教育界的专家学者的意见，1993年从9 000所大学中排出的100所大学的前十名排名为（依名次先后）：

哈佛大学（美）、斯坦福大学（美）、牛津大学（英）、剑桥大学（英）、耶鲁大学（美）、东京大学（日）、加州大学伯克利分校（美）、巴黎大学（法）、麻省理工学院（美）、普林斯顿大学（美）。另外中国的北京大学与清华大学分别列第三十六与四十七位。②

以下介绍根据1987年亚洲一些国家和地区的主要院校的管理人员和教师的评定所选出的前11名的大学（依名次先后）：

哈佛大学、剑桥大学、牛津大学、斯坦福大学、麻省理工学院、东京大学、耶鲁大学、伯克利加州大学、巴黎（索邦）大学、哥伦比亚

---

①② 韩学平主编．世界100著名大学排行榜．北京：中国经济出版社，1994.1

大学与康乃尔大学、密执安大学与普林斯顿大学。

这次评定中,在国际中较有争议的是许多有较高声誉的学校没有选上,但从评选出的前十所著名大学的基本情况看,他们确实为世界一流大学。[①]

(2)世界一流大学的基本特点和标志

△ 江泽民在庆祝北大一百周年校庆讲话中指出:"为了实现现代化,我国要有若干具有世界先进水平的一流大学。这样的大学,应该是培养和造就高素质的创造性人才的摇篮,应该是认知未知世界、探求客观真理、为人类解决面临的重大课题提供科学依据的前沿,应该是知识创新、推动科学技术成果向现实生产力转化的重要力量,应该是民族优秀文化与世界先进文明成果交流借鉴的桥梁。"[②] 这四个"应该",应视为一流大学的基本特点和标志。

△ 世界一流大学一般都具有国际化特征。首先,它们必须具有较强的国际影响和竞争力,能主动适应国际化潮流的要求,并成为国际学术交流中心。其次,这些大学必须具备接受和培养留学生的能力,能为世界各国培养出政治、经济、科技、文化等领域的杰出人才。这样,才能适应国际化的要求,显示自己在培养和提高本国国际竞争能力中的地位和作用。

△ 世界一流大学一般都具有较悠久的历史。世界十所著名大学都有100年以上的历史,其中牛津大学历史最为悠久,建校已有840周年,建校最晚的东京大学也有110多年的历史。

△ 世界一流大学学科比较齐全,一般都属于综合性大学。各学科之间相互渗透,互相影响,有利于培养创造性人才和发展科学

---

① 赵恒力.从亚洲学者的评选结果看世界一流大学的特点和标志.外国教育,北京:1989(2):12~16

② 江泽民.在庆祝北京大学建校一百周年大会上的讲话.光明日报,1998-5-5

技术。

△世界一流大学拥有较充足的教育经费和先进的教学科研设施。哈佛大学拥有97个图书馆（藏书超过1 000万册）、7个植物园、2个天文台、50多个科学工程、医学实验室、9个有关自然、历史、医学、艺术和考古博物馆。

△世界一流大学把现代化的研究型的图书馆置于很高的地位，认为它是人类文明和文化历史记录的唯一宝库。图书馆是大学的心脏。

△世界一流大学能够培养出社会公认的优秀人才。如哈佛大学的毕业生中有6位成为美国总统。

△世界一流大学有很强的教师阵容。

△世界一流大学能够取得具有划时代意义的科技成果，荣获诺贝尔奖是世界重大科技成果的标志。据1946年的统计，世界上获得诺贝尔奖金的科研成果有70%是在大学中，特别是在那些世界一流大学中做出的。哈佛大学有29名教授获得诺贝尔奖金，剑桥大学有62人，东京大学有4人等等。由此可见，这些世界一流大学在科学成果和发明的取得上占何等重要的位置。

△世界一流大学拥有一部分举世公认的高水平的学科。其教学与科研水平处于世界领先地位。一般，首先有个很强的基础学科，特别是在数学、物理、化学、生物、生理、医学、政治、经济、法律、哲学、语言等领域名列前茅或有新的突破；其次，学科门类比较齐全，有很强的交叉学科的研究和教学；最后，世界一流大学都有较强的工科作为发展的支柱，而促进其他学科的发展。

△世界一流大学具有良好的社会服务功能。斯坦福大学所以成为世界一流大学，并在世界著名大学的排序直线上升，很主要的一个原因是得益于其与工厂、企业紧密结合战略的成功。20世纪40年代后期，斯坦福大学为了筹措资金，聘请一流教授，他们又出

租校园土地,建立高技术区,后来这就成为把技术从大学实验转移到区内各公司的一种重要手段。①

3. 大学类型

这里主要以英国、美国、法国为主要代表谈谈西方国家的大学类型。

英国。英国大学主要有三种类型:古典大学(如牛津大学、剑桥大学);技术大学;开放大学。

美国。在美国可攻读学位的高校分三类:两年制的社区学院和初级学院;四年制的学院;大学。每一类又分为公立和私立两种。最近,按各个学位的科目和数量,又把授予学位的高等学校分为四类:博士级、综合性、普通学士级和专业性学校。

法国。高等学校主要分为四类:综合性大学;大学校;短期技术大学;带有教学任务的传统教育机构。四类高校在诸多方面差异很大,这是法国教育体制的一大特点。

东方国家主要以日本、埃及、印度为代表,它们的大学类型主要有。

日本。高等教育机构包括:大学,短期大学,高等专科学校三种。②

埃及。埃及大学主要包括公立大学、公立学院、私立学院,另外还包括私人开办的学院和私人办的大学。

---

① 赵恒力. 从亚洲学者的评选结果看世界一流大学的特点和标志. 外国教育,(北京)1989(2)

② 王天一,夏之莲,朱美玉. 外国教育史修订本(上册). 北京:北京师范大学出版社,1997.134

印度。印度的大学类型主要有多学院大学;不设附属学院的大学,全部教学活动在大学进行;大城市中几所大学或学院联合办学。

4. 几种教育理论

20世纪西方社会、经济、科学技术及哲学的变化,为新的教育理论的产生奠定了基础。新教育理论大致可分为两大类:一类称作"现代教育派"理论,包括实用主义教育、进步主义和改造主义教育;另一类称作"新传统教育派"理论,包括要素主义教育、永恒主义教育。

(1)现代教育派理论

现代教育理论主要是实用主义哲学在教育领域中的应用,具体分为两派:进步主义与改造主义。进步主义教育,又称进步教育运动,其奠基人是美国教育家F.W.帕克,他鼓励学生自由和自然地发展。第二次世界大战后,进步主义教育运动由于被认为不能提高知识质量而逐渐衰落。改造主义教育于20世纪30年代从实用主义教育中分化出来,其代表人物是西奥多·布拉梅尔德,他在50年代出版的《教育哲学的模式》一书中奠定了改造主义教育理论基础。改造主义教育理论认为,教育应该以改造社会为目标。

(2)新传统教育派理论

新传统教育派理论20世纪30年代在美国很流行。该派理论是主要针对进步教育的弊端提出的,他们认为学校的根本任务是传授人类文化遗产,主张严格的智力训练,重视数学和自然科学知识的教学,强调天才教育与教师的权威作用等,新传统教育派理论主要包括两个支派:要素主义教育和永恒主义教育。

要素主义教育在20世纪30年代其代表人物为W.C.巴格莱。该理论强调在民族生活、文化历史过程中的基本的、不变的、青年人必须学习的要素。要素教育强调以学科为中心和学习系统性,严格按照逻辑系统编写教材,教师应该属于教育体系的中心,并充分发挥教师的权威作用。二战后,由于要素教育重视系统知识的传统,适应了美国科学技术的革新,受到美国政府的支持,成为"当代美国占统治地位的教育哲学"。[1]但由于要素主义教育片面地强调书本知识的传授和传统的教学方法的应用,加重了学生负担,脱离教育实际,至20世纪60年代末要素教育在美国失去了统治地位。

永恒主义教育是提倡复古的一种教育理论。它的代表人物赫钦斯说,"教育就是理性的培养,理性的培养对一切社会里的一切人同样适合的。"他们强调从"永恒真理"中引申出来的"永恒学科"。其所谓"永恒学科"就是指历代所有伟大的著作,尤其是经历了许多世纪的古代著作,他们主张熟读古典著作,提倡以古代伟大思想家作为自己的榜样,像他们那样去思考。[2]另外,他们还提倡通才教育、通识教育等。

5. 教育改革与发展趋势

二战后,许多国家进行了多次的教育改革。其共同的特点主要有以下内容。

△ 调整培养目标。许多国家在此时都重视"使受教育者具有作为国家公民和世界一员所应有的素质"。具体地说,素质首先是指思想品德素质和良好的心理素质。在人才的科学文化素质方面,则重视信息处理能力和人际交流能力。

△ 调整教育结构。大多数国家的大学在六七十年代的数量发展之后,开始强调控制规模,提高质量。在横向结构方面,重视培养

---

[1] 中国大百科全书·教育.北京:中国大百科全书出版社,1995.485
[2] 参阅:中国大百科全书·教育.北京:中国大百科全书出版社,1985.186

应用技术人才；在学科门类结构调整中，注意学科交叉渗透，培养具有综合能力的通才或有扎实基础的专才。

△ 提高基础教育质量。这是为了适应当今世界激烈的竞争。

△ 重视课程改革，加强德育教育，逐步开展计算机教学及其应用等。

当前，西方国家教育发展趋势主要有：发展"个性"教育，树立尊重个人，尊重个性、自由、自律、自我责任感意识；扩大终身教育，学校向社会开放；教育国际化，教育本身对外开放，并加强国际交流。

1949年新中国成立之后，中国的高等教育虽然几经曲折，仍取得巨大成就。到1982年底，全国高等学校达715所，学生为1 175 000，是旧中国培养学生数的27.5倍。1997年底，全国高等学校已达2 000多所，年招生能力200多万人，高中毕业升学率为45%，已形成了多层次、多规格、学科门类基本齐全的高等教育体系。[①]

为了使中国高等教育适合社会主义现代化建设的需要，中国高校正在努力贯彻邓小平提出的"教育要面向现代化，面向世界，面向未来"的方针和"科教兴国"的国策，在培养新人才和贡献新知识方面发挥重要作用，为国家的繁荣富强和中华民族的全面复兴作出贡献。

6. 培养目标

日本。1947年颁布的教育基本法确定日本教育的主要目标是："充分发展个性，努力培养身心健康，热爱真理与正义，尊重个

---

① 朱振国．我国面向21世纪教育体系和其轮廓．光明日报，1998-11-30

人价值,尊重劳动,有高度责任感,充满独立精神,成为和平的国家与社会的建设者。"①

法国。法国教育的目标为:"旨在促进科学、技术、经济和社会的发展","要使每个受教育者最大限度地发挥本身的潜在能力并能创造自己的未来","学校要教授学生必要的现代化知识和技术技能"②。

美国。美国哈佛大学培养目标如其校训所言:"为增长智慧走进来,为服务祖国和同胞走出去。"③

中国。中国的教育方针:"教育必须为社会主义现代化建设服务,必须与社会实践相结合,培养德、智、体、美全面发展的建设者和接班人。"

大学,是文明的沃土,是科学的殿堂!现代大学不仅是培养高层次人才的场所,同时还是学习、继承、传播、创新科学文化的阵地。随着20世纪科学文化与人文文化的发展,世界各国为了本民族与国家的生存与繁荣和人类文明的进步,普遍重视大学的建设,大学的地位与作用越来越重要,在21世纪,大学将会有更大的发展!

---

①② 国家教育发展与政策研究中心编.七十国教育发展概论(1981~1984).天津:天津教育出版社,1986.79,312

③ 江泽民.在哈佛大学的演讲:增进相互了解,加强友好合作.光明日报,1997-11-2

第十五章
东西方文化交流与比较

> 光荣的过去是现在民族觉醒的基础和未来民族复兴的希望。
>
> ——萨提·胡斯里

> 中国的巨大力量一旦能够在现代化的道路上运行,那就是说,掌握现代科学,那时候,在世界上恐怕没有任何力量能够阻挡它的前进。
>
> ——泰戈尔

"啊,东方就是东方,西方就是西方,两者决不能相遇……"这是英国文学家,诺贝尔文学奖获得者吉卜尔(1865~1936年)描绘东方与西方文化关系的诗句,现在看来他的诗句已经过时了。现代世界文化交流迅速异常,形式多样;现代化浪潮从西方到东方,浪潮澎湃。世界各民族在多样的世界文化传播、交流、相互学习、撞击、比较竞争及求新择优的环境中,创造各民族的文化。中国文化亦从传统到现代的转型中,推动着世界文化向前发展。

第十五章　东西方文化交流与比较

一、现代文化交流与特点

1. 交流的方式

有文化,就有文化交流。文化交流发展的历程与特点可以概括为:从个体到群体,从近到远,从闭塞走向开放,从区域到洲际,从东方到西方,从西方到东方,从民族走向世界。几千年文化交流史大体可分三个时代。

古代农业时代(从远古到15世纪前),文化交流是陆路时期。交通工具主要是人、马、骆驼,如:闻名于世的"丝绸之路"、玄奘访印时代、威尼斯商人马可·波罗东游等依靠的即是这些交通工具。

近代工业时代(15~19世纪),文化交流从陆路扩展到海路。如:郑和下西洋、哥伦布发现美洲、中国到非洲的远航,这些都是文化交流扩展到海路的著名例子。"人类的活动舞台从大陆转向海洋,这是人类文明发展取向的创新性突破。这一突破改变了世界各区域文明的政治、经济、贸易、文化等联系的规模和性质,从而标志着人类社会走向现代化世界的最早起步。"[①]

信息时代(19世纪末~20世纪),以电子的传播为手段,时间快速。此时文化交流是空间时代,交流时间从过去的以年、月、日为单位,进入到用分秒来计算。

2. 科学技术的巨大变革与现代文化交流

从19世纪40年代开始至今,在第二、三次科技革命中,交流

---

① 陈勇.哥伦布开启的海道大通与世界交往.中国拉丁美洲史研究会编印.拉美史研究通信(武汉).1992(25—26):4

领域中新的技术、信息传送与接收方式的发展相较过去已加快千万倍。

19世纪,科技发明层出不穷。1883年,爱迪生发明了留声机。1837年美国发明家莫尔斯发明了电报,1844年第一次为公众拍发电报。1876年亚历山大·贝尔第一次使用有线电话通话。[①]1895年左右,马可尼和波波夫分别成功地用无线电收、发报。1906年费森德尔通过无线电设备把人类的语音传播出来。1839年达盖尔设计一种实用的照相方法。1894年,第一部影片试映。1904年,传真设备(贝林系统)传送出第一批图片。1923年,使用电视方法放送了第一张图片。第一个无线电广播网是20世纪20年代建立的,电视广播始于30年代,开始定期播送彩色电视始于1954年。在物理学家开尔芬的主持下,1866年,横跨大西洋的永久性电报电缆铺设成功。[②]美国和欧洲之间铺设海底电报电缆是在1857年,从而开始了快速洲际通信。1965年,美国发射了第一颗商业性的通信卫星晨鸟号。

20世纪30年代,使用无线电进行新闻报道开始变得重要起来,于是新闻业中出现了一个新的部门——电视广播

两大国际卫星系统——国际通讯卫星和国际同步通讯卫星分别于1965年和1971年开始运转。到1979年的3月31日,空间部分已经由进入同步轨道的12颗人造卫星组成,高度约为35 780公里(22 240英里),通过与在大西洋和印度洋上空的国际通讯卫星组织 IV 型和 IV-A 卫星以及在太平洋地区上空的国际通讯卫星组织 IV 型卫星结合,正式为全球服务。每一颗国际通讯卫星组织 IV 型卫星的额定容量相当于12 000条同时双向电话电路,还

[①][②] 中国科学院自然科学研究所近现代科学史研究室编著.20世纪科学技术简史.北京:科学出版社,1985.257~258

加上两条电视通道。①

"国际同步通讯卫星组织"是开放性国际组织。任何国家的政府如宣布加入该协定,即可成为该协定的成员国。

在1980年夏季奥林匹克运动会期间,静止型卫星有8条宽频带通道发挥效用,其中1条用于电话和电话通讯,7条用于向许多国家和各大洲播送奥林匹克电视和无线电广播节目。②

1970年试验了一种砷化镓激光器,它能够通过一根比人发细的光导纤维把多种电视节目传送出去。1977年又制造出用于另一种卫星网上的设备。③

现代文化交流的发展条件可以概括为两点:一是科学的发明,二是人们对了解、认识五彩缤纷的世界社会、经济、政治、文化和精神方面的需要。

文化交流的功能大致有:获得信息、情报,收集、储存、整理和传播必要的新闻、数据,加速文化传播,扩大人们的视野,对教育、传播知识、促进智力发展、发展文化及了解和理解世界的经济、政治、文化,以使不同文化保持和谐的和创造性的相互关系起了无法估量的作用。

3. 国际文化交流组织

从19世纪起,国际的文化交流日益频繁,文化交流组织也获得了迅速的发展。最早建立的国际组织是1865年成立的国际电报联盟,1873年9月在巴黎建立的国际东方学家大会,1875年万国邮政联盟和国际美洲大会成立,1895年国际法协会成立。1878年,在巴黎成立了国际艺术协会(法国著名作家雨果主持),其目的是

---

①②③ (爱尔兰)肖恩·麦克布赖德主编.多种声音一个世界.中国对外出版公司第二编译室译.北京:中国对外翻译出版公司,1981.166,391~393

保护各国作家和艺术家的权益,促进国际交流。首届国际心理学大会1889年在巴黎举行。1893年,国际社会学学会在日内瓦成立,1894年国际殖民地研究所在布鲁塞尔成立,后该所改名为国际不同文化研究所,用英、法文出版《文化季刊》。1895年国际目录学会在布鲁塞尔创建,1931年该组织改名为国际文献学会。1896年奥林匹克运动会在希腊恢复举行,为世界文化交流开辟了新领域。

1900年7月23日至28日第一届国际历史科学大会在巴黎举行,当时称"国际比较历史大会",会议以世界史、国际关系史、比较历史研究为讨论重点,1914年前会议举行过四届。1900年8月在巴黎举行了国际哲学大会,此后,该大会每年举行一次。

1901年,瑞士化学家阿尔费雷德·诺贝尔将其部分遗产约920万美元作为诺贝尔奖奖金,以利息(每年约20万美元)分设物理、化学、生理或医学、文学、和平事业五种奖金。[①]1968年又增设了经济学奖金。

1904年第一届巴黎国际博览会开幕。

为了加强教育方面的国际合作,1929年成立了"国际教育局",其任务是发挥教育研究和情报研究中心的作用,为人员交流、资料交换提供了便利条件。

1921年,成立"世界作家协会",该会总部设在伦敦。英国小说家约翰·高尔斯华绥任第一届主席。中国梁启超、戈公振等参加过该会的早期活动。1927年建立了国际音乐研究会,1934年,民族学大会在伦敦召开。

第二次世界大战后,世界文化交流进入新的阶段,其规模之大、发展之快,以及内容的多样化,都远远超过了历史上任何一个

---

① (日)汤浅光朝著.科学文化史年表(解说).中国对外翻译出版社译.北京:科学普及出版社,1984.114

第十五章 东西方文化交流与比较

时期。

亚非地区的第三世界发展中国家,逐步走向开放,关心国际经济文化交流。1955年,亚非会议在印尼万隆召开,会议通过了和平共处五项原则。会议忠于宽容、和谐的悠久传统,认为亚洲和非洲的文化合作应当在更大的世界合作的范围内发展。①

当前,国际文化交流组织主要有以下几种。

联合国教科文组织:全称"联合国教育、科学及文化组织(UNESCO)",它是在联合国支持下,由英法发起,44个国家的代表在伦敦举行筹备会议,于1946年11月4日在巴黎正式成立的,总部设在巴黎。

联合国教科文组织的宗旨是:"通过促进各国间在教育、科学及文化方面的合作,对和平与安全作出贡献,以使联合国宪章所确认的世界人民不分种族、性别、语言、宗教,在正义、法律、人权和基本自由方面获得更普遍的平等。"它的使命首先是要使发展中国家消灭文盲状态;其次,是发展人类的文化和教育,使每个国家的人民都能在了解本民族文化的同时,也能了解和吸收其他国家的优秀文化;再次,是加强各国之间的文化交流。

联合国教科文组织的机构有:代表大会、执行局、秘书处、总干事。在教育方面,除帮助成员国开展扫盲运动外,还在发展校外教育、终身教育、制定教育方针、增加教育经济、培训师资等方面作了许多有益的工作。

世界知识产权组织:该组织创建于1967年,总部设在日内瓦。组织机构有:大会、成员国会议、协调委员会、国际局。1986年有成员国112个。宗旨是:通过国际合作,促进世界范围内对知识产权

---

① 亚非会议文件选辑.北京:世界知识出版社,1955.50

的保护。知识产权包括工业产权(主要指发明专利、实用新型专利、外观设计专利和商标权)和版权(主要指文学艺术、音乐、摄影和电影等著作权)。这一组织的主要活动是管理约 20 个保护有关知识产权的联盟和条约,协调各国立法,并向发展中国家提供法律、技术援助。[①]

根据 1967 年缔结的斯德哥尔摩世界知识产权公约,确定知识产权的主体内容包括文学、艺术和科学作品的权利;表演艺术家演出、录音和广播的权利;人们在一切领域中的发明享有的权利;工业品外观设计的权利;商标、服务标志、厂商名称和标志的权利,以及在工业、科学和艺术领域内其他一切来自智力活动的权利。中国于 1980 年加入该组织,至 90 年代初,该组织共有 134 个成员国。知识产权保护的国际化大大有利于国际技术的交流和文化事业的发展。

4. 世界文化交流的内容

科学交流:主要表现在对国外先进科学技术的引进。在这方面,日本最为突出。据统计,20 世纪 50 年代,日本每年平均引进外国的先进技术达 230 项;60 年代增加到 1 000 项;70 年代则超过 2 000 项。截至 1978 年,日本共引进外国先进技术 29 599 项,这些新技术有 30% 来自美国,其余则是从西欧、加拿大等技术发达国家和地区引进。引进的方式主要有:购买技术专利许可证,购买专利权,然后结合日本的实际对引进技术加以改造,用这种方式引进的项目,占全部引进项目的 80% 以上;购买关键性成套设备或关键性单机和部件;通过吸收外资或建立技术设备合营公司的形式,

---

① 蒋广学,朱剑主编.世界文化词典.长沙:湖南出版社,1990.559

得到外国的新技术;聘请外国专家、教授讲学,或派遣本国技术人员、专家出国考察或培训、合作,进行科学技术交流活动。

日本把引进的技术加以吸收、综合、改造、创新,然后又作为专利向外输出,这是日本文化一大特点和优点。

韩国、新加坡等国,亦积极引进外国先进技术。韩国在1962～1982年间引进技术2 285项,1983～1990年引进技术4 695项;新加坡主要是通过合资办公司的途径引进国外的先进技术。20世纪70年代末80年代初,韩国、日本开始向外输出技术,1978～1990年共输出技术155项,1990年为50项,大部分输往东南亚国家。

中国与苏联在1950年《中苏友好同盟互助条约》签订后,亦有科学文化交流。

当代世界人才流动的趋势:发展中国家人才向发达国家流动居多;在发达国家中,西欧、日本的人才流向美国的居多。据不完全统计,1950～1978年全世界在国外接受高等教育的学生人数从107 589人增加到842 705人,约增长7倍,仅1967～1968年全球就有45万大学生出国学习。

从西欧以及发展中国家吸收人才,或者在国外就地利用当地人才。这也是日本经济腾飞的主要因素之一。

国际艺术与艺术大赛:联合国教科文组织举办或各国政府或民间举办的节日、大赛,极为频繁,这也是国际文化交流形式。

电影是20世纪兴起的一项综合性艺术。1927年5月,美国电影界知名人士在好莱坞成立电影艺术与科学学院,每年对当年生产的电影进行评选。1928年第一次颁奖,称"学院奖",设最佳影片,最佳男、女主角,编剧,导演,摄影等11个奖项,后增加到30个。奖品为一座金像,以戏剧学家奥斯卡·沃尔德的名字命名为"奥斯卡金像奖",起初只奖给美国影片,后来外国的优秀影片也可参评获奖,这使该奖在国际上获得极大影响力。1946年9月20日,法国艺术行动协会在外交部、教育部的奖励下,在法国东南部旅游胜地戛纳举办了首届国际电影节。此后,每年5月举行一次,其最高奖为"金棕榈奖"。

舞蹈与音乐等艺术的国际比赛和交流也非常活跃。1927年,首届国际钢琴比赛在波兰举行;1933年李斯特-巴托克钢琴比赛和柯达伊-埃凯尔声乐比赛在布达佩斯举行,命名为"布达佩斯音乐节";1940年美国举办了列文特利特国际音乐比赛;1949年,捷克举办了"布拉格之春"音乐节;1952年9月联邦德国举行的慕尼黑国际音乐比赛是世界上最有影响的比赛之一;从1954年起,每年在有"小提琴之神"美誉的19世纪著名的小提琴家帕格尼尼的故乡热那亚举行小提琴单项比赛;1958年,在莫斯科举办柴可夫斯基国际音乐比赛,以后,每四年举行一次。舞蹈方面,1964年7月,在保加利亚的瓦尔纳举行了第一届国际芭蕾舞大赛,此后,每两年举行一次。①

图书与音像制品的交流。随着科学技术的发展、科研范围的扩大,各种图书、文献、资料等数量大幅度上升。其中,有关原子能方面的文献甚至每两年就在数量上翻一番。数据情报工作也有很大发展。从20世纪60年代起,情报学的迅速发展为情报信息的流通科学化创造了条件,电子计算机的广泛运用为情报的分析和加工自动化创造了条件。美国等发达国家的资料加工微缩化、情报检索网络化、翻译工作机械化,更为图书、情报的广泛流传创造了有利条件。

国际体育文化交流。各国各民族均有自己独特的体育活动,如

---

① 张象,黄若迟主编.20世纪世界文化.成都:四川人民出版社,1994.415~416

第十五章　东西方文化交流与比较

古代西方斯巴达的体育,东方印度的瑜伽,中国的武术等。西方各国各自推行自己传统的训练方式,其中以德国的体操、瑞典的体操和英国的户外运动最具有典型性。20世纪初,"全美消遣娱乐协会"成立,各种业余、职业运动俱乐部及团体遍及全美。

现代奥林匹克运动会的宗旨是:和平、友谊、进步。至2000年第27届奥运会,已发展为201个国家与地区参加。

20世纪后期体育界呈现出一片全新气象,一是亚非拉发展中国家体育崛起。1951年,在印度新德里举行了第一届亚洲运动会,至1998年,已举办了13届。亚运会为亚洲人民最隆重的体育节日。1965年在刚果的布拉柴维尔举办了第一届全非运动会。1973年,第一届非洲、拉丁美洲运动会在墨西哥隆重举行,两大洲700多名运动员参加了比赛。

另一个新气象是"大众体育"的兴起。"大众体育"活动浪潮席卷全球,体育人口激增,20世纪70年代,美国为77%;80年代,美国则高达96%。1981年正式成立了大众体育的国际组织——各国体育总会国际会议,目前该组织已有40多个成员国。

5. 世界文化交流的特点

现代国际文化交流日趋多样与复杂,当今国际文化交流传播的特点是:西方文化,特别是美英文化继续占据着世界信息交流的统治地位;英语在世界语言中占主导地位,它成为国际政治、科学、技术、国际贸易、旅游等方面的公共语言;美英新闻继续在世界新闻领域占垄断地位。当今新闻四大通讯社——美联社、合众国际社、路透社和法新社中,美英两国独占前三家;CNN(美国有线电视新闻中心)成为全球性的新闻电视节目;《国际先驱者论坛报》、《时代周刊》、《新闻周刊》等报刊成为国际性报刊;在世界绝大部分地区,都可以听到BBC广播电台和美国之音(VOA)的广播;美英大众文化在商业上占统治地位。美英两国综合国力虽然下降,但它们的大众文化的影响依然上升。现在,世界范围内西方卫星电视、无线电话和计算机网络的普及,对发展中国家的民族文化生存与发展带来了严重的挑战。在国际文化交流中,我们只有向资本主义发达国家学习先进的科学、技术、经营管理方法及其他一切对我们有益的知识与文化,坚持取其精华,去其糟粕的原则,才能更好地建设我们的社会主义文化。世界各民族的文化都有其精华,它们是人类的共同宝贵财富。为了民族和国家的利益,也为了全人类的利益,发展中国家应该采取维护本国文化,维护世界文化的多样性文化教育方针与政策。

中国必须加强对外文化交流。在一个历史时期内,中国曾把自身封闭起来,切断了和国外特别是和发达国家资本主义国家的联系,致使国家经济、文化等方面的发展停滞不前。为加快中国社会经济的发展,跟上时代的进步潮流,中国必须打开对外文化交流的局面,加强国际交流与合作,学习、借鉴、吸收其他国家一切先进的科学成果,既要派出去学习,又要请外国专家来讲学或进行合作研究。

通过多层次、多渠道的文化交流,世界优秀文化可走向中国,中国优秀文化也可走向世界。中国文化是世界文化的重要组成部分,中国文化的建设和发展,必将丰富人类的文化宝库,为创建 21 世纪的世界文化,为世界的和平与发展作出重大贡献。

二、世界现代化浪潮

现代化作为一个世界历史进程,反映了人类从传统农业社会向现代工业社会所经历的巨变。

在世界文明发展史上,现代化的浪潮,于 18 世纪下半叶在英国发端,19世纪下半叶向西欧、北美扩展,20世纪上半叶,现代化浪潮又从拉美拓展至东亚、南亚、西亚、北非。这股浪潮是现代200年来新的浪潮,是经济浪潮、科技浪潮,亦是文化深刻变革的浪潮。回顾、认识、参与这个浪潮,对我们正在从事的现代化伟大的事业,有极其重要的意义。

1."现代化"的内涵与特征

(1)内涵

"现代化"这个概念是用来概括人类近期发展进程中急剧转换的总的动态的新名词,来自于英文中的"modernization",译为"现代化"。从狭义上看,"现代化"主要指工业化、电气化、自动化、信息化。广义而言,"现代"一词至少有两种含义:一种是作为时间尺度,泛指中世纪结束至今的一个长时程,西方把人类文明分为三个阶段:农业社会、前工业社会、工业社会。另一种是作为价值尺度,区别于中世纪的新时代精神与特征。[1]另外,现代化不等同于工业化,它是一个全社会现代化的过程。

广义的现代化主要指自工业革命以来现代生产导致社会生产方式的大变革,引起世界经济加速发展和社会相应变化的大趋势。具体地说,就是以现代工业、科学和技术为推动力,实现传统的农业社会向现代工业社会的大转变,使工业主动渗透到经济、政治、文化、思想各个领域并引起社会组织与社会行为深刻变革的过程。

美国著名社会学家阿历克斯·英格尔斯(Alex Inkeles)在《迈向现代六个发展中国家的个人变化》[2]中认为,片面强调工业化和经济现代化是不够的,如果没有从心理、思想和行为方式上实现由

---

[1] 罗荣渠著.现代化新论.北京:北京大学出版社,1993.6
[2] 1974年中文译本改名为《人的现代化》。

传统人到现代人的转变……不可能成功的从一个落后的国家跨入自我拥有持续能力的现代化国家的行为。① 总之,现代化不仅是经济发展,也是政治发展,同时又是文化发展与精神发展,是历史时代的一种"文明"的形式。

(2)特征

现代化与工业化是包含与被包含的关系。所以现代化应具有工业化的一些特征。工业化的最本质的特征是机器代替手工劳动,它包括整个国民经济的进步与发展。现代化不等于"西化",也不是简单的"工业化+民主化",它是一个完整的社会变革系统工程,所以其特点还应包括:非农业的迅速增长,商业化与国际市场联系的日益紧密,经济相对稳定而持续的增长,城市化及与此相适应的人口流动,多层次的文化、教育的迅速发展,收入分配渐趋协调平衡,组织及机能的专业化与分衍、科层化,群众政治参与程度的增进,等等。其中工业化与国民经济的持续增长是实现现代化的物质基础与关键。②

关于现代化国家的标准,东、西方观点各有不同。据《中国科学报》载,美国斯坦福大学教授莫瓦尔斯提了十条标准:人均国民生产总值达3000美元以上;农业产值在国民生产总值中占12%～15%;第三产业在国民生产总值中占45%以上;非农业就业人口在总就业人口中占70%;识字的人口占总人口80%以上;适龄青年受高等教育的人数占10%～15%以上;城市人口占总人口数的50%以上;平均预期寿命70岁;平均每个医生服务人口在100人以下;人口自然增长率在千分之一以下。

---

① (美)英格尔斯.人的现代化.殷陆群编译.成都:四川人民出版社,1974.10

② 章开沅,罗福惠主编.比较中的审视:中国早期现代化研究.杭州:浙江人民出版社,1993.4～5

2. 现代化的进程(18~20世纪)

现代化就是指人类社会从传统的农业社会向现代工业社会转变的历史过程。

从现代化的世界进程来看,迄今为止,出现过三次现代化发展高潮:18世纪后期到19世纪上半叶是第一次高潮,中心区在西欧;19世纪中后期到20世纪初期是第二次高潮,中心区从西欧扩大到东欧、北美、拉美部分地区,都属于基督教文化圈或亚文明圈;20世纪下半叶出现的第三次高潮是世界性的大扩散,中心区却远移到与基督教文明很少联系的东亚。这说明现代化的扩散与文化圈之间可能有某种关系,东亚的儒教文明可能比西亚的伊斯兰教文明和南亚的佛教、印度教文明更容易接受东渐的现代化大潮。[①]

△ 世界第一次现代化高潮出现于大西洋沿岸18世纪末19世纪初的英国。这次现代化高潮随着工业革命的到来而到来,迅速而全面地渗透和发展,很快就把西方社会乃至整个世界从前工业化(或传统农业社会)带到了一个新时代(modern time)。

英国的工业化(现代化)的出现有众多因素,诸如传统经济发展、政治转变、文化演进、人口变迁等。从传统文化的演进历程来看,西欧经历了14~18世纪的文艺复兴与启蒙运动。英、法等国的人文主义者以多种形式赞扬人生价值,提倡人的尊严,要求现实世界的物质享受和才能的全面发挥。经济上,15世纪末,新大陆的发现与对美洲、非洲财富的掠夺,西欧资产阶级积累了大量的资本。政治上,13~14世纪起市民阶级逐渐发展为17~18世纪的资产阶级,进行了政治变革,资产阶级政权的建立是工业革命在英国展开的需要。继英国之后,法国于19世纪初开始了工业革命,进而出

---

① 罗荣渠主编.东亚现代化:新模式与新经验.北京:北京大学出版社,1997.21

现了第一次现代化的高潮。

19世纪中叶,现代化高潮的中心区域在西欧,并以基督教文化为基础。这一时期,世界历史展示了不同以往时代的惊人巨变,为"现代"的历史定位提供了充分的客观标志。工业革命(18世纪末至19世纪中叶)引起了生产方式的革命,标志着驱动经济增长的新时代开始了;引起了交换方式的革命,形成全球贸易网,同时改变了人类传播方式。随着第一次生产力革命的出现,其后又发生了生产力的多次革命。最后,工业革命还带来了人口爆炸的现象。工业革命的历史作用正如英国著名史学家霍布斯鲍姆指出的:"……是人类史上最巨大的转变,这个革命已经改变了并继续改变着整个世界。"[①] 因而,种种因素使世界第一次现代化高潮最早在西欧出现,并且以英、法为典型代表。

△19世纪下半叶至20世纪初,世界第二次现代化高潮的中心区域在西欧、北美,拉丁美洲也受到很大的影响,这一区域以基督教文化为基础。另外,第二次现代化高潮对日本也有很大影响,但二者的文化因素不一样。在殖民扩张和一次大战的影响下,工业化乃至现代化在北半球及美洲的一部分国家中取得成功。西方早期工业化国家,未因内部危机而停止发展或向社会主义过渡,而是在一连串动荡的情况下进行了结构改革,增强了经济自我调节功能与民主化的秩序稳定,逐步向多模式的发达工业社会与福利社会迈进。美国、日本在这一时期大力开发本国的应用技术科学,学习英、法、德的经济模式(现代化模式),一跃成为世界强国。另外,由于战争的影响,拉美地区的现代化启动并不明显,大多以政治上的现代化雏形出现。

---

① 罗荣渠."现代化"的历史定位与对现代世界发展的再认识.北京:历史研究,1994(3):165

第十五章 东西方文化交流与比较

△ 20世纪50年代至80年代,世界现代化第三次高潮发生的主要地区是亚非拉国家,中心在东亚。这一区域属于基督教-儒教-拉美文化圈。二战后出现了若干引人注目的新趋势:一是西方工业资本主义国家保持了近30年的经济持续增长,被称之为"经济奇迹";二是西方工业国的发展模式被打破;三是新的科学技术革命引起了生产力的新飞跃与新发展;四是西方殖民体系瓦解,出现两个相对立的社会体系之间的竞赛,第三世界作为独立的政治经济力量存在于国际社会中。

20世纪以来第三世界国家现代化启动,这种启动的力量来自外来的冲击波。信息科技的发展加速了非西方国家的现代化进程。20世纪80年代以后,鼓吹全面的"外向主导"(outward orientation)和"市场主导"(market orientation)成为西方发展经济学的主流趋势。而东亚地区通过后进的赶超型现代化,创造了自工业革命以来的最高经济增长速度。这对西方经济学理论和发展理论都提出了挑战。[①] 因而这一时期被称为现代化发展的第三次高潮。

从20世纪50年代开始,西方陆续出现一些新的社会发展理论,即以"后"开头,诸如"后现代社会"是由美国社会学家阿米泰·艾特齐奥尼提出的。他认为"现代时期以第二次世界大战后通讯、知识与能源技术的巨大变革而告终"。后现代时期可以定在1945年。[②] 在这些形形色色的后现代理论中,影响力最大的是美国社会学家和未来学家丹尼尔·贝尔的"后工业社会"理论。

总之,18世纪从西欧开始的现代化从经济层面开始突破,逐

[①] 罗荣渠著. 现代化新论. 北京:北京大学出版社,1993.196
[②] 罗荣渠. "现代化"的历史定位与对现代世界发展的再认识. 北京:历史研究,1994(3):165

步拓展到社会各个层面,现代工业主义精神渗透到经济、政治、文化、思想等各个领域。现代化是人类通向一个生产力高度发展与人的全面发展的更高社会所必经的一个大过渡阶段。但现代工业文明绝非西方现代化论者所言的所谓以现代西方文明为典型的理想文明。随着现代化全球性的发展,其带来的特点与模式将随之增加。

3. 现代化的模式

(1) 欧美现代化的模式

科学-技术-产业模式:该模式以英国为代表,它是一种先发展科学,继而带动技术与产业发展的模式。这种模式主要靠一个国家独自完成科学、技术与产业革命,它需要该国家具有雄厚的科学与技术力量以及将科学与技术直接转化为生产的能力。

科学与技术并重继而启动产业大发展的模式:该模式以德国为代表,要求一个国家在科学与技术两方面有足够的人才基础,善于吸收和创造,并能很快地将科学与技术转变为生产能力。早期的德国是靠强烈的民族进取心激发出来的精神作为推行该现代化模式的推动力的。

优先发展应用技术的模式:该模式以美国为代表。它是落后的或二三流的国家迅速发展的重要模式。其条件是与科技最发达国家有特殊的联盟关系,在资金和技术引进方面具有得天独厚的条件。推行该模式的民族必须具备强烈的进取心和顽强的竞争精神。

优先发展军事科学技术和重工业的模式:该模式以苏联为代表。它是一种畸形发展现象,以至于最后实现必须付出重大代价。这是曾经代表部分国家发展的模式。

欧美现代化的这四种模式都是在特定的历史条件下形成的,

300多年的历史经验说明,必须认真研究和学习他国先进的科学和技术,并以应用技术为经济发展的龙头。

(2)东方现代化模式

日本现代化模式:其特点是由"国富"主导型向"民富"主导型转变。日本现代化已从西欧的"富国强兵"模式转向"富民强国"的模式,这正是日本现代化新模式的实质所在。① 日本现代化的意识主要有:危机意识、集团意识、竞争意识与协调意识。其中协调意识的思想基础是儒学中的"和为贵"。"和为贵"出自《论语》学而篇,这一东方文化思想是集团意识的思想基础,它很快被日本人所接受。

中国现代化模式:建设有中国特色的社会主义现代化,这是中国现代化模式的特点。

印度现代化模式:印度尼赫鲁民主社会主义现代化模式。

西亚以色列教育兴国现代化模式。

非洲的现代化模式。

初级出口型发展模式:在拉美国家现代化进程中,初级出口型发展模式具有不可低估的作用。② 这主要因为拉美社会是经济和政治变革同时产生,但其发展却处在国际经济和政治的依附状态之中。

对东方现代化奇迹的评价,理论界有五种阐述:新古典主义者认为东亚国家采取高储蓄高投资的保守性宏观经济政策,另加上人力资本投资来促进国内经济发展;结构主义则强调国家对经济生活的政策干涉;文化主义者另树一帜,强调的是东亚地区儒家传统对经济行为的积极影响;扩散效应理论认为是由于东亚国家的

---

① 罗荣渠主编.东亚现代化:新模式与新经验.北京:北京大学出版社,1997.34

② 金计初等著.拉丁美洲现代化.成都:四川人民出版社,1992.31~32

相互模仿及扩散效应;综合理论主要探讨东亚国家经济起飞的共同基础。

4. 建设有中国特色的社会主义现代化的探索

"现代化"这个概念,在20世纪90年代的中国使用得比较普遍。但"现代化"作为中国社会大变革的明确发展目标,则经历了一个艰难的思想认识和探索的过程。19世纪60年代洋务派的"求强""求富"运动可作为中国现代化启动的开端,是第一阶段,而更早的"师夷长技",可说是一种萌芽的现代化意识。从"御夷图强"到后来的"变法图强",其核心价值都是"富强",但是如何才能"富强"?民族资产阶级提出了"商战""学战"理论,认为有商才能致富,要向西方学习。"商战""学战"作为现代化的内容之一,对孙中山有很大影响。孙中山的现代化思想在《实业建国》中有所反映,这是现代化意识形成的第二阶段。1949年中国革命的胜利和西方势力在大陆的全面败退,中国社会变革的价值观念又发生了一次大变革,即将苏联的发展模式作为未来的蓝图与方向,其核心价值是苏式"社会主义"。这是现代化思潮的第三阶段。1978年十一届三中全会提出再次大转变:建设有中国特色的社会主义的现代化。其核心思想是中国不走"西化"与"苏化",而走自己的路,在此思想指导下,中国结合自己的特点,找到了正确的建设社会主义现代化的道路,确立了经济建设分三步走,到21世纪中叶基本实现现代化的战略部署。①

---

① 参阅:罗荣渠著.现代化新论续篇(东亚与中国的现代化进程).北京:北京大学出版社,1997.14~15

三、东西方文化比较

1. 近代中国:严复的中西文化比较观

严复是近代中国的启蒙思想家,是"19世纪末中国感觉敏锐的人"。[①] 在介绍达尔文进化论时,严复怀着强烈的救亡图存的民族感情,反思中国文化的本质,广泛比较了中西文化的异同。

第一,中西民力、民智、民德之不同。严复根据斯宾塞所说国家强弱存亡的三大标准认为,"生民之大要三而强弱存亡莫不视此:一曰血气体力之强,二曰聪明智虑之强,三曰德行仁义之强",概括为民力、民智、民德之国民素质。[②] 严复认为,民力问题,关系到种族优劣,国家强弱。西方人具有尚武与冒险精神,男女"体气强健";中国科学不发达又受封建礼教的约束,"所生之子女,饮食粗弊……教养失宜,生长于疾病愁苦之中,其身必弱,其智必昏",致使种弱国贫。民智是国家"富强之原"。西方资产阶级实行普及教育,工商农兵,无不识字。其次,在知识结构上,中国儒学、程朱理学等,脱离实际,无实际用处;而当时西方包括玄学、玄著学和著学都是有用之学。玄学,即指名(逻辑学)、数(数学)二学。玄著学,即指力(物理)、质(化学)二学。著学,即指天文学、地学、人学(生理学)、动植物之学等。再次,思维方式之不同,"中士之学,必求古训",所谓"半部论语治天下",就是崇古、崇主、求同的封闭被动式思维方式,西学的学术崇新知,重视实验,"一理之明,一法之立,必验之"。经过验证,加以归纳,得出"公论"。

---

① 鲁迅全集(第10卷).北京:人民文学出版社,1976.10
② 王栻编.严复集(第1册).北京:中华书局,1986.18,87

第二,中西发展观点之不同。这是他中西文化观最突出的观点。他认为"中之人好古而忽今,西之人力今以胜古;中之人以一治一乱一盛一衰为天行人事之自然,西之人以日进无疆,既盛不可复衰,既治不可复乱。"严复把中西文化最大差异看成是"好古"与"力今",循环与进化的区别。①

第三,自由观之不同。中国封建统治者"深畏"自由,专讲"絜矩"。所谓"絜矩",即儒家伦理思想中把人控制在当时社会条件下的"和谐"思想,实际上是摧残人的个性自由。在严复看来,西人"身贵自由,国贵自主"。自由受法律约束,凡是"杀人伤人及盗窃人财物者",亦受"刑禁章案"的制裁。

严复比较中西文化的目的是学习西方文化,使中国走向近代化。为此,他提出了全面学习西方的"标本并治"的方案,即不仅学习西方的物质技术和社会制度,更要学习西方的思想精神。"标本并治"的"标",是指练军、筹饷、理财、开矿、修铁路、兴商务、择交、善邻等,这是富强之基。他说的"本",即"民力、民智、民德","此三者,自强之本也",即要提高国民的身体与精神素质,改造国民的心理素质,实现中国的现代化。严复在《原强》中提出中国近代化的设想是:"一曰鼓民力,二曰开民智,三曰新民德"。具体做法是:禁止鸦片、废止缠足来"鼓民力",提倡西学、废除八股来"开民智",设立议院、用资产阶级民主、平等来"教化"民众,"新民德"。严复认为以上"三者又以民智为最急也"。他说:"民智者,富强之原",其根本政治主张就是"教育救国"。

严复认为物竞天择,优胜劣败,适者生存,这种生物进化规律,亦适用于社会生产。他说:"达尔文曰:'物各竞存,最宜者立',动植

---

① 王栻编.严复集(第1册).北京:中华书局,1986.18,87

第十五章 东西方文化交流与比较

物如此,政权亦如是也。"① 严复是在当时世界激烈的生存竞争和中国处在亡国灭种的严重关头,思考这一问题的。

严复是中国近代第一位认真地比较了中学与西学特点的人。在他看来,中西之争实为"古今之争",中国与西方的对立是两个不同时代的对立,是两种经济形态、两种政治结构、两种精神文明的对立。② 认为必须全面学习西方,以西学代替中学,而不能"中体西用"。这表明他对西学的认识较前人更深化,对中学传统的的封建文化的认识与反思亦比前人更深刻。严复介绍西学及其中西文化观,对孙中山、章太炎、胡适、鲁迅、毛泽东等人,甚至对整个近代中国都发生了重大而深刻的影响。正如毛泽东所说:"自从1840年鸦片战争失败那时起,先进的中国人,经过千辛万苦,向西方国家寻找真理。洪秀全、康有为、严复和孙中山,代表了在中国共产党出世以前向西方寻找真理的一派人物。"③

诚然,严复的中西文化比较观,对西方文化的推崇,有某些偏颇之处,如他所介绍的自由观不是劳动人民的自由,而是资产阶级的自由,是"被用来压迫劳动群众的商品所有者的自由、资本的自由。"再者,严复用"物竞天择"的生物学规律来解释社会发展和历史进化,亦是不科学的。正如恩格斯所指出:"想把历史的发展和错综性的全部多种多样的内容都总括在贫乏而片面的公式'生存斗争'中,这是十足的童稚之见。"④ 后来,马克思主义在中国的传播,远远超过了《天演论》的影响和地位。

---

① 王栻编.严复集(第1册).北京:中华书局,1986.26～27
② 张士楚.近年来我国东西方文化研究概述.北京:中国社会科学,1985(3):36～38
③ 毛泽东选集(第1卷).北京:人民出版社,1969.1358
④ 马克思恩格斯选集(第3卷).北京:人民出版社,1972.572

2. 现代中国:"五四"运动前后东西方文化的争论

(1)论战的背景

五四时期,在中国掀起了一场大规模的东西文化(中西文化)问题的再论战,这与当时国际国内形势是分不开的,它有深刻的时代和社会根源。

第一,时代与思潮风云变幻、错综复杂。20世纪初,第一次世界大战宣告了德奥匈帝国幻梦的破灭;西方各种思潮在产生与发展;马克思主义思潮在十月革命后迅速地传播。马克思主义与资产阶级的思潮通过各种渠道传到中国。

从洋务运动时期的容闳、维新运动时期的严复,到1910年留美的胡适,一大批留学生接受了西方思潮。五四时期陈独秀高举的民主("德先生":democracy)与科学("赛先生":science)两面大旗,也是中国留学生从外国输入的。胡适则对美国的民主佩服得五体投地。唯科学主义(scientism)是新文化运动一个重要的思潮,也是赴美留学生关心教育与科学的运动。过去一般认为,中国人接受马克思主义是经过俄国人介绍,是受十月革命影响的结果。现有资料查明,早在20世纪初,中国民主革命派主要代表人物孙中山、朱执信在学习与探索救国救民真理的过程中,就接受了马克思主义,并首先把马克思主义真理传播到中国大地。后来,中国最早的共产主义者"南陈北李"(陈独秀、李大钊),在传播马克思主义工作中有着独特的历史作用和地位,其深刻性与准确性方面要超过资产阶级思想家。

第二,中国民族觉醒与对传统文化的反思。西方势力在近代闯入中国闭关封锁的大门,从鸦片战争到甲午战争,一个接一个的失败,使先进的中国人们,开始进行思考,反省;同时,西方文化的渗透,在客观上提供了一个观察中国民族文化的参照系。因此,民族苦难,唤起了中国人民的民族觉悟。第一次鸦片战争惨败后,中国产生了"师夷制夷"的思想。甲午战败后,对洋务思想的反省,才有近代工业之发展;对维新和革命思想的反省,才有变法和革命;对民族文化和国民性的反省,才有近代的启蒙思想和现代意识的确立。五四时期,马克思主义思潮与西方思潮的输入,使人们看到辛亥革命失败后的中国的现状,掀起了中西文化的论争。人们发现中西文化的差距,不仅有发展阶段的时代差异,也有发展类型的民族差异,因而中国文化界掀起了一场找差距,找歧异,比优劣,探求国家前途与民族命运的中西文化之论争。

(2)论战的阶段与焦点

从1915年《新青年》与《东方杂志》以东西文化问题开展论战开始,直到1927年,先后参与论争的作者有数百人,发表文章近千篇,专著数十种。论战的深度,超过了洋务派与守旧派、维新派与洋务派、革命派与立宪派之争。争论内容主要集中于东方文化与西方文化的关系及对它们的态度问题。论战实质是探讨"救亡之方","中国向何处去"的问题。

第一阶段:从1915年《新青年》创刊到1919年五四运动的爆发。论战的焦点是关于东西方文化异同优劣的问题。

1915年,以陈独秀、李大钊主编的《新青年》等进步刊物为一方,以杜亚泉主编的《东方杂志》等保守刊物为一方,拉开了东西文化论战的序幕。陈独秀在《东西民族根本思想之差异》与《法兰西人与近世文明》中提出东西文化之比较。他认为,东方民族的特点是:"以安息为本位","恶斗死,宁忍辱";"以家族为本位",个人无权利,一家之人,听命家长,遵循宗法社会封建时代的道德;"以感情为本位",以"虚文为本位"。而西方民族的特点则与东方不同:"以战争为本位","恶侮辱、宁斗死","以鲜血取得世界之霸权";"以个人为本位",为彻头彻尾的个人主义民族,"个人之自由权利,载诸宪章，国法不得而剥夺之"；"以法治为本位，以实力为本位"。① 陈独秀还认为，西方近代文明的特征有三个方面："一曰人权说，一曰生物进化论，一曰社会主义。"② 该篇文章的理论基石还是严复引进的西方进化论的社会历史观。

杜亚泉主编的《东方杂志》，1906年发表宣传东方固有精神的文章，声称"国粹、国精神之所寄也"，"为立国之根本源泉"，"国粹存则国存，国粹亡则国亡"。③1916年杜亚泉以伧父为笔名写《静的文明与动的文明》，把东西方文化的特征概括为"动的文明"和"静的文明"，东西文明"乃性质之异，而非程度之差"，1918年，李大钊发表了《东西文明根本之异点》，在这篇论文里，和伧父一样，李大钊把东西方文明概括为"动的文明"与"静的文明"。并且由此推演排比出几十项两种文明的差别。李大钊说："东西文明有根本不同之点，即东洋文明主静西洋文明主动是也……一为自然的，一为人为的；一为安息的，一为战争的；一为消极的，一为积极的；一为依赖的，一为独立保守的；一为苟安的，一为突进的；一为因袭的，一为创造的；一为保守的，一为进步的；一为直觉的，一为理智的；一为空想的，一为体验的；一为艺术的，一为科学的；一为精神的，一为物质的；一为灵的，一为肉的；一为向天的，一为立地的；一为自然支配人间的，一为人间征服自然的。"通过这些并不精确的概括，李大钊把当时所说的西方文明比东方文明先进这一点看到了。他认为产生这些不同特性的原因在于地理环境的差异、民族的差异、心理的差异、发展上的差异与社会制度的差异等。与伧父等人有根

---

① 此内容参阅陈独秀的《东西民族根本思想之差异》一文．原载1915年12月《青年杂志》第1卷第4号，1916年第2卷起，《青年杂志》改名为《新青年》。
② 陈独秀．法兰西人与近世文明．青年杂志．第1卷．第1号．1915(9):10
③ 许守微．论国粹无阻于欧化．转引自国粹学报，1906(7):10

本不同,李大钊认为中国古代文明,曾对世界文明作出伟大贡献,现在则应对世界作出第二次贡献。而要作出贡献,就必须"铲除种族根性之偏执"。李大钊揭露了东方文明的种种弊端,正视"中国文明之疾病已达炎热最高之度,中国民族之命运已臻奄奄垂死之期",西方文明已较东方文明处于"优越之域",因而应下决心,"竭力以受西洋文明之特点,以济吾静止文明之穷"。于是他提倡青年学习西方文明中的科学精神、进步精神,同时把东方文明中"与近世精神接近者"介绍到西方。[①]1917 年 1 月,陈独秀又发表了《〈新青年〉罪案答辩书》打起了"德"、"赛"两先生的大旗,明确提出了拥护民主,反对封建礼教;拥护科学,反对国粹的主张。由于找到了中西文明的冲撞点,便使得对中西文化根本差别的认识有了一个更根本的、更集中的目标,从而成为中西文化比较研究的一个里程碑。

第二阶段:五四运动之后到 1920 年。争论的焦点是东西文化能否调和的问题。中西"调和论"的代表人物是章士钊、陈嘉异等。他们认为,西方的物质文明、科学技术固然可以学习,但是,中国的精神文明、道德文明都是最高尚最贵重的财富。他们说,欧化像"破纸","国故"像"败布"都是造新纸的好材料。因此,应该"国粹不灭;欧化亦成",东西文化"熔铸一炉",以成为"吾国新社会研治之基"。[②] 这一论调,是"中体西用"的翻版,它获得伧父等人的赞同。

为了把新文化运动引向深入,除《新青年》外,《新潮》、《民铎》、《每周评论》、《民国日报》副刊《觉醒》和《时事新报》都批判了调和论。陈独秀写《调和论与旧道德》、李大钊写《物质变动与道德变动》和《由经济上解释中国近代思想变动的原因》两文,他们试图应

---

① 李大钊. 东西文明根本之异点. 言治季刊(第 3 册). 1918(7):10
② 章士钊. 新时代之青年. 东方杂志(北京)(第 16 卷),1919(11):20

用唯物史观评论东西文化问题。李大钊指出：道德的性质和状况必然与经济的性质与发展程度相适应，经济变动是道德变动的根本原因。从而指出了把西方的科学技术和东方的伦理纲常加以调和，只不过是守旧派的主观幻想，因为中国的经济变动是不可阻挡的；中国的封建宗法家族制度的"崩颓粉碎"，"君权"、"父权"、"夫权"的"崩颓粉碎"，孔子主义（即纲常名教）的崩颓粉碎，是不可能避免的。

第三阶段：从1920年到1927年。论战的焦点是中国采用何种文化、走什么道路的问题。

当时有三个截然不同的观点，东方文化派、西方文化派以及马克思主义文化派。三派展开了激烈的争论。

东方文化派以梁漱溟为代表。他于1921年发表了《东西文化及其哲学》一书，将世界文化归结为西方的、中国的、印度的三个类型，并提出这三种文化根本精神是：西方文化是以意欲向前要求为其根本精神的；中国文化是以意欲自为调和持中为其根本精神的；印度文化是以意欲反身向后要求为其基本精神的。梁漱溟有时把三者称三种完全不同的"路向"：第一路向是西方的，"意欲向前"的路向；第二路向，是印度的"意欲向后"的路向；第三路向是中国"意欲自为调和持中为根本精神"的路向。① 他认为，中国文化高于西方文化，西方是科学型文化，中国是伦理型文化；西方是向外文化，中国是向内文化。因此，梁漱溟颂扬和提倡的东方文化实际指的是印度的佛教文化和以孔子为代表的中国封建文化。他说："东方化就是个古化。……西方化就是个今化。"他提倡东方化，就是提倡古化。他认为西方人的道路病痛百出，必须抛弃，唯有中国人的道路

---

① 梁漱溟．东西文化及其哲学．北京：商务印书馆，1987.55

才有远大的前途,而中国的道路就是孔夫子的道路。因此,他断言:人类文化必定要发生"由西洋态度变为中国态度"的"根本改革"。全世界都要走"中国的路,孔家的路",未来文化就是"中国文化的复兴"。

梁漱溟的东方文化派观点,引起了与以胡适为代表的西方文化派、全盘西化派的论战。胡适批评梁漱溟的观点。他在《我们对于西洋近代文明的态度》及《读梁漱溟先生的〈东西文化及其哲学〉》文章中尖锐地指出,梁漱溟把西方文化、中国文化、印度文化的性质归结成迥异的三条路是笼统的"闭眼瞎说"。事实上,印度人也很有奋斗精神。欧洲文化、印度文化也都有"调和持中"一类的精神,可见这并不是中国文化的特征。胡适在反驳梁漱溟的过程中,指出:现在是由于种种原因,欧洲人走到前头去了。中国和印度只有急起直追,也走这条路。"现在全世界大通了,当初鞭策欧洲人的环境和问题现在又来鞭策我们了。将来中国和印度的科学化和民治化,是无可疑的。"[①] 胡适认为,西方文化高于中国文化,中国只有急起直追,赶上西方,才有"生存自立的机会。"胡适的观点实际是全盘西化论,虽然他没有提出"全盘西化"这个概念。

马克思主义文化派的兴起。东方文化派与西方文化派对中国文化态度显然不同。五四时期,中国先进的知识分子译介了马克思主义学说,传播了苏维埃俄国成立的消息,马克思主义理论进而在中国获得广泛传播。马克思主义文化在思想文化战线上树起了批判的旗帜。五四时期由新文化运动中的先进知识分子转化而来的马克思主义者,他们反对走中国固有的"东方文明"的路,反对走孔家的路,认为只有"颠覆恶性的宗法封建制和帝国主义"才能保障

---

① 胡适.读梁漱溟先生的〈东西文化及其哲学〉.参见:罗荣渠主编.从西化到现代化.北京:北京大学出版社,1990.121

"东方民族文化的发展"。他们亦反对走全盘西化的资本主义道路，进而提出："世界第三种文化"，即中国要走社会主义文明的道路。陈独秀、李大钊、邓中夏、瞿秋白、鲁迅、毛泽东等发表了一系列文章，回答了中国应走的道路。1923 年瞿秋白在《东方文化与世界革命》、《现代文明的问题与社会主义》等重要论文中阐明，深信通过革命，能够建立社会主义文化和共产主义文化的伟大事业。诚然，陈独秀、毛泽东等人选择了走社会主义文化的道路，不是一帆风顺的。他们是经过艰苦的探索的，正如毛泽东同志后来同斯诺谈话时所说："在这个时候（五四前期——引者），我的思想成了自由主义、民主改良主义、空想社会主义等思想的大杂烩。我憧憬 19 世纪的民主，乌托邦主义和旧式的自由主义，但是我反对军阀和反对帝国主义是明确无疑的。"[①] 正是由于他们坚持了反帝与反封建斗争的基本方向，经过五四运动的洗礼以后，迅速找到了马克思主义真理，才作出了正确的选择。

（3）评价与反思

对五四时期中西文化论战我们可以作如下评价：

首先，五四高举"民主"与"科学"两面旗帜是正确的。民主与科学是时代的要求。辛亥革命后几年间，孔教会、尊孔会的组织，到处活动，"尊孔读经"思潮泛滥。《新青年》的作者们，高举民主与科学的旗帜，要用民主、科学来"救治中国政治上、道德上、学术上、思想上一切的黑暗"[②]；要求民主自由之人权，独立自主之人格，以科学反对封建愚昧思想。与此有关，他们掀起"打倒孔家店"的洪流，矛头直指封建时代的圣人孔子，指出儒家"三纲五常"、忠孝节义是束缚人的"奴隶之道德"、"吃人的礼教"，是文化的专制主义，与"今世

---

① （美）斯诺. 西行漫记. 北京：三联书店，1979. 125
② 陈独秀. 宪法与孔教. 新青年（第 2 卷）. 1916(3):20

之社会国家"根本不相容。五四新文化运动作为反封建的运动,是戊戌维新与辛亥革命的继续,而批判的深刻性超过前两个时期。这在中国数千年文化史上是具有划时代意义的。

其次,通过这场论战,马克思主义获得了广泛传播,从而探索到了中国文化发展的道路。这场论战批判了"走孔子的路"与"全盘西化",不仅为马克思主义在中国的传播打下了基础,而且锻炼了中国一批伟人,使他们更加坚信只有马克思主义才能救中国的信念。

第三,这次论战,提高了中国知识界对文化问题的认识,中国文化得到新的发展。通过论战,经过外来文化的冲击,中国文化批判了一些传统文化的糟粕,吸收了新的血液。如:物质文明与精神文明、时代性与民族性、文化变革与政治经济变革的关系。还如,封建文化、资本主义文化和社会主义文化的关系等问题,并涌现出一批中国文化名人,促进了现代文明的繁荣。

第四,有利于个性解放。长期以来,中国儒家文化传统轻视个性,这次中西文化论争,西方的个性思想的传播在思想界有较大的影响。

最后,值得反思的有两点。一是形式主义思想方法。在东西文化论战中,对国粹与全盘西化论缺乏分析的态度,因而有绝对的肯定与绝对否定的两种倾向,带有偏激的情绪。二是民主与科学两个方面,至今还未完善。正如中国学者周谷城指出:"所谓赛先生与德先生,也被引进,大谈特谈,但说来奇怪,最重要的以机器代替人工生产的事,独没有提到!机器代替人工生产是产业革命的核心。没有这个核心……整个社会生产不能发展,人民生活不能提高;德先生、赛先生也活不长久,真正的现代化仍不可能到来!"

3. 东西方文化差异

东西方文化比较,要涉及的内容很广,一般说来,西方重理性、科学、分析思维;东方重伦理、整体思维。这里只选择其中的中西哲学、思维方式与价值观三个方面作些简述。

(1)中西哲学的差异

从总体上看,中国古代儒家哲学是研究人和人、人和社会关系的伦理哲学。这种哲学认为人生和社会的理念主要是"仁"、"义"、"情",其中"仁"为大、为首。以这种理念为核心的文化塑造着整个中华民族,并有效地维持了社会秩序的稳定,曾使我们走在世界文化的前列。但是这种文化缺乏竞争、创新、开拓和法治精神,导致了近代中国社会发展的缓慢和落后。

西方哲学是着重研究人和自然,人和社会的智慧哲学,这种哲学为人生和社会发展所提供的核心文化理念是"利"、"力"、"理"。古希腊哲学的精神首要是理性精神,文艺复兴复兴了这种精神。理性至上是近代西方哲学的基本精神。文艺复兴时期的"人的发现",即发现了人的世俗欲望并赋予其合理性,简称为发现了"利"的价值;又发现了人的能力对满足世俗欲望的重要性,即发现了"力"的价值;还发现了规范和引导人的利益和能力的理性,即发现了"理"的价值。在近现代哲学中,利、力、理表现在西方社会经济、政治科技和文化教育中,经济表现为"利",政治、科技表现为"力",教育、文化哲学、人的精神、人的心灵则表现为"理"。利、力和理三者关系如此:利益是人的活动的原始动力,能力是满足人的需求和利益的手段,理性是规范和引导人的能力发挥以满足人的利益的规则和尺度。这种哲学理念的基本精神,就是鼓励和倡导人们开拓、竞争、拼搏、进取和创新。以这种理念为核心的进取型的文化,推动了西方社会的发展,亦在西方社会产生了负面影响,如拜金主义、利己

第十五章 东西方文化交流与比较

主义、享乐主义等。

不同的文化哲学理念,与其社会产生的经济基础有密切关系。仁、义、情这些哲学理念是从中国小农经济中提升起来的。利、力、理这些哲学理念是从商品经济中提升出来的。

随着社会的发展,中西文化相互融合与互补,各自学习对方合理的部分,对文明的进步是极有益处的。我们在建立社会主义市场经济体系的过程中,应追求合理的利、力、理。即在经济、政治、文化科技等领域,经济上要创造出更多的"利",要"义"与"利"统一;政治上,加强法治的力度;在思想文化上,解放思想,实事求是,发展科技,提高法制意识,提高人们的文化精神素质,这些都是理性精神的要求。[1]

(2)东西方人思维方式之比较

世界各种文化群体既有人类共有的思维规律,又在自己文化氛围中形成的具有各自特色的思维方式。总的说来,东方人的思维方式是综合思维,西方人的思维方式是分析思维。

综合思维(synthesis)是指在思想上将对象的各个部分联合为整体,将它的各种属性、方面、联系等结合起来。分析思维(analysis)是指在思想上把一个完整的对象分解为各个组成部分,或者将它的各个属性、方面、联系等区分开来。

李约瑟在《东方与西方的对话》中指出,中国的哲学是有机自然主义,是对自然的一种有机认识,是一种综合层次的理论,其本质是整体论。从中国文化中的三大国粹——中医、京剧、国画的特点中,可以看到中国人偏重综合。传统中医学理论认为人体是各部分器官有机联系起来的一个整体,并用阴阳五行学说来说明五脏之间相互依存、相互制约的关系。京剧讲究唱、念、作、打,唱即歌

---

[1] 参阅:杨占生. 哲学理念与社会发展. 光明日报,1998-12-18

唱，念即是诗、赋之朗诵，作是一种"文"舞，打是一种"武"舞（舞蹈化的武术），京剧实际上是唱、念、作、打四种艺术的综合。中国人思维上整体优先，从整体到部分的思维方式还表现在时间和空间的习惯上。如在时间上，习惯顺序为：年—月—日—时—分—秒。在空间顺序则为：国名—省名—市名—街道名—住宅门牌号—个人姓名。

与此相对，西方人则偏重于分析思维。若京剧在西方艺术里，可以分解为歌剧、舞剧、话剧。在西方，歌剧是歌者不舞；舞剧是舞者不歌；话剧则是不歌不舞。如芭蕾舞剧《天鹅湖》、《吉赛尔》中舞者不歌；相反芭蕾舞剧《红色娘子军》有歌有舞，正符合中国人审美情趣中综合思维的特点。西方人分析思维表现在时空上则正与中国人相反，在时间上，西方人习惯顺序为：秒—分—时—日—月—年；在空间上，习惯顺序为：个人姓名—住宅门牌号—街道名—镇名—省（州）名—国名。

倘若仅用上述两种方式说明东西方思维方式之差异，未免过于笼统。其实在同属于东方文化不同民族中，其思维方式也存在差异。西方亦然。如中国汉族人有形象思维的特点，印度人则有抽象思维的特点。在西方，虽以亚里士多德的逻辑思维（分析思维）为共同特点，但各国也有其差别。如美英人习惯于归纳推理法，法国人习惯于演绎推理法，德国人则习惯直觉推理法，信仰马克思主义的国家崇尚辩证逻辑方法。

但总的说来，由于历史传统、哲学思想、文字等文化传统的影响，东方人偏重于形象思维（综合思维），西方人偏重于抽象思维（分析思维），对于这两种思维方式，著名学者张岱年说："中国传统的思维方式是整体思维、辩证思维，缺点是笼统思维，强调直觉，轻视分析方法,轻视实际观察。"① 同样,西方学者们也认识到自身分析思维方面的缺陷。阿尔温·托夫勒说:"第二次浪潮文明特别着重提高我们把问题分解成各个部分的能力,而把各个部分重新综合的能力却很少给予鼓励。多数人从受教育时就善于分析而不善于综合,这就是为什么我们对未来的设想(包括对自己在内)是这样的支离破碎和杂乱无章。"②

一个文化群体的思维方式也是不断发展变化的,文化交流是思维方式变化的一个原因。自明清以来,尤其是近现代,随着中西方文化交流的增多,中西思维方式在互相影响,彼此渗透。在相互交流中,中西文化双方取长补短,更有益于世界文化的繁荣、进步!

(3)东西方人价值观之比较

不同的世界观、人生观使人们对人类生存的价值和意义的看法不同,形成了不同标准的价值观。价值是人的追求和愿望,是人的评价和选择。价值观念是多元的,但其中必有一种价值观起主导作用,任何社会都是如此。东西方人价值观最大差别是个体在社会中的地位。因此"个人主义(individualism)和集体主义(collectivisim)的区别是东西方价值差异的关键所在。"③

东方人基本上都属于集体主义文化,而西方人特别是英美人属于个人主义文化。东方人特别是中国人强调群体意识,儒家思想为东方价值观的源头,其思想的核心即一个"仁"字。"仁"字的结构由"二"和"人"组成,其内涵表明一个人与他人的关系有联系。孔子以爱他人为仁,有亲亲、尊贤等涵义。这与个人主义(individualism)大相径庭。individualism 的词根是 individual,其

---

① 参阅:张岱年著.文化与哲学.北京:教育科学出版社,1998.207~208
② (美)阿尔温·托夫勒著. 第三次浪潮. 北京:三联书店,1984.198
③ 梁守德,方连庆主编.1996:国际社会与文化.北京:北京大学出版社,1997.138

基本含义是"个人",与社会、家庭相对立的个人。近代,西方文化思想传入东方,给东方文化价值带来一些冲击,但群体利益仍是东方价值观的主流。邓小平说:"社会主义最大的优越性就是共同富裕,这是体现社会主义本质的一个东西。"[①] 新加坡在1991年发布的《共同价值白皮书》中明确提出了国家的核心价值观:"国家至上,社会为先;家庭为根,社会为本;关怀扶伤,尊重个人;求同存异,协商共识;种族和谐,宗教宽容",并且认为修身、齐家、治国、平天下等儒家的伦理是医治社会问题的一剂良药。新加坡的例子,亦说明东方人的集体主义价值观。西方社会强调个人,包括个人的身份、个人的作用、个人的独立性及自主选择。美国学者拉理·A.萨姆瓦和理查德·E.波特说:"在西方文化中个人是至高无上的,个人主义是首要的和肯定的价值观。这种价值观在美国是主导一切的。"[②]

新的价值观应吸纳一切人类文明成果,我们应该吸收西方价值观中的精华,增强抵制糟粕的能力,为建设有中国特色社会主义价值观服务。

4. 世界文化史长河的流变

欲知东西方文化之关系和东西方文化的昨天、今天以及明天,只有扩大视野、放眼全球的精神,以人类全部历史文化和整个地球宇宙为背景来考察。在古代,东方的中国、印度,西方的希腊罗马在文化发展程度的天平上大体相等;在中世纪,光明的东方和黑暗的西方,东方文化处于领先西方文化的地位;而在近代,东方却从属于西方;在现代,西方文化仍占主导地位,但其没落的趋势已渐露

---

① 邓小平文选(第3卷). 北京:人民出版社,1993.364
② (英)萨姆瓦等著. 跨文化传道. 陈南等译. 北京:三联书店,1988.58

迹象。如表 15-1 所示：

表 15-1 东西方文化关系演变历程

	起止时间	东方文化	东西关系	西方文化
古代	公元前 50～公元 5 世纪	中国：人类起源至春秋战国 印度：远古至孔雀帝国	轴心时代 东西平衡	希腊罗马文化
中古	公元 5～16 世纪	光明的东方 中国秦汉至明清 印度笈多至莫卧儿王朝 阿拉伯统一	东高西低	黑暗时期（5～10 世纪）
近代	公元 16～19 世纪	东方屈辱、觉醒时期	西高东低	文艺复兴、启蒙运动、资产阶级革命、工业革命；人文主义、理性主义、马克思主义、科技兴起
现代	公元 20 世纪	东方复兴与崛起时期	西高东低	仍占主导地位 已现没落迹象

纵观世界 5 000 年文化史，东西方文化在各个时期各有消长，

它们之间的关系是互相交流,互相碰撞,互相比较,互为补充的。一方所欠缺的或不够重视的思想观念由另一方弥补或加以强调,人类思想的各个优秀方面汇集在一起,就能达到新的综合。东方的智慧同西方的智慧的相互融合,将更有益于整个人类文化的进步!

四、建设社会主义现代化文化

1. 中国文化从传统到现代的转型

(1) 阶段

从19世纪40年代"师夷长技以制夷"到60年代自强运动(即洋务运动)是中国现代化运动启动的开端。

20世纪初"五四"新文化运动加速实现了中国从传统到现代的演变。从论战与探索中,进步的中国人看出了东西方文化的差异。马克思主义文化派的崛起,科学民主思想的传播也加快了中国社会的转型。

20世纪70年代末,特别是十一届三中全会以后,改革开放在经济、政治和思想文化领域三个层次全面展开,使中国文化从传统向现代转型大大地迈进了一步。

综上所述,近代"师夷长技以制夷"到五四前后东西方文化之比较与探索,至20世纪70年代末改革开放时代的文化讨论,都可以统称为探索中国现代化道路的继承与发展。现代化作为人类文明的进程与文明的形式,反映了人类社会从封闭的传统农业社会向开放的现代工业社会所经历的巨变。

(2) 条件

近一百余年来中国文化从传统到现代的转型是内力和外力共同作用的结果。近现代以来,面对西方的种种打击挑战,中华民族勇于作出反应。邓小平指出:"社会主义要赢得资本主义相比较的优势,就必须大胆吸收和借鉴人类社会创造的一切文明成果,吸收和借鉴当今世界各国包括资本主义发达国家的一切反映现代社会化生产规律的先进经营方式、管理方法。"① 他还指出:"属于文化领域的东西,一定要用马克思主义对它们的思想内容和表现方法进行分析、鉴别和批判。"② 这是我们对待西方文化的原则。

有中国特色的社会主义文化是凝聚和激励全国各族人民的重要力量,是综合国力的重要标志。它渊源于中华民族五千年文明史,又根植于有中国特色社会主义的实践,具有鲜明的时代特征。西方现代化的输入和中国传统文化中的自强不息、忧患意识、变易观念、民本思想等精神传统相互作用,促进了中国文化的现代化进程。

(3) 转型

中国文化从传统到现代的转型在三个层面上进行:经济上是自19世纪中叶已经开始的从农业文明向工业文明的转化,目前已在加速发展,这是现代中国社会转型的基本内容;由计划经济向社会主义市场经济转化,这种经济体制的转轨与上述经济形态变化同时并进。政治上,要建立社会主义的民主法制,提高法制观念和依法治国的观念。文化上,建设有中国特色的社会主义的文化,即在社会主义制度下,以马克思主义为指导,建立古今中外文化的最佳互补机制,亦即批判继承中国传统文化,吸收外来先进文化而又充分体现时代精神的,立足本国又面向世界面向未来的,体现民主精神、时代精神和中国现代化进程的社会主义新文化。以上三个层次的变革与转型都是互动的。

---

①② 邓小平文选(第3卷).北京:人民出版社,1993.373

2. 中国传统文化的探讨

(1)传统文化与文化传统

传统问题是文化史的核心问题。在中国正迈向现代化的历程中,必然会对传统文化进行自我反思和再估计。20世纪80年代的中国掀起中国传统文化的研究热潮与实行改革开放的国策有密切关系。这也可以说是五四文化论战的继续与深入。

"传统文化"与"文化传统"是两个不同的概念。所谓传统文化,是指那些外在于主体的、历史地凝固了的种种文化成果,是一些死的"物";而文化传统,则是内在于主体之中,支配着民族认知和行为的习惯力。传统文化形成了民族的文明,文化传统则规定着民族的本质,文化传统由传统文化积淀而成,是历史选择了的、变了形、易了位的传统文化。有的学者认为,所谓传统文化在中国古典涵义就是历代相传,至今不绝的某些根本性东西。某些社会学家称为"文化心理积淀",有的文化史家称它为维持所公认的合宜的行为规范。有人认为,传统绝不可能只等于"过去已经存在的东西",恰恰相反,传统首先就"意味"未来可以出现的东西——未来的人,未来的事,未来的思想、精神、心理、意识、文化等。所以传统不单指过去,而且意味着新的"民族文化心理结构"。还有人认为传统文化,多指传统文化的定型样态。时间的连续性、空间的限定性、结构的稳定性、外观的凝聚性、作用的有效性,便是定型样态的主要特征。[①]

中国传统文化源远流长,兼容并包,是自成体系,影响深远的统一的复合体系。它是中国悠久的历史、民族文化的荟萃,是中外文化的交融,是由经济、政治、制度、文化变迁诸因素形成的。蔡尚

---

① 朱维铮. 传统文化与文化传统. 复旦学报,1987(1):10

思在《中国传统文化的特点及其演变》一文中指出,"中国文化有时代性,在同时代下还有地域性,在同时代同地域下还有民族性,在同时代同地域同民族下还有阶级性,在同时代同地域同民族同阶段下还有宗派性。"①

(2)中国传统文化的基本特征和核心精神

关于中国传统文化的基本特征与核心精神,学术界曾作过以下探讨。

其一,认为中国传统文化的基本特征是"礼"或"礼治"。"礼"是中华文化世代相沿的主要形态,最具有中华文化的原始性和普遍意义,原有的生活方式、伦理风范、社会制度的一体化内容,成为绵延数千年的传统文化模式。"礼"的内容是等级隶属关系,最集中的表现就是维护三纲五常,在家尽孝,在国尽忠,忠孝都是单方面的服从;只有义务,没有权利,违反者就是叛臣逆子。隶属观念与反躬自省相结合,压抑了个性,很难有自主意识的萌芽。这是"礼"的消极面。同时,"礼"所表现的隶属观念,又增进了人与人之间的相互依赖,因而对家庭、对国家具有强韧的亲和力,所以,中国有"修身、齐家、治国、平天下"的传统,把个人命运与家庭和国家利益融为一体,使爱国主义有坚实的基础。所以,由"礼"所表现的隶属观念,有助于中华民族的凝聚和中华民族的绵延,这是"礼"的积极面。

其二,认为中国传统文化的基本特点是人文主义精神。具体的认识与评价有两种。一种观点认为,中国人文主义与西欧的人文主义有一个根本的不同,就是对人的理解差别极大。西方的人文主义把人看做是具有理智、情感和意志的独立个体,认为每个人都是他自己内在因素的创造物,他对他自己的命运负责。中国的人文主义

---

① 复旦大学历史系编.中国传统文化的再估计.上海:上海人民出版社,1987.

把人看成群体的分子,人是具有群体生存需要,有伦理道德自觉的互动个体(即互相牵连的),每个人都是他所属关系的派生物,他的命运跟群体息息相关。西方的人文主义强调自由、平等、权利;而中国的人文主义则强调和谐、义务、贡献。另一种观点认为"中国传统的人文思想,从其主流看,导向的恰恰是王权主义和使人不成其为人"。[①] 从内容上看,中国古代人文主义思想的主题是伦理道德,这就决定了人文思想只能导致封建专制主义。对传统文化的人文主义思想应该采取否定的态度。

其三,中国文化的特点就在于它特别注意人伦关系。简单地讲就是"互以对方为重",这与西方的"个人本体"、"自我中心"的特点完全不同。

其四,认为传统文化的基本特征在于强调统一性,忽视差异性;强调群体,忽视个体。

其五,"农业宗法社会"孕育出伦理型文化,并决定了中国文化的一系列基本特征,诸如道德准则成为维持秩序的精神支柱,并成为各类观念的出发点和归宿点;传统的再生力强,延续性长;由多元到大一统;修齐治平的入世思想构成社会的主导心理;重政务,轻自然,斥技艺,朴素的整体观念等成为中国文化的重要内容。

上述诸论,有的名异实似,有的名实皆异,有的互相交融,它们从不同的角度,对中国传统文化进行探索。我们认为,农业宗法社会的伦理型文化,是中国传统文化的基本特征,它以数千年中国自然经济为基础,中央封建专制政治制度为主体,长期封闭,短期开放的中外文化交流所形成的文化体系。它在长期形成过程之中,经过不同形式的演变,又对中国经济的发展,社会心理,人们的世界

---

① 刘泽华. 中国传统的人文思想与王权主义. 参阅:中国传统文化的再估计. 上海:上海人民出版社,1987.56

观、政治观、伦理观等产生了广泛而深沉的影响。

诚然,农业宗法社会伦理型文化,随着时代的发展,它也有程度与内容上的变异。从先秦到五四,中国传统文化历经几度变化,经受本土文化与外来文化的冲击、渗透、交融。最明显的有两次,一次由春秋战国变革奴隶社会的传统文化,出现百家争鸣的新文化,发展成秦汉以后延续两千多年的封建文化。一次是五四时期,由维护封建文化演变到吸收近代西方文化,由输入传播西方资产阶级的民主文化转向引进马克思主义文化,这对中国现代文化更具有深刻的意义。虽经这两次重大变革,但以小农为基础的农业经济及封建宗法伦理的影响仍然存在,在文献中、在人们文化心理、道德规范和现实中间,仍看到一个有形与无形的文化传统,这就是农业宗法社会伦理型文化。

3. 中国传统文化的精华与糟粕

(1)中华民族屹立于世界东方五千多年,创造了灿烂的中国文化

中国传统文化的精华是极其丰富的。

其一,它有刚健有为、自强不息的精神。中国学者张岱年认为,孔子重视"刚",他的生活态度是"为之不厌"、"发愤忘食,乐以忘忧"[①]。这是一种积极有为的态度。孔子的这些思想,《易传》中有进一步的发展。《易传》提出"刚健"观念,赞扬刚健精神,"刚健而文明"[②]。《易传》云:"天行健,君子以自强不息","地势坤,君子以厚德载物"。意思是说:天体、日月、星辰,昼夜运行,永远运动,人就应自强不息,永远努力,勉力向上,决不停止。《易传》提倡的"自强不

---

① 《论语·述而》。
② 高亨著.周易杂论.济南:齐鲁书社,1979.43

息"精神在中国历史上产生了深远的影响,激励着古往今来进步的政治家、思想家,科学家奋勇前进。[1]"自强不息",不怕任何困难的精神,是中华民族五千年延续发展的优秀传统。"自强不息"精神,具有一定的主体意识,这是近代对内反压迫,抵抗外来侵略,保护民族独立的精神,既是中华民族的灵魂,也是中华民族五千年继承性,凝聚力之所在。纵观中华民族五千年文明史,中国人民面对自然、外族入侵、外来文化,虽然经受诸多挫折、失败,但由于中华民族蕴蓄着自强不息的精神,最终都达到预定的目的。这即是本书第一章提及的深义的文化。

其二,它有以德育代替宗教的优良传统。孔子曾说过:"务民之义,敬鬼神而远之,可谓知矣!"[2] 这可以说是以道德教育代替宗教。《论语》又载:"季路问事鬼神,子曰:未能事人,焉能事鬼?敢问死! 曰:未知生,焉知死?"[3] "事人"、"知生"是道德修养问题,"事鬼"、"知死"是宗教家的问题。孔子不愿谈鬼神和死后的问题,显示了对宗教的冷淡态度。孔子以后,孟子、荀子以至宋儒都继承孔子的这种观点,从而形成了中国传统文化的一个特点。孔子的教育思想,"有教无类"、"朝闻道、夕死可矣"、"好学不倦"、"知之为知之,不知为不知,是知也"[4] 等,对中国教育有深远的积极的影响。

其三,中华民族曾经创造了光辉灿烂的古代文化。中国科学技术在世界曾经居一千年的领先地位,在哲学、文学、艺术、史学、医学、教育等诸多领域,都取得了巨大成就,极大地丰富了世界文化。在长期的生产劳动、阶级斗争和科学实践中,中国这块古老大地孕

---

[1] 深圳大学国学研究所主编.中国文化与中国哲学.北京:东方出版社,1987.10
[2] 《论语·雍也》。
[3] 《论语·先进》。
[4] 《论语·里仁》。

育和造就了一代又一代的伟大的思想家、革命家、军事家、政治家、文学家、艺术家、科学家、发明家,他们是中华民族智慧、文化、毅力和能力的优秀代表。

其四,它有群体观念的互助与互谅精神。从历史上看,中国的群体意识与宗法家族观念紧密联系,是一种层层放大的效应,所谓"修身、齐家、治国、平天下",这种观念是为封建专政制度服务的,它严重压制了个性。但是,它也并非全是糟粕,如,其中互助精神体现在扶持危弱者上,"老吾老以及人之老,幼吾幼以及人之幼"[①]。这一精神也体现在朋友交往上,"与朋友交而不信乎?"[②]互谅,谅,即宽。孔子把宽作五德之一:"宽则得从"[③],并连同由此推衍为一种恕道,"己所不欲,勿施于人"[④]。

其五,统一思想是中华民族传统文化之一。中华民族传统文化中有一个突出的优点是民族文化没有中断过,重要的因素是中华民族有着祖国统一的民族意识,它具有巨大的凝聚力和统一的指导思想——古代是儒家为代表的思想。

其六,它具备强烈的爱国主义精神。中华民族有光荣而悠久的爱国主义传统,从战国屈原到唐代杜甫,从近代的谭嗣同、关天培到现代的李大钊、鲁迅,中国文化史中可举出一大批爱国志士。他们具有强烈的民族忧患意识和崇高的历史使命感。爱国主义精神是中华民族支柱。与此有联系的还有"天下兴亡,匹夫有责","先天下之忧而忧,后天下之乐而乐"的精神。中华民族的朴素耐劳、不畏强暴、坚忍不拔的精神,都是中华传统文化的精华。

---

① 《孟子·梁惠王上》。
② 《论语·学而》。
③ 《论语·阳货》。
④ 《论语·卫灵公》。

(2)中华民族传统文化中的糟粕也在相当程度存在着

以文明先进著称的中国为什么到近代落后、挨打了呢?从传统文化中我们不难找到原因。

其一,以宗法为经的人伦道德观在一定程度上阻碍了中国的进一步发展。中国传统文化是以人伦道德为重要核心的文化,周秦到明清,甚至今日,我们社会中都残存封建伦理的旧思想、旧道德。它似一个幽灵不同程度地存在于现实社会生活中。按洋务派张之洞的话说:"君为臣纲,父为子纲,夫为妻纲……亲亲也,尊尊也,长长也,男女有别,此其不可得与民变革者也。五伦之要,百行之原,相传数千年更无异义。"① 中国传统人伦道德的弊病,是"别尊卑,明贵贱",重人伦,轻法制的等级思想。

其二,中国传统文化发展具有封闭型的特征。中国历史上虽有多次外来文化的输入,但长期自给自足的封闭的狭隘的小农和手工业生产的生活方式、工作方式、管理方式,以及由此而产生的因循守旧、固步自封、贱视科学技术、中庸调和、夜郎自大等文化心理,影响很大,而与此相关的循环论的发展观等,这就成为人民的精神枷锁,极大地束缚了中华民族的智慧和创造性的发挥。

中国传统文化的精华与糟粕相互混杂在一起,要用科学的分析态度加以明辨,用时代的精神加以改造。精华是推动现代化的助力,糟粕是不利现代化的阻力。

(3)传统文化与现代化的矛盾

中国正在经历着现代化的历史进程。有的论者指出,现代化就是包括一定的经济结构、政治结构和文化意识结构在内的工业化社会形态亦即工业化新文明。现代化的模式是多元的,今天有欧美

---

① 张之洞.劝学篇.明纲.参阅:张文襄公全集(卷202).上海:上海人民出版社,1972

式的现代化,将来有南亚式现代化、南美式现代化。中国所进行的现代化,实际上是指中国式的社会主义工业化社会形态。从根本上说,现代化应是社会从经济、政治、文化意识几个方面同步进入崭新的文明范畴之中。

现代化与文化具有密切的关系。第一,现代化的历史进程,是对传统文化的挑战、冲击和考验。现代化要选择传统文化,部分传统文化在现代化过程中会淡化、改造或消失;另一方面,传统文化在选择着现代化道路。这种双向选择,关键在善于运用传统文化的积极因素,推动现代化进程,也要善于通过现代化来发扬、改造传统文化。第二,现代化给文化带来一些新特点,例如五四新文化运动,提出的科学与民主的口号,今天仍是适用的。第三,文化的现代性,还包括一种开放的精神,要敢于交流,敢于吸收。敢于交流与吸收就是一种民族的进取精神。第四,现代化的文化,还应该具有一种更新的精神,如改革的精神、自省的精神。

中国传统文化中的消极因素与现代化的矛盾,主要表现在下列几个方面。

第一,宗法等级伦理观念与现代民主精神的矛盾。儒家的伦理规范,把人的独立人格完全纳入尊卑、贵贱、长幼等级观念中,伦理纲常的实践成了人生的价值意义和最终目的,它不利于经济与政治改革,不利于调动群众的积极性。

第二,政治本位与经济本位的矛盾。中国传统文化历来以政治、伦理为本位,文人学士主要不是去研究自然科学或社会经济问题,而是研究政治、伦理的学问。在这一模式下,任何发展经济的观念和做法都曾遭到阻挠、排斥或否定。

第三,文化素质低,愚昧落后的文化意识与现代先进的科学技术及管理方法的矛盾。

第四,保守心理与革新创造精神的矛盾。

第五,儒家中庸思想与竞争意识的矛盾。

第六,传统的慢节奏的时间观念与讲求速度和效率的现代化社会的矛盾。

第七,传统中"法"的观念与现代"法"的矛盾。

随着中国现代化的发展,中国传统文化与现代化的矛盾,将会引起全民族的反思。这个矛盾,失去的只会是传统文化中过时的东西,但收获的是中国现代化的文化,是整个人类共同的文化财富。

改革开放以来,中国人民开阔了视野,活跃了思想,也促进了一系列新观念的形成。比如竞争观念、时间观念、效益观念、市场观念、商品观念、民主观念、法制观念、人才观念、创新意识、自主意识和未来意识等。这些新观念的出现,说明了在现代化的发展过程中,中国传统文化中的消极因素在逐步消退,而积极因素在逐步增长。这种态势将会继续到新的世纪。

4. 中国文化发展前景

中国要实现现代化,中华民族要屹立世界民族之林,中国文化的未来要走向现代化的道路,这已成为共识。在20世纪70~80年代,学术界对中国文化发展前景有如下几个观点。

"彻底重建"论:该理论认为,不能把传统的儒道文化本身看成是中国文化的整体系统,然后再以此为本来吸取、同化新的文化因素。必须全力创造中国文化的现代系统,并使儒家文化下降为仅仅只是这个系统中的一个次要的、从属的成分。

五四运动论:五四运动作为新文化运动的起点,一方面反对封建文化批判旧礼教、旧道德;另一方面要求"科学与民主",而这两方面的任务现在还远未完成。因此,只有保存和发扬这种精神,才有可能创造出有生命力的现代化的中国社会主义新文化。

哲学启蒙论:这种理论认为,在多元的文化传统中,应当重视的是17世纪兴起的反对宋明理学的早期启蒙思潮。目前,我们正处在自觉地实行对外开放的新的历史时期,其文化运动的轨迹,应是继17世纪以来的历史行程,更深广地选择吸取消化外来文化及其发展的新成就。

现代儒学论:它以梁漱溟、熊十力、牟宗三、唐君毅为代表,这些学者认为在吸收西方文化的同时更多地保存和发扬中国传统文化。

回归原典论:寻找和了解世界上任何有影响而长久流传的文化的源头是十分重要的。中国文化源远流长,哲学是文化的核心。《易经》是中国文化中有着重大影响的思想系统,有所谓:"易经三圣之说"。因此,有的学者认为,要发扬中国文化和中国哲学应从《易经》体系中找它们的生长点加以发展,以此对当代世界思想文化作出特殊的贡献。①

西体中用论:提出此观点的人,借用人类学本体论中的"社会存在的本体"概念,认为"体"有两重含义,一是工艺社会结构,是为外在的物质文化结构;一是心理文化结构,是为内在的精神文化结构。现代物质文化为全世界所共有,它首先从西方传来,只是在此意义上才可谓"西体"。而所谓"中用",就是怎样结合中国实际适用于中国。就是说,要用现代化的"西体"——从科技、生产力、经营管理、制度到本体意识(包括马克思主义和各种其他重要思想、理论、学说、观念)来改造"中学",转移中国的传统的文化心理结构,有意识地改变这个"积淀"。

以上六说,我们认为各有其合理的因素,但其中有的说法有其

---

① 参阅:汤一介.中国新文化的创建.读书,1988(7):9

明显的弊端。如"彻底重建论"是民族文化虚无主义的观点,显然是错误的。

我们要正确对待中外文化和它们之间的关系。毛泽东指出:"中国应该大量吸收外国的进步文化,作为自己文化食粮的原料,这个工作过去还做得很不够。这不但是当前的社会主义文化和新民主主义文化,还有外国的古代文化,例如各资本主义国家启蒙时代的文化,凡属于我们今天用得着的东西,都应该吸收。但是一切外国的东西,如同我们对于食物一样,必须经过自己的口腔咀嚼和胃肠运动,送进唾液胃液肠液,把它分解为精华和糟粕两部分,然后排除其糟粕,吸收其精华,才能对我们的身体有益,决不能生吞活剥的毫无批判地吸收。所谓'全盘西化'的主张,乃是一种错误地观点。"① 他又说:"对于外国文化,排外主义的方针是错误的,应当尽量吸收进步的外国文化,以为发展中国新文化的借鉴;盲目搬用的方针也是错误的,应当以中国人民的实际需要为基础,批判地吸收外国文化。"②

中国文化现代化要经历一个相当长的历史阶段。毛泽东在新民主主义革命时期曾提出建立"民族的、科学的、大众的文化",这对我们制定文化发展的方向,仍具有指导性价值。

所谓民族的,即中国特色的,应指中国传统文化的优秀部分。它使中华民族具有凝聚力,是中华民族立于世界之林的一种标志。所谓科学的,即现代化的,是指建设有中国特色的社会科学理论、现代科学技术、先进的管理方法,它为经济的发展提供动力和智慧,而经济的发展又促进文化科技的发展。所谓大众的,即指它具有社会主义的性质,体现了社会主义的较高的民主精神与较完善

---

① 新民主主义论.毛泽东选集(1卷本).北京:人民出版社,1964.667
② 论联合政府.毛泽东选集(1卷本).北京:人民出版社,1964.984

的法律制度及社会主义的道德与风俗。

民族化的、现代化的、社会主义的文化三个因素应当是一个整体,这就是要建立有中国特色的社会主义文化。自五四以来,"国粹派"和"中体西用"显然过于片面;"全盘西化"明显是错误的。盲目的民族本位文化论和民族文化的虚无主义、悲观主义,都是错误的。我们应该有一种古今中外文化择优论的文化心态,在马克思主义指导下,以科学的精神,批判、选择与吸收古今中外一切有价值的文化成果,博采世界文化之精华,摒弃古今中外一切腐朽的东西,经过辩证的综合、创新,建立具有中国特色的社会主义文化。

社会主义社会作为人类历史上崭新的社会形态,是以经济建设为重点的全面发展、全面进步的社会。经济、政治、文化协调发展,两个文明都搞好,才是有中国特色的社会主义。要切实加强思想道德建设,努力发展教育科技文化,以科学的理论武装人,以正确的舆论引导人,以高尚的精神塑造人,以优秀的作品鼓舞人,培育有理想、有道德、有文化、有纪律的公民,提高全民族的思想道德素质和科学文化素质。坚持在全社会提倡社会主义、共产主义道德,大力弘扬爱国主义精神、集体主义精神、为人民服务和勇于奉献的精神。

英国大哲学家罗素于1921年来到中国,他写了一篇题为《中国与西方文明之比较》的文章。罗素说:"过去历史中,不同文明之相互冲击,经常证明是人类进步的里程碑。希腊向埃及学习,罗马向希腊学习,阿拉伯人向罗马帝国学习,中古的欧洲向阿拉伯人学习,而文艺复兴的欧洲又向拜占庭学习。在这些情况下,往往青出于蓝而胜于蓝。假若我们把中国人当作学生的话,此种学生超过老师的情况可能重演……西方文明的特殊贡献是科学方法,而中国文明之特殊功绩在于合理的人生观。我们希望这两种因素能渐渐地融合在一起。"①罗素的这段话是很有见地的。一部世界文化史,先进文化会转化为落后文化,如近代中国文化;落后文化也会转为先进文化,如近代日本文化。现当代的中国在许多方面确实落后于西方先进国家,因此,要引进东西方某些先进文化,但同时我们又必须根据自己的国情进行大胆的探索,创造出具有时代精神的光辉灿烂的中华民族新文化。

中国文化的未来是有希望的,希望在于坚持以社会主义经济建设为中心,坚持四项基本原则的立国之本,走改革开放的强国之路。汤因比预言 21 世纪以后由中国"来引导人类走向大同"。对这类悦耳的预言,我们会作出冷静的思考。但我们可以满怀信心地展望中国文化发展的前景:到 21 世纪,我们中国文化要走向世界,要走到世界的前列,也让世界文化走向中国。

综合世界文化起源、发展、交流、冲突和融合的总趋势,可以预料,未来的东西方文化,像尼罗河,像底格里斯河,像幼发拉底河,像印度河,像黄河,像泰晤士河,像莱茵河,像密西西比河,像伏尔加河,像刚果河,像尼日尔河,像亚马逊河,最后终将浩浩荡荡地注入大海,注入人类智慧的海洋。随着科学社会主义运动的发展,东西方文化中一切不合理的、落后的、腐朽的成分,都会被淘汰,被摒弃,被改造;而东西方文化中一切合理的、先进的、优秀的部分,将被各族人民选择、吸收、创新和发展,并汇集融合成新的世界文化体系——社会主义、共产主义思想文化体系。当然,在这个新体系中,各民族文化将从形式上保存自己的特色。

马克思早在一百多年前就预言:"历史不断前进,经过许多阶段才把陈旧的生活形式送进坟墓。世界历史形式的最后一个阶段

---

① 林毓生译.罗素论文集.编译参考,1986(4)

第十五章 东西方文化交流与比较

就是喜剧。"[①] 这部宏伟壮丽的喜剧就叫做社会主义、共产主义。那时,东西方思想文化体系将被打破,一个多元文化的世界将逐步形成,从而进入共产主义文化的灿烂的明天。

[①] 黑格尔法哲学批判导言.马克思恩格斯选集(第1卷).北京:人民出版社,1972.5

参 考 书 目

1. 马克思恩格斯选集(1～4卷).北京:人民出版社,1972
2. (法)维克多·埃尔著.文化概念.康新文译.上海:上海人民出版社,1988
3. (美)E.M.伯恩斯,P.L.拉尔夫著.世界文明史.罗经国,陈筠等译.北京:商务印书馆,1987
4. 庄锡昌,顾晓鸣等编.多维视野中的文化理论.杭州:浙江人民出版社,1987
5. (英)汤因比著.历史研究.曹未风译.上海:上海人民出版社,1966
6. 汉尼希,朱威烈等编著.人类早期文明的"木乃伊"——古埃及文化求实.杭州:浙江人民出版社,1988
7. (印)塔帕尔著.印度古代文明.林火译.杭州:浙江人民出版社,1990
8. 季羡林主编.东方文学史(上、下册).长春:吉林教育出版社,1995
9. 《老子》。
10. 《论语》。
11. (美)伊迪丝·汉密尔顿著.希腊方式——通向西方文明的源流.徐齐平译.杭州:浙江人民出版社,1988
12. (德)E.策勒尔著.古希腊哲学史纲.翁绍军译.济南:山东人民出版社,1996
13. 朱龙华著.罗马文化与古典传统.杭州:浙江人民出版社,1994
14. (美)马文·佩里主编.西方文明史.胡万里等译.北京:商务印书馆,1993

15. 恩格斯.原始基督教史.何封译.北京:人民出版社,1962
16. (德)费尔巴哈.基督教的本质.荣震华译.北京:商务印书馆,1984
17. (埃及)爱敏著.阿拉伯——伊斯兰文化史(第一册).纳忠译.北京:商务印书馆,1982
18. 黄心川著.印度哲学史.北京:商务印书馆,1989
19. 冯友兰著.中国哲学简史.北京:北京大学出版社,1985
20. (美)桑戴克著.世界文化史(上、下册).陈廷璠译.上海:上海文化出版社,1989
21. 古兰经.马坚译.北京:中国社会科学出版社,1989
22. 陈翰笙主编.中国大百科全书·外国历史.北京:中国大百科全书出版社,1990
23. 马克垚.欧洲封建经济形态研究.北京:人民出版社,1985
24. (日)家永三郎著.日本文化史.刘绩生译.北京:商务印书馆,1992
25. 贺圣达著.东南亚文化发展史.昆明:云南人民出版社,1996
26. 宁骚主编.非洲黑人文化.杭州:浙江人民出版社,1993
27. 哲学译丛编辑部.近现代主要哲学流派资料.北京:商务印书馆,1981
28. 黄见德著.20世纪西方哲学东渐问题.长沙:湖南教育出版社,1998
29. 李春辉著.拉丁美洲史稿(上册).北京:商务印书馆,1983
30. 刘文龙著.拉丁美洲文化概论.上海:复旦大学出版社,1996
31. 吴守琳编著.拉丁美洲文学简史.北京:中国人民大学出版社,1985
32. 冯天瑜等著.中华文化史.上海:上海人民出版社,1990
33. 周一良主编.中外文化交流史.郑州:河南人民出版社,1987

34. 沈福伟著.中西文化交流史.上海:上海人民出版社,1985
35. 吴于廑主编.十五至十六世纪东西方历史初学集.武汉:武汉大学出版社,1986
36. 张椿年.从信仰到理性.杭州:浙江人民出版社,1993
37. (瑞士)雅各布·布克哈特.意大利文艺复兴时期的文化.何新译.北京:商务印书馆,1996
38. (德)马克斯·韦伯.新教伦理与资本主义精神.于晓,陈维纲等译.北京:三联书店,1993
39. (意大利)马基雅弗利.佛罗伦萨史.李活译.北京:商务印书馆,1982
40. 杨真著.基督教史纲.北京:三联书店,1979
41. (德)E.卡西勒著.启蒙哲学.顾伟铭译.济南:山东人民出版社,1996
42. (法)孟德斯鸠著.论法的精神.张雁深译.北京:商务印书馆,1987
43. (英)丹皮尔著.科学史.李珩译.北京:商务印书馆,1989
44. (英)亚·沃尔夫著.十六至十七世纪科学技术和哲学史.周昌忠译.北京:商务印书馆,1985
45. 马克思,恩格斯著.共产党宣言.北京:人民出版社,1972
46. (英)贝尔纳著.历史上的科学.伍况甫译.北京:科学出版社,1981
47. (法)丹纳.艺术哲学.傅雷译.合肥:安徽文艺出版社,1980
48. (英)斯蒂芬·F.梅森.自然科学史.周煕良译.上海:上海译文出版社,1980
49. (日)福泽谕吉著.文明论概略.北京编译出版社译.北京:商务印书馆,1994
50. (美)丹尼尔·贝尔著.资本主义文化矛盾.赵一凡等译.北

京：三联书店，1989
51. 宋健主编. 现代科学基础知识. 北京：科学出版社，1994
52. 殷正坤，邱仁宗著. 科学哲学引论. 武汉：华中理工大学出版社，1996
53. 夏基松著. 现代西方哲学教程. 上海：上海人民出版社，1996
54. 罗荣渠著. 现代化新论. 北京：北京大学出版社，1993
55. （英）汤因比著. 人类与大地母亲. 徐波等译. 上海：上海人民出版社，1992
56. 毛泽东著作选读（上、下册）. 北京：人民出版社，1986
57. 邓小平文选. 第1，2，3卷. 北京：人民出版社，1993
58. Staryer, Joseph R., *The Mainstream of Civilization* (Part Ⅰ, Ⅱ), Hans W. Gatzke et al, New York: Harcourt, 1969
59. Edward Mc. Nall Burns, Phillip Lee Ralph, Robert E. Lerner, Standish Meacham, World Civilizations (Volume 1, Seventh Edition), Copyright @ 1986, 1982, 1974, 1969, 1964, 1958, 1955 by W. W. Norton & Company, Inc.
60. Boardman, Phillip C, *Enduring legacies: Ancient and Medieval Cultures... USA*, Simon and Schuster Custom Pub., 1996
61. James W. Gibson, Michael S. Hannce, *Introduction to Human Communication*, Wm. C. Broun Publishers, 1992
62. Elman R. Service (University of California), *Cultural Revolutionism Theory in Practice*, Holt, Rinehart and Winston, Inc., 1971
63. Lawrence Cunningham John Reich, *Cultures and Values——a Survey of the Western Humanities*, The Florida State University, 1985

再版后记

《世界文化史》第一版于1990年出版后,即受到学术界的关注和读者的欢迎。我国著名学者北京大学季羡林先生给予热情的鼓励。他说:"这是一部很有用的书。"《光明日报》、《出版工作》、《世界历史》、《南亚研究通讯》等报刊曾先后发表评介文章。本书1990年荣获中南地区大学出版社优秀图书二等奖,1991年获第五届全国图书"金钥匙"奖优胜奖。

本书1996年被选入《企业万有文库》。《文库》收集了近150位专家学者近200种著作,凡3000万言,是我国第一部企业家综合文化素质大型文库。

《世界文化史》第二版增加了中世纪的日本文化、东南亚文化、古代非洲文化、近代东方启蒙思想文化及世界现代文化等内容,从中可更清晰地反映世界文化发展的轨迹。

在本书第一版撰写的过程中,自始至终得到中国许多专家、学者的热情帮助和鼓励,我首先要感谢我国著名学者陈翰笙先生。他对本书的撰写提出了指导性的意见,亲自修改了本书的写作大纲并为之作序。

感谢我国知名学者萧萐父教授、博士生导师为本书再版作序,他对本书的评介,当引为策励。

我国著名历史学家周谷城先生欣然为本书第一版题写书名,谨此特致以深切的谢意。值此再版之际,我特别怀念四年前辞世的周谷城先生,现谨以此书的再版本,敬献于这位德高望重与学识渊博的史学大家。

再版后记

我衷心感谢下列许多不同专业领域的专家教授的帮助。他们是：中国社会科学院庞朴教授，中国社会科学院亚洲太平洋研究所黄心川教授，云南省社会科学院东南亚研究所贺圣达教授，北京大学李保平副教授，北京师范大学刘家和教授，西北大学彭树智教授，中山大学蔡鸿生教授，武汉大学郭齐勇教授、萧致治教授、夏诚教授、赖元晋教授、尹元超教授、李植枬教授、童云杨教授、王锦瑭教授，华中师范大学彭端智教授、贺熙煦副教授、罗静兰副教授，湖北大学黄邦和教授，武汉音乐学院江明副教授、华中科技大学殷正坤教授、章树榕教授、黄见德教授、毛钢教授、杨长桂教授、王炯华教授、傅隆基教授、李崇兴教授、宋子良教授、王平教授、邹珊刚教授、苏子仪教授、曹华民教授、李汉育教授、吴廷俊教授、韩光泽教授、刘久明教授、贾永堂副教授、黄慧芳副教授、李少白副教授、周牧副教授等。

我还要感谢华中科技大学老校长朱九思教授的支持与帮助。感谢中国科学院院士、华中科技大学前校长杨叔子教授的关心和鼓励以及华中科技大学出版社前社长余健棠教授及总编张峰教授等有关领导的支持与帮助，谨向他们表示由衷的谢意。

十多年前，曾有好几位朋友关心地问我，为什么您会想到写《世界文化史》这本书？我一笑而过，一直没有回答其中的奥秘。现在回忆起来，其中的原因，还得回忆到1956年在中山大学读书时，我有幸听史学大师陈寅恪老师的《元白诗证史》选修课[①]，他在讲课中，古今中外，旁征博引，一次他提到"文化"、"东西文化交流"，这些词儿，简直像一道火光，在我脑海中闪现，使我心里发出了异常的思想火花。原来，大学读八块砖头（中国史与世界史的上古、中

[①] 当时听课的我们班有现中山大学历史系博导蔡鸿生，中华书局编审谢方等。蔡鸿生最初建议去听陈寅恪先生的课。

古、近代与现代部分)是相通的,心中豁然开朗,视野突然扩大,这就为写世界文化史埋下了文化的"种子"。80年代我国改革开放掀起了中国与世界文化的大讨论的热潮,这颗种子萌芽了,我在不断学习、酝酿、研究与探索,发现自己掉进了知识的海洋中,在国内尚无体例参照的情况下,毕路蓝缕,历时六年写成《世界文化史》,这是时代的产物。我衷心感谢陈寅恪先生的教诲,我亦感谢陈翰笙、季羡林、周谷城等学术界老前辈的关心培养,此书出版已十年,受到读者的普遍好评,已重印四次,这本书亦是时代的产物,因此,我亦要感谢祖国改革开放的伟大时代!

　　本书再版内容更充实些。但世界文化史毕竟是个大题目,又属开创性的工作,虽然得到许多同志的帮助,但由于本人水平所限,资料不足,难免存在缺点与错误,恳切希望读者不吝指正。

陈佛松

2002年5月于华中科技大学

图书在版编目(CIP)数据

世界文化史(第二版)/陈佛松 著.—武汉:华中科技大学出版社,
2002年9月 (2023.2重印)
ISBN 978-7-5609-2805-0

Ⅰ.世… Ⅱ.陈… Ⅲ.文化史-世界 Ⅳ.K103

中国版本图书馆CIP数据核字(2007)第111798号

世界文化史(第二版) 陈佛松 著

责任编辑:周小方 封面设计:刘 卉
责任校对:蔡晓瑚 责任监印:周治超

出版发行:华中科技大学出版社(中国·武汉)
　　　　　武昌喻家山 邮编:430074 电话:(027) 81321913
录　排:华中科技大学出版社照排室
印　刷:武汉市洪林印务有限公司

开本:850mm×1168mm 1/32　印张:19.625 插页:2　字数:425 000
版次:2002年9月第2版　印次:2023年2月第15次印刷　定价:58.00元
ISBN 978-7-5609-2805-0/K·38

(本书若有印装质量问题,请向出版社发行部调换)